BULTMANN · EXEGETICA

RUDOLF BULTMANN

EXEGETICA

Aufsätze zur Erforschung des Neuen Testaments

ausgewählt, eingeleitet und herausgegeben

von

ERICH DINKLER

1967

J. C. B. MOHR (PAUL SIEBECK) TÜBINGEN

©

Rudolf Bultmann
J. C. B. Mohr (Paul Siebeck) Tübingen 1967
Alle Rechte vorbehalten
Ohne ausdrückliche Genehmigung des Verlags ist es auch nicht gestattet
das Buch oder Teile daraus
auf photomechanischem Wege (Photokopie, Mikrokopie) zu vervielfältigen
Printed in Germany
Satz und Druck: Christian Gulde, Tübingen
Einband: Heinrich Koch, Großbuchbinderei, Tübingen

Vorwort des Herausgebers

Bitten aus dem In- und Ausland führten zu dem Plan der Herausgabe dieses Sammelbandes. Der Unterzeichnete wurde mit der Durchführung im April 1966 durch Herrn Bultmann beauftragt.

Bei der Vorbereitung für den Druck wurden im allgemeinen die Abkürzungen der RGG³ verwendet, ohne dabei pedantisch zu verfahren. Gelegentliche Zusätze des Herausgebers in den Anmerkungen wurden durch eckige Klammern angezeigt. Wenn ich bemerke, daß Druck- und gelegentliche Zitierfehler in den Druckvorlagen stillschweigend korrigiert wurden, so verbinde ich damit die Hoffnung, daß nicht ebenso stillschweigend neue Fehler sich einschlichen.

Die Bibliographie Bultmanns wurde vervollständigt und überprüft. Das Register wurde durch Herrn cand. theol. Holger Kaiser, z. Z. Heidelberg, mit Umsicht angelegt. Die Bearbeitung der Druckvorlagen wurde teils von Herrn Dr. B. Diebner, teils von Herrn E. W. Langewellpott, teils auch von mir durchgeführt. Die Hauptlast des Korrekturenlesens trug Fräulein cand. phil. Claudia Nauerth.

Endlich sei den Verlagen gedankt, die für den Abdruck der Aufsätze ihre Erlaubnis erteilten.

Heidelberg und Serfaus-Tirol, Juli/August 1967   Erich Dinkler

Vorwort des Verfassers

Dem Vorwort des Herausgebers möchte ich ein kurzes Wort hinzufügen. Es ist zuerst ein Wort des Dankes an Herrn Dinkler, der die Anregung zur Herausgabe der „Exegetica" gegeben und der das Material mit großer Sorgfalt zusammengestellt hat. Die Charakteristik meiner Arbeiten, die er in seiner Einleitung gibt, betont mit Recht, daß es mir entscheidend daran gelegen hat, die Einheit von Exegese und Theologie zu erstreben, und zwar in der Weise, daß der Exegese der Primat zukommt.

Ein Wort des Dankes bin ich aber auch dem Verleger, Herrn Dr. Siebeck, schuldig. Er hat den Vorschlag, meine früheren exegetischen Aufsätze in dem Sammelband „Exegetica" zu veröffentlichen, mit großer Bereitwilligkeit aufgenommen und für die Ausführung des Planes die gleiche Sorge getragen, derer ich mich seit Jahren erfreuen durfte, wenn es sich um die Veröffentlichung meiner Arbeiten handelte.

Marburg, 2. September 1967   Rudolf Bultmann

Einleitung

Die in diesem Bande in der zeitlichen Folge des Erscheinens vorgelegten Aufsätze Rudolf Bultmanns stammen aus den Jahren 1919 bis 1964. Gerne hätten wir noch die Dissertation „Der Stil der paulinischen Predigt und die kynisch-stoische Diatribe" (1910) hinzugenommen und an den Anfang gestellt. Doch war Bultmanns Einwand ausschlaggebend, daß dazu eine Schließung dieser und jener Lücke und insofern eine erweiterte Neuauflage notwendig wäre, die dann den Rahmen eines Aufsatzbandes gesprengt hätte. Der wesentliche Gesichtspunkt, unter dem die vorliegenden vierundzwanzig Beiträge zusammengestellt wurden, war: solche exegetischen und religionsgeschichtlichen Arbeiten auszuwählen, die an Aktualität nichts eingebüßt haben und dem heutigen Leser wissenschaftlichen Gewinn zu bringen vermögen, sei es durch methodische Gesichtspunkte, sei es durch neue Einbeziehung bisher übersehener Quellen und deren Interpretation oder beides. Es handelt sich zugleich um Aufsätze, die nur darum in den vier Aufsatzbänden „Glauben und Verstehen" nicht Aufnahme fanden, weil sie nicht dem Gesichtspunkt entsprechen, der im Titel jener Sammlung Ausdruck findet. Von einem Aufsatz abgesehen — der das sachliche Verhältnis von „Jesus und Paulus" zum Gegenstand hat —, sind alle hier gesammelten Arbeiten stärker exegetisch und historisch orientiert, stehen im Zusammenhang mit der Vorbereitung wissenschaftlicher Monographien oder Kommentare, oder verdanken ihr Erscheinen einer zu ihrer Zeit aktuellen Diskussion. Dieser und jener Aufsatz — meist in Festschriften — wurde aber auch verfaßt und publiziert, um auf spezielle exegetische Einsichten oder historische Zusammenhänge aufmerksam zu machen. Es sind Arbeitsfrüchte, wie sie aus Seminaren hervorgehen oder beim beteiligten Lesen von Abhandlungen oder Büchern sich einstellen. Im folgenden — und das sollte hier vermerkt werden — ist kein Aufsatz nur aus wissenschafts-biographischem oder theologiegeschichtlichem Interesse abgedruckt worden, obgleich ein 45 Arbeitsjahre spiegelnder Aufsatzband wie kaum eine andere Publikation Einblick in die Werkstatt des Gelehrten gewährt, in die wechselnden Themen und leitenden Fragestellungen. Da nun die besondere Fragestellung jedes Aufsatzes auch mit seinem ‚Sitz im Leben' zusammenhängt, mögen einige einleitende Worte nützlich sein.

Der erste Beitrag, *Die Frage nach dem messianischen Bewußtsein Jesu und das Petrusbekenntnis* (1919), fällt in die Zeit der Arbeit an der „Geschichte der Synoptischen Tradition". Er knüpft an W. Wredes meisterhafte Monographie über „Das Messiasgeheimnis in den Evangelien" (1901) an und verteidigt gegen J. Weiß und W. Bousset das Ergebnis Wredes, daß nämlich die Theorie des Messiasgeheimnisses nur das Nicht-Messianische des Lebens Jesu vor seinem Tod und seiner Auferstehung erklären solle. Vor allem ist es Bultmanns Absicht, eine bei Wrede offen gebliebene Lücke in der Argumentation zu schließen: nämlich von dem gewonnenen Ergebnis her auch eine Erklärung für die Entstehung der Überlieferung des Messias-Bekenntnisses des Petrus zu geben. Bultmann sieht in der Überlieferung vom Petrus-Bekenntnis eine Ostergeschichte. Die nur bei Mt 16,17—19 erhaltenen Worte werden als ursprünglich zugehöriger Schluß angesehen, der mit den Worten des Auferstandenen den nachösterlichen Glauben der aramäisch sprechenden Urgemeinde stützen soll. Die entfaltete und begründete These, daß der Christusglaube der Urgemeinde die messianischen Züge der synoptischen Tradition schafft und verstärkt, ist — auch abgesehen von der Beurteilung des Verhältnisses von Mt 16,17—19 zu Mk 8,27—30 — Bestandteil der kritischen Forschung geblieben.

Mit dem Beitrag zur Gunkel-Festschrift: *Der religionsgeschichtliche Hintergrund des Prologs zum Johannes-Evangelium* (1923) setzt die Reihe der im vorliegenden Bande stark vertretenen Vorarbeiten am Kommentar zum Johannes-Evangelium und der Untersuchungen zu den Quellen und zum Phänomen der Gnosis ein. Die vorgetragene literarkritische Analyse des Prologs ist im Kommentar aufgenommen oder vorausgesetzt, stellenweise auch weitergeführt. Erstmalig werden die verstreuten gnostischen Quellen für die Klärung der Erlöser-Spekulation mit herangezogen und dabei die Mandäer-Texte verwertet, ja wird der Prolog als Ganzes — ohne die Zusätze des Evangelisten — als Werk des Täufertums verstanden. Wie behutsam Bultmann auf dem Neuland vorgeht, bezeugen seine verschiedenen Hinweise auf zweifache Deutungsmöglichkeiten, auf eigene Inkompetenz oder Unsicherheit der Forschungslage. Man steht mit diesem Aufsatz am Anfang einer durch Bousset, Reitzenstein und Lidzbarski eingeleiteten, aber erst durch Bultmann religionsgeschichtlich spezifizierten Fragestellung nach Herkunft und Struktur des gnostischen Erlösermythus und nach seiner Vergeschichtlichung durch die christliche Gemeinde, greifbar besonders in den johanneischen Schriften.

Besonderes Gewicht hat der Aufsatz *Das Problem der Ethik bei Paulus* (1924), insofern hier erstmalig die Auswirkungen der Begegnung Bultmanns mit K. Barth, F. Gogarten, E. Brunner, E. Thurneysen — verschiedentlich auch von Arbeitstagungen dieser „dialektischen" Theologen im Thüringer Haus der „Freunde der Christlichen Welt" zwischen 1920 und 1924 — sichtbar werden. Der Aufsatz erschien im gleichen Jahre wie der über „Die liberale Theologie und die jüngste theologische Bewegung", mit welchem der erste Band von „Glauben und Verstehen" eröffnet wird. Der Engpaß, in den die liberale Theologie und eine nur philologisch-religionsgeschichtlich arbeitende Exegese geraten war, wird zu überwinden gesucht. An dem für den Liberalismus neuralgischen Punkt der christlichen Ethik wird die bis dahin übliche Historisierung und Psychologisierung theologischer Fragen ad absurdum geführt. In diesem Sinne heißt es: „. . . mit der Erklärung der Entstehung einer Theorie [ist] ihr *Sinn* noch nicht erfaßt . . ." (37). Die Sinnerhellung erfolgt in der Weise, daß von der Sache der eschatologischen Gabe der δικαιοσύνη ausgehend die Paradoxie von Indikativ und Imperativ — diese heute übliche Formulierung geht auf eben diesen Aufsatz Bultmanns zurück — als für Paulus und sein Verständnis der Ethik konstitutiv herausgestellt wird. Die paulinische Paradoxie von Indikativ und Imperativ aus der Sache zu verstehen, heißt eben nichts anderes, als das Phänomen des δικαιωθείς zu verstehen (43). In der eschatologischen Gabe des Heils, im Zuspruch der Gerechtigkeit auf Grund des ergangenen Urteils Gottes ist der Indikativ zu erkennen und darauf gründet der Imperativ. Insofern sind weder die Rechtfertigung noch die erst von ihr aus erkennbare Natur des Menschen als sündige empirisch wahrnehmbar. Gottes geschenkte δικαιοσύνη und sich offenbarende χάρις sind ebenso wie die Identität des Gerechtfertigten mit dem empirischen Menschen zu glauben. Die Erfüllung der Imperative führt keine Veränderung der sittlichen Qualität des Menschen mit sich (49). Das Tun der Imperative hat den neuen Sinn des Gehorsams vor Gott — nicht mehr den Sinn der „Werke" — insofern bringt auch die christliche Ethik nichts inhaltlich Neues, auch kein aus der δικαιοσύνη abzuleitendes sittliches Ideal (51). — In diesem Aufsatz wird die radikale, an der Sinnfrage orientierte Interpretation erstmals deutlich. Die religionsgeschichtliche und philologische

Kleinarbeit wird nicht suspendiert, sondern mit ihrer Hilfe gilt es, die Aussage des Textes „in ihren Konsequenzen zu entwickeln und so ihre Eigenart voll kenntlich zu machen" (53). Ein neues Verstehen von Exegese, d. h. eine neue Hermeneutik, in der bereits Fragestellungen M. Heideggers — freilich in Bultmanns Aufnahme, Fortentwicklung und applicatio ad Novum Testamentum — mit anklingen, wird von jetzt ab deutlich. Ein Jahr nach diesem Aufsatz erschien der in seiner theologischen und hermeneutischen Bedeutung gleich wichtige: „Welchen Sinn hat es von Gott zu reden?" (= GluV I, 26—37).

Daß die religionsgeschichtliche Forschung weitergehen muß, weil gerade die Frage nach dem christlichen Kerygma sich über die Herkunft von Worten und Vorstellungen Rechenschaft zu geben hat, belegt der 1925 veröffentlichte umfangreiche Aufsatz: *Die Bedeutung der neuerschlossenen mandäischen und manichäischen Quellen für das Verständnis des Johannesevangeliums* (1925). Er bezieht sich zurück auf einen 1923 gehaltenen Vortrag und verweist in einer Korrekturnote (104 Anm. 102) auf das Erscheinen der 2. Auflage von W. Bauers Kommentar zum Johannes-Evangelium (im Handbuch zum NT, 1925), wo ebenfalls die mandäischen und manichäischen Parallelen zur Erklärung herangezogen sind. Bultmann führt fort, was er im Aufsatz über den Hintergrund des Prologs begonnen hatte. Er geht aus von der rätselhaften Sonderstellung des Johannes-Evangeliums in der urchristlichen Entwicklung, wie sie in der Literatur des Urchristentums noch erkennbar ist. Im Anschluß an Reitzenstein stellt er erneut die Frage nach dem in den mandäischen und manichäischen Quellen enthaltenen Erlöser-Mythos und versucht den Nachweis zu führen, daß dem Johannes-Evangelium und seiner soteriologischen Konzeption der gleiche Anthropos-Mythos zugrunde liegt, wie er in jenen Quellen ebenfalls in Erscheinung tritt. Daß jene Quellen jünger sind als das Johannes-Evangelium, ist auch für Bultmann selbstverständlich. Wesentlich aber bleibt das höhere Alter des in den Quellen aufbewahrten Mythos selbst, im Vergleich mit dem Alter des Johannes-Evangeliums (97). Die gestellte Frage, „ob eine bestimmte historische Gestalt jenes Mythos zu erkennen ist, die das Johannes-Evangelium beeinflußt hat" (99), ob eine historisch noch bestimmbare literarische Abhängigkeit bestehe, bleibt offen und wird der zukünftigen Forschung zugewiesen. Wohl aber werden zwei Vermutungen in anderer Beziehung laut, die vom Ergebnis gestützt werden: Einmal, daß man nicht mit den Stufen des palästinensischen und des hellenistischen Urchristentums bei der das Neue Testament prägenden

Geschichte auskomme, sondern innerhalb der palästinensischen mit einem älteren Typus zu rechnen habe, der der gnostisch-täuferischen Bewegung nahestand, und einem jüngeren Typus, der vielleicht auf eine mit der Person des Petrus zusammenhängende, judaisierende Reaktionserscheinung zurückgehe, aus der die synoptische Tradition stammt (102). Das wird unbeschadet des Faktums gesagt, daß das Johannes-Evangelium den von Markus geschaffenen literarischen Typus des „Evangeliums" voraussetzt. Sodann weist Bultmann auf das Problem der Syrifizierung des Urchristentums im Zusammenhang seiner Hellenisierung hin. Da die Entstehung des Johannes-Evangeliums nach Syrien weist und hier die Heimat der gnostisch-täuferischen Bewegungen anzunehmen ist, so ist von hier auch die ursprünglich stärkere Tendenz zur Hellenisierung erklärbar (102). — Wenn H. Lietzmann in seinem „Beitrag zur Mandäerfrage" (jetzt: Kleine Schriften I, 1958, 124—140) — auf Bultmanns Aufsatz verweisend, jedoch weder mit ihm noch mit W. Bauer im einzelnen sich auseinandersetzend — zu dem Ergebnis kam: „Die Mandäer haben mit den Johannesjüngern der urchristlichen Periode nichts zu tun" (ibid. 139), so besagt dies noch nichts zur Frage nach der Herkunft des Erlöser-Mythos im 4. Evangelium. Als nicht haltbar jedoch hat sich die von Lietzmann vertretene Ansicht erwiesen, „das mandäische Taufritual sei nestorianischer Herkunft und alles religionsgeschichtlich für die vermeintliche Erhellung des Urchristentums Entscheidende sei erst in arabischer Zeit eingefügt und zu einer christlich-synkretistischen Gnosis umgebildet worden" (ibid. 140). Mögen nestorianische und syrische Einflüsse verstärkend auf die Tauftraditionen eingewirkt haben, so bleibt doch völlig unberührt davon — wie E. Segelberg (Maṣbūtā, Uppsala 1958) und K. Rudolph (Die Mandäer, 1960/61) gezeigt haben — die mandäische Anfangstradition und Grund-Schicht und darin das Entscheidende: der identische Erlöser-Mythos.

In der Festschrift für Jülicher wurde 1927 die *Analyse des ersten Johannesbriefes* veröffentlicht, die einerseits auf den Kommentar der Johannesbriefe vorausweist, anderseits der Frage nach der Gattung von Offenbarungsreden nachgeht, die Bultmann bereits im Evangelium des Johannes als Quelle nachzuweisen versuchte. Der Aufsatz ist ein specimen eruditionis und im Hinblick auf den jetzt erscheinenden Kommentar wichtig; aber auch davon abgesehen behielt er bleibenden Wert, weil die Methodik der Analysen der Vorlagen einerseits und der Glossen des Verfassers der Briefe anderseits hier geschlossener vor Augen tritt.

In den Kreis der Vorarbeiten des Johannes-Kommentars gehören die *Untersuchungen zum Johannesevangelium* (1928 und 1930). Hier werden weniger die johanneischen Begriffe selbst untersucht und theologisch entfaltet, als vielmehr die geschichtlichen Voraussetzungen der johanneischen Begrifflichkeit und ihrer Umwelt; die Absicht ist, „die Bedingungen zu schaffen, unter denen ein Verständnis des Evangeliums möglich wird" (124). Wissenschaftsgeschichtlich zu beachten ist, daß es in Anmerkung 1 des Aufsatzes (125), im Zusammenhang der Behandlung des ἀλήθεια-Begriffes, heißt: „Grundlegend sind Schlatters Ausführungen in ‚Der Glaube im Neuen Testament' (1927⁴) S. 551—561. Weiterführend H. v. Soden, ‚Was ist Wahrheit?' 1927" (= Urchristentum und Geschichte I, 1951, 1—23)[1], und daß Anm. 42 (144) bei Behandlung des griechischen Wahrheitsbegriffes der erste Hinweis auf M. Heidegger, Sein und Zeit I (1927) begegnet. Bereits die erste und umfangreichere Untersuchung Bultmanns, die über den Wahrheitsbegriff handelt — zu der man die Ausführungen über den Sprachgebrauch im Neuen Testament, Theologisches Wörterbuch zum NT I, 242—248, hinzunehmen kann (für AT, Griechentum und Hellenismus ist die Darbietung der Quellen und ihre Interpretation im hier abgedruckten Aufsatz ausführlicher) —, zeigt stärker als frühere Aufsätze terminologische Beeinflussung durch die Zusammenarbeit mit Heidegger. Der Blick für das Besondere von ἀλήθεια gegenüber אמת ist geschärft: „Im Unterschied vom hebräischen אמת hat also ἀλήθεια nicht zeitlich-geschichtlichen Charakter; sie *vollzieht* sich nicht, sondern *sie ist da*, kann wahrgenommen oder auch nicht wahrgenommen, entdeckt oder verdeckt werden" (147). Die zweite Untersuchung behandelt das durch Joh 1,18: Θεὸν οὐδεὶς ἑώρακεν πώποτε gegebene Motiv, das eigentlich Voraussetzung für ἀλήθεια als Unverborgenheit, Aufgedecktheit, Erschlossenheit ist, das Motiv der Unsichtbarkeit, der Unerkennbarkeit Gottes sowie des korrespondierenden Gedankens seiner Offenbarung. Die ungemein reichhaltigen religionsgeschichtlichen Studien zum Problemkreis „Antike und Christentum" — mit einer Abzielung auf die johanneischen Schriften — tragen indes nicht lediglich Stoff vor, sondern führen an die Sachfrage heran; nicht als didaktisch-missionarisches Ziel der Untersuchung, sondern beinahe nebenbei und unterwegs provozieren sie des Lesers Entscheidung.

Mit dem Beitrag über *Römer 7 und die Anthropologie des Paulus* (1932) kommt zum zweiten Male ein paulinisches Thema zu Wort. Die

---

[1] Zur Hervorhebung der Verdienste Schlatters vgl. auch Bultmanns Ausführungen in den Epilegomena seiner „Theologie des NT", 1953, 588 f.

Arbeit wird man im Zusammenhang mit Bultmanns Paulus-Artikel in Band IV (1930) der 2. Auflage von RGG sehen dürfen, in dem der Gehalt der Theologie des Paulus als theologische Anthropologie dargestellt wurde. Das vorgegebene Thema der Festschrift für Gustav Krüger, „Imago Dei. Beiträge zur theologischen Anthropologie" legte die Neuaufnahme der Probleme von Römer 7 nahe. Bultmann bietet eine Exegese, die die psychologisierende Interpretation abschneidet und eine existentiale Interpretation des in der Geschichte der Auslegung so umstrittenen Kapitels vorträgt.

Das Thema *Jesus und Paulus* hatte Bultmann bereits 1929 in dem Aufsatz „Die Bedeutung des geschichtlichen Jesus für die Theologie des Paulus" behandelt (GluV I, 188—213). Der in diesem Bande aufgenommene Vortrag von 1936 ist etwas in Vergessenheit geraten. Er hatte als wissenschaftliche Äußerung im Kampf der Bekennenden Kirche gegen die weltanschauliche und politische Parole „Fort von Paulus — zurück zu Jesus!" später den aktuellen „Sitz im Leben" verloren. Ein Eingehen auf Parolen wäre nicht nötig gewesen, wenn nicht in ihnen ein Teilstück der liberalen Theologie vereinseitigt und mit Falschem gemischt zutage getreten wäre. Daß in Bultmanns „Darstellung" ein Angriff vorgetragen wurde, wird man nicht zuletzt noch aus dem abschließenden Zitat des Aufsatzes aus Gal 3,28 heraushören. Faktisch ist der ganze Aufsatz ein Aufruf und ein Beitrag zu der ebenso alten wie neuen Frage nach der sachlichen Kontinuität von Jesu Verkündigung und urchristlichem Kerygma.

Die unter dem Titel *Johanneische Schriften und Gnosis* 1940 erschienene Besprechung von Percy möge durch ihren Neuabdruck zur Diskussion der Quellen zurückrufen. Es geht erneut um die Frage, „ob die Gnosis überhaupt ein vorchristliches Phänomen ist" (230), eine Frage, die auch heute nicht völlig erledigt ist, aber — wie der eingehende Aufsatz zeigt — nur durch Kleinarbeit an den religionsgeschichtlichen Zeugnissen weitergeführt, nicht aber durch Überspringen der Problematik und Verschweigen des Begriffs ‚Gnosis' erledigt werden kann. Bultmann beharrt energisch darauf, daß die gnostische Erlöservorstellung und damit die Gnosis als Erlösungsreligion älter sei als das Christentum, daß neben Johannes bei Paulus der gnostische Erlösermythos vorauszusetzen sei, ebenso in der deuteropaulinischen Literatur, in den Oden Salomos u. öfter. Die Arbeiten von Reitzenstein, Bultmann, Schlier, Bornkamm und Käsemann, von H. Jonas und auch die zu leicht übersehene von H. Becker (vgl. S. 71 Anm. 27), sind bisher weder durch E. Percy's hier von Bultmann besprochenes Buch, noch durch die erfreulicherweise jetzt gesammelt zugänglichen „Aufsätze zur Gnosis" von H. Langerbeck (hg. v. H. Dörries, Abh. Akademie Göttingen, III. Folge Nr. 69, 1967) in der Gesamtschau widerlegt. — Obgleich die Sachfrage des „Mythos im Neuen Testament" schon immer von Bultmann bedacht wurde — vgl. RGG, 2. Aufl., Bd. IV (1930) 390—394 sub voce und ibid. 3. Aufl. Bd. IV (1960) 1278-1282 —, wird in diesem Besprechungsaufsatz die „existentiale Interpretation" und explicite die „Entmythologisierung" auffallend häufig erwähnt (siehe unser „Namen- und Sachregister" s. v.). Die zeitliche Nähe zu „Alpirsbach" 1941 wird erkennbar.

Die Frage nach der Echtheit von Mt 16,17—19 wurde in einem dem Kollegen und Freund Hans von Soden gewidmeten Aufsatz 1941 noch einmal in ihrer bleibenden Fragwürdigkeit unterstrichen. Gegenüber einem sich damals anbahnenden konservativen Consensus — vertreten durch F. Kattenbusch, R. Otto, K. L. Schmidt, O. Cullmann, H. D. Wendland u. a. — entfaltet Bultmann die Gründe, die gegen die Echtheit eines angenommenen Jesuswortes vorzutragen sind. Soweit ich die Literatur zur Frage überblicke, ist seither jedenfalls nicht mehr voreilig von einer Zurückführung der Gründung der Kirche auf den Willen des historischen Jesus die Rede, und auch in der katholischen Exegese mehren sich die Stimmen, die in Mt 16,17—19 eine nachösterliche Gemeindebildung sehen. Insofern hat dieser Beitrag den genannten ‚Consensus' widerlegt und eine Wende in der Beurteilung heraufgeführt.

Mit den *Glossen im Römerbrief* (1947) nimmt Bultmann Stellung zu anderweitigen literarkritischen Vorschlägen. Er rechnet an verschiedenen Stellen mit einem Glossator des ursprünglichen Paulustextes und nimmt nachträgliche Einbeziehung der „Randbemerkungen" durch einen frühen Abschreiber an.

In die formgeschichtliche Arbeit außerhalb der Evangelien führt der Anton Fridrichsen, Uppsala, gewidmete Aufsatz *Bekenntnis- und Liedfragmente im ersten Petrusbrief* (1947). Es wird — analog zu Phil 2,6-11 — ein in der Gemeinde vorgeformtes Lied oder Bekenntnis in 1Petr 3,18.19.22 erkannt und rekonstruiert.

Unter dem Titel *Exegetische Probleme des Zweiten Korintherbriefes* (1947) hatte Bultmann verschiedene Miscellen zu Einzelfragen zusammengefaßt, durch die man seine Stellung zur umstrittenen Frage der Literarkritik dieses Briefes, speziell des Zwischenbriefes, erfährt. Ferner wird der Gedankengang des theologisch zentralen Abschnittes 5,11 bis 6,10 erörtert und endlich erfolgt im letzten größeren Abschnitt eine Auseinandersetzung mit E. Käsemann über die Gegner in Korinth, wie sie sich in den letzten 4 Kapiteln des Briefes präsentieren.

Der 1948 veröffentlichte Aufsatz *Zur Geschichte der Lichtsymbolik im Altertum* war bereits in den „Untersuchungen zum Johannesevangelium" (169 Anm. 93) angekündigt worden und bietet das motivgeschichtliche Material zu φῶς wie auch σκοτία; er stellt insofern eine ausgebaute Vorarbeit zum Kommentar des Evangeliums wie auch der Briefe dar.

Die Ausführlichkeit der unter dem Titel *Heilsgeschichte und Geschichte* 1948 erschienenen Besprechung von O. Cullmanns Monographie „Christus und die Zeit" weist auf die Bedeutung hin, die Bultmann bei aller Kritik s. Z. dem Buche beigemessen hatte. Die Besprechung ist darin vorbildlich, wie sie zunächst den Inhalt des Buches in großen Zügen rekapituliert, dann in der Kritik mit einigen Anfragen wegen terminologischer Unklarheiten einsetzt, exegetische Einzelfragen im Vorübergehen aufgreift und dann (364 ff.) die Hauptpunkte des exegetischen und theologischen Dissensus in vier Abschnitten entfaltet. Die Besprechung hat in der gegenwärtigen ökumenischen Situation nach dem Vaticanum II erneut aktuelle Bedeutung. Auch abgesehen von der Situation des Rezensenten nimmt Bultmann hier Stellung gegen die Gefahr einer Vereinfachung der neutestamentlichen Theologie, die in dieser Konzeption zwar bei Lukas zu greifen ist, aber im wesentlichen die vorchristlich jüdische Periodisierung übernimmt und als christliche Geschichtsauffassung ausgibt. Daß die „heilsgeschichtliche" Sicht der neutestamentlichen Theologie dem biblischen Kerygma nicht gerecht wird, ist die bleibende Bedeutung des den Rahmen einer bloßen Buchbesprechung sprengenden Aufsatzes.

Aus der Festschrift für G. van der Leeuw stammt der die Kategorien klärende und ebenfalls mit dem Zeit- und Geschichtsverständnis des Neuen Testaments sich befassende Beitrag über *Ursprung und Sinn der Typologie als hermeneutischer Methode* (1950). Die Differenzierung zwischen „Weissagung und Erfüllung" (GluV II, 162—186) und Typologie, aber auch die Abgrenzung zur Allegorese und das Aufzeigen von Mischformen werden an zahlreichen neutestamentlichen Texten verdeutlicht. Der Aufsatz weist über die biblische Hermeneutik hinaus auf die Geschichte der Figuraldeutung in Spätantike und Mittelalter, wie sie bereits Erich Auerbach aufgegriffen hatte (vgl. 379 Anm. 35).

In dem Gedächtnisband für Ernst Lohmeyer führte Bultmann die Analyse des ersten Johannesbriefes fort mit dem Aufsatz *Die kirch-*

liche Redaktion des ersten Johannesbriefes (1951). Ging es in dem Beitrag zur Jülicher-Festschrift 1927 um die Rekonstruktion der vom Verfasser des Briefes benutzten schriftlichen Quelle, so jetzt um die Frage, wie weit analog dem Johannesevangelium im 1. Johannesbrief die traditionelle Eschatologie und der kirchliche Sakramentalismus durch Glossierung Eingang gefunden haben. Bei dieser Annahme der Dreischichtigkeit bereitet besondere Schwierigkeit die Unterscheidung zwischen den Zusätzen des Verfassers zu seiner Quelle und den Zusätzen der kirchlichen Redaktion.

Die nächsten zwei Aufsätze entstammen wieder Festschriften: *Zur Auslegung von Galater 2,15—18* (Festschrift für Ernst Wolf, 1952), und über *Ignatius und Paulus*, und zwar das Existenzverständnis des Ignatius im Vergleich mit dem bei Paulus (Studia Paulina, Gabe für J. De Zwaan, 1953). — Zum Gedächtnisband für T. W. Manson wurde der Aufsatz *Zur Frage nach den Quellen der Apostelgeschichte* (1959) beigesteuert, in dem einige Fragen an E. Haenchen und seinen Acta-Kommentar gerichtet werden. Bultmann möchte in der Acta-Forschung die Frage nach benutzten Quellen stärker berücksichtigt sehen.

Adam und Christus nach Römer 5 lautet der Titel des Beitrages für den Jubiläumsband der Zeitschrift für Neutestamentliche Wissenschaft 1959, in dem sich Bultmann mit K. Barth auf der Basis der Exegese auseinandersetzt, den Weggenossen der zwanziger und dreißiger Jahre an die gemeinsame Auffassung erinnernd, daß theologische Streitfragen „ihre Entscheidung an der Hand der Exegese gewinnen" (424) müßten. Die Auslegung Bultmanns orientiert sich in der Akzentsetzung des Themas am Kontext des Briefes; für ihn geht es in c. 5 um die Frage nach der Gegenwart der ζωή für die Glaubenden. Barth indes geht es in c. 5 um das Verhältnis von Mensch (Menschheit) und Christus und um die Entfaltung des Geheimnisses und der Wahrheit „der menschlichen Natur als solcher". Bultmann erhebt gegen Barth den Vorwurf, daß er einerseits den Kontext des Kapitels nicht berücksichtige, anderseits 5,12—21 ohne jede Rücksicht auf den zugrunde liegenden gnostischen Anthropos-Mythos interpretiere und deshalb Adam als Urmensch in fragwürdiger Weise „entmythologisiere", ihn zur „Idee des Menschen" mache (444). Aber die exegetische Studie bietet mehr als Polemik: sie legt positiv ein zentrales Kapitel paulinischer Rechtfertigungslehre im Fragehorizont der präsentischen und futurischen Eschatologie aus.

Der Heidelberger Akademievortrag *Das Verhältnis der urchristlichen Christusbotschaft zum historischen Jesus* (1960) hat seine Besonderheit darin, daß Bultmann in eine Diskussion eingreift, die bis dahin wesentlich durch seine Schüler vorangetrieben worden war. Er tut es in ordnender Weise, wobei die irenische Polemik gegen die eigenen Schüler dem Ganzen einen besonderen Reiz gibt. Er tut es zugleich so, daß die Diskussion weitergehen kann — was in der Tat auch bereits geschieht —, anstatt in einer Sackgasse zu landen. Gerade in dieser Abhandlung zeigt sich, daß Lehrer und Schüler durch die Wahrheitsfrage und nicht durch Schulantworten verbunden sind. Wenn Bultmann seine Grundkonzeption nicht korrigiert, vielmehr präzisiert und verteidigt und dann sogar zum Angriff übergeht, so wird man dies nicht nur dem Engagement und der sachlich verständlichen Beharrlichkeit in der Verteidigung von oft Durchdachtem, sondern auch seiner Sorge um eine Fehlentwicklung der Forschung zuzuschreiben haben. Jedenfalls ist in diesem Aufsatz ein neuer Anstoß gegeben worden, ein „Anstoß" im doppelten Sinne, der dem Worte eigen ist. Er bringt zugleich diejenigen in Verlegenheit, die schon vor 8—10 Jahren von der „post-Bultmannian" Phase der deutschen Theologie glaubten sprechen zu dürfen, und die damit zwar einen „slogan" geschaffen, aber die theologische Einsicht nicht bereichert haben[2].

Die beiden letzten Beiträge des Sammelbandes nehmen Aufsätze von E. Käsemann zum Anlaß für relativ knappe Antworten. Die beiden Sachfragen, um die es geht, stehen in theologischem Zusammenhang und haben bei scheinbar nur Nuancen der Interpretation treffenden Differenzen weitergehende Konsequenzen. Bultmann isoliert die Probleme und behandelt zunächst allein das paulinische Verständnis von ΔΙΚΑΙΟΣΥΝΗ ΘΕΟΥ (1964), um gegen Käsemanns Auslegung einer vom AT und Qumran herzuleitenden ‚Formel', worin θεοῦ als genitivus subjectivus

---

[2] Die unglückliche Formel einer „post-Bultmannian" Phase in der theologischen Diskussion begegnete zuerst in dem Buche von JAMES M. ROBINSON, A New Quest of the Historical Jesus, London 1959, in deutscher Übersetzung: Kerygma und historischer Jesus, Zürich 1960, beide zurückgehend auf einen 1957 gehaltenen Vortrag. Obgleich schon E. KÄSEMANN, Konsequente Traditionsgeschichte? (ZThK 62, 1965, 137) gegen das irreführende „Schlagwort vom nachbultmannischen Zeitalter" Stellung genommen hatte — ebenso W. G. KÜMMEL, in: ThR 31, 1966, 19 ff und vorher in: Encounter 21, 1960, 232 f; sowie von amerikanischer Seite: VAN A. HARVEY-SCHUBERT M. OOGDEN, in: ZThK 59, 1962, 46 f — bleibt ROBINSON in der soeben, 1967, erschienenen 2. Auflage seines Buches bei dem fatalen Sprachgebrauch einer „nachbultmannianischen Phase". ROBINSON muß, aaO 50, angesichts der Tatsache, daß Bultmann in seinem Heidelberger Vortrag in die „post-Bultmannian" Diskussion selbst energisch eingreift, zur Konstruktion eines „klassischen" Bultmann seine Zuflucht nehmen. Wir möchten anregen, auch im Blick auf die Theologiegeschichte unserer Gegenwart, ebenso wie der Vergangenheit, uns der Schlagworte zu enthalten.

die Gerechtigkeit als Gottes eigenes Recht bezeichnet, sein auch in der „Theologie des Neuen Testamentes" (§§ 28—31) dargelegtes Verständnis zu begründen: Bultmann stellt die Bedeutung als genitivus auctoris = Gabe Gottes, in die Mitte, sieht darin die spezifische Fassung des Paulus und beurteilt die jüdische Konzeption „heilsetzende Macht" als eine noch aus der Tradition mitlaufende Sprachmöglichkeit des Apostels. Es wird in dem Aufsatz Bultmanns erneut deutlich, daß ihm an der dialektischen Spannung von Futurum und Präsens hinsichtlich der Heilsgabe entscheidend liegt — ebenso wie in dem Aufsatz über Römer 5 —, und daß in der Tat ein „neuralgischer" Punkt dann getroffen würde, wenn das Präsens des Heils im urchristlichen Kerygma zu eliminieren wäre.

Nun führt der letzte Aufsatz Bultmanns gerade gegen diese mögliche Konsequenz zu einer „Auseinandersetzung mit Ernst Käsemann" unter dem Titel: *Ist die Apokalyptik die Mutter der christlichen Theologie* (1964), ein Beitrag in der Festschrift für E. Haenchen. Die Schwierigkeit des Dialogs liegt freilich darin, daß Käsemann ursprünglich die These fast ausschließlich von formgeschichtlichen Analysen des Matthäus-Evangeliums herleitete und dann die Basis in neuen Aufsätzen erweitert hatte, während Bultmann seine Gegenthese primär von Paulus aus entfaltet. Er sieht „den Ursprung der christlichen Theologie in der ‚präsentischen' Eschatologie" (474). Es fällt dabei auf, wie jetzt die Frage der Rechtfertigung und die Frage nach der Rolle der Anthropologie im Denken des Paulus von Bultmann mit aufgenommen werden und wie immer wieder in dem Dialog über die Rechtfertigung, über Eschatologie versus Apokalyptik, ja über den historischen Jesus und das christliche Kerygma eine Stelle für Bultmann nahezu unausschöpfbare Basis ist, nämlich 2Kor 5,11—6,2.

Nach der Wanderung durch ausgewählte exegetische Aufsätze Bultmanns aus den Jahren 1919—1964 reizte es, über die Lage der neutestamentlichen Forschung einen kurzen Abschnitt anzufügen, doch würde dies eine Überschreitung der dem Herausgeber gewährten und auferlegten Aufgabe darstellen. Es spricht ja für sich selbst, daß die Fronten in Bultmanns Arbeiten nicht mehr rechts oder links, gegen unkritischen Konservativismus oder gegen Liberalismus verlaufen, sondern daß sie wechselnde und häufig auch im eigenen Schülerkreis sich bewegende sind. Insofern ist sogar in der chronologischen Anordnung eine von ihm selbst sich ergebende und Bultmann als Lehrer ehrende Klimax erreicht: er hat die der kritischen Exegese inhärente Freiheit der Forschung und auch die Geschichtlichkeit der Wahrheit in der Auseinandersetzung der Schüler untereinander zu beobachten die Freude und — selbst provoziert — in diese Diskussion selbst einzugreifen zeitweilig die Last.

Sieht man zurück, so zeichnen sich drei Fragenkreise in den hier zusammengestellten Arbeiten ab: 1. Die Fragen um den *historischen Jesus*, die, das Problem des messianischen Bewußtseins und der Kirchengründung hinter sich lassend, dem Wesentlichen sich zuwenden: Wie ist das Verhältnis des Verkündigers zum Verkündigten im Evangelium? Welche Rolle spielt das ‚historicum' innerhalb der Bedeutung des eschatologischen Heilsgeschehens Jesus von Nazareth? 2. Die mit der Arbeit an den *johanneischen Schriften* verbundenen literarkritischen Arbeiten und religionsgeschichtlichen Forschungen, die sich zuspitzen in der Frage nach der *vorchristlichen Gnosis* und ihrer motivgeschichtlichen wie semasiologischen Bedeutung für die theologische Fassung des christlichen Kerygmas. Ist die gnostische Terminologie nur Sprachmittel oder bringt sie sachlich eine doketische Christologie zum Ausdruck? 3. Die Frage nach dem adäquaten *Paulus-Verständnis*, nach seiner Rechtfertigung, dem gegenwärtigen und zukünftigen Heil, wobei ja auch die Frage nach dem Neuen im neutestamentlichen Kerygma mitgestellt ist und immer die Korrelation von dogmatischer Lehre und christlichem Existenzverständnis zur Diskussion steht. Von „Entmythologisierung" ist thematisch in diesen 24 Aufsätzen nicht und doch allerorts die Rede, besonders wenn man an die für Bultmann kennzeichnende Formulierung aus seinen Shaffer Lectures an der Yale Universität (jetzt: GluV IV, 188) denkt: „... Entmythologisierung [ist] die radikale Anwendung von der Lehre von der Rechtfertigung durch den Glauben auf das Gebiet des Wissens und Denkens."

Was methodisch stark hervortritt, ist die im Werke Bultmanns immer präsente religionsgeschichtliche Basis. Sie ist derart evident, daß man sich fragt, ob wir heute nicht in Gefahr sind, dieses Erbteil deutscher Bibelwissenschaft zu verschleudern. Auf die Qumran-Texte allein darf man die Religionsgeschichte nicht reduzieren, und die sich vielfach überschneidenden Linien von Eschatologie und Apokalyptik, von jüdischer und hellenistischer Gnosis, lassen sich ohne breites religionsgeschichtliches Material und tieferes Schürfen nicht klären.

Deutlich wird in den vorliegenden Aufsätzen die in Bultmanns Werk gelungene Wiederverbindung von Exegese und Theologie. Durch seine Fragestellung, Arbeitsmethode und auch Darstellung hat Bultmann die oft in Spannung oder gar gegenseitiger Nichtachtung lebenden Disziplinen der Exegese und der — reformatorisch verstandenen — systematischen Theologie wieder zur Einheit zu verbinden gesucht. Seine Arbeit läuft hinaus auf Verstehen des Wortes Gottes und auf Glauben an die eschatologische Bedeutung eines historischen Geschehens. Insofern hat man in dem von ihm gewählten Titel „Glauben und Verstehen" ein theologisches, ja hermeneutisches Programm mit Recht zu erkennen vermocht. Bemerkenswert ist dabei, wie die Begegnungen der ersten 4 Lebensdezennien für Arbeitsmethode und Fragestellung Bultmanns richtungweisend blieben: in den exegetisch-religionsgeschichtlichen Arbeiten sind es die Einflüsse von J. Weiß, W. Bousset und W. Heitmüller und deren kritische Grundhaltung; im systematischen Bereich die von Wilhelm Herrmann erhaltenen Einsichten, insbesondere, daß der Glaube durch nichts Allgemeingültiges, nichts außerhalb seiner selbst, abgesichert werden kann; ferner haben die aus den gemeinsamen Arbeiten mit K. Barth und F. Gogarten entwickelten Forderungen an die Theologie, aus der Sackgasse des Liberalismus herauszuspringen und die Sinnfrage deutlich zu stellen, sich entscheidend ausgewirkt; endlich bleibt die Wirkung der Philosophie M. Heideggers, die vor allem die Reflexion auf die Hermeneutik auslöste und das Selbstverständnis des Menschen zum heuristischen Punkt einer Theologie des Kerygmas werden ließ. Und doch ist es gefährlich, unter „Begegnungen" einige Namen auszusondern, da damit das eminent Eigene in Bultmanns exegetisch-theologischem Werk verdeckt werden könnte.

Beurteilt man die Theologie Bultmanns nur auf Grund der in „Glauben und Verstehen" gesammelten Aufsätze, so verkürzt man die Basis, auf der sein Werk steht. Es ist nicht zu übersehen, daß klassische Philologie, Religionsgeschichte und Philosophie mit der Theologie sich in Denken und Lehren, in Wort und Werk Bultmanns zur Einheit zusammenfinden, daß er in jeder dieser Disziplinen ganz beheimatet ist. Die vorliegende Aufsatz-Sammlung bekundet es zur Genüge. Sie zeigt zugleich, daß das allerorts diskutierte, aufgenommene und oft auch umstrittene Werk, das Bultmann herausstellt, von der Exegese des Neuen Testaments — im Rahmen der antiken Literatur — seinen Ausgang nimmt. Auch der Durchbruch der zwanziger Jahre erfolgte primär in der Exegese; und, wie die letzten Aufsätze dieses Bandes zeigen, muß die Auseinandersetzung in der christlichen Theologie immer notwendig zur Exegese zurückkehren, solange die Theologie reformatorisch bleiben will.

Es ist apriori eine Verkürzung des Verständnisses der Theologie Bultmanns, wenn man ihre Ergebnisse von der exegetischen Arbeit ablöst, mit Schlagworten verselbständigt, oder gar in der Exegese nichts anderes als nur die applicatio eines dogmatischen Vorverständnisses erblickt. Der Hinweis Bultmanns an K. Barth, bei theologischen Streitfragen die Entscheidung anhand der Exegese zu suchen (424), ist nicht etwa eine methodologische Schelmerei, sondern Rekurs auf ein beiden gemeinsames hermeneutisches Prinzip.

Die nachfolgenden Aufsätze sprechen im übrigen für sich selbst. In dem, was sie darstellen, zeigen sie, daß Exegese ohne Sinnfrage eine Verkürzung der Aufgabe ist, und daß christliche Theologie ohne exegetische Verwurzelung und ständig neue Rückfrage an die biblischen Texte einer Erstarrung und Preisgabe ihrer Geschichtlichkeit verfallen würde.

Inhaltsverzeichnis

(mit Nachweis der Erstveröffentlichung)

Vorwort des Herausgebers	V
Vorwort des Verfassers	VII
Einleitung	IX
Die Frage nach dem messianischen Bewußtsein Jesu und das Petrus-Bekenntnis . . . . (Zeitschrift für die Neutestamentl. Wissenschaft 19, 1919/20, 165—174; Verlag von Alfred Töpelmann in Gießen)	1
Der religionsgeschichtliche Hintergrund des Prologs zum Johannes-Evangelium . . . . (ΕΥΧΑΡΙΣΤΗΡΙΟΝ. Festschrift für H. Gunkel, 2. Teil, 1923, 3—26; Vandenhoeck & Ruprecht, Göttingen)	10
Das Problem der Ethik bei Paulus . . . . (Zeitschrift für die Neutestamentl. Wissenschaft 23, 1924, 123—140; Verlag von Alfred Töpelmann in Gießen)	36
Die Bedeutung der neuerschlossenen mandäischen und manichäischen Quellen für das Verständnis des Johannesevangeliums . (Zeitschrift für die Neutestamentl. Wissenschaft 24, 1925, 100—146; Verlag von Alfred Töpelmann in Gießen)	55
Analyse des ersten Johannesbriefes . . . . (Festgabe für Adolf Jülicher zum 70. Geburtstag 26. Januar 1927, 1927, 138—158; Verlag von J. C. B. Mohr [Paul Siebeck], Tübingen)	105
Untersuchungen zum Johannesevangelium . . . . (Zeitschrift für die Neutestamentl. Wissenschaft 27, 1928, 113—163 und 29, 1930, 169—192; Verlag von Alfred Töpelmann in Gießen)	124

Römer 7 und die Anthropologie des Paulus 198
(Imago Dei. Gustav Krüger zum 70. Geburtstag, 1932, 53—62; Verlag von Alfred Töpelmann in Gießen)

Jesus und Paulus 210
(Beiheft 2 zur „Evangelischen Theologie", 1936, 68—90; Chr. Kaiser Verlag, München)

Johanneische Schriften und Gnosis 230
Orientalistische Literaturzeitung 43, 1940, 150—175; J. C. Hinrichs Verlag, Leipzig)

Die Frage nach der Echtheit von Mt 16,17—19 255
(Theologische Blätter 20, 1941, 265—279; J. C. Hinrichs Verlag, Leipzig)

Glossen im Römerbrief 278
(Theologische Literaturzeitung 72, 1947, 197—202; J. C. Hinrichs Verlag, Leipzig)

Bekenntnis- und Liedfragmente im ersten Petrusbrief 285
(Coniectanea Neotestamentica XI, 1947, 1—14; C. W. K. Gleerup, Lund — Ejnar Munksgaard, Kopenhagen)

Exegetische Probleme des zweiten Korintherbriefes 298
(Symbolae Biblicae Upsalienses 9, 1947; Wretmans Boktryckeri A.-B., Uppsala)

Zur Geschichte der Lichtsymbolik im Altertum 323
(Philologus 97, 1948, 1—36; Dieterich'sche Verlagsbuchhandlung, Wiesbaden)

Heilsgeschichte und Geschichte 356
(Theologische Literaturzeitung 73, 1948, 659—666; J. C. Hinrichs Verlag, Leipzig)

Ursprung und Sinn der Typologie als Hermeneutischer Methode . 369
(Theologische Literaturzeitung 75, 1950, 205—212; J. C. Hinrichs Verlag, Leipzig)

Die kirchliche Redaktion des ersten Johannesbriefes 381
(In Memoriam Ernst Lohmeyer, 1951, 189—201; Evangelisches Verlagswerk GmbH., Stuttgart)

Zur Auslegung von Galater 2,15—18 394
(Ecclesia semper reformanda. ERNST WOLF zum 50. Geburtstag, 1952, 41 bis
45; Chr. Kaiser Verlag, München)

Ignatius und Paulus 400
(Studia Paulina. In honorem Johannis de Zwaan, 1953, 37—51; De Erven
F. Bohn N. V., Haarlem)

Zur Frage nach den Quellen der Apostelgeschichte 412
(New Testament Essays. Studies in Memory of T. W. MANSON, 1959, 68—80;
Manchester University Press)

Adam und Christus nach Römer 5 424
(Zeitschrift für die Neutestamentl. Wissenschaft 50, 1959, 145—165; Verlag
Alfred Töpelmann, Berlin)

Das Verhältnis der urchristlichen Christusbotschaft zum historischen Jesus 445
(Sitzungsberichte der Heidelberger Akademie der Wissenschaften, Philosophisch-historische Klasse, 3. Abhandlung, 1960; Carl Winter Universitätsverlag, Heidelberg)

ΔΙΚΑΙΟΣΥΝΗ ΘΕΟΥ 470
(Journal of Biblical Literature 83, 1964, 12—16; Society of Biblical Literature, Philadelphia)

Ist die Apokalyptik die Mutter der christlichen Theologie? . . . 476
(Apophoreta. Festschrift für E. HAENCHEN zu seinem 70. Geburtstag am
10. Dezember 1964, 1964, 64—69; Verlag Alfred Töpelmann, Berlin)

Veröffentlichungen von Rudolf Bultmann 483

Register 508
   I. Stellen 508
  II. Griechische Wörter 545
 III. Namen und Sachen 548

Die Frage nach dem messianischen Bewußtsein Jesu und das Petrus-Bekenntnis*

Wer durch die Untersuchung der Selbstaussagen Jesu und der messianischen Szenen der Synoptiker dazu gelangt ist, das messianische Bewußtsein Jesu zu bezweifeln, für den erhebt sich das Problem, die Entstehung des Messiasglaubens nach dem Tode Jesu zu begreifen. Meist argumentiert man hier mit psychologischen Erwägungen, die | in der Fassung bei H. J. Holtzmann (Das messianische Bewußtsein Jesu, 1907, 37 f.) auf die Frage hinauslaufen: wenn die Ostergewißheit ein Doppeltes einschließt, nämlich 1. den Glauben, Jesus lebt, 2. den Glauben, Jesus ist der Messias, — ist es dann denkbar, daß der Glaube beide Sätze gleichzeitig produzierte? Wird ihm damit nicht zuviel zugemutet? Ist nicht vielmehr vorauszusetzen, daß jener zweite Glaube schon vorher bestanden hatte, und daß er gerade dazu beigetragen hat, die Entstehung jenes ersten Glaubenssatzes möglich zu machen?

Ich halte von solchen psychologischen Erwägungen nicht viel, da bei der Unmöglichkeit, sie durch die Quellen zu stützen, jede psychologische Konstruktion gleich denkbar und gleich unsicher ist. Ich halte es für ebenso wahrscheinlich, daß die Visionserlebnisse die Geburtsstunde des Messiasglaubens sind. Schaute man den Auferstandenen überhaupt — und dazu bedurfte es weder eines früheren Glaubens an ihn als an den Messias, noch gar seines eigenen Messiasanspruchs —, so war der Gedanke, er sei der kommende Menschensohn, nicht so fernliegend, ja er schien das erlebte Wunder nur zu rechtfertigen. Aber ich will meinerseits gar nicht mit solchen Erwägungen argumentieren, denn das Hauptproblem liegt nicht auf dem Gebiet der psychologischen Vorstellbarkeit, wo schließlich keiner sagen kann, was möglich und was unmöglich ist. Es liegt vielmehr darin, daß man die Frage stellen muß, *ob eine etwaige Entstehung des Messiasglaubens nach Jesu Tod nicht positive Spuren in den Quellen zurückgelassen haben muß.* Nicht als ob die

---

* Zeitschrift für die Neutestamentl. Wissenschaft 19 (1919/20) 165—174.

These von dem Nachweis solcher Spuren abhängig zu machen sei. Denn sie könnten von der Überlieferung schnell verwischt worden sein; und wenn die kritische Untersuchung der messianischen Aussagen und Szenen zu jener Konsequenz drängte, so dürfte man sich ihr nicht entziehen mit dem Hinweis auf das Fehlen positiver Indizien. Aber bei der Unsicherheit, der die kritische Analyse naturgemäß unterworfen ist, wäre es von höchstem Werte, wenn man doch positive Anzeichen für die spätere Entstehung des Messiasglaubens aufweisen könnte. Und das ist m. E. der Fall.

I.

Das erste positive Zeugnis ist *das Messiasgeheimnis des Markus*. Ich bin der Meinung, daß Wredes Auffassung (Das Messiasgeheimnis in den Evangelien, 1901) dieser merkwürdigen Theorie die richtige ist, und daß Wrede darin recht hatte, den Schlüssel des Problems in Mk 9,9 zu finden. Daß nämlich die Theorie vom Messiasgeheimnis keinen anderen Sinn hat als eben diesen: vor Tod und Auferstehung ist Jesus weder vom Volk noch von seinen Jüngern als der Messias — bzw. als der zum Messias Bestimmte — erkannt worden, und daß sich daraus die Konsequenz ergibt: er hat gar nicht daran gedacht, sich für den Messias zu halten oder zu erklären. Die Bestreitungen der Wredeschen Auffassung sind m. E. nicht im Recht. Meist — und noch Bousset (Kyrios Christos [1913], 1921², 79 f.) vertritt diesen Standpunkt — wird das Messiasgeheimnis als apologetische Theorie erklärt; sie antworte auf die Frage: wie kommt es, daß Jesus, der Messias, beim Volk keinen Glauben fand? Das christliche Empfinden erklärte sich mittels dieser Theorie den sonst unerträglichen Mißerfolg seiner Predigt; er habe eben gar nicht gewollt, daß das Volk an ihn als den Messias glaube. Dagegen spricht zunächst, daß man mit dieser Auskunft den doch auch zum Messiasgeheimnis gehörigen Jüngerunverstand nicht erklärt und es doch mißlich ist, eine zweite apologetische Tendenz zu diesem Zweck einzuführen. Übrigens begegnet der Jüngerunverstand ja auch bei Johannes, und seine Bedeutung ist hier klar: er ermöglicht es, solche Erkenntnisse der Gemeinde in Jesu Leben zurückzutragen, die erst nach seinem Tode entstanden sind; vgl. bes. Joh 2,22; 12,16. Aber außerdem erheben sich schwere Bedenken.

Wenn das Messiasgeheimnis den apologetischen Sinn haben sollte, den Unglauben des Volkes als gewollt hinzustellen, so dürfte nicht berichtet sein, daß Jesu Absicht der Heimlichkeit vereitelt wird. Mk erzählt ja, daß die Schweigegebote vergeblich sind (1,45; 7,36), daß Jesus sich nicht verbergen kann (6,33; 7,25)[1].

Vor allem aber: schon Wrede hatte (Messiasgeheimnis, 225) mit Recht betont, daß die Art, wie Mk die verborgene Messianität Jesu schildert, an keinem Punkt den Eindruck erwecke, daß es sich dabei um eine apologetische Ausrede handele. In der Tat, man muß sich die Frage vorlegen: welche Fassung müßte das Messiasgeheimnis haben, wenn es wirklich der apologetischen Theorie entsprechen sollte? Man denke nur an Joh und Apg, um zu sehen, wie der Anstoß des Unglaubens und seine Erklärung durch die göttliche Bestimmung Ausdruck in der Tradition findet. Was finden wir denn bei den Synoptikern Analoges? Warum wird z. B. in der Pharisäer-Polemik nie der Vorwurf des Unglaubens erhoben? Man kann in unserer ältesten Überlieferung allenfalls ein paar Spuren dafür nachweisen, daß die Urgemeinde gegen den Unglauben des Volkes gegenüber der Predigt Jesu polemisierte. Aber es handelt sich genau besehen meist um anderes. Das Wehe gegen die galiläischen Städte Mt 11,|20—24 = Lk 10,13—15 wird mit Wellhausen auf den Mißerfolg der *apostolischen* Predigt zu beziehen sein. Jesu Preis der Unmündigen Mt 11,25 f. = Lk 10,21 ist, wenn nicht ein echtes Jesuswort vorliegt, was ich für möglich halte, ebenso zu verstehen, nämlich aus dem Bewußtsein der Urgemeinde, den offiziellen Frommen im Besitze der göttlichen Offenbarung überlegen zu sein. Ist es ein echtes Jesuswort, so kommt es natürlich nicht in Betracht als Beweis für eine Theorie der Gemeinde. Es bliebe höchstens Mt 23,37—39 = Lk 13,34 f., die Weissagung gegen Jerusalem, — nur daß dies Wort (wie die anderen genannten) gerade bei Mk, bei dem wir solche Polemik am ersten voraussetzen müßten, nicht steht. Aus Mk wäre etwa 8,11 f. zu nennen, die Zeichenforderung. Wenn hier auch ein echtes Jesuswort vorliegt, so *kann* es in der Überlieferung freilich im Sinne einer Polemik gegen den Unglauben des Volkes an Jesus als den Messias verstanden worden sein. Aber man muß sich klar machen, daß es zum Beweis der apologetischen Theorie nicht genügt, auf einige wenige Stellen hinzuweisen, in denen im allgemeinen gegen den Unglauben des Volkes gegenüber der Predigt Jesu polemisiert wird. Vielmehr kommt hier alles darauf an zu zeigen, 1. daß der Unglaube nicht nur ein Objekt der Polemik, sondern ein die Gemeinde drückendes *Problem* war; 2. daß der Anstoß der war, daß das

---

[1] Für WREDES Theorie ist das Nebeneinander von Geheimnis und Offenbarung keine Schwierigkeit (vgl. Messiasgeheimnis, 111 ff.), wohl aber für die apologetische Theorie.

Volk nicht an Jesus *als den Messias* geglaubt hat. Ein solcher Anstoß ist in den Quellen nicht wahrzunehmen, und man kann auch gar nicht erwarten, ihn zu finden. Denn auf alle Fälle hatte der Messiasglaube der Urgemeinde zunächst gar nicht den Inhalt: Jesus war in seiner Erdenzeit der Messias, sondern den: er ist zum Messias bestimmt und wird als solcher kommen. Daß Jesus vom Volk nicht als der Messias erkannt war, konnte mithin kaum als drückend empfunden werden, — und das müßte es doch, wenn jene Deutung des Messiasgeheimnisses im Rechte wäre. Vielmehr mußte es enttäuschen, daß das Volk der *apostolischen* Predigt von der Messianität Jesu keinen Glauben schenkte. Soll das Schweigegebot aber den Unglauben des Volkes erklären, wie hätte man dann darauf kommen können, seine Gültigkeit nur bis zur Auferstehung zu datieren (Mk 9,9); denn nachher wurde das Problem doch erst akut. Wenn das Schweigegebot auf die drückende Frage antworten soll: warum fand Jesus keinen Glauben für seine Messianität, dann wäre die Fortsetzung εἰ μὴ ὅταν κτλ unerklärlich, weil nur dann verständlich, wenn nach diesem Termin die christliche Botschaft von der Messianität Jesu in überraschender Weise Glauben gefunden hätte. Aber dagegen spricht alles. Daß man *selbst* | hingegen Jesu Bestimmung zum Messias erst nach seinem Tode erkannt hatte, mußte ein Problem in dem Augenblicke werden, da man begann, sein Leben zu erzählen. Und auf dies Problem gibt das Messiasgeheimnis in der Tat die Antwort. Zumal wer der Meinung ist, daß die Verklärungsgeschichte eine in das Leben Jesu zurückprojizierte Auferstehungsgeschichte ist, wird Mk 9,9 schwerlich anders deuten können als aus dem Bewußtsein entstanden, daß dies Ereignis erst nach den Ostererlebnissen erzählt werden konnte, weil erst durch sie gegeben. Dann aber wird für Mk 8,30 dasselbe gelten, und damit komme ich zum zweiten Punkt.

II.

Als besonders sicheren Beweis für die Geschichtlichkeit des *Petrusbekenntnisses* pflegt man seine Lokalisierung in der Umgebung von Cäsarea Philippi anzusehen. Jedoch ist gegenüber diesem alteingewurzelten Vorurteil nachdrücklich zu behaupten, daß die Ortsbestimmung Mk 8, 27 in keiner Weise die Geschichtlichkeit der folgenden Szene verbürgt. V. 27a gehört offenbar als Abschluß zur vorhergehenden Geschichte, die in ihrem Anfang V. 22 auch eine Ortsangabe trägt. V. 22 und V. 27a gehören zusammen, und eine genaue Analogie scheint mir Mk 7,24—31 vorzuliegen, wo sich auch die Ortsangaben V. 24 und V. 31 entsprechen. Daß aber die Fixierung des Petrusbekenntnisses in diesem Zusammenhang, d. h. seine Verknüpfung mit der vorausgehenden Ortsangabe, ein Werk des Mk ist, scheint sich mir noch ausdrücklich in der Situationsangabe ἐν τῇ ὁδῷ zu verraten; denn diese ist, wo sie sonst auftritt, eine Regiebemerkung des Mk, vgl. 10,17.32; auch 9,33 f.

Weiter ist festzustellen, daß die Szene des Petrusbekenntnisses von Mk verstümmelt ist; sie muß in der älteren Tradition einen organischen Abschluß gehabt haben, der jetzt fehlt. Jetzt wird sie durch V. 30 bzw. 31 f. abgeschlossen, Stücke, die schriftstellerische Arbeit des Mk selbst sind. Mit V. 29 aber kann die Szene unmöglich ursprünglich geschlossen haben. Eine Antwort Jesu, der ja das Bekenntnis provoziert hatte, ist unbedingt erforderlich. Auch kann nicht etwa V. 33 der ursprüngliche Abschluß der Szene gewesen sein; denn es ist undenkbar, daß die Gemeinde je eine Tradition bewahrt hätte, in der eine Zurückweisung des Messiasbekenntnisses als einer satanischen Versuchung ausgesagt war[2]. Moderne psychologische Eindeutungen müssen wir fernhalten; daß für Jesus der Messiasgedanke eine Versuchung war, hätte die Tradition nie begriffen, noch | weitergegeben. V. 33 hat sichtlich seine Beziehung auf V. 32; und V. 33 stammt vermutlich aus den Debatten der Gemeinde, in denen etwa von hellenistischer oder gar paulinischer Seite dem Petrus und seiner Richtung Unverständnis für die Bedeutung des Leidens und Sterbens Jesu vorgeworfen wurde. Jedenfalls ist ein Doppeltes festzustellen: 1. die Szene ist bei Mk verstümmelt; 2. aus dem Abschluß, den Mk der Szene gegeben hat, spricht deutlich eine Animosität gegen Petrus.

Haben wir die Möglichkeit, den ursprünglichen Schluß der Szene wiederzufinden? Ich glaube, daß er bei Mt erhalten ist; Mt 16,17—19 werden m. E. in der Regel zu schnell als sekundäre Erweiterung des Mt beiseite getan. Das Motiv der Entstehung dieser Verse kann doch wohl nur in einer Situation gesucht werden, in der man den Petrus als Begründer und Säule der ἐκκλησία verehrte. Wo ist solche Situation, da das Wort als echtes Jesuswort nicht in Frage kommt, im apostolischen oder nachapostolischen Zeitalter gegeben? Das Kirchenbewußtsein der römischen Gemeinde spricht aus diesen Worten noch nicht, denn so spät kann die Entstehung des Mt keinesfalls angesetzt werden[3]. Ich sehe nicht, daß

---

[2] Daß der ursprüngliche Schluß der Szene in einem noch späteren Verse (etwa 9,1) enthalten sei, halte ich für ausgeschlossen.
[3] Interpolation in Mt kommt m. E. nicht in Betracht.

irgendwo anders die Bedingungen für die Entstehung gegeben gewesen wären als in der Urgemeinde zu Jerusalem. Dafür spricht sowohl die sprachliche Fassung der Worte wie ihr Gedankengehalt: Das μακάριος εἶ V. 17 ist offenbar Wiedergabe der semitischen Heilsformel mit dem Pronomen (Suffix) der 2. Pers. sing. Die Formel μακάριος εἶ findet sich in griechischen Makarismen ganz selten; vgl. G. L. Dirichlet, De veterum macarismis (Religionsgesch. Vers. u. Vorarb. XIV 4; 1914) p. 15, 3; 42, 1 und im übrigen p. 26. Die Anrede des Petrus als Σίμων Βαριωνᾶ ist schwerlich originalgriechisch formuliert (vgl. Joh 1,42; 21,15 ff.). σὰρξ καὶ αἷμα ist der bekannte Semitismus. In V. 18 ist das Wortspiel mit dem Namen Petrus sicher nicht in griechischer Sprache konzipiert[4]. Denn unter allen Umständen wäre in einem originalgriechischen Wortspiel der Genuswechsel πέτρος-πέτρα vermieden worden. Er erklärt sich vielmehr daraus, daß im zugrunde liegenden aramäischen Text beide Male כיפא gesagt war („Du bist eine כיפא und auf diese כיפא ..."); da aber Πέτρος zur Zeit des griechischen Übersetzers als Eigenname des Petrus üblich war, so mußte er dies natürlich einsetzen, während er ἐπὶ ταύτῃ τῇ πέτρᾳ wieder in genauem Anschluß an das Original schrieb. Weiter sind die πύλαι | ᾅδου als Semitismus bekannt[5]. Endlich gibt das δῆσαι und λῦσαι in V. 19 die bekannte rabbinische Terminologie des für verboten bzw. erlaubt Erklärens wieder, und der Gegensatz Erde-Himmel entspricht dem semitischen Sprachgebrauch. Zugleich führt die Terminologie von V. 19 in die Gesetzesdebatten der Urgemeinde, ja ist eigentlich nur aus ihnen zu erklären.

Vor allem aber: die Rolle, die dem Petrus hier zugeschrieben wird, ist doch die, die er in der Urgemeinde gespielt hat. Wir wissen aus Paulus und schwachen Nachklängen in der Apg, welche Bedeutung Petrus für die Bildung der Urgemeinde und ihren Bestand hatte. Es ist mir immer als besonders merkwürdig erschienen, daß diese ungeheure Bedeutung der Person des Petrus in der synoptischen Tradition, die doch die primäre Quelle für die Urgemeinde ist, nicht sollte zum Ausdruck gekommen sein. Von der entscheidenden Ostervision des Petrus haben sich sonst nur schwache Nachklänge erhalten, von seiner weiteren Bedeutung

---

[4] Die Ausführungen von DELL, ZNW 15 (1914) 14 ff., sind in dieser Hinsicht völlig irrig.
[5] Die Lesart αὐτῆς scheint mir sodann sicher (gegen HARNACK), und der Sinn dürfte sein: die Gemeinde der Erwählten (als solche fühlt sich die Urgemeinde) wird, wenn in der Endzeit die Mächte des Todes und Teufels über dies Geschlecht hereinbrechen und es überwältigen, verschont bleiben. Es liegt also eine eschatologische Weissagung vor.

für die Urgemeinde ebenso kaum ein Nachhall. Ich meine: hier haben wir, was wir suchen; Mt 16,17—19 stammt aus der Urgemeinde und spiegelt die Bedeutung des Petrus für die Urgemeinde wieder.

Für die Behauptung aber, daß die Verse wirklich den Abschluß der Szene vom Messiasbekenntnis gebildet haben, spricht zunächst die Erwägung, daß V. 17, wenn das Urteil, daß das Wort aus der Urgemeinde stammt, richtig ist, zweifellos nur auf ein Messiasbekenntnis gefolgt sein kann. Es wäre aber weiter zu fragen: 1. ist es glaublich, daß Mt für diese Szene wirklich ältere Tradition benutzt hat als den Mk? Das kann natürlich a priori so wenig behauptet wie bestritten werden. Die Möglichkeit jedenfalls besteht, und sie scheint mir in diesem Fall besonders einleuchtend (ganz abgesehen davon, daß Mt auch sonst gelegentlich die bei Mk erhaltene Überlieferung in einem früheren Stadium zu kennen scheint). Denn bei der Bedeutung, die diese Szene hat, ist es wahrscheinlich, daß sie auch außer ihrer Eingliederung in das MkEv weiter überliefert wurde. — 2. Es wäre zu fragen, ob die Streichung des Schlusses durch Mk begreiflich ist. Das aber ist zu bejahen; denn der Ersatz des Markus enthält ja, wie gezeigt, eine gegen Petrus gerichtete Spitze. Daß Mk ein Stück, das eine Verherrlichung des Petrus enthielt, gestrichen haben kann, ist daher einleuchtend; auch sonst, meine ich, ist es klar: sein Evangelium ist nicht petrinisch sondern paulinisch.

Was also ist das Ergebnis? Ist Mt 16,17—19 der ursprüngliche Abschluß des Petrusbekenntnisses, so ergibt sich die Folgerung, daß, wie diese Verse, so die ganze Szene eine Bildung der Urgemeinde ist. Ihr Sinn kann aber dann noch genauer angegeben werden. Vorher jedoch stelle ich noch eine andere Erwägung an, die das bisher Erreichte zu stützen geeignet ist. Wie wird das Petrusbekenntnis eingeleitet? Durch die Frage τίνα με λέγουσιν οἱ ἄνθρωποι εἶναι; (daß hier die Formulierung des Mt sekundär ist, bedarf keines Wortes) und die folgenden Antworten. Frage und Antwort bereiten einigen Anstoß, der mir in der Regel unterschätzt zu werden scheint. Zunächst die Frage! Warum fragt Jesus seine Jünger? Modernem aber nicht antikem Gefühl entspricht die psychologisierende Antwort, daß er ihnen die Zunge lösen will, daß er ein in ihnen ringendes Bewußtsein zum Ausdruck und zur Sicherheit bringen will. In Wahrheit will die Frage nur Anlaß zur Antwort, und diese will nur eine Folie für das Messiasbekenntnis geben; m. a. W. diese einleitende Frage ist Konstruktion. Auch aus einem anderen Gesichtspunkt ergibt sich diese Feststellung. Ist es etwa denkbar, daß Jesus nicht ebensogut wie die Jünger gewußt hat, was man über ihn sagt? Die Frage gehört vielmehr in eine Reihe mit gewissen Erscheinungen der synoptischen Tradition, ich meine mit gewissen Stücken, die Jesus in eine merkwürdige Distanz zum Volk rücken. Warum nehmen die Gegner so oft Anstoß nicht am Verhalten Jesu, sondern an dem der Jünger? Die Jünger fasten nicht (Mk 2,18)! Hat etwa Jesus gefastet? Die Jünger raufen Ähren aus (Mk 2,23)! Jesus etwa nicht? Die Jünger essen mit ungewaschenen Händen (Mk 7,2)! Hat Jesus etwa die Hände vor dem Essen gewaschen? — Wie ist diese merkwürdige Erscheinung zu erklären? Einfach daraus, daß diese Stücke ihre Formulierung in den Gesetzesdebatten der Urgemeinde mit den Gegnern erhalten haben. Man wirft der Gemeinde vor: die Jesus-Jünger fasten nicht, halten den Sabbat nicht vorschriftsmäßig, waschen die Hände nicht vor dem Essen, und so verteidigt in der Tradition Jesus nicht sich, sondern die Gemeinde. Eine analoge Erscheinung liegt Mk 2,16 vor, wo nicht Jesus selbst, sondern die Jünger nach dem Verhalten Jesu gefragt werden. Die Gemeinde ist es gleichsam, die die Beziehungen zwischen Jesus und dem Volk vermittelt. Was bedeutet das für den vorliegenden Fall? Die Gemeinde hört die verschiedenen Urteile im Volk über Jesus umgehen, und sie muß Jesus davon Mitteilung machen. M. a. W. die Einleitung des Messiasbekenntnisses ist in der Gemeinde formuliert. Dann aber ergibt sich ein Weiteres: die Gemeinde ist sich bewußt, daß sie allein die Erkenntnis von der Messianität Jesu hat, — außerhalb ihrer weiß man nichts davon. Aber darf man das anders deuten als so: der Glaube an die Messianität Jesu ist erst in der Gemeinde entstanden? Denn an sich ist es zwar möglich, daß die Gemeinde in ihrem Messiasglauben das Merkmal sieht, das sie vom Volk unterscheidet, ohne daß damit über die Entstehung des Messiasglaubens etwas ausgesagt wäre. Aber schwerlich hätte diese Überzeugung die vorliegende Formulierung gewonnen, wenn zu Lebzeiten Jesu — als es den Unterschied zwischen Volk und Gemeinde in dieser Form doch noch nicht gab — die Messianität Jesu zur Debatte gestanden hätte. Vielmehr wird die Erkenntnis von der Messianität Jesu offenbar als eine esoterische dargestellt, und das kann sie zu Jesu Lebzeiten doch kaum gewesen sein.

Ich halte es also von dieser Seite her für wahrscheinlich, daß die ganze Szene Bildung der Urgemeinde ist und dann auch die Entstehung des Messiasglaubens in der Urgemeinde verrät. Für diese Entstehung gewinnen wir aber aus der Szene noch eine weitere Erkenntnis von höchster Bedeutung. Verantwortlich für den neuen Messiasglauben ist Petrus. Ergibt sich daraus nicht ein deutlicher Hinweis auf die Entstehungsstunde des Messiasglaubens? Daß sie nämlich das Ostererlebnis des Petrus gewesen ist? Mir scheint, daß das auch aus dem Satze ὅτι σὰρξ καὶ αἷμα οὐκ ἀπεκάλυψέν σοι κτλ hervorgeht: die Erkenntnis des Petrus kann nur eine übernatürliche gewesen sein, nicht eine aus allgemein zugänglichen Instanzen gefolgerte und für jedermann mögliche. Gott hat es ihm ja offenbart; muß man nicht an Gal 1,15 f. denken: ὅτε δὲ εὐδόκησεν ὁ ἀφορίσας με . . . ἀποκαλύψαι τὸν υἱὸν αὐτοῦ ἐν ἐμοί? Die Ostervision des Petrus war die erste entscheidende; wir wissen es aus 1Kor 15,5 und aus den rudimentären Andeutungen bei den Synoptikern. Auf Petrus in erster Linie beruhte die Konstituierung und die erste Existenz der Urgemeinde. Hier haben wir das Zeugnis der Urgemeinde, daß sie und ihr Messiasglaube aus dem Ostererlebnis des Petrus erwachsen ist.

In Mk 8,27—30 redet also der Auferstandene; eine Empfindung dafür liegt hier wie in der Verklärungsgeschichte in den angehängten Schweigegeboten vor. Als Analogie für die Tatsache, daß Worte des Auferstandenen dem auf Erden Wandelnden in den Mund gelegt werden, verweise ich auf Mt 18,15—20, wo auch deutlich der Auferstandene redet[6]. Endlich ist auf die johanneische Parallele zu Mt 16,19 zu verweisen: Joh 20,22 f.: . . . λάβετε πνεῦμα ἅγιον. ἄν τινων ἀφῆτε τὰς ἁμαρτίας, ἀφέωνται αὐτοῖς· ἄν τινων κρατῆτε, κεκράτηνται. Diese Worte finden sich bei Johannes in einer „Ostergeschichte". Es liegt nahe zu fragen, ob ihm als Grundlage für seine Darstellung eine Tradition vorlag, in der die Szene Mt 16,13—19 (bzw. Mk 8,27—30 und der fehlende Schluß) eine „Ostergeschichte" war, bzw. ob in der Szene des Petrusbekenntnisses ursprünglich expressis verbis der Auferstandene der Fragende und Antwortende war. Die Szene wäre dann wie die Verklärungsgeschichte in das Leben Jesu zurückprojiziert worden. Man darf wohl auch darauf hinweisen, daß das Motiv eines Dialoges zwischen Jesus und Petrus auch in der „Ostergeschichte" Joh 21,15—19 vorkommt.

---

[6] Auch in manchen anderen synoptischen Jesusworten redet der Auferstandene. Für den vorliegenden Fall mag es mit der genannten Analogie genug sein.

Der religionsgeschichtliche Hintergrund des Prologs zum Johannes-Evangelium*

I.

Das Verständnis des Johannes-Prologs[1] kann nur erreicht werden auf Grund einer sicheren Stellungnahme zur Frage nach der *Einheit des Evangeliums*. Und natürlich kann auch die Frage, ob der Prolog eine Einheit sei, nicht abschließend beurteilt werden ohne Rücksicht auf das ganze Evangelium. Indessen glaube ich, den Prolog einmal isoliert betrachten zu dürfen; einmal, weil die Frage nach der Einheit des Ganzen doch von der Untersuchung einzelner Stücke ausgehen muß, und sodann, weil m. E. für den Prolog die Frage verhältnismäßig einfach liegt. Es handelt sich bekanntlich vor allem darum, ob die Verse 6—8 und 15 zum ursprünglichen Bestande gehören. Ich schließe mich hier ganz dem Urteil Wellhausens an, der diese Verse für spätere Einfügungen erklärt, und will seine Gründe nicht wiederholen, die mir auch durch Ed. Meyer und H. Leisegang neuerdings nicht widerlegt zu sein scheinen[2]. Mit der Ausschaltung dieser Verse will ich vorläufig weder über Art und Motiv ihrer Einfügung etwas ausgesagt haben, noch geleugnet haben, daß der Verfasser des Ganzen diesem Ganzen einen einheitlichen Sinn zu geben sich bemühte. Ich füge nur noch hinzu, daß m. E. auch V. 17 eine sekundäre Einschaltung ist. Der Vers ist eine etwas pedantische exegeti-

---

* Eucharisterion. Festschrift für H. Gunkel, 1923 Bd. II, 3—26.

[1] Nach Abschluß dieses Aufsatzes ward mir zugänglich Rendel Harris, The origin of the prologue to St. Johns gospel 1917. Trotz mancher ähnlichen Beobachtungen ist diese Untersuchung von der meinen in der Methode und den Ergebnissen völlig verschieden, so daß ich mich nicht im einzelnen damit auseinanderzusetzen brauche. In einer Anmerkung habe ich noch Bezug darauf genommen. Das Hauptergebnis von R. Harris ist, „that the first and foremost article of Christian belief is that Jesus is the Wisdom of God, personified, incarnate, and equated with every form of personification of Wisdom that could be derived from or suggested by the Scriptures of the Old Testament".

[2] Ed. Meyer, Ursprung und Anfänge des Christentums I 1921, S. 314—322. H. Leisegang, Pneuma hagion 1922, S. 55—58.

sche Bemerkung, in der 1. Ἰησοῦς Χριστός, der bisher nicht genannt war, ebenso plötzlich wie beiläufig auftaucht, und 2. χάρις durch die Antithese zum νόμος eine fremde, paulinische Nuance erhält im Unterschied von V. 14 und V. 16 (nur hier kommt der Begriff im Evangelium vor). |
Es bleibt also folgender Text[3] zu untersuchen:
1. ἐν ἀρχῇ ἦν ὁ λόγος,
    καὶ ὁ λόγος ἦν πρὸς τὸν θεόν,
    καὶ θεὸς ἦν ὁ λόγος.
2. οὗτος ἦν ἐν ἀρχῇ πρὸς τὸν θεόν.
3. πάντα δι᾽ αὐτοῦ ἐγένετο,
    καὶ χωρὶς αὐτοῦ ἐγένετο οὐδὲ ἕν [ὃ γέγονεν][4].
4. ἐν αὐτῷ ζωὴ ἦν,
    καὶ ἡ ζωὴ ἦν τὸ φῶς τῶν ἀνθρώπων·
5. καὶ τὸ φῶς ἐν τῇ σκοτίᾳ φαίνει,
    καὶ ἡ σκοτία αὐτὸ οὐ κατέλαβεν.
9. ἦν τὸ φῶς τὸ ἀληθινόν,
    ὃ φωτίζει πάντα ἄνθρωπον, [ἐρχόμενον εἰς τὸν κόσμον][5].
10. ἐν τῷ κόσμῳ ἦν, καὶ ὁ κόσμος δι᾽ αὐτοῦ ἐγένετο,
    καὶ ὁ κόσμος αὐτὸν οὐκ ἔγνω.
11. εἰς τὰ ἴδια ἦλθεν,
    καὶ οἱ ἴδιοι αὐτὸν οὐ παρέλαβον.
12. ὅσοι δὲ ἔλαβον αὐτόν,
    ἔδωκεν αὐτοῖς ἐξουσίαν τέκνα θεοῦ γενέσθαι,
    [τοῖς πιστεύουσιν εἰς τὸ ὄνομα αὐτοῦ][5],
13. οἳ οὐκ ἐξ αἱμάτων οὐδὲ ἐκ θελήματος σαρκὸς οὐδὲ ἐκ θελήματος ἀνδρός
    ἀλλ᾽ ἐκ θεοῦ ἐγεννήθησαν.
14. καὶ ὁ λόγος σὰρξ ἐγένετο
    καὶ ἐσκήνωσεν ἐν ἡμῖν,
    καὶ ἐθεασάμεθα τὴν δόξαν αὐτοῦ, δόξαν ὡς μονογενοῦς παρὰ πατρός,
    πλήρης χάριτος καὶ ἀληθείας.
16. ὅτι ἐκ τοῦ πληρώματος αὐτοῦ ἡμεῖς πάντες ἐλάβομεν,
    καὶ χάριν ἀντὶ χάριτος.
18. θεὸν οὐδεὶς ἑώρακεν πώποτε·
    ὁ μονογενὴς υἱὸς ὁ ὢν εἰς τὸν κόλπον τοῦ πατρός, ἐκεῖνος ἐξηγήσατο.

---

[3] Die textkritischen Fragen denke ich in anderem Zusammenhang zu behandeln.
[4] Wie Heitmüller und Bauer sehe ich in dem ὃ γέγονεν Textverderbnis; ich halte es für eine interpretierende Glosse, die ein — freilich eingebildetes — Mißverständnis des Satzes verhüten soll.
[5] Über die Einklammerung dieser Worte als Zusätze wird unten Rechenschaft gegeben.

Das erste exegetische Problem ist dies: *Wie weit ist von dem präexistenten Logos die Rede, von wo ab von dem in der Geschichte auftretenden, d. h. von Jesus?* Die Kommentatoren sind uneins. Spitta und Zahn beziehen schon V. 4 auf den fleischgewordenen Logos, den geschichtlichen Jesus. Nach B. Weiß setzt zwar nicht V. 4, aber V. 5 die historische Erscheinung Jesu voraus. Nach Heitmüller schildert V. 9 das Kommen des Logos in die Welt, und V. 10 und 11 zeichnen die erschütternde Tragik des Lebens Jesu. | Ähnlich, nur etwas verklausuliert, erklären Holtzmann und Bauer. Die Unsicherheit der Sachlage ist durch Harnacks, von Holtzmann und Bauer wiederholten, Satz charakterisiert, daß der Prolog „bereits immer schon (sic) die menschliche Wirksamkeit im Auge hat, aber sie sub specie aeternitatis betrachtet" (ähnlich Loisy).

Deutlich handelt von der Menschwerdung erst V. 14: καὶ ὁ λόγος σὰρξ ἐγένετο. Das klingt nicht so, als sei schon vorher vom Fleischgewordenen die Rede. Vollends in V. 4 f. kann doch kein Leser, der nicht das Ganze kennt, an den geschichtlichen Jesus denken, und kann man dem Verf. diese Zumutung zutrauen? Schwerlich würde man in Versuchung sein, in V. 4 f. den Fleischgewordenen zu finden, wenn nicht die scheinbar deutlichen Aussagen von V. 10 f. wären, deren Parallelität mit V. 5 dann das Verständnis von V. 4 f. beeinflußt. Und kann in V. 10 f. von etwas anderem die Rede sein als von der „Tragik des Lebens Jesu"? Das ist in der Tat doch möglich. Ich glaube, daß man an der von Exegeten wie Zahn mit Recht stark empfundenen und nach Ausscheidung von V. 6—8 vollends deutlichen Parallelität von V. 5 und V. 10 f. festhalten muß, aber umgekehrt V. 9—13 nach V. 4 f. erklären, d. h. auf den Präexistenten beziehen muß[6].

Freilich ist klar, daß ein christlicher Leser durch V. 10 f. an die Tragik des Lebens Jesu erinnert werden mußte, und also schwer vorzustellen, daß der Verf. diese nicht gemeint haben sollte. Aber diese Schwierigkeit löst sich, wenn man sieht, daß im Prolog *eine Vorlage benutzt* ist, in der die Aussagen V. 9—13 ebenso wie die V. 1—5 von einem präexistenten Gottwesen galten. Es wäre in der Tat nicht verständlich, in welchem Sinne ein christlicher Verf. vom präexistenten Jesus von sich aus gesagt haben sollte, daß er in die Welt, sein Eigentum, kam, daß ihn aber die

---

[6] In den parallelen Sätzen stört zweifellos das Präsens φαίνει, da man das Präteritum erwartet. Das φαίνει auf die Gegenwart des Verf. zu beziehen, verbietet außer den parallelen Aussagen m. E. das οὐ κατέλαβεν, statt dessen sonst ein οὐ καταλαμβάνει zu erwarten wäre. Als Ganzes kann V. 5 nur auf die Vergangenheit gehen, und das Präsens φαίνει muß zeitlos sein wie das φωτίζει V. 9, wenn es nicht auf den Bearbeiter zurückgeht.

Welt nicht erkannte, die Seinen ihn nicht aufnahmen. Dagegen sind uns vor- und außerchristliche Spekulationen dieser Art bekannt, und auch ihre Übertragung auf Jesus steht nicht allein. Daß der Prolog im allgemeinen von vorchristlichen Anschauungen abhängig ist, ist weithin anerkannt; man nimmt gewöhnlich an, daß es alexandrinisch-jüdische Logosspekulationen sind. Was daran richtig ist, wird sich später zeigen. Jedenfalls hat, wer geneigt ist, in den kosmologischen Spekulationen V. 1—3 (4) Abhängigkeit von vorchristlicher Tradition anzunehmen, allen Grund zu fragen, ob nicht auch in den heilsgeschichtlichen Spekulationen V. 5.9—13 solche Abhängigkeit vorliegt. |

II.

Auf den richtigen Weg weist Mt 23,37 = Lk 13,34, das von mir wie von zahlreichen andern Forschern als Zitat aus einer jüdischen Weisheitsschrift angesehene Wort Jesu über Jerusalem[7]. Die σοφία spricht: ... ποσάκις ἠθέλησα ἐπισυναγαγεῖν τὰ τέκνα σου ... καὶ οὐκ ἠθελήσατε. Es ist die Klage der göttlichen Weisheit, daß ihr Bemühen um die Menschen, bzw. die Juden, oder daß ihre Absicht, Offenbarung zu bringen, am Widerstreben der Menschen gescheitert ist. Auch hier liegen Spekulationen im Hintergrund, die deutlich werden, sobald man das jüdische Material im Zusammenhang überschaut.

Ich gehe dabei vorläufig nicht auf die Stellen ein, an denen von der Präexistenz der Sophia und ihrer kosmischen Rolle die Rede ist; im allgemeinen kann ich diese Seite der *jüdischen Weisheitsspekulation* als bekannt voraussetzen[8]. Das Wichtigste ist zunächst, was über die heilsgeschichtliche Rolle der als präexistente göttliche und kosmische Gestalt bekannten Weisheit im Judentum gedacht worden ist.

Den Ausgangspunkt mag das Buch des Siraziden bieten. Sir 24,1—11 sagt die Weisheit von sich, daß sie, die präexistente und kosmische, Völker und Nationen als Eigentum besaß (V. 6)[9]. Sie sagt weiter (V. 7):

---

[7] Vgl. meine Geschichte der synoptischen Tradition S. 68 f. [ab 2. Aufl.: 120 f.]; REITZENSTEIN, Das mandäische Buch des Herrn der Größe (Sitz.-Ber. d. Heidelb. A. d. W. phil.-hist. Kl. 1919, 12. Abh.) S. 42.

[8] Vgl. W. SCHENCKE, Die Chokma (Sophia) in der jüdischen Hypostasenspekulation (Vidensk. Skrifter II. Hist. filos. Kl. 1912 No. 6); Kristiania 1913.

[9] Dem ἐκτησάμην von B (der hebr. Text fehlt) steht freilich das ἡγησάμην von S gegenüber. Für die Sache bleibt es sich aber gleich, ob man das ἐκτησάμην vorzieht oder auf Grund des ἡγησάμην mit SMEND verstehen will: „Über Völker und Nationen hatte ich Gewalt." Die Übersetzung habe ich stets nach SMEND gegeben.

„Und bei ihnen allen suchte ich eine Residenz (ἀνάπαυσιν), und in wessen Erbteil ich wohnen könnte (αὐλισθήσομαι)."
Weiter aber scheint die soweit gleich einleuchtende Parallele mit dem Johannes-Prolog nicht zu gehen; denn die Weisheit erhält nun ja tatsächlich einen Wohnsitz auf Erden, nämlich in Israel:

(V. 8) καὶ ὁ κτίσας με κατέπαυσεν τὴν σκηνήν μου
καὶ εἶπεν· ἐν Ἰακὼβ κατασκήνωσον,
καὶ ἐν Ἰσραὴλ κατακληρονομήθητι.

Indessen ist klar, daß sich der Verf. in seiner ganzen Darstellung an alte Tradition anschließt, die er im Geiste seiner gesetzlichen Frömmigkeit redigiert[10]. Er überträgt in c. 24 solche Weisheitsspekulation auf das Gesetz, wie aus V. 23 deutlich hervorgeht:

ταῦτα πάντα (das von der Weisheit Gesagte) βίβλος διαθήκης θεοῦ Ὑψίστου, νόμον ὃν ἐνετείλατο Μωυσῆς[11].

Mit dieser Beziehung auf das Gesetz ist aber die alte Spekulation modifiziert worden. Und darf man annehmen, daß ursprünglich die Parallele mit dem Johannes-Prolog (und mit Mt 23,37 = Lk 13,34) vollständig war, so wäre zu folgern, daß der Sirazide entweder die ursprüngliche Aussage, daß die Weisheit *keine* Wohnung auf Erden fand, in ihr Gegenteil korrigiert hat: in Israel hat sie eben *doch* Wohnung gefunden! Oder aber, daß wie Joh 1,12 auch in der alten Weisheitsspekulation von Ausnahmen berichtet war: im allgemeinen wird die Weisheit abgelehnt, aber einige wenige nahmen sie auf. Daran hätte der Verf. sich gehalten: Diese Ausnahmen sind eben in Israel gegeben; Israel nimmt ja eine Ausnahmestellung unter den Völkern und Nationen ein. Ob solche Vermutung berechtigt ist, muß das Folgende zeigen.

Als bestätigende wie weiterführende Parallele kommt eine Stelle des Baruch-Buches der LXX hinzu: Bar 3,9—4,4. Auch hier ist von der Weisheit die Rede, auf deren kosmische Rolle 3,29—36 angespielt wird, und von der es wie Sir 24,23 dann heißt (4,1):

αὕτη ἡ βίβλος προσταγμάτων τοῦ θεοῦ
καὶ ὁ νόμος ὁ ὑπάρχων εἰς τὸν αἰῶνα.

---

[10] Vgl. Geschichte der synoptischen Tradition S. 59.
[11] Vgl. Sir 15,1, wo es nach der Schilderung des Weisheitssuchers (14,20—27) heißt:
Wer den Herrn fürchtet, tut das,
Und wer am *Gesetz* festhält, erlangt sie.
Vgl. ferner BOUSSET, Die Religion des Judentums² S. 136, 1; S. 396, 2; SCHENCKE, l. c. 34 f. Und als Beispiel Bereschit Rabba c. 1: Gott schafft die Welt, nachdem er in die *Thora* geblickt hat, während nach der alten Anschauung die *Weisheit* seine Beraterin

Auch hier ist also die alte Weisheitsspekulation auf das Gesetz gedeutet, und Israel gilt als Besitzer der Weisheit (3,37). Aber hier tritt deutlich hervor, was für den Siraziden nur zu vermuten war, daß zu dieser Spekulation der Gedanke gehört, daß die Weisheit von den Menschen abgelehnt wird. Israel hat, so wird im Widerspruch zu der sekundären Anwendung (3,37) gesagt, die Weisheit verschmäht (3,11—13); die ἄρχοντες τῶν ἐθνῶν, die κυριεύοντες τῶν θηρίων, die „Kaufleute von Medan und Thema"[12], die γίγαντες usw. kannten die Weisheit nicht und gingen wegen ihrer Torheit zugrunde.

Aber noch mehr! Das ganze Stück ist eine Bußpredigt, die zur Annahme der Weisheit mahnt:

3,9: ἄκουε, Ἰσραήλ, ἐντολὰς ζωῆς,
ἐνωτίσασθε γνῶναι φρόνησιν.
4,2: ἐπιστρέφου, Ἰακώβ, καὶ ἐπιλάβου αὐτῆς,
διόδευσον πρὸς τὴν λάμψιν τοῦ φωτὸς αὐτῆς.

Und weiter führt die Beobachtung, daß in scheinbarem Widerspruch mit dem Klang des Vorwurfs, der sich durch die ganze Bußpredigt zieht, die starke Betonung der Verborgenheit der Weisheit steht: niemand findet den Weg zu ihr; Gott allein hat sie erkundet (3,29—36). Daraus folgt einmal, daß die Mitteilung der Weisheit nur auf Offenbarung beruhen kann, daß also die Bußpredigt einer Selbstoffenbarung oder Selbstdarstellung der Weisheit nahe kommt, wie sie Sir 24,1—34 vorliegt und alsbald in anderen Quellen begegnen wird. Es legt sich weiter die Annahme nahe, daß der Widerspruch zwischen der Verborgenheit der Weisheit und dem Vorwurf, sie verschmäht zu haben, so zu deuten ist: die Verborgenheit der Weisheit entspricht nicht ihrer ursprünglichen Absicht, sondern ist die Folge davon, daß die Menschen sie abgelehnt haben. Das Recht dieser Kombination wird gleich deutlich werden. Zunächst führt der Weg weiter, indem wir uns an die Schilderung der Verborgenheit der Weisheit halten.

Es heißt Bar 3,29 f.:

τίς ἀνέβη εἰς τὸν οὐρανὸν καὶ ἔλαβεν αὐτήν,
καὶ κατεβίβασεν αὐτὴν ἐκ τῶν νεφελῶν;
τίς διέβη πέραν τῆς θαλάσσης καὶ εὗρεν αὐτήν,
καὶ οἴσει αὐτὴν χρυσίου ἐκλεκτοῦ;

---

ist (F. Weber, Jüdische Theologie auf Grund des Talmud und verwandter Schriften² S. 14 ff.).

[12] Vgl. Rothstein zum Text bei Kautzsch, Die Apokryphen und Pseudepigraphen des AT I S. 220.

Dazu stellt sich das späte Stück Dtn 30,11—14 (nach Marti): „Denn dies Gebot, das ich dir heute gebiete, übersteigt deine Kräfte nicht und ist (für dich) nicht unerreichbar.
  Nicht im Himmel ist es, daß du sagen könntest:
    Wer steigt in den Himmel, um es uns her(ab)zuholen und es uns zu verkündigen, damit wir danach tun?
  Auch ist es nicht jenseits des Meeres, daß du sagen könntest:
    Wer fährt uns über das Meer und holt es uns herbei und verkündigt es uns, daß wir danach tun?
Sondern überaus nahe liegt dir das Wort, in deinen Mund und in dein Herz (ist es gelegt), daß du danach tun kannst."

Hier schwebt offenbar die verborgene Weisheit als Gegenbild zu dem offenbarten Gesetz vor, und für die Geschichte dieser ganzen Tradition ist es lehrreich, daß Paulus dem Gedanken eine neue Anwendung gibt, indem er das „Wort" von Dtn 30,11—14 auf das ῥῆμα τῆς πίστεως deutet (Röm 10,6—8)[13].

Von der verborgenen Weisheit der präexistenten und kosmischen Gestalt redet auch Hi 28. Die im Hintergrunde liegende Spekulation tritt hier nicht deutlich hervor, aber mit voller Sicherheit ergibt sich daraus das Recht, die Stellen des Siraziden, des Baruch-Buches und des Deuteronomium als sekundäre Interpretation bzw. als Gegensatzbildung einer ursprünglichen Weisheitsspekulation anzusehen. Bei Hiob fehlt noch jede Beziehung auf das Gesetz.

Nun fragt es sich, ob jene oben vermutete Anschauung, daß die Verborgenheit der Weisheit die Folge ihrer Ablehnung durch die Menschen ist, vielleicht bezeugt ist. Es ist der Fall. ÄthHen 42,1—3 lautet (nach Beer): „Da die Weisheit keinen Platz fand, wo sie wohnen sollte, wurde ihr in den Himmeln eine Wohnung zuteil. Als die Weisheit kam, um unter den Menschenkindern Wohnung zu machen, und keine Wohnung fand, kehrte die Weisheit an ihren Ort zurück und nahm unter den Engeln ihren Sitz. Als die Ungerechtigkeit aus ihren Behältern hervortrat, fand sie die, die sie nicht suchte, und ließ sich unter ihnen nieder (so willkommen) wie der Regen in der Wüste und wie der Tau auf durstigem Lande."

Eine Anspielung darauf liegt wohl auch äthHen 84,3 vor, wo es von Gott heißt: „Keinerlei Weisheit entgeht dir, noch wendet sie sich weg von deinem Thron oder von deinem Angesicht." Von den Menschen hat sich die Weisheit abgewandt; mit Gott hat sie Gemeinschaft.

---
[13] Eine Anspielung, die aber nicht weiterführt, liegt 4Esr 4,8 vor.

Danach ist doch wohl auch 4Esr 5,9 f. zu verstehen, wo von den Wirren der Endzeit das ausgesagt wird, was die alte Weisheitsspekulation von der Vorzeit erzählte:

> „Da verbirgt sich die Vernunft,
> und die Weisheit flieht in ihre Kammer.
> Viele suchen sie und finden sie nicht.
> Der Ungerechtigkeit aber und Zuchtlosigkeit wird viel sein auf Erden."

Von dieser Tradition ist auch ApkBar(syr) 48,36 abhängig:

> „Und viele werden sagen in jener Zeit (der letzten Not):
> Wo hat sich verborgen die viele Einsicht?
> Und wohin ist entwichen die viele Weisheit?"

Die wichtigste Stelle aber ist Spr 1,20—32, in der sich der ganze Mythos widerspiegelt. Zuerst der vergebliche Lockruf der Weisheit V. 22—23a (nach Volz):

> „Wie lange, ihr Einfältigen, liebt ihr Einfalt,
> Gefällt euch Spott, ihr Spötter,
> Hasset ihr Toren Erkenntnis,
> Kommt nicht zu meiner Predigt?"

Dann die Gerichtspredigt V. 23b—27:

> „Nun laß ich meinem Zorn den Lauf,
> ich künde euch meinen Spruch: |
> *Weil ich rief und ihr nicht wolltet,*
> *euch winkte und niemand kam.*
> Weil ihr meinen Rat verwarfet,
> meine Predigt euch nicht gefiel,
> So lache auch ich eures Unglücks,
> ich spotte eurer Angst,
> Wenn der Schreck euch überfällt wie Winter
> und Not wie der Sturmwind.
> *Dann rufen sie mich, ich höre nicht,*
> *sie suchen, und finden mich nicht.*
> Weil sie Erkenntnis haßten,
> nach Gottesfurcht nicht fragten,
> Von meinem Rat nichts wollten,
> mein Predigen verschmähten,
> So genießen sie ihr Tun
> und essen, was sie bereitet."

Der alte *Mythos von der Weisheit* ist jetzt mit Deutlichkeit zu erkennen: die präexistente Weisheit, die Genossin Gottes bei der Schöpfung, sucht Wohnung auf Erden unter den Menschen; aber sie sucht vergeblich, ihre Predigt wird abgewiesen. Sie kommt in ihr Eigentum, aber die Ihren nehmen sie nicht auf. So kehrt sie zurück in die himmlische Welt und weilt dort verborgen. Die Menschen suchen sie jetzt wohl, aber niemand vermag sie mehr zu finden; Gott allein kennt den Weg zu ihr[14]. Indessen fehlt noch ein Zug. In Sir 24,1—11 erhob sich die Vermutung (S. 14), daß die Verborgenheit der Weisheit keine absolute ist, sondern daß sich die Weisheit besonderen Auserwählten offenbart, Auserwählten, die für den Siraziden und das Baruch-Buch die Israeliten sind. Ist das letztere deutlich eine spätere Übertragung des ursprünglichen Gedankens, so tritt dieser rein hervor im 7. Kapitel der Sapientia Salomonis. Hier wird eine Schilderung der kosmischen Bedeutung der Weisheit gegeben, in der alte orientalische Spekulation mit der Terminologie hellenistischer, bes. stoischer Philosophie ausgestattet ist (V. 21—26). Dann heißt es Weish 7,27 f.:

μία δὲ οὖσα πάντα δύναται,
καὶ μένουσα ἐν αὑτῇ τὰ πάντα καινίζει
καὶ κατὰ γενεὰς εἰς ψυχὰς ὁσίας μεταβαίνουσα
φίλους θεοῦ καὶ προφήτας κατασκευάζει.
οὐθὲν γὰρ ἀγαπᾷ ὁ θεὸς εἰ μὴ τὸν σοφίᾳ συνοικοῦντα.

Es gibt also in der Tat Ausnahmen; es gibt unter der massa perditionis einzelne Begnadete, denen sich die Weisheit offenbart, die sie | aufnehmen und die dadurch zu Freunden Gottes und Propheten werden. Als ein Nachklang solcher Anschauung sind nun auch Sir 6,20—22 und 15,7 f. verständlich, wo versichert wird, daß die Weisheit für die Meisten, die Toren, unzugänglich ist, daß nur Wenige sie erlangen. Und vor allem ist Weish 7,14 verständlich, wo es von der Weisheit heißt:

ἀνεκλιπὴς γὰρ θησαυρός ἐστιν ἀνθρώποις,
ὃν οἱ χρησάμενοι[15] πρὸς θεὸν ἐστείλαντο φιλίαν
διὰ τὰς ἐκ παιδείας δωρεὰς συσταθέντες.

Ebenso ist jetzt Sir 1,1—30 als späte Weisheitsdichtung verständlich, der jene alte Weisheitsspekulation — freilich nur noch leise durchklingend — zugrunde liegt.

(V. 6)   „Die Wurzel der Weisheit — wem ist sie offenbar?
         Und die Geheimnisse der Einsicht — wer kennt sie?"

---

[14] Ob und wie Hi 15,9 ff. (vgl. GUNKEL, Genesis³ S. 33 f.; SCHENCKE l. c. S. 7—10; REITZENSTEIN, Das mandäische Buch 48) mit *diesem* Mythos zusammenhängt, lasse ich dahingestellt.   [15] V. l. κτησάμενοι.

Gott allein besitzt sie (V. 8 f.), aber
(V. 10) „Alles Fleisch besitzt von ihr, soviel er ihm gab.
Aber reichlich verlieh er sie denen, die ihn fürchten."
(V. 15) „Bei den (Frommen) hat sie von Ewigkeit her ihren Wohnsitz,
und bei ihren Nachkommen wird sie bleiben."[16]

Vor allem hat jetzt der *Johannes-Prolog* helles Licht gewonnen, und es ist wohl kaum mehr ein Wort darüber zu verlieren, daß in V. 12 das τοῖς πιστεύουσιν εἰς τὸ ὄνομα αὐτοῦ eine exegetische Glosse des Verfassers ist, durch die er seine Vorlage christianisiert. Daß hier die Anhänger der Weisheit als τέκνα θεοῦ bezeichnet werden, nicht als φίλοι θεοῦ oder προφῆται wie in der Sapientia Salomonis, hat seine Analogie Lk 7,35, wo der Täufer und Jesus als solche Ausnahmen aus „diesem Geschlecht" hingestellt und als Kinder der Weisheit bezeichnet werden, durch die die Weisheit gerechtfertigt, d. h. als gerecht erwiesen wurde: καὶ ἐδικαιώθη ἡ σοφία ἀπὸ τῶν τέκνων αὐτῆς (πάντων)[17].

III.

Nur kurz will ich, bevor ich weitergehe, einen Überblick über *die kosmische Rolle der präexistenten Weisheit* geben, damit die Abhängigkeit des Johannes-Prologs von der Weisheitsspekulation all|seitig illustriert wird[18]. Dem ἐν ἀρχῇ ἦν ὁ λόγος Joh 1,1 entspricht die Beschreibung der Weisheit als präexistent, als erstes Geschöpf Gottes Spr 8,22 bis 26 (κύριος ἔκτισέν με ἀρχὴν ὁδῶν αὐτοῦ κτλ); Sir 1,1—19; 24,3 f. 9 (πρὸ τοῦ αἰῶνος ἀπ' ἀρχῆς ἔκτισέν με). Philo nennt de virt. 62 p. 385 die Weisheit πρεσβυτέραν οὐ μόνον τῆς ἐμῆς γενέσεως ἀλλὰ καὶ τῆς τοῦ κόσμου παντός. Die rabbinische Exegese findet die Weisheit auch Gen 1,1, indem sie בראשית (ἐν ἀρχῇ) mit Spr 8,22 kombiniert, wo die Weisheit als ראשית דרכו bezeichnet wird; so gibt Targ. jer. Gen 1,1 wieder בחוכמא ברא יי [19]. Jedoch dürfte die Auffassung der Weisheit als eines Geschöpfes jüdische Umdeutung einer älteren mythologischen Anschau-

---

[16] Man könnte äthHen 91,10 die Übertragung des Gedankens in die Eschatologie finden: „Der Gerechte wird vom (Todes)Schlaf auferstehen, und die Weisheit wird sich erheben und ihnen verliehen werden."

[17] Vielleicht ist πάντων ein Zusatz des Lk, der das Wort nicht mehr verstand, so wenig wie Mt, der 11,19 aus den τέκνα die ἔργα der Weisheit macht. Übrigens darf man Spr 8,32 und Sir 4,11 wohl nicht für den Sprachgebrauch „Kinder der Weisheit" anführen; denn hier scheint es sich um die Anrede der katechetischen Terminologie zu handeln.

[18] Vgl. dazu die oben Anm. 8 angeführte Literatur.
[19] Vgl. Pirqe Aboth 6,10.

ung sein, nach der die Weisheit eine selbständige göttliche Gestalt ist. Diese Anschauung kommt dort zum Vorschein, wo die Weisheit als Genossin Gottes bezeichnet wird. So Spr. 8,30: „da war ich ihm zur Seite" (ἤμην παρ' αὐτῷ)[20].
Weish 9,9: καὶ μετὰ σοῦ ἡ σοφία ἡ εἰδυῖα τὰ ἔργα σου,
    καὶ παροῦσα ὅτε ἐποίεις τὸν κόσμον.
Weish 8,3: εὐγένειαν δοξάζει συμβίωσιν θεοῦ ἔχουσα,
    καὶ ὁ πάντων δεσπότης ἠγάπησεν αὐτήν.
Weish 9,4: δός μοι τὴν τῶν σῶν θρόνων πάρεδρον σοφίαν[21].
All das entspricht dem καὶ ὁ λόγος ἦν πρὸς τὸν θεόν Joh 1,1 bzw. 2. In der Sapientia Salomonis ist die Weisheit zugleich in philosophischer Terminologie als ἀτμίς, als ἀπόρροια und als ἀπαύγασμα Gottes beschrieben (7,25 f.); aber bei Philo klingt die mythologische Auffassung wieder durch, wenn die Weisheit als Mutter der Welt neben Gott als dem Vater bezeichnet wird (de ebriet. 30 p. 361; leg. alleg. II 49 p. 75 und sonst), dabei zugleich aber als jungfräulich (de Cherub. 48—50 p. 147 f.) oder als Gottes jungfräuliche Tochter (de fuga et inv. 50 p. 553)[22].

Wie Joh 1,3 so ist aber diese Weisheit zugleich die Schöpferin der Welt. So wird sie vielleicht Spr 8,30 als Werkmeister[23] bezeichnet; jedenfalls heißt es Spr 8,27—30, daß sie bei der Schöpfung Gott zur Seite ist. Nach Hi 28,25—27 hat Gott sie bei der Schöpfung studiert. Abgeblaßt ist die Mythologie Spr 3,19:
  „Jahwe hat durch Weisheit die Erde gegründet,
    durch Einsicht den Himmel festgestellt."
Ähnlich Weish 9,1 f.:
  ὁ ποιήσας τὰ πάντα ἐν λόγῳ σου,
  καὶ τῇ σοφίᾳ σου κατεσκεύασας ἄνθρωπον.
Stärker mythologisch ist Weish 8,4:
  μύστις γάρ ἐστιν τῆς τοῦ θεοῦ ἐπιστήμης
  καὶ αἱρετὶς τῶν ἔργων αὐτοῦ.
Ebenso Weish 7,12:
  εὐφράνθην δὲ ἐπὶ πάντων, ὅτι αὐτῶν ἡγεῖται σοφία,
  ἠγνόουν δὲ αὐτὴν γένεσιν[24] εἶναι τούτων.
Als ἡ πάντων τεχνῖτις wird die σοφία Weish 7,21 bezeichnet, um dann

---

[20] „Als Liebling" oder „als Werkmeister"? s. gleich und vgl. SCHENCKE, aaO S. 23 f. Spr 8,30—32 könnte Beschreibung der Weisheit als der Tochter Gottes sein.
[21] Vgl. Weish 9,10: ἀπὸ θρόνου δόξης σου πέμψον αὐτήν.
[22] Vgl. SCHENCKE, aaO S. 65.
[23] Vgl. SCHENCKE, aaO S. 23 f.
[24] V. l. γενέτιν.

freilich mit philosophischer Terminologie als kosmische, der Welt immanente Macht beschrieben zu werden (7,22—8,1). Philo redet de fuga et inv. 109 p. 562 von der σοφία, δι' ἧς ἀπετελέσθη τὸ πᾶν. Und ganz kraß mythologisch ist die Anschauung im slavischen Henochbuch, wo 30,8 erzählt wird, daß die Weisheit auf Befehl Gottes den Menschen schafft[25], und wo es 33,3 f. heißt (nach Bonwetsch): „Durch meine Weisheit habe ich dieses alles ersonnen und geschaffen von der obersten Grundlegung bis zur untersten und bis zum Ende... Mein Gedanke ist mir Berater, meine Weisheit, und mein Wort ist Taten."

IV.

Der Beweis, daß der Logosspekulation des Johannes-Prologs die Weisheitsspekulation zugrunde liegt, der wir in den Quellen des Judentums begegnen, scheint mir mit ziemlicher Sicherheit erbracht zu sein. Und schon hier mag nun die Frage aufgeworfen werden, warum die Gestalt, der wir im Judentum als der Weisheit begegnen, im Johannes-Prolog der Λόγος heißt. Die Annahme, daß der Evangelist von sich aus aus der Σοφία den Λόγος gemacht habe, leuchtet schwerlich ein. Zwar ist mir wahrscheinlich, daß er mit seinem Prolog ein Gegenstück zum Anfang des heiligen Buches der Juden geben will, aber daß er durch Gen 1 veranlaßt worden sei, die Σοφία in den Λόγος zu verwandeln, ist um so unwahrscheinlicher, als Gen 1 vom „Worte" nur indirekt die Rede ist. In der Tat wird ja von den meisten Forschern angenommen, daß er den Logosbegriff übernommen hat. Ist es nun richtig, daß er eine literarische Vorlage benutzt hat, so ist es das Nächstliegende, daß schon in dieser vom Logos die Rede war. Nun stammt die Vorlage wohl zweifellos zum mindesten nicht unmittelbar aus heidnischer Tradition, sondern aus dem hellenistischen Judentum, von dem das Evangelium auch sonst abhängig ist[26]. Man | muß also annehmen, daß entweder hier eine der Weisheitsspekulation parallele Logosspekulation von alters her existierte, oder daß hier an Stelle der älteren Weisheit der Logos getreten war. Die zweite Annahme scheint mir die nächstliegende zu sein, und man wird dann an *alexandrinisch-jüdische Spekulationen* denken, die ja von den meisten Forschern zur Erklärung des johanneischen Logosbegriffs herangezogen werden. Nun scheint mir zwar eine direkte Abhängigkeit

---

[25] Ebenso Ps. Klem. Hom. XVI 11 f.
[26] Dies kann natürlich nur in einer Betrachtung des *ganzen* Evangeliums endgültig bewiesen werden.

von Philo ausgeschlossen zu sein. *Spezifisch* philonisch ist im Johannes-Prolog nichts, es sei denn, daß das θεὸς ἦν ὁ λόγος in V. 1 irgendwie auf Philos Auffassung des Logos als δεύτερος θεός[27] zurückgehe. Natürlich gehört Philos Logosspekulation in den gleichen religionsgeschichtlichen Zusammenhang, ist aber eine viel kompliziertere Bildung. Auf jeden Fall liegt in ihr eine Parallele zur Logosspekulation des Johannes-Prologs vor. Und die alexandrinisch-jüdische Logosspekulation steht zweifellos im Zusammenhang der hellenistisch-ägyptischen Spekulation, in der der Λόγος als kosmische Potenz im Anschluß an alte ägyptische Theogonie[28] und unter dem Einfluß stoischer Gedanken eine besondere Rolle spielt[29]. Daher ist es verständlich, wenn in alexandrinisch-jüdischen Kreisen an Stelle der älteren Weisheit der Logos getreten ist. Wenn also im Johannes-Prolog statt der Σοφία der Λόγος erscheint, so liegt eine Schwierigkeit um so weniger vor, als auch bei Philo die Gestalten des Λόγος und der Σοφία als parallele Figuren nebeneinander auftreten; davon wird noch die Rede sein.

V.

Es ist nun vielleicht möglich, noch einen Schritt weiter zu gehen, um größere Klarheit über Ursprung und Art der Weisheitsspekulation zu erlangen und damit den Johannes-Prolog erst endgültig in den richtigen religionsgeschichtlichen Zusammenhang einzustellen.
Wenn es Weish 7,27 von der Weisheit heißt: κατὰ γενεὰς εἰς ψυχὰς ὁσίας μεταβαίνουσα, so klingt das, als sei die Offenbarung der Weisheit keine zufällig-sporadische, sondern eine einigermaßen geregelte. Freilich mag es zu kühn erscheinen, das κατὰ γενεάς als eigentlich distributiv zu fassen. Indessen wenn es weitergeht: φίλους θεοῦ καὶ προφήτας κα-

---

[27] leg. alleg. II 86 p. 82. Sehr verklausuliert läßt Philo de somn. I 229 f. p. 655 die Bezeichnung des Logos als θεός gelten, sofern er zu den ἐν καταχρήσει λεγόμενοι θεοί gehört. Übrigens halte ich es für möglich, daß das καὶ θεὸς ἦν ὁ λόγος Joh 1,1 eine Einfügung des Verf. in seine Vorlage ist, deren vorigen Satz er dann mit dem οὗτος ἦν ἐν ἀρχῇ πρὸς τὸν θεόν wieder aufnimmt. Das οὗτος wäre dabei polemisch-antithetisch gemeint. Doch lege ich auf diese Vermutung kein Gewicht.
[28] Über die Bedeutung des weltschöpferischen Wortes in ägyptischer Theogonie und Kosmologie, speziell über Ptah als „Herz und Zunge der Neunheit" vgl. ERMAN, Die ägyptische Religion² 1909, S. 46 f., Sitz. Ber. der. Berl. Ak. 1911, S. 916 ff. Auch Thot erscheint als Schöpfergottheit und als „Wort des Rê". Und in hellenistischer Zeit ist Hermes-Thot der Λόγος ebenso als schöpferische Potenz wie als Träger der Erkenntnis. Vgl. REITZENSTEIN, Zwei religionsgeschichtliche Fragen 1901, S. 71 ff.; P. HEINISCH, Das Wort im AT und im alten Orient (Bibl. Zeitfragen X 7. 8) 1922, S. 25 ff.
[29] REITZENSTEIN, Zwei religionsgeschichtliche Fragen, S. 73 ff.

τασκευάζει, so sieht man doch, daß an besondere Offenbarungsträger gedacht ist, und andere Stellen bestätigen es, daß die Prophetie auf die Weisheit zurückgeführt wird, daß die Weisheit die Propheten sendet. Sir 24,32 f. spricht die Weisheit (hebr. nicht erhalten):

ἔτι παιδείαν ὡς ὄρθρον φωτιῶ
καὶ ἐκφανῶ αὐτὰ (?) ἕως εἰς μακράν,
ἔτι διδασκαλίαν ὡς προφητείαν ἐκχεῶ
καὶ καταλείψω αὐτὴν εἰς γενεὰς αἰώνων.

Und hierher gehört das Wort der Weisheit Mt 23,34 (Lk 11,49):

ἰδοὺ ἐγὼ ἀποστέλλω πρὸς ὑμᾶς προφήτας καὶ σοφοὺς καὶ γραμματεῖς[30]. Endlich empfängt nun auch Lk 7,35 (Mt 11,19) seinen vollen Sinn: der Täufer und Jesus sind „Kinder der Weisheit" als solche Gesandten der Weisheit, als Propheten. Die Vorstellung ist also die, daß die Weisheit nicht nur einmal am Anfang der Geschichte um die Menschen warb, sondern in den einzelnen Generationen ihre Boten sendet, um ihre Predigt zu verkünden. Auf dieser Anschauung beruht es doch im Grunde auch, wenn die Weisheitsdichter, wie der Sammler der Proverbien und der Sirazide, die Buß- und Werbepredigt der Weisheit stets aufs neue verkünden. Diese Anschauung aber, daß *die Weisheit die Propheten inspiriert*, ist lange lebendig gewesen und mannigfach variiert worden. Im Hirten des Hermas empfängt der Bußprediger und Prophet seine Offenbarung von einer γυνὴ πρεσβῦτις ἐν ἱματισμῷ λαμπροτάτῳ (vis. I 2, 2). Sie wird dem Seher (vis. II 4, 1) als die ἐκκλησία gedeutet, aber wenn es von ihr heißt: πάντων πρώτη ἐκτίσθη, und: διὰ ταύτην ὁ κόσμος κατηρτίσθη, so steht offenbar eine mythische Gestalt im Hintergrund, auf deren kosmische Bedeutung wohl auch noch der Zug zurückgeht, daß sie (vis. III 1, 6) mit sechs Jünglingen erscheint. Es ist die alte Σοφία, die hier in neuer Weise christianisiert ist[31]. In wieder anderer Verkleidung erscheint die Weisheit bei Gregor von Nyssa in der Vita Gregorii Thaumaturgi (Migne PG 46 p. 911). Dem Thaumaturgen erscheint, als er über das Mysterium der Trinität grübelt, in nächtlicher Vision ein ehrwürdiger Greis und eine lichtumflossene Frauengestalt, auf deren Geheiß der Greis den Gregorios über das Mysterium unterrichtet. Die Frauengestalt wird als die μήτηρ τοῦ κυρίου, der Greis als der Evangelist Johannes ge-

---

[30] Lk: ἀποστελῶ εἰς αὐτοὺς προφήτας καὶ ἀποστόλους. Vgl. REITZENSTEIN, Das mandäische Buch 42.
[31] Wenn an anderen Stellen die präexistente Ἐκκλησία in Ehe mit dem präexistenten Christus erscheint (Eph 5,25 ff.; 2Clem 14), so wird man an die alten mythologischen Beschreibungen des Verhältnisses der Weisheit zu Gott erinnert; s. o. S. 20. Vgl. auch BOUSSET, Hauptprobleme der Gnosis 267 ff.; Kyrios Christos ²204.

deutet. Die beiden dürften ursprünglich die Sophia und ihr Prophet gewesen sein[32]. Denn die Sophia mit ihrem Propheten findet sich auf mehreren bildlichen Darstellungen, so auf dem Titelblatt des Codex Rossanensis (6. Jh.), wo Markus die Inspiration durch eine weibliche Gestalt empfängt, die in ein helles, bis zu den Füßen reichendes Gewand gekleidet und deren Haupt von einem bläulichen Nimbus umgeben ist. Sie wird von Kraus[33] wohl mit Recht auf die Weisheit gedeutet unter Berufung auf eine Miniatur des 10. Jahrhunderts, auf der David abgebildet ist und rechts von ihm zwei Gestalten, die durch die Beischriften als σοφία und προφητία bestimmt sind[34]. Ferner findet sich im Psalterium des Codex Parisinus Nr. 139 (11. Jh.) die Darstellung des David mit der σοφία und προφητία, deren Vorlage Kraus dem 4. Jh. zuschreibt[35]. In dem Kopenhagener Codex Nr. 6 (Fol. 83) ist Salomo als Weisheitslehrer abgebildet, wie er von der Sophia inspiriert wird[36]. Schon Kraus hat[37] darauf hingewiesen, daß diese Tradition endlich ihre vollendetste Gestalt gewinnt in der Darstellung des Verhältnisses von Dante und Beatrice.

Im Johannes-Prolog ist dieser Gedanke von der Inspiration des Gesandten, des Propheten fast ganz verloren gegangen, weil alles Licht auf den *einen* konzentriert ist, in dem der Logos Fleisch ward. So sind aus den Ausnahmen (ὅσοι δὲ ἔλαβον αὐτόν) einzelne Fromme geworden, denen keine besondere heilsgeschichtliche Rolle mehr zufällt, wie ja auch schon in den jüdischen Quellen der Gedanke von der heilsgeschichtlichen Bedeutung der Gesandten der Weisheit stark verblaßt ist. Der Gedanke ist aber ursprünglich konkreter und bedeutungsvoller gewesen. Wenn Mt 23,34 die Lk 11,49 noch vorhandene Einführungsformel διὰ τοῦτο καὶ ἡ σοφία τοῦ θεοῦ εἶπεν gestrichen ist, so daß die Worte der Weisheit nun als Worte Jesu selbst erscheinen, | so waltet dabei ein richtiger Instinkt. Was die Weisheit spricht, das spricht ihr Gesandter, und

---

[32] Vgl. F. X. Kraus, Geschichte der christl. Kunst I 1896 S. 208. Maria wird schon früh mit der Σοφία identifiziert; vgl. Reitzenstein, Zwei religionsgeschichtliche Fragen 129 ff. Als Maria wie wahrscheinlich als Ekklesia findet sich die Weisheit dargestellt in der syrischen Bibel der Pariser Bibl. Nat. Ms. syr. Nr. 341; vgl. O. Wulff, Altchristl. und byzantinische Kunst I, 292, Abb. 275. Die Weisheit als Μήτηρ Θεοῦ auch auf dem Widmungsbild der Vatikanischen Regina-Bibel (Cod. Graec. Nr. 1) bei Wulff, aaO II 526, Abb. 455.

[33] AaO 209; Abbildung ebenda S. 468. Vgl. Wulff, aaO 301. In einer analogen Darstellung im Pflanzenbuch des Dioskurides (1. Jh.) erscheint neben Dioskurides die Heuresis; vgl. Wulff, aaO I, 291, Abb. 273.

[34] AaO 209.

[35] AaO 453, Abb. S. 454; Wulff, aaO II, 520, Abb. 449.

[36] Wulff, aaO II, 527, Abb. 457.   [37] AaO S. 468.

umgekehrt: die Worte des Gesandten sind die Worte der Weisheit selbst. *In dem Gesandten erscheint, offenbart sich die Weisheit selbst.* Die Weisheit ist es, die predigt: Spr 1, 20 ff. („die W. ruft laut auf der Gasse..."); 8,1 ff. („Ruft nicht die W. . . ."); 8,32 ff. (die W. ihre Söhne mahnend); 9,1 ff. („die W. hat ihr Haus gebaut . . . ihr Ruf ergeht . . ."); Sir 4,11 ff. („die W. lehrt ihre Söhne . . ."); 24,1 ff. („die W. lobt sich selbst . . ."[38]). So gehen die Subjekte — die Weisheit und ihr Gesandter — durcheinander Sir 24,32 f. und besonders Sir 51,23 ff.; der Weisheitslehrer spricht hier:

„Kehrt ein bei mir, ihr Unverständigen[39],
    und verweilet in meinem Lehrhause.
Wie lange[40] wollt ihr dies und das entbehren,
    und soll eure Seele durstig sein?
Ich tue meinen Mund auf und rede von ihr,
    erwerbt euch Weisheit umsonst!
Bringt euren Hals in ihr Joch[41],
    und möge eure Seele ihre Last tragen!
Nahe ist sie denen, die sie suchen,
    und wer sich daran hingibt, findet sie.
Sehet mit euren Augen, daß ich mich wenig gemüht (ἐκοπίασα),
    und viel Ruhe (ἀνάπαυσιν) gefunden habe."[42]

Was hier der Weisheitslehrer in 3. Person von der Weisheit sagt, hat seine Parallele in der ursprünglicheren Form, die Jesus in den Mund gelegt ist, Mt 11,28 f.:

δεῦτε πρός με πάντες οἱ κοπιῶντες καὶ πεφορτισμένοι,
    κἀγὼ ἀναπαύσω ὑμᾶς.
ἄρατε τὸν ζυγόν μου ἐφ᾽ὑμᾶς καὶ μάθετε ἀπ᾽ἐμοῦ,
    ὅτι πραΰς εἰμι καὶ ταπεινὸς τῇ καρδίᾳ,
καὶ εὑρήσετε ἀνάπαυσιν ταῖς ψυχαῖς ὑμῶν·
    ὁ γὰρ ζυγός μου χρηστὸς καὶ τὸ φορτίον μου ἐλαφρόν ἐστιν.

So tritt denn auch OdSal 33 die „vollkommene Jungfrau", d. h. die Weisheit, auf und predigt:

„Ihr Menschensöhne kehret um,

---

[38] Beruht Ps 1 auf einer solchen Weisheitspredigt, wie sie die oben angeführten Stücke enthalten? Das Bild von dem fruchtbaren Baum am Wasser hat seine Parallelen Sir 24,12—22.30 f.; OdSal 38, 18 ff.
[39] So redet Spr 9,4 die Weisheit selbst.
[40] So redet Spr 1,20 die Weisheit selbst.
[41] Vgl. Sir 6,24 f. 29 f.
[42] Vgl. Sir 6,28.

und ihr Töchter kommt ...
Ich will euch *weise* machen auf den Wegen der Wahrheit:
Höret mich und laßt euch erlösen ..." |

Es ist also im Grunde die Weisheit selbst, die aus ihrer Verborgenheit wieder und wieder auf die Erde herabkommt und sich in ihren Gesandten, den Propheten, verkörpert. So wird auch der merkwürdige Vers Bar 3,38 nicht als christliche Interpolation zu streichen sein, sondern ein Rudiment der alten Weisheitsspekulation sein, die der Verfasser bearbeitet hat:

μετὰ τοῦτο ἐπὶ τῆς γῆς ὤφθη (die Weisheit)
καὶ ἐν τοῖς ἀνθρώποις συνανεστράφη[43].

Und diesen Gedanken finden wir endlich in einer Reihe von Quellen, die in diesen Zusammenhang eingestellt zu haben Reitzensteins Verdienst ist. Wir kennen aus den Spekulationen der *Manichäer* die göttliche Gestalt, die präexistent und der Inbegriff aller Erkenntnis ist und die selbst oder in ihren Gesandten verkörpert auf Erden erscheint, vor allem als der „dritte Gesandte"[44]. Insofern liegt hier noch eine besonders bedeutsame Parallele zum Johannes-Prolog vor, als im Manichäismus die historische Gestalt des Mani selbst als Verkörperung der Weisheit aufgefaßt wird[45]. Ebenso erscheint bei den *Mandäern* die göttliche Gestalt des Urmenschen als Manda d' Haijē, d. h. als Erkenntnis des Lebens, auf Erden, um Leben zu bringen, dem entsprechend, wie die „Weisheit" Spr 9,6 verheißt: „So werdet ihr leben." Manda d' Haijē „bringt den göttlichen Auftrag und die Belehrung über alles den Menschen wie in den Paralleltexten der ‚Mensch' Enōš. Die drei göttlichen Gesandten, Šitil, Hibil und Enōš, werden von ihm bald geschieden und neben ihm genannt — Hibil heißt sein Sohn und wird von ihm entsendet —, bald tritt er für sie ein; sie selbst werden in eine zeitliche Abfolge ihrer Wirksamkeit gebracht, wie in dem Buch des Herrn der Größe, und sind doch ein und dieselbe göttliche Figur, etwa wie jener Jōkabar, von dem es in der Oxforder Liturgie[46] heißt, er sei ‚das erste Wort, der am oberen Ende, am mittleren Ende und am unteren Ende steht, der die Welten durchquerte und das Firmament spaltete'."[47] Und auch hier wird die letzte Verkörperung des himmlischen Gesandten in einer geschichtlichen Ge-

---

[43] Vgl. W. Baumgartner, Zeitschrift f. d. alttest. Wissenschaft 34 (1914) S. 173.
[44] Bousset, Hauptprobleme, S. 74 ff.; Reitzenstein, Das mandäische Buch, S. 49 ff.
[45] Reitzenstein, Das mandäische Buch, S. 46 ff.
[46] Lidzbarski, Das Johannes-Buch der Mandäer II 1915 p. XXV.
[47] Reitzenstein, Das mandäische Buch, S. 48; Vgl. auch Bousset, Hauptprobleme, S. 31, 34 ff., 176, 274 f.

stalt, in Johannes dem Täufer gesehen. In c. 19 des Johannes-Buches der Mandäer wird Johannes als letzter der göttlichen Gesandten angeredet: „Das Gewand, das das erste Leben Adam, dem Manne, gegeben hat, das Gewand, das das erste Leben Râm, dem Manne, gegeben hat, das Gewand, das das erste Leben Šurbai, dem Manne, gegeben hat, | das Gewand, das das erste Leben Šum bar Nû gegeben hat, hat es jetzt dir gegeben."[48] In allerlei Kombinierungen und Deutungen erscheint diese Gestalt in verschiedenen gnostischen Systemen[49], vor allem ist die Adam-Lehre der *Pseudo-Klementinen* zu nennen. Der Urmensch, der Träger der reinen und vollendeten Offenbarung Gottes, ist zuerst in Adam geschichtlich aufgetreten und hat sich dann in der Reihe der folgenden Propheten: Henoch, Noah, Abraham, Isaak, Jakob, Mose (so Hom 17,4; Rec 2,47; dagegen fehlen Hom 18,13 Mose, Hom 2,52 Henoch und Isaak) offenbart, um zuletzt in Christus zu erscheinen[50].

VI.

Die Frage nach der Herkunft der Spekulation kann in diesem Falle natürlich nicht an Hand literarischer Prioritätsfragen zur Entscheidung gebracht werden. Soviel scheint mir jedenfalls nach Boussets und Reitzensteins Forschungen sicher zu sein, daß im Hintergrunde all der durchmusterten Aussagen und Gedanken eine viel ältere mythologische Spekulation steht, deren Ursprung freilich noch nicht völlig klar ist. Nur das dürfte außer Frage stehen, daß die Weisheitsspekulation nicht jüdischen Ursprungs ist. Die Gestalt und ihr Mythos ist aus israelitisch-jüdischen Prämissen nicht zu erklären. Ich möchte aber auf die Frage nach dem Ursprung hier nur soweit eingehen, als sich die Fragestellung unmittelbar aus dem Johannes-Prolog und dem bisher überblickten Stoff ergibt. Es besteht nämlich in der Joh 1,1—13 benutzten Vorlage noch eine gewisse Unklarheit. Wenn es heißt, daß der Logos das Licht der Menschen war (V. 4), so kann das schwerlich so verstanden werden, daß er das Licht sein *wollte*, was dann am Widerstand der Menschen gescheitert wäre; sondern nur so, daß der Logos tatsächlich das Licht der Menschen *war*. Das spricht ja auch V. 9 deutlich aus: ἦν τὸ φῶς τὸ ἀληθι-

---

[48] LIDZBARSKI, aaO S. 83 Z. 18 ff.
[49] BOUSSET, Hauptprobleme passim.
[50] BOUSSET, aaO S. 171 ff. — Eine ähnliche Spekulation scheint bei Methodius conviv. 3 und 8 vorzuliegen, wie ich nachträglich bei R. HARRIS, aaO S. 41 f. sehe. R. HARRIS denkt jedoch nicht an den oben dargelegten Zusammenhang.

νὸν ὃ φωτίζει πάντα ἄνθρωπον⁵¹. Das steht im Widerspruch zu dem beherrschenden Gedanken, daß die Menschheit sich der Offenbarung Gottes verschließt und diese also nur in Ausnahmen wirklich wird. Der Logos ist einerseits die immanente, | in der Menschheit wirkende Kraft der Erleuchtung, andrerseits der Offenbarungsträger für die Wenigen. Dieser Widerspruch — *der Logos als immanente Kraft der Erkenntnis und als Offenbarungsträger* — ist nicht singulär, sondern zieht sich ebenso durch die jüdische Weisheitsliteratur. Daß die Weisheit, die doch das verborgene Gottwesen ist, gleichwohl in aller Erkenntnis, Kunstfertigkeit und Rechtschaffenheit der Menschen als immanente Kraft wirkt, ist eine Voraussetzung der ganzen Weisheitsliteratur und wird auch Spr 8,14 ff. deutlich ausgesprochen. In Sir 1 kommt die Spannung deutlich zum Ausdruck: V. 1 „*Alle* Weisheit kommt von dem Herrn"; V. 6 „Die Wurzel der Weisheit, wem ist sie offenbar?" V. 10 „*Alles* Fleisch besitzt von ihr, soviel er ihm gab, aber *reichlich* verlieh er sie denen, die ihn fürchten."

Nun dürfte es wohl zweifellos sein, daß die Rolle der Weisheit als immanenter Kraft der Erkenntnis aufs engste mit ihrer Rolle als kosmischer Potenz zusammenhängt, wie das auch in der Folge der Verse Joh 1,1—4 deutlich zum Ausdruck kommt. Die Macht, die alles ins Leben gerufen hat, die die Existenz aller Wesen trägt, ist damit auch die in allen vernünftigen Wesen wirkende Erkenntniskraft. Es erscheint mir nun sehr fraglich, ob beide Gestalten — das Gottwesen als Kraft der Schöpfung und Erkenntnis einerseits und das Gottwesen als Offenbarungsträger andrerseits — zusammengehören und nicht erst *später kombiniert* sind. Und bei der Frage nach dem Ursprung wird man diese Frage zu berücksichtigen haben. Ist die Weisheitsliteratur wirklich aus *Ägypten* nach Israel gekommen, wie Gunkel einst vermutet hat⁵², so läge es am nächsten, in der Weisheitsgestalt eine ägyptische Göttin zu sehen, wie ja in hellenistischer Zeit Isis als Σοφία gilt⁵³. — An eine *babylonische*

---

⁵¹ Die Fortsetzung: ἐρχόμενον εἰς τὸν κόσμον kann m. E. natürlicherweise nur zu πάντα ἄνθρωπον gezogen werden. Aber vielleicht ist es ein Zusatz des Bearbeiters und von ihm als Ergänzung zu ἦν gedacht. Er wollte dann den Satz auf den Eintritt des Logos in die Welt in der Gestalt Jesu deuten. Man kann sich freilich weder eine rechte Anschauung davon machen, daß das Licht „gerade dabei war", in die Welt zu kommen (Heitmüller), noch sieht man ein, weshalb innerhalb dieses Satzes das Licht charakterisiert wird als ὃ φωτίζει πάντα ἄνθρωπον.

⁵² Zum religionsgeschichtlichen Verständnis des NT 1903 S. 27.

⁵³ Plutarch, De Is. et. Os. 3. Vgl. Reitzenstein, Zwei religionsgeschichtliche Fragen, S. 105. 108. 111, 1; Poimandres S. 44 f. 233,2. 270; Das iranische Erlösungsmysterium 174.

Gestalt zu denken wie an Ištar-Siduri, auch eine Göttin der Weisheit, könnte man veranlaßt sein durch die Beschreibung des Verhältnisses der Weisheit zu Gott: auch Ištar ist die Tochter des Anu oder des Bel, und auch die Sprichwort-Literatur Israels könnte aus Babylonien Einflüsse erfahren haben[54]. Jedoch wissen wir von der Weisheitsgöttin Siduri, einer Erscheinungsform der Ištar, so gut wie nichts[55]. Außerdem käme aus dem Babylonischen die problematische Gestalt der (des?) Mummu in Betracht, die in dem Schöpfungsepos Enuma eliš (Tafel I Zeile 4) als eines der Urwesen genannt wird[56]. Mummu wird wohl von den meisten Forschern als „Form", „Formprinzip" gedeutet[57]. Damascius, De princ. 125 (ed. Ruelle I 1889 p. 321 s.) gibt (nach Endemos von Rhodos) folgenden Bericht: δύο δὲ ποιεῖν Ταυθὲ (Tiâmat) καὶ Ἀπασών (Apsû), τὸν μὲν Ἀπασὼν ἄνδρα τῆς Ταυθὲ ποιοῦντες, ταύτην δὲ μητέρα θεῶν ὀνομάζοντες, ἐξ ὧν μονογενῆ παῖδα γεννηθῆναι τὸν Μωϋμῖν (Mummu), αὐτὸν οἶμαι τὸν νοητὸν κόσμον ἐκ τῶν δυεῖν ἀρχῶν παραγόμενον. Nach Böhl[58] ist Mummu eine Hypostasierung des göttlichen Wortes. In eigenartiger Weise werden Schöpfergottheiten mit dieser Gestalt kombiniert. So heißt Ea „Mummu, der alles bildet"; Marduk wird nach der Besiegung der Tiâmat „Mummu der schuf" genannt und in einem Hymnus als „Sohn des Mummu" (des Ea) angerufen. Nebo, der Sohn des Marduk, wird bezeichnet als „Die Weisheit des Mummu, der Erzeuger der Söhne (der Götter)"[59]. Auf babylonisch(-persische) Spekulation weist wohl die Anschauung von dem Haus (des Lebens), das nach Spr 9,1 die Weisheit auf sieben Säulen erbaut hat[60]. — Endlich hat man an eine *persische* Gestalt gedacht, und zwar an Armaiti, die Gottergebenheit, eine der sieben Amesha Spenta, die bald als Ahura Mazdas Tochter, bald als seine Gattin erscheint und die ebenfalls in hellenistischer Zeit mit der Σοφία identifiziert wird[61]. Aber welcher Gestalt und wie alt die Rolle der Ar-

---

[54] GUNKEL, Zum religionsgeschichtlichen Verständnis des NT S. 26.
[55] Vgl. Šurpu II 172 bei ZIMMERN, Beitr. zur Babylonischen Religion 1910 S. 10 f.; SCHRADER, Die Keilinschriften und das AT³ 439 f.
[56] Vgl. Altorientalische Texte u. Bilder zum AT, hrsg. von GRESSMANN, S. 5; A. UNGNAD, Die Religion der Babylonier und Assyrer (Religiöse Stimmen der Völker III), S. 27.
[57] P. JENSEN, Assyrisch-babylonische Mythen und Epen (Keilinschriften-Bibliothek VI 1) S. 302 f.; UNGNAD, Theol. Literaturzeitung 40 (1915) Sp. 50; A. JEREMIAS, Handbuch der altorientalischen Geisteskultur S. 21 f.
[58] Oriental. Literaturzeitung 19 (1916) 265—268.
[59] P. HEINISCH, Das Wort im AT und im alten Orient, 1922, S. 21 f.
[60] REITZENSTEIN, Das iranische Erlösungsmysterium 208 f.
[61] Plutarch, De Is. et Os. 47. Vgl. GUNKEL, Zum religionsgeschichtlichen Verständnis

maiti als Weisheitsgöttin ist, scheint mir sehr unsicher zu sein. Jedenfalls erscheint keine dieser ägyptischen, babylonischen oder persischen Gestalten als Offenbarungsträger in dem oben genannten Sinne. Und wenn die γνῶσις τελεία der Barbelognostiker, die Genossin des Adamas, ebenso wie die Gestalt des Manda d' Haijē der Mandäer auf persische Spekulation zurückgeht[62], so ist hier die Ursprungsfrage gleich wieder kompliziert und nichts darüber entschieden, ob die Spekulation über den Offenbarungsträger letztlich persischen Ursprungs ist, mag sie sich auch an eine Gestalt der persischen Mythologie angeschlossen haben[63]. Aber in diesen Fragen etwas Wesentliches zu sagen, überschreitet nicht nur den Raum, sondern auch meine Kenntnisse. Nur eines, was die Vermutung der Kombination einer alten Schöpfer- und Weisheitsgottheit mit einer Offenbarungsgottheit bestätigt, scheint mir auf Grund des zu Tage liegenden und überschaubaren Materials gesagt werden zu können, daß nämlich *der Name der Weisheit für die Offenbarungsgottheit nicht wesentlich ist*, so wenig wie das weibliche Geschlecht. In den verschiedenen Quellen wechseln männliche und weibliche Gestalten der Offenbarungsträger und erscheinen auch miteinander kombiniert. Reitzenstein hat eine gewisse Parallelität zwischen den Gestalten der Psyche und des „Menschen" nachgewiesen, die sich aus dem Iranischen in den Hellenismus und besonders die Gnosis fortsetzt[64]. In der Gnosis sind weithin der in die Materie versinkende und befreite Urmensch und die in gleicher Rolle erscheinende Weisheit Parallelgestalten[65]. Reitzenstein hat weiter die gelegentliche Verbindung wie den Wechsel der männlichen und der weiblichen Gottheit in manichäischen Quellen nachgewiesen[66]. Wie die „Lichtjungfrau" bei den Manichäern eine Parallelgestalt zu der des „dritten Gesandten" ist[67], so entspricht der „Lichttochter" der Manichäer der „Lichtsohn" der Kutäer[68]. Bei den Barbelognostikern steht ne-

---

des NT, S. 26; Bousset, Die Religion des Judentums² 592; Schencke, aaO 82—86. P. Heinisch, Personifikationen und Hypostasen im AT und im alten Orient (Bibl. Zeitfragen IX 10—12) 1921 S. 51 f. Unergiebig ist J. Göttsberger, Die göttliche Weisheit als Persönlichkeit im AT (Bibl. Zeitfragen IX 1/2) 1919.

[62] Vgl. Bousset, Hauptprobleme 161.
[63] Die Gestalt des Urmenschen, vgl. Bousset, Hauptprobleme S. 202 ff.; Reitzenstein, bes. Das mandäische Buch.
[64] Die Göttin Psyche (Sitz.-Ber. d. Heidelb. Ak., phil.-hist. Kl. 1917 X); vgl. auch ders., Das mandäische Buch.
[65] Bousset, Hauptprobleme S. 170. 263 ff.
[66] Das mandäische Buch S. 48—50.
[67] Bousset, Hauptprobleme S. 345.
[68] Reitzenstein, Das mandäische Buch S. 28,3.

ben dem Adamas die γνῶσις τελεία⁶⁹. In der kleinen von Reitzenstein nach Andreas wiedergegebenen heidnischen Apokalypse⁷⁰ stehen nebeneinander das „erste Mannesgeschöpf" und eine vielleicht mannweiblich gedachte Gottheit „Verstand und Wissen", wie auch die παρθένος der Manichäer mannweiblich erscheint⁷¹. Mannweiblich ist auch der Αἰών, der im Hellenismus mit der Σοφία, dem Νοῦς wie dem Ἄνθρωπος identifiziert wird⁷². In der 33. Ode Salomos treten nebeneinander eine männliche Gestalt und die „vollkommene Jungfrau" als Offenbarungsträger auf. In der 38. Ode Salomos erscheint die Sophia als die Braut des „Menschen"⁷³. Im äthiopischen Henochbuch sind der „Auserwählte" und die Weisheit in der Weise kombiniert, daß im Auserwählten der Geist der Weisheit wohnt (49,2 f.) und daß alle Geheimnisse der Weisheit aus den Gedanken seines Mundes hervorkommen (51,3)⁷⁴. Im slavischen Henoch sagt | Gott von Adam (30,12): „Ich setzte ihn zum König, auf der Erde zu herrschen und meine Weisheit zu haben." In dem lateinischen Zusatz zu Sir 24,32 ist die Höllenfahrt, die sonst von einer männlichen Gestalt erzählt wird, von der Weisheit berichtet. Und wie in hellenistischer Theologie Hermes-Λόγος und Isis-Σοφία nebeneinander stehen⁷⁵, so auch bei Philo Λόγος und Σοφία, die in ihren Rollen wechseln und von denen bald diese, bald jene Gestalt als der Ursprung der anderen bezeichnet werden kann⁷⁶.

Im Johannes-Evangelium erscheint die kombinierte Gestalt der Schöpfungs- und Offenbarungsgottheit als Λόγος. Am nächsten liegt die Vermutung, daß der Λόγος-Name im jüdischen Alexandrinismus an die Stelle des Σοφία-Namens getreten ist (s. o. S. 21 f). Aber es kann nun doch die Frage nicht abgewiesen werden, ob die Bezeichnung des Offenbarers als „Wort" nicht doch schon älter ist. Ob man sich dafür auf die babylonische Gestalt der (des) Mummu berufen kann (s. o. S. 29), ist mir sehr zweifelhaft⁷⁷. Auch die Gestalt des hypostasierten Zauberspruchs, des

---

⁶⁹ BOUSSET, Hauptprobleme S. 161.
⁷⁰ REITZENSTEIN, Das mandäische Buch S. 50.
⁷¹ REITZENSTEIN, Das iranische Erlösungsmysterium S. 174.
⁷² Ebd.
⁷³ REITZENSTEIN, Das mandäische Buch S. 53,1.
⁷⁴ Vgl. auch H. WINDISCH, Neutestamentliche Studien für Heinrici S. 227 f.
⁷⁵ REITZENSTEIN, Zwei religionsgeschichtliche Fragen 108. 111,1.
⁷⁶ C. SIEGFRIED, Philo v. Alexandria S. 222; L. COHN, Zur Lehre vom Logos bei Philo (Judaica, Festschrift zu Herm. Cohens 70. Geburtstag 1912) S. 326,4. 327,1 u. 2; SCHENCKE, aaO 66—69; H. LEISEGANG, Der Heilige Geist S. 66 f. 140.
⁷⁷ Jedenfalls kommen die zahlreichen Fälle im Babylonischen, in denen das Wort (übrigens in verschiedenen Ausdrücken) als der Befehl oder die Macht eines Gottes in

Mathra Spenta, die sich in jüngeren Teilen des Avesta findet, dürfte kaum in Betracht kommen[78]. Eher wird man darauf hinweisen dürfen, daß der mandäische Enōš-Uthra als „ein (oder: das) Wort, ein Sohn von Worten" bezeichnet wird und der mandäische Adamas den Beinamen „das Wort" trägt[79]. Auch der mandäische Jōkabar heißt „Das erste Wort"[80]. Ob man in diesem Zusammenhang auch die manichäischen Gestalten Chroshtag und Padwahtag, Ruf und Antwort, die „den Verkehr zwischen Gott und Mensch vermitteln" und die eine Erlöserrolle spielen[81], nennen darf, weiß ich nicht, wie mir hier überhaupt noch alles unsicher zu sein scheint.

VII.

Für den *Johannes-Prolog* bleibt nun noch eine Frage übrig. Es dürfte deutlich geworden sein, daß in V. 1—13 eine Vorlage be|nutzt ist, deren Inhalt und Gedankengang der gleiche ist wie in der jüdischen Weisheitsspekulation. Vielleicht ist auch wahrscheinlich geworden, daß die im Johannes-Prolog vorgetragene Anschauung in den weiteren Zusammenhang der vorderasiatischen Spekulationen über eine Offenbarungsgottheit gehört, die sich in ihren Gesandten auf Erden verkörpert. Es bleibt die Frage, wie sich V. 14.16.18 zum Vorhergehenden verhalten; m. a. W., ob diese Verse auch zur Vorlage gehören oder eigene Bildung des Evangelisten sind. Die erste Annahme wäre insofern einfacher, als auf den Evangelisten dann nur die in die Vorlage eingefügten Verse und Zusätze zurückgehen würden, während man im zweiten Fall einen zweiten Bearbeiter annehmen muß, der in den ihm vorliegenden Text des Evangeliums die Verse 6—8.15 und 17 eingefügt hat. Angesichts der Tatsache, daß man auch im übrigen Bestand des Evangeliums m. E. mit mehreren Händen zu rechnen hat, wäre das durchaus möglich. Aber vor einer Entscheidung ist zu erwägen, ob man vielleicht doch *den*

---

poetischer Sprache personifiziert erscheint, nicht in Betracht. Vgl. HEINISCH, Das Wort im AT und im alten Orient S. 11 ff. Ebensowenig offenbar Hypostasierungen wie Enim-dug-ga (Gutes Wort), Enim-ma-ni-zi (Sein Wort ist treu), Gu-ba-ni-nam-ti-la (Sein Wort ist Leben) usw., die im Hofstaat großer Götter als Untergötter auftreten. Vgl. HEINISCH aaO S. 19.

[78] HEINISCH, Das Wort im AT S. 36 f.
[79] REITZENSTEIN, Das mandäische Buch S. 45. Dort A. 3 der Hinweis, „daß auch bei den Manichäern eine Klasse von Gottwesen oder die Götter allgemein als λόγοι bezeichnet werden".
[80] Ebd. S. 48.
[81] REITZENSTEIN, Das iranische Erlösungsmysterium S. 4. 7 f. 20. 70.

ganzen Prolog außer den Versen 6—8.15 und 17 und den christlichen Zusätzen in V. 1 (?) 9 (?) und 12 *als vorchristliche Vorlage* verstehen kann, ob hier schon gestanden haben kann: καὶ ὁ λόγος σὰρξ ἐγένετο. Schon die Vorlage hätte dann den Gedanken der früheren Offenbarungsträger zurückgedrängt, um alles Licht auf den entscheidenden Offenbarer zu konzentrieren, und dieser wäre dann offenbar in einer geschichtlichen Gestalt der unmittelbaren Vergangenheit geschaut gewesen. Wer sollte das gewesen sein? Aus dem eigentlichen Judentum könnte die Vorlage dann kaum stammen, sondern wohl nur aus dem Täufertum, in dessen Kreisen man vom Täufer Johannes ausgesagt hätte, daß in ihm der Logos Fleisch ward. So würde sich auch erklären, daß der Evangelist (der diese Vorlage aus hellenistisch-jüdischen Täuferkreisen übernimmt und auf Jesus überträgt) in V. 6—8 und V. 15 den Täufer zum Zeugen für Jesus herabdrückt.

Daneben aber steht die andere Möglichkeit, daß nur in V. 1—13 eine Vorlage benutzt ist und *mit V. 14 die eigene Bildung des Evangelisten beginnt*. Er hat dann, wie früher gezeigt, was in seiner Vorlage V. 10 bis 13 gesagt war, gegen den ursprünglichen Sinn auf die Geschichte Jesu bezogen, ja er hat vielleicht schon V. 4 f. in diesem Sinne gedeutet. Auch wenn man V. 14.16.18 als Bildungen des christlichen Evangelisten ansieht, muß man die Aussage καὶ ὁ λόγος σὰρξ ἐγένετο aus dem gleichen Anschauungskreis erklären, aus dem die Vorlage für V. 1—13 stammt; denn er enthält ja die Auffassung von der Verkörperung der Offenbarungsgottheit in einer geschichtlichen Gestalt, in ihrem Gesandten. Dem entspricht die Terminologie der Verse; so gleich die Aussage ἐσκήνωσεν ἐν ἡμῖν, die an Sir 24,8 (s. o. S. 14) erinnert; ebenso der Titel μονογενής (V. 14.18), der nicht nur bei den Gnostikern eine besondere Rolle spielt, sondern wohl aus synkretistisch-gnostischen Kreisen stammt[82]. Wie sonst in den Versen 14.16.18 hellenistische Terminologie und Anschauung zum Vorschein kommen, will ich an dieser Stelle nicht verfolgen[83]. Wohl

---

[82] BOUSSET, Hauptprobleme S. 161. 171; 267,2; Kyrios Christos² 157. Man darf wohl auch an die Bezeichnung des als κόσμος νοητός gedeuteten babylonischen Mummu als μονογενής der beiden anderen Urwesen bei Damascius erinnern; s. o. S. 29. Vgl. auch REITZENSTEIN, Zwei religionsgeschichtliche Fragen S. 86, 3, wo auf ägyptische Analogien hingewiesen wird.

[83] Mein Kollege G. HÖLSCHER macht mich darauf aufmerksam, daß sich vielleicht in dem Begriffspaar χάρις und ἀλήθεια iranischer Einfluß zeige, wie vielleicht schon in dem alttestamentlichen Begriffspaar, an das jenes anklingt, חסד ואמת, nämlich an den Stellen der jüngeren alttestamentlichen Literatur, wo חסד und אמת stark hypostasiert auftreten; zB Ps 89,3.15; 57,4; 61,8; 40,12; Spr. 20,28; 3,3; 14,22; bes. auch Ps 85, 11 ff. Die Begriffe würden den persischen Hypostasen Vohumanō und Asha entspre-

aber ist noch ein Hinweis darauf notwendig, wie sehr die *Christologie des ganzen Johannes-Evangeliums* in den Zusammenhang der von Reitzenstein in seinen letzten Veröffentlichungen herausgearbeiteten und als iranisch bezeichneten Spekulation hineingehört von dem erlösten Erlöser, d. h. von dem Gottwesen, dem himmlischen „Menschen", der als Gesandter Gottes, als Offenbarer, auf die Erde herabgekommen ist, menschliche Gestalt angenommen hat und nach Vollendung seines Offenbarerberufes in die Himmelswelt zurückkehrt, erhöht und verklärt wird und das Richteramt erhält, und alles das, weil er der „Mensch" ist. Ich glaube nicht, daß Reitzenstein recht hat, die synoptischen Menschensohn-Worte in diesen Zusammenhang einzustellen, weil in ihnen gerade die entscheidenden Züge jener Anschauung fehlen. Aber den johanneischen Worten vom υἱὸς τοῦ ἀνθρώπου liegt jene Anschauung tatsächlich zugrunde. Hier wird ausdrücklich gesagt, daß Jesus als der Menschensohn der Präexistente ist 3,13: οὐδεὶς ἀναβέβηκεν εἰς τὸν οὐρανὸν εἰ μὴ ὁ ἐκ τοῦ οὐρανοῦ καταβάς, ὁ υἱὸς τ. ἀνθρώπου und 6,62: ὅταν οὖν θεωρῆτε τὸν υἱὸν τ. ἀνθρώπου ἀναβαίνοντα ὅπου ἦν τὸ πρότερον. Hier wird versichert, daß der Menschensohn erhöht oder verklärt werden muß 3,14: ὑψωθῆναι δεῖ τὸν υἱὸν τ. ἀνθρώπου, ebenso 12,34; vgl. ferner 8,28; 12,23: ἐλήλυθεν ἡ ὥρα ἵνα δοξασθῇ ὁ υἱὸς τ. ἀνθρώπου. Als der Menschensohn ist Jesus der Richter 5,27: καὶ ἐξουσίαν ἔδωκεν αὐτῷ κρίσιν ποιεῖν, ὅτι υἱὸς ἀνθρώπου ἐστίν. Und hier ist ausdrücklich gesagt, daß an der Erhöhung des Menschensohnes die Erlösung der Gläubigen hängt 12,32: κἀγὼ ἐὰν ὑψωθῶ ἐκ τῆς γῆς, πάντας ἑλκύσω πρὸς ἐμαυτόν. Durch das Evangelium hindurch zieht sich der für jene Anschauung so charakteristische Satz, daß das Gottwesen unerkannt auf Erden weilt, hier mit starker polemischer und ironischer Wendung: 8,14—19; 6, 42; | 7,26 f.; 9,29 f. Hier blickt der himmlische Gesandte — daß er gesandt ist, wird ja immer wieder betont — beim Scheiden auf sein Werk zurück und empfiehlt seinem Vater die Gemeinde in der Welt, die er verläßt, wie der scheidende „Mensch" der Mandäer im 20. Stück der mandäischen Liturgien der Oxforder Sammlung[84]. Es scheint mir danach notwendig, auch Joh 1,14.16.18 aus dieser Anschauung heraus zu verstehen, auch dann, wenn wir diese Verse als eigene Bildung des Evangelisten ansehen dürfen.

Ich leugne aber nicht, daß mir die erste Möglichkeit die wahrscheinlichere ist, nämlich die, daß der ganze Prolog Joh 1,1—18 aus einer täu-

---

chen, die im Zoroastrismus mehrfach in charakteristischer Verbindung mit Ahura Mazda genannt werden.

[84] LIDZBARSKI, Mandäische Liturgien S. 190 f.

ferischen Schrift übernommen ist. Vom Evangelisten stammen nur die Verse 6—8 und 15 (17) und die übrigen Zusätze. Den Täufern wird ihr Heros entwunden, indem das, was sie von ihm sagen, von Jesus behauptet und er zum Zeugen für Jesus gemacht wird. Diese Auffassung, die sich mit dem begegnet, was Reitzenstein[85] ausgeführt hat, ist in anderem Zusammenhang ausführlicher zu begründen. Wie stark der täuferisch-gnostische Einfluß im Johannes-Evangelium ist, zeigen die eben gegebenen Hinweise; ich mache hier nur noch darauf aufmerksam, wie gerade in den Kapiteln 3 und 5 nach dem Vortrag entscheidender Sätze aus diesem Gedankenkreis alsbald wie in c. 1 das Thema der μαρτυρία wieder auftritt und der Täufer als Zeuge für Jesus ausgespielt wird. Ist meine Vermutung richtig, so ist das Johannes-Evangelium in neuem Sinne ein Beweis für das außerordentlich frühe Eindringen orientalisch-gnostischer Spekulation in das Urchristentum, ein Beweis für die These, für die mit seltenem Weitblick und feinem Ahnungsvermögen als einer der ersten der Mann eingetreten ist, dem diese Ausführungen in Dankbarkeit gewidmet sind.

---

[85] Das mandäische Buch S. 62, bes. Anm. 3.

Das Problem der Ethik bei Paulus*

In der neueren Paulus-Forschung hat bekanntlich P. Wernle (Der Christ und die Sünde bei Paulus, 1897) auf das Problem hingewiesen, das aus dem Nebeneinander scheinbar sich widersprechender Aussagen des Paulus erwächst. Neben Aussagen, nach denen der Gerechtfertigte von der Sünde frei, der Sünde gestorben ist, nicht mehr im Fleisch, sondern im Geiste lebt, finden sich solche, in denen zum Kampf gegen die Sünde gemahnt wird, der auch für den Gerechtfertigten gilt (Hauptstellen: Röm 6,1—7, 6; 8,1—17; Gal 5,13—25; 1Kor 6,9—11). Die Eigenart des Problems wird dadurch deutlich, daß sich die verschiedenen Aussagen — die Indikative und die Imperative — nicht etwa nur an auseinanderliegenden Stellen der Briefe finden, sondern aufs engste miteinander verbunden sind und eine Antinomie bilden, die ihren paradoxen Ausdruck etwa Gal 5,25 findet: εἰ ζῶμεν πνεύματι, πνεύματι καὶ στοιχῶμεν.

I.

Für fast alle Versuche, das Problem zu verstehen[1], ist charakteristisch, daß man die *Antinomie* als einen *Widerspruch* auffaßt, der so zu erklären sei, daß man je die eine Seite — den Indikativ wie den Imperativ — *für sich* nimmt und sie so historisch oder psychologisch verständlich macht, auf besondere Gründe zurückführt und damit also auch den Widerspruch als solchen historisch-psychologisch begreift. Man fragt nicht, ob es sich hier nicht vielmehr um eine *echte* Antinomie handle, d. h. um sich widersprechende und gleichwohl zusammengehörige Aussagen, die aus einem einheitlichen Sachverhalt herauswachsen, die also sachlich zusammengehören.

---

* Zeitschrift für die Neutestamentl. Wissenschaft 23 (1924) 123—140.
[1] Außer von WERNLE ist es monographisch von WINDISCH behandelt: Taufe und Sünde im ältesten Christentum bis auf Origenes, 1908. Außerdem vgl. die zahlreichen Darstellungen der paulinischen Theologie bzw. der urchristlichen Religion.

Nun liegt es ja in der Tat nahe zu sagen: die δικαιοσύνη ist bei Paulus ein eschatologisches Heilsgut, und der δικαιωθείς ist der neue Mensch der Heilszeit, für den *diese* Welt mit ihren Möglichkeiten des Handelns und des Sündigens nicht mehr in Frage kommt. Die Indikative entspringen also dem eschatologischen Bewußtsein des Paulus; und die Imperative wären dann eine Inkonsequenz, not|wendig infolge der — zum eschatologischen Schema nicht passenden — Tatsache, daß die δικαιοσύνη, ihrem eigentlichen Sinn zuwider, von *dem* Menschen ausgesagt wird, der noch in der Welt steht; — notwendig andererseits infolge der Vorstellung von dem Willen des heiligen Gottes, der das Leben des Menschen in der Welt regieren soll; — notwendig endlich infolge der praktischen Veranlassungen zur Paränese, die der Zustand der Gemeinden dem Paulus bot. Dazu mag man im Interesse des psychologischen Verständnisses auf die eschatologische Spannung verweisen, in der Paulus und das Urchristentum leben, also darauf, daß die Bedeutung oder die Problematik des Lebens der Gerechtfertigten in dieser Welt dem kaum zum Bewußtsein kommt, dessen Blick sich auf die Vollendung richtet, die demnächst hereinbrechen und alles Alte definitiv verschlingen wird[2]. Man mag speziell auf das Bekehrungserlebnis des Paulus hinweisen, in dessen radikalem Bruch mit der Vergangenheit verständlich wird, daß für ihn mit dem alten Leben auch die Sünde versunken ist. Man mag endlich den Sakramentsglauben in Anschlag bringen, kraft dessen durch die Taufe die sündige Qualität des Menschen vernichtet ist, und dazu die Christusmystik, in der das neue Leben als gegenwärtige Realität erfahrbar wird. Alles das vermag in der Tat die Aussage weithin verständlich zu machen, daß der Gerechtfertigte sündlos ist, und von dem Gesagten ist auch das erste, was ja nicht als psychologische Erklärung, sondern einfach als sachliche Deutung gemeint ist, unbedingt festzuhalten: daß nämlich die δικαιοσύνη das eschatologische Heilsgut ist.

Aber eben diese Erkenntnis kommt nicht zu ihrem Recht in den übrigen Reflexionen, und diese befriedigen alle nicht, so sehr alle in gewissem Sinne richtig sind. Sie befriedigen deshalb nicht, weil mit der Erklärung der *Entstehung* einer Theorie ihr *Sinn* noch nicht erfaßt ist. Was für Paulus die Sündlosigkeit des Christen *bedeutet*, wird in ihnen

---

[2] Man wird demgegenüber nicht zu stark betonen dürfen, daß der Blick auf das kommende Ende doch bei Paulus auch dazu dient, den sittlichen Appell zu motivieren (zB Röm 13,11—14; 1Thess 5,1—10), wenn das, genau genommen, auch im Widerspruch dazu steht, daß die eschatologische Spannung gerade den Indikativ motiviere und den Imperativ vergessen lasse. Diese Inkonsequenz kann man hinnehmen.

ja nicht gezeigt, und es ist doch ein Vorbeireden an Paulus, wenn man seine Aussagen historisch-psychologisch zu interpretieren meint, ehe man ihren Sinn erfaßt hat; man kommt so nur dazu, ihnen einen anderen Sinn unterzuschieben. Was ich meine, möchte ich verdeutlichen an dem Versuch psychologischer Interpretation der Sündlosigkeitsaussagen, der von Weinel (Bibl. | Theologie des NT, 3. Aufl. 1921, S. 316—321) gemacht ist. Weinel erklärt die Sündlosigkeitstheorie des Paulus als begründet in dem Erlebnis der Gnade Gottes. Aus der erfahrenen Gnade Gottes heraus *kann* der Mensch gar nichts anderes als das Gute tun; das Gute wächst aus dem gerechtfertigten Menschen mit der Sicherheit des Natürlichen. Gottes Wille ist das Gute, ist die Liebe, ist das, was des Menschen Eigenstes und Höchstes ist. Sittliches Leben ist für den Gerechtfertigten nur die notwendige Bewegung, die das religiös erfüllte Innenleben einschlägt, um sich als Leben zu betätigen (S. 370). Schon daß nun der Imperativ als ein Rückfall in die Gesetzesreligion interpretiert werden muß (S. 322), macht mißtrauisch, wo doch bei Paulus Imperativ und Indikativ offenbar notwendig zusammengehören (Röm 6 etc., s. die oben genannten Stellen). Aber es ist auch deutlich, daß Paulus gar nicht von einem Nicht-anders-können des Gerechtfertigten redet, sondern ein Anders-können gerade in den entscheidenden Aussagen deutlich voraussetzt (z. B. Röm 8,12; Gal 5,25). Vor allem ist deutlich, daß für Paulus Sündlosigkeit nicht in dem Enthusiasmus, dem Willen und der Kraft, das Gute zu tun, besteht, sondern etwas Negatives ist, die Freiheit von der Macht der Sünde, daß endlich für Paulus der Gerechtfertigte eine eschatologische Größe, ein wunderbares Wesen ist, nicht der Mensch, dessen Eigenstes und Höchstes sich frei entfalten kann. Weinel läßt also den Paulus etwas ganz anderes sagen, als er wirklich sagt; bzw. er nimmt die Aussagen des Paulus nicht ernst, offenbar weil sie ihm in ihrem eigentlichen Sinne als absurd erscheinen.

Daß in solcher Interpretationsweise ein Fehler steckt, scheint mir auch Wernle zu verraten, wenn er (aaO S. 105) unbeschadet der psychologischen Interpretation doch die Sündlosigkeitstheorie in der Logik der Sache begründet sein läßt. Das bedeutet es doch, wenn die Sündlosigkeitstheorie als der „reine harte Doktrinarismus" bezeichnet wird; sie folge nämlich aus der Lehre von der Rechtfertigung durch den Glauben: „Wenn einmal bloß der Glaube rettet und das Gericht alle Gläubigen verschont, dann kann der sittliche Charakter der Religion nur gewahrt werden durch das Postulat des Zusammenfließens von Rechtfertigung und Wiedergeburt." Aber auch diese Erklärung ist nicht möglich; denn sie setzt voraus, daß an sich die Rechtfertigung denkbar wäre, ohne daß die Sünde abgetan wäre. Wenn aber die Rechtfertigung nicht primär eben die Befreiung von der Sünde wäre, welchen Sinn hätte sie dann für Paulus überhaupt? Denn *den* Sinn kann sie ja auf keinen Fall haben, daß sie der Erlaß der bis zur Taufe begangenen Sünden wäre und für das folgende Leben des Gerechtfertigten keine Bedeutung hätte. Dann wäre ihr eschatologischer Charakter — daß sie eben das ἔσχατον, das Definitivum ist — verkannt. Dann freilich müßte die Sündlosigkeit für ein Postulat erklärt werden, so daß nun der Imperativ in direkten Widerspruch zum Indikativ tritt, so daß neben die Ethik des Wunders die Ethik des Willens tritt (S. 89). Und hier scheint mir das πρῶτον ψεῦδος dieser Interpretation zu liegen, da doch Paulus den Imperativ gerade auf die *Tatsache* der Rechtfertigung gründet, den Imperativ aus dem Indikativ *ableitet*. *Weil* der Christ durch die Rechtfertigung die Sünde los ist, soll er gegen die Sünde kämpfen: εἰ ζῶμεν πνεύματι, πνεύματι καὶ στοιχῶμεν.

II.

Man muß nun aber zugleich auf einen zweiten, schon angedeuteten Fehler dieser Interpretationsweise ausdrücklich aufmerksam machen, wenn man die paulinische Paradoxie begreifen will. Er steckt auch in Wernles Bezeichnung jener Indikative als einer *Ethik* des Wunders; in Wahrheit handelt es sich in den Aussagen des Paulus über die Sündlosigkeit des Gerechtfertigten gar nicht um eine Ethik. Alle jene Versuche nämlich sind unbewußt geleitet von einem bestimmten Verständnis der Sünde und des Menschen, speziell des Gerechtfertigten, das sich von dem des Paulus entfernt; mag dies uns auch absurd erscheinen, so ist es doch in der Interpretation ernst zu nehmen. Für alle jene Versuche ist die Sündlosigkeit des Menschen nur denkbar als ein ethisches Vermögen des Menschen, bzw. als seine psychische Beschaffenheit; als das Vermögen bzw. der Trieb, das Gute zu verwirklichen, vollkommen zu handeln. Nur so kann die Sündlosigkeitstheorie des Paulus als „himmelstürmender Idealismus" (Holtzmann, Lehrb. d. Neutest. Theol. II[2] S. 164) oder als die „Formel seines sittlich-idealen Optimismus" (Lietzmann, Hdb. z. NT III, 1[2] S. 66 zu Röm 6,14) bezeichnet werden. Nur so ist es verständlich, daß Holtzmann (aaO S. 166 f.) entgegen den Aussagen des Paulus von dem „unversöhnlichen Nebeneinander einer streng supranaturalen mystischen Theorie mit ‚akutem Entsündigungsakt' und einer empirisch-psychologischen Auffassung" redet, „in der aus einer plötzlichen Vernichtung ein allmähliches Verschwinden der Sünde wird", und daß Lietzmann (aaO S. 63 zu Röm 6,4) vorsichtiger meint, Paulus müsse wohl für sich zu einer Art Entwicklungstheorie gekommen sein. Das widerspricht nicht nur der Meinung des Paulus, daß die δικαιοσύνη des Gerechtfertigten eine δικαιοσύνη (ἐκ) θεοῦ ist; es widerspricht — eben damit — vor allem der pauli|nischen Anschauung vom gerechtfertigten Menschen, der ganz auf der πίστις steht. Im Gegensatz zu der Art, wie Paulus den Menschen sieht, liegt jener Auffassung die im antiken wie im modernen Rationalismus und Idealismus herrschende Auffassung vom Menschen und seinem Vermögen zugrunde, nämlich von dem Vermögen, das Gute zu verwirklichen. Es ist aber klar, daß für Paulus die Vorstellung von dem Guten, dessen Idee das Handeln bestimmt, und das durch das Handeln verwirklicht werden soll, gar nicht existiert; und daß damit auch seine Vorstellung vom Gerechtfertigten nichts mit dem durch jene Anschauung bestimmten Menschenideal gemein hat. Jene Anschauung muß die Sündlosigkeit umdeuten in das zu realisierende Ideal des Menschen, während die Gerechtigkeit bzw. die Sündlosigkeit bei Paulus eschatologischen, wunderbaren Charakter hat; sie ist die realisierte Seinsweise des Gerechtfertigten. Gilt für diese Seinsweise auch ein Imperativ, so kann er auf alle Fälle nicht den Sinn haben, diese Seinsweise zu verwirklichen. So ist es eine völlige Verkennung des Tatbestandes, wenn Wernle unter Preisgabe früherer Einsicht in seiner Besprechung des genannten Buches von Windisch (ThLZ 34, 1909, Sp. 588) die Sündlosigkeit nicht als Notwendigkeit, sondern als Möglichkeit nach der Bekehrung bezeichnet und meint, die beschreibenden Indikative seien letztlich nichts anderes als verstärkte Imperative.

III.

Ich möchte aber, ehe ich versuche, jene Seinsweise des Gerechtfertigten nach Paulus so zu verstehen, daß der Imperativ und also die ganze Paradoxie oder Antinomie begreiflich wird, noch einen Versuch besprechen, das Problem auf anderem Wege zu lösen; einen Versuch, der den bisher besprochenen zeitlich vorausgeht und sie doch an Tiefe des Eindringens in das Problem bei weitem übertrifft. Es ist die Anschauung F. C. Baurs, die ich nach seinen nachgelassenen Vorlesungen über neutestamentliche Theologie (hrsg. von F. F. Baur 1864) skizziere. Hier wird nämlich von vornherein nicht der Versuch gemacht, den Widerspruch historisch-psychologisch zu interpretieren durch Zurückführung seiner beiden Seiten auf verschiedene Motive, sondern hier wird versucht, ihn als in der Sache, um die es sich in der Rechtfertigungslehre handelt, begründet zu begreifen (S. 174—182).

Die Rechtfertigung ist nach Baur die Aufnahme eines neuen Prinzips in den Willen, des „Prinzips der Gesetzeserfüllung oder des sittlichen Verhaltens". Wenn Paulus also das „ethische Sollen in | Hinsicht der Sünde, der Pflicht, ihr abzusterben, als ein faktisches Gestorbensein und eben damit als Sache der unabweisbaren Notwendigkeit darstellt", so besteht ein Widerspruch gar nicht. Durch den Indikativ wird beschrieben, daß das neue Prinzip in den Willen aufgenommen ist; es handelt sich aber eben um ein Prinzip des Willens, das als solches durch den Imperativ charakterisiert wird. Der Glaubende ist reell ein δικαιωθείς, weil er „in dem πνεῦμα als dem in ihm wirkenden Prinzip in Tat und Wahrheit in das der sittlichen Idee entsprechende Verhältnis zu Gott gesetzt ist". An Stelle der quantitativen Gesetzeserfüllung tritt nunmehr die qualitative; die Gesinnung bestimmt ihren Wert. Der Gerechtfertigte ist also eigentlich gar nicht der ἀσεβής, und der Gegensatz der πίστις zu den ἔργα wird ein relativer; denn schon in der Zeit des AT *konnten* die ἔργα ja aus einer guten Gesinnung hervorgehen, und andererseits kann natürlich die πίστις als lebendige Gesinnung nicht ohne ἔργα sein.

So sachgemäß hier die Fragestellung insofern ist, als die Antinomie aus dem Wesen der Sache heraus begriffen wird, so falsch ist die Antwort, die im Sinne der idealistischen Auffassung vom Wesen des Menschen gegeben ist. Je klarer sie gegeben ist, desto klarer tritt hervor, daß der Mensch hier völlig anders gesehen ist als bei Paulus, für den der Mensch schlechthin als Sünder vor Gott steht, dessen Rechtfertigung nicht in seiner Gesinnung, seinem sittlichen Wollen gegeben ist. Damit wäre der eschatologische Charakter der Rechtfertigung verkannt, wäre verkannt, daß die Rechtfertigung Gottes wunderbares Tun bzw. Gottes unbegreifliches Urteil ist. Der zweite jener oben besprochenen Fehler liegt hier also auch vor.

In ähnlichen Gedanken bewegt sich die Behandlung des Problems bei A. Juncker (Die Ethik des Apostels Paulus I 1904), die weder dialektisch an Baur heranreicht, noch sich offenbar ihrer Konsequenzen bewußt ist, die ich aber in diesem Zusammenhange mitbespreche, um zu versuchen, auf diesem kritischen Wege allmählich den rechten Blick für die paulinische Anschauungsweise zu gewinnen. Nach Juncker (S. 127 ff.) ist die

Rechtfertigung zugleich die sittliche Erneuerung des Menschen; der Glaube, auf dem sie beruht, ist die entscheidende sittliche Tat, die eine unabsehbare Reihe anderer Taten, ja ein ganzes einheitliches Leben aus sich heraussetzt. Ist aber wirklich die πίστις die entscheidende sittliche Tat (was schon nach Röm 10 unmöglich ist), so ist ja die Entscheidung in die Hand des Menschen gelegt, auf seinem Tun beruht die Rechtfertigung, der Mensch ist hier nicht radikal als Sünder gedacht; denn wie käme der *Sünder* zur πίστις, wenn dies die entscheidende Tat wäre? Daß in der | Junckerschen Darstellung tatsächlich der Mensch sich selbst erlöst, geht aus den Ausführungen hervor (S. 150 f.), nach denen das menschliche πνεῦμα gottverwandt ist und der Mensch, wenn er in der Kraft des göttlichen πνεῦμα handelt, aus seinem eigenen Wesen, seiner „natürlichen" Anlage heraus handelt. „Gottes Geist vermählt sich mit des Menschen Geiste, und als die Frucht dieser innigen Verbindung stellt sich ein völlig neues Geistesleben dar" (S. 143). All das entspricht schlechterdings nicht der Art des Paulus, den Menschen zu sehen.

An der vielerörterten Streitfrage (bei Juncker S. 42 ff.), ob auch Adams Fall auf die von vornherein und wesenhaft durch die ἁμαρτία bestimmte σάρξ zurückgehe, oder ob die σάρξ erst infolge des Falles Adams zum Sündenfleisch geworden sei, ob also — nach Junckers Formulierung — der Zusammenhang von σάρξ und ἁμαρτία nur ein empirischer, innerhalb des Geschichtsverlaufs gewordener sei, läßt sich die Sachlage klarstellen. Jene Streitfrage ist nämlich bedeutungslos, d. h. es ist für die Gesamtanschauung des Paulus gleichgültig, welche spekulativen Gedanken er sich etwa über diese Frage gemacht hat. Die Frage nach der iustitia originalis hat für die Scholastik wie für Luther prinzipielle Bedeutung, da in ihr die Auffassung von der Sünde — ob Verlust des donum superadditum oder gänzliche corruptio der menschlichen Natur — und demzufolge von der Erlösung — ob irgendwie vom Menschen aus ermöglicht, oder ganz in Gott begründet — zur Entscheidung kommt. Für Paulus ist die Frage nach dem Urstand des Menschen noch nicht in das Licht dieser Problematik getreten; es liegt für ihn einfach so: der Mensch, mit dem er rechnet, ist der durch die Sünde bestimmte. Ob es einmal einen Menschen (Adam) gab, für den das nicht gilt, für den andere Möglichkeiten des Lebens bestanden, ist — selbst wenn Paulus diesen Gedanken vollzogen haben sollte — eine überflüssige Spekulation, die über den Menschen, um den es sich in der Rechtfertigung handelt, nichts aussagt. Für diesen besteht keine andere Möglichkeit als die, ein Sünder zu sein. Für diesen gibt es eine positive Beziehung zu Gott nicht auf Grund irgendwelcher natürlichen Ausstattung, sondern nur auf Grund der göttlichen χάρις. Das geht deutlich aus der Ansicht des Paulus über die heilsgeschichtliche Bedeutung des Gesetzes hervor; denn diese Bedeutung besteht ja darin, den Menschen in den Zustand zu bringen, daß ihm die Unmöglichkeit jedes anderen Weges zu Gott außer dem der χάρις klar wird (Röm 5,20 f.; 7,7—25; Gal 3,19.22). Jene etwaige Spekulation hat also völlig außer Betracht zu bleiben, wo es sich um den Menschen handelt, wie er ist, und wie er gerechtfertigt wird.

Darin darf man sich auch durch Röm 7,14—25 nicht täuschen lassen, als werde hier in dem ἔσω ἄνθρωπος bzw. im νοῦς ein Stück des Menschen namhaft gemacht, das nicht durch die Sünde bestimmt sei. In dem Satze (v. 18): οἶδα γὰρ ὅτι οὐκ οἰκεῖ ἐν ἐμοί, τοῦτ' ἔστιν ἐν τῇ σαρκί μου, ἀγαθόν, ist durch das τοῦτ' ἔστιν zwar wohl keine Erläuterung, sondern eine Korrektur eingeführt. Dennoch sind die σάρξ und der ἔσω ἄνθρωπος nicht zwei in gleichem Sinne reale Mächte im Menschen, sondern in unzulänglicher dualistischer Terminologie will Paulus so stark wie möglich zum Ausdruck bringen, daß der Mensch *tatsächlich* nur durch die Sünde bestimmt ist. Daß aber die Sünde *Sünde* ist, nicht Schicksal oder Naturbestimmtheit, daß es zum Wesen des Menschen gehört, von Gott her *beansprucht* zu sein, das kommt in den Aussagen vom νοῦς und vom ἔσω ἄνθρωπος zum Ausdruck. Röm 7,7 ff. enthält ja nicht eine Konfession des Paulus oder überhaupt eine Schilderung des *seelischen* Zustandes des unerlösten Menschen, sondern die Darstellung des objektiven Seins des Unerlösten, wie es vom Standpunkt des Erlösten aus sichtbar geworden ist[3]. Man kann also paradox sagen: der ἔσω ἄνθρωπος ist etwas, was nicht *ist,* in dem Sinne, wie σάρξ und ἁμαρτία für den Menschen real sind.

IV.

Versuchen wir nun, die Antinomie — das Nebeneinander von Indikativ und Imperativ — aus der Sache zu begreifen, anders ausgedrückt: das Phänomen des δικαιωθείς zu verstehen, so wird es der Klarheit dienen, noch einen anderen Umweg zu machen, nämlich auf analoge Phänomene hinzuweisen, und zwar zunächst auf eine charakteristische Erscheinung in der *stoischen Ethik,* also auf eine Anschauung, die in der hier in Frage kommenden Hinsicht der Baurschen nahe verwandt ist.

Wie bei Paulus der ἁμαρτωλός und der δίκαιος, so stehen sich in der

---

[3] Vgl. W. Heitmüller, Zeitschr. f. Theol. u. Kirche 27 (1917) S. 139 f.

Stoa der φαῦλος und der σοφός bzw. τέλειος gegenüber. Der Gegensatz ist radikal: der φαῦλος hat nichts von der Tugend, der τέλειος hat sie ganz. Die Tugend gilt ja als unteilbar, und wer *eine* Tugend hat, hat also die ganze. Eine Entwicklung, einen Übergang vom φαῦλος zum τέλειος kann es nicht geben. Nun ist bekanntlich in der mittleren Stoa der Radikalismus insofern ermäßigt worden, als zwischen die Begriffe des φαῦλος und des τέλειος der Begriff des | προκόπτων eingeschoben wurde. Der προκόπτων ist der Mensch, der sich auf die τελειότης hinbewegt; er ist weder φαῦλος noch τέλειος, oder besser gesagt: er ist beides, jedoch so, daß sein Wesen durch die τελειότης bestimmt wird. Die τελειότης liegt also jenseits des προκόπτων, und diese Jenseitigkeit ist die der Idee; die Beziehung des Menschen zu ihr ist die des unendlichen Fortschritts. Und es können nun vom προκόπτων die scheinbar widerspruchsvollen Aussagen — Indikative und Imperative — gemacht werden in dem gleichen Sinne, wie sie das Wesen des δικαιωθείς in der Auffassung Baurs charakterisieren.

Offenbar liegt im Phänomen des προκόπτων eine formale Analogie zum Phänomen des δικαιωθείς bei Paulus vor, aber eben nur eine formale, die aber den Blick für das Einzigartige der paulinischen Anschauung schärfen kann. Denn — von anderem zunächst abgesehen — die τελειότης entspricht *nicht* der δικαιοσύνη, weil sie die allgemeine Norm des menschlichen Handelns beschreibt, während der Begriff der δικαιοσύνη nicht durch die Vorstellung von einer allgemeinen Norm menschlichen Wesens bestimmt ist, sondern die Stellung des einzelnen konkreten Menschen vor Gott charakterisiert. Das Ziel, bzw. das Heilsgut, ein δίκαιος zu sein, bedeutet nicht, ein Ideal menschlichen Wesens verwirklicht zu haben, sondern bedeutet: seiner ganz konkreten Sünde vor Gott ledig zu sein; eine völlig unrationale Anschauung vom Sein des Menschen liegt ihm zugrunde, in der nicht mit einer Idee des Menschen gerechnet wird, sondern mit den einzelnen konkreten Menschen.

Es ist aber auch von vornherein zu erwarten, daß eigentliche Analogien für die Anschauung des Paulus auf dem Gebiete der *Religions*geschichte liegen müssen, und zwar überall da, wo der Gläubige das jenseitige Heil, das ja immer ein ἔσχατον ist, in der Gegenwart zu erfassen meint, wo also aus der Tatsache der Fortdauer des irdischen Lebens eine Problematik erwachsen muß, die der paulinischen in irgendeinem Maße entspricht. Für Paulus liegt der Vergleich mit den hellenistischen Mysterienreligionen und der *hellenistischen Mystik* aus mehr als einem Grunde nahe, und in der Tat vermag diese Analogie noch näher an das Verständnis des Paulus heranzuführen.

Dem Gegensatz des ἁμαρτωλός und δίκαιος entspricht in der hellenistischen Sphäre, um die es sich hier handelt, der Gegensatz des Unwiedergeborenen und Wiedergeborenen, — denn diese Terminologie darf ich wohl der Kürze halber wählen, da sie der Sache entspricht, auch wenn ihr Gebrauch beschränkt ist. Das Wesen des | Wiedergeborenen nun ist ein eigentümlich Widerspruchvolles, insofern er nicht das *ist*, als was er *erscheint*, insofern das, was er *ist*, nicht *erscheint*. Dieser Widerspruch zwischen dem jenseitigen Wesen des Wiedergeborenen und seiner empirischen Existenz findet zB Corp. Herm. XIII 3 seinen Ausdruck: ὁρῶν (ποτε) ἐν ἐμοὶ ἄπλαστον θέαν γεγενημένην ἐξ ἐλέου θεοῦ καὶ ἐμαυτὸν (δι)-εξελήλυθα εἰς ἀθάνατον σῶμα, καί εἰμι νῦν οὐχ ὁ πρίν, ἀλλ' ἐγεννήθην ἐν νῷ [τὸ πρᾶγμα τοῦτο οὐ διδάσκεται οὐδὲ τῷ πλαστῷ τούτῳ στοιχείῳ, δι' οὗ ⟨ὁρᾷς⟩, ἔστιν ἰδεῖν.] καὶ διαμεμέλισταί μοι τὸ πρῶτον σύνθετον εἶδος. οὐκέτι κέχρωσμαι καὶ ἀφὴν ἔχω καὶ μέτρον, ἀλλότριος δὲ τούτων εἰμί· νῦν ὁρᾷς με, ὦ τέκνον, ὀφθαλμοῖς, ὅ τι δέ ⟨εἰμι, οὐ⟩ κατανοεῖς ἀτενίζων σώματι καὶ ὁράσει· οὐκ ὀφθαλμοῖς τούτοις θεωροῦμαι νῦν, ὦ τέκνον (zitiert nach Reitzenstein, Poimandres S. 340). Diese Anschauung liegt auch der Erzählung der apokryphen Johannesakten vom Bilde des Johannes zugrunde (c. 26—29, p. 165—167). Vor seinem Porträt erklärt der Apostel: „Das Bild ist mir ähnlich, nicht aber *mir*, Kind, sondern dem Bilde meines Leibes." Das wahre Bild des Apostels müßte mit anderen Farben gemalt werden: πίστις, γνῶσις etc., also den Eigenschaften, die das jenseitige Wesen des Wiedergeborenen konstituieren.

Das Jenseits, um das es hier geht, ist nicht das der Idee, deren Realisierung in der Zukunft liegt, sondern das Jenseitige ist real gegenwärtig, und zwar ist es naturhaft, substanzhaft gedacht, was in der konsequent gedachten Vorstellung vom himmlischen oder pneumatischen Leibe charakteristisch zum Ausdruck kommt[4]. Die Beziehung des Menschen zu diesem Jenseits ist das der Teilhabe: *etwas* in ihm stammt aus der jenseitigen Welt, aus der Lichtwelt, sei es — je nachdem welche mythologische oder kultische Tradition die Gedankenbildung bestimmt — von Anfang an als ein uranfänglicher in die Materie versenkter Lichtteil, sei es auf Grund einer durch Sakrament oder Ekstase bewirkten Verwandlung oder Einflößung. Und dieses Etwas im Menschen gilt nun als das Wesentliche oder Wesenhafte des Wiedergeborenen. Dies Etwas hat

---

[4] Vgl. REITZENSTEIN, Die hellenist. Mysterienreligionen² S. 121—124. 135. Außerdem etwa Corp. Herm. XIII 3 u. 14.

aber keinen wesenhaften Zusammenhang mit dem empirischen Menschen, seinem Tun und seinem Schicksal. In den verschiedensten Formen kommt diese Grundanschauung zum Ausdruck, vor allem in den Aussagen, daß die heilige Weihe oder die γνῶσις von der εἱμαρμένη befreit. So spricht der Geweihte der Isis (Apul. met. XI 15): eat | nunc (Fortuna) et summo furore saeviat et crudelitati suae materiam quaerat aliam; nam in eos, quorum sibi vitas in servitium deae nostrae maiestas vindicavit, non habet locum casus infestus . . . videant irreligiosi, videant et errorem suum recognoscant: en ecce pristinis aerumnis Isidis magnae providentia gaudens Lucius de sua fortuna triumphat. Ähnliches gilt in bezug auf die γνῶσις; vgl. C. Herm. XII 9: εὑρήσεις ὅτι ἀληθῶς πάντων ἐπικρατεῖ ὁ νοῦς, ἡ τοῦ θεοῦ ψυχή, καὶ εἱμαρμένης καὶ νόμου καὶ τῶν ἄλλων πάντων· καὶ οὐδὲν αὐτῷ ἀδύνατον, οὔτε εἱμαρμένης ὑπεράνω θεῖναι ψυχὴν ἀνθρωπίνην οὔτε ἀμελήσασαν, ὅπερ συμβαίνει, ὑπὸ τὴν εἱμαρμένην θεῖναι. Ganz besonders charakteristisch ist die von Zosimos überlieferte hermetische Lehre: ὅτι οὐ δεῖ τὸν πνευματικὸν ἄνθρωπον τὸν ἐπιγνόντα ἑαυτὸν οὔτε διὰ μαγείας κατορθοῦν τι, ἐὰν καὶ καλὸν νομίζηται, μήτε βιάζεσθαι τὴν Ἀνάγκην, ἀλλ' ἐὰν ὡς ἔχει φύσεως καὶ κρίσεως. πορεύεσθαι δὲ διὰ μόνου τοῦ ζητεῖν ἑαυτὸν καὶ θεὸν ἐπιγνόντα κρατεῖν τὴν ἀκατονόμαστον τριάδα, κ α ὶ ἐ ὰ ν τ ὴ ν ε ἱ μ α ρ μ έ ν η ν ὃ θ έ λ ε ι π ο ι ε ῖ ν τ ῷ ἑ α υ τ ῆ ς π η λ ῷ , τ ο υ τ έ σ τ ι τ ῷ σ ώ μ α τ ι (Reitzenstein, Poimandres S. 103, bzw. Hellenist. Mysterienrel.² S. 152)⁵. Die konkrete Existenz des Menschen gilt also sozusagen nicht mehr, sie geht den Menschen, den Wiedergeborenen, den Pneumatiker, nichts mehr an, sie wird ignoriert. Die praktische Konsequenz kann sowohl der Libertinismus wie die Askese sein. Der Wiedergeborene ist also eigentlich gar nicht der konkrete Mensch, sondern ein Etwas in ihm. Die Kontinuität zwischen dem Wiedergeborenen und dem alten Menschen ist zerrissen, und damit hat der Wiedergeborene jeden bestimmten, eigenen Charakter verloren. Das Jenseits, das für ihn — etwa in der Ekstase — erfahrbar ist, ist das allgemeine „Leben", wie denn in der Ekstase alles individuelle Sein ausgelöscht ist. Von Sünden*vergebung* kann hier nicht die Rede sein; denn Sündenvergebung ist nicht etwas Allgemeines wie „Leben", sondern würde bedeuten, daß der Gedanke des Jenseits durch die Beziehung auf den konkreten, einzelnen Menschen bestimmt ist, dessen Sünde vergeben wird.

---

⁵ Weiteres bei REITZENSTEIN, Hellenist. Mysterienrel.² S. 151—156; Gnostisches bei ANRICH, Das antike Mysterienwesen S. 90—92.

V.

Ist damit schon ein Unterschied zu Paulus angedeutet, so ist es doch zunächst notwendig zu sehen, daß eine weitgehende *Verwandtschaft zwischen Paulus und der hellenistischen Mystik* besteht. Nicht nur, daß auch bei Paulus das Heilsgut als „Leben" bezeichnet werden kann, was ja an sich nur einen Einfluß | der Terminologie zu bedeuten brauchte: sondern die Rechtfertigung gilt auch bei ihm als begründet durch einen sakramentalen Akt, die Taufe. Das πνεῦμα, das durch die Taufe verliehen wird, ist auch für Paulus eine supranaturale, natur- oder substanzhaft gedachte Macht, die als ein Etwas im Menschen wohnt (vgl. zB Röm 5,5; 8,11.16; 1Kor 2,10—16 etc.). Die σάρξ-πνεῦμα-Anschauung des Paulus zeigt weithin den Charakter des metaphysischen Dualismus, der für die hellenistischen Mysterienreligionen charakteristisch ist, dh σάρξ und πνεῦμα sind als natur- oder substanzhafte Mächte gedacht, wie sich besonders in der Auferstehungslehre mit ihrer Vorstellung vom σῶμα πνευματικόν deutlich zeigt. Daß Paulus die Erfassung des Jenseits in der Ekstase kennt, zeigen wohl Röm 8,15.26 und Gal 4,6, jedenfalls 1Kor 14 und 2Kor 12,1—4. Und zwar ist deutlich, daß man bei Paulus von spezifisch mystischer Ekstase reden muß, die von prophetischer Ekstase sehr wohl zu unterscheiden ist (natürlich nicht als psychischer Vorgang, sondern in ihrer Bedeutung). Für den Propheten ist die Ekstase (wie mutatis mutandis in primitiven Religionen für den Schamanen) das Mittel für seine Aufgabe, dh ihm wird in der Ekstase das Wort Gottes zuteil, das er verkündigen soll, wie in primitiven Religionen die Ekstase das Mittel für die Erreichung oder Erhöhung der Zauberkraft ist, etwa zum Zwecke der Weissagung. Für den Mystiker dagegen ist die Ekstase Selbstzweck; die Worte, die er in der Ekstase hört, sind für ihn allein bestimmt, für andere sind es ἄρρητα ῥήματα, wie Paulus das selbst sagt (2Kor 12,4). Endlich sind asketische Motive, aus jenem Dualismus und aus jener mystischen Auffassung vom Jenseits fließend, bei Paulus unbestreitbar. Sie treten ebenso in der Motivierung der Warnung vor der Unzucht (1Kor 6,12—20), wie in der Behandlung der Ehefrage (1Kor 7) neben anderen Motiven deutlich hervor.

Es ließe sich nun von hier aus ein Verständnis jener Antinomie, des Nebeneinander von Indikativ und Imperativ, gewinnen, das den Anspruch machen könnte, die Antinomie als in der Sache begründet zu begreifen: Für den Mystiker ist das jenseitige Heil gegenwärtige Realität, und natürlich kann deshalb in Indikativen vom Besitz des Heils geredet werden. Die Imperative stehen dazu nicht in eigentlichem Widerspruch; in ihnen würde vielmehr zum Ausdruck gelangen, daß der empirische, konkrete Mensch zu durchstreichen ist. Will man von einem Widerspruch reden, so liegt dieser in der Grundkonzeption der mystischen Frömmigkeit.

Man brauchte sich bei dieser Betrachtung nicht einmal dadurch stören zu lassen, daß als charakteristische Bezeichnungen für das | Heil von Paulus die ganz unmystischen Termini δικαιοσύνη und δικαιωθῆναι gebraucht werden; denn sie begegnen ja auch gelegentlich in der hellenistischen Mystik (C. Herm. XIII 9), und sie sind vielleicht auch bei Paulus gelegentlich mystisch gedacht (Röm 6,7? 8,30? 1Kor 1,30? 6,11)[6]. Bedenklicher wäre, daß die Ansätze zur Askese, die für die Mystik der charakteristische Ausdruck jener Durchstreichung des konkreten Menschen sind, bei Paulus so wenig entwickelt sind. Aber auch abgesehen davon läßt sich diese hypothetische Konstruktion nicht halten.

VI.

Denn nun kann der fundamentale Unterschied der paulinischen Anschauung von den analogen Phänomenen nicht übersehen werden, und er ist ja auch schon angedeutet. Für Paulus ist die Rechtfertigung, die Befreiung von der Sünde, das jenseitige Heilsgut. Diese *Jenseitigkeit* ist weder die der Idee wie in der Stoa, noch die der Übernatur wie in der hellenistischen Mystik, sondern sie hat den Charakter des Geschehens, des Sich-Ereignens, sie ist begründet durch Gottes Tat, sie besteht in Gottes Urteil. Das entspricht der Tatsache, daß Gott für Paulus nicht eine metaphysische Wesenheit ist, die durch ihre Eigenschaften beschrieben werden kann, wie etwa als φῶς, ζωή, ἀφθαρσία u. dgl. in der hellenistischen Sphäre; vielmehr ist Gott der tätige Wille. Wenn Paulus Gottes χάρις verkündet, so verkündet er nicht eine bisher nicht erkannte oder nicht gewürdigte Eigenschaft Gottes, also nicht einen neuen, gereinigten Gottesbegriff, sondern er redet von einer neuen Heilstat Gottes. Damit ist gesagt, daß für Paulus der Gedanke des Jenseits bestimmt ist durch die Beziehung auf den einzelnen konkreten Menschen. Das ist natürlich nicht im Sinne eines modernen Individualismus gemeint; Paulus redet ja gerade von der Menschheit[7]. Aber eben der Gedanke der Menschheit

---

[6] Vgl. REITZENSTEIN, Hellenist. Mysterienrel.² S. 112—116.
[7] Selbstverständlich ohne den abstrakten Begriff „Menschheit".

ist bei ihm nicht bestimmt durch die Idee *des* Menschen, sondern durch die Vorstellung von einzelnen konkreten Menschen, *mit denen es Gott zu tun hat,* und nur, sofern Gott mit den Menschen etwas *zu tun* hat, läßt sich (im Sinne des Paulus) von Gott reden. Die *Beziehung des Menschen zum Jenseits* ist demgemäß weder die des unendlichen Fortschritts noch die der Teilhabe, sondern sie wird bezeichnet durch πίστις. Die πίστις aber ist der Gehorsam des Menschen unter Gottes Heilstat unter Verzicht auf jeden Anspruch, von sich aus die Beziehung zu Gott herstellen zu können; sie ist der Glaube, daß allein durch Gottes Urteil der Mensch als gerechtfertigt gilt[8]. Die Gerechtigkeit oder Sündlosigkeit ist also — höchst paradox — keine Veränderung der sittlichen Qualität des Menschen, sie ist weder etwas am Menschen Wahrnehmbares noch etwas von ihm Erlebbares im Sinne der Mystik; sie kann eben nur geglaubt werden[9]. Wohl kennt Paulus die Ekstase, aber sie ist für ihn ein besonderes Charisma, nicht die spezifisch christliche Lebensform (vgl. 1Kor 12—14).

Man darf, wenn man die Linien des von Paulus direkt Ausgesprochenen verlängert, sogar sagen: auch die Sünde ist nicht etwas am empirischen Menschen Wahrnehmbares, sondern sie besteht nur, sofern der Mensch von Gott aus gesehen wird. Sie ist also nicht *identisch* mit den sittlichen Verfehlungen, so gewiß sie sich in diesen darstellen kann. Wahrnehmbar ist sie erst in dem Augenblick, da sie vergeben wird, bzw. für die christliche Betrachtung. Das ergibt sich aus der richtigen Interpretation von Röm 7,7—25, wo der Zustand des unerlösten Menschen so geschildert wird, wie er sich nachträglich dem Erlösten darstellt (s. oben S. 30). Das ergibt sich ebenso daraus, daß nach Paulus das Gesetz die Menschheit dadurch auf die χάρις vorbereitet, daß es in die

---

[8] Auf die verschiedenen Nuancen im Gebrauch des πίστις-Begriffs kommt es hier nicht an; sie sind meines Erachtens wesentlich veranlaßt durch den Anschluß des Paulus an den Sprachgebrauch der hellenistisch-christlichen Gemeinden bzw. der christlichen Propaganda.

[9] Die alte Streitfrage, ob der δικαιωθείς nur von Gott als gerecht *angesehen* wird, oder ob er auch gerecht *ist*, ist abzuweisen. Natürlich *ist* im Sinne des Paulus gerecht, wer von Gott als gerecht angesehen wird. Vgl. besonders Röm 5,19: ὥσπερ γὰρ διὰ τῆς παρακοῆς τοῦ ἑνὸς ἀνθρώπου ἁμαρτωλοὶ κατεστάθησαν οἱ πολλοί, οὕτως καὶ διὰ τῆς ὑπακοῆς τοῦ ἑνὸς δίκαιοι κατασταθήσονται οἱ πολλοί. Ebenso wie die Sünder in der Konsequenz Adams wirklich Sünder *sind*, nicht nur als solche *gelten*, so *sind* auch δίκαιοι wirklich δίκαιοι. Vgl. auch 2Kor 5,21. Jene Streitfrage konnte nur entstehen, indem man die δικαιοσύνη in idealistischem Sinne interpretierte als die ethische Beschaffenheit oder Haltung des Menschen; daß das falsch ist, ist oben gezeigt. In diesem ethischen Sinne *ist* der δικαιωθείς natürlich nicht gerecht, aber in diesem Sinne wird er auch gar nicht von Gott als solcher angesehen.

Sünde führt. Wenn der Mensch nur dann eine positive Beziehung zu Gott hat, wenn er Gottes χάρις kennt, d. h. aber, wenn er sich als Sünder weiß, so bedeutet das doch, daß er sich im eigentlichen Sinn als Sünder vor Gott nur wissen kann, wenn er Gottes χάρις kennt. So wird es im Sinne des Grundgedankens der paulinischen Rechtfertigungslehre sein, zu sagen, daß die Sünde nichts empirisch Wahrnehmbares ist. Ebensowenig ist es die δικαιοσύνη. Das heißt aber: die Identität des Gerechtfertigten mit dem empirischen Menschen wird *geglaubt*. |

Da es der konkrete, empirische Mensch (der, von Gott aus gesehen, ein Sünder ist) ist, der gerechtfertigt wird, dem seine Sünde vergeben wird, so besteht die Beziehung des Gerechtfertigten zum Jenseits *nicht abgesehen von oder neben* seinem konkreten Tun und Schicksal. Er, der konkrete Mensch, der der Handelnde und Leidende ist, ist ja der Gerechtfertigte, und sein Tun und Schicksal haben nun — von Gott, bzw. vom Glauben aus gesehen — neuen Sinn gewonnen. Hier ist der Unterschied von der hellenistischen Mystik besonders deutlich; er tritt am hellsten in den Ausführungen 2Kor 4,7—11 hervor. Geschweige, daß den Paulus sein empirisches Schicksal nichts mehr angeht; es dient vielmehr dazu, ἵνα καὶ ἡ ζωὴ τοῦ Ἰησοῦ ἐν τῷ σώματι ἡμῶν φανερωθῇ. Von Christus-*Mystik* hier zu reden, scheint mir gänzlich verfehlt: denn das konkrete Schicksal selbst ist es doch, in dem sich — für die Betrachtung des Glaubens — das jenseitige „Leben Jesu" offenbart, nicht die *Gefühle* des Leidenden. Und zwar eben für die Betrachtung des Glaubens, in paradoxer Umwertung, denn von irgendwelchen Erlebnissen, die *als solche* jenseitige Kräfte vermittelten, ist ja nicht die Rede.

Die gleiche Anschauung spricht aber auch aus den Aussagen, in denen vom σῶμα (und seinen Gliedern) als im Dienste Gottes stehend die Rede ist (vgl. Röm 6,12—19; 12,1; 1Kor 6,19). Diese Stellen beweisen nicht, „daß der Apostel auch die sinnlich-materielle Organisation des Menschen für pneumatischer Beeinflussung voll zugänglich erachtet hat", und daß also der Zusammenhang zwischen σάρξ und ἁμαρτία nur ein empirischer ist, wie Juncker meint (aaO S. 46). Denn an all diesen Stellen ist ja vom Gerechtfertigten die Rede, dessen sarkisch-sündiges Leben getötet ist; was in ihnen ausgesagt ist, läßt sich also nur vom Gerechtfertigten aussagen. Aber diese Stellen beweisen eben, daß der Gerechtfertigte der ganze konkrete Mensch ist, und daß seine empirische Existenz, sein Handeln, mitbestimmt ist durch die Rechtfertigung. Die *Kontinuität* zwischen dem alten und dem neuen Menschen ist also nicht abgerissen, wie in der hellenistischen Mystik; der δικαιωθείς ist der konkrete Mensch, der die Last seiner Vergangenheit, Gegenwart und Zukunft trägt, der also auch unter dem sittlichen Imperativ steht. Dieser fällt also keineswegs hin; er gewinnt nur den neuen Sinn des *Gehorsams* unter Gott.

Das sittliche Handeln des neuen Menschen kann natürlich nicht mehr den Sinn der „Werke" haben, d. h. es kann nicht die Beziehung des Menschen zum Jenseits begründen wollen, nicht die | Gerechtigkeit realisieren wollen; denn diese ist ja realisiert. Es kann nur den Sinn des Gehorsams haben: der *ganze* Mensch weiß sich als vor Gott stehend, und sofern er handelt, stellt er sich Gott zur Verfügung (Röm 6,13: παραστήσατε ἑαυτοὺς τῷ θεῷ). Aber sowenig er in seinem Schicksal besondere Erfahrungen und Erlebnisse macht, die *als solche* vom Ungläubigen nicht auch zu machen wären (sie haben nur für den Glauben einen neuen Sinn), sowenig wird in seinem Gehorsam etwas *Besonderes* von ihm verlangt, das nicht von anderen auch verlangt würde. Die sittliche Forderung hat für ihn *keinen neuen Inhalt* gewonnen, und sein sittliches Verhalten unterscheidet sich von dem anderer nur dadurch, daß es den Charakter des Gehorsams trägt[10]. Gefordert ist vom Gerechtfertigten nur, was gut, wohlgefällig und vollkommen ist, was man an Tugend und Lobenswertem nennen mag (Röm 12,2; Phil 4,8). Die sittlichen Gebote des AT gelten ebenso wie die Tugend- und Lasterkataloge der paränetischen Tradition des hellenistischen Judentums. Ausdrücklich spricht Paulus es aus, daß die Forderung des Gesetzes zu bejahen ist (Röm 7,12.14), daß das Verhalten des Gerechtfertigten die Erfüllung des Gesetzes ist (Röm 13,8—10; Gal 5,14). Sowenig also ein neues sittliches Ideal aus der δικαιοσύνη (oder der πίστις) abzuleiten wäre, sowenig kann man aber auch sagen, daß wenigstens das Negative, der Wegfall der zeremoniellen Forderungen des Gesetzes, aus der δικαιοσύνη ἐκ πίστεως folge. Es folgt aus dieser nur, daß sie nicht mehr als „Werke" zu erfüllen sind; im übrigen ist es konsequent, vom Standpunkt der πίστις aus gesprochen, was Paulus über die Beschneidung sagt: οὐδὲν ἰσχύει, οὐδέν ἐστιν (Gal 5,6; 6,15; 1Kor 7,19), d. h. die zeremoniellen Forderungen sind an sich gleichgültig. Paulus bekämpft sie als „Werke"; sind sie als Werke erledigt, so müssen sie natürlich auch überall da hinfallen, wo sie nicht mehr als aus der konkreten Situation des Menschen erwachsende, an ihn gerichtete Forderungen einsichtig sind, d. h. ihr Wegfall

---

[10] Dabei ist von den früher genannten asketischen Motiven abgesehen. Es kommt hier nur auf den Grundgedanken an.

folgt dann nicht aus einem für den Gerechtfertigten gültigen besonderen sittlichen Ideal, sondern einfach aus allgemein zugänglicher sittlicher Einsicht.

Aber wenn von dem Gerechtfertigten gilt, daß er sein σῶμα Gott zur Verfügung stellt, und daß eben dies in seinem sittlichen Wandel sich auswirkt, muß dann nicht doch gesagt werden, daß der δικαιωθείς sich auch allgemein wahrnehmbar vom Ungläubigen unterscheidet? Paulus ist doch auch der Meinung, daß das Leben der | Gläubigen sich von ihrem früheren Wandel und dem der heidnischen Umgebung deutlich abhebt? (Vgl. Röm 6,12—23; 1Kor 6,9—11; Phil 2,15 etc.). Vor allem kennt er doch das πνεῦμα, das der Gläubige besitzt, als die Kraft eines neuen sittlichen Wandels (vgl. Röm 8,4—14; Gal 5,16—25 etc.). Dennoch wäre es zu kurz gedacht, wollte man sagen, daß der eigentümliche Charakter des δικαιωθείς an seinem sittlichen Verhalten erkannt werden kann. Denn gerade das Entscheidende, die nur in Gottes Urteil vollzogene δικαιοσύνη, kann nicht wahrgenommen werden — außer vom Auge des Glaubens (wie ja auch das Sein des Ungläubigen als durch die Sünde bestimmt nur für den Glauben wahrnehmbar ist). Wohl ist natürlich der neue Wandel *als solcher* allgemein wahrnehmbar, wie es ja auch selbstverständlich ist, daß für den, dessen Tun wirklich im Gehorsam unter Gott geschieht, der Ernst der sittlichen Forderung als des Gebotes Gottes neu lebendig und also der Wandel tatsächlich ein neuer ist. Aber das Entscheidende ist dies, daß alle sittliche Vollkommenheit des Menschen nichts bedeuten kann ohne jenes entscheidende Urteil Gottes. Nur auf ihm und nie auf dem sittlichen Tun beruht die δικαιοσύνη, die also nie allgemein wahrnehmbar ist, da der sittliche Wandel an sich auch ohne sie vorhanden sein könnte; tun doch auch die Heiden unter Umständen τὰ τοῦ νόμου (Röm 2,14). Ohne das entscheidende göttliche Urteil würde also auch der beste sittliche Wandel nichts bedeuten; ob er also wirklich den Charakter des Gehorsams trägt, ist nicht allgemein wahrnehmbar.

Das darf dann aber auch so formuliert werden, daß der Gläubige nie aufhört ein ἀσεβής zu sein, und immer nur als ἀσεβής gerechtfertigt ist, selbst wenn man diesen Satz nicht sicher aus Röm 4,5 herauslesen darf: τῷ δὲ μὴ ἐργαζομένῳ, πιστεύοντι δὲ ἐπὶ τὸν δικαιοῦντα τὸν ἀσεβῆ, λογίζεται ἡ πίστις αὐτοῦ εἰς δικαιοσύνην. Es ist freilich hinzuzufügen, daß Paulus diesen Gedanken nicht zu Ende gedacht hat. Die Begriffe πίστις und πιστεύειν behalten fast immer bei ihm (unter dem Einfluß der traditionellen Missionsterminologie) etwas von dem Sinn des erstmaligen Bekenntnisses, des Gläubigwerdens, wenn auch dieser Sinn für πίστις (πιστεύειν) in der Antithese zu den ἔργα (ἐργάζεσθαι) ganz zurücktritt. Weil Paulus das Ende des gegenwärtigen Äons in Bälde erwartet, ist für ihn das Leben des Gläubigen in dieser Welt nicht im gleichen Maße zum Problem geworden wie für Luther. Davon, daß der Glaube täglich die Sünden tilgt, ist bei Paulus so wenig die Rede wie von der täglichen Buße und der immer neuen Vergebung. Indessen sagt auch Wernle, der die Verkündigung des Paulus gerade in ihrer zeitgeschichtlichen Beschränktheit als Missions|theologie verstehen will: „Hätte Paulus diese Betrachtung (nämlich die Lehre von der Rechtfertigung ohne Werke allein durch die Gnade) durchgeführt, so wäre seine Theologie der reformatorischen ... unendlich näher gerückt worden; denn wie kann ein Mensch, der sich so vor Gott beurteilt hat, jemals aufhören, sich als Sünder zu fühlen, der der Gnade bedarf" (aaO S. 96). Es scheint mir aber, daß gerade dies die wichtigste Aufgabe der Interpretation ist, nicht zu zeigen, wie eine eigentümliche Konzeption durch die zeitgeschichtliche Situation in ihrer Ausgestaltung beschränkt wird, sondern sie in ihren Konsequenzen zu entwickeln und so ihre Eigenart voll kenntlich zu machen[11]. Dann aber muß doch gesagt werden: nimmt man den Gedanken ernst, daß der Mensch nur auf Grund der χάρις vor Gott als Gerechtfertigter dastehen kann, so ist er auch *immer* als ἀσεβής ein Gerechtfertigter; sonst würde ja Gottes χάρις nicht mehr ihren Sinn als χάρις für ihn haben.

Ist aber das ganze Sein des Gerechtfertigten durch die χάρις bestimmt, so auch der Imperativ, unter dem er steht. Denn zu der Seinsweise des Gerechtfertigten gehört es auch, unter dem Imperativ zu stehen. Diese Seinsweise kann der Gläubige nur verstehen als Gabe Gottes. Wie also die im Imperativ sich aussprechende sittliche Forderung für ihn Gottes

---

[11] Es liegt mir natürlich fern zu meinen, daß ich mit diesem Versuch, einen bestimmten Ausschnitt aus der Anschauungswelt des Paulus zu verstehen, den ganzen Paulus als historische Erscheinung erfaßt hätte. Gegen HEITMÜLLERS These (Luthers Stellung in der Religionsgeschichte des Christentums 1917, S. 21), „daß Paulus in mancher Hinsicht nicht sowohl der Vater der Reformation als vielmehr der alten und mittelalterlichen Kirche ist", wenden sich meine Ausführungen nicht. Ich möchte dabei nur das „in mancher Hinsicht" betonen und schätze die innere Verwandtschaft Luthers mit Paulus viel höher ein, als HEITMÜLLER es tut. Ich teile auch die meines Wissens zuerst von WREDE vertretene Ansicht nicht, daß die Rechtfertigungslehre für Paulus nur apologetisch-polemische Bedeutung in seiner Missionspraxis gehabt habe, sondern ich glaube, daß sie im Zentrum seiner Anschauung steht. Doch kam es mir hier nur auf ihren Sinn an, für den es ja gleichgültig ist, welche praktischen Umstände für Paulus der Anlaß waren, diese Gedanken zu entwickeln.

Gebot ist, so ist die der Forderung entsprechende Haltung des Gehorsams zugleich Gabe Gottes, gewirkt durch das πνεῦμα, ohne daß die Forderung ihren imperativischen Charakter verliert. Die Paradoxie ist also für den Glauben voll verständlich: εἰ ζῶμεν πνεύματι, πνεύματι καὶ στοιχῶμεν.

Die Bedeutung der neuerschlossenen mandäischen und manichäischen Quellen für das Verständnis des Johannesevangeliums*

I.

Es ist interessant zu sehen[1], wie das geschichtliche Verständnis des JohEv einst der Tübinger Schule besondere Schwierigkeiten machte[2], und es ist charakteristisch, daß A. Ritschl in seiner „Entstehung der altkatholischen Kirche" überhaupt darauf verzichtet hat, dem JohEv einen Platz in der von ihm konstruierten geschichtlichen Entwicklung zuzuweisen. Die Stellung des JohEv in der urchristlichen Geschichte ist in der Tat ein Rätsel, das meines Erachtens auch heute noch nicht gelöst ist, ja das nur noch mehr verwirrt wurde durch die vor allem an den Logosbegriff des Prologs anknüpfende Zuweisung des JohEv in die hellenistische Sphäre und seine Interpretation mittels philonischer Sätze und Gedanken[3]. In welchem Maß solche Interpretation richtig ist, wird sich erst später erweisen, wenn man den Grundcharakter des JohEv besser erfaßt hat und sich nicht mehr verführen läßt, den Logosbegriff auf griechische Spekulation zurückzuführen. Daß er nicht auf philosophischer Spekulation, sondern auf orientalischer Mythologie beruht, habe ich in der Festschrift für Gunkel zu erweisen versucht[4]. Daß das dort für den Prolog Gesagte in irgendwelchem Maß für das ganze Evangelium gilt, habe ich dort schon angedeutet und möchte es hier etwas weiter verfolgen.

Kurz sei *das Rätsel der Stellung des JohEv im Zusammenhang der urchristlichen Entwicklung* charakterisiert. Es gehört weder zum palästinensischen Christentum, wie es die Synoptiker bezeugen, noch zum

---

* Zeitschrift für die neutestamentl. Wissenschaft 24 (1925), 100—146.
[1] Den folgenden Ausführungen liegt im wesentlichen ein am 25. Oktober 1923 gehaltener Vortrag zugrunde.
[2] Vgl. besonders F. C. Baur, Die Tübinger Schule ²1860, S. 85—171.
[3] Vgl. besonders die Kommentare von Holtzmann und W. Bauer (1. Aufl.).
[4] Eucharisterion, 2. Teil, 1923, S. 3—26 [s. oben S. 10—35].

hellenistischen Christentum vom Typus der paulinischen Gemeinden oder vom Typus jüdisch-hellenistischen Christentums, wie es etwa der 1. Klemensbrief, der Hirt des Hermas oder der Hebräer- und Barnabasbrief bezeugen. Vom palästinensischen Christentum ist es geschieden durch die völlig | andere Darstellung der Verkündigung Jesu und die andere Stellung zum Gesetz und zur Eschatologie. Vom hellenistischen Christentum paulinischer Art nicht nur durch das Fehlen spezifisch paulinischer Gedanken, sondern durch die Ignorierung des Gesetzesproblems, durch das Fehlen des κύριος-Titels und der spezifisch kultischen Züge der Frömmigkeit, durch das Zurücktreten der πνεῦμα-Anschauung und vor allem durch das Fehlen des anthropologischen Dualismus (σάρξ-πνεῦμα), an dessen Stelle sich im JohEv vielmehr ein kosmologischer Dualismus findet. Wie weit es von den Quellen des hellenistisch-jüdischen Christentums absteht, ist unnötig darzulegen. Daß das JohEv von all diesen Typen doch immerhin einiges enthält, macht das Rätsel nur größer: der Menschensohn-Titel[5], die Rolle der Juden und Jerusalems, die Rolle des Täufers; andererseits die Schätzung der Sakramente, die Präexistenz und die kosmische Bedeutung Jesu.

Immerhin schien das JohEv verständlich als ein besonderer Typus innerhalb des hellenistischen Christentums. Hier schien eine Darstellung des Lebens Jesu als Erzählung von einem θεῖος ἄνθρωπος gegeben zu sein[6]. Aber damit ist der Charakter des JohEv nicht von ferne vollständig bezeichnet. Treffender schien es zu sein, das JohEv mit seiner Frömmigkeit des Schauens in den Kreis der hellenistischen Mysterienfrömmigkeit hineinzustellen. Redet es vom (ewigen) Leben, das schon hier auf Erden im Schauen Jesu gewonnen wird, so ist dieses Leben offenbar dem θεωθῆναι der Mysterienfrömmigkeit verwandt; und die historische Stellung des JohEv wäre dann dadurch charakterisiert, daß man sagt: die den Menschen vergottende Schau, von der die Mysterienreligionen reden, vollzieht sich hier am Bilde des auf Erden erschienenen Gottessohnes[7], dessen Worte wunderbar wirken wie Mysterienworte[8]. In die Richtung gnostischer Frömmigkeit weist dabei die Terminologie φῶς-σκότος (vgl. Corp. Herm. I u. VII). Zur eigentlichen christlichen Gnosis aber gehört das JohEv offenbar nicht, mag auch seine Christologie bedenklich an den gnostischen Doketismus streifen. Es fehlt die Polemik gegen das AT, es fehlt die Gestalt des Demiurgen und die entsprechende Anschauung von der Welt, es fehlen alle Äonenspekulationen. — Indes-

---

[5] Vgl. Bousset, Kyrios Christos² 156.
[6] Wetter, Der Sohn Gottes 1916.
[7] Bousset aaO 168.
[8] Bousset aaO 169 ff.

sen kann das JohEv trotz aller Analogien nicht als Vertreter hellenistischer Mysterienfrömmigkeit gelten; was es von Paulus scheidet, scheidet es zum Teil auch von dieser: die | Anthropologie ist eine ganz andere; es fehlt der Dualismus von πνεῦμα und σάρξ, es fehlen die Motive der Askese, die Tendenz zur Seelenleitung und Erlebnisfrömmigkeit; demgegenüber zeigt das JohEv eher einen dogmatistischen Charakter. Nicht die kosmische Katastrophe, nicht das Sterben und Auferstehen des Kultgottes bestimmen die Christologie, sondern der Gedanke der Offenbarung. Und Jesus offenbart nicht anthropologische und kosmologische oder theologische Geheimnisse, sondern nur eines: daß er der Offenbarer sei.

Damit ist das zweite große Rätsel des JohEv genannt. Nimmt man das Ev für sich: *Was ist seine zentrale Anschauung, seine Grundkonzeption?* Zweifellos muß sie in dem immer wiederholten Satz stecken, daß Jesus der Gesandte Gottes sei (zB 17,3.23.25), der Offenbarung bringt durch Worte und Taten. Er tut die Werke, die ihm der Vater gegeben; er redet, was er vom Vater gehört oder bei ihm gesehen. Wer glaubt, wird gerettet, wer nicht glaubt, ist verloren. Aber da liegt das Rätsel: was offenbart der Jesus des JohEv eigentlich? In verschiedenen Wendungen doch immer nur das eine: *daß* er als Offenbarer gesandt sei. Er offenbart nichts, von dem als solchem einleuchtete, daß es Offenbarung sei. Man kann auch nicht sagen, daß die Offenbarung eben in seiner Person läge, denn eine Anschauung von einer Person, von ihrer religiösen und sittlichen Haltung wird nicht gegeben. Wohl ist Jesus weithin der ϑεῖος ἄνϑρωπος, allwissend und wundermächtig; er ist mehr, er ist „ein göttliches Wesen, das wie ein Fremder majestätisch über die Erde dahinzieht"[9]. Aber all das Wunderhafte und Göttliche, das in Jesu Leben zur Erscheinung kommt, ist doch offenbar nur Mittel zum Zweck. Wohl ist Jesu Menschheit „lediglich das Transparent, um das göttliche Licht auf Erden hindurchscheinen zu lassen"[10], — wenn man nur sagen könnte, was eigentlich hindurchscheint! Im Grunde ist nicht eigentlich die *Menschheit* das Transparent, sondern gerade die *Göttlichkeit* des johanneischen Jesus; denn das an ihm sichtbare Göttliche, das ist es ja offenbar nicht, was eigentlich offenbart werden soll.

Oder wäre zu antworten, daß die Anschauung des JohEv eine rein dogmatistische ist: offenbart wird eben das *Dogma* von der göttlichen Sendung Jesu, und wer glaubt, wird gerettet, ohne daß sich das verste-

---

[9] W. WREDE, Vorträge und Studien 1907, S. 207.
[10] W. WREDE aaO 207.

hen ließe? Aber offenbar ist das auch nicht die Meinung des JohEv, in dem „glauben", „erkennen" und „schauen" | Synonyma sind, dessen Prolog sagt, daß man an Jesus die δόξα schaut und χάρις um χάρις aus diesem Schauen empfängt.

Also soll man nicht fragen, sondern lieber annehmen, daß der Schwerpunkt der johanneischen Frömmigkeit außerhalb dessen liegt, was im Evangelium ausgesprochen wird? Daß man das Evangelium nur dann versteht, wenn man es im Zusammenhang denkt mit einer Gemeindefrömmigkeit, in deren Mittelpunkt der *Kult* Christi steht, die aus dem Kult ihre Kraft empfängt? Aber warum fehlen dann fast alle spezifisch kultischen Züge? Warum fehlt der κύριος-Titel?

Oder ist der Verfasser *Mystiker*? Nun freilich nicht vom Typus der kontemplativen Mystik, die sich in die Anschauung der Person Jesu, des Gekreuzigten, des Dorngekrönten, des Blut- und Wundenmannes versenkt. Das ecce homo 19,5 ist offenbar ganz unmystisch. Aber etwa ein Mystiker, dem der auf Erden wandelnde Wundermann Symbol des unsagbaren Göttlichen wäre? In der Tat begegnet in den Abschiedsreden bekannte mystische Terminologie, die reziproke mystische Immanenzformel: wir in Jesus — Jesus in uns; er in uns wohnend und mit ihm Gott in uns, alle eins in einem: der Vater, der Sohn und die Seinen. Aber sind das mehr als Formeln? Soll etwas anderes als der *Glaube*, soll wirklich das *Erlebnis* beschrieben werden? Sonst fehlen ja alle Züge der Mystik: die mystischen Gottesprädikationen, der anthropologische Dualismus, die Reflexion auf das Seelenschicksal, die Seelenleitung, die Erlebnisfrömmigkeit.

Keine Antwort befriedigt. Will man weiter kommen, so muß man daran festhalten, daß der stets durchklingende Satz die Lösung geben muß: Jesus ist von Gott gesandt, steht in der Einheit mit dem Vater und bringt als solcher die Offenbarung. Hinter diesem Satz muß mehr stecken, als er zunächst zu sagen scheint. In der Tat steckt hinter ihm ein gewaltiger *Mythos*, den zu erkennen der erste Schritt zum rechten Verständnis des JohEv ist. Ihn zu erkennen, helfen uns die durch die Ausgaben von Lidzbarski dem wissenschaftlichen Gebrauch erst eigentlich erschlossenen mandäischen Texte wie die neuen Funde manichäischer Quellen[11]. Vor allem Reitzensteins Forschungen haben die Bedeutung

---

[11] Des Raumes wegen verzichte ich hier auf eine ausführliche Aufzählung. Soweit einzelnes nicht im folgenden genannt ist, ist der lehrreiche Bericht von H. GRESSMANN, Ztschr. f. Kirchengesch. 40 u. 41, N. F. 3 u. 4 (1922), S. 178—191 bzw. S. 154 bis 180 einzusehen.

dieser Texte und die geschichtliche Wirkung des in ihnen enthaltenen Mythos deutlich werden lassen. Im Anschluß an Reitzenstein gebe ich kurz | die Grundgedanken dieses Mythos wieder, und mit Bezugnahme auf seine Forschungen verzichte ich hier darauf, zu rechtfertigen, daß ich außer den mandäischen und manichäischen Quellen auch die jüdische Weisheitsliteratur, die Oden Salomos und gnostische Texte, vor allem aus den apokryphen Apostelakten, verwerte. Der Erlösungsmythos, der aus all den genannten Quellen erkennbar wird, ist, kurz skizziert, dieser: Der auf der Erde gefangenen Seele bringt der vom Himmel kommende Gesandte Offenbarung über ihren Ursprung, ihre Heimat und die Rückkehr in diese. In irdisch-menschlichem Gewand erscheint der Gesandte, in Glorie steigt er empor. Diesem soteriologischen Mythos läuft parallel ein kosmologischer: die Gestalt des Gesandten entspricht der Gestalt des himmlischen Urmenschen, der in der Vorzeit aus der Himmelswelt in die Materie hinabstieg, von ihr überwältigt und gefangen wurde. Indem nun die Gestalt des Gesandten an die des Urmenschen angeglichen wurde, erschien auch der Gesandte in seiner irdischen Erscheinung als gefangen und bedrängt, und sein Emporstieg ist auch seine eigene Erlösung; er ist der erlöste Erlöser. Wiederum ist das Schicksal des Urmenschen nichts anderes als das Schicksal der einzelnen Seele; die Erlösung der Seelen ist die Befreiung des Urmenschen und damit das Ende der irdischen Welt, deren Entstehung und Bestand durch die Bindung der Lichtteile des Urmenschen in die chaotische Materie ermöglicht wurde. So ist denn endlich auch das Schicksal des Gesandten und der Seele ein verwandtes; ja der Gesandte ist nichts anderes als ein Abbild des Urmenschen, ein Ebenbild der Seele, die sich in ihm wiederkennt. Daher ist nicht in allen Texten sicher zu entscheiden, von wem die Rede ist, vom Urmenschen, vom Gesandten oder von der Seele. Daher ist es aber auch unter Umständen möglich, Texte, die vom Urmenschen oder von der Seele handeln, zu benutzen, um das Bild des Gesandten zu zeichnen, auf das es für das Verständnis der Jesusgestalt des JohEv zunächst ankommt.

II.

Ich führe nun den Nachweis, daß dem JohEv jener Mythos zugrunde liegt, in der Weise, daß ich zu einzelnen Sätzen des Evangeliums die Parallelen aus den genannten Texten stelle.

1. Der Offenbarer ist das ewige Gotteswesen, das im Anfang war.
Joh 1,1: ἐν ἀρχῇ ἦν ὁ λόγος ...
  1,15: ὁ ὀπίσω μου ἐρχόμενος ἔμπροσθέν μου γέγονεν, ὅτι πρῶτός μου ἦν. |
  17,5: καὶ νῦν δόξασόν με σύ, πάτερ, παρὰ σεαυτῷ τῇ δόξῃ ᾗ εἶχον πρὸ
        τοῦ τὸν κόσμον εἶναι παρὰ σοί.
Dazu 8,58; 17,24; 1Joh 1,1; 2,13 f.
  Mand. Lit. S. 134: der Gesandte ist der „Urerste", der „Sohn des ersten großen Lebens"[12].
  G. R. III p. 73, S. 70, 1 f: das „Leben" spricht zu Mandā d'Haijē, dem Gesandten:
        „Bevor die Uthras (etwa: Engel) existierten,
        hat das große (Leben) dich geschaffen und beauftragt."
(Vgl. G. R. III p. 77 s., S. 75—77: alles Gute ist „älter" als das Schlechte.)
  OdSal 28,17: „Sie suchten meinen Tod, aber fanden ihn nicht,
        weil ich älter war als ihr Name."[13]
  OdSal 41,15: „Der Gesalbte ist Einer in Wahrheit
        und ward erkannt von Grundlegung der Welt."

2. Er ist vom Vater in die Welt gesandt.
  Joh 17,21: ἵνα ὁ κόσμος πιστεύῃ ὅτι σύ με ἀπέστειλας.
Dazu 3,17; 5,36; 6,29; 7,29; 8,42; 10,36; 11,42; 17,3.8.25; 1Joh 4,9 f. 14 u. a.
Entsprechend heißt Gott (6mal) ὁ πέμψας με πατήρ oder einfach (19mal) ὁ πέμψας με.

Mandäer und Manichäer kennen den „Gesandten" bzw. verschiedene „Gesandte". Wie oft, so ist auch in diesem Fall die mandäische Literatur besonders lehrreich dadurch, daß in ihr die Anschauung, die im JohEv oft nur in kurzen Wendungen und technischen Ausdrücken zum Ausdruck kommt, in mehr oder weniger anschaulichen bzw. ausführlichen Szenen ihre Gestaltung findet.

So schildert c. 66 des mandäischen Johannesbuchs (Lidzbarski S. 222 f.) durch den Dialog zwischen Vater und Sohn den Moment der Entsendung zur Erde. Der Vater spricht zum Sohn: „Mein Sohn komm, sei mir ein Bote, komm, sei mir ein Träger (nämlich der Aufgaben) und tritt mir die aufrührerischen Erden nieder ... Kleide dich in das Leid der Welten und geh in die Welt der Finsternis ..." c. 63, das „Mānās Sendung" behandelt, beginnt: „Eine Stimme aus der Höhe rief uns zu. Es wählte einen Mānā aus und sandte ihn zu uns" (S. 217). Vgl. G. R. I p. 12, S. 14, 28 ff; V 1 p. 136 s., S.152, 28 ff; XV 2 p. 303 ss., S. 301 ff; XV 4 p. 313 ss., S. 315 ff.

---

[12] *Mandäische Liturgien*, übers. und erkl. von M. LIDZBARSKI (Abh. d. Kgl. Ges. d. Wiss. zu Göttingen, phil.-hist. Kl., N. F. XVII 1) 1920. Ich zitiere nach den Seitenzahlen von LIDZBARSKI. Ebenso zitiere ich das *Johannesbuch der Mandäer* nach den Seitenzahlen (mit Kapitelangabe) der Ausgabe von LIDZBARSKI, und zwar stets den 2. Band (Übersetzung, Gießen 1915). Der Güte LIDZBARSKIS danke ich es, daß ich auch seine Übersetzung des *Rechten Ginza* (abgekürzt: G. R.) auf Grund der Druckbogen benutzen konnte. Ich zitiere sie, indem ich zur üblichen Zitationsweise die Seitenzahlen bei LIDZBARSKI hinzufüge.

[13] Die *Oden Salomos* zitiere ich nach der Übersetzung von H. GRESSMANN in HENNECKE, Neutestamentliche Apokryphen (2. Aufl. 1924); ich ändere nur ganz selten.

In c. 65 des Johannesbuchs spricht der Gesandte selbst: „Als ich hierher kam, da hatte mich das Große gesandt, um etwas . . . auszuführen" (S. 221). Ebenso spricht er in den mandäischen Liturgien S. 190:

> „Am Anfange zog ich in einer Wolke hinaus
> aus dir, glänzendes Heim. |
> Am Anfang zog ich in einer Wolke hinaus
> aus dem Bau, den das große (Leben) gebauet.
> . . . . .
> es sandte mich, einen Bau aufzuführen."

Gleichfalls G. R. II p. 64, S. 58, 17 f:

> „Der Gesandte des Lichtes bin ich,
> den der Große in diese Welt gesandt hat."

Er wird gepriesen Mand. Lit. 134: „Lobpreisungen seien dem Urersten, dem Sohne des ersten großen Lebens, zuteil, den das Leben schuf, rüstete und in die Zeitalter hinaussandte. Du kamest . . ."

> „Heil über dich aus der Welt der Freude,
> aus der ich deinetwegen gesandt bin",

heißt es in dem manichäischen Zarathustra-Fragment[14].

In dem Gebet der Thomasakten c. 156, das ganz auf den Anschauungen von dem Mythos der Hadesfahrt beruht, wird der Erlöser angerufen: ὁ κατὰ φιλανθρωπίαν ἀποσταλεὶς ἡμῖν υἱὸς ἀπὸ τῆς ἄνω πατρίδος τῆς τελείας (p. 265, 9 s.). Ähnlich im Gebet c. 10 p. 115, 4 s.: ὁ πρεσβευτὴς ὁ ἀπὸ τοῦ ὕψους ἀποσταλεὶς καὶ ἕως τοῦ ᾅδου καταντήσας. Der Gnostiker Menander behauptet nach Euseb. h. e. III 26, 1 (vgl. Iren. I 23, 5) von sich, er sei ὁ σωτὴρ ἐπὶ τῇ τῶν ἀνθρώπων ἄνωθέν ποθεν ἐξ ἀοράτων αἰώνων ἀπεσταλμένος σωτηρίᾳ.

Wie sehr das „Gesendetsein" ein religiöser Terminus im Kreise dieser Frömmigkeit ist, zeigt die Tatsache, daß auch das Sakrament bzw. die in ihm wirkende Kraft „gesendet" ist.

So heißt es vom heiligen Öl Mand. Lit. 36: „Das Leben legte die Hand auf dich, Öl, und sandte dich in diese Welt . . ." Und das Gebet der Wasserweihe act. Thom. c. 52 (p. 168, 15 ss.) beginnt:

> ἔλθετε τὰ ὕδατα ἀπὸ τῶν ὑδάτων τῶν ζώντων,
> τὰ ὄντα ἀπὸ τῶν ὄντων [καὶ] ἀποσταλέντα ἡμῖν.
> ἡ ἀνάπαυσις ἡ ἀπὸ τῆς ἀναπαύσεως ἀποσταλεῖσα ἡμῖν,
> ἡ δύναμις τῆς σωτηρίας ἡ ἀπὸ τῆς δυνάμεως ἐκείνης ἐρχομένη . . .

3. *Er ist in die Welt gekommen.*

> Joh 1,10: εἰς τὰ ἴδια ἦλθεν.
> 3,19: ὅτι τὸ φῶς ἐλήλυθεν εἰς τὸν κόσμον.
> 9,39: εἰς κρίμα ἐγὼ εἰς τὸν κόσμον τοῦτον ἦλθον.
> 12,46: ἐγὼ φῶς εἰς τὸν κόσμον ἐλήλυθα.
> 16,28: ἐξῆλθον ἐκ τοῦ πατρὸς καὶ ἐλήλυθα εἰς τὸν κόσμον.

Dazu 1,9; 6,14; 11,27; 17,8; 18,37; 1Joh 4,2; 2Joh 7. Speziell die Wendung „Vom Himmel herabkommen" Joh 3,13; 6,33.38.41.42.50.51.58.

---

[14] M. 7, bei Reitzenstein, Das iranische Erlösungsmysterium, 1921, S. 3.

Parallelen dazu finden sich in den übrigen Texten natürlich oft im Zusammenhang mit solchen Stellen, in denen von der Sendung des Erlösers die Rede ist; einige davon sind oben schon genannt. Ich füge folgende hinzu:

G. R. III p. 89, S. 91, 1 ff:

> „*Ein* geliebter Sohn kommt,
> der aus dem Schoß des Glanzes gebildet wurde. |
> Er kommt mit der Erleuchtung des Lebens,
> mit dem Befehle, den sein Vater erteilet.
> Er kommt im Gewande lebenden Feuers
> und begibt sich in deine Welt."

G. R. II 3 p. 64, S. 57, 33 ff:

> „Als ich kam, ich der Gesandte des Lichtes,
> der König, der ich vom Lichte hierher ging,
> da kam ich, Gemeinschaftlichkeit und Glanz in meiner Hand,
> Licht und Lobpreis auf mir." (Vgl. G. R. XV 6 p. 316, S. 318.)

Johannesbuch c. 26 (S. 94 f.): Mandā d'Haijē spricht: „Ich bin zu dir gekommen, o Seele, die dich das Leben auf die Tibil gesandt hat. In den Kleidern der Acht ging ich in die Welt. Ich ging im Gewande des Lebens und kam in die Welt."

Johannesbuch c. 13 (S. 57): Der Bote spricht zu Adam: „Ich bin gekommen und will dich belehren, Adam, und dich aus dieser Welt erlösen. Horche und höre und laß dich belehren und steig siegreich zum Lichtort empor."

Johannesbuch c. 64 (S. 219 u. 220): „Ich habe mich in diese Welt begeben, um zu pflanzen des Lebens Pflanzung . . . Ich bin hergekommen, um den Ruf des Lebens zu rufen."

So heißt es G. R. III p. 103 (S. 112) schon von Mandā d'Haijēs Sendung zu Adam:

> „Ich erschien ihr (der Seele) in Körpergestalt
> und setzte mich zu ihr in Glanz.
> Ich breitete Glanz vom großen Mana über sie,
> aus dem er (Adam) geschaffen worden war.
> Ich setzte mich zu ihm und belehrte ihn über das,
> was das Leben mir aufgetragen."

Vgl. aus dem Johannesbuch weiter S. 132. 165. 169. 218. 221. Die Wendung „Aus dem Lichtorte bin ich hervorgegangen" S. 172. 173. 242.

Mand. Lit. S. 125: „Du bist gekommen, du kommst, außer dir ist niemand gekommen."

Mand. Lit. S. 38 ist Mandā d'Haijē angeredet: „Du . . . stiegest herunter und ließest uns an den Quellen des Lebens wohnen . . . Du zeigtest uns den Weg, auf dem du aus dem Hause des Lebens gekommen bist."

In dem von Reitzenstein, Iran. Erlösungsmyst. S. 19—28 analysierten manichäischen Liede spricht der Gesandte (S. 23): „Und ich bin gekommen, der ich vom Bösen erlösen will."

In dem Turfan-Fragment M. 42 (Reitzenstein, Hist. Zeitschr. 126, 1922, S. 9) heißt es: „. . . meinetwegen stieg herab Zor(o)hušt zur Herrschaft von Pars (Persien) und zeigte die Wahrheit . . .", und nachher ist vom Zorn des Satans über die „Herabkunft" des Zor(o)hušt die Rede.

In dem Fragment M. 64 (F. W. K. Müller, Abh. d. Preuß. Akad. 1904, S. 92 f.) ist in gleicher Weise vom „Kommen" Manis die Rede.

Wie im Mart. Pauli et Petri c. 15 (p. 132, 10) der Magier Simon zu Nero spricht: ἐγώ εἰμι ὁ υἱὸς τοῦ θεοῦ ὁ ἐκ τοῦ οὐρανοῦ καταβάς, so redet der Prophet, von dem Celsus bei Origenes erzählt (Orig. c. C. VII 9 p. 161, 6 ff. Koetschau): ἐγὼ ὁ θεός εἰμι ἢ θεοῦ παῖς ἢ πνεῦμα θεῖον. ἥκω δέ · ἤδη γὰρ ὁ κόσμος ἀπόλλυται...[15]. |

4. Er ist dabei eins mit dem Vater.

    Joh 10,30: ἐγὼ καὶ ὁ πατὴρ ἕν ἐσμεν.
        8,16: μόνος οὐκ εἰμί, ἀλλ' ἐγὼ καὶ ὁ πέμψας με.
        8,29: καὶ ὁ πέμψας με μετ' ἐμοῦ ἐστιν· οὐκ ἀφῆκέν με μόνον, ὅτι ἐγὼ τὰ ἀρεστὰ αὐτῷ ποιῶ πάντοτε.
      16,32: καὶ οὐκ εἰμὶ μόνος, ὅτι ὁ πατὴρ μετ' ἐμοῦ ἐστιν.

Wieder findet sich die parallele Vorstellung in einem mandäischen Text, der die Szene der Entsendung des Gesandten breit schildert.

    G. R. III p. 72, S. 68, 13 ff: Als Mandā d'Haijē, der zur Erde entsandt werden soll, den großen Mānā fragt: „Wenn ich dich suche, wen werde ich erblicken? Wenn ich in Bedrängnis bin, auf wen soll ich Vertrauen haben? Worauf soll ich mein Inneres, das mit euch war, stützen?" erhält er den Trost: „Du sollst von uns nicht abgeschnitten werden, wir wollen vielmehr bei dir sein. Alles, was du sagst, gilt fest bei uns. Du bist bei uns gefestigt und sollst von uns nicht abgeschnitten werden. Wir sind bei dir, denn das Leben ist der Güte zu dir voll." Ähnlich versichert der „Große" den „Ersten, seinen Sohn" in einer analogen Szene des Johannesbuches (S. 223) seiner Hilfe während seines Erdenaufenthaltes.

G. R. IV p. 130 (S. 146): Der „Herr der Größe" zu Hibil-Zīwā:
    „Deine Rede sei unsere Rede,
    sei mit uns verbunden und werde nicht abgeschnitten."

G. R. XV 1 p. 299 s. (S. 296):
    „Ängstige und fürchte dich nicht
    und sage nicht: ich stehe alleine da.
    Wenn Angst dich befällt,
    werden wir alle bei dir sein..."

(Vgl. XV 5 p. 314, S. 316, 32 ff.)

    ActJoh c. 100 (p. 201, 11 s.): γίνωσκε γάρ με ὅλον παρὰ τῷ πατρὶ καὶ τὸν πατέρα παρ' ἐμοί (der Zusammenhang ist ganz mythologisch).

    OdSal 21,5: „Aber noch hilfreicher ward mir des Herrn Ratschluß
    und die unvergängliche Gemeinschaft mit ihm."

    OdSal 41,9 ff: „Denn der Vater der Wahrheit hat meiner gedacht,
    er, der mich erworben hatte von Anbeginn.
    Denn sein Reichtum (= Uthra!) hat mich gezeugt
    und der Gedanke seines Herzens,
    und sein Wort ist mit uns
    auf unserm ganzen Wege."

---

[15] Über die Nachwirkung des Motivs des Vom-Himmel-Gekommen-Seins vgl. E. Norden, Die Geburt des Kindes, 1924, S. 48—50.

OdSal 22,6: „Du warst mit mir und halfst mir,
allerorten umgab mich dein Name."[16]

5. Der Vater hat ihn mit Vollmacht ausgerüstet.

Joh 5,27: ἐξουσίαν ἔδωκεν αὐτῷ καὶ κρίσιν ποιεῖν.
17,2: καθὼς ἔδωκας αὐτῷ ἐξουσίαν πάσης σαρκός.

G. R. III p. 73, S. 70, 3 ff:
„Geschaffen und beauftragt hat dich das Große,
dich gerüstet, beauftragt, hingesandt
und bevollmächtigt über jegliches Ding."

Mand. Lit. S. 260: „Du Reiner, geh hin und tue alles, was du wünschest." (Vgl. auch die Ausrüstung des Gesandten G. R. III p. 72, S. 68, p. 79 s., S. 78 f., auch die Ausrüstung des Hibil-Zīwā G. R. V 1 p. 136 s., S. 152 f.). Den gleichen Mythos hat Reitzenstein ja bekanntlich im ersten Stück des Corpus Hermeticum nachgewiesen. Hier heißt es vom Νοῦς § 12: παρέδωκε (dem Ἄνθρωπος) τὰ ἑαυτοῦ πάντα δημιουργήματα, so daß dieser dann § 14 charakterisiert werden kann als ὁ τοῦ [τῶν θνητῶν] κόσμου [καὶ τῶν ἀλόγων ζῴων] ἔχων πᾶσαν ἐξουσίαν. Da nun der Ἄνθρωπος in die φύσις gesunken ist, ist der Mensch ein Doppelwesen geworden: ἀθάνατος γὰρ ὢν καὶ πάντων τὴν ἐξουσίαν ἔχων τὰ θνητοῦ πάσχει ὑποκείμενος τῇ εἱμαρμένῃ (§ 15). Und von dem Erlösten gilt (§ 32): ὁ σὸς ἄνθρωπος συναγιάζειν σοι βούλεται, καθὼς παρέδωκας αὐτῷ τὴν πᾶσαν ἐξουσίαν.

6. Er hat das Leben und spendet Leben.

Joh 5,21—26: ὥσπερ γὰρ ὁ πατὴρ ἐγείρει τοὺς νεκροὺς καὶ ζωοποιεῖ, οὕτως καὶ ὁ υἱὸς οὓς θέλει ζωοποιεῖν ... ὁ τὸν λόγον μου ἀκούων καὶ πιστεύων τῷ πέμψαντί με ἔχει ζωὴν αἰώνιον, καὶ εἰς κρίσιν οὐκ ἔρχεται ἀλλὰ μεταβέβηκεν ἐκ τοῦ θανάτου εἰς τὴν ζωήν ... ἔρχεται ὥρα καὶ νῦν ἐστιν, ὅτε οἱ νεκροὶ ἀκούσουσιν τῆς φωνῆς τοῦ υἱοῦ τοῦ θεοῦ καὶ οἱ ἀκούσαντες ζήσουσιν. ὥσπερ γὰρ ὁ πατὴρ ἔχει ζωὴν ἐν ἑαυτῷ, οὕτως καὶ τῷ υἱῷ ἔδωκεν ζωὴν ἔχειν ἐν ἑαυτῷ.

---

[16] Daß der „Name" geholfen hat, beruht auf der Vorstellung von dem Zaubernamen, den der Erlöser aus der Höhe mitbringt. So bei manchen Gnostikern, vgl. Bousset, Hauptprobleme der Gnosis S. 240 f. Dazu G. R. III p. 93, S. 98, 9 f; V 1 p. 145, S. 159, 2; p. 159, S. 168, 7; V 3 p. 181 ss., S. 184 ff; X p. 245, S. 246, 2 ff. Vergeistigt liegt die Vorstellung Joh 17,6 vor: ἐφανέρωσά σου τὸ ὄνομα τοῖς ἀνθρώποις οὓς ἔδωκάς μοι ἐκ τοῦ κόσμου. Dazu Mandäische Liturgien S. 193:
„Kraft des gewaltigen Lebens sprach er
und offenbarte verborgene Mysterien.
Verborgene Mysterien offenbarte er
und legte Glanz über seine Freunde."
Dazu auch OdSal 42,19 f:
„Ich aber hörte auf ihre Stimme, ...
und legte auf ihr Haupt meinen Namen."
Ferner Joh 17,11: τήρησον αὐτοὺς ἐν τῷ ὀνόματί σου ᾧ δέδωκάς μοι. 26: καὶ ἐγνώρισα αὐτοῖς τὸ ὄνομά σου καὶ γνωρίσω, ἵνα ἡ ἀγάπη ἣν ἠγάπησάς με ἐν αὐτοῖς ᾖ κἀγὼ ἐν αὐτοῖς. — Nach G. R. I p. 18, S. 20, 16 f. ist der „Name des Ersten" auf dem Haupt der Gläubigen aufgerichtet. Sie werden G. R. II 1 p. 52, S. 47, 25 f. ermahnt: „Sein Name sei in eurem Herzen und eurem Munde." Vgl. V 3 p. 185, S. 187, 13 ff.

Joh 10,10: ἐγὼ ἦλθον ἵνα ζωὴν ἔχωσιν καὶ περισσὸν ἔχωσιν.
Dazu 6,35.48.51; 11,25 f.; 14,6; 1Joh 1,1 f. etc.

Mand. Lit. S. 134 (vom Gesandten): „Das Leben ruhte in seinem Munde."
Mand. Lit. S. 196: „Du kamest aus dem Hause des Lebens,
du kamest, was brachtest du uns?
Ich brachte euch, daß ihr nicht sterbet
und eure Seele nicht gehemmt werde.
Für den Tag des Todes brachte ich euch Leben,
für den trüben Tag Freude."
Mand. Lit. S. 199: „Der Duft kam aus seiner Stätte[17],
die Wahrheit kam aus ihrem Orte,
der Duft kam aus seiner Stätte,
er kam und ließ sich im Hause nieder.
Er ruft und belebt die Toten,
er rüttelt auf und belebt die Daliegenden.
Er weckt die Seelen,
die eifrig und des Lichtortes wert sind.
G. R. II 3 p. 64, S. 58, 23 f:
„Der Gesandte des Lichtes bin ich;
ein jeder, der seinen Duft riecht, erhält Leben."
Ibid. p. 65, S. 59, 15:
„Der Gesandte des Lebens bin ich."

G. R. I p. 29, S. 30: „Enōš-Uthra kommt in die Welt mit der Kraft des hohen Lichtkönigs. Er heilt die Kranken, macht die Blinden sehend, reinigt die Aussätzigen, richtet die Verkrüppelten ... auf, daß sie gehen können, macht die Taubstummen redend und belebt die Toten. Er gewinnt Gläubige unter den Juden und zeigt ihnen: es gibt Tod und es gibt Leben, es gibt Finsternis und es gibt Licht, es gibt Irrtum und es gibt Wahrheit" (vgl. II 1 p. 53, S. 48).

G. R. V 3 p. 180, S. 183: „Ich nannte ihnen den Namen des Lebens, den Namen des Lebens verstanden sie nicht. Ich nannte ihnen den Namen des Todes, den Namen des Todes verstanden sie nicht." (Hier ist von dem Aufenthalt der die Welt verlassenden Seele in einem Wachthause auf dem Wege zum Jenseits die Rede; aber das Folgende zeigt, daß dieser Aufenthalt wieder in der Form des Erlösungsmythos gedacht ist, und abgesehen davon ist das Wesentliche, wie überhaupt der Inhalt der Offenbarungspredigt angegeben wird.)

Im manichäischen Turfan-Fragment M. 1 (F. W. K. Müller, Abh. Berl. Ak. 1912 Abh. V, S. 16) wird das manichäische Hymnenbuch charakterisiert als „voll von lebendigen Worten".

OdSal 10,2 f: „Er ließ in mir wohnen sein unsterbliches Leben
und gab mir zu reden von der Frucht seines Heiles
zu bekehren die Seelen derer, die zu ihm kommen wollen,
die edle Gefangenschaft zur Freiheit zu fangen."
OdSal 22,8—11: „Du erkorst sie aus den Gräbern
und sondertest sie von den Leichen,

---

[17] Vgl. 2Kor 2,15f.

du nahmst ihre dürren Gebeine
und umkleidetest sie mit Leibern.
Du gabst den Unbeweglichen Kraft zum Leben,
Unvergänglichkeit wurde dein Weg und dein Antlitz."

OdSal 42,14—18: „Ich schuf die Gemeinde der Lebendigen unter seinen Toten
und redete zu ihnen mit lebendigen Lippen..."
Vgl. OdSal 17,12—14.

ActJoh c. 98 p. 200, 7 ss. erhält der himmlische Christus neben den Attributen θύρα, ὁδός, ἄρτος, σπόρος, ἀλήθεια, πίστις und χάρις die Bezeichnungen ἀνάστασις und ζωή.

ActThom c. 45 p. 162, 21: der Gottessohn ist der ζωοποιῶν τοὺς ἀνθρώπους.

7. *Er führt aus der Finsternis ins Licht.*

Joh 3,19: αὕτη δέ ἐστιν ἡ κρίσις, ὅτι τὸ φῶς ἐλήλυθεν εἰς τὸν κόσμον,
καὶ ἠγάπησαν οἱ ἄνθρωποι μᾶλλον τὸ σκότος ἢ τὸ φῶς.

8,12: ἐγώ εἰμι τὸ φῶς τοῦ κόσμου· ὁ ἀκολουθῶν μοι οὐ μὴ περιπατήσῃ
ἐν τῇ σκοτίᾳ, ἀλλ' ἕξει τὸ φῶς τῆς ζωῆς.

9,39—41: εἰς κρίμα ἐγὼ εἰς τὸν κόσμον τοῦτον ἦλθον, ἵνα οἱ μὴ βλέποντες
βλέπωσιν καὶ οἱ βλέποντες τυφλοὶ γένωνται ... εἰ τυφλοὶ ἦτε,
οὐκ ἂν εἴχετε ἁμαρτίαν· νῦν δὲ λέγετε ὅτι βλέπομεν· ἡ ἁμαρτία
ὑμῶν μένει.

Dazu 1,4 f. 7 f. 9; 3,20 f.; 12,35 f. 46; 1Joh 1,5.7; 2,8—11.

Das 3. Stück des II. Buchs des R. G. (S. 57—61) ist die Verkündigung des Lichtgesandten über sein Erscheinen in der Welt und seine Wirkung. Der Anfang (p. 64, S. 57 f.) lautet: „Als ich kam, ich der Gesandte des Lichtes,
der König, der ich vom Lichte hierher ging,
da kam ich, Gemeinschaftlichkeit und Glanz in meiner Hand,
Licht und Lobpreis auf mir,
Glanz auf mir und Erleuchtung.
Ruf und Verkündigung auf mir,
das Zeichen (der Ölung) auf mir und die Taufe,
und ich erleuchte die finstern Herzen."

Im folgenden (p. 64, S. 58):
„Der Gesandte des Lichtes bin ich;
ein jeder, der seinen Duft riecht, erhält Leben.
Ein jeder, der seine Rede in sich aufnimmt,
dessen Augen füllen sich mit Licht."

G. R. V 3 p. 79, S. 182: „Mandā d'Haijē offenbarte sich allen Menschenkindern und erlöst sie von der Finsternis zum Lichte, von der Dunkelheit zum Lichte des Lebens."

Johannesbuch c. 57 (S. 204): „Den Männern von erprobter Frömmigkeit, die mich anzogen, wurde das Auge des Lichtes voll. Voll des Lichtes wurde ihr Auge, und in ihrem Herzen nahm Mandā d'Haijē Platz."

Mand. Lit. S. 128: „Er sonderte das Licht von der Finsternis, sonderte das Gute vom Bösen, sonderte das Leben vom Tode. Er sonderte ab die Freunde seines Kuštā-Namens von der Finsternis zum Lichte, vom Bösen zum Guten, vom Tode zum Leben" (vgl. G. R. II 2 p. 63, S. 56).

OdSal 11,18 f: „Selig, die ... aus der Finsternis ans Licht gewandert sind."
Wie der Erlöser ActJoh c. 95 (p. 198, 11) von sich sagt: λύχνος εἰμί σοι τῷ βλέποντί με, so wird er ActThom c. 157 (p. 267, 1) angerufen als ὁ δεικνὺς φῶς τοῖς ἐν σκότει[18].

Aber nicht alle wollen das Licht sehen.

Johannesbuch c. 47 (S. 175): „Ich zeigte ihm ins Auge, er wollte aber nicht sehen; ich zeigte ihm, aber er wollte mit dem Auge nicht sehen."

Johannesbuch c. 50 (S. 179): „Wenn jemand mit eigner Hand seine Augen blendet, wer soll ihm ein Arzt sein? Wenn jemand mit seinen eigenen Hörnern seinen Weg zerstört, wer soll ihm ein Wegebauer sein?"

Johannesbuch c. 57 (S. 203): „Die Bösen sind blind und sehen nicht. Ich rufe sie zum Lichte, doch sie vergraben sich in die Finsternis."

Mand. Lit. S. 222: „... ich habe ihm ins Ohr gerufen, doch er wollte nicht hören.
  Ich habe ihm zugerufen, doch er wollte nicht hören mit dem Ohr,
  ich habe ihm ins Auge gezeigt, doch er wollte nicht sehen.
  Ich habe ihm gezeigt, doch er wollte nicht sehen mit dem Auge,
  darum soll er am großen Tage des Endes ein Ende nehmen."

Vgl. auch G. R. I p. 23, S. 24; II 1 p. 58, S. 52; V 3 p. 180, S. 183; s. o. S. 65.

Die Zusammengehörigkeit der Begriffe Leben und Licht findet sich hier also ebenso wie im JohEv und in einer gewissen Schicht der hellenistischen Literatur, für die Corp. Herm. I, VII und XIII charakteristisch sind[19].

8. Den Begriffspaaren Leben und Tod, Licht und Finsternis entspricht im JohEv wie in der zu vergleichenden Literatur *das Begriffspaar Wahrheit und Lüge.*

Joh 14,6: ἐγώ εἰμι ἡ ὁδὸς καὶ ἡ ἀλήθεια καὶ ἡ ζωή.

8,31 f: ἐὰν ὑμεῖς μείνητε ἐν τῷ λόγῳ τῷ ἐμῷ ... γνώσεσθε τὴν ἀλήθειαν, καὶ ἡ ἀλήθεια ἐλευθερώσει ὑμᾶς.

8,44 f: ὑμεῖς ἐκ τοῦ πατρὸς [τοῦ διαβόλου] ἐστὲ καὶ τὰς ἐπιθυμίας τοῦ πατρὸς ὑμῶν θέλετε ποιεῖν. ἐκεῖνος ἀνθρωποκτόνος ἦν ἀπ' ἀρχῆς, καὶ ἐν τῇ ἀληθείᾳ οὐκ ἔστηκεν, ὅτι οὐκ ἔστιν ἀλήθεια ἐν αὐτῷ. ὅταν λαλῇ τὸ ψεῦδος, ἐκ τῶν ἰδίων λαλεῖ, ὅτι ψεύστης ἐστὶν καὶ ὁ πατὴρ αὐτοῦ. ἐγὼ δὲ ὅτι τὴν ἀλήθειαν λέγω, οὐ πιστεύετέ μοι[20].

Dazu 1,14; 14,17; 15,16; 16,13; 17,17.19; 18,37; 1Joh 1,8; 2,4.21; 3,18 f; 4,6; 5,6.

Mand. Lit. S. 77: „Du holtest uns aus dem Tode und verknüpftest uns mit dem Leben, du holtest uns aus der Finsternis und verknüpftest uns mit dem Lichte, du holtest uns aus dem Bösen und verknüpftest uns mit dem Guten. Du zeigtest uns den Weg des Lebens und ließest uns die Pfade der Wahrheit und des Glaubens wandeln ..."

---

[18] Für die manichäische Literatur wird der Nachweis für das Gegensatzpaar Licht und Finsternis unnötig sein.
[19] Vgl. G. P. WETTER, Phos 1915 und BOUSSET, Kyrios Christos² S. 174—176.
[20] Im Text braucht wohl nur τοῦ διαβόλου als falsches Interpretament gestrichen zu werden. Jedoch ist nicht etwa von Kain die Rede, sondern von einer mythischen Gestalt.

Mand. Lit. S. 26: „Blicket auf diese Seelen, die aus dem Zusammenbruch zum Aufbau, aus dem Irrtum zur Wahrheit ... herausgehen."

Mand. Lit. S. 153: „Nehmet an die Wahrheit,
mit der ich euch belehret."

Mand. Lit. S. 165: „Ihr seid aufgerichtet und gefestigt, meine Erwählten,
durch die Rede der Wahrheit, die zu euch gekommen ist.
Die Rede der Wahrheit kam zu den Guten,
die wahrhafte Rede zu den Gläubigen."

Mand. Lit. S. 198: „Deine Augen sind Augen der Lüge,
meine Augen sind Augen der Wahrheit.
Die Augen der Lüge verdunkeln
und schauen nicht die Wahrheit."

Mand. Lit. S. 199: „Der Duft kam aus seiner Stätte,
die Wahrheit kam aus ihrem Orte."

G. R. I p. 15, S. 17: „... mit Wahrhaftigkeit und Glauben und des Mundes reiner Rede löset die Seele aus: von der Finsternis zum Lichte, vom Irrtum zur Wahrheit ..."

G. R. I p. 29, S. 30, s. oben S. 65.

Johannesbuch c. 14, S. 62: Das Haus des großen Lebens ist der Ort, „wo keine Lüge ist".

OdSal 1,17: „Der Herr ist auf meinem Haupte wie ein Kranz,
Geflochten ist mir der Kranz der Wahrheit."

OdSal 11,3—5: „Ich eilte auf dem Wege seines Heils[21],
auf dem Wege der Wahrheit.
Von Anfang bis zum Ende
empfing ich seine Erkenntnis.
Ich ward festgegründet auf den Fels der Wahrheit,
wohin er selbst mich gestellt hat."

OdSal 12,1 f: „Er erfüllte mich mit dem Worte der Wahrheit,
daß ich sie künde;
gleich einem Wasserstrom
strömt die Wahrheit aus meinem Munde."

(Vgl. auch das Folgende.)

OdSal 18,6: „Nicht werde besiegt das Licht von der Finsternis,
noch weiche die Wahrheit vor der Lüge."

OdSal 31,1 f: „Es schmolzen vor dem Herrn die Tiefen,
und die Finsternis verging vor seinem Antlitz.
Der Irrtum verirrte sich und verschwand vor ihm,
die Torheit ward von Angst ergriffen,
so daß sie vor der Wahrheit des Herrn versank."

Außerdem OdSal 8,9; 9,8 f.; 17,5.7; 24,10 ff.; 25,10; 33,8 und vor allem Ode 38.

ActJoh c. 98 p. 200, 9: Der himmlische Christus trägt neben anderen Titeln, die in diesen Zusammenhang gehören (s. oben S. 66), die Bezeichnung ἀλήθεια.

---

[21] GRESSMANN: „Friedens".

ActThom c. 143 p. 250, 11 ss. (von Jesus): οὗτος ἀλήθεια μὴ ψευδομένη ... καὶ ἐμαρτύρει ὁ ἄρχων τίς ἐστιν καὶ πόθεν, καὶ τὸ ἀληθὲς οὐκ ἔγνω, ἐπειδήπερ ἀληθείας ἐστὶν ἀλλότριος.

Dem gegenüber ist die Welt „ganz voll Blendwerk, ganz voll Trug und Lug" (Mand. Lit. S. 161); und immer wieder wird vor der Lüge gewarnt (zB Mand. Lit. S. 218; G. R. I p. 14, Lidzbarski, S. 16). Bekannt ist die Gleichsetzung des Bösen mit Trug und Blendwerk bei den Manichäern[22]. Wie Zarathustra nach dem Turfan-Fragment M. 42 herabgestiegen ist, die Wahrheit zu zeigen[23], so wird die ungläubige Seele in der Hölle nach den Fragmenten T. II. D. 169, 1 und T. II D. 178 von der lügnerischen Dämonin gequält[24]. Aber für die manichäische Literatur ist ein ausführlicherer Nachweis kaum notwendig.

9. Der Gesandte ist ohne Fehl und Lüge.

Joh 7,18: ὁ δὲ ζητῶν τὴν δόξαν τοῦ πέμψαντος αὐτόν, οὗτος ἀληθής ἐστιν, καὶ ἀδικία ἐν αὐτῷ οὐκ ἔστιν.

8,29: οὐκ ἀφῆκέ με μόνον, ὅτι ἐγὼ τὰ ἀρεστὰ αὐτῷ ποιῶ πάντοτε.

8,45 f: ἐγὼ δὲ ὅτι τὴν ἀλήθειαν λέγω, οὐ πιστεύετέ μοι. τίς ἐξ ὑμῶν ἐλέγχει με περὶ ἁμαρτίας; εἰ δὲ ἀλήθειαν λέγω, διὰ τί ὑμεῖς οὐ πιστεύετέ μοι;

8,55: ... ἐγὼ δὲ οἶδα αὐτόν. κἂν εἴπω ὅτι οὐκ οἶδα αὐτόν, ἔσομαι ὅμοιος ὑμῖν ψεύστης.

Dazu 1Joh 3,3.5.

G. R. II 3 p. 65, S. 59:

„Der wahrhaftige Gesandte bin ich,
an dem keine Lüge ist,
der Wahrhaftige, an dem keine Lüge ist,
nicht ist an ihm Mangel und Fehl.

. . .

Ein Weinstock sind wir, des Lebens Weinstock,
ein Baum, an dem keine Lüge ist."

Johannesbuch c. 66 (Lidzbarski, S. 224): „Darauf führte ich der Reihe nach die Werke aus, die mein Vater mir aufgegeben. Die Finsternis drückte ich nieder und richtete das Licht in hohem Maße auf. Ohne Fehler stieg ich empor, und nicht war an mir Fehl und Mangel." (Vgl. G. R. IV p. 132, S. 147, 29 ff).

Man vergleiche auch die Selbstrechtfertigung des Šum-kuštā Johannesbuch c. 15 (S. 63 f), besonders den Schluß: „Makellos habe ich mich erhalten, daher habe ich keine Furcht vor der Tibil..." Auch c. 16 (S. 65 f).

Im zweiten Buch des Totenbuchs des Linken Genza wird oft betont, daß der Urmensch (der Mana) rein und sündlos geblieben ist, den Weltherrscher und die Sieben (die Planeten) verachtet und gehöhnt hat und beim Rufe des Vaters furchtlos aus eigener Kraft emporsteigt[25]. Ebenso heißt im ersten Buch Adam der Erwählte, Reine, Sündlose, der in der Kraft des großen Lebens zwar in der Mitte der Herrscher dieser

---

[22] Vgl. Reitzenstein, Histor. Zeitschr. 126 (1922), S. 34, 1. Über die Bedeutung des Gegensatzpaares Wahrheit und Lüge schon in den Gathas ebenda S. 13.
[23] Reitzenstein, aaO S. 9.
[24] Reitzenstein, Das iranische Erlösungsmysterium S. 32 f.
[25] Reitzenstein, Das iranische Erlösungsmysterium S. 47.

Welt Platz genommen, sich aber von ihnen gesondert gehalten hat[26]. Sonst wird der Gesandte beständig durch die Ausdrücke der Auserwählte, der Reine, der Mann von erprobter Gerechtigkeit charakterisiert, wie im äth. Henoch der „Menschensohn" als der Gerechte, der Auserwählte, der Auserwählte der Gerechtigkeit und Treue bezeichnet wird.

Im Turfan-Fragment T. II D. 173 a² (A. v. Le Coq, Abh. d. Preuß. Ak. 1911) heißt es entsprechend von der Einzelseele: „Bedrückung und Trug unter uns nicht ist ... In deiner Kraft ungefährdet sind wir gegangen, ungefährdet sind wir gekommen; die von dir befohlenen Dinge ganz haben wir ausgeführt."

OdSal 10,5: „Ich aber ward nicht befleckt durch Sünden."

Breit ist das Motiv von der Sündlosigkeit und Treue des Gesandten ausgeführt in dem Abschiedsgebet ActThom c. 144—147 (p. 250—255), in dem es auf den Apostel Thomas übertragen ist; einzelnes davon wird unten zur Sprache kommen.

10. Er tut die Werke, die ihm sein Vater aufgetragen hat.

Joh 5,36: τὰ γὰρ ἔργα, ἃ δέδωκέν μοι ὁ πατὴρ ἵνα τελειώσω αὐτά, αὐτὰ τὰ ἔργα ἃ ποιῶ, μαρτυρεῖ περὶ ἐμοῦ, ὅτι ὁ πατήρ με ἀπέσταλκεν.

9,4: ἡμᾶς δεῖ ἐργάζεσθαι τὰ ἔργα τοῦ πέμψαντός με, ἕως ἡμέρα ἐστίν.

17,4: ... τὸ ἔργον τελειώσας ὃ δέδωκάς μοι ἵνα τελειώσω.

19,28.30: ... εἰδὼς ὁ Ἰησοῦς ὅτι ἤδη πάντα τετέλεσται, ... εἶπεν· τετέλεσται.

Johannesbuch c. 66 (Lidzbarski S. 222): Der Vater spricht zum Sohne: „Mein Sohn, komm, sei mir ein Bote, komm, sei mir ein Träger (der Aufgaben) ..." (S. 224): „Darauf führte ich der Reihe nach die Werke aus, die mein Vater mir aufgegeben ..." (s. S. 69).

Johannesbuch c. 55 (Lidzbarski S. 196): Hibil klagt auf Erden: „Wie lange soll ich die Werke auf meinem Nacken tragen und erdulden?"

Mand. Lit. S. 252: Das große Leben spricht zum Auserwählten, Reinen, Ersterschaffenen: „Geh, führe deine Werke aus ..."

G. R. III p. 88, S. 90:
> „Wie das Große es will,
> so wurde es auf der Stelle.
> Wie das Große es will,
> mein Vater, der mich geschaffen, spricht es zu mir."

G. R. III p. 89, S. 91:
> „Er kommt mit der Erleuchtung des Lebens,
> mit dem Befehle, den sein Vater erteilet."

G. R. III p. 103, S. 112:
> „Ich ... belehrte ihn (Adam) über das,
> was das Leben mir aufgetragen."

Auf die Einzelseele ist das Motiv in dem soeben zitierten Turfan-Fragment T. II D. 173a² übertragen; auf den Apostel Thomas in dem Abschiedsgebet Acta Thom. c. 144|—148, zB c. 145 (p. 252, 8 s.): ἰδοὺ τοιγαροῦν ἐπλήρωσά σου τὸ ἔργον καὶ τὸ πρόσταγμα ἐτελείωσα (bzw. p. 252, 20 s. in der anderen Rec.: πεπλήρωκα οὖν κύριε τὰς ἐντολάς σου καὶ ἐτέλεσα τὸ βούλημά σου). c. 146 (p. 255, 1 ss.): οἱ ὀφθαλμοί μου ἀποβλεπέτωσάν σε καὶ ἡ καρδία μου χαιρέτω, ὅτι σοῦ τὴν βουλὴν ἐπλήρωσα καὶ τὸ πρόσταγμά

---
[26] Ebenda S. 48.

σου ἐτελείωσα (bzw. p. 255, 10 ss.: ... τελέσαντός μου τὸ θέλημά σου καὶ τὰς ἐντολάς σου τελειώσαντος).

11. In Offenbarungsreden spricht er von seiner Person (ἐγώ εἰμι).

Joh 6,35: ἐγώ εἰμι ὁ ἄρτος τῆς ζωῆς, ὁ ἐρχόμενος πρὸς ἐμὲ οὐ μὴ πεινάσῃ,
καὶ ὁ πιστεύων εἰς ἐμὲ οὐ μὴ διψήσει πώποτε.

6,51: ἐγώ εἰμι ὁ ἄρτος ὁ ζῶν ὁ ἐκ τοῦ οὐρανοῦ καταβάς·
ἐάν τις φάγῃ ἐκ τούτου τοῦ ἄρτου, ζήσει εἰς τὸν αἰῶνα·

8,12: ἐγώ εἰμι τὸ φῶς τοῦ κόσμου· ὁ ἀκολουθῶν μοι οὐ μὴ περιπατήσῃ
ἐν τῇ σκοτίᾳ,
ἀλλ᾽ ἕξει τὸ φῶς τῆς ζωῆς.

10,9: ἐγώ εἰμι ἡ θύρα· δι᾽ ἐμοῦ ἐάν τις εἰσέλθῃ σωθήσεται
καὶ εἰσελεύσεται καὶ ἐξελεύσεται καὶ νομὴν εὑρήσει.

10,11: ἐγώ εἰμι ὁ ποιμὴν ὁ καλός·
ὁ ποιμὴν ὁ καλὸς τὴν ψυχὴν αὐτοῦ τίθησιν ὑπὲρ τῶν προβάτων
(vgl. v. 14).

11,25: ἐγώ εἰμι ἡ ἀνάστασις καὶ ἡ ζωή·
ὁ πιστεύων εἰς ἐμὲ κἂν ἀποθάνῃ ζήσεται,
καὶ πᾶς ὁ ζῶν καὶ πιστεύων εἰς ἐμὲ οὐ μὴ ἀποθάνῃ εἰς τὸν αἰῶνα.

14,6: ἐγώ εἰμι ἡ ὁδὸς καὶ ἡ ἀλήθεια καὶ ἡ ζωή.
οὐδεὶς ἔρχεται πρὸς τὸν πατέρα εἰ μὴ δι᾽ ἐμοῦ.

15,1: ἐγώ εἰμι ἡ ἄμπελος ἡ ἀληθινή,
καὶ ὁ πατήρ μου ὁ γεωργός ἐστιν.

15,5: ἐγώ εἰμι ἡ ἄμπελος, ὑμεῖς τὰ κλήματα.
ὁ μένων ἐν ἐμοὶ κἀγὼ ἐν αὐτῷ, οὗτος φέρει καρπὸν πολύν,
ὅτι χωρὶς ἐμοῦ οὐ δύνασθε ποιεῖν οὐδέν.

Vgl. 4,13 f: πᾶς ὁ πίνων ἐκ τοῦ ὕδατος τούτου διψήσει πάλιν·
ὃς δ᾽ ἂν πίῃ ἐκ τοῦ ὕδατος οὗ ἐγὼ δώσω αὐτῷ,
οὐ μὴ διψήσει εἰς τὸν αἰῶνα.

7,37 f: ἐάν τις διψᾷ, ἐρχέσθω πρός με καὶ πινέτω.
ὁ πιστεύων εἰς ἐμέ ... ποταμοὶ ἐκ τῆς κοιλίας αὐτοῦ ῥεύσουσιν
ὕδατος ζῶντος.

Der Stil der Offenbarungsrede ist der typische in den mandäischen Texten[27]. Viele Beispiele sind von Lidzbarski, Joh.-Buch S. 43 f. angeführt; die liturgischen Texte im II. Buch des Totenbuchs des Linken Genza (p. 38—74) beginnen alle mit der Formel: „Ein Mana bin ich des großen Lebens, Ein Mana bin ich des gewaltigen | Lebens, Ein Mana

---

[27] Daß Selbstprädikationen mit der Formel „Ich bin" weit in der orientalischen und der von ihr beeinflußten Literatur verbreitet sind, ist bekannt; vgl. DEISSMANN, Licht von Osten⁴ S. 108—114; NORDEN, Agnostos Theos S. 186—192. Aber nicht beliebige solche Texte können zu den johanneischen Reden verglichen werden, sondern nur wirkliche Offenbarungsreden; für diese ist charakteristisch: 1) die Einführungsformel „Ich bin", 2) der direkte („kommt") oder indirekte Appell an den Hörer, 3) die Verheißung und (bzw. oder) Drohung für den Hörer. [Vgl. jetzt zum Thema die auf Bultmanns Anregung zurückgehende Arbeit von H. BECKER, Die Reden des Johannesevangeliums und der Stil der gnostischen Offenbarungsrede, FRLANT NF 50, 1956].

bin ich des großen Lebens"[28]. Im folgenden führe ich einige Beispiele aus eigentlichen Offenbarungsreden an, aus denen sich zugleich ergibt, daß die johanneischen Bilder vom Hirten, vom Weinstock u. a. in einen festen Traditionszusammenhang gehören.

Johannesbuch c. 11 (S. 44—51): „Ein Hirte bin ich, der seine Schafe liebt; Schafe und Lämmer hüte ich. Um meinen Hals (trage ich) die Schafe, und von dem Dorfe entfernen sich die Schafe nicht ... Ich trage hin und tränke sie mit Wasser aus meiner hohlen Hand, bis sie sich satt getrunken haben. Ich bringe sie nach der guten Hürde, und bei mir weiden sie ... Nicht springt ein Wolf in unsere Hürde, und vor einem grimmigen Löwen brauchen sie sich nicht zu ängstigen. Vor dem Sturme brauchen sie sich nicht zu fürchten, und ein Dieb kann bei uns nicht eindringen. Ein Dieb dringt nicht in unsere Hürde ... Ich rufe ihnen zu: ‚Meine Schäflein, meine Schäflein, kommet! Nach meinem Rufe richtet euch! ... Kommet, kommet zu mir! Ein Hirte bin ich, dessen Schiff bald kommt ...' Ein jedes, das auf meinen Ruf gehört und auf meine Stimme geachtet und seinen Blick mir zugewandt, das fasse ich mit meinen beiden Händen und bringe es zu mir in mein Schiff hinauf ... Wer auf meinen Ruf nicht gehört, der versank."[29]

Johannesbuch c. 36 (S. 144—154): „Ein Fischer bin ich, ein Fischer, der unter den Fischern erwählt ist ... Ein Fischer der Seelen bin ich, die das Leben bezeugen. Ein armer (?) Fischer bin ich, der die Seelen ruft, zusammenbringt und belehrt. Er ruft sie und sagt ihnen, daß sie kommen und sich bei ihm versammeln. Er sagt zu ihnen: Wenn ihr ... kommet, werdet ihr von den stinkigen Vögeln errettet werden. Ich werde meine Freunde erretten, sie emporbringen und in meinem Schiffe aufrichten. Ich werde sie mit Gewändern des Glanzes bekleiden und mit teurem Lichte bedecken..."

Johannesbuch c. 37 (S. 154—156); c. 40 (S. 165 f: „Ich bin Hibil-Ziwā, ich bin ein Eisenschuh, ... der die Finsternis niedergetreten hat"); c. 42 (S. 169); c. 57—59 (S. 202 bis 206: „Der Schatz bin ich, der Schatz des Lebens ..."); c. 64 (S. 219 f).

G. R. II 3 p. 64—66, S. 57—61:

„Der Gesandte des Lichtes bin ich;
ein jeder, der seinen Duft riecht, erhält Leben.
Ein jeder, der seine Rede in sich aufnimmt,
dessen Augen füllen sich mit Licht.
Mit Licht füllen sich seine Augen,
sein Mund füllt sich mit Lobpreisung.
Mit Lobpreisung füllt sich sein Mund,
sein Herz füllt sich mit Weisheit[30].
: : :

---

[28] REITZENSTEIN, Das iranische Erlösungsmysterium S. 46; ein anderes Beispiel aus dem Linken Genza III 24 ebenda S. 49 f.

[29] Das Bild vom Hirten vielfach in dieser Literatur, zB G. R. V 2 p. 177, S. 181; Linker Genza I 2 p. 10; ActThom c. 25 p. 140 s.; c. 39 p. 157; c. 57 p. 174; c. 67 p. 184; c. 156 p. 265; vgl. den Hirten des Hermas und den Poimandres; s. REITZENSTEIN, Das iranische Erlösungsmysterium S. 186.

[30] Vgl. Mandäische Liturgien S. 38: „Du gossest in uns und fülltest uns mit deiner Weisheit, deiner Einsicht und deiner Güte." Dazu Joh 7,37 f. und dazu wiederum G. R. I p. 9, S. 12.15—20.

> Ein Weinstock sind wir (bin ich?), des Lebens Weinstock,
> ein Baum, an dem keine Lüge ist.
> : : :
> Ein jeder, der Umkehr tut,
> dessen Seele soll nimmer abgeschnitten werden;
> . . .
> Doch die Bösen, sie, die Lügner,
> . . .
> Die Bösen sinken nach ihrem eigenen Willen
> in das große Sūf-Meer."[31]

Entsprechend wird der Gesandte gepriesen:
Mand. Lit. S. 67 f.: „Du bist der Vater, der ganz Uthras, die Säule, die ganz Licht, der Weinstock, der ganz Leben, der große Baum, der ganz Mandās ist. . . . Du bist der Arzt, der über den Ärzten[32], der Erheber, der über den Erhebern, der Glanz, der über den Glanzwesen, das Licht, das über den Lichtern steht. . . . Du bist der Weinstock, der du im Äther über dem Himmel und über der Erde warst."
Mand. Lit. S. 130 f. (vgl. Apk 1,4.8) 139; G. R. XII 2 u. 4 p. 271 s. u. 274 s., 271 f. u. 274 f.

12. Er kennt die Seinen, und sie kennen ihn.

Joh 10,4: καὶ τὰ πρόβατα αὐτῷ ἀκολουθεῖ, ὅτι οἴδασιν τὴν φωνὴν αὐτοῦ.
10,14: . . . γινώσκω τὰ ἐμὰ καὶ γινώσκουσί με τὰ ἐμά.
10,27: τὰ πρόβατα τὰ ἐμὰ τῆς φωνῆς μου ἀκούουσιν, κἀγὼ γινώσκω αὐτά.

Johannesbuch c. 63 (S. 218): „Der Mānā macht sich auf und kommt zu denen, die ihn kennen und verstehen. Als die Kenner den Mānā erkannten, sprangen sie auf und kleideten sich in Weiß; sie sprangen auf und kleideten sich in Weiß und setzten sich prangende Kränze auf. [Prangende Kränze] setzten sie sich aufs Haupt und gehen dem Mānā entgegen . . ."

Mand. Lit. S. 205: „Das Kommen des Hibil-Uthra
ist wie das Sitils, der zum Hause seiner Freunde geht.
Als die Jünger die Stimme hörten,
des Anōš, des großen Uthra,

---

[31] Das Bild vom Weinstock und auch die Vorstellung vom „Abgeschnittenwerden" (vgl. Joh 15,1—8) ist häufig. Vgl. Johannesbuch c. 57 (S. 204 f.): „Der Weinstock, der Früchte trägt, steigt empor; der keine trägt, wird hier abgeschnitten. Wer sich durch mich aufklären und belehren läßt, steigt empor und schaut den Ort des Lichtes; wer sich nicht durch mich aufklären und belehren läßt, der wird abgeschnitten und fällt in das große Sūf-Meer." Mandäische Liturgien S. 252 f. (Der Gesandte ist angeredet):
„Geh, führe deine Werke aus,
und deine reinen Sprossen sollen trefflich gedeihen.
Trefflich sollen deine reinen Sprossen gedeihen,
sie sollen mit dir verbunden und nicht abgeschnitten werden."
G. R. II 1 p. 43 s., S. 41 f: Der böse Weinstock wird ausgerissen. Oft in den Mandäischen Liturgien, vgl. den Index bei LIDZBARSKI. ActThom c. 36 p. 154, 2; c. 146 p. 253, 19 ss.
[32] Auch das Bild vom Arzt ist häufig in den mandäischen Texten und in den apokryphen Apostelakten.

verehrten und priesen sie das große Leben
über die Maßen."

Mand. Lit. S. 207: „... sprach er mit seiner sanften Stimme,
und die Erwählten gehen ihm entgegen." |

OdSal 7,12: „Er gab sich selbst dahin,
sich den Seinen zu offenbaren,
daß sie ihn erkennten, der sie gemacht hat,
und nicht wähnten, aus sich selbst zu sein."

OdSal 41,2: „Bei ihm sind seine Söhne erkannt,
deshalb wollen wir singen in seiner Liebe."

OdSal 42,8: „Wie der Arm des Bräutigams auf der Braut,
so liegt mein Joch auf denen, die mich kennen."

So erkennen in der Unterwelt die Seelen der Gefangenen den Erlöser, der sich ihnen naht: OdSal 42, 15; Evg. Nicod. (J. Kroll, Beiträge zum Descensus ad inferos S. 36 f).

13. *Er sammelt sie bzw. wählt sie aus. Sie sind bzw. werden sein Eigentum.*

Joh 11,52: ... ἵνα καὶ τὰ τέκνα τοῦ θεοῦ τὰ διεσκορπισμένα συναγάγῃ εἰς ἕν.

Vgl. Joh 10,16.

Dazu Joh 6,37.44 f.; 17,2.6 (οὓς δέδωκάς μοι ἐκ τοῦ κόσμου). 9.24; 18,9.

Joh 15,16: οὐχ ὑμεῖς με ἐξελέξασθε, ἀλλ' ἐγὼ ἐξελεξάμην ὑμᾶς.

15,19: ... ἀλλ' ἐγὼ ἐξελεξάμην ὑμᾶς ἐκ τοῦ κόσμου ...

Dazu Joh 13,18 und zum Begriff der ἴδιοι 10,3 f. 12; 13,1.

Johannesbuch c. 154 (S. 154, 8): „Er ruft sie und sagt ihnen, daß sie kommen und sich bei ihm versammeln."

Mand. Lit. S. 75: „Du hast uns auserwählt und herausgeholt aus der Welt des Hasses, der Eifersucht und der Zwietracht..."

Mand. Lit. S. 135: „O ihr Rufer, die ich gerufen, ... o ihr Erbauer, die ich erbaut und aus der Mitte der Völker, Grenzen und Zungen herausgeholt habe..."[33]

G. R. V 2 p. 175, S. 179, 24 ff: Mandā d'Haijē spricht: „Ich bin gekommen, um bei euch zu weilen und euch im Lichte des Lebens aufzurichten. Ich habe euch von den Völkern und Generationen abgesondert..." (So heißen die Mandäer „Abgesonderte" G. R. XII 6 p. 278, S. 277, 8; XII 7 p. 282, S. 280, 25; XV 6 p. 317, S. 320, 12).

G. R. XV 1 p. 299 s., S. 296 f: Anōš, das „Wort", erhält den Auftrag: „Erwähle und hole Erwählte aus der Welt", und wird instruiert, wie er diejenigen zu belehren hat, die er „aus der Welt erwählt hat".

Dazu Mand. Lit. S. 139 und S. 128 (die Scheidung des Lichts von der Finsternis analog Joh 3,19—21; s. o. S. 66). Für die Bedeutung des Gedankens, „daß der Erlöser unter Vernichtung der bösen Mächte seine Natur an einen Ort sammelt", im Manichäismus vgl. Bousset, ZNW 18 (1917/18) S. 13 f. im Anschluß an die Charakterisierung Jesu ActThom c. 48 p. 164, 14 als πᾶσαν αὐτοῦ τὴν φύσιν συναθροίζων εἰς ἕνα τόπον. Außer den von Bousset[34] genannten Stellen vgl. ActThom c. 54 p. 171, 10 s.; c.

---

[33] Vgl. auch das unmittelbar Vorhergehende.

[34] BOUSSET verweist schon auf die Vorstellung des συλλέγειν ἑαυτόν, über die REITZENSTEIN, Historia Monachorum und Historia Lausiaca S. 99 handelt.

102 p. 215, 15 s.; c. 141 p. 248, 5 ss. (ὁ σωτὴρ τῆς ψυχῆς μου καὶ εἰς τὴν ἰδίαν ἀποκαθιστῶν φύσιν); c. 156 p. 265, 5 ss. (καὶ συναγαγὼν πάντας τοὺς εἰς σὲ καταφεύγοντας παρεσκεύασας ὁδόν ... καὶ εἰσαγαγὼν εἰς τὴν ἑαυτοῦ ποίμνην τοῖς σοῖς ἐγκατέμειξας προβάτοις ... καὶ συνάγαγε αὐτὰς εἰς τὴν σὴν μάνδραν); c. 169 p. 283, 18. Entsprechend sagt ActThom c. 32 p. 149, 19 s. der Drache: ὁ δὲ υἱὸς τοῦ θεοῦ ἄκοντά με ἠδίκησεν καὶ τοὺς ἰδίους ἐξ ἐμοῦ ἐξελέξατο. Und der Erlöste entdeckt staunend (c. 34 p. 151, 16), daß der Erlöser ihm „verwandt" ist (εὗρον δὲ ἐκεῖνον τὸν φεγγώδη ὄντα μου συγγενῆ); | vgl. c. 78 p. 193, 10. Ferner c. 39 p. 156, 17 s. ὁ συγγενὴς τοῦ μεγάλου γένους τοῦ τὸν ἐχθρὸν καταδικάσαντος καὶ τοὺς ἰδίους λυτρωσαμένου); c. 61 p. 178, 2 ss.; c. 142 p. 249, 14 s.; c. 144 p. 251, 17 (σὺ εἶ ὁ μηνύσας με σὸν ὄντα). Umgekehrt heißt es vom Teufel c. 44 p. 161: τοῦ ὑπερμαχοῦντος τῶν ἀλλοτρίων. Vgl. noch Hippolyt, El. VI 19 p. 147, 16 s. Wendland: φθίσειν δὲ αὖθις λέγουσι τὸν κόσμον ἐπὶ λυτρώσει τῶν ἰδίων ἀνθρώπων (bzw. Irenäus I 23, 3).

   OdSal 10,5 f: „Es wurden versammelt zu Hauf verstreute Völker,
      . . .
      Sie gingen ein in mein Leben und wurden erlöst
      und wurden mein Volk in alle Ewigkeit."

   OdSal 17,14: „Sie empfingen meinen Segen und wurden lebend,
      sie scharten sich zu mir und wurden erlöst.
      Denn sie wurden meine Glieder und ich ihr Haupt."

   OdSal 31,4: „ ... Er brachte ihm dar die Söhne,
      die durch ihn geworden waren."

   OdSal 42,15—20: „(Es) eilten die Verstorbenen zu mir, riefen und sprachen:
      Erbarm dich unser, Sohn Gottes,
      : : :
      Ich aber hörte auf ihre Stimme,
      ihren Glauben nahm ich mir zu Herzen,
      Und legte auf ihr Haupt meinen Namen,
      weil sie freie Männer und mein Eigentum sind."

14. Den Mächten dieser Welt erscheint der Gesandte als ein Fremder; sie kennen seine Herkunft nicht, denn er ist anderen Ursprungs als sie.

   Joh 8,14—19: ... ὅτι οἶδα πόθεν ἦλθον καὶ ποῦ ὑπάγω·
      ὑμεῖς δὲ οὐκ οἴδατε πόθεν ἔρχομαι ἢ ποῦ ὑπάγω ...

   8,23: ὑμεῖς ἐκ τῶν κάτω ἐστέ, ἐγὼ ἐκ τῶν ἄνω εἰμί,
      ὑμεῖς ἐκ τούτου τοῦ κόσμου ἐστέ, ἐγὼ οὐκ εἰμὶ ἐκ τοῦ κόσμου
                          [τούτου.

   8,43: διὰ τί τὴν λαλιὰν τὴν ἐμὴν οὐ γινώσκετε;
      ὅτι οὐ δύνασθε ἀκούειν τὸν λόγον τὸν ἐμόν.

Dazu 3,31; 8,41—47; 1Joh 3,1 und die verschiedenen Debatten über Jesu Herkunft 6,42; 7,26—28.40—42; 9,29 f.

Typisch ist in den mandäischen Quellen die Bezeichnung des Gesandten als des „Fremden"[35].

Mand. Lit. S. 203: „Sie bemerkten mich nicht, erkannten mich nicht
und kümmerten sich nicht um mich.
Sie bemerkten mich nicht, sie erkannten mich nicht,
wer ich bin und wessen Sohn ich bin.
Der Mann, der mich sah und erkannte,
erhält seinen Gang zum Orte des Lebens."

Mand. Lit. S. 224: „Ich höre die Stimme der Sieben,
die tuscheln und sprechen:
‚Woher ist dieser fremde Mann,
dessen Rede nicht unserer Rede gleicht?'"

Vgl. G. R. XI p. 258, S. 258, 12 ff. So sagt auch Šum-Kušṭā im Johannesbuch c. 17 S. 67 von sich: „Ich war nicht ein Sohn des Hauses (d. h. dieser Welt), und meine Gestalt war nicht von den vergänglichen Dingen. Meine Wurzel ist nicht von der Welt." Wie sich der Gesandte Mand. Lit. S. 224 „fremd von der Welt" hält, so sagt im Seelenhymnus der ActThom c. 109 p. 220, 19 s. der in „Ägypten" weilende „Königssohn" von sich: μόνος δὲ ὢν ἐξενιζόμην τὸ σχῆμα καὶ τοῖς ἐμοῖς ἀλλότριος ἐφαινόμην. Mani sagt von sich (in der Rolle des Mithra, des „dritten Gesandten"): „Ich bin der erste Fremdling, der Sohn des Gottes Zarvân, das Herrscherkind."[36] „Ich bin ein Mensch, ein Licht(?)-keim, ein lebendiger, glänzender. Ich bin ein Herrschersohn ... (und) ein Fremdling geworden aus der Großherrlichkeit."[37]

OdSal 28,16 f: „Ich ward nicht verloren, denn ich war nicht ihr[38] Bruder;
auch kannten sie meine Herkunft nicht."

Wie im JohEv korrespondiert dem Nichtwissen der Welt über den Ursprung des Gesandten sein eigenes Wissen. Vgl. Mand. Lit. S. 84 f: „Er kannte das Nest, aus dem er gekommen war. Über dem Himmel war sein Name, über der Erde war seine Herrlichkeit." Dies Motiv spielt vor allem in der hermetischen und gnostischen Literatur eine Rolle in seiner Beziehung auf die Mysten bzw. Gnostiker[39].

In einer gewissen Konkurrenz mit diesem Motiv des Fremdlings, dessen Herkunft man nicht kennt, dessen Sprache man nicht versteht, steht die Vorstellung, daß der Gesandte in das Gewand der irdischen Welt gekleidet ist und den Weltmächten (bzw. den dämonischen Mächten) als einer ihresgleichen, oder als ein besonders kümmerlicher Mensch erscheint, so daß er sie täuscht und verborgen bleibt. Beides aber geht aus

---

[35] Überhaupt heißen die Wesen der jenseitigen Welt „fremd". „Auch beim ‚fremden Gott' Marcions dürfte das Wort ‚fremd' diese Bedeutung haben" (LIDZBARSKI, G. R. S. 5,2).
[36] F. W. K. MÜLLER, Abh. d. Berl. Akad. 1904, S. 29.
[37] Ebenda S. 108.
[38] Der den Gesandten bedrohenden irdischen bzw. dämonischen Mächte.
[39] Vgl. J. P. WETTER, ZNW 18 (1917/18), 49—63. WETTER scheidet das Motiv aber nicht von der griechisch-philosophischen Formel der Selbsterkenntnis.

dem Grundgedanken des Mythos hervor; beides ist ja auch im JohEv wahrnehmbar.

Die Konkurrenz des zweiten Motivs mit dem ersten tritt besonders im Seelenhymnus der ActThom hervor, wo es kurz nach der eben zitierten Stelle (p. 221, 4) heißt: ἐνεδυσάμην δὲ αὐτῶν τὰ φορήματα, ἵνα μὴ ξενίζωμαι . . . Der Mythos von dem in irdisches Gewand verkleideten Gesandten steckt hinter 1Kor 2,9; 2Kor 8,9; Phil 2,6—8. In spezifisch christlicher Modifikation liegt er IgnEph 19,1 vor: καὶ ἔλαθεν τὸν ἄρχοντα τοῦ αἰῶνος τούτου ἡ παρθενία Μαρίας καὶ ὁ τοκετὸς αὐτῆς, ὁμοίως καὶ ὁ θάνατος τοῦ κυρίου· τρία μυστήρια κραυγῆς . . . Breit ausgeführt ist der Mythos bekanntlich AscJes c. 10—11. Entsprechend bekennen die Dämonen ActThom c. 45 p. 162, 15 ss: ἐνομίσαμεν γὰρ κἀκεῖνον (den Gottessohn) ὑπὸ ζυγὸν ποιῆσαι ὡς καὶ τοὺς λοιπούς· ὁ δὲ στραφεὶς ἔσχεν ἡμᾶς ὑποχειρίους. οὐ γὰρ ᾔδειμεν αὐτόν· ἠπάτησεν δὲ ἡμᾶς τῇ μορφῇ αὐτοῦ τῇ δυσειδεστάτῃ καὶ τῇ πενίᾳ αὐτοῦ καὶ τῇ ἐνδείᾳ· θεασάμενοι γὰρ αὐτὸν τοιοῦτον ἐνομίσαμεν αὐτὸν σαρκοφόρον ἄνδρα εἶναι, μὴ εἰδότες ὅτι αὐτός ἐστιν ὁ ζωοποιῶν τοὺς ἀνθρώπους. In etwas anderer Wendung liegt das Motiv ActThom c. 143 p. 250, 4 ss. vor, wenn die Gläubigen sagen, daß nur das σῶμα ἀνθρώπινον des Herrn sichtbar gewesen sei, während man seine μεγαλειότης nur im Glauben habe erfassen können. In grob mythologischer Form ist das Motiv in den mandäischen Höllenfahrten des Hibil-Ziwa ausgestaltet; der Held läßt sich vom Höllenfürsten verschlingen und besiegt ihn so, indem er seine Eingeweide zerschneidet, G. R. V 1, S. 157[40].

Eine merkwürdige Abwandlung des Motivs liegt dort vor, wo davon die Rede ist, daß die Stimme des himmlischen Gesandten gehört, aber seine Gestalt nicht geschaut wird.

So kennt Clemens Al., Strom. VI 6, 45 und Adumbr. in 1Petr 3,19 bekanntlich das Zitat: λέγει ὁ Ἅιδης τῇ ἀπωλείᾳ· εἶδος μὲν αὐτοῦ οὐκ εἴδομεν, φωνὴν δὲ αὐτοῦ ἠκούσαμεν. Während der Satz hier auf die Hadesfahrt Christi bezogen ist, gilt er in der Naassener Predigt bei Hippolyt (El. V 8, 14 p. 91, 22. Wendland) vom Abstieg des Urmenschen in die Welt[41]. Entsprechend heißt es aber auch beim Ölsakrament ActThom

---

[40] Zum Motiv des unerkannten Erlösers, das bekanntlich auch sonst in der Gnosis und in der altkirchlichen Literatur verbreitet ist und verschieden variiert wird, vgl. Bousset, Hauptprobleme der Gnosis S. 242 ff.; H. Schmidt, Jona I, 1907, S. 175—177; M. Dibelius, Die Geisterwelt im Glauben des Paulus 1909, S. 88—99; J. Kroll, Beiträge zum Descensus ad inferos, Verz. d. Vorl. a. d. Akad. z. Braunsberg im Winter 1922/23, 1922, S. 12, 2. 22, 1. An der letzten Stelle ist auf das syr. Test. domini nostri c. 61 und auf das von Rahmani XLIX zum Motiv von der Verheimlichung der Geburt beigebrachte Material verwiesen. — Mit dem Motiv der Verwandlung zum Zweck der Unerkennbarkeit mag der Gedanke von der Polymorphie des Erlösers vielleicht zusammenhängen; so deutet Dibelius aaO 98 das μορφὰς δὲ θεῶν ἐπιδείξω bei Hippolyt, Philos. V 10, da vorangeht: αἰῶνας ὅλους διοδεύσω, μυστήρια πάντα διανοίξω. Im übrigen vgl. zur Polymorphie besonders ActJoh cc. 87 ff; ActThom c. 80 p. 195, 17 syr.: „Preis sei dir, der in vielen Gestalten verborgen ist." Reitzenstein, Hellenistische Wundererzählungen, S. 127; Das iranische Erlösungsmysterium, S. 172, 2; A. Marmorstein, Arch. f. Religionswiss. 16 (1913), S. 173—175; Bousset, ZNW 18 (1917/18), S. 14—16; Hennecke, Neutestamentliche Apokryphen² S. 173.

[41] Vgl. Bousset, Kyrios Christos² S. 27, 2; Reitzenstein, Das mandäische Buch des Herrn der Größe S. 32, 1.

c. 27 p. 142, 7 ss.: ἀπεκαλύφθη δὴ αὐτοῖς ὁ κύριος διὰ φωνῆς λέγων· εἰρήνη ὑμῖν ἀδελφοί. οἱ δὲ φωνῆς μόνον ἤκουσαν αὐτοῦ, τὸ δὲ εἶδος αὐτοῦ οὐκ εἶδον. οὐδέπω γὰρ ἦσαν δεξάμενοι τὸ ἐπισφράγισμα τῆς σφραγῖδος. Und ActJoh c. 99 p. 200, 20 ss. offenbart der Erlöser: . . . οὔτε ἐγώ εἰμι ὁ ἐπὶ τοῦ σταυροῦ, ὃν νῦν οὐχ ὁρᾷς ἀλλὰ μόνον φωνῆς ἀκούεις. ὃ οὐκ εἰμὶ ἐνομίσθην, μὴ ὢν ὃ ἤμην ἄλλοις πολλοῖς· ἀλλ᾽ ὅ τι με ἐροῦσιν ταπεινὸν καὶ οὐκ ἐμοῦ ἄξιον. ὡς οὖν ὁ τόπος τῆς ἀναπαύσεως οὔτε ὁρᾶται οὔτε λέγεται, πολλῷ μᾶλλον ὁ τούτου κύριος οὔτε ὀφθήσομαι. In diesen Zusammenhang gehört wohl auch das manichäische Turfan-Fragment T. M. 423 d: „Feuer kam heraus. Und . . . daß der Sonnengott aufgegangen war. Über (seinem) Palast unvergleichlicher Weise rollte er einher. Darauf von oben vom Äther her kam eine Stimme. Mich rief sie, also sprach sie: ,O du Warukdads Sohn! Dein . . . ist so geartet! Hier hast du mehr gesehen: jetzt sollst du ewiglich nicht sterben! schnell von hier ich gehe zurück!' Und von hier nach vorn von Süden her die Stimme des Gottes Chorugh hörte ich . . . ihn selbst aber sah ich durchaus nicht. Darauf sehr liebevoll meinen Namen nennend rief er. Und von . . . herab . . . jetzt . . ."[42] Jedenfalls gehört in diesen Zusammenhang Joh 3,8: τὸ πνεῦμα ὅπου θέλει πνεῖ, καὶ τὴν φωνὴν αὐτοῦ ἀκούεις, ἀλλ᾽ οὐκ οἶδας πόθεν ἔρχεται καὶ ποῦ ὑπάγει· οὕτως ἐστίν πᾶς ὁ γεγεννημένος ἐκ τοῦ πνεύματος. Freilich scheint der griechische Schriftsteller das ursprünglich mythologische Motiv, indem er zunächst πνεῦμα als Wind versteht, zu einem bloßen Bilde abzuwandeln; aber auch bei ihm schlägt die mythologische Bedeutung von πνεῦμα in der Anwendung (οὕτως κτλ.) gleich wieder durch. Ursprünglich ist das πνεῦμα, von dem gesagt wird, daß man seine Stimme hört, aber seine Heimat nicht kennt (s. oben S. 75 f), die himmlische Kraft, die bald als Gesandter, bald nur als „Stimme" (aber auch als Brief, als Stab) bezeichnet wird, die den in Schlaf versunkenen Urmenschen weckt. Für Joh 3,8 mag darauf hingewiesen werden, daß auch nach Theodor bar Kuni der „Lebensgeist" als „Stimme" den Urmenschen ruft[43]. Übrigens ist es die gleiche Stimme, die Joh 12,28 vom Himmel erklingt und vom Volke nicht verstanden wird, s. u.

Alles Gesagte gilt wie vom Gesandten so auch von den „Seinen", den Gläubigen; οὕτως ἐστὶν πᾶς ὁ γεγεννημένος ἐκ τοῦ πνεύματος. Sie sind ja ihm verwandt, gehören der gleichen Natur an (s. o. S. 74 f); von ihnen gilt: οὐκ ἐξ αἱμάτων οὐδὲ ἐκ θελήματος σαρκός, οὐδὲ ἐκ θελήματος ἀνδρὸς ἀλλ᾽ ἐκ θεοῦ ἐγεννήθησαν (Joh 1,13). So sind auch sie Fremdlinge in der Welt (ActThom c. 61 p. 178, 21); vor allem wird der Apostel in den ActThom immer wieder als „Fremder" charakterisiert (c. 95 p. 208, 13; c. 99 p. 211, 24; c. 100 p. 212, 20 u. 213, 8; c. 117 p. 228, 9; c. 123, p. 232, 11). So wird die Seele Mand. Lit. S. 158 angeredet:

> „Du, Erwählte, kamest nicht von hier,
> und nicht von hier ist deine Pflanzung gepflanzt.
> Dein Ort ist der Ort des Lebens,
> deine Wohnung ist die lichte Wohnung."

---

[42] von Le Coq, Abh. Preuß. Akad. d. Wiss. 1922, phil.-hist. Kl., Nr. 2 S. 23.
[43] Vgl. Bousset, ZNW 18 (1917/18), S. 12 f; Reitzenstein, Die Göttin Psyche 1917, S. 7, 12. Zur Stimme überhaupt vgl. Bousset, aaO; Linker Genza III 23 p. 104 (Reitzenstein, Das mandäische Buch des Herrn der Größe S. 30 f); Mandäische Liturgien S. 257; Johannesbuch S. 87. 161. 167. 169. 170. 171. 181. 186. 222. Reitzenstein, Das iranische Erlösungsmysterium S. 51 ff. 66 ff. (Stimme und Brief); J. Kroll, Beitr. z. Descensus ad inferos S. 39, 1.

Vor allem denke man an das gnostische Gebet, das Irenäus I, 21,5 überliefert: σκεῦός εἰμι ἔντιμον μᾶλλον παρὰ τὴν θήλειαν τὴν ποιήσασαν ὑμᾶς. εἰ ἡ μήτηρ ὑμῶν ἀγνοεῖ τὴν ἑαυτῆς ῥίζαν, ἐγὼ οἶδα ἐμαυτὸν καὶ γνώσκω ὅθεν εἰμί . . ., und an das Fragment aus dem Philippus-Ev. bei Epiphanius, haer. 26,13: ἐπέγνων ἐμαυτήν . . . ἐγὼ γὰρ (φησὶ) τῶν ἄνωθέν εἰμι⁴⁴. So wird Mand. Lit. S. 99—101 die Seele auf der Himmelsreise nach ihrer Herkunft gefragt, und als sie Auskunft geben kann, steigt sie empor zum Lichtort.

Zu diesem ganzen Vorstellungskomplex gehört aber noch ein Motiv: der von den Weltmächten nicht erkannte Gesandte wird einst bei seiner Erhöhung erkannt werden, und mit Schrecken werden die Weltmächte inne werden, daß er sie überlistet und überwunden hat.

So fragen der Satan und die verschiedenen Engelmächte AscJes 11,24 ff. voll Trauer: „Wie ist unser Herr herabgekommen über uns, und wir merkten nicht die Herrlichkeit . . .?" Auf diesen Mythos geht IgnEph 19,2 zurück: πῶς οὖν ἐφανερώθη τοῖς αἰῶσιν; ἀστὴρ ἐν οὐρανῷ ἔλαμψεν ὑπὲρ πάντας τοὺς ἀστέρας, καὶ τὸ φῶς αὐτοῦ ἀνεκλάλητον ἦν καὶ ξενισμὸν παρεῖχεν ἡ καινότης αὐτοῦ, τὰ δὲ λοιπὰ πάντα ἄστρα ἅμα ἡλίῳ καὶ σελήνῃ χόρος ἐγένετο τῷ ἀστέρι, αὐτὸς δὲ ἦν ὑπερβάλλων τὸ φῶς αὐτοῦ ὑπὲρ πάντα· ταραχή τε ἦν, πόθεν ἡ καινότης ἡ ἀνόμοιος αὐτοῖς (vgl. auch § 3). Auf diese Szene der Erhebung über die Engelmächte ist Phil 2,10 f angespielt ebenso wie 1Tim 3,16: ὤφθη ἀγγέλοις⁴⁵. Vielleicht geht auch ActThom c. 143 p. 250, 13 s. hierauf: οὗτινος ἰδὼν ὁ ἄρχων ἐφοβήθη καὶ αἱ δυνάμεις αἱ σὺν αὐτῷ ἐταράχθησαν, doch scheint das Folgende zu zeigen, daß hier an die Szene in inferis gedacht ist⁴⁶. Jedenfalls aber gehen auf den Ascensus:

> OdSal 17,6: „Alle die mich sahen, staunten,
> wie ein Fremder erschien ich ihnen."
>
> OdSal 41,8: „Es müssen staunen alle, die mich sehen,
> denn ich bin aus anderem Geschlechte."

Hier redet freilich der fromme Sänger; aber er identifiziert sich mit dem Erlöser, dessen Mythos sein religiöses Erleben beschreiben muß.

In die Situation von AscJes 11,24 ff versetzt deutlich wieder Mand. Lit. S. 75, wo es nach der Erwähnung der Erhöhung des Gesandten heißt: „Die Welten waren beschämt, daß niemand seine Gestalt, seinen Glanz und seine Herrlichkeit sah." (Zur Beschämung der Welten vgl. Mand. Lit. S. 78. 132; G. R. XI p. 271, S. 268, 20 ff.). Den Triumph des Gesandten über die Engelmächte scheint auch die Allegorie Johannesbuch c. 39 (S. 161—164) darzustellen⁴⁷.

---

⁴⁴ Weiteres bei WETTER, ZNW 18 (1917/18), S. 56—62.

⁴⁵ Vgl. zu 1Tim 3,16 (nach J. KROLL, Beiträge zum Descensus ad inferos S. 22,2) die Stelle des syr. Test. domini nostri c. 63: qui a prophetis praecognitus fuit, ab apostolis praedicatur et ab angelis celebratur et a Patre omnium glorificatur.

⁴⁶ Vgl. J. KROLL, aaO S. 12 u. 28, 1.

⁴⁷ Spätere Schilderungen des Ascensus bei Firmicus Mat., De errore prof. rel. 24, vgl. J. KROLL, aaO S. 31, wo sich auch der Hinweis findet, daß die von Firmicus verwandte Stelle Ps 24,7 schon von Irenäus, Epid. 84; Haer. IV 33, 13 auf den Ascensus gedeutet wird. Ferner in einer Karsamstagpredigt des Ps. Epiphanius p. 18, 20 u. 19,7 DINDORF, bei J. KROLL aaO 48, 1. Es ist schon in der Naassenerpredigt Hippolyt (El. V 8 p. 92, 15 s. WENDLAND) der Fall.

Ganz analog ist wieder das Schicksal der gläubigen Seele beschrieben Mand. Lit. S. 81 (in ihren Glanzgewändern zieht die gereinigte Seele nach dem Tode empor): „Als die Planeten sie von ihrem Orte aus erblickten, schämten sie sich, ballten die Fäuste, schlugen auf die Vorhöfe ihrer Brust und sprachen: ‚Wehe über die Planeten, daß sie unterlagen, während die Werke ihrer Hände siegreich waren.' Ferner sprachen sie: ‚Wie schön ist dieser Glanz, wie hell dieses Licht, wie lieblich dieser Schmuck, wie wundersam dieses Bild'."

15. Die Hörer der Predigt des Gesandten sind verstockt.

Joh 9,39—41: ... ἵνα οἱ μὴ βλέποντες βλέπωσιν καὶ οἱ βλέποντες τυφλοὶ γένωνται . . . εἰ τυφλοὶ ἦτε, οὐκ ἂν εἴχετε ἁμαρτίαν· νῦν δὲ λέγετε ὅτι βλέπομεν· ἡ ἁμαρτία ὑμῶν μένει.

15,24: εἰ τὰ ἔργα μὴ ἐποίησα ἐν αὐτοῖς ἃ οὐδεὶς ἄλλος ἐποίησεν, ἁμαρτίαν οὐκ εἴχοσαν· νῦν δὲ καὶ ἑωράκασιν καὶ μεμισήκασιν καὶ ἐμὲ καὶ τὸν πατέρα μου.

Dazu 5,36—38.44; 8,45 f; 10,25 f.37 f.

Aus der mandäischen Literatur vgl. die S. 67 zitierten Stellen; dazu G. R. V 3 p. 180, S. 183, s. oben S. 65; außerdem Mand. Lit. 155:

„Sie waren blind und sahen nicht,
ihre Ohren waren ihnen verstopft und sie hörten nicht.
: : :
Sie haßten den Weg des Lebens
und liebten den Wohnsitz, den Sitz der Bösen."

16. Der Gesandte ist in der Welt preisgegeben und gehaßt.

Die Welt haßt Jesus (Joh 7,7; 15,18.24) und seine Jünger (15,18; 17,14; 1Joh 3,13). Aus der Bedrängnis heraus bittet er den Vater: δόξασόν σου τὸ ὄνομα, und erhält als Antwort die φωνή: ἐδόξασα καὶ πάλιν δοξάσω, was für ihn das Zeichen ist: νῦν ἡ κρίσις ἐστὶν τοῦ κόσμου τούτου· νῦν ὁ ἄρχων τοῦ κόσμου τούτου ἐκβληθήσεται (12,23—31).

Mand. Lit. S. 193: „Über seine Freunde legte er Glanz,
doch alle Welten verfolgten ihn.
Als er sah, daß die Welten ihn verfolgten,
hob er seine Augen zum Lichtort empor.
Sie öffneten ihm das Tor des Lichtes,
hoben ihn empor und stützten ihn auf das Leben."

Mand. Lit. S. 202: „Er sprach und predigte aus der Tibil,
und das große Leben antwortete ihm aus der Verborgenheit.
Aus der Verborgenheit antwortete ihm das große Leben,
es schuf einen Boten und sandte ihn zu ihm."

Die Klage über die Verfolgung des Gesandten und seiner Jünger und die tröstende Verheißung ist Mand. Lit. S. 208 f. zum Ausdruck gebracht:

„Ein Armer bin ich, wann soll ich hingehen,
daß mein schmerzend Herz Linderung finde?
Linderung finde mein schmerzend Herz,
Erleichterung meine weltfremde Seele.

> Am Orte, an dem man reichlich ausgefragt wird[48],
> ruhe der Glanz des Lebens auf mir.
> Er ruhe auf meinen Jüngern,
> welche die Sieben in dieser Welt verfolgen.
> Die Sieben verfolgen,
> die Welten, die verfolgen und unrecht handeln.
> Die Sieben, sie und ihr König
> wandern in die Feuerbrände.
> Die Guten, Erwählten, Gerechten und Vollkommenen
> steigen empor und schauen den Lichtort."

Ruf und Antwort enthält das kurze Stück Mand. Lit. S. 209:

> „Ein Armer bin ich, ein Unterwürfiger,
> Mann von erprobter Gerechtigkeit, horch und höre auf meinen
> [Ruf. —
> Du Armer samt deinen Söhnen, Sprossen und Jüngern
> wirst emporsteigen und den Lichtort schauen."

Die Szene, die wir aus Joh 12,23 ff. kennen, ist in der mandäischen Literatur besonders oft dichterisch gestaltet worden; der Grund ist offenbar der, daß in dieser Situation der Fromme seine Einheit mit dem Gesandten besonders stark empfindet, bzw. sich zum Bewußtsein bringen will.

So redet denn in den beiden eben angeführten Stücken wie im folgenden die Einzelseele, aber so, daß ihr Schicksal als mit dem des Urmenschen oder des Gesandten identisch angesehen wird[49].

Mand. Lit. S. 223—227:

> „Ein Armer bin ich, der aus den Früchten,
> ein Weltfremder, der aus der Ferne kommt.
> : : :
> Sie brachten mich aus dem Wohnsitze der Guten,
> ach, in der Wohnung der Bösen ließen sie mich wohnen.
> : : :
> Ich wollte nicht und will nicht
> in der nichtigen Wohnung wohnen.
> Mit meiner Kraft und meiner Erleuchtung
> wohnte ich in der nichtigen Wohnung.
> Mit meiner Erleuchtung und meinem Lobpreise
> hielt ich mich fremd von der Welt.
> Ich stand unter ihnen
> wie ein Kind, das keinen Vater hat.
> : : :
> Ich höre die Stimme der Sieben,
> die tuscheln und sprechen:

---

[48] Station der Himmelsreise der Seele.
[49] Vgl. Lidzbarski, Mandäische Liturgien S. 208, 1.

‚Woher ist dieser fremde Mann,
dessen Rede nicht unserer Rede gleicht?'
Ich hörte nicht auf ihre Rede,
da wurden sie voll bösen Zornes gegen mich.
Das Leben, das meinen Ruf erhörte,
sandte mir einen Boten entgegen.
: : :
Er spricht:
Armer, sei ohne Angst und Furcht,
sage nicht: Ich stehe allein da.
Deinetwegen, Armer,
wurde dieses Firmament ausgespannt.
: : :
Du Armer! Zu deiner Rechten ruht Glanz,
zu deiner Linken ruhen Leuchten.
Verharre standhaft in deiner Sicherung,
bis dein Maß vollendet ist.
Wenn dein Maß vollendet ist,
werde ich selber zu dir kommen.
Ich werde dir Gewänder des Glanzes bringen.
: : :
Ich werde dich von den Bösen befreien,
von den Sündern erretten.
Ich werde dich in deiner Škīnā wohnen lassen.
am lauteren Orte dich erretten.
: : :"

Entsprechend werden die Gläubigen gemahnt:

Mand. Lit. S. 195: „Der Welt Verfolgung ertraget
mit wahrhaftem, gläubigen Herzen.
Verehret mich in Gradheit,
damit ich mich hinstelle und euch ein Helfer sei."

Im mandäischen Johannesbuch wird c. 66 (S. 224) nach der Entsendung des Gesandten (s. S. 60 f) geschildert, wie er von feindlichen Mächten umzingelt ist und betet. Er erhält darauf den Stab, der ihm „Rede und Erhörung" verleiht, mit dem er alle Gegner schlägt, bis er sein Werk vollendet hat und emporsteigt. Nach dieser Analogie ist im Johannesbuch c. 14 und 17 (S. 58—62. 67—70) die Klage des Šum-Kuštā und seine Tröstung durch den himmlischen Boten erzählt; ebenso seine Klage c. 15 (S. 62).
Ebenso ist im G. R. V 3 p. 180, S. 183 f. berichtet, wie die Seele auf ihrer Reise zum Wachthaus der gierigen, tollwütigen Hunde gekommen ist, deren Augen geblendet sind, daß sie nicht sehen, und deren Ohren verstopft sind, daß sie nicht hören können. Als die Seele Angst und Zittern überfällt, ruft ihr ein „Mann"[50] zu: „O du Mann, der du nach dem Leben rufst, und dem das Leben antwortet. Zum Leben habe festes Vertrauen..." (vgl. G. R. XV 5 p. 314, S. 316 f.).

---

[50] Die Charakterisierung des Mannes ist infolge Textverderbnis nicht deutlich: „ein Mann aus dem Orte ... der Welt."

Manichäische Analogien zu den Klagen des aus der Lichtwelt Verbannten sind die oben S. 78 zitierten Turfan-Fragmente; dazu das weitere M. 7:

> „Aus dem Licht und von den Göttern bin ich,
> Und ein Fremdling bin ich geworden ihnen,
> Hergefallen über mich sind die Feinde,
> Von ihnen bin ich zu den Toten hinabgeführt."[51]

In den Oden Salomos wird durch typische, zum Teil dem Stil orientalischer Klagepsalmen entstammende Wendungen der Zustand des Erlösers (bzw. des Frommen) auf Erden geschildert. Er ist scheinbar verworfen und verdammt (17,2 f; 25,5; 28,9; 31,8 f; 42,10). Er ist gefesselt (17,3; 21,2; 25,1), verfolgt (28,8; 42,5), krank (25,9) und gehaßt (28,11 ff.). Er ruft empor und findet Erhörung 21,1—3:

> „Ich hob die Arme empor zur Gnade des Herrn,
> daß er meine Bande von mir löse.
> Da hob mich mein Helfer empor zu seiner Gnade und Erlösung.
> Ich zog die Finsternis aus und kleidete mich in Licht."[52]

17. Wie er gekommen ist, wird er fortgehen, wie er herabgekommen ist, wird er emporsteigen.

Joh 6,62: ἐὰν οὖν θεωρῆτε τὸν υἱὸν τοῦ ἀνθρώπου ἀναβαίνοντα ὅπου ἦν τὸ πρότερον;

8,14: ἐγὼ οἶδα πόθεν ἦλθον καὶ ποῦ ὑπάγω ...

13,3: εἰδὼς ὅτι ... ἀπὸ θεοῦ ἐξῆλθεν καὶ πρὸς τὸν θεὸν ὑπάγει.

16,28: ἐξῆλθον ἐκ τοῦ πατρὸς καὶ ἐλήλυθα εἰς τὸν κόσμον·
πάλιν ἀφίημι τὸν κόσμον καὶ πορεύομαι πρὸς τὸν πατέρα.

Dazu 3,13; 7,33; 8,21; 13,33; 16,5—7; 20,17.

Mand. Lit. S. 130: „Gesegnet sei der große Ort, aus dem du gekommen bist; gepriesen, verherrlicht und geehrt sei der große Ort, an den du gehst." Ebenso G. R. V 4 p. 193 s. (S. 193 f).

Mand. Lit. S. 158 (die Einzelseele ist angeredet):

> „Du, Erwählte, kamest nicht von hier,
> und nicht von hier ist deine Pflanzung gepflanzt.
> Dein Ort ist der Ort des Lebens,
> deine Wohnung ist die lichte Wohnung.
>
> . . .
>
> Gute, steig zum Hause des Lebens empor,
> geh zur lichten Wohnung. |

---

[51] Bei F. W. K. Müller aaO S. 108.

[52] Ob auch das im JohEv wiederholt verwandte Motiv, daß die Gegner vor der bestimmten Stunde nicht Hand an Jesus legen können (7,30.44; 8,20.59; 10,31.39) hier genannt werden muß, ist mir nicht ganz klar. Johannesbuch c. 17 (S. 67) sagt Šum-Kuštā: „Meine Wurzel ist nicht von der Welt, und die Bösen vergehen sich nicht an mir." Als Jahjā-Jōhānā die Priester in Jerusalem herausfordert, ihn zu verbrennen, erwidern sie (c. 27 S. 96): „Feuer verbrennt dich nicht, Jahjā, denn der Name des Lebens ist über dich ausgesprochen. Ein Schwert zerstückelt dich nicht, Jahjā, denn Bar-Haijē ruht auf dir."

Johannesbuch c. 42 (S. 169): „Woher bist du, wahrhafter Mann gekommen, der du die Schändlichkeiten dieser Welt aufzählst? Ich bin ein Mann aus der anderen Welt, auf dessen Haupt das Mal aufgerichtet ist. Das Mal ist auf meinem Haupte aufgerichtet, und ich steige damit zum Lichtort empor."

Johannesbuch c. 66 (S. 224): „Ohne Fehler stieg ich empor."

Die Oden Salomos besingen zum großen Teil diesen Aufstieg und reden von dem „Menschen, der sich erniedrigte und um seiner Gerechtigkeit willen erhöht ward" (41,12). Den Auszug aus der himmlischen Heimat und die Rückkehr besingt in allegorisch-märchenhaftem Gewande der Seelenhymnus der Thomasakten, und ebendort spricht c. 169 p. 283, 5 ss. der erhöhte Apostel zu denen, die an seinem Grabe trauern: οὐκ εἰμὶ ἐνταῦθα· τί καθεζόμενοι τηρεῖτέ με; ἀνῆλθον γὰρ καὶ ἀπέλαβον τὸ ἐλπιζόμενον. Und Iren. I 21, 5 spricht die emporsteigende Seele des Gnostikers zu den Geistermächten: . . . πορεύομαι πάλιν εἰς τὰ ἴδια, ὅθεν ἐλήλυθα.

18. *Dann wird man ihn suchen, aber nicht finden.*

    Joh 7,34: ζητήσετέ με καὶ οὐχ εὑρήσετε, καὶ ὅπου εἰμὶ ἐγὼ ὑμεῖς οὐ δύνασθε ἐλθεῖν.

    8,21: ἐγὼ ὑπάγω καὶ ζητήσετέ με . . . ὅπου ἐγὼ ὑπάγω ὑμεῖς οὐ δύνασθε ἐλθεῖν.

Dazu 13,33.36.

    Spr 1,23—31: „. . .

        Weil ich rief und ihr nicht wolltet,
        euch winkte und niemand kam,
        weil ihr meinen Rat verwarfet,
        meine Predigt euch nicht gefiel:
        So lache auch ich eures Unglücks,
        ich spotte eurer Angst

        . . .

        Dann rufen sie mich, ich höre nicht,
        sie suchen und finden mich nicht."[53]

Mt 23,38 f: ἰδοὺ ἀφίεται ὑμῖν ὁ οἶκος ὑμῶν.
        λέγω γὰρ ὑμῖν, οὐ μή με ἴδητε ἀπ' ἄρτι ἕως ἂν εἴπητε·
        εὐλογημένος ὁ ἐρχόμενος ἐν ὀνόματι κυρίου[54]

Mand. Lit. S. 155: „Sie waren blind und sahen nicht,
        ihre Ohren waren ihnen verstopft, und sie hörten nicht.

        . . .

        Da man sie rief und sie nicht antworteten,
        wer soll ihnen antworten, wenn sie rufen?[55]
        Da man ihnen gab und sie es nicht annahmen,
        wer soll ihnen geben, wenn sie darum bitten?
        Sie haßten den Weg des Lebens

---

[53] Die Übersetzung nach Volz in den Schriften des AT III 2 S. 143 f. — Zur Rechtfertigung, daß ich diese und die folgende Stelle hier verwende, verweise ich auf meinen Aufsatz im Eucharisterion, H. Gunkel dargebracht, 1923, S. 3—26 [in diesem Band S. 10—35].

[54] Vgl. Reitzenstein, Das mandäische Buch des Herrn der Größe S. 41 ff.

[55] Vgl. Mt 11,16 f.

und liebten den Wohnsitz, den Sitz der Bösen.
Sie liebten den Wohnsitz, den Sitz der Bösen,
ja, nun sollen sie im Sitz der Bösen gefesselt werden."

G. R. II 1 p. 53, S. 48: „Alsdann, wenn er (Anōš-Uthra) seinen Freunden die Wahrheit zeigt, die Stadt Jerusalem verwüstet und wir (die himmlischen Gesandten) zu den Lichtwelten und den Skīnās des Glanzes emporsteigen, offenbaren wir uns nicht mehr in der Welt, bis die Zeit kommt und das Maß der Welt voll ist."[56]

Dazu die Rede Mandā d'Haijēs, G. R. XI p. 252, S. 253, 20 ff.

19. Er wird durch seinen Aufstieg „gerechtfertigt".

Joh 16,8—10: Der παράκλητος wird die Welt überführen: . . . περὶ δικαιοσύνης δὲ ὅτι πρὸς τὸν πατέρα ὑπάγω καὶ οὐκέτι θεωρεῖτέ με.

1Tim 3,16: ὃς ἐφανερώθη ἐν σαρκί,
ἐδικαιώθη ἐν πνεύματι·
ὤφθη ἀγγέλοις[57],
ἐκηρύχθη ἐν ἔθνεσιν·
ἐπιστεύθη ἐν κόσμῳ,
ἀνελήμφθη ἐν δόξῃ.

OdSal 17,2—4: „Ich bin für gerecht erklärt durch meinen Herrn,
ewig ist meine Erlösung.
Ich bin vom Eitlen befreit und kein Verdammter mehr,
meine Schlingen sind durch ihn zerrissen.
Eines neuen Wesens Antlitz und Gestalt empfing ich,
ging darin ein und ward erlöst."

OdSal 25,10—12: „Ich ward gesund in deiner Wahrheit
und heilig in deiner Gerechtigkeit.
Es wichen von mir alle Widersacher,
ich ward des Herrn im Namen des Herrn.
Ich ward gerechtfertigt durch seine Freundlichkeit,
und seine Ruhe währt in alle Ewigkeit."

OdSal 29,5: „Er warf meinen Feind zu Boden
und rechtfertigte mich in seiner Gnade."

OdSal 31,5: „Und er selbst ward für gerecht erklärt;
denn so hat es ihm sein heiliger Vater verheißen."

In der mandäischen Literatur habe ich diese Terminologie nicht gefunden; ich vermute aber, daß die δικαιοσύνη, die durch Jesu Hingang zum Vater demonstriert wird, das Gleiche ist, was bei den Mandäern als „Sieg" bezeichnet wird. Das Gerechtfertigtwerden, von dem 1Tim 3,16 und die Oden Salomos reden, wäre demnach nicht, wie man zuerst vermuten könnte, aus einem Mythos wie dem ägyptischen Horusmythos zu verstehen[58], sondern bedeutete „Obsiegen"; nicht ein forensischer Ge-

---

[56] Vgl. REITZENSTEIN aaO S. 24 und 41 ff.
[57] S. oben S. 79 f.   [58] Vgl. ED. NORDEN, Die Geburt des Kindes, 1924, S. 124. 128.

richtsakt, sondern ganz allgemein die Anfeindungen der Gegner wären vorausgesetzt.

Das mandäische זכא heißt zunächst „vor Gericht unschuldig befunden werden, da obsiegen"; von da aus hat es die allgemeinere Bedeutung „siegen" gewonnen. Und das Substantivum זאכותא heißt „Schuldlosigkeit, Seelenreinheit" wie „Sieghaftigkeit". Nach | Lidzbarski[59] läßt sich an vielen Stellen nicht entscheiden, welcher Sinn vorliegt, aber die Bedeutung „Seelenreinheit, Schuldlosigkeit" wiegt jedenfalls vor. Mir scheint nun, daß in der Tat hinter den zitierten Stellen und den mandäischen Wendungen vom „Siegen" der gleiche Gedanke und letztlich auch die gleiche Terminologie steckt[60].

Bei den Mandäern wiederholt sich immer wieder die Formel „das Leben ist siegreich" (zahlreiche Beispiele im Johannesbuch und in den Mand. Lit.): dazu kommen ähnliche Wendungen: „Siegreich ist der Mann, der hierher gegangen" (z. B. Mand. Lit. S. 165, 214, 216; Johannesbuch S. 11, 161); „Du warst siegreich, Mandā d'Haijē, und verhalfest allen deinen Freunden (oder: deinen Brüdern) zum Siege" (zB Mand. Lit. S. 165, 187, 192 f, 203, 212, 254). Der Gesandte ist „Festiger der Siege" und „Herr aller Siege" (Mand. Lit. S. 244, 254). Johannesbuch c. 38 (S. 161) schließt: „Die Sieben sind unterlegen, und der fremde Mann blieb siegreich. Der Mann von erprobter Frömmigkeit war siegreich und verhalf seinem ganzen Stamm zum Siege[61]. Das Leben wird hochgehalten und ist siegreich, und siegreich ist der Mann, der hierher gegangen ist." Die Gläubigen werden ermahnt: „Lasset euch belehren, damit ihr siegreich zum Orte des Lichtes emporsteiget" (Johannesbuch c. 13 S. 55; ähnlich c. 13 S. 57). Gepriesen werden das „erste Leben" und der Gesandte wegen der Größe ihrer Siege (Mand. Lit. S. 125, 129). Die Gläubigen wünschen: „mögen wir mit deinen Siegen sein", oder versichern: „wir blieben fest bei deinen Siegen" (Mand. Lit. S. 132, 138 f.).

In den Oden Salomos tritt diese Terminologie nicht sehr stark hervor.

Einige Beispiele wären zu nennen:

> OdSal 9,12 f: „Alle, die gesiegt haben, werden in sein Buch geschrieben;
> denn euer Schreiber ist euer eigener Sieg[62],
> der euch im voraus ersieht
> und will, daß ihr erlöst werdet."
>
> OdSal 18,6 f: „Nicht werde besiegt das Licht von der Finsternis,
> noch weiche die Wahrheit vor der Lüge!
> Sieghaft mache
> deine Rechte unsere Schwachheit!"
>
> OdSal 29,7—9: „Er leitete mich in sein Licht

---

[59] LIDZBARSKI, Das Johannesbuch der Mandäer II S. 1 f. (S. 1 A. 3).
[60] Vgl. G. R. XII 3 p. 275 S. 273, 6 f.:
„Unser *Recht* (wird) der gute Vater (vertreten?),
der vor dem Leben *siegreich* dasteht."
[61] Vgl. Mandäische Liturgien S. 268: „sein Stamm erhielt Bestand im Sieg."
[62] GRESSMANN sagt „Nike" und erweckt damit m. E. falsche Assoziationen.

und gab mir das Szepter seiner Macht,
die Gedanken der Völker zu knechten
und die Kraft der Gewaltigen zu Boden zu werfen,
Krieg zu führen durch sein Wort
und den Sieg zu erringen durch seine Macht."

Charakteristische Beispiele enthalten die Thomasakten. c. 52 (p. 168, 17 ss.) wird im Gebet angerufen: ἡ δύναμις τῆς σωτηρίας ἡ ἀπὸ τῆς δυνάμεως ἐκείνης ἐρχομένη τῆς τὰ πάντα νικώσης καὶ ὑποτασσούσης τῷ ἰδίῳ θελήματι. c. 94 (p. 207, 23 s.) werden selig gepriesen die πραεῖς als die νικήσαντες τὸν | πονηρόν. c. 128 (p. 236, 19 s.) ist davon die Rede, daß nach dem Tode die Entscheidung fällt zwischen ζωή und θάνατος, κατάκρισις und νίκη. Im Gebet des Ölsakraments c. 157 (p. 266, 14 f.) wird die δύναμις τοῦ ξύλου angerufen, ἣν οἱ ἄνθρωποι ἐνδυόμενοι τοὺς ἑαυτῶν ἀντιπάλους νικῶσιν· ὃ στεφανῶν τοὺς νικῶντας. Und im folgenden (p. 267, 5 s.): Ἰησοῦ ἐλθέτω ἡ νικητικὴ αὐτοῦ δύναμις. Außerdem c. 147 (p. 257, 7). Endlich wird im Gebet in den Johannesakten c. 112 (p. 211, 9 ss.) Jesus angerufen: ὁ νενικημένῃ αὐτῇ (der Seele) ὑπὸ τοῦ Σατανᾶ ἐμφανισθείς· ὁ νικήσας τὸν ἀντίδικον αὐτῆς ἐπὶ σὲ καταφυγούσης.

In diesen Zusammenhang scheinen mir nun auch die johanneischen Stellen, die vom Siege handeln, hineingestellt werden zu müssen.

Joh 16,33: ... ἐν τῷ κόσμῳ θλῖψιν ἔχετε· ἀλλὰ θαρσεῖτε, ἐγὼ νενίκηκα τὸν κόσμον.

1Joh 5,4 f: ὅτι πᾶν τὸ γεγεννημένον ἐκ τοῦ θεοῦ νικᾷ τὸν κόσμον· καὶ αὕτη ἐστὶν ἡ νίκη ἡ νικήσασα τὸν κόσμον, ἡ πίστις ἡμῶν. Τίς ἐστιν ὁ νικῶν τὸν κόσμον εἰ μὴ ὁ πιστεύων ὅτι Ἰησοῦς ἐστιν ὁ υἱὸς τοῦ θεοῦ;

Dazu 1Joh 2,13 f.(νενικήκατε τὸν πονηρόν); 4,4.

20. Der Gesandte betet beim Abschied für die Seinen.

Joh 17: das sogenannte hohepriesterliche Gebet.

Mand. Lit. S. 190—192:

„Am Anfange zog ich in einer Wolke hinaus,
aus dir, glänzendes Heim.
. . . . .
Nach dem Rate, den er (mein Pflanzer) mit dem Großen gepflogen,
er sandte mich einen Bau aufzuführen.
Einen Bau sollte ich für die Guten aufführen,
die wahrhaften, gläubigen Männer.
Ich baute, ich erbaute ihn
und richtete ihn ganz oben auf der Wolke auf.
Ich pflanzte in ihm des Lebens Pflanzen,
wahrhafte, gläubige Männer.
Ich befehle meinem Erbauer:
Richte deine Augen auf meine Pflanzen.
Auf meine Pflanzen deine Augen richte,

>   daß sie nicht schlafend daliegen,
>   und die Guten vergessen, was ihnen befohlen.
>   . . . . ."⁶³
>
> Mand. Lit. S. 208: „Ein Armer bin ich, wann soll ich hingehen,
>   daß mein schmerzend Herz Linderung finde?
>   . . . . .
>   Am Orte, an dem man reichlich ausgefragt wird⁶⁴,
>   ruhe der Glanz des Lebens auf mir. |
>   Er ruhe auf meinen Jüngern,
>   welche die Sieben in dieser Welt verfolgen."⁶⁵

Aus der Situation des von den Seinen scheidenden Erlösers wird man auch OdSal 17,12—14 verstehen dürfen. Vorher geht die Schilderung der Befreiung der Gefangenen aus der Herrschaft des Todes.

> „Ich schenkte reichlich mein Wissen
> und meine Fürbitte in meiner Liebe.
> Ich säte in ihre Herzen meine Früchte
> und verwandelte sie durch meine Kraft.
> Sie empfingen meinen Segen und wurden lebend,
> sie scharten sich zu mir und wurden erlöst."

Wie oft, so ist auch in diesem Fall in den Thomasakten der Apostel nach der Analogie des himmlischen Gesandten gezeichnet; auch ihm ist ein Abschiedsgebet in den Mund gelegt, in dem er auf sein Werk zurückblickt.

(c. 144—148; in c. 149 schließt sich die Mahnung an.) Die charakteristischen Stellen, in denen der Apostel versichert, das aufgetragene Werk ausgeführt zu haben, sind oben S. 70 f angeführt; vgl. außerdem c. 146 (p. 253, 6 ss. bzw. 19): τὴν ἄμπελόν σου ἐφύτευσα ἐν τῇ γῇ ἵνα τὰς μὲν ῥίζας πέμψῃ εἰς βάθος, εἰς οὐρανὸν δὲ τῶν κλάδων τὴν ἔκστασιν αὐτῆς, καὶ δειχθῶσιν οἱ καρποὶ ἐν τῇ γῇ, καὶ εὐφραινέσθωσαν ἐν αὐτῇ οἱ ἄξιοί σου⁶⁶.

---

⁶³ Es folgt dann im zweiten Teil Mahnung („Nehmet euch in acht, meine Brüder") und Verheißung. Nach dem gleichen Schema ist Johannesbuch c. 47 (S. 173—175) gebaut; hier ist der Rückblick („Aus dem Lichtorte bin ich hervorgegangen . . ." ohne folgende Fürbitte) verkürzt und nur als Einleitung für die folgenden Mahnungen benutzt.

⁶⁴ Vgl. S. 81 A. 48.

⁶⁵ Die Fortsetzung s. S. 81.

⁶⁶ An dieser Stelle möchte ich den abschließenden Ausführungen vorgreifen; denn hier ist besonders deutlich, daß Joh nicht der Ursprungsort sein kann. ActThom c. 144 bis 148 zeigt keinen Einfluß von Joh 17 (*vielleicht* von ein oder zwei anderen johanneischen Stellen, *jedenfalls* starken Einfluß der Synoptiker); vor allem tritt die Fürbitte ganz zurück (außer in der oben zitierten Stelle). Die Verwandtschaft aber mit Mandäischen Liturgien S. 190—192 dürfte deutlich sein. Und für dies mandäische Stück dürfte kaum jemand die Herleitung aus Joh 17 wagen wollen; es steckt ganz in der Mythologie und stellt — unbeschadet seiner etwaigen späteren literarischen Abfassung — zweifellos einen älteren Typus des Abschiedsgebetes des himmlischen Ge-

21. Als Erlöster führt der Gesandte die Erlösten mit sich.

Joh 12,32: κἀγὼ ἐὰν ὑψωθῶ ἐκ τῆς γῆς, πάντας ἑλκύσω πρὸς ἐμαυτόν.

17,24: πατήρ, ὃ δέδωκάς μοι, θέλω ἵνα ὅπου εἰμὶ ἐγὼ κἀκεῖνοι ὦσιν μετ' ἐμοῦ, ἵνα θεωρῶσιν τὴν δόξαν τὴν ἐμήν . . .

Dazu 14,3 (s. u.).

Adam, dem Urmenschen, wird im Totenbuch des Linken Genza I verheißen, daß er die Seelen von der Erde zu sich emporführen wird[67]; vgl. I 2 p. 16: „Du steigst zu deinem Ort empor, und dein Weib Hawwā wird nach dir emporsteigen; dein ganzer Stamm wird | dir nachfolgen."[68] So führt Anōš-Uthra die Mirjai zum Orte des Lichtes empor (Johannesbuch c. 35, S. 138). Dazu Mand. Lit. S. 163:

„Er stieg empor und hob mich mit sich empor
und ließ mich nicht in der nichtigen Wohnung zurück."

OdSal 17 und 42 besingen diese Tat des Erlösers. Einzelne Stellen der Oden nehmen darauf Bezug.

OdSal 3,5 f: „Wo seine Ruhstatt ist,
da weile ich auch.
Ich werde dort kein Fremdling sein,
denn es gibt keinen Neid bei dem Herrn."

OdSal 31,4: „Er (der Erlöser) brachte ihm (dem Höchsten) dar die Söhne,
die durch ihn geworden waren."[69]

ActThom c. 35 p. 16 ss. verheißt der Apostel: ὄψῃ αὐτὸν καὶ σὺν αὐτῷ ἔσῃ εἰς τὸν αἰῶνα, καὶ ἐν τῇ ἀναπαύσει αὐτοῦ ἀναπαύσῃ καὶ ἔσῃ ἐν τῇ χαρᾷ αὐτοῦ.

Ebenso verheißt er (indem nun er die Stelle des Gesandten einnimmt) c. 169 p. 283, 6 ff: ἀνῆλθον γὰρ καὶ ἀπέλαβον τὸ ἐλπιζόμενον[70]. ἀλλ' ἀναστάντες περιπατεῖτε, καὶ μετ' οὐ πολὺ συναχθήσεσθε πρός με.

22. Er bereitet den Seinen Wohnung.

Joh 14,2 f: ἐν τῇ οἰκίᾳ τοῦ πατρός μου μοναὶ πολλαί εἰσιν . . . καὶ ἐὰν πορευθῶ καὶ ἑτοιμάσω τόπον ὑμῖν, πάλιν ἔρχομαι καὶ παραλήψομαι ὑμᾶς πρὸς ἐμαυτόν.

In der mandäischen Literatur spielen die himmlischen Wohnungen, die Škīnās, eine große Rolle. Von der Erschaffung zahlloser Škīnās wird in theogonischen Schilderungen berichtet.

G. R. III p. 69. S. 66, 3 ff; V 1 p. 136, S. 152, 24 ff. Von der Škīnā des Lebens ist die Rede im allgemeinen (Mand. Lit. S. 12. 38. 133; G. R. V 1 p. 173, S. 177, 7;

---

sandten dar als das von der Mythologie fast ganz gereinigte, durchgeistigte Gebet Joh 17, dessen Verwandtschaft mit dem mandäischen Stück, zumal angesichts der sonstigen Analogien, doch wohl auch nicht zu leugnen ist.

[67] REITZENSTEIN, Das iranische Erlösungsmysterium S. 48.
[68] REITZENSTEIN, Das mandäische Buch des Herrn der Größe S. 29, 2.
[69] So ist auch Ps 68,19 in der Auslegung von Eph 4,8 f. zu verstehen:
ἀναβὰς εἰς ὕψος ᾐχμαλώτευσεν αἰχμαλωσίαν,
ἔδωκεν δόγματα τοῖς ἀνθρώποις.
τὸ δὲ ἀνέβη τί ἐστιν εἰ μὴ ὅτι καὶ κατέβη εἰς τὰ κατώτερα μέρη τῆς γῆς.

[70] S. oben S. 84.

X p. 248, S. 249, 9), von der Škīnā des „ersten Lebens" (Mand. Lit. S. 4. 8. 10). Die Uthras schaffen ihre Škīnās und wohnen in ihnen (G. R. III p. 70, S. 66, 27 ff; Mand. Lit. S. 6. 8. 12 f.); besondere Škīnās werden erwähnt (Mand. Lit. S. 130. 149. 203. 271 f; Johannesbuch c. 1 S. 5). „Niemand vermag (des Lichtkönigs) Macht näher zu bestimmen und zu beschreiben und die aller seiner Welten, sowie seine Škīnās, in denen er wohnt, und die Uthras und Könige, die in ihnen weilen" (G. R. I p. 3, S. 7, 14 ff). „Der König freut sich der Söhne des Lichtes, und sie sind stolz auf ihn. Ihre Gebäude und Škīnās sind aus Glanz und Licht gebaut, ihre Wände aus Sicherheit und Festigkeit" (G. R. I p. 10, S. 13, 17 ff.). Als die drei Uthras, die in die Welt gesandt waren, die Seelen der Erwählten, die für das Haus des Lichtes bestimmt sind, zu holen, zurückkehren, spricht „der Erste" zu ihnen: „Gehet und kehret zurück zur Škīnā, aus der ihr hervorgegangen seid, zu dem, was das Leben euch geschaffen, dem Palaste des Glanzes und der Kammer des Lichtes" (G. R. XI p. 257, S. 257, 3 ff.); und es wird ihnen verheißen: „Alle Seelen, die an es (das Leben) glaubten, werden als solche von erprobter | Gerechtigkeit bei euch in dieser großen Škīnā des Lebens und in dem Gemache des großen Lebens, das ich euch geschaffen, aufgestellt werden. Mandā d'Haijē wird euch in dieser Škīnā aufstellen und euch zum Hause des Lebens emporführen. Auch alle Seelen der von Fleisch und Blut Gebildeten, die auf die Stimme des Lebens horchen und gläubig sind, werden der Gemeinschaft mit dem Hause des Lebens teilhaftig werden" (ebenda S. 257, 14 ff.). Die Gläubigen sprechen zum Gesandten: „Du zeigtest uns den Weg, auf dem du aus dem Hause des Lebens gekommen bist. Auf ihm wollen wir den Gang der wahrhaften gläubigen Männer gehen, auf daß unser Geist und unsere Seele in der Škīnā des Lebens weilen" (Mand. Lit. S. 38; ähnlich S. 133).

23. Er hat den Seinen den Weg gewiesen bzw. bereitet.

Joh 14,4: καὶ ὅπου ἐγὼ ὑπάγω, οἴδατε τὴν ὁδόν.
14,6: ἐγώ εἰμι ἡ ὁδὸς καὶ ἡ ἀλήθεια καὶ ἡ ζωή.
Mand. Lit. S. 38: „Du zeigtest uns den Weg . . ." (s. o.).
Mand. Lit. S. 68: „Du bist der Arzt . . . Du bist der Weinstock . . . Als die Welten entstanden und die Geschöpfe geschaffen wurden, tatest du einen Griff an den Welten und Äonen und legtest einen Weg an für die wahrhaften und gläubigen Männer zum Orte des Lebens."
Mand. Lit. S. 77: „Du zeigtest uns den Weg des Lebens und ließest uns die Pfade der Wahrheit und des Glaubens wandeln."
Mand. Lit. S. 132 f: „Bekleide uns mit deinem Glanze, bedecke uns mit deinem Lichte und zeige uns den Weg, auf dem du aus dem Hause des Lebens gekommen bist."
Ferner Mand. Lit. S. 89. 134 f.
Unter den Gütern, die Mandā d'Haijē brachte, wird Mand. Lit. S. 44 neben ‚Zeichen', ‚Taufe', ‚Kranz' der ‚Weg' genannt, und Mand. Lit. S. 106 wird er angerufen: „Gepriesen seiest du, Weg der Großen, Pfad der Vollkommenen, Steg, der zum Lichtort emporsteigt." S. 139 ist er der „Helfer, Geleiter und Führer zum großen Lichtort und zur leuchtenden Wohnung."
G. R. V 3 p. 181, S. 185, 3 ff: „Auf meinem Pfade sollen die Auserwählten kommen, meine Schritte sollen die Gläubigen gehen" (vgl. G. R. X p. 247, S. 247, 21 ff. G. R. XI p. 260 ss., S. 259 ff. passim).

Entsprechend verheißt der Gesandte im manichäischen Liede (Reitzenstein, Iran. Erlösungsmyst. S. 23 f.):

> „Und ich will öffnen vor dir das Tor in jedem Himmel
> Und will säubern deinen Pfad furchtlos und (ohne Zittern).
> Ich will dich hinstellen in Kraft und kleiden in Glanz
> Und führen zur (Paradieses)stätte, dem gesegneten Orte.
> Und dir, den Vater, den Herrscher, (auf) ewig will ich zeigen.
> Und mit reinem Gewand vor (ihn) will ich dich hinführen.
> . . .
> Steige auf, du Seele, und fürchte dich nicht mehr . . .
> Komm weiter, steige auf in Freude, ohne Gram.
> Und ich will dich führen . . ."

Im M. 32 (F. W. K. Müller, Abh. d. preuß. Ak. 1904, S. 62 f.) wird Mani als „der Seelen Führer", M. 177 (ebenda S. 90) als „mein Führer" bezeichnet. Im täglichen Gebet der Manichäer wird er als „unser Führer" angerufen[71].

In OdSal 38 wird die Himmelfahrt der Seele beschrieben; die „Wahrheit" führt und leitet" sie und bringt sie auf „rechtem Wege" zum Leben empor. Die Hand des Erlösers hat nach OdSal 22,7 den Gläubigen den „Weg geebnet"; der Menschgewordene hat auch OdSal 7,13 f. „der Erkenntnis einen Weg gebahnt". Der Gläubige eilt auf dem „Weg seines Friedens, dem Wege der Wahrheit" (11,3), denn „der Herr tat seinen Weg kund" (24,10).

ActThom c. 10 p. 115, 4 ss. (Anrufung):
ὁ πρεσβευτὴς ὁ ἀπὸ τοῦ ὕψους ἀποσταλεὶς καὶ ἕως τοῦ ᾅδου καταντήσας,
ὃς καὶ τὰς θύρας ἀνοίξας ἀνήγαγες ἐκεῖθεν τοὺς ἐγκεκλεισμένους . . .,
καὶ τούτοις τὴν ἄνοδον ὑποδείξας τὴν εἰς τὸ ὕψος ἀνάγουσαν.

ActThom c. 80 p. 196, 6 ss.: δόξα καὶ εὐφημία τῇ ἀνόδῳ σου τῇ ἐπὶ τοὺς οὐρανούς· δι' αὐτῆς γὰρ ἡμῖν ὑπέδειξας τὴν ἄνοδον τοῦ ὕψους . . . σὺ εἶ τὸ ἀπόκρυφον φῶς τοῦ λογισμοῦ, ὁ τὴν ὁδὸν ὑποδεικνύων τῆς ἀληθείας . . .

ActThom c. 156 p. 265, 3 ss.: ὁ κατελθὼν εἰς ᾅδου μετὰ πολλῆς δυνάμεως . . . καὶ ἀνῆλθες μετὰ πολλῆς δόξης, καὶ συναγαγὼν πάντας τοὺς εἰς σὲ καταφεύγοντας παρεσκεύασας ὁδόν, καὶ ἐπὶ τῶν ἰχνῶν σου πάντες ὥδευσαν οὓς ἐλυτρώσω· καὶ εἰσαγαγὼν εἰς τὴν ἑαυτοῦ ποίμνην τοῖς σοῖς ἐγκατέμειξας προβάτοις.

So ist Jesus der ὁδηγός (p. 266, 1 s. 281, 7), der σύνοδος (p. 216, 6 s.), der συνοδοιπόρος (p. 114, 5; 155, 14; 229, 16 s.), und vor dem Tode bittet Thomas: ὁδήγησόν με σήμερον ἐρχόμενον πρὸς σέ (c. 167 p. 281, 8 s.).

In den Johannesakten spricht Jesus: ὁδός εἰμί σοι παροδίτῃ (c. 95 p. 198, 13). Neben den für diesen Anschauungskreis charakteristischen Attributen λόγος, θύρα, ἄρτος, σπόρος, μαργαρίτη, θησαυρός, ἄροτρος, σαγήνη, ἀνάστασις, ζωή erhält er die Bezeichnung ὁδός (c. 98 p. 200 ss.; c. 109 p. 207, 10 ss.).

Die Lehre der Peraten ist nach Hippolyt V 16 p. 111, 9 ss. Wendland): ἡμεῖς οἱ τὴν ἀνάγκην τῆς γενέσεως ἐγνωκότες καὶ τὰς ὁδούς, δι' ὧν εἰσελήλυθεν ὁ ῎Ανθρωπος εἰς τὸν κόσμον ἀκριβῶς δεδιδαγμένοι, διελθεῖν καὶ περᾶσαι τὴν φθορὰν μόνοι δυνάμεθα.

Im Naassenerhymnus sagt Jesus (Hippolyt V, 10 p. 103, 18 ss. Wendland): σφραγῖδας ἔχων καταβήσομαι, αἰῶνας ὅλους διοδεύσω, μυστήρια δ' ἀνοίξω, μορφὰς δὲ θεῶν ἐπιδείξω, τὰ κεκρυμμένα τῆς ἁγίας ὁδοῦ, γνῶσιν καλέσας, παραδώσω.

---

[71] WETTER, Der Sohn Gottes, 1916, S. 38; dort noch andere Stellen.

Die Terminologie ist endlich auch in der heidnischen Gnosis häufig; vgl. C. Herm. I 26. 29; IV 11; VI 5; VII 2; X 15. 21; XI 21; XII 12; Stob. Ekl. I 273; Zosimos bei Reitzenstein, Poimandres 103 f. 106. Vgl. ferner Reitzenstein, Hellenistische Mysterienreligionen² S. 145 f. 148; Stölten, ZNW 13 (1912) S. 36 (Nr. 36, 37) 45 f. (Nr. 140 bis 143) 47 (Nr. 157—159).

Wo der Gedanke herrscht, daß der Weg über die großen Ströme hinüberführt, die die Lichtwelt von den niederen Sphären scheiden, ist die Rede von dem Steg, den der Erlöser gebaut hat, von seinen Fußstapfen, die auch im Wasser fest bleiben, von der Fähre, die die Gläubigen hinüberführt (Johannesbuch c. 55 S. 199; Mand. Lit. S. 98, 104; OdSal 39; 7,14). Umgekehrt werden die Spuren der Dämonen verwischt ActThom c. 75 p. 190, 13 v. l.

24. Er ist die Tür.

Joh 10,9: ἐγώ εἰμι ἡ θύρα· δι' ἐμοῦ ἐάν τις εἰσέλθῃ, σωθήσεται καὶ εἰσελεύσεται καὶ ἐξελεύσεται καὶ νομὴν εὑρήσει[72].

Unter den typischen Attributen Christi erscheint ActJoh c. 98 u. 109, wie schon oben gezeigt ist, die ‚Tür'. Zwischen entsprechenden Wendungen heißt es ActJoh c. 95 p. 198, 12 s. im Munde Jesu: θύρα εἰμί σοι κρούοντί με. „Du kamest, öffnetest das Tor", heißt es Mand. Lit. S. 134; ein manichäischer Text ist schon S. 91 zitiert: hinzuzufügen ist das Turfan-Fragment T. II D. 173 b[1], wo berichtet wird, wie Chroshtag dem Chormuzta und den fünf Göttern (dh dem befreiten Urmenschen) die Himmelstür öffnet[73].

OdSal 17,10: „Nichts ward mir verschlossen erfunden,
denn die Pforte zu allem war ich geworden."[74]

OdSal 42,16 f: „Führ uns aus der Finsternis Banden,
öffne uns das Tor,
durch das wir zu dir hinausgehen!"

Wie Od 47,8 ff. beschrieben wird, wie der Christus die Türen der Unterwelt sprengt, so heißt es Pistis-Sophia (S. 116, 23 Schmidt): „Und du hast zerbrochen die oberen Tore (πύλαι) der Finsternis und die gewaltigen Riegel (μοχλοί) des Chaos (χάος)."

Breit ausgeführt sind die πύλαι-Spekulationen in der Naassenerpredigt, für die Joh 10,9 sicher nicht den Ausgangspunkt bildet, sondern nur als Material verwendet wird. Auf die ἄνοδος des Urmenschen wird Ps 24,7.9 bezogen[75]: ἄρατε πύλας οἱ ἄρχοντες ὑμῶν, καὶ ἐπάρθητε πύλαι αἰώνιοι, καὶ εἰσελεύσεται ὁ βασιλεὺς τῆς δόξης... ταύτην ... τὴν εἴσοδον καὶ ταύτην τὴν πύλην sah Jakob auf dem Wege nach Mesopotamien, καὶ ἐθαύμασε τὴν οὐράνιον πύλην εἰπών· ὡς φοβερὸς ὁ τόπος οὗτος· οὐκ ἔστι τοῦτο ἀλλ' ἢ οἶκος θεοῦ καὶ αὕτη ἡ πύλη τοῦ οὐρανοῦ (Gen 28,7.17). διὰ τοῦτο ... λέγει ὁ Ἰησοῦς· ἐγώ εἰμι ἡ πύλη ἡ ἀληθινή (Joh 10,9). ἔστι δὲ ὁ ταῦτα λέγων ὁ ἀπὸ τοῦ ἀχαρακτηρίστου ... ἄνωθεν κεχαρακτηρισμένος τέλειος ἄνθρωπος.

---

[72] Das Befremden, das dieser Vers im Hirten-Abschnitt erregt, verschwindet, wenn man sieht, daß „Hirt" wie „Tür" typische Bilder sind. Vielleicht ist deshalb auch ἡ θύρα in v. 7 zu halten.

[73] REITZENSTEIN, Das iranische Erlösungsmysterium S. 8 f.

[74] Im Zusammenhang wäre statt „Pforte" eher „Schlüssel" zu erwarten; es zeigt sich also, daß das Bild von der Tür stereotyp ist.

[75] s. S. 79 A. 47.

οὐ δύναται οὖν . . . σωθῆναι ὁ ⟨μὴ⟩ τέλειος ἄνθρωπος, ἐὰν μὴ ἀναγεννηθῇ διὰ ταύτης εἰσελθὼν τῆς πύλης (Hippolyt, V 8 p. 92, 16 ss. Wendland, vgl. Reitzenstein, Poimandres S. 92, 3). Auch des weiteren ist von dieser πύλη die Rede; speziell werden die Eleusinischen Mysterien als die πύλη τοῦ οὐρανοῦ erklärt[76].

25. Er befreit die Gefangenen.

Joh 8,31 f: . . . ἐὰν ὑμεῖς μείνητε ἐν τῷ λόγῳ τῷ ἐμῷ, ἀληθῶς μαθηταί μού ἐστε καὶ γνώσεσθε τὴν ἀλήθειαν καὶ ἡ ἀλήθεια ἐλευθερώσει ὑμᾶς.
8,36: ἐὰν οὖν ὁ υἱὸς ὑμᾶς ἐλευθερώσῃ, ὄντως ἐλεύθεροι ἔσεσθε.

In den mandäischen Texten ist die Befreiung der Gefangenen durch den Gesandten ein häufiges Thema; es wird, wenn auch nicht stets als Mythos, so doch stets in mythologischer Form erzählt, ähnlich wie in den Psalmen Salomos.

Texte aus dem Linken Ginza sind bei Reitzenstein, Das mandäische Buch des Herrn der Größe, S. 28—32 abgedruckt; dazu Mand. Lit. S. 78 f. Von den Oden Salomos schildern Od. 10.31 und besonders 17 und 49 die Befreiung der Gefangenen; Danklieder für die Befreiung sind Od. 21 und 25 Ein Dankgebet für die Befreiung ist ActThom c. 142; es beginnt mit der Anrufung: ὁ ἐλευθερωτὴς τῆς ἐμῆς ψυχῆς ἐκ τῆς τῶν πολλῶν δουλείας (p. 249, 1 s.). Der Apostel selbst wird c. 39 p. 156, 15 ss. angeredet: ὁ συνεργὸς τοῦ υἱοῦ τοῦ θεοῦ, ὃς ἐλεύθερος ὢν γέγονας δοῦλος καὶ πραθεὶς πολλοὺς εἰς ἐλευθερίαν εἰσήγαγες, entsprechend wie Jesus selbst c. 48 p. 164, 19 s.: ὁ δι' ἡμᾶς κρινόμενος καὶ φυλακιζόμενος ἐν δεσμωτηρίῳ καὶ λύων πάντας τοὺς ἐν δεσμῷ ὄντας. Dazu die S. 91 zitierte Stelle ActThom c. 10 p. 115, 4 ss.[77]. Im übrigen verweise ich auf die Literatur über den Descensus ad inferos, besonders Bousset, ZNW 19 (1919/20), S. 50—66; Jos. Kroll, Beiträge zum Descensus ad inferos, Verzeichn. d. Vorles. an der Akad. zu Braunsberg im Winter 1922/23, 1922.

26. Seine Himmelfahrt ist die Katastrophe des Kosmos.

Joh 12,31 f: νῦν κρίσις ἐστὶν τοῦ κόσμου τούτου· νῦν ὁ ἄρχων τοῦ κόσμου τούτου ἐκβληθήσεται ἔξω· κἀγὼ ἐὰν ὑψωθῶ ἐκ τῆς γῆς . . .

Vgl. 1Joh 3,8.
Mand. Lit. S. 97: „Am Tage, da das Licht emporsteigt,
wird die Finsternis an ihren Ort zurückkehren."

Ebenso Mand. Lit. S. 54; vgl. S. 184.

Linker Ginza I 2 p. 16: Wenn Adam emporsteigt und sein Stamm ihm nachfolgt, „dann nehmen alle Generationen ein Ende und alle Geschöpfe gehen zugrunde. Alle Brunnen und Meere trocknen aus, und die Flüsse und Bäche versiegen. Die Berge und Anhöhen werden zerstört, fallen und sinken ein . . . Wenn die Erde in Trümmern zerfällt, der Himmel ohne Sterne dasteht, . . . alle Bösen in die Tiefe der Finsternis sinken, dann Heil dir, Adam, daß du erwählt wurdest und aus der Welt der Engel (der bösen Engel, Archonten oder Sieben) und dem Leid dieser Welt emporstiegest" (Reitzenstein, Das mandäische Buch des Herrn der Größe S. 29, 2).

---

[76] Vgl. REITZENSTEIN, Das iranische Erlösungsmysterium S. 199; dort S. 212 ff. über den θυραῖος.
[77] Stellen aus der Pistis-Sophia bei STÖLTEN, ZNW 13 (1912), S. 57 Nr. 260. 261.

Johannesbuch c. 14 S. 61 f: Dem Šum-Kuštā verkündet der himmlische Bote: „Verlasse unverzüglich die Welt, dann mag sich Feuer an sie heften und sie verzehren. Verwüstung trage die Tibil davon, wenn die Vollkommenen sie verlassen."
So ist die Himmelfahrt des Enōš zugleich das Gericht über Jerusalem, Rechter Ginza XV 11 (Reitzenstein, Das mandäische Buch des Herrn der Größe S. 33 f.)[78].

Über das manichäische System berichtet Alexander von Lykopolis: Gott sendet in die ὕλη eine Kraft, die ψυχή, „damit sie sich ganz mit der ὕλη vermische, in dem Gedanken, daß, wenn sich beide dereinst wieder scheiden müßten, dies den Tod der ὕλη bedeuten würde" (Reitzenstein, Psyche S. 6).

In dem manichäischen Turfan-Fragment M. 10 (Reitzenstein, Das mandäische Buch des Herrn der Größe S. 46 f.) wird Mani gepriesen: „Drei auszuführende Dinge sind dir anvertraut worden: den Tod sollst du vernichten, niederschlagen die Feinde und anziehen das gesamte Licht-Paradies. Verehrung erwiesest du, und emporgestiegen bist du zum (? Licht), und angezogen hast du das gesamte Licht-Paradies. Der schreckliche (?) Fürst (?) ward gebunden (auf ewig) und vernichtet die Wohnung der Finsternis."

Befreiung der Gefangenen und Vernichtung der Welt fallen auch in der Eschatologie der Kantäer nach Theodor bar Khôni zusammen (Reitzenstein, Das mandäische Buch des Herrn der Größe S. 28).

27. Er ist der Richter.

Wie im JohEv Jesu Predigt Verheißung und Drohung enthält, braucht nicht durch einzelne Stellen belegt werden. Er ist es, an | dem sich das Schicksal der Hörer entscheidet. Da sich in der Stellungnahme zu seiner Predigt die Entscheidung vollzieht (3,17—21; 12,47 f.), bedarf es keiner besonderen Eschatologie, und doch ist verständlich, daß Vertröstung auf die Zukunft und auf ein neues, anderes „Kommen" Jesu gespendet wird:

> Joh 14,19: ἔτι μικρὸν καὶ ὁ κόσμος με οὐκέτι θεωρεῖ, ὑμεῖς δε θεωρεῖτέ με, ὅτι ἐγὼ ζῶ, καὶ ὑμεῖς ζήσετε.
>
> 14,23: ἐάν τις ἀγαπᾷ με, τὸν λόγον μου τηρήσει, καὶ ὁ πατήρ μου ἀγαπήσει αὐτόν, καὶ πρὸς αὐτὸν ἐλευσόμεθα καὶ μονὴν παρ' αὐτῷ ποιησόμεθα.

Dazu 16,16—22[79].

Ebenso steht es in der mandäischen und der verwandten Literatur; auch hier kreuzen sich vielfach zwei Eschatologien, indem zu dem eigentlichen entscheidenden Ereignis, der Predigt des Gesandten, noch die Erwartung einer definitiven Eschatologie tritt, die im allgemeinen nicht so vergeistigt ist wie im JohEv.

---

[78] Vgl. weiter REITZENSTEIN, Das iranische Erlösungsmysterium S. 55 f. 60, 1. 122. 131 f.

[79] Ich vermute, daß der *Paraklet*, den Jesus den Seinen verheißt, der mandäischen Gestalt des „*Helfers*" (Jāwar) entspricht; doch wage ich darüber noch nichts Bestimmtes zu sagen.

Verheißung und Drohung enthalten die Reden Johannesbuch c. 11 (s. oben S. 72; c. 57 (S. 202—205); G. R. II 3 p. 64—66, S. 57—61. Im einzelnen sind etwa folgende Stellen zu vergleichen:

Mand. Lit. S. 222: „Ich werde den Bösen töten
und in das Ende der Welt werfen."

Mand. Lit. S. 212 f: „Wann wird mein Herr kommen
aus dir, sieghafte Höhe?
Daß er mein Haupt von meinen Knien emporhebe?
und meine Augen von der Träne trockne?
. . .
Doch da kam mein Herr
aus dir, sieghafte Höhe.
. . .
Er sprach:[80]
Warum weinst du, meine Tochter Kuštā,
. . .
Zu deiner Zeit und deinem Termin steig empor
und schaue den Lichtort."

Mand. Lit. S. 135 f: „Früh will ich hinkommen, hinfliegen und gelangen zu den Söhnen meines Namens, zu den Söhnen meines Zeichens, zu den Söhnen des großen Stammes des Lebens. Ich werde euch in die Gemeinschaft mit dem Leben einfügen, in den großen Bau der Wahrheit einbauen und zum großen Lichtort und zur glänzenden Wohnung hinausbringen."

G. R. XI p. 270 (S. 268, 4 ff.) Mandā d'Haijē verheißt dem ‚kleinen Anōš': „Siehe, ich gehe nun zum Hause des Lebens, dann will ich kommen und dich von den Bösen und Sündern dieser Welt befreien . . . Ich will dich von Schwert, Feuer und Wasserfluten erlösen und auf dem Wege emporführen, auf dem Hibil der Gerechte und Sitil und Mandā d'Haijē aus dieser Welt der Bösen emporsteigen." Vgl. p. 260 S. 259 f; p. 262, S. 261, 15 ff.

Zur Gerichtspredigt vergleiche man auch die Predigt des samaritanischen Propheten, die Celsus bei Orig. c. C. VII 9 p. 161, 6 ff. Koetschau wiedergibt:

ἐγὼ ὁ θεός εἰμι ἢ θεοῦ παῖς ἢ πνεῦμα θεῖον.

ἥκω δέ· ἤδη γὰρ ὁ κόσμος ἀπόλλυται, καὶ ὑμεῖς, ὦ ἄνθρωποι, διὰ τῆς ἀδικίας οἴχεσθε. ἐγὼ δὲ σῶσαι θέλω· καὶ ὄψεσθέ με αὖθις μετ' οὐρανίου δυνάμεως ἐπανιόντα. μακάριος δὲ ὁ νῦν με θρησκεύσας. τοῖς δ' ἄλλοις ἅπασι πῦρ αἰώνιον ἐπιβαλῶ καὶ πόλεσι καὶ χώραις. καὶ ἄνθρωποι, οἱ μὴ τὰς ἑαυτῶν ποινὰς ἴσασι, μεταγνώσονται μάτην καὶ στενάξουσι· τοὺς δέ μοι πεισθέντας αἰωνίους φυλάξω.

Dazu die Gerichtspredigt der „Weisheit" Spr 1,23—33 und oben S. 84; vor allem die Predigt der „reinen Jungfrau" OdSal 33; daraus besonders v. 11 f:

„Durch mich sollt ihr erlöst werden und selig sein,
weil ich euer Richter bin.
Die mich anziehen, werden keinen Schaden nehmen,
sondern die neue, unvergängliche Welt gewinnen."

---

[80] So muß doch wohl statt „Sie sprachen" gelesen werden.

Auch OdSal 42,3—6:

"Ich ward denen ohne Nutzen, die mich nicht ergreifen[81],
aber ich komme zu denen, die mich lieben.
Tot sind alle meine Verfolger,
aber die mich für lebend halten, suchen mich.
Denn ich bin erstanden und bin bei ihnen
und rede durch ihren Mund."

28. *Er ist der Menschensohn.*

Joh 3,13 f: καὶ οὐδεὶς ἀναβέβηκεν εἰς τὸν οὐρανὸν
εἰ μὴ ὁ ἐκ τοῦ οὐρανοῦ καταβάς, ὁ υἱὸς τοῦ ἀνθρώπου.
καὶ καθὼς Μωϋσῆς ὕψωσεν τὸν ὄφιν ἐν τῇ ἐρήμῳ,
οὕτως ὑψωθῆναι δεῖ τὸν υἱὸν τοῦ ἀνθρώπου.

6,62: ἐὰν οὖν θεωρῆτε τὸν υἱὸν τοῦ ἀνθρώπου ἀναβαίνοντα ὅπου ἦν τὸ πρότερον;

8,28: ὅταν ὑψώσητε τὸν υἱὸν τοῦ ἀνθρώπου, τότε γνώσεσθε ὅτι ἐγώ εἰμι.

12,32.34: κἀγὼ ἐὰν ὑψωθῶ ἐκ τῆς γῆς,
πάντας ἑλκύσω πρὸς ἐμαυτόν.
. . .
ἡμεῖς ἠκούσαμεν ἐκ τοῦ νόμου ὅτι ὁ Χριστὸς μένει εἰς τὸν αἰῶνα,
καὶ πῶς λέγεις σὺ ὅτι δεῖ ὑψωθῆναι τὸν υἱὸν τοῦ ἀνθρώπου;

12,23: ... ἐλήλυθεν ἡ ὥρα, ἵνα δοξασθῇ ὁ υἱὸς τοῦ ἀνθρώπου.

5,27: καὶ ἐξουσίαν ἔδωκεν αὐτῷ κρίσιν ποιεῖν,
ὅτι υἱὸς ἀνθρώπου ἐστίν.

Bei den Mandäern wird gelegentlich der "erste Mann" genannt (Mand. Lit. S. 3; auch Adam heißt der "erste Mann, Mand. Lit. S. 54. 60). Aber der "Mensch" bzw. der Urmensch wird nicht genannt[82]. Jedoch ist die Gestalt des Urmenschen, die wir aus iranischer und gnostischer Überlieferung kennen, in den mandäischen Quellen vorhanden, vor allem im Totenbuch des Linken Ginza, wenn auch be|einflußt durch jüdische Adamslegenden[83]. Was hier von Adam berichtet wird, daß er der Reine, Erwählte, in dieser Welt Platz genommen habe, sich aber von ihr gesondert erhalten habe, daß er einst auffahren und die Seelen mit sich führen werde, während die Welt zugrunde geht[84], entspricht dem Ἄνθρωπος-Mythos; ebenso wie Adam als Träger der Uroffenbarung dem Adam-Urmenschen der Pseudoklementinen entspricht.

Bei den Manichäern spielt der Urmensch bekanntlich eine große Rolle[85]; bald unterschieden von Ormuzd, bald mit ihm identisch. Die

---

[81] Ich weiche hier von GRESSMANNS Übersetzung ab.
[82] Vgl. BOUSSET, Hauptprobleme der Gnosis S. 176 f.
[83] REITZENSTEIN, Das iranische Erlösungsmysterium S. 48.
[84] Siehe oben S. 93 f.
[85] Siehe schon BOUSSET, Hauptprobleme der Gnosis S. 177—181.

ganze verwickelte Geschichte, die diese Gestalt gehabt hat, kann ich hier nicht darlegen, sondern verweise auf Boussets und Reitzensteins Forschungen. Für unseren Zusammenhang ist das Entscheidende dies: Während die Menschensohn-Gestalt in den synoptischen Evangelien offenbar aus der jüdischen Apokalyptik stammt, wo sie schon entscheidende Züge verloren hat, zeigen die Menschensohn-Aussagen des JohEv eben diese entscheidenden Züge des Ἄνθρωπος-Mythos vollständig:

1. der Menschensohn ist präexistent und vom Himmel gekommen,
2. er wird erhöht (von der Auferstehung ist die Erhöhung streng zu unterscheiden),
3. an sein Geschick ist das der Gläubigen geknüpft (sofern auch sie aus dem Stande der Niedrigkeit erhöht werden sollen),
4. er ist der Richter.

III.

Die Hauptabsicht der vorausgehenden Ausführungen ist erreicht, wenn deutlich geworden ist, daß das JohEv den skizzierten Erlösungsmythos voraussetzt und nur auf seinem Hintergrund verständlich ist. Mögen die Quellen, die uns den Mythos bezeugen, jünger sein als das JohEv, so ist doch das höhere Alter des Mythos gegenüber dem JohEv nicht zu bezweifeln. Keiner, der die in Betracht kommenden Texte übersieht, kann auf den Gedanken kommen, daß jene trotz ihres einheitlichen Grundgedankens vielverzweigte und vielgestaltige Mythologie sich aus dem JohEv entwickelt habe. Es ließe sich das leicht an einzelnen Punkten illustrieren. Daß das hohepriesterliche Gebet Joh 17 zwar nicht literarisch, aber sachlich jünger ist als Mand. Lit. S. 190—192, kann nicht zweifelhaft sein[86]. | Könnte man an sich den Versuch machen, die Szene von der Entsendung des Sohnes Johannesbuch c. 66 als eine novellistische Ausspinnung des einfachen Gedankens von der Sendung zu verstehen, so sind wiederum andere Sätze des JohEv fragmentarische Anspielungen[87], die nur auf dem Hintergrund einer mythologischen Spekulation verständlich werden wie die Debatten über Jesu Herkunft und Hingang[88], wie Joh 5,27; 12,31 f. Der bestätigende und durchschlagende Beweis aber ergibt sich, wenn man beachtet, daß ein entscheidendes Stück des Erlösungsmythos, ohne das er im Grunde nicht verständlich ist, fehlt, nämlich der Gedanke von der Parallelität bzw. Identität

---

[86] Siehe oben S. 88 A. 66.   [87] S. oben S. 60 f.   [88] S. 75 ff.

7 Bultmann, Exegetica

des Erlösers mit den (bzw. dem) Erlösten. Eben dieser von Reitzenstein herausgearbeitete und auf seinen iranischen Ursprung[89] zurückgeführte Gedanke, der im Seelenhymnus der Thomasakten (c. 112.113) und im Linken Ginza p. 113,12[90] so deutlich zum Ausdruck kommt und ebenfalls der mystischen Frömmigkeit der Oden Salomos zugrunde liegt — er fehlt im JohEv[91]. Damit hängt aufs engste dies zusammen, daß das JohEv sich weder für die Kosmologie und Anthropologie, noch für das Seelenschicksal interessiert. Jener Mythos beruht ja auf einer bestimmten Anschauung vom Menschen als einem aus der Himmelswelt stammenden Lichtteil, der in die Materie gebannt ist, und diese Anschauung hängt wiederum mit einer Kosmologie zusammen, die die Erschaffung dieser Welt und des Menschen aus einem Konflikt zwischen Licht und Finsternis begreift. Vor allem aber ruht in der Sphäre jenes Mythos ein Hauptinteresse auf dem Schicksal der Seele nach dem Tode; es herrscht die Sorge, wie die Seele ihre Reise zur Lichtwelt vollenden möge. Die Folge ist, daß Sakramente und Reinigungsbräuche eine große Rolle spielen, wie bei Mandäern und Manichäern und anderen gnostischen Sekten. Wo die Frömmigkeit geistiger wird, kommt es zu einer Seelenpflege und Mystik, von der uns die | Gnostiker (auch die apokryphen Apostelakten) und die Oden Salomos eine Anschauung geben. Alles das fehlt im JohEv. Dann ist aber evident, daß wir die Gedanken und Bilder jenes Mythos als das Material ansehen müssen, aus dem das JohEv sein Bild gestaltet hat. Der Mythos ist das Primäre; unter welche beherrschenden Gedanken er im JohEv gestellt ist, sei vorläufig zurückgeschoben. Der Mythos ist das Primäre; das gilt hier so gut wie angesichts der jüdischen Apokalyptik, die zwar wohl Bilder jenes Mythos übernimmt, die zugrunde liegende Anthropologie aber fortläßt[92]; das gilt hier so gut wie für die Oden Salomos, die auch literarisch älter, aber sachlich jünger sind als die Kultuspoesie der Mandäer, mit der sie zu-

---

[89] Vgl. dazu auch GRESSMANN, Ztschr. f. Kirchengesch., N. F. 4 (1922), S. 157 ff.
[90] REITZENSTEIN, Das iranische Erlösungsmysterium S. 54:
„Ich gehe meinem Abbild entgegen,
und mein Abbild geht mir entgegen;
Es kost mich und umarmt mich,
als kehrte ich aus der Gefangenschaft zurück."
[91] Es ist aber höchst bedeutsam, daß jener Identitätsgedanke fragmentarisch, doch deutlich 1Joh 3,2 enthalten ist. Er findet sich ebenso in den ActJoh c. 101 (der Text ist freilich sehr verdorben) und c. 103. In den ActThom scheint dieser Gedanke hinter der oft betonten Ähnlichkeit Jesu mit dem Apostel zu stecken: c. 11 p. 116, 1s.; c. 45 p. 162, 15; c. 57 p. 174, 7; c. 118—119; c. 151; c. 155.
[92] REITZENSTEIN, Das iranische Erlösungsmysterium S. 122.

sammengehören, die den Zusammenhang mit dem Kultus (wenigstens wesentlich) verloren haben, in dem jener Mythos als der Glaube einer frommen Gemeinde einst naturgemäß stand[93].

Es kommt aber noch hinzu, daß bekanntlich einzelne Spuren des Mythos für die vorchristliche Zeit nachzuweisen und zu erschließen sind. Ich erinnere nur in Kürze an die Gestalt des „Menschen" in der jüdischen Apokalyptik, an die Gestalt der „Weisheit" in der jüdischen Spekulation, an die „Menschen"-Spekulationen Philos und Paulus'; für Paulus erinnere ich besonders an 1 Kor 2,6 ff. und Phil 2,6 ff. und verweise im übrigen auf die Forschungen Boussets und Reitzensteins.

Es fragt sich aber, ob eine bestimmte historische Gestalt jenes Mythos zu erkennen ist, die das JohEv beeinflußt hat; mit anderen Worten ob das JohEv in einer bestimmten literarischen Abhängigkeit steht, ob eine bestimmte religiöse Gemeinschaft nachweisbar ist, unter deren Einfluß das johanneische Christentum steht. Diese Fragen werden weiterhin debattiert werden müssen. Ich will aber hier schon bemerken, daß mir für einzelne Partien des JohEv die Benutzung schriftlicher Quellen, Offenbarungsreden etwa in der Art einiger Oden Salomos, wahrscheinlich ist. Wie ich den Nachweis für den Prolog in der Gunkel-Festschrift zu führen versucht habe, denke ich ihn später für andere Stücke vorzulegen. Ich beschränke mich hier auf einen einzigen Hinweis. Die Szene Joh 12, 23—36 scheint mir nicht nur im allgemeinen auf dem Hintergrund jenes Mythos verständlich zu sein, sondern eine schriftliche Quelle vorauszusetzen. | Nur so ist meines Erachtens die Frage v. 34 zu verstehen: πῶς λέγεις σὺ ὅτι δεῖ ὑψωθῆναι τὸν υἱὸν τοῦ ἀνθρώπου; Im Text des Evangeliums ist ja gar nicht vom Menschensohn die Rede gewesen, wohl aber — so ist zu schließen — in der Vorlage des Evangelisten. Indessen soll das vorläufig nicht mehr als ein Hinweis sein; im übrigen muß jedem, der die mandäischen Texte liest, die starke stilistische Verwandtschaft mit der johanneischen Sprache auffallen[94].

---

[93] REITZENSTEIN, Das iranische Erlösungsmysterium S. 91; GRESSMANN aaO S. 170. — Ich darf an dieser Stelle wohl bemerken, daß auch die Ignatianen wichtige Momente für die Datierung enthalten. Schon REITZENSTEIN hat auf einiges hingewiesen. Die Arbeit eines Schülers von mir wird die Frage zusammenhängend behandeln.

[94] Die genauere historische Situation des JohEv zu fixieren, helfen die charakteristischen Unterschiede von den mandäischen und den anderen zum Vergleich herangezogenen Quellen. Einerseits begegnen in einigen Stücken des JohEv die typischen Züge des hellenistischen θεῖος ἄνθρωπος. Andererseits fehlt manches von der charakteristischen Terminologie der Mandäer, zB das Wecken aus dem Schlummer, die Mahnung zum Wachen und die Warnung vor dem Vergessen (doch vgl. 14,26). Im Zusammenhang damit fehlt die ethische Paränese (denn das Liebesgebot betrifft nicht

Man wird aber die Sache noch von der anderen Seite betrachten. Sieht man, daß von allen angeführten Quellen die mandäischen weitaus die stärkste Verwandtschaft mit dem JohEv zeigen, so wird man fragen, ob nicht die Mandäer jene Religionsgemeinschaft sind, nach der als der Voraussetzung für das johanneische Christentum gefragt wurde. Läßt sich diese Frage auch vorläufig nicht zum Abschluß bringen, so führt sie uns doch erheblich weiter. Die Übereinstimmung mandäischer Texte mit den Markosiern und der valentinianischen Gnosis in charakteristischen Termini[95] zeigt, daß der Ursprung der Mandäer in weit frühere Zeit fällt, als die uns vorliegende mandäische Literatur. Den durch Reitzenstein versuchten Nachweis, daß schon die synoptische Überlieferung den Einfluß einer Literatur zeigt, die sich, in spätere Schichten eingearbeitet, in den mandäischen Texten findet, halte ich zwar nicht für erbracht[96]. Aber daß der Ursprung der Mandäer nichts anderes ist als die Taufsekte, die durch die Wirksamkeit Johannes des Täufers am Jordan entstand, ist mir allerdings außerordentlich wahrscheinlich. Sachliche wie sprachliche Beobachtungen führen darauf, daß die mandäische Taufsekte aus dem Judentum entstanden ist und ihren Ausgang vom Jordan nahm. Daß jedes fließende, zur Taufe geeignete Wasser „Jordan" heißt, daß auch die himmlischen Wasser die himmlischen „Jordane" sind, erklärt sich nur so. Der Haß gegen das Judentum — die Juden | gelten als die von der Uroffenbarung Abgefallenen, gegen den göttlichen Gesandten Verstockten — und die Stellung zu Jerusalem, dessen Zerstörung als Zeichen des Endgerichts gilt, scheinen ebenso nur verständlich zu sein bei solcher Entstehung, und damit wäre zugleich schon die Entstehungszeit, nämlich als die Zeit vor der Zerstörung Jerusalems wahrscheinlich gemacht. Als Parallelerscheinung des Urchristentums wäre also das mandäische Täufertum zu verstehen, und in der Tat finden sich in der Auseinandersetzung der Mandäer mit dem Judentum ganz ähnliche Gedanken und Wendungen wie in der urchristlichen Polemik gegen das Judentum[97]. Mit alledem rekapituliere ich ja nur kurz die von Reitzenstein und Lidzbarski beigebrachten Argumente, indem

---

die Stellung zur Welt, sondern die Verbundenheit der Gemeinde unter sich). Es fehlt die Askese, die ja auch bei den Mandäern fehlt, für andere Richtungen aber charakteristisch ist. Gegen die wiederholten Baptismen findet sich sogar Polemik (13,9 f.).

[95] Vgl. GRESSMANN aaO S. 169.
[96] Vgl. GRESSMANN aaO S. 167—169; ebenso in der gleichen Ztschr. N. F. 3 (1922), S. 188 f.
[97] Vgl. besonders REITZENSTEIN, Das mandäische Buch des Herrn der Größe S. 39 f. zu Gal 3,19; 4,3.9 f.

ich mich auf das Wesentliche beschränke und für das Sprachliche nur auf die Einleitungen Lidzbarskis zur Übersetzung des Johannesbuchs und zu den mandäischen Liturgien hinweise[98]. Denn in diesem Zusammenhang kann ich die Frage natürlich nicht ausführlich behandeln. Könnten wir ein deutlicheres Bild von den Essäern gewinnen, so würden wir vielleicht weiter kommen. Auf alle Fälle zeigen die jüdischen und judenchristlichen Taufsekten, deren durchgreifende Untersuchung dringend notwendig wäre, welche Möglichkeiten hier bestanden. In meinem Aufsatz über den Johannes-Prolog habe ich wahrscheinlich zu machen versucht, daß die vom Evangelisten für seinen Prolog benutzte Quelle ursprünglich vom Täufer Johannes als dem fleischgewordenen Gottessohn und Offenbarer handelte. Läßt sich diese Vermutung halten und läßt sich weiter beweisen, daß auch sonst im JohEv täuferische Quellen benutzt sind, so scheint mir der Beweis nahezu erbracht zu sein, daß der Ursprung der Mandäer — unbeschadet, welche Elemente die Entwicklung der Sekte weiterhin bestimmt haben, — in der Anhängerschaft Johannes des Täufers liegt. Die Bedeutung, die Johannes der Täufer in einer Schicht der mandäischen Quellen hat, stimmt dazu.

Dann aber muß nach der Bedeutung Johannes des Täufers und seiner Sekte für die Entstehung des Urchristentums von neuem gefragt werden. Und hier ist vor allem auf die Untersuchungen Lidzbarskis über Jesu Bezeichnung als Ναζωραῖος hinzuweisen[99]. Bekanntlich nennen sich auch die Mandäer „Nasoräer" und bezeichnen sich damit wahrscheinlich als Beobachter (von Reinheitsbräuchen, Baptismen), „Observanten". Da nun Ναζωραῖος von Nazareth nicht abgeleitet werden kann[100], so dürfte Jesus den Beinamen des Nazoräers eben deshalb erhalten haben, weil er aus dem Kreise der Observanten hervorgegangen ist. Solche Konstruktion würde die synoptische Überlieferung bestätigen sowohl mit der Nachricht, daß Jesus am Jordan vom Täufer getauft worden ist, wie durch die mannigfachen Überlieferungsstücke, die einerseits die Solidarität Jesu mit dem Täufer und andererseits die Rivalität der Jesus- und der Täufersekte erkennen lassen. Dann aber müssen die fragmentarischen Spuren jenes Erlösungsmythos in der synoptischen Tradition in ein neues Licht treten; ich meine die Menschensohnworte, einige eschatologische Worte und alle jene Stellen, auf die Reitzenstein die Auf-

---

[98] Vgl. auch GRESSMANN, Ztschr. f. Kirchengesch. N. F. 4 (1922), S. 165 f.
[99] Mandäische Liturgien S. XVI—XIX. Vgl. auch ZIMMERN, ZDMG 74 (1920), S. 429 bis 438; auch ib. 76 (1922), S. 45 f.
[100] Anders freilich GRESSMANN aaO S. 166 f.

merksamkeit gerichtet hat, um die literarische Abhängigkeit von der Täuferüberlieferung zu erweisen. Das bedeutet: wir kommen für die Erkenntnis der Geschichte des Urchristentums nicht damit aus, daß wir, wie Bousset und Heitmüller gezeigt haben, die Stufen des palästinensischen und des hellenistischen Urchristentums unterscheiden, sondern wir müssen im palästinensischen Urchristentum zwei Schichten unterscheiden. Um das Problem möglichst scharf zu formulieren, könnte ich sagen: man muß damit rechnen, daß das johanneische Christentum einen älteren Typus darstellt als das synoptische. Natürlich ist das nicht im Sinne einer Traditionsfreundschaft gesagt. Denn daß das uns vorliegende JohEv jünger ist als die Synoptiker, daß es sowohl den literarischen Typus des durch Markus geschaffenen Evangeliums voraussetzt, wie auch den Einfluß spezifisch hellenistischer Gedanken aufweist, daran kann kein Zweifel sein[101]. Aber das soll damit gesagt sein, daß das Auftreten und die Verkündigung Jesu vielleicht viel stärker im Zusammenhang der gnostisch-täuferischen Bewegung stand, aus der das JohEv zu verstehen ist, als es die synoptische Tradition erkennen läßt. Die Urgemeinde, aus der die synoptische Tradition stammt, und deren Anschauung eben durch diese erkennbar wird, dürfte vielleicht eine judaisierende Reaktionserscheinung darstellen, für die — da es mir hier nur auf die Markierung der Aufgabe durch Skizzierung der Perspektive ankommt — Petrus verantwortlich gemacht werden mag. Daß sich diese Judaisierung in Etappen vollzog, zeigt das Verhältnis des Herrenbruders Jakobus zu Petrus. Ist diese Konstruktion richtig, so enthält sie zugleich ein Stück der Lösung des von Bousset wesentlich im Dunkel belassenen Problems der Kontinuität zwischen palästinensischem und hellenistischem Urchristentum: Das ursprüngliche urchristliche Täufertum dürfte von vornherein eine stärkere Tendenz zur Hellenisierung gehabt haben als die Urgemeinde, in der neben Messiasglauben und Eschatologie die Frage des Gesetzes zum konstituierenden Faktor wird. Wir brauchen also unsere Zuflucht nicht zu mystischen „Osterkomplexen" zu nehmen, um die Zusammenhänge des palästinensischen und hellenistischen Urchristentums zu verstehen. Natürlich ist das alles zunächst Konstruktion und soll nur weitere Aufgaben der Forschung andeuten. Ich bemerke dazu nur noch, daß mir das Problem der Hellenisierung des Urchristentums mit dem der Syrifizierung eng zusammenzuhängen

---

[101] Die Kombination der synoptischen Tradition mit dem gnostischen Mythos im JohEv ist nicht ohne Analogie; sie findet sich auch — in viel primitiverer Weise — in den apokryphen *Johannesakten* c. 87—104.

scheint. Der Anteil Syriens an der hellenistischen und urchristlichen Religionsgeschichte muß dringend untersucht werden. Ist das JohEv, wie ich glaube, in Syrien entstanden, so erhält dadurch die eben genannte Frage nach der Kontinuität eine bestimmtere Antwort.

Mit alledem ist das, was zu Anfang als das zweite Rätsel des JohEv bezeichnet wurde, noch nicht gelöst, aber seiner Lösung näher gebracht. Im Rahmen des Mythos beschränkt sich die Offenbarung, die der Gesandte bringt, auf die Tatsache, daß er der Offenbarer ist, daß er aus der Himmelswelt gekommen ist und wieder in sie zurückkehrt. Sie kann sich deshalb darauf beschränken, weil der Gesandte, der Erlöser, und die Erlösten ja im eigentümlichen Verhältnis der Parallelität oder Identität stehen. Sein Geschick ist ihr Geschick, seine Erlösung die ihre. Wenn sie ihre himmlische Heimat, die sie vergaßen, wiedererkennen, wenn sie ihren Ursprung und das Ziel ihres Seelenschicksals kennen, haben sie die ganze γνῶσις, die ihre σωτηρία ist. So braucht der Gesandte nichts zu offenbaren als seine eigene Person, eben damit offenbart er den Glaubenden, was zu ihrem Heil zu wissen nötig ist. So ist auch zunächst verständlich, daß der Johannesevangelist, der sein Bild im Rahmen und mit den Mitteln des Mythos entwirft, nicht Veranlassung hat, seinem Jesus besondere Offenbarungen in den Mund zu legen. Und doch befriedigt diese Antwort nur halb, weil eben jener entscheidende Grundgedanke der Identität des Erlösers mit den Erlösten und die Reflexion auf das Seelenschicksal im JohEv fehlt. Damit scheint das Rätsel des JohEv noch größer zu werden; es wird aber deutlicher. Der Verfasser interessiert sich nur für das *Daß* der Offenbarung, nicht für das *Was*. Wenn als Inhalt der Offenbarung nicht mehr Mythen dem Glauben genügen und kein Dogma ausreicht, so pflegen Erkenntnisse rationaler Art oder seelische Erlebnisse an die Stelle zu treten. Von beidem ist der Verfasser gleich weit entfernt. Es bleibt aber noch eine Möglichkeit, daß nämlich der Begriff der Offenbarung radikal gefaßt wird, dh, daß darauf verzichtet wird, ihren *Inhalt* zu beschreiben, sei es durch spekulative Sätze, sei es durch seelische Zuständlichkeiten, weil beides die Offenbarung in die menschliche Sphäre hinabziehen würde. Von Gott läßt sich nicht sagen, *wie* er ist, sondern nur *daß* er ist. Das Göttliche ist nichts irgendwie Gegebenes und Beschreibbares; und so redet das JohEv von Gott nun freilich nicht auf der via negationis des Mystikers (es fehlen alle mystischen Gottesprädikate), sondern so, wie einzig davon geredet werden kann: durch die Darstellung der Erschütterung alles Menschlichen durch die Offenbarung. Der Gegensatz zwischen der Offenbarung und dem „gesunden Menschenverstand" zieht sich durch das ganze Evangelium hindurch. Die vielen Mißverständnisse in den Dialogen sind nicht ein technisches Mittel des Verfassers, sondern sie sind tief in seiner Auffassung der Offenbarung begründet. Darstellen läßt sich die Offenbarung nur als die Vernichtung alles Menschlichen, als die Zurückweisung aller menschlichen Fragen, als die Verweigerung aller menschlichen Antworten, als die In-Frage-Stellung des Menschen[102].

---

[102] *Korrekturnote.* Während des Druckes erschien die 2. Aufl. von W. BAUERS Kommentar zum JohEv, der jetzt auch die mandäischen und manichäischen Parallelen heranzieht. Ich freue mich des Zusammentreffens als einer Bestätigung meines Versuchs. Den Alttestamentlern möchte ich die Frage vorlegen, ob nicht die Gottesknecht-Gestalt des Deuterojesaja auf den iranischen Erlöser zurückgeht.

Analyse des ersten Johannesbriefes*

Meine Vermutung, daß der Johannesevangelist außer anderer Tradition eine Quelle verarbeitet hat, die Offenbarungsreden enthielt, suchte ich durch stilkritische Untersuchungen zu stützen. Diese dehnte ich auf die Johannesbriefe aus und fand bald zum eigenen Erstaunen, daß auch der Verfasser des ersten Briefes jene Redensammlung benutzt hat. Ich führte zunächst ohne Rücksicht auf E. v. Dobschütz' Aufsatz in ZNW 8 (1907), S. 1—8 meine Analyse durch, um mich nachher des so gut wie vollständigen Zusammenstimmens zu freuen. Die folgenden Ausführungen bieten meine Ergebnisse mit dem Raum entsprechenden kurzen Begründungen. Werden sie vielfach als zu kühn aussehen, so darf ich sagen, daß ich eine ausführliche Kommentierung des Evangeliums und der Briefe vorbereite, daß es mir aber von Wert erscheint, ein knappes Bild eines Teils solcher Arbeit vorzulegen. Was ihm an ausführlicher Begründung fehlt, kommt ihm, denke ich, an Geschlossenheit zugute.

Hat man Grund, zunächst an einer bestimmten Stelle eine Quelle zu vermuten (für mich war es 1,5—2,2), so wird man die hier zu erhebenden stilkritischen Beobachtungen für die weitere Analyse fruchtbar machen. Man wird zumal die hier gefundenen Wendungen der redaktionellen Technik des Verfassers in Zusammenhang mit seiner Schreibweise bringen, die aus den zweifellos von ihm stammenden Teilen des „Briefes" erkenntlich ist. Das sind einmal das Prooemium und die „dogmatischen" Partien, in denen ihn sein aktuelles Interesse leitet, mag er auch an diesen Stellen gelegentlich durch seine Quelle beeinflußt sein. Diese Arbeit erhält eine wesentliche Hilfe durch die Rücksicht auf 2 und 3Joh, aus denen charakteristische Eigentümlichkeiten des Stiles des Verfassers zu erkennen sind[1]. | Erschwert wird die Analyse aber dadurch, daß der Verfasser seine Vorlage nicht immer einfach zitiert, sondern sie nicht nur manchmal glossiert, sondern gelegentlich auch für seinen Zu-

---

* Festgabe für ADOLF JÜLICHER zum 70. Geburtstag 26. Januar 1927 (1927) 138 bis 158
[1] Verweise auf das JohEv habe ich um der Kürze willen nur selten gegeben.

sammenhang umgestaltet. Deshalb ist keine absolute Sicherheit der Rekonstruktion zu erwarten. Gestört wird die Analyse ferner dadurch, daß der Verfasser an manchen Stellen auch andere, zum Teil fest formulierte Tradition benutzt (zB 2,17). Daß die notwendige Vorsicht zur skeptischen Resignation werden müsse, glaube ich aber nicht.

Nach dem Prooemium 1,1—4 bringt der Verfasser als die ἀγγελία, die auf Grund der Offenbarung in der christlichen Gemeinde weitergegeben wird, zunächst einen Komplex von Sätzen, der formal und inhaltlich fest zusammenhängt, 1,5b—10. Inhaltlich sind zwei Gedanken verbunden: 1. Gemeinschaft mit Gott[2] und Lichtwandel gehören unlösbar zusammen (V. 6 f), 2. die Wahrheit haben und seine Sünde bekennen, gehören ebenso unlösbar zusammen (V. 8—10). Beide Gedanken werden durch den übergreifenden zusammengehalten: dem (religiösen) Verhältnis zu Gott entspricht eine bestimmte (sittliche) Haltung des Menschen; modern ausgedrückt: man hat Gott nicht als ein Was, sondern nur im Wie seiner (des Menschen) geschichtlichen Existenz. Dies Wie prägt sich sowohl im Tun wie in der Bereitschaft zum Sündenbekenntnis aus. Es liegt also der Gedanke zugrunde: wo die Verpflichtung zu einem bestimmten Wandel lebendig ist, wird auch das Gefühl der Schuld lebendig sein und umgekehrt. In beiden Sätzen, daß wir im Licht wandeln müssen, und daß wir unsere Sünde bekennen müssen, spricht sich das Bewußtsein aus, daß der Christ nicht als ein Fertiger vor Gott mit Ansprüchen dasteht, sondern stets als ein von Gott in Anspruch genommener und auf Gott angewiesener. Es ist dabei die Paradoxie behauptet, daß nur ein sittlicher Wandel das Bewußtsein der κοινωνία mit Gott rechtfertigt, und daß doch gerade nur das Bekenntnis, Sünder zu sein, solche κοινωνία ermöglicht. Wie V. 9 zeigt, ist also der wirkliche Stand des Christen ein solcher unter der Vergebung.

Die formale Geschlossenheit des Abschnitts wird aus der Übersicht deutlich:

ὁ θεὸς φῶς ἐστιν
   καὶ σκοτία ἐν αὐτῷ οὐκ ἔστιν οὐδεμία.
ἐὰν εἴπωμεν, ὅτι κοινωνίαν ἔχομεν μετ' αὐτοῦ καὶ ἐν τῷ σκότει περιπατῶμεν,
   ψευδόμεθα καὶ οὐ ποιοῦμεν τὴν ἀλήθειαν.
ἐὰν δὲ ἐν τῷ φωτὶ περιπατῶμεν ὡς αὐτός ἐστιν ἐν τῷ φωτί,
   κοινωνίαν ἔχομεν μετ' αὐτοῦ
   [καὶ τὸ αἷμα Ἰησοῦ τοῦ υἱοῦ αὐτοῦ καθαρίζει ἡμᾶς ἀπὸ πάσης ἁμαρτίας].
ἐὰν εἴπωμεν ὅτι ἁμαρτίαν οὐκ ἔχομεν,

---

[2] Auch in V. 7 ist wie in V. 6 m. E. μετ' αὐτοῦ zu lesen.

ἑαυτοὺς πλανῶμεν καὶ ἡ ἀλήθεια οὐκ ἔστιν ἐν ἡμῖν.
ἐὰν ὁμολογῶμεν τὰς ἁμαρτίας ἡμῶν,
 πιστός ἐστιν καὶ δίκαιος, ἵνα ἀφῇ ἡμῖν τὰς ἁμαρτίας
 [καὶ καθαρίσῃ ἡμᾶς ἀπὸ πάσης ἀδικίας].
ἐὰν εἴπωμεν ὅτι οὐχ ἡμαρτήκαμεν,
 ψεύστην ποιοῦμεν αὐτὸν καὶ ὁ λόγος αὐτοῦ οὐκ ἔστιν ἐν ἡμῖν.

Hierauf setzt 2,1 neu an, sowohl mit der Anrede τεκνία μου wie mit dem Rückblick auf das eben Gesagte: ταῦτα γράφω ὑμῖν. Und zwar wird jetzt der Sinn des Gesagten für die Leser deutlich gemacht. An Stelle der festgefügten sentenzartigen Formulierungen von 1,5b—10 treten locker gebaute homiletisch-paränetische Sätze, in denen 2. und 1. Person wechseln. Zum formalen Unterschied kommt aber ein sachlicher. Das ἵνα μὴ ἁμάρτητε geht offenbar auf 1,6f., der Verfasser will sagen: jene Worte mahnen uns, nicht zu sündigen. Das καὶ ἐάν τις ἁμάρτῃ κτλ. dagegen geht auf 1,8—10: ein Sündenbekenntnis wie das dort verlangte, entspricht dem christlichen Glauben an Jesus Christus als den παράκλητος. 2,1—2 enthalten also auch jene Themata von 1,5b—10: der christliche Wandel und das Sündenbekenntnis. Aber die Verbindung beider Gedanken ist eine völlig andere. In 1,6—10 die paradox neben den Satz vom Lichtwandel gestellte Mahnung: ihr müßt euch stets als Sünder wissen; in 2,1—2 der Trost: der Christ soll nicht sündigen; passiert es ihm doch, so kann er sich der Fürbitte Jesu Christi getrösten. Daß der Christ unter der Vergebung steht, ist 1,8—10 eine Warnung, die ihn in seinen Grenzen hält, 2,1—2 aber eine tröstliche Auskunft. Mag nun auch das Nebeneinander *dieser* beiden Gedanken (nämlich von 2,1—2 neben 1,8—10) eine echte christliche Paradoxie sein, so kann doch im vorliegenden Text 2,1—2 nur als eine falsche Exegese von 1,6—10 bezeichnet werden. In offenbarem Mißverständnis von 1,8—10 wird die Warnung, sich sündlos zu fühlen, umgebogen in den Trost für den Sünder.

Ich schließe daraus: *1,5a—10 ist eine vom Verfasser benutzte Vorlage, die er in 2,1—2 homiletisch glossiert hat.* Der Verfasser nimmt offenbar besonderes Interesse am Satz von der Sündenvergebung, den er 2,2 im Anschluß an die Gemeindedogmatik formuliert. Er hat diese freilich auch modifiziert, sofern zB Röm 3,25; 2Kor 5,21 die eschatologische Tilgung der Sünde durch Christi Werk gemeint ist, während der Verfasser an die dauernde Wirkung jenes Werkes denkt, worauf ursprünglich nicht reflektiert war. Diese Dogmatik aber — das wird nun deutlich — hat er auch in die Vorlage (in V. 7 und 9) hineinkorrigiert; sie steht gerade in den Sätzen, die auch um des Rhythmus willen zu tilgen sind.

Was gewinnen wir für die weitere Analyse? Zunächst *der Stil der Vorlage!* Parallele Glieder sind je zu zweien verbunden; jeweils ein Paar steht (nach der Überschrift 1,5a) zum folgenden bzw. vorhergehenden in Antithese, und zwar enthält die Antithese jeweils nicht einfach einen Gegensatz zur These, sondern ist deren einfache Umkehrung. Die Formulierung, durchweg in der 1. Pers. plur., ist sentenzartig, apodiktisch; Begründungen werden nicht gegeben. Die ἐάν-Sätze sagen nicht (wie 2,1): wenn das einmal passiert, sondern: wenn das so ist. Die Seinsweisen des Christen und des Nichtchristen werden antithetisch einander gegenübergestellt; es ist nicht darauf reflektiert, was in einer christlichen Gemeinde einmal vorkommen kann. Dabei werden die in den verschiedenen Gliedern aufgetretenen Begriffe teils festgehalten, teils durch äquivalente ersetzt. So geht κοινωνίαν ἔχειν in V. 6 und 7 durch, um in V. 8 durch ἡ ἀλήθεια (ἐν ἡμῖν) ersetzt zu werden, welcher Begriff in V. 6 schon vorbereitet ist und in V. 10 im oppos. ψεῦδος (was auch schon in V. 6 auftaucht) festgehalten und daneben durch den λόγος (ἐν ἡμῖν) ersetzt wird. Und zwar ruht darauf die Pointe, daß man so mit den Begriffen wechseln kann: die Seinsweise des Christen ist eine innere (strukturelle) Einheit, so daß er nicht dies und jenes *hat* oder dies und jenes *an* ihm wahrzunehmen ist, sondern | alles, was man als einzelnes nennen kann, steht in innerer Einheit mit dem Ganzen, so daß, wer das eine nicht ist, auch das andere nicht ist.

Demgegenüber *der Stil des Verfassers!* Er redet als Homilet. Die homiletische Anrede τεκνία (μου) geht durch das ganze Schreiben durch (2,12.28; 3,7; 4,4; 5,21) im Wechsel mit ἀγαπητοί (2,7; 3,2.21; 4,7.11; cf. 3Joh 2.5.11). Der Verfasser nimmt häufig darauf Bezug, daß er zu seinen Lesern schreibt (cf. 2,7 usw.), in rückblickender Wendung wie hier auch 2,26; 5,11 (cf. ταῦτα λελάληκα ὑμῖν Joh 15,11; 16,1.4.33). Für die Schreibweise des Verfassers ist auch V. 2 charakteristisch. Solche Sätze, die, indem sie einen eben gebrauchten Begriff explizieren, weiterführen, sind ungemein häufig, oft wie hier, durch καί eingeleitet („und zwar ist er", „ist er doch ja"), so 1,5; 2,25; 3,23; 4,21; 5,4.11.14; 2Joh 6, wozu gleich auch das applizierende καὶ ἡμεῖς gestellt sei 3,16; 4,11.14.16; 3Joh 12; ebenso καὶ ὑμεῖς 2,20.24.27. Meist sind die Sätze umständlicher gebaut, indem der vorher gebrauchte Begriff wiederholt und durch eine demonstrativische Wendung expliziert wird; wie der Verf. 1,5 das ἀπαγγέλλομεν von V. 2 und 3 aufnimmt: καὶ ἔστιν αὕτη ἡ ἀγγελία ... (ὅτι); ebenso 2,25; 3,11.23; 5,3.9.11,14; 2Joh 6 (bis); cf. 4,21. Zu solchen explikatorischen Wendungen gehört gleich in V. 3 das καί ἐν τούτῳ γινώσκομεν ὅτι, cf. 2,5; 3,24; 4,13; 5,2; leichte Variationen 4,2 (γινώσκετε). 6 (ἐκ τούτου); 3,16 (ἐγνώκαμεν). 19 (γνωσόμεθα); cf. 3,1: διὰ τοῦτο ὁ κόσμος οὐ γινώσκει ἡμᾶς, ὅτι. Hierher gehören ebenfalls: εἰς τοῦτο ἐφανερώθη ... ἵνα 3,8; ἐν τούτῳ ἐφανερώθη ... ὅτι 4,9; ἐν τούτῳ φανερά ἐστιν 3,10; ἐν τούτῳ ἐστιν ... ὅτι 4,10; ἐν τούτῳ τετελείωται ... ἵνα 4,17; endlich ποταπὴν ἀγάπην ... ἵνα 3,1. Die Explikation wird gegeben durch ὅτι (1,5; 3.1.16.19 f.; 4,9.10.13; 5,9.11.14), durch ἵνα (3,1.8. 11.23; 4,17.21; 5,3; 2Joh 6), durch ἐάν bzw. ὅταν (2,3; 5,2), durch einen Hauptsatz (2,5 f; 3,10; 4,2) oder durch ein Substantiv bzw. eine präpositionale Wendung (2,25; 3,24). Nur einmal fehlt eine Explikation, weil das Demonstrativum streng auf das Vorhergehende bezogen ist (4,6); an anderen Stellen (wie 3.1.10) kann man schwanken; der Verfasser hat wohl gelegentlich die Beziehung nach rückwärts und vorwärts gedacht.

Alle diese Wendungen finden sich außerhalb der in jenem Antithesenstil gehaltenen Sätze und sind charakteristisch sowohl für den Stil des Verfassers wie für den Stil der erklärenden, explizierenden homiletischen Darlegung. Ich habe sie alle hier aufgeführt, um später kürzer sein zu können, muß aber zunächst noch auf einige in 2,1 zu beobachtenden Eigentümlichkeiten aufmerksam machen. Dazu gehört es, daß der Verfasser es liebt, einen Begriff dadurch zu erklären, daß er das negierte Gegenteil vorausschickt: οὐ περὶ τῶν ἡμετέρων δὲ μόνον ἀλλὰ καὶ περὶ ὅλου τοῦ κόσμου, cf. 2,7.21.27; 3,18; 4,10; 2Joh 5; speziell das οὐ μόνον ἀλλὰ καί findet sich wie hier auch 5,2; 2Joh 1. Endlich ist für ihn das καὶ ἐάν τις bezeichnend, mit dem der Homilet einen möglichen Einzelfall einführt (cf. zB Gal 6,1) wie 2,15; 4,20; 5,16; entsprechend 3,17 ὃς δ' ἂν und 2Joh 10 εἴ τις. Dies ἐάν ist von dem der Antithesen 1,6—10 streng zu unterscheiden; charakteristisch ist, daß die Wendung in 2,1 wie 2,15; 3,17 und 4,20 auf imperativische Sätze folgt.

Der Stil der Antithesen begegnet wieder in 2,4—5. Die beherrschenden Begriffe sind γινώσκειν αὐτόν, an dessen Stelle vermöge jener Austauschmöglichkeit treten kann ἡ ἀγάπη τοῦ θεοῦ ἔν τινι und korrespondierend τὰς ἐντολὰς τηρεῖν, womit τὸν λόγον τηρεῖν wechseln kann. Auch der allgemeine Gedanke ist der gleiche wie in 1,5a—10: dem Verhältnis zu Gott muß eine bestimmte Haltung des Menschen entsprechen (hier das ἐντολὰς τηρεῖν). Dieser Abschnitt könnte also die unmittelbare Fortsetzung von 1,5a—10 gewesen sein, womit er auch formell durch die Begriffe ἀλήθεια und φῶς verknüpft ist. Der Verfasser hat ihn durch die soeben charakterisierte Wendung καὶ ἐν τούτῳ γινώσκομεν in V. 3 eingeleitet, indem er die Begriffe des γινώσκειν αὐτόν und τὰς ἐντολὰς τηρεῖν seiner Vorlage entnimmt. Er hat weiter einen homiletischen Schluß V. 5c.6 angefügt, wieder eingeleitet durch das typische ἐν τούτῳ γινώσκομεν. Dieser Schluß ist an den Antithesenstil der Vorlage angeglichen; ja man könnte sogar denken, daß der Verfasser ein Stück der Vorlage benutzt in dem ὁ λέγων ἐν αὐτῷ μένειν. Aber im übrigen Satz zeigt sich nicht der Stil der Quelle, sondern der typische des Verfassers. Für ihn nämlich ist nicht nur der paränetische Begriff des ὀφείλειν charakteristisch (cf. 3,16; 4,11; 3Joh 8, Verse, | die ganz den typischen Stil des Verfassers zeigen) und die Bezeichnung Jesu als des ἐκεῖνος (cf. 3,3.5.7.16; 4,17), sondern vor allem die durch die Wendung καθώς formulierte homiletische Verwendung der Person Jesu (cf. 3,3.7; ähnlich 4,17; umgekehrt οὐ καθώς 3,12. Die gleiche Verwendung der Person Jesu ohne das καθώς 3,16 und ähnlich 2,29).

Endlich gibt es noch eine Bestätigung unserer Analyse. Wie der αὐτός in 1,6—10 nach 1,5a zweifellos Gott ist, so muß er es, dem parallelen Verhältnis von 2,4—5 zu 1,6—10 entsprechend, in 2,4—5 auch sein; der Verfasser aber hat in V. 3 in der Folge von V. 1 f nur Jesus darunter verstehen können und vollzieht in V. 6 ausdrücklich diese Identifikation, da der ἐκεῖνος nach der Logik des Satzes eben der αὐτός sein muß.

Wie nach dem ersten Stück der Vorlage der Verfasser in 2,1 neu ansetzte mit seiner Anrede und der Bezugnahme auf sein Schreiben, so auch in 2,7 f. Dabei geht γράφω hier nicht auf das vorher Gesagte, sondern eben auf das jetzt zu Sagende wie 1,4; 2,12—14.21; 2Joh 5[3]. Der Charakter der homiletischen Anrede bestimmt also V. 7 f, in denen sich auch sonst der Stil des Verfassers zeigt. Charakteristisch für ihn ist die Bezugnahme auf die Tradition durch die Wendung ἣν εἴχετε ἀπ᾽ ἀρχῆς und ὃν ἠκούσατε, cf. 2,24; 3,11; 2Joh 5.6; zu ὃν ἠκούσατε auch 1,1.3.5; 2,18; 4,3. Es kann hier auch gleich bemerkt werden, daß diese Bezugnahme auf die Tradition oft durch die vom Verfasser beliebte καθώς-Wendung (s. o. zu 2,6) formuliert ist: wie 2,18; 2Joh 6 so auch 2,27; 3,23. Die Charakterisierung der ἐντολή durch οὐκ—ἀλλά entspricht der schon zu 2,2 nachgewiesenen Neigung des Verfassers, das negierte Gegenteil der positiven Bestimmung vorauszuschicken, und hat ihre spezielle Parallele in 2Joh 5. Charakteristisch für den Stil des Verfassers ist auch der applizierende Relativsatz ὅ ἐστιν ἀληθές und die hinzugefügte Begründung durch den ὅτι-Satz.

---

[3] Das ἔγραψα halte ich in 2,14 wie in 2,21 für den Aorist des Briefstils.

2,9—11 aber ist am Bau der Sätze und an den Formulierungen wieder als Stück der Vorlage kenntlich. Wie schon in 2,4 und wie in späteren Stücken erscheinen hier an Stelle der ἐάν-Sätze von 1,6—10 gleichwertige Partizipialsätze, wie sie auch für die | Antithesen des Johannesevangeliums charakteristisch sind. Die Begriffe ἐν τῷ φωτὶ εἶναι bzw. μένειν, dazu das oppos. ἐν τῇ σκοτίᾳ εἶναι bzw. περιπατεῖν, und ἀγαπᾶν (oppos. μισεῖν) τὸν ἀδελφόν beherrschen die Sätze. Der Grundgedanke ist der bekannte: das Verhältnis zu Gott und die menschliche Haltung gehören zusammen; die letztere wird jetzt konkret als Bruderliebe bestimmt. Der Begriff φῶς verknüpft 2,9—11 formal mit 1,5b—10, und zwar so — was jenem Strukturzusammenhang entspricht — daß durch φῶς hier das Verhältnis zu Gott charakterisiert wird, während es in 1,6—10 zur Charakteristik der menschlichen Haltung diente. Der Schluß von V. 11 καὶ οὐκ οἶδεν κτλ. dürfte vom Verfasser stammen; er ist eine homiletische Fortspinnung; das οὐκ οἶδεν, das im Gegensatz zum εἰδέναι der Christen steht (cf. zu 3,2), ist für den Verfasser charakteristisch; ebenso der begründende ὅτι-Satz.

Deutlich redet in 2,12—17 der Verfasser, der seine Worte wieder durch homiletische Anreden und durch die Bezugnahme auf sein Schreiben einleitet. Und zwar beherrscht dieser Ton V. 12—14, in denen der Verfasser die verschiedenen Gruppen der Gemeinde, die zunächst als τεκνία bzw. παιδία zusammengefaßt sind, dann als πατέρες und νεανίσκοι differenziert. Die Begriffe seiner Paränese entnimmt er seiner Vorlage, teils schon verwendeten Stücken (die ἄφεσις der Sünden und die γνῶσις des Vaters), teils, wie sich zeigen wird, später verwendeten (die νίκη und das μένειν des λόγος). Der Verfasser redet aber auch in V. 15—17, die mit dem der Vorlage stilgemäß fremden Imperativ μὴ ἀγαπᾶτε τὸν κόσμον beginnen, der samt dem folgenden ἐάν τις (s. o. zu 2,1) für den paränetischen Stil bezeichnend ist. Auch hier ist er durch eine Vorlage beeinflußt, wie einzelne Begriffe (ἀγάπη und κόσμος) und Wendungen (εἶναι ἐν bzw. ἐκ) zeigen. Man könnte sogar vermuten, daß er in V. 15b.16 eine bestimmte Antithese der Vorlage benutzt hat. Sie ist aber nicht mehr zu rekonstruieren, da jedenfalls das ἐάν τις V. 15, der begründende ὅτι-Satz V. 16 und die breite Epexegese des κόσμος-Begriffs in V. 16 von ihm stammt. V. 17 enthält zwar eine Antithese, die aber stilistisch von denen der Vorlage ganz verschieden ist und vielmehr dem Stil alttestamentlicher Sprüche und synoptischer Herrenworte entspricht. Die sentenzartige For|mulierung macht wahrscheinlich, daß der Verfasser den Satz irgendeiner Tradition entnommen hat.

Ich übergehe zunächst die dogmatische Partie 2,18—28, um den nächsten paränetischen Abschnitt zu analysieren: 2,29—3,24. Der dogmatische Teil, der die Leser ihrer Gnosis versicherte, schloß mit der Mahnung, dieser Gnosis treu zu bleiben (2,28), und damit war die neue Wendung eingeleitet, die in 2,29 ausdrücklich vollzogen wird: wenn ihr die rechte Gnosis habt, so wißt ihr, daß ihr daraus die Norm für euer praktisches Verhalten entnehmen sollt; seid ihr aber δίκαιοι wie er δίκαιος ist, so seid ihr auch seine Kinder. Damit ist das neue Thema, die Gotteskindschaft, gewonnen. Seiner Ausführung aber geht eine Einleitung 3,1—3 voraus; diese ist in Wahrheit eine Abschweifung, und zwar veranlaßt durch 2,29, in dem ein Satz der Vorlage steckt:
πᾶς ὁ ποιῶν τὴν δικαιοσύνην ἐξ αὐτοῦ γεγέννηται.

Als Stück der Quelle wird der Satz zunächst durch seinen Stil ausgewiesen: das Subjekt, ein substantivisches Partizipium wie in 2,4.9—11, hier wie später mehrfach durch πᾶς ergänzt. Daß er in einer Antithese stand, wird sich später herausstellen, gleich aber ist sichtbar, daß der αὐτός, aus dem der Gerechte gezeugt ist, Gott sein muß, während der Verfasser in der Folge von V. 28 Jesus darunter verstanden hat. So wie der Verfasser den Satz verwendet hat, als Berufung auf Jesus als den δίκαιος zu paränetischem Zweck, steht der Satz auf gleicher Stufe mit 2,6 und Parallelen. Formulierung des Verfassers ist auch das ἐὰν ... γινώσκετε ὅτι, wofür zunächst auf die zu 2,2 notierten Wendungen mit γινώσκειν hinzuweisen ist, dann aber auf die gleich (zu 3,2) anzuführenden Gebrauchsweisen von εἰδέναι.

Wie gesagt, veranlaßt der Satz den Verfasser zunächst zu der Abschweifung 3,1—3. Das ἴδετε V. 1 und die Anrede V. 2 entsprechen dem homiletischen Stil; für das ποταπὴν ἀγάπην explizierende ἵνα cf. zu 2,2; ebenso für das διὰ τοῦτο ... οὐ γινώσκει ... ὅτι; möglich, daß διὰ τοῦτο wie 3,10 und vielleicht 3,19; 5,2 zugleich nach rück- und vorwärts bezogen ist. Für den Verfasser ist all das ebenso charakteristisch wie die Berufung auf den Glauben der Gemeinde durch das οἴδαμεν V. 2; dies findet sich noch 3,14; 5,15.18.19.20. Entsprechend ein οἴδατε 2,20 f, | speziell καὶ οἴδατε (= und ihr wißt ja) 3,5.15; cf. 3Joh 12. Auch in V. 3 redet der Verfasser, wenn er sich auch in dem πᾶς ὁ ἔχων dem Stil seiner Vorlage anschmiegt (er zitiert sofort in V. 4 einen solchen Satz); er fährt ja gleich mit einem seiner καθώς-Sätze fort (cf. zu 2,6). Der Vers ist weder (wie nach 2,29 zu erwarten wäre) durch den Gedanken des γεγεννῆσθαι ἐκ τοῦ θεοῦ motiviert (vielmehr äußerlich an die in V. 2 ausgesprochene Hoffnung angeschlossen), noch durch den Begriff der δικαιοσύνη bestimmt, an dessen Stelle vielmehr der Begriff der Heiligkeit tritt, den der Verfasser auch 2,20 (ἀπὸ τοῦ ἁγίου) verwendet, und der mit dem vom Verfasser in die Vorlage eingefügten Begriffe des καθαρίζειν (1,7.9) zusammenhängt. Endlich findet sich in V. 3 wieder die Bezeichnung Jesu als ἐκεῖνος (cf. zu 2,6).

Die Vorlage wird in 3,4 wieder aufgenommen:
πᾶς ὁ ποιῶν τὴν ἁμαρτίαν καὶ τὴν ἀνομίαν ποιεῖ.

Die Pointe des schwer verständlichen Satzes ruht in der Differenzierung von ἁμαρτία und ἀνομία und setzt eine Anschauung voraus, für die ἀνομία als selbstverständlich höchster Frevel, als Gottlosigkeit gilt. Das folgende καὶ ἡ ἁμαρτία ἐστὶν ἡ ἀνομία ist eine matte Exegese, die nichts erklärt, sondern nur in platterer Form den Satz wiederholt, um durch das charakteristische καὶ οἴδατε (cf. zu 3,2) zu einem Satz der dogmatischen Tradition überzuleiten, indem Jesus wieder als ἐκεῖνος erscheint (cf. zu 2,6), von dem mit einem Lieblingswort des Verfassers gesagt wird: ἐφανερώθη (cf. 1,2; 3,8; 4,9; eschatologisch 2,28; 3,2). V. 4b, 5 stammen also vom Verf. Da die im folgenden benutzte Vorlage den Gedanken ausspricht, daß der Christ in gewissem Sinne nicht sündigt, erweist sich auch der Inhalt von V. 5 als charakteristisch von der Vorlage verschieden. Denn sein Sinn ist offenbar nicht: Jesus ist erschienen, um dem Sündigen ein Ende zu machen, sondern: um die Sündenschuld wegzuschaffen, was dann durch die Epexegese καὶ ἁμαρτία ἐν αὐτῷ οὐκ ἔστιν motiviert wird: und zwar (das für den Verf. charakteristische καί!) konnte er das als Sündloser (zum Gedanken cf. 2,1 f).

Ursprünglich hat offenbar 3,4a mit 2,29 einen Doppelvers gebildet, und das damit begonnene Stück der Vorlage setzt sich, freilich homiletisch glossiert, in 3,6—9 fort. V. 6 ist ein reines Stück der Vorlage, im antithetischen Parallelismus, im charakteristischen Stil: πᾶς ὁ c. part. Der Gedanke ist der gleiche wie 1,6 f, die Begriffe des μένειν ἐν und ὁρᾶν bzw. γινώσκειν αὐτόν sind die typischen[4]. — Antithetisch mit diesem Doppelvers verbunden ist der in V. 7 und 8 steckende, der ebenso wie die Paare 2,29; 3,4a und 2,6 in sich antithetisch gegliedert ist. Die homiletische Einführung τεκνία, μηδεὶς πλανάτω ὑμᾶς stammt natürlich vom Verf.; von ihm auch das unterbrechende καθὼς ἐκεῖνος δίκαιός ἐστιν (cf. zu 2,6). Ja, um diesen Hinweis auf den δίκαιος anbringen zu können (cf. 1,9; 2,1.

---

[4] Die verwandte Antithese 3Joh 11: ὁ ἀγαθοποιῶν ἐκ τοῦ θεοῦ ἐστιν, ὁ κακοποιῶν οὐχ ἑώρακεν τὸν θεόν, dürfte vom Verf. nach Analogie seiner Quelle gebildet sein; diese wird so allgemeine Wendungen wie ἀγαθοποιεῖν und κακοποιεῖν nicht enthalten haben. Auch ἀγαθός und κακός fehlen in den erhaltenen Stücken.

29) dürfte er das Prädikat des Satzes der Vorlage geändert haben. Denn nicht nur ist die Tautologie trivial: ὁ ποιῶν τὴν δικαιοσύνην δίκαιός ἐστιν, sondern sie paßt auch weder in den Gedankengang der Vorlage, noch in den Stil der Antithesen, dessen Eigenart ja gerade die Verknüpfung von Begriffen ist. Angesichts der nächsten Zeile (V. 8) muß die Vorlage in V. 7 gelautet haben: ὁ ποιῶν τὴν δικαιοσύνην ἐκ τοῦ θεοῦ ἐστιν (oder γεγέννηται wie 2,29)[5]. — Auch V. 8 ist vom Verf. glossiert, zunächst durch den begründenden ὅτι-Satz (in dem man das ἀπ' ἀρχῆς wohl als für den Verf. charakteristisch bezeichnen darf, cf. 1,1; 2,13 f; in anderer Bedeutung 2,7.24; 3,11; 2Joh 5.6). Sodann stammt der Schluß von V. 8 vom Verf., der hier ähnlich wie in V. 5 einen Satz seiner Dogmatik (zu ἐφανερώθη cf. 3,5) bringt mit dem charakteristischen εἰς τοῦτο-ἵνα (cf. zu 2,2). Der Satz verdirbt aber den Sinn von V. 7.8a, wie V. 5 den von V. 4a störte. Denn V. 8a sagte in vollem Ernst, daß der Sünder dem Teufel verfallen sei, worauf V. 8b gleichsam aufatmend fortfährt: Gott sei Dank, es ist aber jetzt mit der Macht des Teufels vorbei; m.a.W. der Sündenbegriff der Vorlage und des Verf. sind verschieden, was sich schon 2,1 f. zeigte, aber nur in ausführlicherer Exegese entwickelt werden könnte. |

Auch in V. 9 f ist eine Antithese der Vorlage enthalten, reichlich glossiert freilich durch den Verf.:

πᾶς ὁ γεγεννημένος ἐκ τοῦ θεοῦ ἁμαρτίαν οὐ ποιεῖ,
πᾶς ὁ μὴ ποιῶν δικαιοσύνην οὐκ ἔστιν ἐκ τοῦ θεοῦ.

Im übrigen ist 3,10—12 eine Homilie des Verf., eingeleitet durch die charakteristische Wendung ἐν τούτῳ φανερά ἐστιν (cf. zu 2,2 und bes. 4,9), wobei die Beziehung des ἐν τούτῳ wieder zugleich nach rückwärts und vorwärts gedacht zu sein scheint. Der Verf. hat aus der Vorlage die Begriffe τὰ τέκνα τοῦ θεοῦ und τοῦ διαβόλου entwickelt und bestimmt den Begriff der τέκνα τοῦ θεοῦ noch deutlicher, indem er an den Satz seiner Vorlage πᾶς ὁ μὴ ποιῶν δικαιοσύνην οὐκ ἔστιν ἐκ τοῦ θεοῦ epexegesierend anhängt: καὶ ὁ μὴ ἀγαπῶν τὸν ἀδελφὸν αὐτοῦ. Dabei verwendet er auch einen wichtigen Gedanken seiner Vorlage, aber stilistisch in einer ganz anderen Weise, indem er das ποιῶν δικαιοσύνην und ἀγαπᾶν einfach nebeneinanderstellt, während es die Vorlage charakterisiert, daß sie die Zusammengehörigkeit solcher Begriffe durch ihren Austausch in parallelen Versen ausdrückt. In V. 11 bringt der Verf. wieder einen seiner be-

---

[5] Übrigens ist auch möglich, daß 2,29 einfach an dieser Stelle der Vorlage stand, und daß 3,4a ursprünglich mit einem andern Halbvers zusammengehörte, den der Verf. unterdrückt hat. In diesem wäre eine Beziehung zum Begriff ἀνομία zu vermuten.

zeichnenden explikatorischen Sätze (cf. zu 2,2), in dem die Bruderliebe als der Inhalt der ἀγγελία hingestellt wird. V. 12 gibt nach homiletischer Art eine biblische Illustration des Gesagten (zu οὐ καθώς cf. einerseits zu 2,6, andererseits für die Neigung, das Negative als Folie zu geben, zu 2,2) und verwendet dabei das homiletische Kunstmittel der Frage (cf. 2,22).

Mit 3,10—12 ist der Übergang zu einem neuen Stück der Vorlage gewonnen. Das Thema des 2,29 bis 3,10 verwendeten Textes war „Gotteskindschaft und Sündlosigkeit". Der 3,13—18 benutzte Text handelt über „die Bruderliebe und das Leben". Er ist wieder durch eine homiletische Wendung des Verf. eingeleitet: μὴ θαυμάζετε, ἀδελφοί, εἰ μισεῖ ὑμᾶς ὁ κόσμος, womit er einen schon 3,1 gestreiften Gedanken variiert[6]. Den Text der Vorlage (V. 14 f) führt er durch die typische Wendung ἡμεῖς οἴδαμεν ein (cf. zu 3,2) und unterbricht ihn durch das ebenso charakteristische οἴδατε (cf. ibid.). Damit wird er die Vorlage überhaupt etwas umgestaltet haben; nach Anleitung des bisher beobachteten Stils der Vorlage ist zu rekonstruieren:

ὁ ἀγαπῶν τὸν ἀδελφὸν (αὐτοῦ) μεταβέβηκεν ἐκ τοῦ θανάτου εἰς τὴν ζωήν,
ὁ μὴ ἀγαπῶν μένει ἐν τῷ θανάτῳ.
πᾶς ὁ μισῶν τὸν ἀδελφὸν αὐτοῦ ἀνθρωποκτόνος ἐστίν
καὶ οὐκ ἔχει ζωὴν ἐν αὐτῷ μένοντα.

Der erste Doppelvers zeigt antithetischen, der zweite (wie 2,10 f) synthetischen Parallelismus membrorum. Zu den bisher in der Vorlage begegneten Begriffen ἀγαπᾶν und μισεῖν (cf. 2,9—11) treten als neue ζωή und θάνατος, von denen einleuchtet, wie sie in den unter den Gegensatz φῶς-σκότος gestellten Gedankenkreis der Vorlage passen.

In 3,16—18 hat der Verf. eine paränetische Anwendung an den Text gehängt, eingeführt durch ἐν τούτῳ ἐγνώκαμεν (cf. zu 2,2). Ad vocem ἀγάπη wird auf die ἀγάπη des ἐκεῖνος verwiesen (cf. 2,6 usw.), die in seinem Opfer für uns bestand, und die nun (καὶ ἡμεῖς cf. zu 2,2 und bes. 4,11) zu einer das gleiche leistenden Bruderliebe verpflichtet (zu ὀφείλομεν cf. zu 2,6). Echt homiletische Paränese ist V. 17: ein Beispiel (cf. 4,20; 5,16), mit rhetorischer Frage endend. V. 18 zieht wieder in imperativischer Wendung die Konsequenz, in der charakteristischen Weise, daß das negierte Gegenteil dem Positiven vorangestellt wird (cf. zu 2,7).

3,19—24 ist im wesentlichen eine Paränese des Verf.; man kann nur fragen, ob er in V. 19 f ein Stück der Quelle verarbeitet hat. Durch solche Annahme würde etwas Licht auf die dunklen Verse fallen. Festzuhalten

---

[6] Dieser gehörte übrigens, wie Joh 15,18 f; 17,14 zeigt, auch in den Anschauungskreis seiner Vorlage.

ist, daß das ἐν τούτῳ γνωσόμεθα ὅτι dem Verf. gehört (cf. zu 2,2). Die Wendung ἐκ (τῆς ἀληθείας) εἶναι ist an sich für die Vorlage charakteristisch, kann aber auch wie 2,16.21 und sonst vom Verf. der Quelle nachgebildet sein[7]. Die Wendung ist hier von ihm gewählt, um den Übergang vom vorigen Abschnitt zum neuen Thema der Gebetserhörung zu gewinnen. Ferner ist deutlich, daß V. 21 eine homiletische Exegese des | καταγινώσκειν der καρδία ist. Also hätte seine Vorlage diesen Begriff enthalten und lautete etwa:

ἔμπροσθεν αὐτοῦ πείσομεν τὴν καρδίαν ἡμῶν,
    ἐὰν καταγινώσκῃ ἡμῶν ἡ καρδία.

Das ὅτι muß nämlich unbedingt fehlen; der ἐάν-Satz ist erforderlich, um die Situation des πείθειν τὴν καρδίαν = beruhigen, beschwichtigen, zu erklären: das πείθειν findet statt, ἐὰν καταγινώσκῃ κτλ. Dazu tritt die Begründung:

ὅτι μείζων ἐστὶν ὁ θεὸς τῆς καρδίας ἡμῶν
    καὶ γινώσκει πάντα.

Man könnte auch vermuten, daß dieses Stück eng mit dem V. 14 f verwendeten verknüpft war. Dann wäre deutlich, inwiefern Gottes Allwissenheit unsere Selbstverurteilung erledigt: er erkennt, daß wir im Grunde „im Leben" sind. Aber es muß doch sehr zweifelhaft bleiben, ob diese gar nicht in Antithesenform gehaltenen Sätze wirklich in der Quelle gestanden haben. Vielleicht hat der Verf. sie auch anderer Tradition entnommen.

3,21, mit der Anrede eingeleitet, bringt die homiletische Exegese, die das πείθειν τὴν καρδίαν durch den geläufigen Begriff παρρησία ersetzt und diesen als die Gewißheit der Gebetserhörung erläutert, was ursprünglich kaum die Meinung von V. 19 war. Als Grund solcher παρρησία gilt jetzt aber nicht Gottes Größe, sondern unser Wandel, den der Verf. zuerst in der Terminologie der Quelle als τηρεῖν τὰς ἐντολάς (cf. 2,4), dann aber durch den traditionellen Terminus τὰ ἀρεστὰ ποιεῖν bezeichnet. Die ἐντολή wird dann in einer der explikatorischen Wendungen (cf. zu 2,2) als ein Zweifaches beschrieben, als Glaube und Bruderliebe, wofür mit einem καθώς-Satz wieder auf die Tradition hingewiesen wird (cf. zu 2,7 f). Mit der Nennung des ersten Gebots will der Verf. den Übergang zu 4,1—6 gewinnen. Um so mehr läßt sich fragen, ob der

---

[7] Durch sie ist natürlich der häufige Gebrauch des ἀλήθεια-Begriffs beim Verf. veranlaßt; daß er ihn aber anders versteht als die Quelle, zeigt das ἐν ἀληθείᾳ 2Joh 1.3.4; 3Joh 1.3.4, das immer (3Joh v. l.) ohne Artikel ist, wie 1Joh 3,18 ἐν ἔργῳ καὶ ἀληθείᾳ.

seit V. 14 benutzte Text ihn hier darin beeinflußt, daß er auch die Bruderliebe noch einmal nennt. V. 24a könnte seinem Stil nach aus der Vorlage stammen, in der auch 2,4—5.9—11 die Begriffe ἐντολή und ἀγάπη verknüpft sind. In V. 24b aber führt der Verf. mit seinem ἐν τούτῳ γινώσκομεν (cf. zu 2,2) den πνεῦμα-Begriff ein, um definitiv zu 4,1—6 überzuleiten. |

Nach vorläufiger Zurückstellung des dogmatischen Abschnitts 4,1—6 wende ich mich zur Analyse von 4,7—5,4. Die homiletische Anrede und das imperativische ἀγαπῶμεν (cf. 3,13; 4,19) zeigen den Verf., der das Liebesgebot gleich wieder durch einen ὅτι-Satz begründet. Dann folgt offenbar ein Stück der Vorlage V. 7b. 3:

πᾶς ὁ ἀγαπῶν ἐκ τοῦ θεοῦ γεγέννηται καὶ γινώσκει τὸν θεόν,
ὁ μὴ ἀγαπῶν οὐκ ἔγνω τὸν θεόν, ὅτι ὁ θεὸς ἀγάπη ἐστίν.

Wohl könnte man versucht sein, den καὶ- und den ὅτι-Satz der beiden Zeilen dem Verf. zuzuschreiben. Aber ich glaube, es wäre pedantisch, daraufhin, daß begründende ὅτι-Sätze im allgemeinen für den Verf. charakteristisch sind, zu folgern, in der Quelle könne keiner gestanden haben. Außerdem fragt es sich sehr, ob das ὅτι hier kausal und nicht vielmehr explikativ ist.

Dem Verf. gehören dann sofort wieder V. 9—12a, eingeleitet durch das ἐν τούτῳ ἐφανερώθη .. ὅτι (cf. zu 2,2) mit dem Rückgriff auf die Gemeindedogmatik (V. 9). Darauf der explikatorische Satz ἐν τούτῳ ἐστὶν.. ὅτι mit weiterem Hinweis auf die Gemeindedogmatik, und zwar auf den schon 2,2 benutzten Satz (V.10), wobei wieder die vorausgeschickte Negation typisch ist (cf. zu 2,7). Dann die homiletische Mahnung (V. 11) mit dem καὶ ἡμεῖς ὀφείλομεν (cf. zu 2,2 und 6 und bes. 3,16). Der Anfang von V. 12 enthält den vom Verf. V. 20 breiter ausgeführten Gedanken, dessen Argumentationsweise echt paränetisch, aber dem apodiktischen Stil der Vorlage fremd ist. In dieser wird die Liebespflicht einfach durch den Hinweis auf ihre Korrespondenz mit dem Liebesempfang begründet. Der Homilet macht verständlich, warum die Erwiderung der empfangenen Liebe Gottes nicht auf Gott direkt gehen kann. Dagegen scheint V. 12b der Vorlage anzugehören; daß diese den Gedanken von der vollendeten Liebe Gottes enthielt, zeigt nicht nur 2,5 sondern auch 4,17, wo der Verf. den Gedanken in seiner charakteristischen Weise exegesiert; er hat ihn also in seiner Quelle gefunden:

ἐὰν ἀγαπῶμεν ἀλλήλους, ὁ θεὸς ἐν ἡμῖν μένει,
καὶ ἡ ἀγάπη αὐτοῦ τετελειωμένη ἐν ἡμῖν ἐστιν.

Was den Stil betrifft: zum synthetischen Parallelismus cf. 2,10 f; 3,15; zum ἐάν-Satz 1,6—9; zu μένειν ἐν 3,15; 4,16. |

Dagegen gehört V. 13 (ἐν τούτῳ γινώσκομεν, cf. zu 2,2) dem Verf., der wieder einen Lieblingsgedanken (cf. 3,24b) anbringt. Auch V. 14 zeigt in Stil und Gedanken den Verf. (καὶ ἡμεῖς cf. 2,2; der Zusammenhang von θεᾶσθαι und μαρτυρεῖν wie 1,1—3.5), der wie V. 9 f auf den Gemeindeglauben Bezug nimmt. Schwierig ist das Urteil über V. 15 f. Wahrscheinlich stammt V. 15 vom Verf., wenigstens in der vorliegenden Formulierung (ὃς ἐάν nicht in der Vorlage, aber beim Verf. 3,17, gleichwertig mit ἐάν τις 2,1 usw.) und mit der vorliegenden Pointe. Denn des Verf. spezifisches Interesse ist die rechte ὁμολογία, wie die dogmatischen Abschnitte zeigen (in der Vorlage ὁμολογεῖν 1,9 in anderem Sinn, in 2,23 vielleicht freilich im gleichen). Der dogmatische Satz unterbricht hier in gewisser Weise den Gedankengang und ist wohl eine Interpretation der Quelle, deren Gedanke der ist, daß die Liebe deshalb mit Gott verbindet, weil Gott Liebe ist. *Daß* Gott Liebe ist, interpretiert der Verf. durch den Hinweis auf Gottes Heilstat, so daß er nun auch sagen kann, daß, wer diese anerkennt, in Gott ist. Ich vermute, daß ein Satz der Quelle zugrunde liegt, in dem statt ὃς ἐάν κτλ. gestanden hat: ὁ ἀγαπῶν τὸν ἀδελφὸν αὐτοῦ oder ähnlich. Aber vielleicht brauchen wir gar nicht weit zu suchen: V. 16 dürfte den Satz der Vorlage enthalten, auf Grund dessen der Verf. seinerseits V. 15 gebildet hat:

ὁ μένων ἐν τῇ ἀγάπῃ ἐν τῷ θεῷ μένει
    καὶ ὁ θεὸς ἐν αὐτῷ μένει.

Eingeleitet ist V.16 durch das applizierende καὶ ἡμεῖς des Verf. (cf. zu 2,2). Etwas verloren und dem Rhythmus der Vorlage schlecht sich einfügend, steht nur das ὁ θεὸς ἀγάπη ἐστίν, das der Verf. aus dem 3,8 zitierten Satz entnommen haben könnte, wenn es nicht in einem von ihm nicht aufgenommenen Verse im Zusammenhang mit dem hier zitierten Satz stand[8].

Vollständig vom Verf. stammen 4,17—21, deren Thema zunächst (V. 17 f) der dem Verf. wichtige Gedanke der παρρησία ist (cf. 3,20 f). Die Form zeigt den Verf.: ἐν τούτῳ ... ἵνα (cf. zu 2,2) und καθὼς ἐκεῖνος (cf. zu 2,6). Echt homiletisch ist die Ableitung der παρρησία aus der ἀγάπη. V. 19 zieht mit dem durch | ὅτι motivierten Imperativ ἀγαπῶμεν (cf. 3,18; 4,7) die Konsequenz, und V. 20 führt mit dem charakteristischen ἐάν τις (cf. 2,1 usw.) eine homiletische Anwendung (cf. 3,17; 5,16) ein, in der

---

[8] Verlockend wäre natürlich nach 1,5b zu rekonstruieren: ὁ θεὸς ἀγάπη ἐστίν, καὶ μῖσος ἐν αὐτῷ οὐκ ἔστιν οὐδέν.

der V. 12a schon angedeutete Gedanke ausgeführt wird. V. 21 ist wieder einer der explikatorischen Sätze (cf. zu 2,2). — Sehr wahrscheinlich aber hat der Verf. in 5,1 einen Satz der Quelle verwendet, den er (das läßt sich hier noch bestimmter als zu 4,15 sagen) in seinem dogmatischen Interesse geändert hat. Ursprünglich hieß es offenbar:

ὁ ἀγαπῶν τὸν ἀδελφὸν αὐτοῦ ἐκ τοῦ θεοῦ γεγέννηται.

Der Verf. hat an Stelle der ἀγάπη wie 4,15 den dogmatischen Glauben gesetzt. Und zwar liegt es entweder so, daß dies gar kein neuer Satz der Vorlage ist, sondern der schon 4,7 verwendete; oder der Satz ist das erste Glied, das mit dem Zitat in V. 4 zu einem Doppelvers zusammengehört. Wahrscheinlich das letztere; jedenfalls gehört die zweite Zeile: καὶ πᾶς ὁ ἀγαπῶν τὸν γεννήσαντα ἀγαπᾷ τὸν γεγεννημένον ἐξ αὐτοῦ nicht als synthetischer Vers zur ersten Zeile, sondern ist eine der Ableitungen des Verf.; das καὶ ist nicht synthetisch, sondern applizierend (cf. zu 2,2). V. 2 ist eine stilistisch ungeschickte homiletische Erläuterung (ἐν τούτῳ γινώσκομεν cf. zu 2,2) von V. 1b, und V. 3 ist wieder ein explikatorischer Satz des Verf. (cf. zu 2,2), der in V. 4 offenbar durch einen Satz aus der Vorlage begründet wird:

πᾶν τὸ γεγεννημένον ἐκ τοῦ θεοῦ νικᾷ τὸν κόσμον.

Der Satz dürfte mit dem in V. 1 zitierten zu einem Doppelvers zusammengehört haben und mit ihm durch δέ oder καί verbunden gewesen sein. Der Verf. beeilt sich dann aber, in einem seiner explikatorischen Sätze (καὶ αὕτη cf. zu 2,2) zu sagen, daß der Glaube es sei, der solchen Sieg gewonnen habe, wobei das zeitlos eschatologische νικᾷ zum Präteritum gemacht wird, und damit ist wieder der Übergang zum dogmatischen Thema gewonnen.

Es sind nun zunächst die übergangenen Stücke nachzuholen; sie sind im wesentlichen Bildungen des Verf., in denen sein aktuelles Interesse sichtbar wird, vor allem in 2,18—28 und 5,5—21. Ich verzichte darauf, in diesen Stücken den Stil des Verf. ausführlich nachzuweisen, habe mich ja auch bisher schon auf die in ihnen vorliegenden typischen Wendungen bezogen. Ich hebe nur die Stücke heraus, die vielleicht der Vorlage entnommen sind. Wir können uns von dem zuletzt gewonnenen Stichwort der νίκη leiten lassen und kommen zu 4,4—6.

Der Eingang, ὑμεῖς (wie 2,24, dem applizierenden ἡμεῖς 3,14; 4,6.19 entsprechend) ἐκ τοῦ θεοῦ ἐστε, τεκνία, stammt vom Verf. Er versteht unter der νίκη (die er auch 2,13 homiletisch verwendet hat) hier den Sieg über die Irrlehrer; gemeint aber war ursprünglich der Sieg über den κόσμος, wie V. 4—6 und 5,4 zeigen. Der Schluß ἐκ τούτου γινώσκομεν stammt natürlich auch vom Verf. (cf. zu 2,2). Im übrigen scheint mir in V. 4 einfach der aus 5,4 erhobene Satz der Quelle zu stecken, der vom Verf. durch einen ὅτι-Satz begründet ist; und die Vorlage lautete weiter etwa:

ὁ ὢν ἐκ τοῦ κόσμου ἐκ τοῦ κόσμου λαλεῖ,
   καὶ ὁ κόσμος αὐτοῦ ἀκούει.

Dem muß als Antithese eine Aussage über den ὢν ἐκ τοῦ θεοῦ entsprochen haben. Wieweit diese aber aus V. 6 zu rekonstruieren ist, sehe ich nicht, wenn es auch verlockend wäre, Joh 3,31 f zur Hilfe zu nehmen. Der Verf. hat die Vorlage ganz umgestaltet, um den aktuellen Gegensatz der ἡμεῖς zu den Irrlehren zum Ausdruck zu bringen[9].

Aus 2,18—28 scheint mir nur ein einziger Satz für die Vorlage in Frage zu kommen, V. 23:

πᾶς ὁ ἀρνούμενος τὸν υἱὸν οὐδὲ τὸν πατέρα ἔχει·
ὁ ὁμολογῶν τὸν υἱὸν καὶ τὸν πατέρα ἔχει.

Es ist ein Doppelvers, völlig im Stil der Antithesen gebaut, so daß man ihn der Quelle wird zuschreiben dürfen. Auch diese hätte dann also zwischen Vater und Sohn unterschieden, was für die Bestimmung ihrer Herkunft von wesentlicher Bedeutung wäre. Das findet wohl seine Bestätigung darin, daß aus 5,5—21 offenbar auch zwei Sätze, V. 10 und 12, aus der Vorlage stammen, die gleichen Inhalts sind. Daraus nämlich, daß der Verf. den Begriff der μαρτυρία V. 7—9 und V. 11 so ausführlich erläutert, dürfte folgen, daß die Vorlage diesen Begriff enthalten hat. Er zitiert sie in V. 10, hat sie freilich glossiert. Der Text lautete:

ὁ πιστεύων εἰς τὸν υἱὸν ἔχει τὴν μαρτυρίαν ἐν αὐτῷ,
ὁ μὴ πιστεύων τῷ θεῷ ψεύστην πεποίηκεν αὐτόν.

Hier ist die μαρτυρία anders verstanden als beim Verf., nämlich nicht als ein Zeugnis, *auf das hin* man glaubt, sondern als das geglaubte Zeugnis selbst. Dadurch, daß man glaubt, bezeugt man Gott, daß er wahr ist, während der Unglaube Gott zum Lügner erklärt (diese Wendung in der Vorlage auch 2,4). Es ist der gleiche Gedanke wie Joh 3,33 und ist verwandt mit Joh 3,18, welcher Vers genau wie der unsrige durch einen ὅτι-Satz glossiert ist. Der Stil unseres Verses ist der antithetische der Vorlage; ihr entspricht das ἔχειν ἐν αὐτῷ (= ἑαυτῷ) cf. 3,15 und das

---

[9] Ich denke mir die Vorlage etwa so:
   ὁ ὢν ἐκ τοῦ θεοῦ ἐκ τοῦ θεοῦ λαλεῖ,
   καὶ ὁ γινώσκων τὸν θεὸν ἀκούει αὐτοῦ.

ἔχειν mit dem Heilsgut als Objekt. Beides findet sich beim Verf. nicht, außer in V. 13, dem V. 12 exegesierenden Satz. Während nämlich V. 11 (doppeltes καὶ αὕτη cf. zu 2,2) dem Verf. gehört, dürfte V. 12 aus der Vorlage stammen; dahin weist ihn sein Stil, und sein Inhalt verbindet ihn mit V. 10 und mit 2,23. Der Verf. dürfte einen ähnlichen Satz auch 2Joh 9 verwendet haben, wo freilich sowohl das προάγειν wie die διδαχὴ τοῦ Χριστοῦ von ihm eingebracht sein werden.

Alles Folgende aber stammt vom Verf., der nur in V. 18 den schon 3,9 zitierten Satz der Quelle noch einmal benutzt, und zwar ganz frei, denn die Fortsetzung entspricht dem Stil der Vorlage nicht. Aus dieser stammt natürlich in V. 19.20 die Terminologie des εἶναι ἐκ bzw. ἐν und vielleicht auch das γινώσκειν τὸν ἀληθινόν.

Um des Raumes willen muß ich darauf verzichten, eine zusammenfassende Charakteristik der Quelle wie des Verf. nach Form und Inhalt zu geben und Erwägungen über den Ursprung der Quelle anzustellen. Ich möchte hier nur die m. E. unzutreffende Deutung von E. v. Dobschütz (l. c. 7 f) korrigieren.

Der eigentümliche Stil der Vorlage darf nicht schlechtweg als semitisch bezeichnet werden; ich habe schon angedeutet, daß er von dem der alttestamentlichen und synoptischen Meschalim, die auch den Parallelismus membrorum und die Antithese kennen, fundamental verschieden ist. Er gehört einer ganz besonderen Gattung der Rede an, die ich Offenbarungsrede nenne, und die freilich orientalischer Herkunft sein wird, deren Tradition aber einer besonderen Untersuchung bedarf. Jedenfalls gehört dieser Stil in den Anschauungskreis eines kosmologischen und religiösen Dualismus und ist nicht erwachsen „auf dem Boden des religiössittlichen Empfindens und Denkens, wie es in Israel durch Propheten, Gesetz und Weisheitslehre erzogen war". Freilich hat die 1Joh benutzte Vorlage mit dualistisch-kosmologischer Spekulation nichts mehr zu tun; der Stil ist hier, soweit sich sehen läßt, reiner Ausdruck des Offenbarungsglaubens geworden.

Zum Schluß aber sei der gefundene bzw. rekonstruierte Text zusammenhängend hiergesetzt[10].

1,5 ὁ θεὸς φῶς ἐστιν
    καὶ σκοτία ἐν αὐτῷ οὐκ ἔστιν οὐδεμία.
6 ἐὰν εἴπωμεν ὅτι κοινωνίαν ἔχομεν μετ' αὐτοῦ καὶ ἐν τῷ σκότει περιπατῶμεν,

---

[10] Was ich nicht mit einiger Sicherheit der Vorlage zuschreiben kann, ist in runde Klammern ( ) gesetzt, während ein rekonstruiertes Textstück in gebrochene Klammern ⟨ ⟩ gefaßt ist.

ψευδόμεθα καὶ οὐ ποιοῦμεν τὴν ἀλήθειαν.
7 ἐὰν δὲ ἐν τῷ φωτὶ περιπατῶμεν ὡς αὐτός ἐστιν ἐν τῷ φωτί,
  κοινωνίαν ἔχομεν μετ' αὐτοῦ.
8 ἐὰν εἴπωμεν ὅτι ἁμαρτίαν οὐκ ἔχομεν,
  ἑαυτοὺς πλανῶμεν καὶ ἡ ἀλήθεια οὐκ ἔστιν ἐν ἡμῖν.
9 ἐὰν ὁμολογῶμεν τὰς ἁμαρτίας ἡμῶν
  πιστός ἐστιν καὶ δίκαιος, ἵνα ἀφῇ ἡμῖν τὰς ἁμαρτίας.
10 ἐὰν εἴπωμεν ὅτι οὐχ ἡμαρτήκαμεν,
   ψεύστην ποιοῦμεν αὐτὸν καὶ ὁ λόγος αὐτοῦ οὐκ ἔστιν ἐν ἡμῖν.

2,4 ὁ λέγων ὅτι ἔγνωκα αὐτὸν καὶ τὰς ἐντολὰς αὐτοῦ μὴ τηρῶν,
    ψεύστης ἐστίν, καὶ ἐν τούτῳ ἡ ἀλήθεια οὐκ ἔστιν.
  5 ὃς δ' ἂν τηρῇ αὐτοῦ τὸν λόγον,
    ἀληθῶς ἐν τούτῳ ἡ ἀγάπη τοῦ θεοῦ τετελείωται.
  9 ὁ λέγων ἐν τῷ φωτὶ εἶναι καὶ τὸν ἀδελφὸν αὐτοῦ μισῶν
    ἐν τῇ σκοτίᾳ ἐστὶν ἕως ἄρτι.
 10 ὁ ἀγαπῶν τὸν ἀδελφὸν αὐτοῦ ἐν τῷ φωτὶ μένει,
    καὶ σκάνδαλον ἐν αὐτῷ οὐκ ἔστιν.
 11 ὁ δὲ μισῶν τὸν ἀδελφὸν αὐτοῦ ἐν τῇ σκοτίᾳ ἐστὶν
    καὶ ἐν τῇ σκοτίᾳ περιπατεῖ.
 29 πᾶς ὁ ποιῶν τὴν δικαιοσύνην ἐξ αὐτοῦ γεγέννηται, |

3,4 πᾶς ὁ ποιῶν τὴν ἁμαρτίαν καὶ τὴν ἀνομίαν ποιεῖ.
  6 πᾶς ὁ ἐν αὐτῷ μένων οὐχ ἁμαρτάνει·
    πᾶς ὁ ἁμαρτάνων οὐχ ἑώρακεν αὐτὸν οὐδὲ ἔγνωκεν αὐτόν.
  7 ὁ ποιῶν τὴν δικαιοσύνην ⟨ἐκ τοῦ θεοῦ γεγέννηται⟩,
  8 ὁ ποιῶν τὴν ἁμαρτίαν ἐκ τοῦ διαβόλου ἐστίν.
  9 πᾶς ὁ γεγεννημένος ἐκ τοῦ θεοῦ ἁμαρτίαν οὐ ποιεῖ,
 10 πᾶς ὁ μὴ ποιῶν δικαιοσύνην οὐκ ἔστιν ἐκ τοῦ θεοῦ.
 14 ⟨ὁ ἀγαπῶν τὸν ἀδελφὸν αὐτοῦ⟩ μεταβέβηκεν ἐκ τοῦ θανάτου εἰς τὴν ζωήν,
    ὁ μὴ ἀγαπῶν μένει ἐν τῷ θανάτῳ.
 15 πᾶς ὁ μισῶν τὸν ἀδελφὸν αὐτοῦ ἀνθρωποκτόνος ἐστίν,
    καὶ οὐκ ἔχει ζωὴν αἰώνιον ἐν αὐτῷ μένουσαν.
 24 (ὁ τηρῶν τὰς ἐντολὰς αὐτοῦ ἐν αὐτῷ μένει καὶ αὐτὸς ἐν αὐτῷ)

4,7 πᾶς ὁ ἀγαπῶν ἐκ τοῦ θεοῦ γεγέννηται καὶ γινώσκει τὸν θεόν,
  8 (ὁ μὴ ἀγαπῶν οὐκ ἔγνω τὸν θεόν, ὅτι ὁ θεὸς ἀγάπη ἐστίν.)
 12 ἐὰν ἀγαπῶμεν ἀλλήλους, ὁ θεὸς ἐν ἡμῖν μένει,
    καὶ ἡ ἀγάπη αὐτοῦ τετελειωμένη ἐν ἡμῖν ἐστιν.
 16 ὁ μένων ἐν τῇ ἀγάπῃ ἐν τῷ θεῷ μένει
    καὶ ὁ θεὸς ἐν αὐτῷ μένει.

5,1 ⟨ὁ ἀγαπῶν τὸν ἀδελφὸν αὐτοῦ⟩ ἐκ τοῦ θεοῦ γεγέννηται,
  4 ⟨καὶ⟩ πᾶν τὸ γεγεννημένον ἐκ τοῦ θεοῦ νικᾷ τὸν κόσμον.

4,5 ⟨ὁ ὢν⟩ ἐκ τοῦ κόσμου ἐκ τοῦ κόσμου λαλεῖ,
    καὶ ὁ κόσμος αὐτοῦ ἀκούει.

4,6 ? ⟨ὁ ὢν ἐκ τοῦ θεοῦ ἐκ τοῦ θεοῦ λαλεῖ,
      καὶ⟩ ὁ γινώσκων τὸν θεὸν ἀκούει ⟨αὐτοῦ⟩.

2,23 πᾶς ὁ ἀρνούμενος τὸν υἱὸν οὐδὲ τὸν πατέρα ἔχει,
ὁ ὁμολογῶν τὸν υἱὸν καὶ τὸν πατέρα ἔχει.

5,10 ὁ πιστεύων εἰς τὸν υἱὸν ἔχει τὴν μαρτυρίαν ἐν αὐτῷ,
ὁ μὴ πιστεύων τῷ θεῷ ψεύστην πεποίηκεν αὐτόν.

12 ὁ ἔχων τὸν υἱὸν ἔχει τὴν ζωήν,
ὁ μὴ ἔχων τὸν υἱὸν (τοῦ θεοῦ) τὴν ζωὴν οὐκ ἔχει.

2Joh 9 (πᾶς ὁ μὴ μένων ἐν ⟨τῷ υἱῷ τὸν πατέρα⟩ οὐκ ἔχει,
ὁ μένων ἐν ⟨τῷ υἱῷ⟩ καὶ τὸν πατέρα ἔχει.)

Untersuchungen zum Johannesevangelium*

In einzelnen, unter sich nicht direkt zusammenhängenden Aufsätzen möchte ich eine Reihe im Johannesevangelium wichtiger Begriffe untersuchen. Jedoch nicht so, daß ich die Begriffe in ihrem johanneischen Charakter behandle, sondern als eine *Vorarbeit* für ihr Verständnis im Evangelium. Ich will also untersuchen, welchen Sinn diese Begriffe in der Vorgeschichte und in der Umwelt des Evangeliums hatten, um so die Bedingungen zu schaffen, unter denen ein Verständnis des Evangeliums möglich wird. Denn wenn der erste Leser ein gewisses Vorverständnis der Begriffe mitbrachte, von dem aus er das Evangelium verstand, wenn das Evangelium einst eben auf ein solches Vorverständnis rechnete, ja, wenn es selbst — indem es aus der Begriffssprache seiner Zeit schöpfte — aus einem solchen Vorverständnis heraus und in der Auseinandersetzung mit ihm geschrieben ist, so ist es für den Exegeten heute notwendig, dieses Vorverständnis wieder lebendig zu machen und in die heutige Begriffssprache zu übersetzen.

A. ᾿Αλήθεια

I. Der Begriff der Wahrheit im Alten Testament und unter alttestamentlichem Einfluß

1. אמת *im AT und die Übersetzungen der LXX*

Die Problematik des at.lichen „Wahrheits"-Begriffs wird daran deutlich, daß die LXX das hebräische אמת sowohl mit ἀλήθεια wie mit πίστις oder mit δικαιοσύνη (von anderem abgesehen) wiedergeben können. Die Grundbedeutung von אמת muß also eine andere sein als die von ἀλήθεια; denn vom griechischen ἀλήθεια aus sind jene Differenzierungen nicht zu verstehen. Es handelt sich also darum, die Grundbedeutung von אמת

---

* Zeitschrift für die Neutestamentl. Wissenschaft 27 (1928) 113—163; 29 (1930) 169 bis 192.

zu erfassen und von ihr aus die möglichen Differenzierungen zu begreifen[1]. |

Der Stamm אמן bedeutet „tragen", „festhalten", ausgesagt vom Weibe, welches das Kind trägt, wie vom Türpfosten. Im Nif. (נאמן) heißt das Verbum „fest sein", „beständig sein", „sich halten", „zuverlässig sein". אמן bedeutet „es hält", „es gilt". Das Substantivum אמת bezeichnet das Festsein; das, was besteht, wie das, was gilt; das, worauf man sich verlassen kann, wie das, wonach man sich richten muß. Und zwar kann אמת von Sachen, Dingen wie von Personen ausgesagt werden.

Wenn von einem Land oder einer Stadt gesagt wird, daß sie אמת hat, so ist der Sinn von אמת *Bestand, Beständigkeit*. Hiskia meint (Jes 39,8), solange er lebe, werde doch wohl שלום ואמת herrschen (LXX εἰρήνη καὶ δικαιοσύνη). Nach Jer 33,6 wird Jahwe Jerusalem heilen und ihr שלום ואמת schenken (das Verbum ist unsicher; LXX εἰρήνην καὶ πίστιν). Ein zuverlässiges Zeichen (אות אמת, LXX fehlt), ein Unterpfand, daß man ihre Familie schonen wird, fordert Rahab von den Kundschaftern (Jos 2,12). Ein Weg, der zum Ziele führt, der also zuverlässig ist, wird דרך אמת genannt (Gen 24,48, LXX ὁδὸς ἀληθείας), „Der Gottlose erwirkt trügerischen Gewinn (פעלת־שקר), wer aber Gerechtigkeit übt, wahrhaftigen Lohn" (שכר אמת, LXX μισθὸς ἀληθείας, Spr 11,18).

Ebenso werden *Personen*, auf die man sich verlassen kann, durch אמת charakterisiert. Moses soll als Richter gottesfürchtige Männer bestellen, zuverlässige (אנשי אמת, LXX δικαίους), die Bestechung verabscheuen (Ex 18,21). Entsprechend wird Neh 7,2 ein Beamter als gottesfürchtig und איש אמת (LXX ἀληθής) charakterisiert. Als Zuverlässigkeit enthält אמת das Moment der Treue wie das der Aufrichtigkeit, beides ist nicht scharf geschieden, und mehrfach wird ein Verhalten als „treu und aufrichtig" durch אמת, verbunden mit gleich- oder ähnlich bedeutenden Wörtern, geschildert.

Man soll Jahwe dienen בתמים ובאמת: in Aufrichtigkeit und Treue (Jos 24,14, LXX ἐν εὐθύτητι καὶ δικαιοσύνῃ), oder באמת בכל־לבבכם : treulich von ganzem Herzen (1Sam 12,24, LXX ἐν ἀληθείᾳ καὶ ἐν ὅλῃ καρδίᾳ ὑμῶν). Man soll wandeln באמת בכל־לבבם ובכל־נפשם: treulich von ganzem Herzen und von ganzer Seele (1Kön 2,4, LXX ἐν ἀληθείᾳ . . .). Man soll sich באמת, ehrlich, auf Jahwe stützen (Jes 10,20, LXX τῇ ἀληθείᾳ), und gescholten wird, wer Jahwe nicht in Wahrheit und nicht in Recht bekennt

---

[1] Grundlegend sind SCHLATTERS Ausführungen in „Der Glaube im NT" (⁴1927) S. 551—561. Weiterführend H. VON SODEN, Was ist Wahrheit? (Marburger Akademische Reden 46) 1927.

(לא באמת ולא בצדקה Jes 48,1, LXX οὐ μετὰ ἀληθείας οὐδὲ μετὰ δικαιοσύνης). Nahe ist er | denen, die ihn anrufen באמת (Ps 145,18, LXX ἐν ἀληθείᾳ). Ob man ihn ernstlich (באמת)zum König salben will, fragt der Dornstrauch in Jothams Fabel (Ri 9,15, LXX ἐν ἀληθείᾳ). Charakteristisch ist aber, daß die „Gesinnung" der אמת nicht als „Eigenschaft" gedacht ist, sondern als Verhalten, das vom anderen erfahren wird. אמת ist deshalb auch der *Erweis* der Treue und wird so mit חסד, der Liebe, dem Liebeserweis verbunden. Man sagt עשה חסד ואמת: „Wenn ihr nun meinem Herrn Liebe und Treue erweisen wollt" (Gen 24,49, LXX ἔλεος καὶ δικαιοσύνη; ebenso Gen 47,29, LXX ἐλεημοσύνη καὶ ἀλήθεια; Jos 2,14, LXX ἔλεος καὶ ἀλήθεια; vgl. Hos 4,1, LXX ἀλήθεια καὶ ἔλεος). „Liebe und Treue behüten den König" (Spr 20,28, LXX ἐλεημοσύνη καὶ ἀλήθεια)[2].

Wie ein Mensch kann auch *Gott* durch אמת charakterisiert werden; er wird angerufen als אל אמת, als treuer Gott (Ps 31,6, LXX ὁ θεὸς τῆς ἀληθείας), auf den man sich verlassen kann (V. 7: „ich aber vertraue auf Jahwe"). Oder er wird charakterisiert als אלהים אמת (Jer 10,10 neben den Bezeichnungen אלהים חיים und מלך עולם, LXX vacat); bzw. als אלהי אמת 2Chr 15,3, LXX θεὸς ἀληθινός. Als der treue Gott wird er seinem Volk אמת erweisen, bzw. hat er erwiesen.

Mi 7,20: „Du wirst an Jakob Treue erweisen (תתן אמת, LXX δώσει εἰς an Abraham Gnade (חסד, LXX ἔλεος), [ἀλήθειαν), wie du unsern Vätern geschworen hast in den Tagen der Vorzeit."

Ps 57,11: „Denn deine Gnade ist groß bis zum Himmel (חסדך, LXX ἔλεος) und bis zu den Wolken deine Treue" (אמתך, LXX ἀλήθεια).

Ebenso Ps 108,5[3].

Wie hier Gottes אמת und חסד in synonymem Parallelismus stehen, so sind sie anderwärts koordiniert: Ex 34,6 wird Jahwe charakterisiert als רב חסד ואמת (LXX πολυέλεος καὶ ἀληθινός). Ebenso Ps 86,16. „Ich bin zu gering aller Barmherzigkeit und Treue, die du deinem Knechte getan hast", heißt es Gen 32,11. Vgl. 24,27, ebenso 2Sam 2,6; 15,20, LXX überall δικαιοσύνη bzw. ἔλεος und | ἀλήθεια. Ps. 25,10, LXX ἔλεος καὶ ἀλήθεια; besonders bezeichnend ist Ps 40,11 f:

---

[2] Anders wohl Jes 16,5: „dann wird ein Thron durch חסד (Gottes Güte? LXX ἔλεος) bereitet werden, und auf ihm wird einer sitzen באמת (beständig? LXX μετὰ ἀληθείας) im Zelte Davids". Dagegen wird Sach 8,3 Jerusalem wohl עיר האמת genannt als Stadt der Treue, und LXX übersetzen falsch: πόλις ἡ ἀληθινή, während sie Jes 1,21 קריה נאמנה richtig als πόλις πιστή verstehen.

[3] Vgl. noch Ps 43,3: „Sende dein Licht und deine Treue" (ואמתך, τὴν ἀλήθειάν σου); 61,8; 71,22; 115,1; 138,2; Spr 14,22 (LXX überall ἀλήθεια); Ps 69,14: „Erhöre mich" באמת ישעך, ἐν ἀληθείᾳ τῆς σωτηρίας σου.

„Deine Gerechtigkeit (צדקתך, LXX δικαιοσύνη) verbarg ich nicht
im eigenen Herzen;
deine Wahrhaftigkeit (אמונתך, LXX ἀλήθεια)
und Hilfe (תשועתך, LXX σωτήριον)
sprach ich aus unverhohlen!⁴
Du aber Jahwe, wirst nicht verschließen
dein Erbarmen (רחמיך, οἰκτιρμοί) vor mir;
deine Gnade und Treue (חסדך ואמתך, LXX ἔλεος und ἀλήθεια)
werden mich immer behüten."

Offenbar stehen אמת und חסד fast gleichbedeutend⁵, und bezeichnen beide das Verfahren oder Verhalten Gottes, und zwar nicht eigentlich als „Eigenschaft" Gottes, sondern so, wie es vom Menschen bzw. vom Frommen erfahren wird; besonders deutlich Ps 111,7: „Seiner Hände Taten sind Wahrheit (אמת ἀλήθεια) und Recht", aber auch Mi 7,20 (s. o.), wo אמת Objekt zu נתן ist, und Gen 32,11; 2Sam 2,6; Neh 9,33, wo es heißt עשה אמת (ποιεῖν ἀλήθειαν). Erfahren wird Gottes אמת als der Erweis seiner Treue, als Hilfe, aber ebenso als Gesetz, als Norm. Wie Ps 40,11 f צדקה und אמת parallel stehen, so ist Gott צדיק als derjenige, der אמת erweist (Neh 9,33 ὅτι ἀλήθειαν ἐποίησας). Wie Gottes אמת und חסד zusammengehören, so seine אמת und צדקה (Sach 8,8: ἀλήθεια und δικαιοσύνη). Und so kann Ps 26,3 vom Wandeln in Gottes אמת geredet werden, und auch da steht bezeichnenderweise אמת parallel mit חסד:

„Denn deine Gnade war mir stets vor Augen (LXX ἔλεος),
und in deiner Wahrheit hab ich gewandelt" (LXX ἀλήθεια).

Entsprechend Ps 25,5:

„Laß mich wandeln in deiner Wahrheit" (LXX ἀλήθεια).

Dieser Sinn von אמת tritt klar heraus Ps 19,10:

„Jahwes Wort⁶ ist heilig,
bestehet auf ewig.
Jahwes Rechte sind Wahrheit (משפטי־י' אמת,
LXX τὰ κρίματα κυρίου ἀληθινά),
gerecht allzumal."

Hier tritt auch sehr deutlich hervor, daß „Festigkeit" bedeutet „dauernde Gültigkeit", daß das Durchhalten das dauernde Bestehen eines An-

---

⁴ Ich habe den Text nach GUNKEL gegeben; nach dem MT ist in V. 11d zu lesen: „(ich verhehlte nicht) deine Gnade und Treue (ואמתך חסדך, LXX ἔλεος und ἀλήθεια) der großen Versammlung".
⁵ Vgl. noch Ps 30,10: „Kann Staub dich preisen? Kann er deine אמת (LXX ἀλήθεια) verkündigen?" Da אמת der Erweis der Treue Gottes für den Frommen ist, wird es nicht nötig sein, den Text von Ps 54,7 zu ändern: „Vertilge sie (die Feinde) באמתך", wo GUNKEL בחמתך lesen will (LXX ἐν τ. ἀληθείᾳ σου).
⁶ So nach GUNKEL אמרה statt יראה Furcht.

spruchs einschließt; denn das אמת korrespondiert dem | עומדת לעד. Ebenso Ps 119,160: „Deines Wortes Summe ist Wahrheit (אמת, ἀλήθεια), und auf ewig währt all deine gerechte Ordnung" (ולעולם כל־משפט צדקך).
Höchst charakteristisch ist ferner Ps 119,41—48, wo der Fromme betet, daß Gott seinem Munde nicht das „Wort der Wahrheit" entziehen wolle. דבר־אמת (λόγος ἀληθείας) steht hier in Parallele mit Gottes משפטים, תורה, פקדים, עדת, מצות und חקים, alles Ausdrücke, die Gottes Forderungen an den Menschen bezeichnen. Neh 9,13 werden Gottes Gesetze als משפטים ישרים (gerade, rechte Gebote, LXX κρίματα εὐθέα) und als תורות אמת (LXX νόμοι ἀληθείας) bezeichnet. Ebenso ist Mal 2,6 von der תורת אמת die Rede. David hat vor Gott gewandelt באמת ובצדקה ובישרת לבב (1Kön 3,6, LXX ἐν ἀληθείᾳ καὶ ἐν δικαιοσύνῃ καὶ ἐν εὐθύτητι καρδίας); ebenso bittet Hiskia Gott: „Gedenke doch, daß ich vor dir gewandelt habe באמת ובלבב שלם und getan habe, was gut ist in deinen Augen" (2Kön 20,3, LXX ἐν ἀληθείᾳ καὶ καρδίᾳ πλήρει; ebenso Jes 38,3). אמת hat also auch Verwandtschaft mit צדקה. Das zeigt auch Ps 45,5, wo der König aufgefordert wird, sich einzusetzen (das Verbum ist unsicher) „für die gute Sache, um der Gerechtigkeit willen" (so nach Gunkel: על־דבר־אמת ויען הצדק, LXX für אמת ἀλήθεια). Und danach wird auch Jes 42,3 zu verstehen sein, wo vom Gottesknecht gesagt wird, daß er לאמת (LXX εἰς ἀλήθειαν) das Recht (משפט) herausbringen wird[7]. אמת ist das, was gilt.

אמת = Wahrheit hat also primär nichts zu tun mit der Wahrheit eines Satzes, die darin besteht, daß seine Aussage einem Tatbestand entspricht, bzw. darin, daß er einen Sachverhalt aufdeckt; sondern אמת ist primär das Beständigsein, Festsein von Sachen und Personen, und zwar nicht als eine an ihnen vorhandene Eigenschaft, sei es Beschaffenheit (wie Härte oder Farbe), sei es als ἀρετή im griechischen Sinne. Vielmehr vollzieht sich dieses Festsein, Festhalten in der Zeit, wenn die betreffenden Dinge oder Personen die auf sie gesetzten Erwartungen erfüllen[8]. Als Zuverlässigkeit und Treue ist אמת das Verhalten von Sachen und Personen, auf die man sich verlassen kann. אמת ist also nicht an den „an sich" vorhandenen Dingen oder Menschen da, sondern charakterisiert ihr Verhalten, | sei es das der Sachen im Gebrauch, sei es das der Menschen im Miteinandersein. אמת vollzieht sich also in der Zeit

---

[7] So ist wohl auch Sach 8,19 zu verstehen: והאמת והשלום אהבו, LXX καὶ τὴν ἀλήθειαν καὶ τὴν εἰρήνην ἀγαπήσατε.

[8] Vgl. Schlatter, l. c. 552: „Wenn die Dinge und Personen die auf sie gerichtete Erwartung erfüllen, sind sie נאמן."

und, von Menschen ausgesagt, im *zeitlich-geschichtlichen Miteinander*[9]. Deshalb kann mit אמת auch der Erweis eines solchen zuverlässigen Verhaltens bzw. dieses Verhalten als erfahrenes bezeichnet werden, so daß אמת mit חסד und mit תשועה synonym werden kann[10]. Andererseits wird אמת mit צדקה verwandt, weil Gottes אמת, Gottes sich durchhaltende Festigkeit wie als helfende, so als fordernde begegnet. Die Festigkeit ist nicht nur das faktische Bestehen und Durchhalten, sondern auch der Charakter dessen, was bestehen *soll, das Geltende, das Anerkannte und Anerkennung Fordernde.* Das tritt deutlich heraus Jes 43,9, wo geschildert wird, wie Jahwe Recht spricht. Hat er gesprochen, so soll man sagen אמת: es gilt! (LXX ἀληθῆ). Ez 18,8 wird der Gerechte geschildert: משפט אמת יעשה, er fällt rechten Rechtsspruch (LXX κρίμα δίκαιον). Und ebenso wird Sach 7,9 geboten: משפט אמת שפטו, fällt rechten Rechtsspruch (LXX κρίμα δίκαιον, vgl. Sach 8,16). So lautet die Bußpredigt Jes 59,14 f:

„So wird das Recht (משפט, κρίσις) zurückgedrängt,
und die Gerechtigkeit (צדקה, δικαιοσύνη) muß weitab stehen.
Denn es strauchelt auf der Gasse die Wahrheit (אמת, ἀλήθεια),
und die Geradheit (נכחה, εὐθεία) findet keinen Eingang.
So kam's, daß die Wahrheit (אמת, ἀλήθεια) vermißt wird."

Feststehen wird der Thron eines Königs, „der den Geringen treulich Recht schafft" (Spr 29,14 שופט באמת, ἐν ἀληθείᾳ κρίνοντος).

Entsprechend wird Jer 42,5 Jahwe als anerkannter und gültiger Zeuge aufgerufen (לעד אמת ונאמן, LXX εἰς μάρτυρα δίκαιον καὶ πιστόν). Von hier aus ist es wohl auch zu verstehen, wenn Dan 9,13 die jüdische Religion als *deine* (Gottes) Wahrheit bezeichnet wird: „Wir haben Jahwe, unsern Gott, nicht begütigt, daß wir uns von unsern Sünden bekehrt und auf deine Wahrheit geachtet hätten (ולהשכיל באמתך, LXX διανοηθῆναι τὴν δικαιοσύνην σου; Thdtn: τοῦ συνιέναι ἐν πάσῃ ἀληθείᾳ σου). Wenn Dan 8,12 mit אמת schlechthin die jüdische Religion bezeichnet wird, so ist das durch solchen Sprachgebrauch ermöglicht, aber der absolute Gebrauch von אמת in diesem Sinne doch innerhalb des AT so seltsam, daß man wohl an den Einfluß des iranischen Sprachgebrauchs denken muß, in dem „die Wahrheit" schlechthin den rechten Glauben, die richtige Religion bedeutet. Vielleicht ist es auch von daher zu verstehen, daß das himmlische Schicksalsbuch, aus dem der Engel dem Seher Offenbarung über die Zukunft mitteilt als כתב אמת (10,21, LXX ἀπογραφὴ ἀληθείας, Θ γραφὴ ἀλ.) bezeichnet wird.

---

[9] Vgl. SCHLATTER, l. c. 552 und v. SODEN, l. c. 14.   [10] Vgl. SCHLATTER, l. c. 552 f.

Ist hier wohl fremder Einfluß wirksam, so ist in den anderen Fällen der spezifisch at.liche Charakter von אמת deutlich: אמת ist *das, was gilt*, und zwar nicht in zeitloser „Gültigkeit", sondern als der sich in der Zeit vollziehende Anspruch, der die Zeit, dh die Zukunft, des Angesprochenen in Anspruch nimmt. Auch hier ist *der zeitliche und geschichtliche Charakter* von אמת deutlich: אמת wird nicht konstatierend als irgendwo (sei es in einer Welt der Ideen) vorfindlich wahrgenommen, sondern vollzieht sich und geschieht in einem konkreten Miteinander von Personen in der Zeit. Verstanden wird der geltende Anspruch nicht in einem betrachtenden Hinsehen, sondern in der sich vollziehenden Anerkennung des zeitlichen Verhaltens.

Es ist sehr verständlich, wenn in den LXX אמת häufig mit πίστις und mit δικαιοσύνη wiedergegeben wird. Und es ist zunächst nicht verständlich, warum überhaupt und überwiegend ἀλήθεια als Wiedergabe gewählt ist. Und doch ist das wiederum auch verständlich; einmal deshalb, weil אמת den Sinn von Aufrichtigkeit haben kann, also der ἀλήθεια = Wahrhaftigkeit entspricht (so oben in den Beispielen 1Sam 12,24; 1Kön 2,4; Jes 10,20; 48,1 u. a., daneben Jos 24,14 εὐθύτης). Dann aber, weil אמת auf Grund der Bedeutung „zuverlässig, geltend, gültig" auch *das Wort, die Aussage charakterisieren kann*[11]. Sehr deutlich ist Ps 132,11:

„Jahwe hat David geschworen
die Wahrheit, davon er nicht weicht."
(אמת לא ישוב ממנה, LXX ἀλήθειαν, καὶ οὐ μὴ ἀθετήσει αὐτήν).

Gerade der Zusatz „davon er nicht weicht" läßt den Sinn von אמת als das fest Bestehende, Geltende klar hervortreten. Wenn also ein Wort durch אמת charakterisiert wird, so nicht um deswillen, weil es einem Tatbestand entspricht, sondern weil es zuverlässig ist und gilt. Aber weil ein Wort diesen Charakter hat, *wenn* es einem Tatbestand entspricht oder ihn enthüllt, kann für אמת im Griechischen die Bezeichnung ἀλήθεια eintreten. Charakteristisch ist Gen 42,16: „Eure Worte sollen geprüft werden, ob sie Wahrheit sind" (האמת אתכם) ist in LXX wiedergegeben: . . . . εἰ ἀληθεύετε. Ferner Dtn 22,20: „Wenn אמת ist dieses Wort" = ἐὰν ἐπ᾽ ἀληθείας γένηται ὁ λόγος οὗτος. | Jer 23,28: Der Prophet, der ein Wort Jahwes erhalten hat, soll treulich dies Wort reden (ידבר דברי אמת, LXX διηγησάσθω τὸν λόγον μου ἐπ᾽ ἀληθείας). Spr 22,21: „Damit ich dir kundtue [קשט] zuverlässige Worte (אמרי אמת, LXX ἀληθῆ λόγον), daß du antworten kannst [אמרים] Zuverlässiges (אמת, λόγους ἀληθείας) dem,

---

[11] Vgl. Schlatter, l. c. 555.

der dich fragt." Spr 8,7: „Denn Wahrheit (אמת, ἀλήθειαν) redet mein Gaumen" (in Parallele mit צדק, ישרים, נכחים, im Gegensatz zu נפתל und עקש). Auf Jahwes heiligem Berge darf wohnen, wer „von Herzen Wahrheit redet" (דבר אמת בלבבו Ps 15,1, LXX λαλῶν ἀλήθειαν ἐν καρδίᾳ αὐτοῦ). Sach 8,16: „Redet untereinander die Wahrheit" (דברו אמת λαλεῖτε ἀλήθειαν, vgl. Jer 9,4). 1Kön 22,16: „Wie oft soll ich dich beschwören, daß du zu mir im Namen Jahwes nichts als die Wahrheit reden sollst" (אשר לא־תדבר אלי רק־אמת, ebenso 2Chr 18,15) = ὅπως λαλήσῃς πρός με ἀλήθειαν[12]. Der „Prediger" hat sich bemüht, zu finden „nützliche Worte" (דברי־חפץ, λόγους θελήματος), Rechtes ⟨zu schreiben⟩, wahrhaftige Worte (דברי אמת, γεγραμμένον εὐθύτητος, λόγους ἀληθείας, Pred 12,10). Dan 8, 26: „Und das Gesicht von den Abenden und Morgen, was gesagt ist, ist Wahrheit" (אשר נאמר אמת הוא) = ... ηὑρέθη ἐπ' ἀληθείας. Dan 10,1: „... es wurde dem Daniel ... ein Wort offenbart, und Wahrheit ist das Wort" (ואמת הדבר, vgl. 11,2) = καὶ ἀληθὲς τὸ πρόσταγμα (Thdtn: καὶ ἀληθινὸς ὁ λόγος).

Wiederum: weil nur das gilt, was echt, was wirklich ist, kann, was nach seinem Charakter als zuverlässig und geltend durch אמת bezeichnet wurde, im Griechischen durch ἀλήθεια bezeichnet werden, sofern es echt und wirklich ist. So schon in dem oben angeführten Beispiel Ri 9,15: „Wenn ihr באמת mich zum König ... salben wollt" = ἐν ἀληθείᾳ. Ferner Jer 26,15: „Denn Jahwe hat mich באמת zu euch gesandt" = ἐν ἀληθείᾳ. So kann die Charakteristik der משפטי י Ps 19,10 als אמת, in LXX als (κρίματα) ἀληθινά wiedergegeben werden; und der „edle Weinstock" (זרע אמת), der Jer 2,21 dem wilden entgegengesetzt ist, wird in LXX verstanden als (ἄμπελος ἀληθινή). Auch wenn אלהי אמן Jes 65,16 (MT אמן) und אלהי אמת 2Chr 15,3 θεὸς ἀληθινός übersetzt wird, geschieht das wohl auf Grund der griechischen Bedeutung von ἀληθινός = echt. Gott ist damit (anders als im Urtext) als der wirkliche Gott bezeichnet gegenüber den Götzen[13]. Schwerlich ist die Übersetzung der Charakteristik Gottes als רב חסד ואמת Ex 34,6; Ps 86,16 anders gemeint.

Endlich aber: weil ἀλήθεια im hellenistischen Sprachgebrauch den Sinn von göttlicher Wirklichkeit, wirklich Seiendem erhalten hat und weil das wirklich Seiende als das immer Seiende, Ewige verstanden wird,

---

[12] Est 9,80, in LXX fehlend, offenbar eine Glosse: „Er sandte Schreiben דברי שלום ואמת" „... freundschaftliche und zuverlässige Worte".
[13] Nach Athenaeus 6,62 empfangen die Athener den Demetrius mit göttlichen Ehren: ὡς εἴη μόνος θεὸς ἀληθινός, οἱ δ' ἄλλοι καθεύδουσιν ἢ ἀποδημοῦσιν ἢ οὐκ εἰσίν (TRENCH, Synonyma, deutsch von WERNER, 1907 S. 16). So ist auch der urchristliche Sprachgebrauch gemeint; s. u.

kann אמת gerade, weil es Festigkeit, Geltendes heißt, durch ἀλήθεια wiedergegeben werden. Freilich bedeutet אמת ursprünglich nicht das „immer Seiende", sondern bezeichnet das Wie eines Seienden als fest, zuverlässig, geltend. Gleichwohl ist verständlich, daß der in אמת liegende Sinn des sich als Bestand oder Forderung Durchhaltens die Übersetzung mit ἀλήθεια veranlassen oder erleichtern konnte. Die Folge wird sein, daß die jüdisch-christliche Gottesvorstellung durch den Gedanken des Immer-Seienden beeinflußt wird. Das ist wohl schon der Fall, wenn Ps 31,6 אל אמת mit ὁ θεὸς τῆς ἀληθείας übersetzt wird[14], während Dtn 32,4 אמונה richtig mit (θεὸς) πιστός wiedergegeben ist. Vor allem aber ist umgekehrt verständlich, daß dort im hellenistischen Sprachgebrauch, wo das AT oder die Übersetzung der LXX wirksam wird, ἀλήθεια in der Richtung des Ewig-Geltenden verstanden wurde.

So verständlich also doch die Wiedergabe von אמת durch ἀλήθεια ist: der ursprünglich ganz verschiedene Sinn der beiden Wörter, *die völlig andere Orientiertheit der beiden „Wahrheits"-Begriffe* kann nicht verkannt werden. Ist der Grundsinn des griechischen ἀλήθεια „Unverborgenheit", „Aufgedecktheit", von dem aus sich die differenzierten Bedeutungen „Wahrheit" (eines Satzes und aller möglichen Sätze), „Wahrhaftigkeit", „Echtheit", „Wirklichkeit" (= immer Seiendes) ergeben (vgl. Teil II), so ist אמת das Feste, Geltende, das nicht irgendwo „da" ist, sondern sich im zeitlich-geschichtlichen Miteinandersein vollzieht im Verhalten von Sachen zu Personen, aber vor allem im Verhalten von Menschen zu Menschen, von Gott zu Menschen und Menschen zu Gott[15]. Es vollzieht sich in der Treue und Aufrichtigkeit, die einer dem andern

---

[14] Vielleicht auch an anderen Stellen, wo von Gottes ἀλήθεια die Rede ist, wie Ps 57,11; 108,5; 19,10; 26,3.

[15] Vgl. H. v. SODEN, Was ist Wahrheit? S. 12—15. Im Unterschied von v. SODEN glaube ich nicht, daß אמת ein „ethisch Normhaftes" erst „in sich aufnimmt", sondern daß es primär das Geltende, das als Festes Anspruch Erhebende bedeutet, wie die oben gegebenen Darlegungen gezeigt haben. Aber darin stimme ich mit v. SODEN überein, daß dem hebräischen Wahrheitsbegriff die „zeitliche Gerichtetheit", der „spezifisch geschichtliche Charakter" eigen ist. Einseitig scheint es mir nur gesagt zu sein, daß Wahrheit das ist, „was sich in der Zukunft herausstellen wird"; meines Erachtens muß es heißen: was sich in der Zeit vollzieht. Dabei ist freilich die Zeit nicht gedacht als durch die fortlaufende Reihe der „Jetzt" konstituiert, sondern so, daß das Jetzt von der Zukunft her, die es beansprucht und bedroht, verstanden ist. Indem das Jetzt unter die Zukunft gestellt wird, sei es, daß jetzt ein Anspruch an den Menschen ergeht, der ihn für die Zukunft beansprucht, sei es, daß der Mensch, solchen Anspruch ergreifend, sein Jetzt unter die Zukunft stellt, geschieht Wahrheit. Das wird sich freilich „in der Zukunft herausstellen"; aber „Wahrheit" ist nicht das Ergebnis des Verhaltens, sondern charakterisiert dieses selbst.

erweist, indem er seine Erwartung erfüllt: es vollzieht sich ebenso in dem geltenden Anspruch des menschlichen Rechtsspruchs wie der göttlichen Forderung.

Das soll zum Schluß noch an der schon genannten Wendung עשה אמת verdeutlicht werden, der in LXX das ganz ungriechische ποιεῖν ἀλήθειαν entspricht (vom Menschen ausgesagt Gen 24,49; 47,29; Jos 2,14; von Gott Gen 32,11; 2Sam 2,6; Neh 9,33). Dieser Sprachgebrauch ist der gleiche wie in anderen in LXX verschieden nachgeahmten Wendungen, und er ist auch für das NT bedeutsam geworden. Ich zähle einige Beispiele auf:

עשה צדקה Ps 106, 3 (ποιεῖν δικαιοσύνην)[16].

עשה צדקה ומשפט Gen 18,19 (ποιεῖν δικαιοσύνην καὶ κρίσιν). Das Gleiche in umgekehrter Stellung 2Sam 8,15; Jer 22,3 (ποιεῖν κρίμα bzw. κρίσιν καὶ δικαιοσύνην).

Gleichwertig פעל צדקה Ps 15,2 (ἐργάζεσθαι δικαιοσύνην).

עשה טוב Pred 7,20 (ποιεῖν ἀγαθόν).

עשה חסד Gen 24,12; 40,14 (ποιεῖν ἔλεος).

Dazu gehören die Opposita:

עשה און Jes 32,6 (μάταια νοεῖν).

Gleichwertig פעל און Ps 5,6 (ἐργάζεσθαι τὴν ἀνομίαν).

עשה שקר Jer 6,13 (ποιεῖν ψευδῆ); 8,10 (LXX vacat).

Gleichwertig פעל שקר 2Sam 18,13 (ποιεῖν ἄδικον); Hos 7,1 (ἐργάζεσθαι ψευδῆ).

עשה רעה Ri 11,27 (ποιεῖν πονηρίαν).

עשה נבלה Gen 34,7 (ἄσχημον ποιεῖν).

עשה חמס Jes 53,9 (ἀνομίαν ποιεῖν).

עשה חנף Jes 32,6 (συντελεῖν ἄνομα).

Die Wendungen zeigen deutlich, daß עשה = machen nicht im griechischen Sinne als „herstellen" verstanden ist, sondern als „vollziehen". Wenn also von עשה אמת gesprochen wird, so ist deutlich, daß אמת (und verwandte Begriffe) nicht eine Beschaffenheit bezeichnet, die „hergestellt" werden kann. Das Tun ist nicht, wie im Griechischen, ins Auge gefaßt, sofern etwas dabei herauskommt, das ἔργον einer τέχνη (und so wird im Griechischen ja sowohl das Verhalten dem anderen gegenüber, wie das Arbeiten an sich selbst aufgefaßt; vgl. die vom Handwerk und von der Kunst genommene Terminologie des Ethischen); sondern das

---

[16] Im Judentum hat dies bekanntlich den speziellen Sinn gewonnen „Wohltätigkeit üben", „Almosen geben"; vgl. STRACK-BILLERBECK I, S. 388.

Verständnis des Tuns ist orientiert am zeitlichen Miteinander der Menschen bzw. am Sein des Menschen mit Gott (indem das Verhältnis zu Gott nach Analogie des Verhältnisses zum Menschen verstanden wird). In solchem Miteinander wird „Wahrheit" vollzogen, geschieht sie[17]; und dieses Geschehen qualifiziert das Miteinander. Die „Wahrheit" ist also nicht irgendwo „da"; sei es im einzelnen Satz, der seinem Gehalt nach wahr wäre, noch auch schlechthin als *„die* Wahrheit", die — in einer ideellen Welt — an sich bestünde, auffindbar und betrachtbar wäre. Die griechische Frage nach *„der* Wahrheit" kann hier nicht entstehen. Auch sofern Gottes Rechte „Wahrheit" sind, sind sie es nicht, sofern sie einen ewig bestehenden Gehalt bergen, sondern sofern sich in ihnen der unausweisliche Anspruch Gottes vollzieht.

2. *Verwandte Wörter*

Das Ergebnis kann nachgeprüft werden, wenn der Sprachgebrauch des mit אמת fast gleichbedeutenden אמונה überblickt wird. Auch dieses Wort heißt *Festigkeit* und kann wie אמת vom sicheren Zustand des Landes, der Verhältnisse gebraucht werden: Jes 33,6: „Sichere Zeiten wirst du haben" = והיה אמונת עתיך (LXX ἐν νόμῳ παραδοθήσεται!); vgl. oben Jer 33,6. Ps 37,3 mahnt: „Tue Gutes, so bleibst du im Lande und weidest in Sicherheit" = אמונה (LXX ποιμανθήσῃ ἐπὶ τῷ πλούτῳ αὐτῆς sc. τῆς γῆς). Die Arme des Moses werden Ex 17,12 gestützt: ויהי ידיו אמונה (LXX ἐστηριγμέναι).

Wie bei אמת ist sodann die Bedeutung *Treue, Zuverlässigkeit* häufig, und die LXX übersetzen gewöhnlich mit πίστις. „Auf Treu und Glauben" heißt באמונה (2Kön 12,16; 22,7, LXX beide Male ἐν πίστει); ein Mann von Treu und Glauben heißt איש אמונות (LXX ἀξιόπιστος), und die Amtspflicht kann als אמונה bezeichnet werden (1Chr 9,22, LXX πίστις). Jahwes Augen sind gerichtet auf אמונה (Jer 5,3, LXX πίστις). Vom ungehorsamen Volk heißt es, daß „verschwunden ist ihre אמונה [ausgerottet] aus ihrem Munde" (Jer 7,28, LXX πίστις); es wird als treulos und lügnerisch gescholten: „(durch Lüge) nicht לאמונה sind sie mächtig im Lande" (Jer 9,2, LXX πίστις); man soll forschen, ob einer da ist, der משפט (κρίμα) hat, der nach אמונה (πίστις) trachtet (Jer 5,1). Ähnlich Ps 12,2: „Die Treue ist gewichen" = אמונים (LXX αἱ ἀλήθειαι). 2Chr 19,9 befiehlt: „So sollt ihr tun in Furcht Jahwes, in Treue und aufrichtiger Gesinnung" = באמונה ובלבב שלם (LXX ἐν ἀληθείᾳ καὶ ἐν πλήρει καρδίᾳ).

---

[17] Vgl. H. v. SODEN, l. c. 13 f.

So können die Frommen als die אמונים bezeichnet werden (Ps 31,24, parallel mit חסידיו = seine, dh Gottes Fromme, LXX geben den Begriff durch ἀλήθεια wieder); und der Fromme bekennt: „Den Weg der Wahrheit (אמונה, ἀλήθεια) habe ich erwählt, deine Rechte (משפטיך, τὰ κρίματά σου) begehre ich."

Die Verwandtschaft von אמונה mit צדקה lassen diese Beispiele schon ahnen; es ist ein ähnliches Verhältnis wie zwischen אמת und צדקה, doch mit dem Unterschied, daß אמת die Bedeutung „das Geltende", „das Recht" gewinnt, während אמונה das dem Recht entsprechende Verhalten, die Gerechtigkeit ist. Nach 1Sam 26,23 vergilt Jahwe jedem seine צדקה und אמונה (δικαιοσύνη und πίστις). Vom Messias-König heißt es Jes 11,5, daß צדק (δικαιοσύνη) der Gurt seiner Hüften und אמונה (ἀλήθεια) der Gurt seiner Lenden sein wird. Die Verderbnis des Rechtslebens wird Jes 59,4 geschildert: „Niemand klagt בצדק, und niemand prozessiert באמונה (LXX οὐδεὶς λαλεῖ δίκαια, οὐδέ ἐστιν κρίσις ἀληθινή). Von der Heilszeit dagegen heißt es Jes 26,2: „Öffnet die Tore, daß hineinziehe ein Volk צדיק שמר אמנים (φυλάσσων δικαιοσύνην καὶ φυλάσσων ἀλήθειαν. Warum die LXX das folgende יצרו סמור [MT יצר] übersetzen: ἀντιπαραλαμβανόμενος, weiß ich nicht).

In der gleichen Weise kann von *Gottes* אמונה geredet werden. Und wie אמת, so steht auch אמונה oft parallel mit חסד.

> Ps 36,6: „Bis an den Himmel reicht dein חסד (ἔλεος),
> deine אמונה (ἀλήθεια) reicht bis zu den Wolken" (s. o. Ps 57,11).

Wenn Israel sündigt, so will doch Gott ihm sein חסד (ἔλεος) nicht entziehen und seine אמונה nicht brechen (οὐδὲ μὴ ἀδικήσω ἐν τῇ ἀληθείᾳ μου) (Ps 89,34).

> Ps 100,5: „Denn Jahwe ist gütig, sein חסד (ἔλεος) währet ewig
> und seine אמונה (ἀλήθεια) für und für."[18]

> Dtn 32,4: „Ein Fels ist er, vollkommen sein Tun
> (תמים פעלו, LXX ἀληθινὰ τὰ ἔργα σου),
> denn Recht (משפט) sind alle seine Wege,
> Ein Gott der Treue (אל אמונה, θεὸς πιστός) und ohne Falsch,
> gerecht und redlich (צדיק וישר) ist Jahwe."

> Hos 2,21 f: „Ich werde dich mir verloben בצדק ובמשפט ובחסד וברחמים,
> (ἐν δικαιοσύνῃ καὶ ἐν κρίματι καὶ ἐν ἐλέει καὶ ἐν οἰκτιρμοῖς)
> ich werde dich mir erwerben באמונה (ἐν πίστει).

Die beiden letzten Beispiele zeigen zugleich schon den Zusammen-

---

[18] Vgl. den MT von Ps 119,90. Ferner s. Ps 88,12; 89,2.3.6.15.25.34.50; 92,3.

hang zwischen der אמונה und der צדקה Gottes. Dieser Zusammenhang tritt deutlich hervor Ps 96,13:

„Er richtet die Welt בצדק (ἐν δικαιοσύνῃ)
und die Völker באמונה" (ἐν τῇ ἀληθείᾳ αὐτοῦ).

Ps 33,4 f: „Denn Jahwes Wort ist wahrhaftig (ישר, εὐθής),
und all sein Tun באמונה (ἐν πίστει).
Er, der Recht und Gerechtigkeit liebt (צדקה ומשפט),
von Jahwes חסד ist die Erde voll."

Ps 119,75: „Ich weiß, Jahwe,
daß deine Gerichte gerecht sind (כי־צדק משפטיך),
und daß du mich in אמונה gedemütigt hast."
(LXX ὅτι δικαιοσύνη καὶ ἀληθείᾳ τὰ κρίματά σου ἐταπείνωσάν με.)

Ps 119,86: „Alle deine Gebote sind Wahrheit" (כל־מצותיך אמונה,
πᾶσαι αἱ ἐντολαί σου ἀλήθεια).

Ps 119,137 f: „Jahwe, du bist gerecht (צדיק, δίκαιος),
und deine Rechte sind richtig (וישר משפטיך, εὐθὴς ἡ κρίσις σου).
Du hast die Satzungen[19] in Gerechtigkeit (צדק δικαιοσύνην)
verordnet,
und in lauter Treue (אמונה, ἀλήθειαν)."

So wenig wie אמת ist אמונה primär ein Charakter der Aussage; aber wie jenes, so kann auch dies eine Aussage charakterisieren; vgl. Ps 89,50 (u. s. o. Ps 132,11):

„Wo sind deine einstigen Gnaden (חסדיך, τὰ ἐλέη),
die du David in deiner אמונה (ἐν τῇ ἀληθείᾳ σου)
geschworen hast?"

In demselben Sinne können Pläne als אמונה bezeichnet werden Jes 25,1: Gott hat seine Pläne von alters ausgeführt, die „wahr und zuverlässig" waren (אמונה אמן, LXX βουλὴν ἀρχαίαν ἀληθινήν· γένοιτο).

Der überall zugrunde liegende Sinn für אמת wie für אמונה, nämlich die Bedeutung von Durchhalten und damit Gelten, kommt endlich für beide Wörter deutlich Ps 111,7 f zum Ausdruck:

„Seiner Hände Taten sind אמת ומשפט (ἀλήθεια καὶ κρίσις),
wahrhaftig (נאמנים, πισταί) sind alle seine Gebote,
Unerschütterlich immer und ewiglich,
vollzogen באמת und ישר (ἐν ἀληθείᾳ καὶ εὐθύτητι).

Es ist daher verständlich, wenn die LXX אמונה nicht nur gelegentlich in der Bedeutung von Aufrichtigkeit mit ἀλήθεια wiedergeben (Jes 11,5; 26,2; 2Chr 19,9; Ps 12,2; 31,24), sondern auch, wenn von Gottes אמונה die Rede ist, dafür ἀλήθεια setzen als das Wort, das das Ewig-Sein der Gottheit ausdrückt (Ps 36,6; 89,34; 96,13; 100,5). Ebenso auch, daß sie

---

[19] So GUNKEL, der חקיך liest statt עדתיך = deine Zeugnisse.

באמונה durch ἀληθινός wiedergeben können, weil das durch באמונה als zuverlässig, aufrichtig charakterisierte Verhalten ein „echtes" Verhalten ist (Jes 59,4; vgl. Jes 25,1).

Charakteristisch dürfte sein, daß die LXX das Verbum נאמן nicht durch ἀληθεύειν wiedergeben, sondern durch πιστὸς εἶναι oder πιστευθῆναι und ähnliche Wendungen. Dagegen übersetzen sie אמן nicht nur durch γένοιτο, sondern durch ἀληθῶς[20]. Das Adverbium אמנם = sicherlich, wirklich (= es steht fest, es gilt, daß . . .) ist meist durch ἐπ' ἀληθείας wiedergegeben (Jes 37,18; Hi 9,2; 19,4; 36,4), daneben durch ἀληθείᾳ (2Kön 19,17) und ἀληθῶς (Ruth 3,12), wenn es nicht weggelassen bzw. indirekt wiedergegeben ist (Hi 12,2; 19,5; 34,12). אמנם ist mit ἀληθῶς übersetzt (Gen 18,13; Num 22,37; 2Chr 6,18), aber charakteristischerweise auch durch ὄντως (2Kön 8,27).

Seltener werden ἀλήθεια und die abgeleiteten Adjektive für andere hebräische Wörter gebraucht. Bezeichnenderweise erscheint Jes 41,46 ἀληθής für צדיק[21]. In der oben genannten Stelle Dtn 32,4 wird תמים, das meist mit ἄμεμπτος übersetzt wird, durch ἀληθινός wiedergegeben; und Spr 28,6 erscheint הלך בתמו, das gewöhnlich als πορεύεσθαι ἐν ἀκακίᾳ übersetzt wird (Ps 26,1.11), als πορεύεσθαι ἐν ἀληθείᾳ[22]. Ferner wird ישר, das sonst durchweg εὐθής heißt, im Hiobbuch durch ἀληθινός übersetzt (1,1.8; 2,3; 4,7; 8,6; 17,8). Der beabsichtigte Sinn ist dabei offenbar der von „echt", „unverfälscht", wie daran erkennbar ist, daß es oft neben ἄμεμπτος (תם) erscheint (8,6 neben καθαρός = זך). Das im aramäischen Daniel mehrfach begegnende יציבא bzw. מן־יציב = feststehend, sicher, wird in den LXX teils durch ἀκριβής wiedergegeben (2,45; 6,13; Thdtn beidemal ἀληθινός) bzw. durch ἀκρίβεια (7,16; hier auch Thdtn), teils durch ἐπ' ἀληθείας und ἀληθῶς (2,8 und 3,24; ebenso Thdtn). Auch מן־קשט erscheint als ἐπ' ἀληθείας (2,47; auch Thdtn), und קשוט, das 4,34 mit דין parallel steht, ist bei Thdtn mit ἀλήθεια übersetzt (LXX bringt keine Übersetzung). Gar nicht am hebräischen, sondern ganz am griechischen Wahrheitsbegriff orientiert ist die Wiedergabe von Urim und Tummim durch δήλωσις und ἀλήθεια Ex 28,26; 1Esra 5,40 bzw. δῆλοι und ἀλήθεια Dtn 33,8; Sir 45,10.

---

[20] ἀληθῶς steht ja auch bei Lk nicht selten für ἀμήν.
[21] SMEND (Die Weisheit des Jesus Sirach, 1906, S. 245) vermutet, daß auch ἀλήθεια Sir 27,9 Übersetzung von צדקה oder צדק ist.
[22] Vgl. noch etwa Jes 26,10: „(Der Gottlose) lernt nicht das Recht (צדק). Im Lande der Redlichkeit (נכחות) frevelt er" = πᾶς ὃς οὐ μὴ μάθῃ δικαιοσύνην ἐπὶ τῆς γῆς, ἀλήθειαν οὐ μὴ ποιήσει.

3. „Wahrheit" in der jüdischen und jüdisch-christlichen Literatur

Der Wahrheitsbegriff bzw. die Verwendung des Wortes ἀλήθεια in der jüdischen und jüdisch-christlichen Literatur steht ganz unter dem Einfluß des at.lichen bzw. orientalischen Sprachgebrauchs und zeigt nur am Rande den Einfluß des griechischen ἀλήθεια-Begriffs.

Einmal wird ἀλήθεια im Sinne von *Treue, Zuverlässigkeit* gebraucht. Der Knecht, der „in Treuen arbeitet, heißt Sir 7,20 עובד באמת bzw. ἐργαζόμενος ἐν ἀληθείᾳ. Auch 1Makk 7,18 hat ἀλήθεια, obgleich mit κρίσις koordiniert, den speziellen Sinn von Treue: οὐκ ἔστιν ἐν αὐτοῖς ἀλήθεια καὶ κρίσις. παρέβησαν γὰρ τὴν στάσιν (Vertrag) καὶ τὸν ὅρκον ὃν ὤμοσαν. Von *Gottes* ἀλήθεια in diesem Sinne redet Paulus Röm 3,7 (mit πίστις V. 3 parallel), und 3,4 heißt Gott als der treue ἀληθής. Ebenso ist Röm 15,8 Gottes ἀλήθεια seine Treue: ὑπὲρ ἀληθείας θεοῦ, εἰς τὸ βεβαιῶσαι τὰς ἐπαγγελίας τῶν πατέρων. Und die γραφαί werden 1Clem 45,2 als ἀληθεῖς bezeichnet, nämlich als διὰ τοῦ πνεύματος τοῦ ἁγίου.

Die Bedeutung „Zuverlässigkeit" kann einerseits in der Richtung auf „*Ehrlichkeit*", „*Aufrichtigkeit*" entwickelt werden. Ἀλήθεια charakterisiert dann das Reden (nicht das Wort als Geredetes); so 2Kor 7,14: πάντα ἐν ἀληθείᾳ ἐλαλήσαμεν ὑμῖν. Und ebenso heißt ἀλήθεια in der Schwurformel 2Kor 11,10: ἔστιν ἀλήθεια Χριστοῦ ἐν ἐμοὶ ὅτι . . . Aufrichtigkeit, Wahrhaftigkeit. Entsprechend ist ἀλ. 1Kor 5,8 mit εἰλικρίνεια koordiniert und Phil 1,18 gegen πρόφασις gesetzt. Auch ἐν πίστει καὶ ἀληθείᾳ 1Tim 2,7; 1Clem 60,4 wird man so verstehen müssen und wohl auch 1Clem 19,1, wo die Gläubigen bezeichnet werden als die καταδεξάμενοι τὰ λόγια αὐτοῦ ἐν φόβῳ καὶ ἀληθείᾳ (ähnlich Polyk 2,1). Die aufrichtige eheliche Liebe wird Polyk 4,2 als ein στέργειν ἐν πάσῃ ἀληθείᾳ charakterisiert, und ebenso kann Polyk 1,1 von einer ἀληθὴς ἀγάπη reden. Anders ist auch das ἀληθεύειν ἐν ἀγάπῃ Eph 4,15 nicht zu verstehen[23]. Natürlich kann in diesem Sinne das ganze Verhalten eines Menschen bzw. dieser selbst als ἀληθής charakterisiert werden: Mk 12,14; 2Kor 6,8; Did 15,1.

Andererseits kann aber die Bedeutung so entwickelt werden, daß ein Gesagtes als zuverlässig bezeichnet wird und ἀλήθεια den uns nächstliegenden Sinn von *Wahrheit* erhält. So in den Wendungen wie ἀλήθειαν

---

[23] Mindestens eine Anspielung auf diesen Sprachgebrauch liegt auch in dem ἀγαπᾶν ἐν ἀληθείᾳ 2Joh 1; 3Joh 1 vor. — Wie ἀλήθεια = Aufrichtigkeit nicht spezifisch alttestamentlich ist, so auch entsprechende Verbindungen nicht; φιλεῖν πρὸς ἀλήθειαν ist als briefliche Formel Pap. Fay. 118,26; 119,26 f bezeugt; vgl. DEISSMANN, Licht vom Osten⁴ 254 (253, 10).

λέγειν und ähnliche; vgl. Tob 7,10; Weish 3,9 (?); Röm 9,1; 2Kor 12,6; Eph 4,25 (zit. aus Sach 8,16); 1Tim 2,7; Mk 5,33; Did 11,10; 2Clem 12,3; ebenso in der Verbindung ῥήματα ἀληθείας (Jdt 10,13; Apg 26,25) oder der Bezeichnung von ῥήματα als ἀληθῆ (Herm mand XI 3). Und so werden Apk 19,9; 21,5; 22,6 die λόγοι als ἀληθινοί charakterisiert, wobei die Koordinierung mit πιστοί in den beiden letzten Fällen den Sinn ganz deutlich macht. So wird auch Tit 1,13 die μαρτυρία als ἀληθής bezeichnet (vgl. 3Joh 12); und den gleichen Sinn hat es, wenn 2Petr 2,22 eine παροιμία (Sprichwort) ἀληθής genannt wird (vgl. Joh 4,37)[24]. Von da aus ist auch ἐπ' ἀληθείας zu verstehen[25], das Lk 4,25 ein λέγειν charakterisiert und hier wie Lk 22,59 (Mk 14,70 hat ἀληθῶς; so auch Mt 26,73) und 1Clem 23,5; 47,3 im Sinne des hebräischen אמן steht, während es Mk 12,14 (bei διδάσκειν) und 12,32 (bei εἰπεῖν) einem באמת entspricht.

Diese Beispiele zeigen, daß ἀλήθεια bzw. Wahrheit nicht den griechischen Sinn von *Erschlossenheit* hat, sondern im at.lichen Sinne das bedeutet, auf das man sich verlassen kann. Nur selten liegt die griechische Bedeutung vor, so Weish 6,22:

θήσω εἰς τὸ ἐμφανὲς τὴν γνῶσιν αὐτῆς (sc. τ. ἀληθείας)
καὶ οὐ μὴ παροδεύσω τὴν ἀλήθειαν.

So ist aber meines Erachtens auch Röm 1,18.25 zu verstehen: die ἀλήθεια Gottes ist τὸ γνωστὸν τοῦ θεοῦ, das φανερόν daliegt, aber von den Menschen in ihrer Gottlosigkeit verdeckt wird[26]. Dagegen darf die ἀλήθεια τοῦ εὐαγγελίου Gal 2,5.14 nicht von hier aus verstanden werden; vielmehr ist hier die Echtheit gemeint, die zuverlässig ist, im Gegensatz zu einem ἕτερον εὐαγγέλιον ὃ οὐκ ἔστιν ἄλλο (1,6). Dieser Sinn steckt deutlich

---

[24] Ausführlich handelt über die ἀλήθεια Herm mand III; der primäre Sinn ist hier der von „Wahrheit" des Wortes (1: πᾶσα ἀλήθεια ἐκ τοῦ στόματός σου ἐκπορευέσθω), aber mit ihm wechselt die Bedeutung „Wahrhaftigkeit" (4: ἐν ἀληθείᾳ πορεύεσθαι, ganz alttestamentlich). In den Tugendkatalogen mand VIII 9 und sim IX 15,2 wird ἀλήθεια auch die Wahrhaftigkeit bedeuten. Im Sinne von Wahrheit ist ἀλ. vis III 4,2 gebraucht, und zwar so, daß der alte Sinn von Festigkeit deutlich hervortritt: ὅτι ταῦτα ἐστιν ἀληθῆ καὶ οὐδενὸς ἔξωθέν ἐστιν τῆς ἀληθείας, ἀλλὰ πάντα ἰσχυρὰ καὶ βέβαια καὶ τεθεμελιωμένα ἐστίν.

[25] Wie ἐπ' ἀλ., so kann auch ἐν ἀλ. = „wirklich" sein, IgnEph 6,2. In diesem Sinne kann auch ein γινόμενον als ἀληθές bezeichnet werden Apg 12,9. — Kol 1,6: ἀφ' ἧς ἡμέρας ἠκούσατε καὶ ἐπέγνωτε τὴν χάριν τοῦ θεοῦ ἐν ἀληθείᾳ ist nicht ganz deutlich; „wahrhaftig" kann ἐν ἀλ. doch wohl nicht heißen, sondern nur „wirklich" oder „zuverlässig". Eph 4,21: καθώς ἐστιν ἀλήθεια ἐν τῷ Ἰησοῦ wird heißen: „Wie es Gültigkeit, Bestand hat in Jesus". Ebenso ist 1Petr 5,12 zu verstehen: ἐπιμαρτυρῶν ταύτην εἶναι ἀληθῆ χάριν τοῦ θεοῦ εἰς ἣν στῆτε.

[26] Ebenso Herm vis III 3, 5. Auch ἀληθεύων Gal 4,16? oder ist dies nach Gal 2,5.14 bzw. 5,17 zu verstehen?

in τὸ ἀληθινόν Lk 16,11, das Delitzsch mit Recht als אמת versteht (das, was Dauer hat), während er ἐν τῷ ἀδίκῳ μαμωνᾷ statt durch בממון העולה durch בממון השקר hätte retrovertieren sollen[27] (vgl. Spr 11,18).

Sowohl die Koordinierung von ἀλήθεια mit κρίσις 1Makk 7,18, wie ihre Parallelisierung nicht nur mit πίστις, sondern auch mit δικαιοσύνη Röm 3,5—7 macht darauf aufmerksam, daß ganz im at.lichen Sinne ἀλήθεια verstanden ist als „*das, was gilt*", als Gottes Forderung bzw. als das ihm entsprechende Verhalten. In dieser Bedeutung ist ἀλήθεια so abgeschliffen gebraucht, so daß es geradezu *Rechtschaffenheit* bedeutet. Jedoch ist manchmal im einzelnen Falle schwer zu entscheiden, da andere in ἀλήθεια liegende Möglichkeiten zugleich auch ergriffen werden können; zumal wird oft die Bedeutung Zuverlässigkeit, Treue mitklingen[28].

Ich stelle die Beispiele voran, in denen der Sinn von *Geltung, Recht* bestimmend ist. Dan 3,27 f: ὅτι δίκαιος εἶ ἐπὶ πᾶσιν οἷς ἐποίησας ἡμῖν (om. Thdtn.), καὶ πάντα τὰ ἔργα σου ἀληθινὰ καὶ οἱ ὁδοί σου εὐθεῖαι καὶ πᾶσαι αἱ κρίσεις σου ἀληθιναί (Thdtn. ἀλήθεια). Καὶ κρίματα ἀληθείας ἐποίησας κατὰ πάντα ἃ ἐπήγαγες ἡμῖν . . ., διότι ἀληθείᾳ καὶ κρίσει ἐποίησας πάντα ταῦτα διὰ τὰς ἁμαρτίας ἡμῶν.

Tob 3,2: δίκαιος εἶ, κύριε, καὶ πάντα τὰ ἔργα σου καὶ πᾶσαι αἱ ὁδοί σου ἐλεημοσύναι καὶ ἀλήθεια, καὶ κρίσιν ἀληθινὴν καὶ δικαίαν σὺ κρίνεις εἰς τὸν αἰῶνα.

So werden auch Tob 3,5 die κρίσεις als ἀληθιναί bezeichnet, und der gleiche Sprachgebrauch liegt Apk 15,3; 16,7; 19,2 vor[29]. Ur|sprünglich ist der Sinn der gleiche, wenn *Gott* als ἀληθινός bezeichnet wird, wie denn der Anrufung 1Esr 8,86: κύριε . . ., ἀληθινός εἶ in 2Esr 9,15 entspricht: κύριε . . ., δίκαιος σύ[30]. So nennt man nach Jos. ant. VIII 343 Gott ἕνα καὶ μέγιστον καὶ ἀληθινόν, oder man sagt (X 263) μόνον αὐτὸν εἶναι ἀληθῆ καὶ τὸ πάντων κράτος ἔχοντα[31]. Daß ἀληθινός in Apk, wo es nicht nur als Attribut Gottes (6,10), sondern auch Christi (3,7.14; 19,11)

---

[27] KLOSTERMANN sagt mit Recht zur Stelle, daß ἄδικος als trügerisch gemeint sei.

[28] Dadurch ist dann natürlich auch die Geschichte des Wortes ἀδικία, das als Oppositum dient, beeinflußt; und eine Untersuchung dieser Geschichte wäre wohl auch fruchtbar. Vgl. Röm 2,8; 1Kor 13,6; 2Thess 2,10.12 u. a.

[29] In Did 16,6 sind die σημεῖα τῆς ἀληθείας die Zeichen des eschatologischen Gerichts.

[30] MartPol 14,2 heißt es ὁ ἀψευδὴς καὶ ἀληθινὸς θεός, wodurch der Sinn von „zuverlässig" betont wird. Ἀληθινός als Prädikat des κύριος Herm mand 3,1 dagegen heißt „wahrhaftig". In der Charakteristik des προφήτης bzw. διδάσκαλος Did 11,1; 13,1 f als ἀληθινός wird ἀλ. einfach „echt" heißen.

[31] A. SCHLATTER, Wie sprach Josephus von Gott? 1910, S. 16.

erscheint, so zu verstehen ist, ist nicht zweifelhaft. So wird aber auch 1Thess 1,9 aufzufassen sein, da ἀληθινός neben ζῶν (אל חי) als Attribut Gottes erscheint; denn die εἴδωλα, die den Gegensatz bilden (die φύσει μὴ ὄντες θεοί von Gal 4,8), dürfen nicht im intellektualistischen Sinne als „falsche" (= falsch gedachte) Götter verstanden werden, sondern als solche, die keine Geltung haben, und auf die man sich nicht verlassen kann. So heißt es 1Clem 43,6: εἰς τὸ δοξασθῆναι τὸ ὄνομα τοῦ ἀληθινοῦ καὶ μόνου. Entsprechend wird 2Clem 3,1 der πατὴρ τῆς ἀληθείας den νεκροὶ θεοί entgegengesetzt; vgl. 19,1; 20,5³². Sehr merkwürdig sind θεότης und ἀλήθεια Herm mand X 1,4—6 verbunden; der Zusammenhang läßt aber keinen Zweifel, daß nicht der spezifische hellenistische Begriff von ἀλήθεια vorliegt, sondern der jüdische: die θεότης ist nichts anderes als Gottes ἀλήθεια, nämlich seine unverbrüchlich geltende Forderung. Aber freilich wird auf griechischem Boden ἀληθινὸς θεός immer leicht als der „wirkliche" Gott vom griechischen ἀλήθεια-Begriff aus verstanden werden, dh als der Gott, den Gott zu nennen, eine wahre Aussage ist; diese Vorstellung ist Ps Arist 140 so formuliert: εἰ μή τις σέβεται τὸν κατ' ἀλήθειαν θεόν³³.

Auf der anderen Seite ist ἀλήθεια die *Rechtschaffenheit,* wie an einer sehr charakteristischen Stelle deutlich hervortritt: Tobias versichert Tob 12,17: οὐ διὰ πορνείαν ἐγὼ λαμβάνω τὴν ἀδελφήν μου ταύτην, ἀλλ' ἐπ' ἀληθείας. Und so begegnet Tob 4,6; 13,6; 1Clem 31,2 jenes ποιεῖν ἀλήθειαν im Sinn von rechtschaffen handeln³⁴, wie Tob 3,5 πορεύεσθαι ἐν ἀληθείᾳ (Cod. ℵ ἀληθινῶς). Tob 14,7 ist die Rede von den ἀγαπῶντες τὸν θεὸν ἐν ἀληθείᾳ καὶ δικαιοσύνῃ; ebenso stehen Weish 5,6 ὁδὸς ἀληθείας und φῶς δικαιοσύνης in Parallele wie Sir 27,8 f τὸ δίκαιον und ἀλήθεια (hbr. fehlt), und das Oppositum (V. 10) ist ἁμαρτία. צדק Sir 4,28 erscheint im griechischen Text als ἀλήθεια³⁵, und TestGad 3 belehren die „Worte der Wahrheit" über die „Gerechtigkeit" und das „Gesetz des Höchsten". Vor allem beherrscht dieser Sinn von ἀλήθεια die Geschichte vom Wettstreit der Leibpagen des Darius 3 Esr 3,1—4, 63, was das Mächtigste sei. Mächtiger als der Wein, als der König, als die Weiber ist die ἀλήθεια, die größer und mächtiger ist als der Himmel und

---

³² Vgl. die Bezeichnung der heidnischen Götter als νεκροί Did 6,3 im Anschluß an at.liche und jüdische Redeweise.
³³ Vgl. noch Sibyll. Fragm. I 10 und 20.
³⁴ Das gleiche im Targ. Hos 4,1 als עבד קושטא, Bill. II S. 429.
³⁵ Sir 4,25 ist nicht sicher zu verstehen; dem μὴ ἀντίλεγε τῇ ἀληθείᾳ des griechischen Textes entspricht im hebräischen אל תסרב עם האל. Smend will statt עם האל lesen על האמת.

die Erde. πᾶσα ἡ γῆ τὴν ἀλήθειαν καλεῖ, καὶ ὁ οὐρανὸς αὐτὴν εὐλογεῖ, καὶ πάντα τὰ ἔργα σείεται καὶ τρέμει, καὶ οὐκ ἔστιν μετ᾽ αὐτοῦ ἄδικον οὐθέν ... καὶ ἡ ἀλήθεια μ έ ν ε ι καὶ ἰσχύει εἰς τὸν αἰῶνα καὶ ζῇ καὶ κρατεῖ εἰς τὸν αἰῶνα τοῦ αἰῶνος. καὶ οὐκ ἔστιν παρ᾽ αὐτὴν λαμβάνειν πρόσωπα οὐδὲ διάφορα, ἀλλὰ τὰ δ ί κ α ι α ποιεῖ ἀπὸ πάντων τῶν ἀδίκων καὶ πονηρῶν. καὶ πάντες εὐδοκοῦσι τοῖς ἔργοις αὐτῆς, καὶ οὐκ ἔστιν ἐν τῇ κ ρ ί σ ε ι αὐτῆς οὐθὲν ἄδικον. καὶ αὐτῇ ἡ ἰσχὺς καὶ τὸ βασίλειον καὶ ἡ ἐξουσία καὶ ἡ μεγαλειότης τῶν πάντων αἰώνων· εὐλογητὸς ὁ θεὸς τῆς ἀληθείας (4,36—40). Hier sind sozusagen alle möglichen Bedeutungen des at.lichen Wahrheitsbegriffs aufgenommen und zusammengefaßt, und der Grundgedanke, daß sie das Mächtigste, fest Bestehende, Geltende und Anspruch Erhebende ist, tritt deutlich hervor. Fragen kann man nur, ob nicht in dieser Schilderung verschwiegen im Hintergrund steht, daß die „Wahrheit" ihre μόρφωσις in der jüdischen Religion gewonnen hat, so daß hier die letzte, gleich zu besprechende Möglichkeit des Wahrheitsbegriffs auf jüdischem Boden erreicht wäre.

Dieser Sprachgebrauch ist auch dem NT geläufig. Er liegt deutlich vor 1Kor 13,6: οὐ χαίρει (ἡ ἀγάπη) ἐπὶ τῇ ἀ δ ι κ ί ᾳ, συνχαίρει δὲ τῇ ἀ λ η - θ ε ί ᾳ. Nicht anders ist Röm 2,8 zu verstehen: τοῖς δὲ ἐξ ἐριθείας καὶ ἀπειθοῦσι τῇ ἀ λ η θ ε ί ᾳ πειθομένοις δὲ τῇ ἀδικίᾳ. Aber auch Röm 2,2 wird κατὰ ἀλήθειαν, das das κρίμα Gottes charakterisiert, zu verstehen sein: in Gerechtigkeit. Deutlich ist Eph 4,24: ἐν δικαιοσύνῃ καὶ ὁσιότητι τῆς ἀληθείας, wo in der Weise des Epheserbriefs zwei Synonyma durch die Genetivverbindung zu einem Begriff verschmolzen sind: aufrichtige bzw. rechtschaffene Frömmigkeit, und dies wiederum mit dem Synonymum δικαιοσύνη verkoppelt. Ähnlich sind Eph 5,9 ἀγαθωσύνη, δικαιοσύνη und ἀλήθεια verbunden, und 6,14 | stehen ἀλήθεια und δικαιοσύνη in Anlehnung an Jes 11,5 (s. S. 136) in Parallele. Auch Jak 3,14; 5,19 wird so zu verstehen sein[36] und vielleicht auch das ὅσα ἐστὶν ἀληθῆ Phil 4,8. So ist 1Clem 35,5 von der ὁδὸς τῆς ἀληθείας die Rede und Herm vis III 7, 1 von der ὁδὸς ἀληθινή. Und 1Clem 60,2 wird gebetet: καθάρισον ἡμᾶς τὸν καθαρισμὸν τῆς σῆς ἀληθείας (vgl. die Umgebung!); und Herm vis III 7, 3 ist der christliche Wandel als ἡ ἁγνότης τῆς ἀληθείας bestimmt[37].

Eine große Ausdehnung hat ferner der eben durch solchen Sprachgebrauch ermöglichte, aber vermutlich durch iranischen Einfluß veranlaßte

---

[36] Entsprechend ist der Begriff von ψεῦδος bzw. ψευδής Apk 21,8.27; 22,15; Did 5,2; Barn 20,2 zu verstehen. Ebenso ἀπάτη Herm sim VI 2,1.4.
[37] Vgl. noch Did 5,2; 1Clem 31,2; 62,2; 63,1; Barn 20,2; PolykPhil 5,2; Herm mand XII 3,1; sim VI 2,1.4; VIII 9,1; IX 19,2 (καρπὸς ἀληθείας parallel mit καρπὸς δικαιοσύνης); 25,2.

oder verstärkte Gebrauch von ἀλήθεια als der *rechten Religion*, dem *rechten Glauben* gewonnen, der schon Dan 8,12 (s. S. 129) zu beobachten war, und der 3Esr 3,1—4,63 vielleicht im Hintergrund steht. In diesem Sinne werden vermutlich äthHen 102, 2 die Frommen als die „Kinder der Wahrheit" bezeichnet werden. So meint es jedenfalls Philo, wenn er de spec. leg. IV 178 p. 365 den Proselyten charakterisiert als μεταναστὰς εἰς ἀλήθειαν καὶ τὴν τοῦ ἑνὸς τιμίου τιμὴν ἀπὸ μυθικῶν πλασμάτων καὶ πολυαρχίας. Ähnlich hat nach Röm 2,20 der Jude im Gesetz die μόρφωσις τῆς γνώσεως καὶ τῆς ἀληθείας. Und wenn Paulus 2Kor 13,8 sagt: οὐ γὰρ δυνάμεθά τι κατὰ τῆς ἀληθείας, ἀλλὰ ὑπὲρ τῆς ἀληθείας, so ist ἀλήθεια der Inbegriff dessen, was Gott will und fordert. Die Fülle des 3Esr 4,36—40 Gesagten steckt darin, aber von der Voraussetzung aus, daß diese ἀλήθεια dem christlichen Glauben geschenkt ist und im Evangelium vorliegt. So kann im NT ἀλήθεια schlechtweg das Evangelium bedeuten, das der Apostel durch seine Predigt „offenbar" macht: Paulus charakterisiert seine Tätigkeit als φανέρωσις τῆς ἀληθείας (2Kor 4,2), wobei die ἀλήθεια den vorher genannten Begriff λόγος τοῦ θεοῦ wieder aufnimmt (vgl. die Objekte von φανεροῦν 2Kor 2,14; Kol 4,3; Tit 1,4).

Die Galater, die vom Evangelium abfallen wollen, werden 5,7 gefragt: τίς ὑμᾶς ἐνέκοψεν ἀληθείᾳ μὴ πείθεσθαι[38]; dies ist auch der Sinn von ἀλήθεια 2Thess 2,10—12, wo der wahre christliche Glaube dem ψεῦδος und der ἀδικίᾳ der Offenbarung des Antichrist gegenübergestellt wird[39]. Entsprechend ist der christliche Glaube 1Petr 1,22 | als ὑπακοὴ τῆς ἀληθείας bezeichnet, und 2Petr 1,12 heißt das Christentum einfach ἀλήθεια[40]. So werden Herm mand XI die ἰσχυροὶ ἐν τῇ πίστει τοῦ κυρίου charakterisiert als die ἐνδεδυμένοι τὴν ἀλήθειαν. In diesem Sinne wird 1Tim 3,15 die ἐκκλησία als στῦλος καὶ ἑδραίωμα τῆς ἀληθείας bezeichnet; vgl. noch 1Tim 6,5. Die Predigt des Evangeliums kann danach λόγος ἀληθείας heißen, wobei also ἀληθείας (anders als Gal 2,5.14) Gen. obj. ist: 2Kor 6,7; Kol 1,5; Eph 1,13; 2Tim 2,16; Jak 1,18 (vgl. PolykPhil 3,2 τὸν περὶ ἀληθείας λόγον). Und Christ werden, kann heißen εἰς ἐπίγνωσιν ἀληθείας ἐλθεῖν 1Tim 2,4; 2Tim 3,7; vgl. 1Tim 4,3; 2Tim 2,25; Tit 1,1; Hebr 10,26; 2Joh 1; vgl. Herm vis III 6, 2[41]. In ganz spezieller Wendung ist dann

---

[38] Ist zu lesen als selbständiger Satz: τῇ ἀληθείᾳ μὴ πείθεσθαι μηδενὶ πείθεσθε, so ändert sich der Begriff von ἀλήθεια nicht.
[39] Man könnte auch versuchen, Röm 1,18.25 von hier aus zu verstehen.
[40] Entsprechend ist ἀπάτη das Heidentum oder die Irrlehre Kol 2,8; Eph 4,22; 2Thess 2,10.
[41] Entsprechend ist umgekehrt das Heidentum als ἄγνοια charakterisiert Eph 4,18; Hebr 5,2? 1Petr 1,14; Apg 17,30; Kerygma Petri fr. 2 und 3. So dann häufig bei

ἀλήθεια auch die orthodoxe Lehre gegenüber Irrlehren 2Tim 2,18; 3,8; 4,4; Tit 1,14; so wohl auch IgnEph 6,2; IgnPol 7,3.

Hierbei ist aber immer zu beachten, daß ἀλήθεια als Evangelium rechter Glaube, wahre Religion, immer bestimmt bleibt von dem Gedanken *des Geltenden, Anspruch auf Anerkennung Erhebenden*. Die ὑπακοὴ τῆς ἀληθείας 1Petr 1,22 entspricht der ὑπακοὴ τῆς πίστεως Röm 1,5; 16,26. Ὑπακοή und πίστις sind synonym (vgl. 15,18; 16,19 einerseits, Röm 1,8; 1Thess 1,8 andererseits; ferner 2Kor 10,5 f; 1Petr 1,2.14. Gläubig werden bzw. glauben heißt ὑποταγῆναι (Röm 10,3) oder πείθεσθαι Gal 5,7 (τῇ ἀληθείᾳ!); Apg 17,4; 28,24. Und den Glauben verweigern heißt ἀπειθεῖν Röm 11,30 f; 15,31; 1Petr 2,7 f; 3,1 (τῷ λόγῳ) 4,17 (τῷ εὐαγγελίῳ); Apg 14,2; 17,5 (v. l.) 19,9. Die Ungläubigen sind die υἱοὶ τῆς ἀπειθείας Kol 3,6 (v. l.); Eph 2,2; 5,6.

Außer vom johanneischen Sprachgebrauch ist hier von der spezifisch hellenistischen Weise abgesehen, in der der *Hebräerbrief* ἀληθινός gebraucht. Wenn er freilich 10,22 von einer ἀληθινὴ καρδία redet, so zeigt schon das hinzugefügte ῥεραντισμένοι τὰς καρδίας ἀπὸ συνειδήσεως πονηρᾶς, daß er hier auf Grund der häufigen Verwechslung von ἀληθής und ἀληθινός von einem lauteren, reinen Herzen redet, also im Sinne des jüdisch-christlichen Sprachgebrauchs. | Aber wenn er 8,2 die ἀληθινὴ σκηνή im Himmel der irdischen Stiftshütte gegenüberstellt, und wenn er 9,24 die irdischen Kultusordnungen als ἀντίτυπα τῶν ἀληθινῶν bezeichnet, so ist klar, daß er hier ἀληθινός im hellenistischen Sinne von „wirklich, eigentlich" als „göttlich" gebraucht, von der Voraussetzung aus, daß alles Irdische nur eine σκιά des Himmlischen ist (8,5; 10,1).

II. Ἀλήθεια *in der griechischen und hellenistischen Literatur*

1. Ἀλήθεια *in der griechischen Literatur*[42]

Der ursprüngliche Sinn des griechischen Wortes ἀλήθεια ist *Unverborgenheit, Aufgedecktheit, Erschlossenheit*. Die ἀλήθεια der Dinge sehen oder zeigen, heißt, sie so sehen oder zeigen, wie sie wirklich sind und

---

den Apologeten Aristid. 17 p. 43, 1 HENNECKE; Justin apol. I 12, 11; Athenag. suppl. 28 p. 37, 9 f SCHWARTZ. Das ist schon jüdisch, vgl. Sib. Frgm. 1 V. 15. Diesem Sprachgebrauch kommt der hellenistische der hermetischen Schriften entgegen. — Entsprechend wird πλάνη und πλανᾶσθαι gebraucht Röm 1,27; Tit 3,3; 1Petr 2,25; 2Petr 2,18; Hebr 5,2? Apk 12,9; 13,14; 18,23 etc; 2Clem 1,7. Auch hier entspricht der hellenistische Sprachgebrauch.

[42] Vgl. vor allem M. HEIDEGGER, Sein und Zeit I (1927) S. 212–230.

sich zeigen, unverhüllt und unverstellt durch falsche Meinungen und Vorstellungen. Ἀλήθεια ist also primär ein Charakter der Dinge oder Sachverhalte, sofern sie wahrgenommen werden oder von ihnen geredet wird, sofern sie sich zeigen, wie sie sind, nicht ein Charakter der Aussage. Aristoteles hat diesen ursprünglichen Sinn klar bestimmt, wenn er die ἀλήθεια mit dem πρᾶγμα und den φαινόμενα gleichsetzt[43]. „Die ἀλήθεια ... bedeutet die ‚Sachen selbst‘, das, was sich zeigt, *das Seiende im Wie seiner Entdecktheit.*"[44]

Man redet von der ἀλήθεια der Dinge: [Plut.] Strom. 5: κατὰ τὴν τῶν πραγμάτων ἀλήθειαν (Diels, Fragmente der Vorsokratiker [4]I 141, 41; vgl. Dial. 8,1; ibid. II 344, 10); und diesen Sinn behält ἀλήθεια durchaus; vgl. im Brief des Ptolemaios an die Flora 1, 3 (διαμαρτάνειν) τῆς τοῦ προκειμένου ἀληθείας (wir würden sagen: den offensichtlichen Tatbestand). Man kann darüber streiten, ob die ἀλήθεια ληπτή oder ἄληπτος ist (Sext. VII 122—124; Diels I 223, 16 f); denn sie liegt ἐν βυθῷ (Demokr. fr. 117; Diels II 83, 13). Wegen der Schwäche der αἰσθήσεις sind wir nach Anaxagoras nicht imstande κρίνειν τἀληθές (fr. 21; Diels I 409, 14). Demokrit schreibt der διάνοια das πιστόν zu εἰς ἀληθείας κρίσιν, hält dagegen die αἰσθήσεις für unfähig πρὸς διάγνωσιν τοῦ ἀληθοῦς (Sext. VII 138; Diels II 60, 27). Epiktet polemisiert gegen die Skeptiker, die die Fähigkeit εἰς ἐπίγνωσιν τῆς ἀληθείας oder das γνωριστικὸν τῆς ἀληθείας bestreiten (diss. II 20, 21; vgl. IV 1, 40: πρὸς εὕρεσιν τῆς ἀλ.; M. Aurel IX 1 p. 113, 6ff. Stich.). Nach M. Aurel IV 21 p. 38, 1 gibt es eine ἱστορία τῆς ἀληθείας, was nach dem Zusammenhang nichts anderes bedeutet als die Erforschung der Welt überhaupt, als die Frage nach der unverschleierten Wirklichkeit der Dinge.

So kann ἡ ἀλήθεια ebensowohl gleichbedeutend gebraucht werden mit τὸ σαφές wie mit (τὸ) φύσει (ὄν). Xenophanes sagt fr. 34:
καὶ τὸ μὲν οὖν σαφὲς οὔτις ἀνὴρ γένετ᾽ οὐδέ τις ἔσται
εἰδὼς ἀμφὶ θεῶν τε καὶ ἅσσα περὶ πάντων[45].
Und nach Aëtius IV 9, 8 haben die Atomisten gelehrt: μηδὲν δ᾽ εἶναι ἀληθὲς μηδὲ καταληπτὸν ἐκτὸς τῶν πρώτων στοιχείων, ἀτόμων καὶ κενοῦ. ταῦτα γὰρ εἶναι μόνα φύσει, τὰ δ᾽ ἐκ τούτων θέσει καὶ τάξει καὶ σχήματι διαφέροντα ἀλλήλων συμβεβηκότα (Diels II 9, 13 ff). Bei M. Aurel IX 1

---
[43] HEIDEGGER, l. c. 213.
[44] Ibid. 219.
[45] DIELS übersetzt I 64: „Und was nun die *Wahrheit* betrifft, so gab es und wird es Niemand geben, der sie wüßte in bezug auf die Götter und alle Dinge, die ich nur immer erwähne." Platon rep. 515 d e entsprechen sich ἀληθέστερα und σαφέστερα.

p. 112, 22 ff heißt es: ἡ γὰρ τῶν ὅλων φύσις, ὄντων ἐστί φύσις ... ἔτι δὲ καὶ ἀλήθεια αὕτη (sc. ἡ φύσις!) ὀνομάζεται, καὶ τῶν ἀληθῶν (dh also τῶν ὄντων!) ἁπάντων πρώτη αἰτία ἐστίν[46].

Ἀλήθεια ist also zunächst das, was wir den „wahren Sachverhalt", den „wirklichen Tatbestand" nennen[47]. Deutlich tritt das zB in einem Satz der Leichenrede des Perikles (Thuk. II 35) hervor: χαλεπὸν γὰρ τὸ μετρίως εἰπεῖν ἐν ᾧ μόλις καὶ ἡ δόκησις τῆς ἀληθείας βεβαιοῦται = „schwierig ist es ja, in angemessener Weise zu reden in einer Sache, in der es Mühe macht (ich will gar nicht sagen: die klare Einsicht, sondern) auch nur die bloße Vorstellung vom wirklichen Sachverhalt sicher zu fixieren". So sagt auch Sokrates, die Antwort des Agathon ἐγὼ ... σοὶ οὐκ ἂν δυναίμην ἀντιλέγειν, leise korrigierend: οὐ μὲν οὖν τῇ ἀληθείᾳ ... δύνασαι ἀντιλέγειν, ἐπεὶ Σωκράτει γε οὐδὲν χαλεπόν (Platon symp. 201 c). Wie sehr dabei der primäre Sinn von Erschlossenheit mitbestimmend ist, zeigt das berühmte Alkaios-Fr. 37 (Bergk[4] = Fr. 66 Diehl): οἶνος, ὦ φίλε παῖ, καὶ ἀλάθεια[48], dessen Interpretation sozusagen Plutarch (ἐκ τοῦ ὅτι καὶ γυναῖκα παιδευτέον III p. 41 Didot) gibt: ἀμαθίαν, ὥς φησιν Ἡράκλειτος, καὶ ἄλλως κρύπτειν ἔργον ἐστίν, ἐν οἴνῳ δὲ χαλεπώτερον. καὶ Πλάτων δέ φησιν ἐν οἴνῳ τὰ ἤθη φανερὰ γίγνεσθαι. ὥσπερ καὶ Ὅμηρος· οὐδὲ τραπέζῃ γνώτην ἀλλήλων[49].

Der Gegensatz zur ἀλήθεια ist die δόξα, die den Blick auf die Sache verstellende Meinung. Parmenides hat nach Diogenes IX 22 die Philosophie in zwei Teile geteilt: τὴν μὲν κατὰ ἀλήθειαν, τὴν δὲ κατὰ δόξαν (Diels I 138, 16; vgl. Alex. in Metaph. A 3. 984 b 3: κατ' ἀλήθειαν — κατὰ δόξαν δὲ τῶν πολλῶν, Diels I 140, 6 f). Er selbst sagt (Frg. 1, 28 ff, Diels I 150, 7 ff):

χρεὼ δέ σε πάντα πυθέσθαι
ἠμὲν Ἀληθείης εὐκυκλέος ἀτρεμὲς ἦτορ
ἠδὲ βροτῶν δόξας. ταῖς οὐκ ἔνι πίστις ἀληθής.

Und er schließt den ersten Teil (Frg. 8, 50 ff, Diels I 158, 8 ff):

ἐν τῷ σοι παύω πιστὸν λόγον ἠδὲ νόημα
ἀμφὶς ἀληθείης· δόξας δ' ἀπὸ τοῦδε βροτείας
μάνθανε κόσμον ἐμῶν ἐπέων ἀπατηλὸν ἀκούων.

---

[46] Über das Verhältnis von ἀλήθεια und φύσις vgl. auch Antiphon περὶ ἀληθείας Fr. A; Diels II p. XXXII f; Epikt. diss. II 2, 14.
[47] Von hier aus sind auch die gebräuchlichen Wendungen zu verstehen: τῇ ἀληθείᾳ, ταῖς ἀληθείαις, ἐπ' ἀληθείας, κατ' ἀλήθειαν, (ὡς) ἀληθῶς und ähnl.; sie bedeuten „wahrheitsgemäß" im Sinne von „wirklich", „tatsächlich".
[48] Vgl. Schillers „der Wein erfindet nichts, er schwatzt's nur aus".
[49] Daß das ἀληθές das ist, was sich zeigt, ist die Voraussetzung für die Diskussion

Der Gegensatz von δόξα und ἀλήθεια ist einfach formuliert bei Gorgias Frg. 11 a (Diels II 260, 28 ff): ἀλλ' οὔτε τοῖς δοξάζουσι δεῖ πιστεύειν ἀλλὰ τοῖς εἰδόσιν, οὔτε τὴν δόξαν τῆς ἀληθείας πιστοτέραν νομίζειν, ἀλλὰ τἀναντία τὴν ἀλήθειαν τῆς δόξης. Während die νόμιμα, die von den Menschen verfügten Gesetze, nur schaden διὰ δόξαν, sagt Antiphon in seiner Schrift περὶ ἀληθείας, schadet die φύσις wirklich: δι' ἀλήθειαν (Frg. 44 A 2, 21 ff; Diels II p. XXXII).

Im Unterschied vom hebräischen אמת hat also ἀλήθεια nicht zeitlich-geschichtlichen Charakter; sie *vollzieht* sich nicht, sondern *sie ist da*, kann wahrgenommen oder auch nicht wahrgenommen, entdeckt oder verdeckt werden. Sie charakterisiert weder die Dinge, sofern sie im Gebrauch die von den Menschen auf sie gesetzten Erwartungen, die an sie gestellten Ansprüche erfüllen, noch das Miteinander der Menschen, in dem אמת den geltenden Anspruch oder das ihm entsprechende Verhalten bezeichnet. Das prägt sich darin aus, daß die Verben, die die Beziehung zur ἀλήθεια bezeichnen, vor allem diejenigen sind, die die Beziehung des Menschen zu den innerweltlich vorhandenen Dingen zum Ausdruck bringen, die Verben des Sehens; denn der griechische Mensch „sieht" die Welt.

Dementsprechend kann man die ἀλήθεια *zeigen* | (δεῖξαι, Gorg. frg. 11, Diels II 250, 10; Epikt. diss. II 12, 4; δηλοῦν häufig bei Platon) *oder lehren* (διδάξαι, Diels II 263, 6). *Man kann sie aber auch sagen*[50]. Häufig wird (seit Homer) ἀλήθεια bzw. ἀλήθειαι oder τὸ ἀληθές bzw. τὰ ἀληθῆ als Objekt zu Verben des Sagens gebraucht. Und „die Wahrheit sagen" bedeutet weder ein moralisches Verhalten, noch heißt es primär „einen richtigen Satz aussprechen"; sondern es heißt: eine Sache sehen lassen, wie sie wirklich ist[51]. Die Aufgabe des Erschließens kommt in der Tat der Aussage, dem λόγος, primär zu; sein Charakter ist ἀπόφανσις, Sehen-

---

der Frage nach der ἀλήθεια bei Demokrit, in der das φαινόμενον (als τῇ αἰσθήσει φαινόμενον) und das ἀληθές gleichgesetzt werden und so der Wahrheitsbegriff relativiert wird (vgl. bes. DIELS II 35, 25 ff; 37, 10 ff. 21 ff; für Leukipp II 4, 23). Ist bei Demokrit der Wahrheitsbegriff gleichsam gespalten in eine relative Wahrheit und eine absolute (die hinter den Phänomenen liegende Wirklichkeit, die uns nicht zugänglich ist), so ist in der Sophistik die Konsequenz des Relativismus gezogen; vgl. Protag. frg. 1 (DIELS II 228, 5 f): ἐπεί φησι πάσας τὰς φαντασίας καὶ τὰς δόξας ἀληθεῖς ὑπάρχειν καὶ τῶν πρός τι εἶναι (zu dem Relativen gehörig) τὴν ἀλήθειαν. Zugrunde liegt aber diesem Relativismus der primäre Begriff von ἀλήθεια als dem, was sich sehen läßt.

[50] Natürlich auch hören; vgl. Epikt. diss. II 6, 19; III 1, 24.

[51] Von den Göttern wird, wie es scheint, terminologisch gesagt: τὴν ἀλήθειαν λέγειν bzw. χρησμοδοτεῖν, REITZENSTEIN, Die hellenistischen Mysterienreligionen³ 207, 1; 253. Vgl. auch Apoll als μάντις und πηγὴ ἀληθείας Epikt. diss. III 1, 18.

lassen, Aufweis. Er produziert die ἀλήθεια nicht, sondern er läßt sie sehen, hat deshalb freilich auch die Möglichkeit, sie zu verhüllen (Kritias frg. 25, 26: ψευδεῖ καλύψας τὴν ἀλήθειαν λόγῳ, Diels II 321, 7). Er enthüllt sie, wenn er sich nach ihr richtet (Parmen. frg. 4, 4: Πειθοῦς ἐστι κέλευθος, Ἀληθείῃ γὰρ ὀπηθεῖ, Diels I 152, 9). Von hier aus ist es nun verständlich, daß ἀλήθεια auch gebraucht werden kann, um einen *Charakter der Aussage* zu bezeichnen; der λόγος ist ἀληθεύων oder ἀληθής, sofern er eine Sache aufdeckt, sehen läßt[52]; er enthält gleichsam ἀλήθεια. Vgl. Empedokl. frg. 114 (Diels I 205, 11 f):

ὦ φίλοι, οἶδα μὲν οὕνεκ' ἀληθείη πάρα μύθοις,
οὓς ἐγὼ ἐξερέω . . .

„O meine Freunde! Ich weiß zwar, daß Wahrheit den Worten, die ich künden werde, innewohnt . . ." Demokr. frg. 44 (Diels II 73, 16: ἀληθόμυθον χρὴ οὐ πολύλογον). Gorgias stellt dem λόγος τέχνῃ γραφείς den ἀληθείᾳ λεχθείς gegenüber (frg. 11, Diels II 253, 9 f). Der λόγος *soll* durch ἀλήθεια charakterisiert sein: κόσμος πόλει μὲν εὐανδρία, σώματι δὲ κάλλος, ψυχῇ δὲ σοφία, λόγῳ δὲ ἀλήθεια (Gorg. frg. 11, Diels II 249, 22 f)[53]. So kann die Ἀλήθεια selbst als redend vorgestellt werden: bei Kritias spricht Herakles (frg. 16, Diels II 317, 25 f):

ἐμῇ γὰρ ἦλθε μητρὶ κεδνὸν εἰς λέχος
Ζεύς, ὡς λέλεκται τῆς ἀληθείας ὕπο.

Damit ist aber die Möglichkeit für eine *entscheidende Differenzierung* im Gebrauch des Wortes ἀλήθεια gegeben. Sofern | ἀλήθεια als Charakter der Aussage genommen wird, heißt sie Wahrheit im Sinne von *Richtigkeit*[54]; sofern mit ἀλήθεια die Aufgedecktheit der in der Aussage gemeinten Sache bezeichnet ist, heißt sie *Wirklichkeit, Eigentlichkeit*. Diese Differenzierung prägt sich äußerlich bis zu einem gewissen Grade darin aus, daß ihr entsprechend der Gebrauch der Adjektive ἀληθής und ἀληθινός differenziert ist, indem ἀληθής in der Regel von der Aussage gebraucht wird im Sinne von „wahr", ἀληθινός von der in der Aussage gemeinten Sache im Sinne von „wirklich", „eigentlich", „echt". Doch ist dieser differenzierte Gebrauch der Adjektive keineswegs konsequent durchgeführt, am wenigsten, was ἀληθής betrifft, was durch-

---

[52] Vgl. HEIDEGGER l. c. 219: „Das Wahrsein des λόγος als ἀπόφανσις ist das ἀληθεύειν in der Weise des ἀποφαίνεσθαι: Seiendes — aus der Verborgenheit herausnehmend — in seiner Unverborgenheit (Entdecktheit) sehen lassen."
[53] Vgl. frg. 225 (DIELS II 106, 4 f): ἀληθομυθέειν χρέων, ὃ πολὺ λώϊον.
[54] Vgl. Epikt. diss. I 7, 8: ἐπὶ λόγου οὐκ ἀρκεῖ τὸ λεχθέν, ἀλλ' ἀνάγκη δοκιμαστικὸν γενέσθαι καὶ διακριτικὸν τοῦ ἀληθοῦς καὶ τοῦ ψευδοῦς καὶ τοῦ ἀδήλου.

aus auch „eigentlich" heißen kann, während ἀληθινός seltener die Wahrheit einer Aussage bezeichnet.

Es muß aber sogleich eine weitere Differenzierung des Sprachgebrauchs festgestellt werden. Die Aussage kann nicht nur als ein Sachverhalt genommen werden, in dem eine Sache erschlossen ist, sondern auch als Verhalten der aussagenden Person und damit kann auch diese als ἀληθής charakterisiert werden, und ἀληθής erhält den Sinn von „offen", „aufrichtig". Ein ἀληθὴς ἀνήρ ist also ein solcher, der in seinen Aussagen, dann aber überhaupt in seinem Verhalten, eine Sache oder auch sich selbst erschließt[55]. Damit gewinnt ἀλήθεια den *dritten* Sinn von *Wahrhaftigkeit, Aufrichtigkeit*. Zwischen φρόνησις und πίστις steht die ἀλήθεια als eine der Tugenden, die Pittakos zu üben (θηραπεύειν) befiehlt (Diels II 216, 17)[56]. In einem unechten Demokrit-Fragment (Diels II 133, 41 f) heißt es: ὁ ἀρετὴν τιμῶν πρώτην ἀλήθειαν τιμᾷ καὶ μάλιστα ὡς ἀγαθοῦ παντὸς ἡγεμόνα οὖσαν. Entsprechend in einem anderen (Diels II 134, 2): τὸν φθόνον εἶπεν ἕλκος εἶναι ἀληθείας. Vgl. Eurip. frg. 289:
νείκη γὰρ ἀνδρῶν φόνια καὶ μάχας χρεὼν
δόλοισι κλέπτειν· τῆς δ' ἀληθείας ὁδὸς
φαύλη τίς ἐστιν. ψεύδεσιν δ' Ἄρης φίλος.
Mimnermos frg. 8: ἀληθείη δὲ παρέστω
σοὶ καὶ ἐμοί, πάντων χρῆμα δικαιότατον. |

Ist die ἀλήθεια als Wahrheit eines Satzes (Richtigkeit) wie als Echtheit vom hebräischen אמת durchaus verschieden (denn in beiden Fällen vollzieht sie sich nicht, sondern ist da, wird verstanden oder gesehen), so ist sie auch als Wahrhaftigkeit nur scheinbar mit אמת gleichbedeutend; denn auch als Wahrhaftigkeit meint sie nicht das sich im Miteinander vollziehende Verhalten, sondern eine am Individuum vorfindliche Eigenschaft. Natürlich ist das zugrunde liegende Phänomen das gleiche, aber es ist hier und dort verschieden verstanden; der Hebräer kennt keine ἀρεταί.

Von hier aus ist nun die *Entwicklung des Sprachgebrauchs* zu verstehen, deren Hauptmotiv darin liegt, daß *die Frage nach der* ἀλήθεια *in einem besonderen Sinne erhoben wird.* Ἀλήθεια im Sinne von Er-

---

[55] Übrigens kann auch ἀληθινός in diesem Sinne gebraucht werden; vgl. Herakl. frg. 133 (Diels I 104, 9): ἄνθρωποι κακοὶ ἀληθινῶν ἀντίδικοι.
[56] Häufig erscheint die ἀλήθεια bei M. Aurel unter den ἀρεταί: III 6 p. 25, 2 Stich. mit δικαιοσύνη, σωφροσύνη und ἀνδρεία, III 11 p. 28, 10 zwischen ἀνδρεία und πίστις, IV 20 p. 37, 1 neben εὔνοια und αἰδώς, V. 33 p. 61, 24 s. samt πίστις, αἰδώς und δίκη; etc. Vgl. auch VI 47 p. 77, 17 ss.: ἐν ᾧδε πολλοῦ ἄξιον, τὸ μετ' ἀληθείας καὶ δικαιοσύνης εὐμενῆ τοῖς ψεύσταις καὶ ἀδίκοις διαβιοῦν.

schlossenheit kann zunächst von jedem beliebigen Ding oder Sachverhalt ausgesagt werden, und es gibt dann so viele „Wahrheiten", als sich Dinge oder Sachverhalte denken lassen[57]. Aber sobald das Dasein in dem naiven Verständnis seiner selbst und der Welt unsicher wird, fragt es nicht mehr nach Wahrheiten, sondern nach der Wahrheit. Es erwacht *die Frage: was ist „Wahrheit"?* — ἡ πολλὴ σπουδή, τὸ ἀληθείας ἰδεῖν πεδίον οὗ ἐστίν (Platon, Phaidr. 248 b). Es fragt nach einer Sicht, die ihm den unverstellten Blick auf Welt und Leben öffnet, wie sie wirklich sind, unverschleiert durch die δόξαι, in denen man sich zunächst verfangen weiß. Das ist schon da der Fall, wo — etwa in rhetorischer Personifikation — von der Wahrheit im allgemeinen Sinne von Erschlossenheit überhaupt geredet wird, wie im ersten Parmenidesfrg. (s. S. 146) und in dem berühmten Satze des Sokrates bei Platon Phaed. 91 c: ὑμεῖς μέντοι, ἂν ἐμοὶ πείθησθε, σμικρὸν φροντίσαντες Σωκράτους, τῆς δὲ ἀληθείας πολὺ μᾶλλον[58]. Das tritt dann sehr deutlich in einem Satze wie dem folgenden des Epiktet hervor: dem Triptolemos erbaut man Tempel und Altäre, τῷ δὲ τὴν ἀλήθειαν εὑρόντι καὶ φωτίσαντι καὶ εἰς πάντας ἀνθρώπους ἐξενεγκότι, οὐ τὴν περὶ τὸ ζῆν, ἀλλὰ τὴν πρὸς τὸ εὖ ζῆν, τίς ὑμῶν ἐπὶ τούτῳ βωμὸν ἱδρύσατο. Daß die Götter Wein und Weizen schenkten, dafür opfern wir, ὅτι δὲ τοιοῦτον ἐξήνεγκαν καρπὸν ἐν ἀνθρωπίνῃ διανοίᾳ, δι' οὗ τὴν ἀλήθειαν τὴν περὶ εὐδαιμονίας δείξειν ἡμῖν ἤμελλον, τούτου δ' ἕνεκα οὐκ εὐχαριστήσομεν τῷ θεῷ; (diss. I 4, 32 s.). Nicht eine beliebige ἀλήθεια ist hier gemeint, sondern die ἀλήθεια, nach der das seiner selbst unsichere, sich selbst rätselhaft gewordene Dasein fragt, die ἀλήθεια, die Epiktet im Frg. XXXV (Schw. 140) als ἀθάνατον χρῆμα bezeichnet[59], die der Kyniker als des Zeus Bote zu verkünden hat (diss. III 22, 25). Von dem-

---

[57] Vgl. Pindar Nem. V 17 s.: οὔ τοι ἅπασα κερδίων
φαίνωσα πρόσωπον ἀλάθει' ἀτρεκές.
(Nicht jede Wahrheit bringt Gewinn, die das Antlitz rein enthüllt); Epikt. I 28, 29: τὸ κατὰ τὸν τόπον ἀληθές = das jeweilig Wahre. M. Aurel IX 1 p. 112, 24 s: ἔτι δὲ καὶ ἀλήθεια αὕτη (die φύσις) ὀνομάζεται, καὶ τῶν ἀληθῶν ἁπάντων πρώτη αἰτία ἐστίν.
[58] Der Satz ist eine Parallele zu dem oben S. 146 zitierten symp. 201 c. — Über die weitere Geschichte des Wortes (φίλος μὲν Σωκράτης, ἀλλὰ φιλτάτη ἡ ἀλήθεια, bzw. amicus Plato, sed magis amica veritas) vgl. G. Büchmann, Geflügelte Worte[20], 1900, S. 372 f.
[59] Vgl. auch Epikt. frg. 29 (Schw. 39): Ζητῶν τὴν ἀλήθειαν οὐ ζητήσεις τὸ ἐκ παντὸς τρόπου νικᾶν (wie der sophistische Rhetor es erstrebt) καὶ εὑρὼν τὴν ἀλήθειαν ἕξεις τὸ μὴ νικᾶσθαι. Frg. 28 (Schw. 38): Ἄμεινον τῇ ἀληθείᾳ συγχωρήσαντα τὴν δόξαν νικᾶν ἢ τῇ δόξῃ συγχωρήσαντα πρὸς τῆς ἀληθείας ἡττᾶσθαι. Diss. I 20, 19 in der Widerlegung der epikuräischen Skepsis: Was ist denn das Motiv der literarischen Arbeit des Epikur, etwa ἵνα μὴ ἀγνοήσωμεν ἡμεῖς τὴν ἀλήθειαν.

selben ἀλήθεια-Begriff aus sagt M. Aurel VI 21 p. 69, 13 ss.: εἴ τίς με ἐλέγξαι, καὶ παραστῆσαί μοι, ὅτι οὐκ ὀρθῶς ὑπολαμβάνω ἢ πράσσω, δύναται, χαίρων μεταθήσομαι· ζητῶ γὰρ τὴν ἀλήθειαν, ὑφ' ἧς οὐδεὶς πώποτε ἐβλάβη. βλάπτεται δὲ ὁ ἐπιμένων ἐπὶ τῆς ἑαυτοῦ ἀπάτης καὶ ἀγνοίας. Vor allem VII 9 p. 81, 24 ss.: κόσμος τε γὰρ εἷς ἐξ ἁπάντων, καὶ θεὸς εἷς διὰ πάντων, καὶ οὐσία μία, καὶ νόμος εἷς, λόγος κοινὸς πάντων τῶν νοερῶν ζῴων καὶ ἀλήθεια μία, und XI 12 p. 147, 18 ss.: σφαῖρα ψυχῆς αὐτοειδής, ὅταν μήτε ἐκτείνηται ἐπί τι μήτε ἔσω συντρέχῃ, μήτε σπείρηται μήτε συνιζάνῃ, ἀλλὰ φωτὶ λάμπηται, ᾧ τὴν ἀλήθειαν ὁρᾷ τὴν πάντων καὶ τὴν ἐν αὑτῇ.

Die angeführten Beispiele zeigen, daß ἀλήθεια in dem speziellen Sinne der Erschlossenheit von Welt und Leben *zur Bezeichnung einer Norm* wird: im Lichte dieser Erschlossenheit, entsprechend der unverschleierten Wirklichkeit soll das individuelle Leben geführt werden. Besonders deutlich tritt das in der Stoa hervor, wo die φύσις der Dinge sich eben in der ἀλήθεια zeigt und also die Forderung ἀκολούθως τῇ φύσει ζῆν oder καταμαθεῖν τὴν φύσιν καὶ ταύτῃ ἕπεσθαι (Epikt. Ench. 49) die Forderung bedeutet, der ἀλήθεια zu folgen. Aber das ist natürlich nicht erst stoisch, sondern von vornherein ist die ausdrückliche Frage nach der Wahrheit von der Voraussetzung geleitet, daß sie mich angeht, mich beansprucht. So spricht Sokrates (Platon Gorg. 526 d): χαίρειν οὖν ἐάσας τὰς τιμὰς τὰς τῶν πολλῶν ἀνθρώπων, τὴν ἀλήθειαν σκοπῶν πειράσομαι τῷ ὄντι ὡς ἂν δύνωμαι βέλτιστος ὢν καὶ ζῆν καὶ ἐπειδὰν ἀποθνήσκω ἀποθνήσκειν. Denn die „Wahrheit" ist der Charakter des Göttlichen: πάντῃ οὖν ἀψευδὲς τὸ δαιμόνιόν τε καὶ τὸ θεῖον . . . κομιδῇ ἄρα ὁ θεὸς ἁπλοῦν καὶ ἀληθὲς ἔν τε ἔργῳ καὶ ἐν λόγῳ (Platon rep. 382 e). Das wirkliche ψεῦδος[60] ist aber nicht nur den Göttern, sondern auch den Menschen verhaßt (ibid. 382 a c); denn es gilt doch, ὅτι τῷ κυριωτάτῳ που ἑαυτῶν ψεύδεσθαι καὶ περὶ τὰ κυριώτατα οὐδεὶς ἑκὼν ἐθέλει, ἀλλὰ πάντων μάλιστα φοβεῖται ἐκεῖ αὐτὸ κεκτῆσθαι . . . ἐγὼ δὲ λέγω, ὅτι τῇ ψυχῇ περὶ τὰ ὄντα ψεύδεσθαί τε καὶ ἐψεῦσθαι καὶ ἀμαθῆ εἶναι καὶ ἐνταῦθα ἔχειν τε καὶ κεκτῆσθαι τὸ ψεῦδος πάντες ἥκιστα ἂν δέξαιντο καὶ μισοῦσι μάλιστα αὐτὸ ἐν τῷ τοιούτῳ (ibid. 382 a b).

Die Frage: „Was ist Wahrheit?" ist die Frage nach dem, was ich wissen muß, um zugleich zu wissen, was ich tun soll. Die Frage ist also bewußt oder unbewußt schon geleitet von einem Wissen darum, daß ich

---

[60] Platon redet von einem ὡς ἀληθῶς ψεῦδος (l. c. 382 a b) oder τῷ ὄντι ψεῦδος (382 c) und versteht darunter nicht ein bewußt täuschendes Wort (das ja sein relatives Recht haben kann), sondern den Irrtum, das Nichtwissen in bezug auf das Seiende und damit auf sich selbst.

zu meiner Eigentlichkeit nur dann komme, wenn mir der Anspruch deutlich wird, unter dem ich stehe. Und der Versuch, die Frage zu beantworten, ist im Griechentum von der Voraussetzung geleitet, daß ich die Wahrheit in mir habe und in mich zu blicken habe, um sie zu finden; ausdrücklich da, wo das delphische γνῶθι σαυτόν zum Motiv des Philosophierens gemacht wird, unausdrücklich überall da, wo Mensch und Welt verstanden werden auf Grund des λόγος, der im Menschen redet und der zugleich das Gesetz der Natur ist[61]. Da die ἀλήθεια, die mein individuelles Handeln bestimmen soll, nach griechischer Auffassung einerseits die Erschlossenheit meines eigenen eigentlichen Seins ist, also dessen, was ich faktisch will, und da sie andererseits im λόγος erfaßt wird (nicht etwa erst sichtbar wird im faktischen Gehorchen), ist auch verständlich, wenn im Griechentum gelehrt wird, daß das Wissen um die ἀλήθεια und das ihr entsprechende Handeln so aneinander gebunden sind, daß, wo das Wissen da ist, das Handeln notwendig folgt. Wenn du καταμεμάθηκας τὴν ἀλήθειαν, ἀνάγκη σε ἤδη κατορθοῦν (Epikt. diss. I 17, 14); πᾶσα γὰρ ψυχὴ ἄκουσα στέρεται τῆς ἀληθείας (ibid. I 28, 4; vgl. M. Aurel VII 63 p. 92, 24 s.). Und mit dem πάντας ἄκοντας ἁμαρτάνειν (Epikt. diss. I 17, 14) nimmt Epiktet Platons Lehre wieder auf: Ἐγὼ γὰρ σχεδόν τι οἶμαι τοῦτο, ὅτι οὐδεὶς τῶν σοφῶν ἀνδρῶν ἡγεῖται οὐδένα ἀνθρώπων ἑκόντα ἐξαμαρτάνειν οὐδὲ αἰσχρά τε καὶ κακὰ ἑκόντα ἐργάζεσθαι, ἀλλ' εὖ ἴσασιν ὅτι πάντες οἱ τὰ αἰσχρὰ καὶ τὰ κακὰ ποιοῦντες ἄκοντες ποιοῦσι (Platon, Prot. 345 d e). Sokrates zeigt, ὡς πάντα χρήματα ἐστὶν ἐπιστήμη, καὶ ἡ δικαιοσύνη καὶ ἡ σωφροσύνη καὶ ἡ ἀνδρεία, ᾧ τρόπῳ μάλιστ' ἂν διδακτὸν φανείη ἡ ἀρετή (ibid. 361 b)[62]. Daß in der ἀλήθεια die Eigentlichkeit des Menschen selbst erschlossen ist, bringt Epiktet deutlich zum Ausdruck: ἐπεὶ γὰρ ὁ ἁμαρτάνων οὐ θέλει ἁμαρτάνειν, ἀλλὰ κατορθῶσαι, δῆλον ὅτι ὃ μὲν θέλει οὐ ποιεῖ... Der ἁμαρτάνων läßt sich also von einem ψεῦδος leiten; ἀπὸ τοῦ ψεύδους ἀνανεῦσαι πικρὰ ἀνάγκη τῷ αἰσθανομένῳ ὅτι ψεῦδός ἐστι· μέχρι δ' ἂν τοῦτο μὴ φαντάζηται, ὡς ἀληθεῖ ἐπινεύει αὐτῷ. Es gilt also, jedem den Zwiespalt (μάχη) zu zeigen, in dem er steht, καὶ σαφῶς παραστῆσαι πῶς ὃ θέλει οὐ ποιεῖ καὶ ὃ μὴ θέλει ποιεῖ. ἂν γὰρ τοῦτο δείξῃ τις, αὐτὸς ἀφ' αὑτοῦ ἀναποχωρήσει (diss. II 26, 1—5). Der letzte und tiefste Sinn des griechi-

---

[61] Vgl. v. Soden, Was ist Wahrheit? S. 17.
[62] Vgl. Platon Soph. p. 228 c d: ἀλλὰ μὴν ψυχήν γε ἴσμεν ἄκουσαν πᾶσαν πᾶν ἀγνοοῦσαν... τό γε μὴν ἀγνοεῖν ἐστιν ἐπ' ἀλήθειαν ὁρμωμένης ψυχῆς παραφόρου ξυνέσεως γιγνομένης οὐδὲν ἄλλο πλὴν παραφροσύνη. Auch rep. 413 a: οὐ καὶ σὺ ἡγεῖ... τῶν μὲν ἀγαθῶν ἀκουσίως στέρεσθαι τοὺς ἀνθρώπους, τῶν δὲ κακῶν ἑκουσίως; ἢ οὐ τὸ μὲν ἐψεῦσθαι τῆς ἀληθείας κακόν, τὸ δὲ ἀληθεύειν ἀγαθόν; ἢ οὐ τὸ τὰ ὄντα δοξάζειν ἀληθεύειν δοκεῖ σοι εἶναι;

schen ἀλήθεια-Begriffs ist also, sofern ἀλήθεια Erschlossenheit bedeutet, der, daß ἀλήθεια die Erschlossenheit meines eigenen Daseins ist, und zwar unter der Voraussetzung, daß diese Erschlossenheit sich mir im λόγος eröffnet, und daß ich in ihr zur Eigentlichkeit meines Daseins kommen soll und kommen kann.

Der Unterschied vom hebräischen אמת-Begriff ist fundamental. Wohl bezeichnet auch ἀλήθεια eine Norm, aber in völlig anderem Sinne als אמת. Mit אמת ist der Anspruch charakterisiert, den eine konkrete Forderung (sei es eines Menschen, sei es Gottes) an mich hat; nicht aber ist die אמת als solche, dh eine abstrakte אמת eine Forderung, eine Norm. Eine solche abstrakte Wahrheit, „*die* Wahrheit", kennt der Hebräer nicht; vielmehr ist אמת die Gültigkeit jeweils einer konkreten Forderung, die meine Zukunft bindet. Ἀλήθεια aber ist Norm, sofern mit ἀλήθεια das Seiende in seiner Unverdecktheit bezeichnet ist, das Seiende, das nach griechischem Verständnis das Immer-Seiende, genauer das Immer-Da-Seiende, Anwesende, ist. Und zwar hat dies in seiner Entdecktheit die Bedeutung einer Norm, weil das seiner selbst unsichere Dasein seine Sicherheit im Wissen um das, was wirklich ist, zu gewinnen sucht und in der Weise gewinnt, daß es sich selbst versteht, wenn es das Seiende versteht und in solchem Verstehen zu seiner Eigentlichkeit kommt. Dieser „Wahrheits"-Begriff erhebt sich also auf Grund einer Auffassung vom Menschen, wonach der Mensch seine Eigentlichkeit nicht im geschichtlichen Miteinander hat, in dem jeweils etwas von ihm erwartet oder gefordert ist, sein Jetzt durch seine Zukunft bestimmt ist, — sondern wonach er seine Eigentlichkeit in den zeitlosen unwandelbaren λόγοι hat, die sein Sein wie alles Sein konstituieren.

Von hier aus ist eine weitere Differenzierung des Sprachgebrauchs zu verstehen. So wenig in der Frage: „was ist Wahrheit?" nach einer wahren *Lehre* gefragt ist (vielmehr nach dem Seienden, wie es sich an sich selbst zeigt), so sehr ist hier die Möglichkeit gegeben, daß ἀλήθεια den Sinn des richtigen Wissens, der wahren Lehre, der wahren Philosophie erhält. Denn wenn die ἀλήθεια im λόγος zugänglich ist, so kann der λόγος selbst, bzw. die im λόγος sich konstituierende ἐπιστήμη als ἀλήθεια bezeichnet werden; die Frage nach der Wahrheit wird zur Frage nach einer Theorie, nach einer Philosophie, die die Rätsel des Daseins löst. Wenn der Kyniker als Bote des Zeus die ἀλήθεια verkündigt (Epikt. II 22, 25), so enthält ἀλήθεια die Zweideutigkeit: ist die als ἀλήθεια bezeichnete Botschaft gemeint als die Lehre oder als das in ihr Aufgewiesene? Es wird nicht mehr zwischen „Sokrates" und der „Wahrheit" differenziert, wenn Epiktet den Schüler anredet: ζηλωτὰ τῆς ἀληθείας καὶ Σωκράτους καὶ Διογένους (diss. III 24, 40). Wie ἀλήθεια und ἐπιστήμη synonym werden, zeigt der Beginn von Plutarchs de Is. et Os.: πάντα μέν, ὦ Κλέα, δεῖ τἀγαθὰ τοὺς νοῦν ἔχοντας αἰτεῖσθαι παρὰ τῶν θεῶν, μάλιστα δὲ τῆς περὶ αὐτῶν ἐπιστήμης, ὅσον ἐφικτόν ἐστιν ἀνθρώποις μετιόντες εὐχώμεθα τυγχάνειν παρ' αὐτῶν ἐκείνων· ὡς οὐδὲν ἀνθρώπῳ λαβεῖν μεῖζον οὐδὲ χαρίσασθαι θεῷ σεμνότερον ἀληθείας. Und weil nun die θειότης und ἀθανασία im γινώσκειν τὰ ὄντα und φρονεῖν besteht[63], so gilt: διὸ θειότητος ὄρεξίς ἐστιν ἡ τῆς ἀληθείας μάλιστα δὲ τῆς περὶ θεῶν ἔφεσις (351 c e).

Die Antwort, die sich dem nach der ἀλήθεια Fragenden anbietet, nennt sich als Lehre, als Weltanschauung selbst ἀλήθεια. Sie tritt auch an denjenigen heran, der noch nicht oder nicht mehr fragt, um in ihm die Frage zu wecken, ihm seine vermeintlichen Antworten zu zerstören. Sie tritt auf mit dem Anspruch, Entscheidendes zu sagen und Gehör verlangen zu können. Das ist um so mehr dann der Fall, wenn solche Lehre nicht als Bemühung des eigenen Denkens, als eine kritisch zu hörende Philosophie vorgetragen wird, sondern als autoritative Lehre auf Grund einer Tradition, die auf göttliche Offenbarung zurückgeführt wird. So ist es verständlich, daß im Hellenismus die „Wahrheit", als welche ein neuer Glaube, eine neue Religion verkündigt wird, sei es die christliche, sei es eine andere Religion des Orients, mit dem griechischen Wort ἀλήθεια bezeichnet wird; oder anders ausgedrückt: das griechische Wort ἀλήθεια hat die Möglichkeit gewonnen, den Begriff „Wahrheit" der jüdisch-christlichen oder der iranischen Religion für griechische Ohren wiederzugeben.

Aber ehe der komplizierte Sprachgebrauch der hellenistischen, zumal der gnostischen Religiosität und Theologie dargestellt werden kann, muß noch eine andere Entwicklungslinie des griechischen Sprachgebrauchs verfolgt werden. Sie schließt an an die Bedeutung von ἀλήθεια als *„Eigentlichkeit", „Echtheit", „Wirklichkeit"*. Das Oppositum bildet nicht eigentlich δόξα, sondern εἴδωλον, also das *in* der δόξα vermeintlich Wahrgenommene; nicht die trügerische Meinung, sondern das trügerische Bild, oder überhaupt das *Bild*, das neben oder an Stelle der Wirklichkeit steht, das, was „nur so aussieht", aber nicht ist, was es sein will. Origenes bestimmt (in Jo. t. II, 6, 48 p. 60, 15 f Preuschen) den griechi-

---

[63] Sehr bezeichnend 351 d e: οἶμαι δὲ καὶ τῆς αἰωνίου ζωῆς, ἣν ὁ θεὸς εἴληχεν, εὔδαιμον εἶναι τὸ τῇ γνώσει μὴ προαπολείπειν τὰ γιγνόμενα· τοῦ δὲ γιγνώσκειν τὰ ὄντα καὶ φρονεῖν ἀφαιρεθέντος, οὐ βίον ἀλλὰ χρόνον εἶναι τὴν ἀθανασίαν.

schen Sinn von ἀληθινός sehr richtig: πρὸς ἀντιδιαστολήν σκιᾶς καὶ τύπου καὶ εἰκόνος. Ein Bild von echtem Lasurstein heißt ἄγαλμα κυάνου ἀληθινοῦ (P. Oxy. 465, 108). Die LXX können Jer 2,21 den echten Weinstock als ἀληθινὴ ἄμπελος dem wilden gegenüberstellen. Ein wirklicher, echter Herrscher ist ein ἀληθινὸς ἄρχων (Plato rep. 347 c); kein Staat wird nach Plato (rep. 499 c) zur Vollkommenheit gelangen, wenn nicht seine Herrscher inspiriert werden vom echten Verlangen nach echter Philosophie (ἀληθινῆς φιλοσοφίας ἀληθινὸς ἔρως). Ein echter Mensch (ἀληθινὸς ἄνθρωπος) ist der κατὰ φύσιν ζῶν (M. Aurel X 15 p. 134, 22 f). Die Athener begrüßen nach Demochares bei Athen. VI 62 p. 253 den Demetrios Poliorketes, ὡς εἴη μόνος θεὸς ἀληθινός, οἱ δ᾽ ἄλλοι καθεύδουσιν ἢ ἀποδημοῦσιν ἢ οὐκ εἰσίν[64]. Der Sinn von ἀληθινός bzw. ἀληθής zeigt sich daran, daß es mit ὄντως und τῷ ὄντι wechseln kann. Platon gebraucht τὸ ὡς ἀληθῶς ψεῦδος und τὸ τῷ ὄντι ψεῦδος gleichwertig (rep. 382 a c). Epiktet sagt diss. IV 1, 154, daß Diogenes kannte τοὺς μὲν γ᾽ ἀληθινοὺς προγόνους, τοὺς θεούς, καὶ τὴν τῷ ὄντι πατρίδα. Bei Plotin Enn. VI 9, 9 (p. 521, 32 und 522, 1 Volkm.) stehen parallel τὸ ὄντως ἐρώμενον und τὸ ἀληθινὸν ἐρώμενον. Natürlich kann ἀληθής im gleichen Sinne stehen.

Ἀλήθεια hat also die ausgezeichnete Bezeichnung *Eigentlichkeit* gewonnen und wird in diesem Sinne hauptsächlich von Platon gebraucht. Nach Phaed. 69 a b ist die φρόνησις das νόμισμα ὀρθόν, für das alles getauscht werden muß. Was für sie gekauft wird, ist allein τῷ ὄντι eine ἀνδρεία, σωφροσύνη und δικαιοσύνη, kurz ἀληθὴς ἀρετή. Ohne sie ist jede ἀρετή nur σκιογραφία τις καὶ τῷ ὄντι ἀνδραποδώδης (knechtisch) und hat nichts ὑγιὲς οὐδ᾽ ἀληθές. τὸ δ᾽ ἀληθὲς τῷ ὄντι ᾖ κάθαρσίς τις τῶν τοιούτων πάντων (der vermeintlichen Tugenden)[65]. Der aus der Höhle Herausgeholte kann jetzt richtiger sehen als ein μᾶλλόν τι ἐγγυτέρω τοῦ ὄντος καὶ πρὸς μᾶλλον ὄντα τετραμμένος; er hält freilich zunächst τὰ τότε (in der Höhle) ὁρώμενα für ἀληθέστερα (rep. 515 d), wie er ja einst die σκιὰ τῶν σκευαστῶν für das ἀληθές gehalten hat (515 c). Gewöhnt er sich aber an das Licht, so wird er schließlich den ἥλιος nicht mehr im εἴδωλον oder φάντασμα sehen, sondern οἷός ἐστιν (516 a b). Den Sokrates hat Diotima gefragt, ob, wenn er das Schöne geschaut hat, das αὐτὸ καθ᾽ αὑτὸ μεθ᾽

---

[64] Vgl. ibid. 63 den Pään:
Ὦ τοῦ κρατίστου παῖ Ποσειδῶνος θεοῦ   χαῖρε, κἀφροδίτης.
ἄλλοι μὲν ἢ μακρὰν γὰρ ἀπέχουσιν θεοί   ἢ οὐκ ἔχουσιν ὦτα
ἢ οὐκ εἰσὶν ἢ οὐ προσέχουσιν ἡμῖν οὐδὲ ἕν,   σὲ δὲ παρόνθ᾽ ὁρῶμεν,
οὐ ξύλινον οὐ δὲ λίθινον ἀλλ᾽ ἀληθινόν.
Andere Beispiele bei W. Bauer zu Joh 1,9 (HNT).
[65] Vgl. Philo leg. ad Cai 347 p. 597: εὐσεβείας τῆς εἰς τὸν ὄντως ὄντα ἀληθῆ θεόν.

αὐτοῦ μονοειδὲς ἀεὶ ὄν, ob er dann nicht glaube, daß es ihm so allein möglich sei: τίκτειν οὐκ εἴδωλα ἀρετῆς, ἅτε οὐκ εἰδώλου ἐφαπτομένῳ, ἀλλ' ἀληθῆ, ἅτε τοῦ ἀληθοῦς ἐφαπτομένῳ. Und sie versichert: τεκόντι δὲ ἀρετὴν ἀληθῆ καὶ θρεψαμένῳ ὑπάρχει θεοφιλεῖ γενέσθαι, καὶ εἴπερ τῷ ἄλλῳ ἀνθρώπων ἀθανάτῳ καὶ ἐκείνῳ (symp. 212 b). Mit solchen platonischen Aussagen aber bahnt sich eine weitere entscheidende Entwicklung des Sprachgebrauchs an.

Bedeutet ἀλήθεια „Wirklichkeit", „Eigentlichkeit", und heißt ἀληθινός bzw. ἀληθής „wirklich", so ist hier „wirklich" zunächst in rein *formalem* Sinne verstanden, in dem es von jedem beliebigen Gegenstand oder Sachverhalt ausgesagt werden kann, um ihn von einem Bilde der Einbildung oder des Truges oder der Kunst zu unterscheiden. Wie eine wahre und falsche ἀρετή unterschieden werden, so ein wirklicher Baum von einem gemalten, ein wirklicher Sieg von einem erträumten etc; wirklich ist das, was *ist,* wie denn τῷ ὄντι und τῇ ἀληθείᾳ gleichwertig sind, und wie die Göttin dem Parmenides ihre Belehrung über das Seiende als λόγος ἠδὲ νόημα ἀμφὶς ἀληθείης bezeichnet (Frg. 8, 50 f Diels; vgl. M. Aurel IX 1 s. oben S. 145 f). Im Griechentum ist aber die Frage nach dem Sein lebendig geworden; oder vielmehr: auf Grund eines bestimmten Seinsverständnisses ist die Frage nach dem, was wirklich *ist,* nach dem wirklich Seienden, lebendig geworden. Die naive Selbstverständlichkeit, alles, von dem man sagt: „es ist", als in gleichem Sinne seiend anzusehen, hat aufgehört; man erkennt nicht mehr alles als wirklich an, was dem Menschen als Gegenstand des sinnlichen oder geistigen Vernehmens begegnen kann. Es gibt trügerisches, vorgeblich Seiendes, das in Wahrheit nicht ist[66]. Und zwar leitet dabei das Verständnis von *Sein als Immer-Sein* im Unterschied von Werden. Nur was nicht entsteht und vergeht, *ist* wirklich. Man sieht aber: was entsteht und vergeht, was immer in einem Werden ist, das sind die Einzeldinge; was *ist,* ist das Allgemeine, die Form der Dinge, das εἶδος, die Ideen[67]. Der Welt des Allgemeinen, der Ideen, kommt deshalb allein das Prädikat ἀλήθεια im eigentlichen Sinne zu, sie ist τὸ ἀληθείας πεδίον (Plato, Phaedr. 248 b); ihre Größen sind als ἀληθινά oder ἀληθῆ zu bezeichnen[68].

Dabei behält ἀλήθεια zunächst den formalen Sinn „wirklich", „echt",

---

[66] Deshalb kann Platon paradox von μᾶλλον ὄντα im gleichen Sinne wie von ἀληθέστερα reden. Der hebräische אמת-Begriff würde keine solche Steigerung gestatten.

[67] Bei den Pythagoräern liegt das Allgemeine vor in den Zahlen; vgl. Philol. frag. 11 (DIELS I 314, 10 f): ἁ δ' ἀλήθεια οἰκεῖον καὶ σύμφυτον τᾷ τῷ ἀριθμῷ γενᾷ.

[68] Von hier aus ist auch verständlich, wie das griechische ἀλήθεια für das hebräische אמת eintreten kann. Denn das Eigentliche, Wirkliche, Immer-Seiende ist das Feste,

„eigentlich", in dem es grundsätzlich von allen echten Dingen ausgesagt werden kann. Aber weil es eben nur *ein* wirklich Wirkliches gibt, so wird ἀλήθεια zur Bezeichnung der Seins*weise* dieses einen wirklich Seienden. Und weil dieses Seiende das Allgemeine, das Immer-Seiende und als solches auch das Göttliche ist, *erhält* ἀλήθεια *den materialen Sinn des Allgemeinen, Immer-Seienden, Göttlichen.* Ἀλήθεια wird damit zum Begriff eines charakteristisch *dualistischen* Welt- und Daseinsverständnisses: *wirklich* ist nur die göttliche Welt, weil sie wirklich *ist*, während die Welt des Werdens, des Entstehens und Vergehens Lüge und Trug ist.

Der Übergang zeigt sich bei *Platon.* Symp. 212 b war das Schöne als das αὐτὸ καθ᾽ αὑτὸ μεθ᾽ αὑτοῦ μονοειδὲς ἀεὶ ὄν, als das Ewige, allem Werden und aller Teilung Entzogene, als das ἀληθές bezeichnet worden, und entsprechend ein Mensch, der mit ihm Gemeinschaft hat, als ein θεοφιλής, ja als ein ἀθάνατος. Ausführlich wird die Frage nach dem echten, eigentlichen, wirklichen Sein rep. 596 d—605 c entwickelt: Wenn man einen Spiegel umherträgt, kann man schnell Sonne, Sterne, Erde etc machen (ποιεῖν), aber als φαινόμενα, οὐ μέντοι ὄντα γέ που τῇ ἀληθείᾳ. Ebenso kann der Maler als ein δημιουργός solche Dinge produzieren, ἀλλὰ φήσεις οὐκ ἀληθῆ, οἶμαι, αὐτὸν ποιεῖν ἃ ποιεῖ. Der κλινοποιός aber? nein! denn er stellt nicht das εἶδος her, ὃ δή φαμεν εἶναι ὃ ἔστι κλίνη, ἀλλὰ κλίνην τινά. οὐκοῦν εἰ μὴ ὃ ἔστι ποιεῖ, οὐκ ἂν τὸ ὂν ποιοῖ, ἀλλά τι τοιοῦτον οἷον τὸ ὄν, ὂν δὲ οὔ . . . μηδὲν ἄρα θαυμάζωμεν, εἰ καὶ τοῦτο ἀμυδρόν τι τυγχάνει ὂν πρὸς ἀλήθειαν. Es gibt offenbar dreierlei κλῖναι: 1. μία μὲν ἡ ἐν τῇ φύσει οὖσα, ἣν φαῖμεν ἄν, ὡς ἐγῷμαι, θεὸν ἐργάσασθαι, 2. die κλίνη des τέκτων, 3. die des ζωγράφος. Wie vom Maler, so ist aber zB auch vom Tragödiendichter zu halten, εἴπερ μιμητής ἐστι, nämlich als τρίτος τις ἀπὸ βασιλέως καὶ τῆς ἀληθείας πεφυκώς. In bezug auf die Malerei wird noch einmal ausdrücklich die Frage aufgeworfen, was sie denn abbilde: πότερα πρὸς τὸ ὄν, ὡς ἔχει, μιμήσασθαι, ἢ πρὸς τὸ φαινόμενον, ὡς φαίνεται, φαντάσματος ἢ ἀληθείας οὖσα μίμησις; φαντάσματος. Und von den Dichtern gilt entsprechend: οὐκοῦν τιθῶμεν ἀπὸ Ὁμήρου ἀρξα-

---

auf das man sich verlassen kann. Das tritt schon im Lehrgedicht des Parmenides hervor Frg. 1, 28—30 Diels:
χρεὼ δέ σε πάντα πυθέσθαι
ἠμὲν Ἀληθείης εὐκυκλέος ἀτρεμὲς ἦτορ
ἠδὲ βροτῶν δόξας, ταῖς οὐκ ἔνι πίστις ἀληθής.
Vgl. Frg. 8, 28; ferner zB Epiktet diss. IV 1, 172: Viele haben sich geopfert ὑπὲρ τῆς νομιζομένης ἐλευθερίας. Aber: ὑπὲρ τῆς ἀληθινῆς καὶ ἀνεπιβουλεύτου καὶ ἀσφαλοῦς ἐλευθερίας ἀπαιτοῦντι τῷ θεῷ ἃ δέδωκεν οὐ καταθήσῃ;

μένους πάντας τοὺς ποιητικοὺς μιμητὰς εἰδώλων ἀρετῆς εἶναι καὶ τῶν ἄλλων, περὶ ὧν ποιοῦσι, τῆς δὲ ἀληθείας οὐχ ἅπτεσθαι ... ὁ τοῦ εἰδώλου ποιητής, ὁ μιμητής, φαμέν, τοῦ μὲν ὄντος οὐδὲν ἐπαΐει, τοῦ δὲ φαινομένου. Die Frage: τὸ δὲ δὴ μιμεῖσθαι τοῦτο οὐ περὶ τρίτον μέν τι ἐστιν ἀπὸ τῆς ἀληθείας: = „dies Nachahmen steht also in der dritten Reihe von der Wirklichkeit entfernt?" ist also mit Ja zu beantworten. Es gilt also: ἡ γραφικὴ καὶ ὅλως ἡ μιμητικὴ πόρρω μὲν τῆς ἀληθείας ὂν τὸ αὑτῆς ἔργον ἀπεργάζεται, πόρρω δ᾽ αὖ φρονήσεως ὄντι τῷ ἐν ἡμῖν προσομιλεῖ τε καὶ ἑταίρα καὶ φίλη ἐστὶν ἐπ᾽ οὐδενὶ ὑγιεῖ οὐδ᾽ ἀληθεῖ. Der Dichter ist daher wie der Maler aus dem Staate auszuweisen; denn wie jemand, der im Staate den Schlechten die Macht geben würde und die Tüchtigen unterdrücken würde, ταὐτὸν καὶ τὸν μιμητικὸν ποιητὴν φήσομεν κακὴν πολιτείαν ἰδίᾳ ἑκάστου τῇ ψυχῇ ἐμποιεῖν, τῷ ἀνοήτῳ αὐτῆς χαριζόμενον καὶ οὔτε τὰ μείζω οὔτε τὰ ἐλάττω διαγιγνώσκοντι, ἀλλὰ τὰ αὐτὰ τοτὲ μὲν μεγάλα ἡγουμένῳ, τοτὲ δὲ σμικρά, εἴδωλα εἰδωλοποιοῦντα, τοῦ δὲ ἀληθοῦς πόρρω πάνυ ἀφεστῶτα.

Man wird sagen müssen, daß hier ἀλήθεια überall noch den formalen Sinn von Eigentlichkeit hat[69], aber daß hier, wo eben nur *ein* Seiendes

---

[69] Rep. 508 d e hat ἀλήθεια sogar den noch ursprünglicheren Sinn von Erschlossenheit, indem ἀλήθεια und οὐσία unterschieden werden, und zwar so, daß beide auf das ἀγαθόν zurückgehen, das sowohl das εἶναι der Dinge wie ihr γιγνώσκεσθαι bewirkt, während es selbst noch jenseits von οὐσία und ἀλήθεια steht:

ὅταν μὲν (ἡ ψυχή), οὗ καταλάμπει ἀλήθειά τε καὶ τὸ ὄν, εἰς τοῦτο ἀπερείσηται, ἐνόησέ τε καὶ ἔγνω αὐτὸ καὶ νοῦν ἔχειν φαίνεται· ὅταν δὲ εἰς τὸ τῷ σκότῳ κεκραμένον, τὸ γιγνόμενόν τε καὶ ἀπολλύμενον, δοξάζει τε καὶ ἀμβλυώττει ἄνω καὶ κάτω τὰς δόξας μεταβάλλον καὶ ἔοικεν αὖ νοῦν οὐκ ἔχοντι ... τοῦτο τοίνυν τὸ τὴν ἀλήθειαν παρέχον τοῖς γιγνωσκομένοις καὶ τῷ γιγνώσκοντι τὴν δύναμιν ἀποδιδὸν τὴν τοῦ ἀγαθοῦ ἰδέαν φάθι εἶναι, αἰτίαν δ᾽ ἐπιστήμης οὖσαν καὶ ἀληθείας ὡς γιγνωσκομένης μὲν διανοοῦ, οὕτω δὲ καλῶν ἀμφοτέρων ὄντων, γνώσεώς τε καὶ ἀληθείας, ἄλλο καὶ κάλλιον ἔτι τούτων ἡγούμενος αὐτὸ ὀρθῶς ἡγήσει.	„Wenn sich die Seele auf das richtet, was die Erschlossenheit und die Wirklichkeit erhellen, dann denkt sie und erkennt es, und es zeigt sich, daß sie Denkvermögen hat. Richtet sie sich aber auf das, was mit Finsternis gemischt ist, nämlich auf das Werdende und Vergehende, so hat sie nur Meinungen und kann nicht scharf sehen. Sie wirft die Meinungen durcheinander und ist offenbar ohne Denkvermögen ... Dasjenige nun, das Erschlossenheit verleiht den Gegenständen des Erkennens, und das dem Erkennenden die Möglichkeit (des Erkennens) gibt, bezeichne als die Idee des Guten; als die Ursache des Wissens und der Erschlossenheit als einer solchen, die erkannt wird, verstehe sie. Und wenn du sie für etwas anderes und noch Höheres hältst als jene hohen Güter, die Erkenntnis und die Erschlossenheit, so wirst du richtig halten."

Hier zeigt sich aber in einer merkwürdigen Verschiebung, wie der Sinn von ἀλήθεια als Erschlossenheit in den Sinn von Wirklichkeit übergeht. Denn an Stelle des ersten Gegensatzes von ἀλήθεια und τὸ ὄν tritt zum Schluß der Gegensatz von γνῶσις und ἀλήθεια.

als eigentlich seiend gilt, auch der Boden gegeben ist, auf dem die materiale Bedeutung von ἀλήθεια als „das Immer-Seiende", „das Göttliche" erwächst. Der Dualismus des εἶδος und der Einzel|dinge ist bei Plato noch ganz griechisch gedacht, nämlich in den ästhetisch-technischen Kategorien von Form und Stoff, also nicht als ein eigentlich metaphysischer Dualismus, in dem zwei in gleichem Sinne seiende Größen einander gegenüberstehen, die nur hinsichtlich ihres Wertes ungleich sind. Freilich liegt bei Plato eine Unklarheit vor, indem die Welt des εἶδος, die Ideen, nun doch als irgendwo existierende Wesen gedacht werden, zu denen auch die Seele (ihr höchster Bestandteil) gehört, und indem er die Welt der Ideen und die Welt der Einzeldinge, die im Werden und Vergehen stehen, zugleich als Wertgegensätze versteht. Plato will freilich darüber hinaus und bemüht sich, das ἀγαθόν, den Inbegriff aller Ideen, als noch jenseits alles Seins liegend zu verstehen (s. o. rep. 508 e und weiter rep. 509 b: οὐκ οὐσίας ὄντος τοῦ ἀγαθοῦ, ἀλλ' ἔτι ἐπέκεινα τῆς οὐσίας πρεσβείᾳ καὶ δυνάμει ὑπερέχοντος). Aber erst bei Aristoteles ist der griechische Gedanke konsequent durchgeführt, dh das Allgemeine wird streng unter dem Gedanken der Form gedacht, die nur *ist*, sofern sie einen Stoff formt; und der Stoff, die ὕλη, wird nicht mehr als ein irgendwo für sich existierendes Etwas gedacht, das einmal unter den Einfluß des εἶδος geraten kann, sondern als nur im εἶδος existierend. Deshalb wird denn bei Aristoteles auch die Seele nicht mehr als ein im Leibe existierendes Etwas, sondern als die Form des Leibes aufgefaßt. |

Anders aber steht es da, wo der griechische Gedanke preisgegeben wird, der das Göttliche als das Allgemeine, das εἶδος, versteht, das durch den νοῦς erfaßbar ist, und wo an Stelle des Gegensatzes von Form und Stoff, von Allgemeinem und Besonderem, ein *kosmisch-metaphysischer Dualismus* tritt, der zwei Welten als Substanzen einander gegenüberstehend denkt. Hier erhält ἀλήθεια ganz den materialen Sinn von Göttlichkeit, ewiger Dauer; und es verbinden sich mit dem Begriff zugleich alle Werte, die dem Gedanken jenes kosmischen Dualismus entsprechen. Den Sinn von *Eigentlichkeit* verliert ἀλήθεια dabei nicht; aber dieser Sinn erhält dadurch, daß der Mensch der niederen, uneigentlichen Welt zugeordnet wird, eine *„eschatologische"* Bedeutung. Ἀλήθεια ist das göttliche Sein, das *eigentliches* Sein ist, und das auch *mein* eigentliches Sein ist, und das mir doch verschlossen ist und verschlossen bleibt, wenn nicht durch göttliche Offenbarung die Grenze durchbrochen wird und ich emporgehoben werde. Es zeigt sich also, daß auch hier, wie in jener anderen Entwicklungsreihe, die Frage: „was ist Wahrheit?" leitend ist als Frage, die sich aus dem Dasein erhebt, das das naive Verständnis seiner selbst verloren hat; dort als die Frage nach der Wirklichkeit in ihrer Sichtbarkeit (wie sehe ich die Wirklichkeit, so wie sie eigentlich und unverschleiert ist?), hier als die Frage nach der Wirklichkeit in ihrer Eigentlichkeit (wo sehe ich das, was wirklich *ist*?). Der Sinn von ἀλήθεια ist hier und dort ein anderer; dort die unverschleierte Wirklichkeit (Gegensatz δόξα), nach der ich mich richten muß, um zu meiner Eigentlichkeit zu gelangen; hier die Eigentlichkeit (Gegensatz εἴδωλον bzw. das μὴ ὄν), die ich haben, oder an der ich teilhaben muß, um zu meiner Eigentlichkeit zu gelangen.

Dabei ist eine in der spekulativen Explikation dieses Dualismus sich ergebende Differenz grundsätzlich nicht von Bedeutung. Es kann nämlich — im Verfolg platonischer Gedanken wie unter dem Einfluß einer bestimmten orientalischen Mythologie — die Seele des Menschen als ein im Leibe existierendes Etwas, als in den Leib gefesseltes Teil der göttlichen Welt angesehen werden. Sie hat dann ihrer Substanz nach teil an der ἀλήθεια, der göttlichen Substanz. Aber sie hat doch nicht ihre Eigentlichkeit; denn das Göttliche in ihr ist gefesselt und gehemmt, vermischt mit dem Niedrigen und beschmutzt. Es muß befreit und gereinigt werden; es muß durch die Schicht, in der sich mein Leben zunächst bewegt, und in der ich mich zunächst vorfinde und verstehe, durchbrechen, damit mein Leben zu seiner Eigentlichkeit kommt. Es muß aus dem ψεῦδος | in die ἀλήθεια emporgehoben werden, damit ich zur ἀληθινὴ ζωή gelange.

Spekulativ davon unterschieden ist die andere Vorstellung, daß ich an der Eigentlichkeit des Lebens, an der ἀλήθεια, überhaupt nicht teilhabe, und daß mir das Göttliche überhaupt erst eingeflößt oder ich in göttliche Substanz verwandelt werden muß, weil meine Seele an sich vergänglich, irdisch ist. Diese Vorstellung hat ihren Boden offenbar in bestimmten Mysterienreligionen und in Theorien von Inspiration und Ekstase. Sie ist von jener anderen, wie gesagt, nicht grundsätzlich verschieden, wie denn auch in den hermetischen Schriften das „Schema des anthropologischen Dualismus" und das „Schema des Supranaturalismus", wie Bousset es genannt hat, durcheinandergehen[70]. Es läßt sich leicht sehen,

---

[70] Bousset, Gött. Gel. Anz. 1914 S. 724—732. Die eigentümliche Paradoxie, daß das Göttliche im Menschen ist, aber doch nicht in seiner Verfügung steht, hat Plotin Enn. VI 9, 4 klassisch formuliert: οὐ γὰρ δὴ ἄπεστιν οὐδενὸς ἐκεῖνο (sc. τὸ ἕν) καὶ πάντων δέ (= und doch fern von allen), ὥστε παρὸν μὴ παρεῖναι, ἀλλ᾽ ἢ τοῖς δέχεσθαι δυναμένοις καὶ παρεσκευασμένοις, ὥστε ἐναρμόσαι καὶ οἷον ἐφάψασθαι

daß diese Möglichkeit darauf beruht, daß ἀλήθεια den Gedanken der Eigentlichkeit behält, und daß hier überall der Gedanke der Eigentlichkeit von der Frage nach der Eigentlichkeit des eigenen Lebens aus gedacht ist. Im ersten Fall ist die Anschauung, daß das göttliche Leben, das ich nicht in der Verfügung habe, mein eigentliches Leben ist, dadurch zum Ausdruck gebracht, daß in mir eben ein Stück jenes göttlichen Lebens, aber gebunden und kraftlos, vorhanden ist. Im zweiten Fall geht die Konstruktion umgekehrt davon aus, daß ich das, was mein eigentliches Leben ist, eben nicht in der Verfügung habe.

Der dualistisch-eschatologische Sinn von ἀλήθεια als dem göttlichen, ewigen Wesen ist bei Plotin wie im ganzen Umkreis der Gnosis entwickelt worden. Im einzelnen differenziert sich der Sprachgebrauch danach, wie stark griechische Tradition nachwirkt, und wie stark orientalische Einflüsse bestimmend sind. Und bei diesen ist wieder zu unterscheiden, wieweit der eigentümliche Wahrheitsbegriff des AT einwirkt, wieweit der aus dualistischer orientalischer Weltanschauung, speziell aus dem Iranischen stammende Wahrheitsbegriff.

Daß überhaupt ἀλήθεια zur Wiedergabe dessen dienen konnte, was mit אמת gemeint war, und daß so der at.liche „Wahrheits"-Begriff den ἀλήθεια-Begriff der hellenistischen Theologie beeinflussen konnte, läßt sich trotz des verschiedenen Grundsinns von ἀλήθεια | und אמת nunmehr verstehen[71]. Denn es wurde 1. deutlich, daß ἀλήθεια als die Wirklichkeit, als das eigentlich Seiende den Sinn des Immer-Seienden, des Durchhaltenden, auf das man sich verlassen kann, bedeutet; 2. daß ἀλήθεια darin mit אמת zusammentrifft, daß beide Wörter „Aufrichtigkeit", „Wahrhaftigkeit" bedeuten können, — jenes von dem Grundsinn „Offenheit" aus, dieses von dem Grundsinn „Zuverlässigkeit" aus (s. S. 125 f; 149); 3. daß ἀλήθεια zur Bezeichnung der Norm wird, die gilt, wenn ich zur Eigentlichkeit meines Lebens gelangen will, und daß daher ἀλήθεια für אמת eintreten kann, sofern אמת eben das ist, „was gilt", das „Recht" (s. S. 129, 150 f); 4. daß ἀλήθεια die rechte Lehre sein kann, welchen Sinn אמת unter dem Einfluß des iranischen Begriffs „Wahrheit" als des rechten Glaubens, der rechten Religion auch gewonnen hat.

2. Ἀλήθεια *in der hellenistischen Literatur*

Was die Übernahme des griechischen Wortes ἀλήθεια für die heidni-

καὶ θιγεῖν ὁμοιότητι καὶ τῇ ἐν αὐτοῖς δυνάμει συγγενεῖ τῇ ἀπ' αὐτοῦ ... ἤδη δύνασθαι ἰδεῖν ὡς πέφυκεν ἐκεῖνος θεατὸς εἶναι.

[71] Vgl. schon S. 130–132 und 154.

sche und christliche Theologie des Hellenismus bedeutete, ist vor allem durch die beiden Möglichkeiten gegeben, in denen sich der griechische Sprachgebrauch entwickelt hatte, und die beide von der radikalen Frage nach der Wahrheit bestimmt sind, sei es so, daß ἀλήθεια die Wahrheit bedeutet, die ich wissen muß, um zu meiner Eigentlichkeit zu gelangen, sei es, daß sie diese Eigentlichkeit selbst bedeutet. Die Tradition, die am Gebrauch des griechischen Wortes ἀλήθεια haftet, macht die Frage nach meiner Eigentlichkeit zu einer *expliziten, theologischen Frage* und führt damit *theologisch* über die alttestamentliche Tradition hinaus, in der diese Frage eben als explizite, theologische Frage nie gestellt war. Sie steckt nur implizit in dem מה־טוב ומה־יהוה דורש ממך (Mi 6,8) oder in der Frage des Kohelet: „Was für Gewinn hat der Mensch bei all seiner Mühe, mit der er sich müht unter der Sonne?" (Pred 1,3). Aber die Frage: „Was ist אמת?" wäre undenkbar. Wirkliches theologisches Fragen gibt es erst da, wo die Frage nach der ἀλήθεια ausdrücklich gestellt ist von der Voraussetzung aus, daß ich um meine Eigentlichkeit begriffliches Wissen haben kann. Aber eben damit ist natürlich auch die jeder Theologie anhaftende Möglichkeit der Verfehlung ihrer selbst gegeben, indem das begriffliche Wissen nicht mehr verstanden wird als die Explikation eines existentiellen Wissens um die Eigentlichkeit, sondern als bewahr- und verfügbarer Besitz von wißbaren Sätzen, die als solche gerade das nicht erreichen, was sie wollen: die Erschlossenheit meiner Eigentlichkeit. |

Im übrigen liegt die Bedeutung des orientalischen Sprachgebrauchs für den Gebrauch des griechischen Wortes ἀλήθεια, abgesehen von dem Sinn von ἀλήθεια als der rechten Lehre, darin, daß im orientalisch-gnostischen Dualismus „Wahrheit" ein Charakter des Göttlichen ist, und daß, da das Göttliche unter der Kategorie der Substanz und der „Macht" im primitiven Sinn der strahlenden und wirkenden Wundermacht gedacht wird, ἀλήθεια eben diesen Sinn des göttlichen Wesens als einer οὐσία (= Substanz) und einer δύναμις gewinnt. Da „Wahrheit" zugleich die rechte *Lehre* ist, diese aber als *„Offenbarung"* der Gottheit und demgemäß auch als Machtwirkung, ja als Macht selbst vorgestellt wird, ergibt sich das Merkwürdige, *daß* ἀλήθεια *zugleich erschließendes Reden, geoffenbarte Lehre und göttliche* δύναμις *ist*. Sie gelangt dadurch in merkwürdige Verwandtschaft mit γνῶσις, die das Erfassen der Offenbarung, aber, als selbst gottgewirkt, zugleich diese Offenbarung selbst als göttliche δύναμις ist. Ἀλήθεια und γνῶσις korrespondieren einander, werden aber in eigentümlicher Weise synonym, was in der im Griechischen möglichen Synonymität von ἀλήθεια und ἐπιστήμη nicht eigentlich eine Parallele hat, wenn auch diese Synonymität die Möglichkeit für jene Entwicklung andeutet. Damit gerät ἀλήθεια aber auch in eine merkwürdige Verwandtschaft mit φῶς und ζωή, deren Möglichkeit wieder in jenen platonischen Ausführungen über das φῶς in der Πολιτεία VI c. 18 f gegeben war, nach denen das ἀγαθόν als das φῶς sowohl die ἀλήθεια der Dinge wie die γνῶσις von ihnen begründet, eine Verwandtschaft, die nunmehr aber etwas anderes bedeutet, da φῶς und ζωή göttliche Substanzen und göttliche δυνάμεις sind[72]. Sofern ἀλήθεια auch göttliches Wesen bedeutet, ist es mit ζωή gleichbedeutend; aber auch mit φῶς, sofern die göttliche ζωή φῶς ist, sich im φῶς offenbart, in einem Verstehen des Menschen für ihn da ist, einem Verstehen nämlich, in dem dem Menschen sein eigenes Sein in Gott aufgedeckt ist. Alle vier Begriffe, ἀλήθεια und γνῶσις, φῶς und ζωή, sind im Hellenismus „*eschatologische*", in denen das Ende des Menschen angezeigt ist und zugleich seine Eigentlichkeit als eine jenseits seiner verfügbaren Möglichkeiten liegende, aber ihm durch göttliche Offenbarung geschenkte.

Nach dieser Übersicht über die Motive, die den Gebrauch von ἀλήθεια in der religiösen Sprache des Hellenismus, vor allem in der Gnosis, bestimmen, muß nun dieser selbst noch mit einigen charak|teristischen Beispielen illustriert werden. Höchst instruktiv ist der *hermetische Traktat περὶ ἀληθείας*[73], weil in ihm die griechisch-platonische Tradition eigentümlich fortgebildet ist. Der griechische ἀλήθεια-Begriff wird geradezu definiert, wenn es heißt: ἐὰν οὖν ἕκαστον τούτων οὕτω νοῶμεν ἢ ὁρῶμεν ὡς ἔστιν, ἀληθῆ καὶ νοοῦμεν καὶ ὁρῶμεν· ἐὰν δὲ παρὰ τὸ ὄν, οὐδὲν ἀληθὲς οὔτε νοήσομεν οὔτ' ὀψόμεθα (§ 5 p. 384, 4 ss.). Hier liegt der alte Begriff von ἀλήθεια als Erschlossenheit zugrunde. Aber für den Verfasser ist ἀλήθεια vor allem das wirklich Seiende, als Immer-Seiendes und deshalb dem Werden und der Teilbarkeit Entzogenes, das Reine, Immaterielle und als solches das einzige und höchste Gut. Er definiert die ἀλήθεια als αὐτὸ τὸ ἄκρατον ἀγαθόν, τὸ μὴ ὑπὸ ὕλης θολούμενον μήτε ὑπὸ σώματος περιβαλλόμενον, γυμνὸν φανόν, ἄτρεπτον [σεμνὸν] ἀναλλοίωτον [ἀγαθόν] (§ 9 p. 384, 21 ss.). Oder: τὸ γὰρ ἀληθές ἐστι ⟨τὸ⟩ [καὶ] ἐξ αὐτοῦ μόνου τὴν σύστασιν ἔχον, καὶ μένον καθ' αὑτὸ οἷον ἐστίν (§ 11 p. 386, 17 ss.). Οὐδὲν γάρ, μὴ μένον ἐφ' αὑτῷ, ἀληθές ἐστιν (§ 13 p. 388, 11). Alles Veränderliche ist ψεῦδος, und auf Erden gibt es deshalb keine ἀλήθεια.

---

[72] Über φῶς und ζωή wird in einer der späteren Untersuchungen gehandelt werden.
[73] Stob. III 11, 31 p. 436, 9–441, 18 Hense; Hermetica ed. Scott I p. 382–389. Ich zitiere oben nach Seiten- und Zeilenzahlen bei Scott, kleinere Textverbesserungen Scotts, die ich akzeptiere, mache ich nicht kenntlich.

Auch der Mensch, sofern er Mensch ist (καθότι ἄνθρωπος), ist nicht ἀληθής; denn ἐκ πολλῶν συνέστηκε καὶ οὐ μένει καθ' αὑτόν, τρέπεται δὲ καὶ μεταβάλλεται ⟨εἰς⟩ ἡλικίαν ἐξ ἡλικίας καὶ ἰδέαν ἐξ ἰδέας (§ 11 p. 386, 19 ss.). So ist der Mensch eine φαντασία (§ 17). Der Verfasser vertritt nun einen verfälschten Platonismus, indem er eine Beziehung der Welt des ψεῦδος zu der der ἀλήθεια behauptet, die er aber nur unklar zum Ausdruck bringt, wenn er redet von τῶν ψευδῶν τούτων [ἐνεργειῶν] ἄνωθεν ἠρτημένων ἀπ' αὐτῆς τῆς ἀληθείας· τούτου δὲ οὕτως ἔχοντος, τὸ ψεῦδός φημι τῆς ἀληθείας ἐνέργημα εἶναι (§ 18 p. 386, 13 ss.). Wie er sich das denkt, zeigt weniger die an Platon angelehnte Bezeichnung der irdischen Dinge als τῆς ἀληθείας μιμήματα (§ 3 p. 382, 17 s.) und der von Platon übernommene Vergleich mit der Malerei (§ 4) als die platonische Ideenlehre mit orientalischer Kosmologie verschmelzende Vorstellung, daß es ἀίδια σώματα gebe, nämlich πῦρ αὐτόπυρ, γῆ αὐτόγη, ἀὴρ αὐτοάηρ, ὕδωρ αὐτόϋδωρ, und daß τὰ ἡμέτερα σώματα aus je etwas von γῆ, πῦρ, ἀὴρ und ὕδωρ bestehen[74]. Statt der εἴδη kennt er also himmlische Substanzen, die er ganz im gnostischen Sinne als σώματα bezeichnet[75]. So gerät er zum Schluß in Verlegenheit; denn diese σώματα können doch auch nicht ἀληθῆ sein, weil auch sie einer μεταβολή unterliegen. Und es bleibt als Antwort auf die Frage nach der πρώτη ἀλήθεια nur die Antwort: ἕνα καὶ μόνον (kann man nennen), τὸν μὴ ἐξ ὕλης, τὸν μὴ ἐν σώματι· τὸν ἀχρώματον, τὸν ἀσχημάτιστον· τὸν ἄτρεπτον, τὸν μὴ ἀλλοιούμενον· τὸν ἀεὶ ὄντα (§ 15 p. 388, 20 ss.)[76]. Man sieht also deutlich, wie ἀλήθεια auf Grund der Bedeutung Eigentlichkeit den Sinn von göttlicher Wirklichkeit, Einzigkeit und Ewigkeit gewinnt.

In dem Stücke περὶ τῆς πρὸς τὸν θεὸν εὐσεβείας[77] tritt der Charakter der ἀλήθεια als der göttlichen Wirklichkeit, die die Norm des Lebens ist, her-

---

[74] Vgl. auch C. Herm. IV 1.
[75] Vgl. etwa Exc. ex Theod. 10: ἀλλ' οὐδὲ τὰ πνευματικὰ καὶ νοερὰ οὐδὲ οἱ ἀρχάγγελοι οἱ πρωτόκτιστοι, οὐδὲ μὴν οὐδ' αὐτὸς (der μονογενής) ἄμορφος καὶ ἀνείδεος καὶ ἀσχημάτιστος καὶ ἀσώματός ἐστιν, ἀλλὰ καὶ μορφὴν ἔχει ἰδίαν καὶ σῶμα ἀνάλογον τῆς ὑπεροχῆς τῶν πνευματικῶν ἁπάντων, ὡς καὶ οἱ πρωτόκτιστοι ἀνάλογον τῆς ὑπεροχῆς τῶν ὑπ' αὐτοὺς ὁσίων. 11: σώματα γοῦν ἐπουράνια εὔμορφα καὶ νοερὰ οἶδεν ὁ ἀπόστολος. Cf. 14. 15 (εἶναι σώματα πνευματικά). Verschiedene solche Substanzen werden unterschieden 12: καὶ οἱ μὲν ἄγγελοι ν ο ε ρ ὸ ν π ῦ ρ κ α ὶ π ν ε ύ μ α τ α ν ο ε ρ ὰ τὴν οὐσίαν ἀποκεκαθαρμένοι· φ ῶ ς δ ὲ ν ο ε ρ ὸ ν ἡ μεγίστη προκοπὴ (Stufe) ἀπὸ τοῦ νοεροῦ πυρὸς ἀποκεκαθαρμένου τέλεον.
[76] In dem (nach Scott) eingefügten § 14 wird als dieser εἷς καὶ μόνος die Sonne genannt: μόνον τὸν ἥλιον, παρὰ τὰ ἄλλα πάντα μὴ μεταβαλλόμενον, μένοντα δὲ ἐφ' ἑαυτῷ [ἀλήθειαν]. διὸ καὶ τὴν ⟨τῶν⟩ ἐν τῷ κόσμῳ πάντων δημιουργίαν αὐτὸς μόνος πεπίστευται, ἄρχων πάντων καὶ ποιῶν πάντα.
[77] Stob. I 41, 1 p. 273 Wachsm.; Scott I p. 390—393.

vor. Die Einsicht, daß μηδέν ἐστιν ἀληθὲς ἐνθάδε, treibt die Frage nach der Möglichkeit des καλῶς διάγειν τὸν βίον hervor. Dieses nämlich heißt εὐσεβεῖν. Die εὐσέβεια aber wird nur gewonnen mittels der Philosophie; diese lehrt καὶ ποῦ ἐστιν ἡ ἀλήθεια καὶ τίς ἐστιν ἐκείνη. Die Seele, die sich emporgeschwungen hat zur κατάληψις τοῦ ὄντως ἀγαθοῦ καὶ ἀληθοῦς, die μαθοῦσα ἑαυτῆς τὸν προπάτορα, hat das τέλος εὐσεβείας erreicht. Aber dieses Emporsteigen der Seele, diese ὁδὸς πρὸς ἀλήθειαν, ist ein Kampf, in dem es für die Seele gilt ἑαυτῇ πολεμῆσαι, die „Zwei" in sich zu überwinden, um die „Eins" aus der Sklaverei zu befreien und den Sieg zu erringen, der in dem Aufstieg πρὸς τὸ ἀγαθόν besteht. — Und in den κεφάλαια, in denen der Gegensatz zwischen dem Vergänglichen, Veränderlichen, Irdischen und dem Unsterblichen, Beständigen, Göttlichen entwickelt wird, heißt es: οὐδὲν ἐν σώματι ἀληθές, ἐν ἀσωμάτῳ τὸ πᾶν ἀψευδές[78].

Ἀλήθεια *als die göttliche Wirklichkeit* ist im Corpus Hermeticum geläufig. Es zeigt sich zunächst im Gebrauch der Adjektive ἀληθινός und ἀληθής. Wird C. Herm I 30 gesagt: ἐγένετο γὰρ ὁ τοῦ σώματος ὕπνος τῆς ψυχῆς νῆψις, καὶ ἡ κάμμυσις τῶν ὀφθαλμῶν ἀληθινὴ ὅρασις, so heißt ἀληθινός hier wohl noch „eigentlich" im | formalen Sinne. Aber diese eigentliche Schau, wie sie nicht mit leiblich-irdischen Sinnen sich vollzieht, so ist sie gerichtet auf das Göttliche. Der Mensch muß wiedergeboren werden durch göttliche Saat, und von ihr heißt es: ἡ σπορὰ τὸ ἀληθινὸν ἀγαθόν (XIII 2). Und so wird XIII 6 das ἀληθές definiert wie bei Stobaios: τὸ μὴ θολούμενον, τὸ μὴ διοριζόμενον, τὸ ἀχρώματον, τὸ ἀσχημάτιστον, τὸ ἄτρεπτον, τὸ γυμνόν, τὸ φαῖνον[79], τὸ αὐτῷ καταληπτόν, τὸ ἀναλλοίωτον [ἀγαθόν], τὸ ἀσώματον[80]. Im gleichen Sinne mahnt Petrus im MartPetri 8 (act. Verc. 37) p. 92, 10 ss. Lips.: παντὸς αἰσθητηρίου χωρίσατε τὰς ἑαυτῶν ψυχάς, παντὸς φαινομένου, μὴ ὄντος ἀληθοῦς. Und so wird ActThom 88 p. 203, 13 ss. Bonn. die himmlische Brautschaft als die ἀληθινὴ κοινωνία der irdischen Ehe als der ῥυπαρὰ κοινωνία entgegengestellt; und entsprechend ist ibid. 12 p. 118, 7 s. den Keuschen verheißen: ἀπολήμψεσθε ἐκεῖνον τὸν γάμον τὸν ἄφθορον καὶ ἀληθινόν. So redet Philo von der ἀληθινῇ

---

[78] Stob. I 41, 1 p. 275, 18 WACHSM.; SCOTT I p. 428, 13 s. will lesen: οὐδὲν σωματικὸν ἀληθές, μόνον τὸ ἀσώματον ἀψευδές.

[79] SCOTT I 242, 5 verbessert τὸ φανόν.

[80] Vgl. Philo de Abrah. 80 p. 13, wo Gott als τὸ πρὸς ἀλήθειαν ὄν bezeichnet wird, das dem Abraham erschien, nachdem dieser vorher innerhalb des κόσμος und der αἰσθητὴ οὐσία geforscht hatte. Auch de somn. II 249 p. 691 bedeutet πρὸς ἀλήθειαν, ohne den Sinn von „eigentlich" zu verlieren, „wesenhaft", „überirdisch": der Logos reicht der Seele τοὺς ἱεροὺς κυάθους τῆς πρὸς ἀλήθειαν εὐφροσύνης.

ζωή, die Gott in den νοῦς einhaucht und so die Seele zu einer νοερά und ζῶσα ὄντως macht, die der ἀρετή fähig ist (leg. alleg. I 32. 35 p. 50); die eherne Schlange, die Moses aufrichtete, ist der λόγος σωφροσύνης, ἵνα ὁ δηχθεὶς ὑφ' ἡδονῆς ἰδὼν σωφροσύνην ζήσῃ τὸν ἀληθῆ βίον (leg. alleg. II 93, p. 83)[81]. Und Ignatius beschreibt (Eph. 7, 2) die Gottmenschheit Christi durch die Paradoxie: ἐν θανάτῳ ζωὴ ἀληθινή, was in Parallele steht mit σαρκικὸς καὶ πνευματικός, γεννητὸς καὶ ἀγέννητος, ἐν σαρκὶ γενόμενος θεός. Für den Gläubigen bedeutet Christus τὸ ἀληθινὸν ζῆν (IgnSm 4, 1) bzw. man hat in ihm τὸ ἀληθινὸν ζῆν (IgnTrall 9, 2; ähnlich IgnEph 11, 1)[82]. Im gleichen Sinne redet Plotin Enn VI 9, 4 (p. 513, 12 Volkm.) vom φῶς ἀληθινόν, von dem erfüllt wird, wer sich zur Schau der Gottheit emporschwingt[83]; und ebenso redet Ignatius die Philadelphier als τέκνα φωτὸς ἀληθείας an (2, 1). |

In der Tat: ἀλήθεια *bedeutet Ewigkeit, (göttliches) Leben.* Die Irrlehren sind nach IgnSm 5, 1 συνήγοροι (Wortführer) τοῦ θανάτου μᾶλλον ἢ τῆς ἀληθείας. Die Bußpredigt C. Herm VII will die Menschen aus der ἀγνωσία wecken und ein Führer sein ἐπὶ τὰς τῆς γνώσεως θύρας, ὅπου ἐστὶν τὸ λαμπρὸν φῶς, wo alle Gott schauen; und sie mahnt deshalb, die Fessel des irdischen Leibes zu zerreißen, der den Menschen hinabziehen will, ἵνα μὴ ἀναβλέψας καὶ θεασάμενος τὸ κάλλος τῆς ἀληθείας καὶ τὸ ἐκεῖ μένον[84] ἀγαθόν, μισήσῃς τὴν τούτου κακίαν . . . (§ 3)[85]. Der σταυρὸς τοῦ φωτός wird ActJoh 98, p. 200, 5 ss. Bonn. (nach seiner Bedeutung für

---

[81] Im lateinischen Text des Schlußgebets des λόγος τέλειος (Asclepius, Scott I p. 376) wird die Gottheit angerufen: o vitae vera vita. Der griechische Text wird von Scott ergänzt: ὦ ⟨ζωὴ ἀληθὲς⟩ τῆς ἀνθρωπίνης ζωῆς.

[82] Wenn nach IgnEph intr. die Gemeinde charakterisiert wird als προωρισμένη... εἶναι διὰ παντὸς εἰς δόξαν παράμονον, ἄτρεπτον ἡνωμένην καὶ ἐκλελεγμένην ἐν πάθει ἀληθινῷ, so ist dieses πάθος ἀληθινόν wahrscheinlich das „echte" d. h. das göttliche Leiden, das Leiden Christi, in das die Gemeinde durch mysteriöse Christusgemeinschaft aufgenommen ist.

[83] Gleichbedeutend ist natürlich das φῶς αἰώνιον Act. Thom. 34 p. 151, 5 s. Bonn. — Vgl. Seneca ep. 93, 5: laudemus itaque et in numero felicium reponamus eum, cui quantulumcumque temporis contigit, bene conlocatum est. *vidit enim veram lucem.* non fuit unus e multis: *et vixit et viguit:* aliquando sereno usus est, aliquando, ut solet, *validi sideris fulgor* per nubila emicuit.

[84] So auch Scott statt ἐγκείμενον der codd.

[85] Entsprechend sagt der zur Wiedergeburt sich Bereitende: ἀπηλλοτρίωσα τὸ ἐν ἐμοὶ φρόνημα ἀπὸ τῆς τοῦ κόσμου ἀπάτης C. Herm. XIII 1. — Etwas anders heißt in dem pantheistischen Traktat IX 10 ἀλήθεια die göttliche Wirklichkeit als erschlossene: ὁ γὰρ λόγος [μ]ου φθάνει μέχρι τῆς ἀληθείας ὁ δὲ νοῦς μέγας ἐστί, καὶ ὑπὸ τοῦ λόγου μέχρι τινὸς ὁδηγηθείς, φθάνει μέχρι τῆς ἀληθείας· καὶ περινοήσας τὰ πάντα, καὶ εὑρὼν σύμφωνα τοῖς ὑπὸ τοῦ λόγου ἑρμηνευθεῖσιν, ἐπίστευσε καὶ τῇ καλῇ πίστει ἐπανεπαύσατο.

die Menschen) ausgestattet mit allen Prädikaten, die göttliches Wesen bezeichnen; so heißt es: ποτὲ πνεῦμα, ποτὲ ζωή, ποτὲ ἀλήθεια, ποτὲ πίστις, ποτὲ χάρις. Iren. I 21, 3 teilt als eine der Mysterienformeln der Markosier die Anrufung mit: τὸ ὄνομα τὸ ἀποκεκρυμμένον ἀπὸ πάσης θεότητος καὶ κυριότητος καὶ ἀληθείας, ὃ ἐνεδύσατο Ἰησοῦς ὁ Ναζαρηνός. Ἀλήθεια erscheint also direkt synonym mit θεότης[86]. In den Excerpta ex Theodoto wird 86 vom πιστός gesagt: ἐπιγραφὴν μὲν ἔχει διὰ Χριστοῦ τὸ ὄνομα τοῦ θεοῦ; und diese Aussage nachher in der Form wiederholt: ... ἡ ψυχὴ τὸ τῆς ἀληθείας λαβοῦσα σφράγισμα τὰ στίγματα τοῦ Χριστοῦ περιφέρει. Die Gnostiker wissen, daß sie ἐξ ἀληθείας sind und wieder εἰς ἀλήθειαν gehen werden; die ἀλήθεια, die göttliche Welt des Pleroma, ist also ihre Heimat (Iren. I 6, 4).

Im Corpus Hermeticum klingt freilich oft der alte Sinn nach, daß die Gottheit als ἀλήθεια bezeichnet wird, sofern sie erschlossen ist, erkannt wird, sofern sie sich offenbart. So heißt ἀλήθεια geradezu *Offenbarung* als das Sicherschließen der Gottheit, bzw. als die Lehre, in der sie sich erschließt. Als Person erscheint die Ἀλήθεια, deren σῶμα alle kosmischen Geheimnisse abbildet, Iren. I 14, 3, und es wird ausdrücklich gesagt, Markos nenne dieses σχῆμα τοῦ στοιχείου: πηγὴν ... παντὸς λόγου καὶ ἀρχὴν πάσης φωνῆς, καὶ παντὸς ἀρρήτου ῥῆσιν καὶ τῆς σιωπωμένης σιγῆς στόμα. So schildert der durch die Offenbarung zum Propheten geweihte und in die Welt entsandte Myste „sein Tun und sein Glück, das ihm widerfahren ist, weil er von seinem νοῦς die untrügliche Verkündigung (τὸν τῆς αὐθεντίας λόγον) empfangen hat und selbst der Mensch (Gottes Sohn) geworden ist"[87], und spricht θεόπνους γενόμενος τῆς ἀληθείας ἦλθον (I 30). Und XIII 22 spricht der Mystagoge, nachdem der Myste sein Dankgebet als geistiges Opfer (λογικὰς θυσίας) zur Gottheit emporgesandt hat: χαίρω, τέκνον, καρποφορήσαντος ἐκ τῆς ἀληθείας τὰ ἀγαθά, τὰ ἀθάνατα γεννήματα[88]. Kann man schwanken, ob ἀλήθεια als Offenbarung oder als göttliches Wesen zu verstehen sei, so braucht man doch keine Entscheidung zu fällen; denn eben die Offenbarung ist *göttliche* δύναμις, die als letzte der δυνάμεις nach γνῶσις, χαρά, ἐγκράτεια, καρ-

---

[86] Philo de somn. II 232 p. 689: ὅταν μὲν ἐξ ἔρωτος θείου κατασχεθεὶς ὁ νοῦς ... dem plotinischen ἔρως ἀληθείας entsprechend.
[87] REITZENSTEIN-SCHAEDER, Studien zum antiken Synkretismus, 1926, S. 29.
[88] Sachlich die gleiche Anschauung enthält C. Herm. IV, jedoch ohne daß dort der Terminus ἀλήθεια eine Rolle spielte: durch göttliches κήρυγμα wird den Menschen die Taufe mit dem νοῦς geschenkt. Wer sich taufen läßt, empfängt die γνῶσις, die ἐπιστήμη τῶν θείων; er löst die Bindung mit dem σῶμα und wird ἀθάνατος ἀντὶ θνητοῦ.

τερία, δικαιοσύνη in den Mysten einzieht, und mit der zugleich ζωή und φῶς ihren Einzug halten (τῇ δὲ ἀληθείᾳ καὶ τὸ ἀγαθὸν ἐπεγένετο ἅμα ζωῇ καὶ φωτί, XIII 9)[89]. Und wie die anderen δυνάμεις im Geweihten, so wird auch die ἀλήθεια aufgefordert: ὕμνει ἀλήθεια τὴν ἀλήθειαν (XIII 18). Als solche δύναμις erscheint die ἀλήθεια unter den anderen Gotteskräften πίστις, ἔρως und ἐλπίς bei Porphyrius ad Marcellam 24: τέσσαρα στοιχεῖα μάλιστα κεκρατύνθω περὶ θεοῦ· πίστις, ἀλήθεια, ἔρως, ἐλπίς. πιστεῦσαι γὰρ δεῖ ὅτι μόνη σωτηρία ἡ πρὸς τὸν θεὸν ἐπιστροφή, καὶ πιστεύσαντα ὡς ἔνι μάλιστα σπουδάσαι τἀληθῆ γνῶναι περὶ αὐτοῦ, καὶ γνόντα ἐρασθῆναι τοῦ γνωσθέντος, ἐρασθέντα δὲ ἐλπίσιν ἀγαθαῖς τρέφειν τὴν ψυχὴν διὰ τοῦ βίου. ἐλπίσι γὰρ ἀγαθαῖς οἱ ἀγαθοὶ τῶν φαύλων ὑπερέχουσι. στοιχεῖα μὲν οὖν ταῦτα καὶ τοσαῦτα κεκρατύνθω. Und in den Oracula Chaldaica ist die Gotteskraft der ἀλήθεια mit denen des ἔρως und der πίστις verbunden: Procl. in Alc. 365, 27: καὶ τρεῖς κατὰ ταύτας τὰς νοητὰς αἰτίας (dem ἀγαθόν, σοφόν und καλόν) ὑφίστανται μονάδες, κατ' αἰτίαν μὲν ἐν τοῖς νοητοῖς οὖσαι καὶ ἑνοειδῶς, ἐκφαινόμεναι δὲ πρώτως ἐν τῇ ἀφθέγκτῳ τάξει τῶν θεῶν, πίστις καὶ ἀλήθεια καὶ ἔρως. Von derselben Dreiheit heißt es 357, 12: πάντα γὰρ ἐν τρισὶ τοῖσδε — φησὶ τὸ λόγιον — κυβερνᾶταί τε καὶ ἔστιν, καὶ διὰ τοῦτο καὶ τοῖς θεουργοῖς οἱ | θεοὶ παρακελεύονται διὰ τῆς τριάδος ταύτης ἑαυτοὺς τῷ θεῷ συνάπτειν[90]. Schon Reitzenstein[91], der klar gesehen hat, daß es sich hier um Gotteskräfte handelt, die den „neuen Menschen" konstituieren, hat erkannt, daß diese Anschauung auf die iranische Vorstellung von Gott und Mensch zurückgeht. Für unseren Zusammenhang ist dabei dies wichtig, daß eben unter dem Einfluß eines ganz ungriechischen Dualismus sich ein neuer ἀλήθεια-Begriff konstituiert, wonach ἀλήθεια eine göttliche δύναμις ist, die, sofern sie vom Menschen erfahren wird, von der einen Seite Offenbarung (φῶς) ist, von der andern Seite das Wissen um diese Offenbarung (γνῶσις) bzw. ihre Annahme (πίστις). Denn das muß aus Reitzensteins Beobachtungen noch hervorgehoben werden, daß in den Formeln, die solche göttlichen Kräfte aufzählen, ἀλήθεια und γνῶσις wechseln können. So steht in den ältesten

---

[89] Entsprechend erscheint XIII 7 und 9 unter den τιμωροί die ἀπάτη. — Wie von der ἀπάτη des κόσμος (XIII 1; s. S. 14) ist auch von der πλάνη die Rede: I 19 ὁ δὲ ἀγαπήσας ἐκ πλάνης ἔρωτος τὸ σῶμα, οὗτος μένει ἐν τῷ σκότει πλανώμενος, αἰσθητῶς πάσχων τὰ τοῦ θανάτου. Cf. XVI 16.

[90] W. KROLL, De oraculis Chaldaicis, Breslauer philol. Abh. VII I (1895), S. 26.

[91] R. REITZENSTEIN, Die Hellenistischen Mysterienrel.³, 1927, S. 383–393; früher: Historia Monachorum und Historia Lausiaca, 1916, S. 100–102; HZ 116 (1916), S. 189–208; NAG 1916, phil.-hist. Kl. S. 367–416; ibid. 1917 S. 130–151. Außerdem J. GEFFCKEN, Der Ausgang des griechisch-römischen Heidentums (1920), S. 271 f.

iranischen bzw. manichäischen Formeln das „Wissen" an Stelle der „Wahrheit"; und wo Clemens Alexandrinus (strom. VII 57, 4) die Formel reproduziert, zählt er πίστις, γνῶσις und ἀγάπη auf. So überrascht es nicht, wenn ἀλήθεια und γνῶσις miteinander als göttliche δυνάμεις genannt werden wie in den oben genannten Stellen C. Herm XIII 8 f 18 und in den ActJoh 109 p. 208, 2 ss., wo Jesus gepriesen wird als der, der uns geschenkt hat: τὴν ἀλήθειαν, τὴν ἀνάπαυσιν, τὴν γνῶσιν, τὴν δύναμιν, τὴν ἐντολήν, τὴν παρρησίαν, τὴν ἐλπίδα, τὴν ἀγάπην, τὴν ἐλευθερίαν, τὴν εἰς σὲ καταφυγήν. Ebensowenig ist es dann verwunderlich, wenn ἀλήθεια und πίστις in einer Reihe begegnen; so in der oben genannten Stelle ActJoh 98, bei Porphyrius ad Mk 24. Und es überrascht nicht, wenn es Pap. Par. Zeile 1012 heißt: ὁ ἐπὶ τῆς τοῦ κόσμου κεφαλῆς καθήμενος καὶ κρίνων τὰ πάντα περιβεβλημένος τῷ τῆς ἀληθείας καὶ πίστεως κύκλῳ ιυαη[92].

Dem in den hermetischen Schriften und in den Oden Salomos festen Zusammenhang der Begriffe γνῶσις und φῶς[93] entspricht der Zusammenhang der Begriffe φῶς *und* ἀλήθεια, wie uns schon die | Wendungen φῶς ἀληθινόν (Plotin Enn VI 9, 4) und φῶς ἀληθείας (IgnPhld 2, 1) begegneten (s. S. 166). So wird C. Herm II 12 die Gottheit bestimmt als das Unkörperliche, οὗ ὥσπερ ἀκτῖνές εἰσι τὸ ἀγαθόν, ἡ ἀλήθεια, τὸ ἀρχέτυπον φῶς, τὸ ἀρχέτυπον τῆς ψυχῆς[94]. So bekennt der bekehrte Jüngling ActThom 34 p. 151, 17 ss.: ἀπώλεσα μὲν ἐκεῖνον τὸν σκοτίζοντα καὶ ἀμαυροῦντα τοὺς ἑαυτοῦ ὑπηκόους, ἵνα μὴ γνῶσιν ἃ διαπράττονται, ... εὗρον δὲ ἐκεῖνον οὗ τὰ ἔργα φῶς ἐστιν καὶ αἱ πράξεις ἀλήθεια.

So überrascht es nicht, wenn die Ἀλήθεια gelegentlich als eine Art Gottheit erscheint. Wie Isis als Σοφία[95] und als Δικαιοσύνη[96] bezeichnet wird, und wie sie in der Inschrift von Ios von sich sagt: ἐγὼ τὸ ἀληθὲς καλὸν ἐνομοθέτησα νομίζεσθαι[97], in der Isis-Litanei P. Oxyr. 1380, 63 als Ἀλήθεια bezeichnet[98]. Wie speziell hier ἀλήθεια zu interpretieren ist,

---

[92] Vgl. G. P. WETTER, Der Sohn Gottes (1916), S. 130. — Auch in der oben Anm. 85 teilweise zitierten Stelle C. Herm. IX 10 ist ἀλήθεια und πιστεύειν verbunden. — Ἀλήθεια im Zauber zB auch in der Anrufung: ὁ ἔχων τὴν ἄψευστον ἀλήθειαν, die in Zauberpapyri begegnet; dort auch ἀληθείας τάμια δικαιοσύνης (TH. SCHERMANN, Griechische Zauberpapyri, 1909, S. 44).

[93] Darüber in einer späteren Untersuchung ausführlich [vgl. unten den Aufsatz S. 323–355].

[94] Der Sinn ist klar, der Text freilich nicht in Ordnung. Sachlich trifft SCOTTS Herstellung jedenfalls das Richtige: τί οὖν φῂς τὸ ἀγαθόν; τὸ ἀρχέτυπον φῶς, οὗ ὥσπερ ἀκτῖνές εἰσιν ὅ τε νοῦς καὶ ἡ ἀλήθεια.

[95] Plutarch de Is. et Os. 3; vgl. REITZENSTEIN, Poimandres 44 f; Iran. Erl. M. 174.

[96] P. Oxyr. XI 1180.

[97] DEISSMANN, Licht vom Osten⁴ 110.

[98] Das ἐγώ εἰμι ἡ ἀλήθεια, ὁ μισῶν ἀδικήματα γίνεσθαι ἐν κόσμῳ im Zauber (Pap.

wird sich kaum sagen lassen; es kann immerhin daran erinnert werden, daß Isis auch als Göttin der Weisheit und des Zaubers in der Rolle der Offenbarerin vorkommt[99]. In der valentinianischen Gnosis steht der Äon Ἀλήθεια, mit dem Νοῦς oder Μονογενής bzw. Πατήρ in Syzygie verbunden, an zweiter Stelle des Pleroma als erste Emanation des Βυθός und der Σιγή. Die gleiche Stelle nimmt die Ἀλήθεια in der Äonenreihe des Markus ein, während in der Barbelo-Gnosis der Αὐτογενής und die Ἀλήθεια eine Emanation der Ἔννοια und des Λόγος sind, die als erste aus dem Πατήρ und der Barbelo hervorgegangen sind. In der ersten Syzygie, mit dem Πατήρ, steht die Ἀλήθεια bei Herakleon und in der Tauformel der Markosier bei Iren. I 21, 3 als μήτηρ ⟨τῶν⟩ πάντων.

Hier ist aber noch ein Überblick über den Gebrauch von Wahrheit ܩܘܫܬܐ in den *Oden Salomos* am Platz, die, wenn auch ursprünglich griechisch verfaßt, den orientalischen Wahrheitsbegriff deutlich zeigen, in dem sowohl der semitische Sinn von Festigkeit, wie der iranisch-gnostische Sinn von Leben, Licht und göttliches Wesen verbunden sind, und zwar mit der speziellen Wendung, daß diese „Wahrheit" in der Offenbarung vorliegt. Es fällt dadurch also ein Licht nach rückwärts und zeigt, daß die an den Platonismus anknüpfende Entwicklung des griechischen Sprachgebrauchs im Corpus Hermeticum und der übrigen Gnosis auf orientalischen Einflüssen beruht.

Der semitische Sinn des Wortes zeigt sich vor allem im Gebrauch des Verbums ܫܪ , das 11, 5; 36, 8; 38, 16; 40, 5 im Etp. als gefestigt, gegründet werden bzw. sein gebraucht wird[100]. Ebenso ist das Adjektivum ܫܪܝܪ im Sinne von fest, sicher gebraucht 9, 11; 12, 3; 18, 3; 31, 11[101]. Terminologisch aber ist das Substantivum gebraucht, wo von Gott als dem

---

Brit. Mus. XLVI 149 f, SCHERMANN l. c. 27) wird auf den Einfluß der LXX zurückgehen.

[99] REITZENSTEIN, Poimandres S. 134 f.

[100] Man kann fragen, ob hier schon der Terminus vorliegt, der in der valentinianischen Gnosis als στηρίζειν bzw. στήριγμα begegnet (K. MÜLLER, NAG, phil.-hist. Kl., 1920 S. 191) und bei den Mandäern als קים bzw. קאימאתא (LIDZBARSKI, Mand. Lit. p. XXIV); dh ob „gefestigt werden" einfach gleich „erlöst werden" ist. Vgl. besonders 38, 16: „Ich ward gefestigt und gewann Leben und Erlösung." Und 40, 5: „Die Erlösung wird sicher durch ihn"; hier heißt freilich der parallele Vers: „Die Frömmigkeit vertraut auf ihn"; aber 36, 16 lautet er: „Mein Fundament (ܫܬܐܣܬܐ) ward gegründet zur Seite des Herrn." FRANKENBERG, Das Verständnis der Oden Salomos (1911), retrovertiert 11, 5 ἡδραίωμαι, 36, 8 ἐστερεώθην, 40, 5 στερεωθήσεται (στηριχθήσεται); 36, 16 vacat.

[101] Im Sinne von „sicher", „zuverlässig" wird auch ܫܪܝܪ gebraucht 8, 12; 20, 9; 39, 10; 41, 15. „Der Sohn der Wahrheit vom Vater" 23, 18 wird bedeuten „Der echte Sohn des Vaters".

Vater der Wahrheit geredet wird (41, 9) oder als der Wahrheit, die aus sich selbst stammt (32, 2). „Wahrheit" ist die Sphäre Gottes. Die Gottlosen sind diejenigen, bei denen die „Wahrheit" nicht ist (24, 10. 12), wie denn „falsch" und „feindselig", wenn Greßmanns Übersetzung richtig ist, 6, 3 synonym gebraucht werden. „Lehre mich die Lieder deiner Wahrheit" bittet der Sänger (14, 7). Selig sind die, die „den Herrn in seiner Wahrheit erkannt haben" (12, 13). „Wahrheit" und „Leben" gehören ebenso zusammen wie „Lüge" und „Tod":

> „Du bist mein Gott.
> *Lüge* und *Tod* sind nicht in deinem Munde,
> sondern *Vollkommenheit* ist dein Ratschluß.
> *Nichtigkeit* kennst du nicht,
> weil auch sie dich nicht kennt.
> *Irrtum* kennst du nicht,
> weil auch er dich nicht kennt" (18,8—10).
> „Es schmolzen vor dem Herrn die Tiefen,
> und die *Finsternis* verging vor seinem Antlitz.
> Der *Irrtum* verirrte sich und ging unter vor ihm,
> die *Torheit* [—] verschwand vor der *Wahrheit* des Herrn" (31,1 f).

Der „Kranz der Wahrheit", der dem Sänger geflochten ist, 1, 2, wird als der „lebendige" Kranz beschrieben; es ist der στέφανος τῆς ζωῆς von Apk 2,10. Auf den „Fels der Wahrheit" gegründet sein, ist das Gleiche wie das „Wasser der Unsterblichkeit" getrunken haben (11, 5—7; vgl. 15, 6—8), wie „aus der Finsternis ans Licht" gewandert sein (11, 19). Denn „Licht" und „Wahrheit" sind ja auch gleichbedeutend:

> „Nicht werde besiegt das *Licht* von der *Finsternis*,
> noch weiche die *Wahrheit* der *Lüge*" (18,6).
> „*Leuchter* stelltest du mir zur Rechten und zur Linken,
> damit an mir nichts *lichtlos* sei.
> Ich ward gesund in deiner *Wahrheit*
> und heilig in deiner *Gerechtigkeit*" (25,7.10).
> „Den Seligen kommt die Freude von ihrem Herzen,
> das *Licht* von dem, der in ihnen wohnt,
> das Wort aber von der *Wahrheit*, die aus sich selbst stammt" (32, 1 f).

Als „Licht" ist die göttliche „Wahrheit" die *Offenbarung* (s. S. 166 bis 169), das „Wort der Wahrheit" (8, 8; 12, 1 ff; 32, 2), dessen „Wahrheit" die Liebe ist (12, 11). Wer glaubt, hat die Wahrheit als ewige Krone aufs Haupt gesetzt (9, 8). „Ich habe seine Wahrheit vernommen", oder „er hob meine Erkenntnis zur Höhe der Wahrheit" rühmen die Gläubigen (15, 4; 17, 7)[102], die das „Denken der Wahrheit" geleitet hat (17, 5). So reden sie denn „die Wahrheit in der Eingebung, die ihnen der Höchste eingegeben" (18, 15), dh sie „verkünden die Wahrheit seines Glaubens" (41, 1). Die „Wahrheit" war ihre Führerin (17, 5) auf dem „Wege der Wahrheit" (11, 3; 33, 7 f) dh auf dem Wege des Glaubens, der die Offenbarung annimmt. Die 38. Ode schildert ausführlich, wie der Seher zum Licht emporsteigt auf dem „Wagen der Wahrheit" und wie ihn die Wahrheit leitet und am „Verführer" und der „Verführung" vorbeiführt.

Der Sinn von ἀλήθεια in der Gnosis wird illustriert durch *die Synonyma*, die für ἀλήθεια oder die abgeleiteten Adjektive eintreten können, abgesehen von den oben schon besprochenen ζωή und φῶς. Nachwirkung der griechischen Tradition wird es sein, wenn statt ἀληθινός bzw. ἀληθής gesagt wird οὐσιώδης. Wird C. Herm XIII 6 das ἀληθές als das ἀσώματον bestimmt, so wird I 15 der Mensch als ein διπλοῦς charakterisiert: θνητὸς μὲν διὰ τὸ σῶμα, ἀθάνατος δὲ διὰ τὸν οὐσιώδη ἄνθρωπον. C. Herm IX 5 wird unterschieden: οὐ πᾶς δὲ ἄνθρωπος . . . ἀπολαύει τῆς νοήσεως· ἀλλ' ὁ μὲν ὑλικός, ὁ δὲ οὐσιώδης. ὁ μὲν γὰρ μετὰ κακίας ὑλικός, . . . οἱ δὲ μετὰ τοῦ ἀγαθοῦ οὐσιωδῶς (οὐσιωδεῖς?) ὑπὸ τοῦ θεοῦ σωζόμενοι[103]. Entsprechend im Asclepius c. 7 (Scott p. 296, 28 ff): solum enim animal homo duplex est; et eius | una pars simplex, quae, ut Graeci aiunt, οὐσιώδης, quam vocamus divinae similitudinis formam; est autem ⟨altera pars⟩ quadruplex, quod ὑλικόν Graeci, nos mundanum dicimus. C. Herm XIII 14 heißt es: τὸ αἰσθητὸν τῆς φύσεως σῶμα πόρρωθέν ἐστι ⟨τοῦ ἐκ⟩ τῆς οὐσιώδους γενέσεως[104]. C. Herm IX 1 werden αἴσθησις und νόησις einander gegenübergestellt als ὑλική und οὐσιώδης, und XI 3 wird unterschieden: πηγὴ μὲν οὖν πάντων ὁ θεός, οὐσία δὲ ὁ αἰών, ὕλη δὲ ὁ κόσμος; der αἰών wird darauf als eine δύναμις τοῦ θεοῦ bestimmt und als ἄφθαρτος bezeichnet[105]. Auf die Frage ὑπὸ τίνος μεταβάλλεται τὰ μεταβλητά; wird C. Herm XII 22 geantwortet, daß man zwischen der ὕλη, dem σῶμα und der οὐσία der Dinge unterscheiden müsse; die ὕλη wirke die ὑλότης, die οὐσία aber die οὐσιότης[106]. In ähnlicher Weise wird C. Herm XVI 5 ὕλη und

---

[102] Vgl. auch 7, 3: „Er offenbarte sich mir reichlich in seiner Unverfälschtheit" (ܦܫܝܛܘܬܐ = simplicitas, FRANKENBERG = ἁπλότης).

[103] SCOTTS Verbesserungen des Textes scheinen mir hier unnötig zu sein.

[104] So nach REITZENSTEIN, Poim. S. 345. SCOTT will lesen: τὸ αἰσθητὸν τῆς φύσεως σῶμα πόρρωθέν ἐστι [τῆς] ⟨τοῦ⟩ οὐσιώδους [γενέσεως].

[105] SCOTT ändert auch hier eingreifend. Vgl. übrigens für das Verhältnis von αἰών und κόσμος Valentin bei Clem. Al. strom. IV 13, 89 s.

[106] Der Text ist nicht klar; denn daß die ὕλη auch die τῶν σωμάτων σωματότητα

οὐσία unterschieden. Ob man C. Herm I 26 hierher ziehen darf, wie Bousset[107] fragt, ist mir sehr unsicher; es wird dort von der zur Ogdoas emporgestiegenen Seele gesagt: ὑμνεῖ σὺν τοῖς οὖσι τὸν πατέρα; denn die ὄντες können auch einfach die dort Befindlichen sein[108]. Ebenso unsicher ist das Verständnis von I 32: τὸ μὴ σφαλῆναι τῆς γνώσεως τῆς κατ' οὐσίαν ἡμῶν[109].

Auch der entsprechende Gebrauch von νοητός und νοερός geht natürlich auf die griechische Tradition zurück wie der der Opposita αἰσθητός und αἰσθητικός. So heißt es dem φῶς ἀληθινόν entsprechend zB bei Philo de opif. m. 30 f p. 6 f νοητὸν φῶς. Und Gott als τὸ πρὸς ἀλήθειαν ὄν ist die νοητὴ φύσις jenseits der αἰσθητὴ οὐσία (de Abrah. 77 bis 80 p. 13). Ist C. Herm I 30 von der ἀληθινὴ ὅρασις die Rede, so wird in gleichem Sinne Exc. ex Theod. 10, 6 von den Engeln, die das πρόσωπον des Vaters schauen, gesagt: ὁρῶσι δὲ ὀφθαλμῷ οὐκ αἰσθητῷ, ἀλλ' οἵῳ παρέσχεν ὁ πατήρ, νοερῷ und ibid. 12 wird φῶς νοερόν genannt, was anderwärts φῶς ἀληθινόν heißt[110].

Natürlich sind im gleichen Sinn die Gegensatzpaare ὁρατός | und ἀόρατος, σωματικός und ἀσώματος und ähnliche üblich[111]; und da bekanntlich νοῦς, λόγος und πνεῦμα den gleichen Sinn gewinnen können[112], so kann, was ἀληθινός und ἀληθής heißt, auch als λογικός und πνευματικός bezeichnet werden, wo dann die Gegensätze ἄλογος und ψυχικός, σωματικός oder ὑλικός entsprechen können[113]. Ebenso sind die Gegensatzpaare γεννητός und ἀγέννητος, φθαρτός und ἄφθαρτος und verwandte gebräuchlich[114]. All das zeigt deutlich welchen Sinn die Wörter ἀλήθεια, ἀληθινός und ἀληθής gewonnen haben.

wirke, kann nicht ursprünglich sein. Scotts Änderungen erscheinen mir aber auch fragwürdig.   [107] NAG 1914 S. 724—732.
[108] Reitzenstein, Studien S. 159 korrigiert σὺν τοῖς παροῦσι.
[109] Nicht recht verständlich ist mir C. Herm. I 19: ὁ ἀναγνωρίσας ἑαυτὸν ἐλήλυθεν εἰς τὸ περιούσιον ἀγαθόν. Scott will lesen ὑπερούσιον. — Vgl. noch II 4; X 6.
[110] Vgl. zB den Gegensatz von αἰσθητήριον und ἀληθές Mart. Petri 8, s. S. 165.
[111] Vgl. zB Philo de opif. m. 31 p. 7: τὸ δὲ ἀόρατον καὶ νοητὸν φῶς; de somn. I 113 p. 637: τοῦ θεοειδεστάτου καὶ ἀσωμάτου φωτός; vgl. de conf. ling. 61 p. 414. C. Herm. XIII 6, s. S. 165.
[112] Reitzenstein, Die hellenistischen Mysterienreligionen³, S. 328.
[113] Die οὐσιώδης γένεσις von C. Herm. XIII 14 heißt in den Eleusinien nach Hippol. V 8 ἡ γένεσις ἡ πνευματική, ἡ ἐπουράνιος, ἡ ἄνω. Im Brief des Ptolem. an die Flora 3, 1 p. 6, 20 s. Harn. ist dem αἰσθητόν und φαινόμενον nicht, wie man erwarten sollte, das ἀληθές, sondern das πνευματικόν und ἀόρατον entgegengesetzt. 3, 9 aber wechselt mit τὰ πνευματικά: ἡ ἀλήθεια (vgl. 4, 4), und der πνευματικὴ νηστεία 3, 13 entspricht die ἀληθινή 3, 14.
[114] Vgl. zB Philo de ebriet. 208 p. 388 τοῦ ἀγενήτου φωτός; ferner IgnEph 7, 2 s. S. 166. Kombiniert sind ἄφθορος und ἀληθινός Act Thom 12 s. S. 165.

B. Θεὸν οὐδεὶς ἑώρακεν πώποτε (Joh 1,18)[115]

I.

Daß *die Gottheit vom Geheimnis umgeben* ist, ist wie für andere Religionen, so auch für die *griechische Religion* ein selbstverständlicher Satz. Die Gottheit läßt sich im allgemeinen dem Menschen nicht sehen, und der Mensch wünscht sie nicht zu sehen; denn ihr Anblick würde dem Menschen verderblich, mindestens gefährlich sein. Χαλεποὶ δὲ θεοὶ φαίνεσθαι ἐναργεῖς heißt es bei Homer, Il. XX 131 und Ion ruft bei Euripides (Ion 1549 ff), als sich das Erscheinen der Athene ankündigt:

> ἔα· τίς οἴκων θυοδόκων ὑπερτελὴς
> ἀντήλιον πρόσωπον ἐκφαίνει θεῶν;
> φεύγωμεν, ὦ τεκοῦσα, μὴ τὰ δαιμόνων
> ὁρῶμεν — εἰ μὴ καιρός ἐσθ' ἡμᾶς ὁρᾶν.

Ed. Williger, der (Hagios, Rel.-gesch. Vers. u. Vorarb. XIX 1, 1922 S. 5) diese Stelle zitiert, verweist darauf, daß nach primitiver Anschauung der Anblick von Götterbildern den Menschen wahnsinnig oder blind macht[116]. Besonders vorbereiteten oder von der Gottheit erwählten Menschen ist, wie die Euripidesstelle andeutet, der Anblick der Gottheit ohne Schaden gestattet; Unberufenen ist er verwehrt, wie denn auch die Schau in den Eleusinischen Mysterien nur für die Gereinigten möglich ist, und wie das Betreten des kultischen Raumes, der irgendwie die Gegenwart der Gottheit repräsentiert, durch sakrale Gesetzgebung geregelt ist[117]. Οὐ γάρ πω πάντεσσι θεοὶ φαίνονται ἐναργεῖς lautet der Grundsatz Hom. Od. XVI 161; und Od. X 573:

> τίς ἂν θεὸν οὐκ ἐθέλοντα
> ὀφθαλμοῖσιν ἴδοιτ' ἢ ἔνθ' ἢ ἔνθα κιόντα;

Zeigt sich ein Gott, so ist auch dann seine Erscheinung mit einem Geheimnis umgeben: er zeigt sich nur in einer menschlichen Verkleidung und läßt sein wahres Wesen nur ahnen; sein plötzliches Verschwinden macht vollends deutlich, daß der Begegnende ein Gott war. Athene erscheint Od. I 96 ff. dem Telemach in der Gestalt des Mentes, und an

---

[115] ZNW 29 (1930), 169—193.
[116] WILLIGER verweist dafür auf RADERMACHER in der Festschrift für GOMPERZ (1902), S. 200 ff; E. v. DOBSCHÜTZ, Christusbilder (1899), S. 18; O. WEINREICH, Antike Heilungswunder (1909), S. 147.
[117] Vgl. zB Leges Graec. sacrae II ed. L. ZIEHEN (1896).

ihrem plötzlichen Entschwinden in Vogelgestalt, ebenso wie am μένος und θάρσος, die seinen θυμός erfüllen, erkennt er, daß es eine Gottheit war[118]. Od. II 400 ff. macht sich die Gegenwart der Göttin, die in der Gestalt des Mentor auf dem Schiff des Telemach mitfährt, am günstigen Wind und der schnellen Fahrt bemerkbar. Erscheint die Gottheit in wahrer Gestalt, so ist sie doch nur dem Begnadeten sichtbar wie Il. I 197 f: Athene erscheint dem Achill:

στῆ δ' ὄπιθεν, ξανθῆς δὲ κόμης ἕλε Πηλεΐωνα,
οἴῳ φαινομένη, τῶν δ' ἄλλων οὔτις ὁρᾶτο.

Ähnlich Od. XVI 155 ff. Anderwärts macht sich die Gegenwart der Gottheit nur durch den Glanz, der den Raum erfüllt (Homer Od. XIX 29 ff.), oder durch den Duft (Verg. Aen. I 403 ff[119]) bemerkbar. Aber auch die so oder so verhüllte Gegenwart der Gottheit erregt Schrecken, und der Mensch soll eine laute Äußerung über das, was er ahnt, vermeiden. Als sich Athene dem Achill zeigt: θάμβησεν δ' Ἀχιλλεύς (Il. I 199); als sie dem Telemach erschienen ist: ὁ δὲ φρεσὶν ᾗσι νοήσας θάμβησε κατὰ θυμόν· ὀΐσατο γὰρ θεὸν εἶναι (Od. I 322 ff.). Als Iris leise zu Priamos redet: τὸν δὲ τρόμος ἔλαβε γυῖα (Il. XXIV 170). Als Telemach aus dem Glanz, der das Haus erfüllt, schließt: ἦ μάλα τις θεὸς ἔνδον, erwidert sein Vater:

σίγα καὶ κατὰ σὸν νόον ἴσχανε μηδ' ἐρέεινε·
αὕτη τοι δίκη ἐστὶ θεῶν οἳ Ὄλυμπον ἔχουσιν (Od. XIX 29 ff.)[120]

Ein späteres Beispiel für das Geheimnis der Gottheit, das nicht verletzt werden darf, bietet Pausanias X c. 32, 18: τότε οὖν τὸν Ῥωμαῖον, ὃς ἐπετέτραπτο Αἴγυπτον, ἄνδρα ἔφη χρήμασιν ἀναπείσαντα ἐς τὸ ἄδυτον καταπέμψαι τῆς Ἴσιδος τὸ ἐν Κόπτῳ· καὶ ὁ ἐσπεμφθεὶς ἀνέστρεψε μὲν ἐκ τοῦ ἀδύτου, διηγησάμενον δὲ ὁπόσα ἐθεάσατο καὶ τοῦτον αὐτίκα ἐπυνθανόμην τελευτῆσαι. τὸ ἔπος οὖν ἀληθεύειν ἔοικε τὸ Ὁμήρου, σὺν οὐδενὶ αἰσίῳ τοὺς θεοὺς τῷ γένει τῶν ἀνθρώπων ἐναργῶς ὁρᾶσθαι (gemeint ist der oben zitierte Vers Il. XX 131).

Die hier überall waltende Vorstellung ist ganz naiv; sie bedeutet weder, daß die Gottheit ihrem Wesen nach dem Menschen unerkennbar ist, daß der θεός ein θεὸς ἄγνωστος sei[121]; noch bedeutet sie, daß Gott ἀόρατος, unsichtbar im strengen Sinne, ist, weil die menschlichen Seh-

---

[118] Vgl. Od. I 319 ff, II 268 ff, III 371 ff, XXII 205 ff, 236 ff. — Diese Homerstellen nennt auch E. Fascher, Deus invisibilis (Marburger theol. Studien I, 1930), S. 48.
[119] Vgl. E. Lohmeyer, Vom göttlichen Wohlgeruch (SAH, phil.-hist. Kl. 1919 Nr. 9).
[120] E. Fascher, aaO S. 56 hat dieses Motiv übersehen. Vgl. C. F. v. Nägelsbach, Homer. Theologie² (1861), S. 149—168.
[121] Daß dieser Begriff im alten Griechentum fehlt, hat bekanntlich Ed. Norden,

organe ihn nicht apperzipieren könnten. Es ist im Gegenteil vorausgesetzt, daß menschliche Augen an sich die Gottheit wohl sehen *können*, daß sie es aber nicht *dürfen*, weil die Gottheit es nicht will. Die Unfähigkeit zur Gottesschau ist also nicht wissenschaftlich, sondern religiös begründet. Das aber ändert sich unter dem Einfluß des wissenschaftlichen, zumal *philosophischen Denkens*. Da für griechisches Denken die Gottheit durch Unvergänglichkeit, durch Immersein, charakterisiert ist, und da andererseits das *eigentlich* Seiende als *immer* Seiendes, als dem Werden und Vergehen Entzogenes, allem Werden und Vergehen zugrunde liegendes verstanden wird, so bedeutet die im Griechentum erwachte Frage, ob menschliche Sinnesorgane, zumal menschliche Augen, das eigentlich Seiende erkennen können, zugleich, ob sie die Gottheit erfassen können. Diese Frage ist in der idealistischen Philosophie der Griechen, zumal von Platon, verneint worden; das wirklich Seiende gilt als nur vom νοῦς erfaßbar. Vgl. zB Plat. rep. 507 b c: καὶ τὰ μὲν (nämlich die πολλά) δὴ ὁρᾶσθαί φαμεν, νοεῖσθαι δ' οὔ, τὰς δ' αὖ ἰδέας νοεῖσθαι μέν, ὁρᾶσθαι δ' οὔ. Die Sphäre der Ideen, die zugleich die Sphäre des Göttlichen ist, ist durch das streng gefaßte ἀόρατον charakterisiert, dem die Sphäre des αἰσθητόν, des ὁρατόν, dessen, was man mit den Händen greifen kann, gegenübersteht[122]. Deshalb gilt auch von der Gottheit:

Agnostos Theos 1913 gezeigt, vgl. bes. S. 83—95. Natürlich kann ein Kritiker wie Heraklit wohl behaupten, daß der übliche Kult auf einer Verkennung des Wesens der Götter beruht (fr. 5: οὔτι γινώσκων θεοὺς οὐδ' ἥρωας οἵτινές εἰσι, vgl. fr. 86). Aber gerade damit wird die Möglichkeit echter Gotteserkenntnis, dh Erkenntnis οἵτινές εἰσι, behauptet. Vom θεὸς ἄγνωστος ist keine Rede. — Daß es im griechischen Altertum wirklich Altäre gab, die „einem unbekannten Gott" oder „unbekannten Göttern" geweiht waren, ist mir zweifelhaft trotz Ed. Norden, aaO 115—125; O. Weinreich, De dis ignotis 1914 und Deutsche Lit.-Ztg. 34 (1913), Sp. 2958 f; Ed. Meyer, Urspr. u. Anf. d. Christent. III (1923), S. 96—98; Ad. Deissmann, Paulus (²1925), S. 226—229. Gab es sie, so doch wohl nur in dem Sinne, daß man nicht wußte, welcher Gott bzw. welche Götter im betr. Fall zuständig waren und Verehrung forderten. Über die grundsätzliche Unerkennbarkeit des Wesens der betr. Gottheit war damit nichts ausgesagt. Wie denn überhaupt der Begriff „unbekannter Gott" nicht ein „fester eindeutiger Gottesbegriff", ja überhaupt kein Gottesbegriff war, sondern *entweder* sagte, daß der als unbekannt bezeichnete Gott ein ausländischer, zwar seinen Verehrern bekannter, aber mir unbekannter oder in seiner Fremdheit unverständlicher ist, *oder* daß es ein mir vielleicht bekannter Gott ist, um den es sich handelt, ich weiß nur leider nicht, welcher. Vgl. Th. Birt, Rhein. Mus. NF 69 (1914), S. 342—392, bes. S. 344; W. Graf Baudissin, Arch. f. Rel.-Wiss. 18 (1915), S. 226—228 (Anm. zu S. 226). — Übrigens beruht die Diskussion der *cognitio deorum* in der späteren Stoa (Norden S. 89—95) m. E. nicht auf orientalischem (durch Poseidonios vermitteltem) Einfluß, sondern auf der Auseinandersetzung mit der Skepsis. Es handelt sich in ihr ja gar nicht primär um das Wie, sondern um das Daß Gottes.

[122] Vgl. zB Theait. 155e; Soph. 274b und die bekannten Timaiosstellen, die

τὸν μὲν οὖν ποιητὴν καὶ πατέρα τοῦδε τοῦ παντὸς εὑρεῖν τε ἔργον καὶ εὑρόντα εἰς πάντας ἀδύνατον λέγειν (Tim. 28 c), aber es gilt auch positiv, daß Gottes Wesen νοήσει μετὰ λόγου περιληπτόν ist (Tim. 28 a). Daß Platon den Ausdruck ἀόρατος θεός nicht hat, ist Zufall[123]; nach ihm ist Gott oft als ἀόρατος, als ἀθεώρητος, als ἀκατάληπτος, als ἀφανής, aber eben damit auch als νοητός bezeichnet worden[124]. Aber der Begriff des ἄγνωστος θεός ist hier unmöglich. Der Satz des Parmenides, daß nur ein Nicht-Seiendes nicht erkennbar sei (fr. 4: οὔτε γὰρ ἂν γνοίης τό γε μὴ ἐόν — οὐ γὰρ ἀνυστόν — οὔτε φράσαις), ist von Platon als selbstverständliche Voraussetzung der Diskussion des μὴ ὄν festgehalten worden: πῶς γὰρ ἂν μὴ ὄν γέ τι γνωσθείη; ... ὅτι τὸ μὲν παντελῶς ὂν παντελῶς γνωστόν, μὴ ὂν δὲ μηδαμῇ πάντῃ ἄγνωστον (rep. 477 a).

Gott gilt also als der Erfassung durch den Menschen zugänglich; er ist zugänglich dem νοῦς. Und sofern der νοῦς das ὄμμα τῆς ψυχῆς ist, sofern Denkend-Erfassen nach griechischem Verständnis eine Weise des *Sehens* ist — des geistigen Sehens, das der Sinne nicht bedarf[125] — ist Gott sichtbar. Unsichtbar ist er für die Sinne, weil diesen das in der Weise Gottes Seiende (das νοητόν) nicht zugänglich ist. Sofern Gott also als unsichtbar gedacht und bezeichnet ist, ist damit eine bestimmte Weise seines Seins bezeichnet, wobei er selbst als ein Seiendes verstanden ist.

In der *Stoa* ist die Lehre von der „natürlichen", dh dem Menschen grundsätzlich kraft seiner Vernunft möglichen Gotteserkenntnis bekanntlich unter Verwendung älterer Motive ausgebildet und mit Pathos propagiert worden; eben im Zusammenhang damit auch die entsprechende Lehre vom Wesen Gottes als dem Geist, | dem der Geist des Menschen wesensverwandt ist. In der Betrachtung des κόσμος und seiner τάξις ist Gottes πρόνοια, ist Gott wahrnehmbar; der κόσμος ist seine εἰκών. Der jüdische Hellenismus hat diese Lehre begeistert aufgenommen, und so

---

FASCHER, aaO 63 zitiert. — Aber auch schon Empedokl. fr. 133:
οὐκ ἔστιν πελάσασθαι ἐν ὀφθαλμοῖσιν ἐφικτόν
ἡμετέροις ἢ χερσὶ λαβεῖν, ᾗπέρ τε μεγίστης
πειθοῦς ἀνθρώποισιν ἁμαξιτὸς εἰς φρένας πίπτει.

[123] Indirekt ist es ausgesprochen, wenn im Gegensatz zum höchsten Gott die Gestirne θεοὶ ὁρατοὶ καὶ γεννητοί heißen (Tim. 40 d), oder wenn der κόσμος bezeichnet wird als ζῷον ὁρατὸν τὰ ὁρατὰ περιέχον, εἰκὼν τοῦ νοητοῦ θεοῦ αἰσθητός (Tim. 92 c).

[124] Vgl. zB Ps.-Arist. de mundo c. 6, zB p. 399 a 31: ἀόρατος ὢν ἄλλῳ πλὴν λογισμῷ, p. 399 b 21 f: πάσῃ θνητῇ φύσει γενόμενος ἀθεώρητος ἀπ' αὐτῶν τῶν ἔργων θεωρεῖται.

[125] Ich werde über diese Frage in einer späteren Untersuchung ausführlicher handeln.

macht auch Paulus und der Verf. der Apostelgeschichte sie nutzbar[126], und wie der Verf. von περὶ κόσμου, so vertreten auch eine Reihe hermetischer Stücke diese Anschauung[127].

In der hellenistischen *Gnosis* wie im *Neuplatonismus* ist zunächst die Unsichtbarkeit Gottes, sofern sie behauptet wird, in gleicher Weise verstanden worden; dh sofern Gott als ἀόρατος, ἀκατάληπτος und dgl. bezeichnet wird, ist damit eine Weise seines Seins als eines Seienden gemeint, wie die mit ἀόρατος und dgl. verbundenen Prädikate deutlich zeigen: ἀγέννητος, ἄφθαρτος, ἀσώματος, ἀσχημάτιστος, ἄτρεπτος, ἀχώρητος u. a., aber auch νοητός und νοερός. Andererseits aber wird die Transzendenz der Gottheit anders verstanden als im echten Griechentum und bei Platon, indem die Gottheit nicht oder nicht primär als das Seiende gedacht wird, was allen Phänomenen die Gestalt gibt und als ἰδέα die Materie und das einzelne Geformte transzendiert, sondern, wie Plotin es formuliert, als ἐπέκεινα οὐσίας καὶ ἐπέκεινα νοήσεως (Enn. V 3, 11—13). Damit ist die in der Gnosis ausgebildete Betrachtung eingeleitet, den Gegensatz von Gott und Welt (und damit auch den von Gott und Mensch), als den Gegensatz von zwei Substanzen zu verstehen, die heterogen sind und sich nicht vereinen lassen[128]. Der aus dem Orient übernommene Begriff des ἄγνωστος θεός kann nun ausgebildet werden zu dem Gedanken der *Irrationalität* Gottes[129]. Während also auf der einen Seite die Stoa den alten griechischen Gedanken festhält und ihre Theorie ausbildet, wie man aus der sichtbaren Welt den unsichtbaren Schöpfer erkennen kann, wie der Mensch, in dem sich der Weltlogos individualisiert, vermöge seines Logos den Weltlogos erfassen kann, wird in der Gnosis aller Schattierungen der Gedanke entwickelt, daß die Gottheit überhaupt unerkennbar ist. Und zwar wird dieser Gedanke gerade da entwickelt, wo das Interesse an der γνῶσις θεοῦ, an der Zugänglichkeit Gottes, wo die Sehnsucht nach der Schau Gottes am brennend-

---

[126] Vgl. außer ED. NORDEN, aaO S. 24—28: H. LIETZMANN zu Röm 1,20 (Handbuch zum NT); E. FASCHER, aaO S. 58—60 und siehe unten III.

[127] Vgl. J. KROLL, Die Lehren des Hermes Trismeg. (1914), S. 37—43. — C. Herm. V behandelt das Thema ὅτι ἀφανὴς θεὸς φανερώτατός ἐστιν. Für die Polemik gegen die Sichtbarkeit Gottes durch die Sinne vgl. W. SCOTT, Hermetica I S. 314, 29 f; 380, 2 ff.

[128] Hier gewinnt οὐσία den Sinn von Substanz, und es ist kein Zufall, daß Gnosis und Alchemie in so nahe Verwandtschaft treten, wie REITZENSTEIN vor allem erkannt hat.

[129] Vgl. bes. ED. NORDEN, aaO S. 56—115; W. BOUSSET, Hauptprobleme der Gnosis (1907), S. 83—91; J. KROLL, Die Lehren des Herm. Trismeg. S. 16—21. 406. — Ursprung und Geschichte des *gnostischen Begriffs* vom unbekannten Gott sind eine Sache für sich, die ich hier nicht verfolgen kann.

sten ist. Und so korrespondiert denn jenem Gedanken der Glaube, daß Gott erkannt und gesehen werden will[130], der Gedanke der Möglichkeit einer Gottesschau, in der der Mensch dann freilich nicht mehr eigentlich Mensch bleibt, also der Gedanke der Gottesschau als einer „eschatologischen" Möglichkeit. Wo diese Gottesschau nicht als einem zukünftigen Leben nach dem Tode vorbehalten gilt, die jetzt nur vorbereitet und in kultischen Erlebnissen der Mysterien antizipiert werden kann, wo sie wirklich als eine Möglichkeit der Gegenwart ergriffen wird, wird sie als ekstatisches Erlebnis gedacht. Hier ist eine Möglichkeit kultischer Frömmigkeit eigentümlich entwickelt worden[131]. Festgehalten ist der kultische Gedanke, daß Gott nicht für jedermann sichtbar ist, sondern sich nur zeigt, wenn und wem er will, und daß dafür bestimmte Bedingungen zu erfüllen sind, die einen rituell geeigneten Zustand schaffen, und über die der Sachverständige, der Priester oder Mystagoge, Auskunft geben kann. Jetzt aber wird Gottes Unsichtbarkeit grundsätzlich gedacht: *kein* Mensch vermag ihn zu sehen; denn Gleiches wird nur von Gleichem erkannt, und wer Gott erkennen will, dem muß ein neues Auge geschenkt werden, er muß verwandelt werden[132]. Die Vorbereitung erhält ebenso grundsätzlichen Charakter: sie dient dazu, die Verwandlung einzuleiten. Sie soll durch Denken die Transzendenz Gottes erfassen und so selbst die menschliche Sphäre transzendieren, oder sie soll durch Askese das Menschliche am Menschen töten. Das Letzte bleibt freilich Geschenk[133]: dem Gedanken der Unerkennbarkeit Gottes korrespondiert also der Gedanke seiner *Offenbarung;* die γνῶσις ist eine wunderbare, durch Offenbarung ermöglichte.

Der Gedanke der Offenbarung wird jedoch erweitert, indem die Offenbarung nicht nur jenen höchsten Moment der Schau umfaßt, sondern auch das, was der Kundige, der Mystagoge, über die Bedingungen für die Schau mitzuteilen weiß aus geheimem, angeblich von der Gottheit offenbartem Wissen. Je mehr der Gedanke der kultischen Schau

---

[130] Vgl. C. Herm. I 31 VII 2 X 4. 15.

[131] Darauf hat ja REITZENSTEIN, besonders in den Hellenist. Mysterienreligionen, oft hingewiesen.

[132] Vgl. zB C. Herm. IV: die aus dem νοῦς (der hier aber nicht allen Menschen als solchen eigen ist, sondern von Gott einigen als ἆθλον geschenkt wird!) erwachsene ἐπιστήμη ist die ἀπὸ τοῦ θεοῦ δωρεά. X 10: ἐπιστήμη δὲ δῶρον τοῦ θεοῦ. Vgl. in dem Stob.-Exzerpt bei SCOTT I S. 384, 13 f. Im übrigen vgl. G. P. WETTER, Phos (1915), S. 30–33. 87–93.

[133] Vgl. die vorige Anm., ferner die häufige Erinnerung an Gottes θέλημα (C. Herm. XIII 2. 4. 13. 20) oder ἔλεος (XIII 3. 7 f. 10), und die Beschreibung der Gottesschau C. Herm. X 4 b–6. 8–9.

zurücktritt, je mehr die Vorbereitung eine geistige wird, die sich in Meditation und andächtiger Spekulation vollzieht, desto mehr gewinnt diese letztere „Offenbarung" an Gewicht, und unter dem Titel solcher Gnosis dringt eine Fülle rationaler Spekulation wieder ein. Der Satz von der Unerkennbarkeit Gottes kann nur mit einer gewissen Inkonsequenz festgehalten werden. Begreiflich! Denn der Wille, Gott zu schauen, muß, um zu wissen, was er will, einen Vorbegriff von dem haben, was er schauen will. Und so kommt es zu einer Kombination von rationaler Spekulation (die philosophische und mythologische Tradition nutzbar macht) und ekstatisch-mystischer Frömmigkeit. Dabei kann die rationale Spekulation nach zwei Seiten gehen. Einmal hat sie die Überweltlichkeit der Gottheit begrifflich zu erweisen, also die via negationis zu entwickeln, den Begriff des Irrationalen rational zu erweisen. Dann aber kann sie auch eine positive Wendung nehmen, sofern sie den κόσμος als eine εἰκών Gottes deutet und damit sich selbst (als Spekulation) als eine erste Stufe versteht, über der sich die ekstatische Schau erhebt. Für beides sind Philon und Plotin wie eine Reihe der hermetischen Schriften das deutliche Zeugnis.

Es ist hier also der Absicht nach der griechische Gedanke preisgegeben, daß Gott dem νοῦς zugänglich ist, während der andere Gedanke festgehalten ist, daß Gott ein bestimmtes Seiendes ist, für welches Unsichtbarkeit für die αἰσθήσεις charakteristisch ist. Wird der Gedanke der Rationalität Gottes aber preisgegeben und damit notwendig Gott als ein Seiendes nach Art einer Substanz gedacht, und gilt er andererseits als das Irrationale, so wird eben das Irrationale als eine Substanz vorgestellt. Es ist die unvermeidliche Folge, daß die Gottheit dann doch als ein Seiendes in der Art der den Sinnen zugänglichen Dinge gedacht werden muß, und daß ebenso die Gottesschau doch als ein sinnliches Vernehmen erstrebt und erlebt werden muß. Sie wird ermöglicht durch eine substantielle Verwandlung des Menschen und besteht in der substantiellen Berührung des Verwandelten mit der göttlichen Substanz; sie wird erfahren in der ekstatischen Schau von Licht und Glanz, in sinnlichen Empfindungen. Der Mystiker verfällt dem, dem er entgehen will.

II.

Völlig anders ist die Entwicklung in der *israelitisch-jüdischen Religionsgeschichte* verlaufen. Auch hier steht am Anfang die gleiche Anschauung wie im Griechentum: grundsätzlich ist die Gottheit wohl sichtbar für menschliche Augen, aber ihr Anblick wäre gefährlich. Gott will aber auch nicht gesehen werden, sondern zeigt sich höchstens seinen Erwählten und auch dann meist in der Verkleidung einer menschlichen Gestalt[134]. Fascher hat die alten Geschichten, besonders der Genesis, die von Gottes Wandern auf Erden naiv berichten, richtig charakterisiert[135]. Der Gedanke, daß *die Gegenwart Gottes voll Geheimnis und Schrecken* ist, tritt in einer Reihe von Erzählungen deutlich hervor. Nach seinem nächtlichen Kampf mit der geheimnisvollen Gottheit kann Jakob sich rühmen: „Ich habe (einen) Gott von Angesicht zu Angesicht gesehen und kam doch mit dem Leben davon" (Gen 32,21). Als Gideon, der mit einem „Engel Jahwes" (im ursprünglichen Text mit Jahwe selbst) geredet hatte, an dessen plötzlichem Verschwinden seinen göttlichen Charakter sicher erkennt, ruft er entsetzt: „Weh, Herr Jahwe, so habe ich doch den Engel Jahwes von Angesicht zu Angesicht gesehen!", und Jahwe erwidert: „Beruhige dich, fürchte dich nicht, du wirst nicht sterben" (Ri 6,22 f). Als Manoah und sein Weib am Verschwinden des fremden Gastes in der Opferflamme erkennen, daß sie mit einem „Engel Jahwes" geredet haben, ruft Manoah: „Wir müssen sterben, denn wir haben Gott gesehen" (Ri 13,22)[136]. Als Gott dem Abraham erscheint, wirft sich dieser auf sein Angesicht (Gen 17,3); als Gott dem Mose im Dornbusch erscheint, verhüllt Mose sein Gesicht; „denn er fürchtete sich, auf Gott hinzublicken" (Ex 3,6). Ebenso verhüllt Elija sein Antlitz, als Gott ihm erscheint (1Kön 19,13). Daß Gott mit Mose „von Angesicht zu Angesicht" geredet hat wie zu einem Freunde (Ex 33,11), empfindet die spätere Überlieferung als eine besondere Ausnahme, die keinem nach ihm mehr zuteil geworden ist (Dtn 34,10). Der alte Bericht denkt nicht ganz so streng, läßt aber doch deutlich hervortreten, daß nur Auserwählte Gott schauen dürfen, und daß das eine gefahrvolle Sache ist. Eine alte Überlieferung[137] berichtet Ex 24,9—11, daß Mose und seine Begleiter auf den Berg stiegen, „und sie sahen den Gott Israels; zu seinen Füßen baute es sich auf wie Saphirplatten und war wie der Himmel selbst so glänzend hell. Gegen die Auserwählten der Israeliten aber reckte er nicht seine Hand aus; sie schauten Gott und aßen und tranken". Be-

---

[134] Freilich nicht in der Gestalt eines bestimmten, bekannten Menschen wie bei Homer, wo die Athene als Mentes oder Mentor erscheint.
[135] AaO S. 43—51.
[136] Als Parallele aus späterer Literatur vgl. noch Tob 12,16 f.
[137] Wie die Exodus-Berichte auf die alten Quellen zu verteilen sind, kann hier dahingestellt bleiben.

rühmt ist ja vor allem der Bericht Ex 33. Mose möchte Gott schauen, erhält aber die Antwort: „Von Angesicht kannst du mich nicht sehen; denn kein Mensch sieht mich und bleibt am Leben ... Du wirst meine Rückseite sehen; aber mein Angesicht darf niemand schauen" (Ex 33,20.23). Und das Volk fürchtet sich, auch nur den Glanz zu sehen, der von des Mose Gesicht strahlt nach jener Gottesschau (Ex 34,30), wie es sich fürchtet, Gott aus dem Feuer reden zu hören (Dtn 5,22 f). Es ist verderblich, der Gottheit oder auch nur dem Gottesmann bei ihrem Wirken zuzusehen. Lots Weib wird zur Salzsäule, als sie neugierig das göttliche Strafgericht beobachten will (Gen 19,17—26), und Elija wie Elisa vollbringen ihr Wunder der Totenerweckung, ohne daß jemand zusehen darf (1Kön 17,19; 2Kön 4,33), wie sich denn auch das Ölwunder des Elisa bei geschlossener Tür vollziehen muß (2Kön 4,4)[138]. Deshalb lautet denn auch die Anrede der Gottheit an den Begnadeten, dem sie erscheint: „Fürchte dich nicht!"[139] Für die Theophanien der Propheten ist ebenso charakteristisch, daß in ihnen Geheimnis und Schauer walten[140]; wohl sieht der Prophet Gottes Herrlichkeit; aber eine festumrissene Gottesgestalt wird nirgends geschildert. Und in der Berufungsvision des Jesaja heißt es im Sinne des alten israelitischen Glaubens: „Wehe mir! ich bin verloren. Denn ich bin ein Mann unreiner Lippen und wohne unter einem Volk unreiner Lippen; und meine Augen haben den König Jahwe Zebaoth gesehen" (Jes 6,5).

In der prophetischen Anschauung hat sich also der ursprüngliche Glaube gehalten. Und wenn die spätere Zeit auch nicht mehr so naiv wie die alten Erzählungen vom Wandern Gottes auf Erden in menschlicher Verkleidung redet, so ist doch nie der Gedanke, daß der Mensch Gott nicht sehen kann, in jenem griechischen Sinne „vergeistigt" worden; dh *der Gedanke der Unsichtbarkeit | Gottes im strengen Sinne ist überhaupt kein alttestamentlicher.* Das griechische ἀόρατος hat kein hebräisches Äquivalent[141], wie es denn für das hebräische Denken bezeichnend ist,

---

[138] Auserwählte können ein Wunder sehen; daß Elisa die Himmelfahrt des Elija sehen darf, ist das Zeichen, daß ihm vom Geiste des Elija zuteil geworden ist (2Kön 2,9 ff); vgl. J. HEMPEL, Gott und Mensch im AT (1926), S. 97 u. 197.

[139] Vgl. LUDW. KÖHLER, Die Offenbarungsformel „Fürchte dich nicht" im AT, SThZ (1919), S. 1—6. Vgl. auch J. HEMPEL, Gott und Mensch im AT, S. 6 ff.

[140] Vgl. FASCHER, aaO S. 51—57.

[141] Das kommt weder bei FASCHER zur Sprache, noch auch in dem großen und lehrreichen Aufsatz von BAUDISSIN, „Gott schauen" in der alttest. Religion, Arch. f. Rel.-Wiss. 18 (1915), 173—239. BAUDISSINS Konstruktion der Entwicklung erscheint mir deshalb nicht richtig, weil er zwar den Unterschied des at.lichen Gottschauens und Gottkennens von der griechischen und hellenistischen γνῶσις wohl sieht, aber doch die

daß Verbaladjektive dieser Art überhaupt nicht gebildet werden. Erst wo das Judentum von griechischen Gedanken berührt wird, taucht das ἀόρατος als Gottesprädikat auf und erhebt sich der Gedanke, daß Gott ein Seiendes ist, das gemäß seiner Seinsweise menschlichen Sinnesorganen unzugänglich ist. Der Gegensatz einer sinnlichen und einer geistigen Wahrnehmung Gottes ist früher nicht ins Bewußtsein getreten. Im AT ist die Vorstellung durchweg die, daß man Gott mit menschlichen Augen sehen *kann,* daß man ihn aber nicht sehen *darf.* Gott ist *„sichtbar";* aber wehe dem Menschen, der ihn sieht; wenn Gott ihn nicht begnadet, so ist es aus mit ihm. Man kann also Gott nicht sehen, sofern „Gott sehen" soviel bedeutet wie „sich halten vor Gott".

Das ursprüngliche Motiv dieser Anschauung ist in der zitierten Stelle Jes 6,5 deutlich ausgesprochen und ebenso in der nt.lichen Stelle Hebr 12,14: (διώκετε) τὸν ἁγιασμόν, οὗ χωρὶς οὐδεὶς ὄψεται κύριον, aber auch Mt 5,8: μακάριοι οἱ καθαροὶ τῇ καρδίᾳ, ὅτι αὐτοὶ θεὸν ὄψονται. Gott steht dem Blick des Menschen nicht zur Verfügung, weil er Gott und der Mensch Mensch ist. Der qualitative Unterschied zwischen Gott und Mensch wird nicht dadurch überbrückt, daß dem Menschen etwas eigen ist, was der Seinsweise Gottes entspricht, der νοῦς, so daß Gott zwar nicht den Sinnen, aber dem Denken zur Verfügung stünde. Gott ist dem Menschen überhaupt nicht verfügbar; denn *Gott ist heilig, und der Mensch ist unheilig, unrein.* | Sofern man von einer „Entwicklung" der at.-lichen Religion reden will, besteht sie (in bezug auf die Frage des Gottesschauens) nicht darin, daß der ursprüngliche Gedanke durch „Vergeistigung" *verändert* worden ist, sondern darin, daß er *radikalisiert* worden ist; dh je radikaler der Mensch sich in seiner Menschlichkeit erfaßt, desto radikaler erfaßt er seine Ferne von Gott und Gottes Unverfügbarkeit. Nicht auf Grund rationaler Erwägungen über Gottes Seinsweise verschwinden allmählich die naiven Geschichten von Gottes Er-

---

at.liche „Entwicklung" an der Idee der Geistigkeit Gottes mißt, und weil er es unterläßt, den Begriff der Sichtbarkeit als solchen zu analysieren. Richtig fragt R. REITZENSTEIN, Hellenist. Myst.-Rel.[3] S. 414, ob orientalisches Denken vor der Beeinflussung durch das Griechentum überhaupt den Begriff der Immaterialität kenne. — Im übrigen glaube ich auch nicht an BAUDISSINS These, daß die Verschiedenheit der at.lichen Aussagen über das Gottschauen (bald naiv als möglich vorausgesetzt, bald als unmöglich behauptet) auf verschiedene Ursprünge zurückgehe (dieses sei der altisraelitische Gedanke, jenes beruhe auf kanaanäischem Einfluß). In anderen Religionen findet sich der gleiche Gegensatz, und dieser Gegensatz tritt in ein anderes Licht, wenn man die *Unverfügbarkeit* Gottes für menschliches Auge nicht mit *Unsichtbarkeit* im eigentlichen Sinne verwechselt. Aber natürlich will ich nicht leugnen, daß die *kultische* Gottesschau in Israel auf kanaanäischen Einfluß zurückgehen kann.

scheinungen auf Erden und werden die ursprünglichen Aussagen „das Angesicht Jahwes sehen" geändert in „vor dem Angesicht Jahwes erscheinen"[142], sondern auf Grund des radikalisierten Gedankens der Unverfügbarkeit, der Überlegenheit Gottes. Dieser Sachverhalt kann an zwei Phänomenen deutlich beobachtet werden[143]. Einmal gehört schon zu den alten Theophaniegeschichten der Zug, daß die erscheinende Gottheit ihren Namen verschweigt (Gen 32,23 ff; Ex 3,13 f; Ri 13,18); die Kenntnis des Namens der Gottheit aber bedeutet in primitiver Anschauung bekanntlich die Macht des Verfügens über die Gottheit. Sodann ist charakteristisch, daß bei den Theophanien zwar die Gestalt der Gottheit unbestimmt und geheimnisvoll, ihr an den Menschen ergehendes Wort aber klar und bestimmt ist[144]. In seinem Wort aber verfügt Gott über den Menschen. In der Weise also, wie sich das Sehen und das Hören Gottes verhalten, kommt deutlich die Unverfügbarkeit Gottes für den Menschen und die Unterworfenheit des Menschen unter Gott zum Ausdruck. Die Radikalisierung dieses Gedankens aber ist an der Geschichte der Formel „das Angesicht Jahwes sehen" deutlich aufzuweisen.

Die israelitische Religion kannte ein Schauen Gottes im Kultus. Am Kultusort ist Gott gegenwärtig, und der Fromme kommt zur heiligen Stätte, um „das Angesicht Jahwes zu schauen"[145]. Anschauung und Formel sind Israel mit den benachbarten Religionen gemeinsam, und sind wohl, durch kanaanäischen Einfluß vermittelt, aus der babylonisch-assyrischen Religion in die israelitische eingedrungen[146]. Ist der israeliti-

---

[142] Darüber s. BAUDISSIN, aaO S. 181—183.

[143] Natürlich ließe sich der Sachverhalt auch verdeutlichen durch eine weitere Analyse des at.lichen Gottesgedankens überhaupt; aber das würde hier zu weit führen. Man denke an die Beschreibungen der Überlegenheit Gottes bei Deuterojesaja, zB 40,12 ff oder an Spr 30,1 ff, vor allem an Hiob, zB 9,1 ff, wo es nach der hymnischen Schilderung der Überlegenheit Gottes V. 11 heißt:
„Geht er an mir vorüber, so seh ich ihn nicht;
Und fährt er vorbei, so merk ich ihn nicht."

[144] Dies hat FASCHER, aaO S. 53. 55 richtig hervorgehoben.

[145] Darüber, daß diese Formel in den Texten später meist geändert wurde, s. oben auf dieser Seite.

[146] Vgl. darüber BAUDISSIN, aaO S. 189—197. Mit dem babylonischen Sprachgebrauch stimmt der ägyptische überein. — Vgl. ferner GULIN, Annal. Acad. Scient. Fennicae XVII 3 (1923). FR. NÖTSCHER, Das Angesicht Gottes schauen (1924), bestreitet den kanaanäischen Einfluß für die Wendung „Gottes Angesicht schauen"; sie gehe auf Babylon zurück, wo sie bedeute: „auf das Kultbild schauen, um Gnade und Hülfe bitten." Dagegen stamme die Wendung „Jahwes Angesicht besänftigen" aus dem kanaanäischen Bilderkult. — Diese Modifikationen sind für unseren Zusammenhang ohne Belang. Vgl. noch G. HÖLSCHER, Geschichte der israelitischen und jüdischen Religion (1922), S. 71 (§ 28, 10); J. HEMPEL, Gott und Mensch im AT, S. 198 f.

sche Kult auch bilderlos gewesen, und hat so die Formel ihren ursprünglichen Sinn, der offenbar die Schau des Kultbildes meint, verloren, so ist doch die Vorstellung die, daß man *am Kultort der Gegenwart Gottes gewiß* ist. Ist solches „Schauen" Gottes auch kein direktes, sondern ein Vorgang des Bewußtseins, ein gefühlsmäßiges Innewerden der göttlichen Gegenwart, wie es dem Kultus eigen ist, so ist es doch gebunden an den kultischen Ort, die kultischen Gegenstände und Handlungen, die die Gegenwart Gottes repräsentieren. Der Fromme sehnt sich danach, solche Gegenwart Gottes zu erleben (Ps 42,3), und freut sich, „vor Gottes Angesicht treten" zu dürfen (Ps 95,2; 100,2).

Auch der kultischen Schau Gottes eignet Geheimnis und Schrecken; dem Unbefugten ist sie versagt, und nur der Reine darf vor Gottes Angesicht treten. Ist diese Reinheit ursprünglich als kultische[147], als rituelle verstanden, so gewinnt sie in Israel, seinem Gottesgedanken entsprechend, zugleich den Charakter sittlicher Reinheit.

> „Wer darf steigen auf Jahwes Berg,
> wer darf die heilige Stätte betreten?
> Wer reine Hände hat und ein unschuldig Herz,
> wessen Seele sich nicht zum Eitlen verführen ließ,
> und wer nicht betrüglich schwöret."
>
> (Ps 24,3 f, nach Gunkel)

Ebenso wird die Frage, wer vor Gott treten darf, Ps 15; Mi 6,6—8 beantwortet[148].

Indem die Bedingung für die Gottesschau in dieser Weise aufgefaßt wird, tritt das ganze Leben mit seiner Alltäglichkeit unter den Gesichtspunkt der Möglichkeit der Gottesschau. Andererseits wird auch die Gnade Gottes, deren sich der Fromme durch die kultische Gegenwart Gottes versichert weiß, nicht verstanden als die Beseligung des Momentes der kultischen Feier, die gegen das übrige Leben mit seinem Tun und seinem Schicksal isoliert wäre. Der Fromme will vielmehr Gott im Kult schauen, um seiner „Macht und Herrlichkeit" in seinem Leben und Schicksal versichert zu sein[149]. Das aber bedeutet, daß es sich hier nicht um eine Gottesschau nach Art der Schau in den Mysterien handelt, die gegen das übrige Leben mit seiner Alltäglichkeit, seinem Tun und Leiden isoliert ist, der dieses Leben fremd gegenübersteht, weil nur in ihr

---

[147] Vgl. Joh. Hempel, Gott und Mensch im AT, S. 3—5.
[148] Vgl. Hempel, aaO S. 5 f.
[149] Vgl. Gunkel zu Ps 63,3 (im Göttinger Handkommentar zum AT 1926) und Baudissin, aaO S. 176.

der Mensch Gott erfaßt und so zu seiner Eigentlichkeit kommt. Vielmehr hat das „Gott schauen" im Kult bei aller Eigenbedeutung seine *feste Verknüpfung mit dem geschichtlichen Leben;* seine Eigenbedeutung besteht gerade darin, daß es fordernd und begnadigend dem *ganzen* Leben die Möglichkeit gibt, zu seiner Eigentlichkeit zu gelangen.

Und so ist es erst recht verständlich, daß die Formel „das Angesicht Gottes schauen" auch *in „übertragenem" Sinne* gebraucht, daß vom Sehen Gottes überhaupt in „übertragenem" Sinne geredet wird. Da „Gottes Angesicht schauen" dürfen und „vor sein Angesicht treten" dürfen, immer den Sinn einschließt, daß man sich vor Gott nicht zu ängstigen braucht und seiner Gnade gewiß sein kann, — und da die kultische Möglichkeit in festem Zusammenhang mit dem geschichtlichen Leben steht, gewinnt „Gott schauen" den allgemeinen Sinn: *den Erweis seiner Gnade erfahren dürfen,* — nämlich im ganzen Leben mit seinen Schicksalen[150]. Wenn Gott „sein Antlitz nicht verborgen hat" vor dem Elenden, so bedeutet das, daß er „ihn erhört hat, als er zu ihm schrie" (Ps 22,25), und die Sehnsucht, „Gottes Macht und Herrlichkeit zu schauen", bedeutet das Verlangen nach Gottes Hilfe in der Not (Ps 63,3). Der Elende „betet zu Gott, und dieser nimmt ihn an und läßt ihn sein Angesicht schauen in Jubel" (Hi 33,26). Die Redlichen dürfen Jahwes Angesicht schauen (Ps 11,7), die Rechtschaffenen vor seinem Antlitz wohnen (Ps 140,14), dh sie dürfen seines gerechten Waltens gewiß sein und auf seine Gnade vertrauen. Zürnt Gott, so „verbirgt er sein Angesicht"[151], ist er gnädig, so „läßt er sein Angesicht leuchten" (Num 6,25 f; Ps 4,7; 22,25; 104,29; Hi 34,29). Daß man Gott sieht, oder daß er sich sehen läßt, bedeutet also, daß er sich in seinem Walten kundtut (Ps 27,13; Jes 38,11). Es ist also sehr mißverständlich, wenn man hier von „Vergeistigung" oder „Verinnerlichung" redet[152]. Mindestens im griechi-

---

[150] Auch in der babylonischen und ägyptischen Religion ist der Zusammenhang von Kult und Leben nicht zerschnitten. Für das Babylonische vgl. das Klagelied an Ištar (bei A. UNGNAD, Die Rel. der Bab. u. Ass. [1921], S. 219) Z. 40 f:
„Wo du hinblickst, wird der Tote lebendig, erhebt sich der Kranke,
kommt auf den rechten Weg der Verirrte, indem er dein Antlitz schaut."
Z. 55: „Dein glänzendes Licht laß mich sehen."

Ferner den Psalm im Textb. z. Rel.-Gesch.² S. 311 ff (Tafel II Z. 4). — Babylonisches und Kanaanäisches bei J. HEMPEL, Gott und Mensch im AT S. 154. — Für das Ägyptische vgl. BAUDISSIN, aaO S. 218 f.

[151] Auch im Babylonischen wendet der zürnende Gott sein Gesicht ab; vgl. HEMPEL, Gott und Mensch im AT S. 191.

[152] So BAUDISSIN, aaO, zB S. 200. 201; HEMPEL, aaO S. 199. Um den Gegensatz sinnlicher und geistiger Wahrnehmung, um den sich die griechische Frage nach der

schen Sinn von Vergeistigung ist hier nicht zu reden. Denn nicht darum handelt es sich, daß die Erkenntnis aufgegangen wäre, Gott sei nicht mit den Sinnen, sondern nur mit der geistigen Anschauung zu erfassen. Vielmehr darum, daß Gott konkret erfahrbar ist *in dem geschichtlichen Lebenszusammenhang*, in dem der einzelne und das Volk stehen. Aber deshalb darf auch nicht von „Verinnerlichung" im Sinne einer Sublimierung der Gotteserfahrung geredet werden, die Gottes nur im frommen Gefühl, im andächtigen Betrachten inne wird. Die kultische Frömmigkeit ist nicht in dem Sinne überwunden, daß der Fromme von einem Innewerden Gottes redete, das höher und reiner ist als das kultisch gebundene, — die Vorstellung von der Möglichkeit der kultischen Gottesschau ist im AT nie „überwunden" worden, sondern immer bleibt die Gewißheit lebendig, daß man am Kultort der Gegenwart Gottes inne wird[153] — bis in das Judentum und Urchristentum hinein.

III.

Es ist nun leicht verständlich, daß in einer Zeit, in der der Mensch in seinem und seines Volkes Schicksal und in dem Leben, das ihn umgibt, Gottes gnädiges Walten nicht mehr zu schauen vermag, daß dann das Gottschauen zu einer „*eschatologischen*" Möglichkeit wird. So wartet das nachexilische Judentum darauf, daß Gott dereinst heimkehrt nach Zion (Jes 52,8) und seine Herrlichkeit erscheinen läßt (Jes 60,2; Sach 9,14; Ps 102,17).

Das ist auch die Hoffnung des *späteren Judentums* und | des *Urchristentums*. Im übrigen sind hier die alten Differenzierungen der Vorstellung vom Gottschauen erhalten geblieben. Natürlich hat das echte Judentum an den alten naiven Geschichten von *Gottes Wandeln auf Erden* keine Kritik geübt, wenn es auch von der Gegenwart dergleichen nicht mehr erzählt. Im Urchristentum ist diese alte Vorstellung wieder lebendig in der *Übertragung auf Jesus*, indem man solche Geschichten von dem Auferstandenen erzählt, der mit den Jüngern verkehrt, mit

---

Wahrnehmungsmöglichkeit des eigentlich Seienden dreht, handelt es sich im AT nirgends. Wo von der Unerforschlichkeit Gottes geredet wird, handelt es sich nicht um die empirischer Forschung unzugängliche Seinsweise Gottes, aber auch nicht um die jenseits des νοῦς liegende Irrationalität Gottes, sondern um die Überlegenheit und Unberechenbarkeit seines Willens und seines Wirkens, vgl. zB Jes 40,13.23; noch Sir 43,15—33.

[153] Vgl. BAUDISSIN, aaO S. 201—204.

ihnen wandert (Lk 24,13—32), mit ihnen ißt und trinkt (Lk 24,36—43) und am galiläischen See sich unterredet (Joh 21,1—23). Auch der Charakter des Geheimnisses und Schauervollen solcher Begegnungen ist in diesen Erzählungen deutlich ausgeprägt. Plötzlich erscheint oder verschwindet der Auferstandene (Lk 24,31.36; Joh 20,19), man darf ihn nicht berühren (Joh 20,17), man ahnt unbestimmt (Lk 24,32) oder voll Schreck (Joh 21,12) die göttliche Gegenwart[154]. Dann aber wird das ganze Leben Jesu unter diesen Gesichtspunkt gestellt: er ist der über die Erde wandelnde Gottessohn, zumal im Johannesevangelium[155], und in bestimmten Momenten wird das Geheimnis spürbar, vor allem bei den Wundern. Bei manchen wird erzählt, daß sie im Geheimen vor sich gehen (Mk 5,40; 7,33; 8,23), bei den meisten von dem ἐξίστασθαι, dem φοβεῖσθαι oder θαμβεῖσθαι des Publikums (Mk 2,12; 4,41; 5,15—17; 7,37; Lk 4,36; 5,8 f; 7,16 usw.)[156]. Aber auch sonst macht sich das Geheimnis der Person Jesu geltend im Entsetzen und der Hilflosigkeit der mit ihm Verkehrenden oder ihm Begegnenden (Mk 9,10.32; 10,32[157]; Lk 2,47; 4,30; Joh 7,30.44; 8,20.59; 18,6). Eigentliche Theophanien fehlen im Judentum[158] und Urchristentum, wenn man hier nicht die Visionen der jüdischen und christlichen Apokalyptiker als solche bezeichnen will. Aber ein sichtbares Sich-Kundgeben der himmlischen Welt begegnet — wenn wir von den verschiedenen Engelsbotschaften absehen[159] — in der Weihnachtsgeschichte Lk 2,9 ff und in der Taufgeschichte Mk 1,10 f parr. Ferner ist das Motiv der Theophanie auf die Person Jesu übertragen worden, der sich in der Verklärungsgeschichte Mk 9,2—8 in himmlischer δόξα zeigt und so als Auferstandener dem Paulus erscheint (Apg 9,1—8; 22,3—16; 26,9—18; vgl. Gal 1,15 f; 1Kor 15,5—8; | 2Kor 4,6). Charakteristisch ist dabei wieder, daß wie im AT das Bild, das das Auge sieht, nicht bestimmt beschrieben wird, daß aber mit all diesen Erscheinungen bestimmte Worte verbunden sind, in denen der eigentliche Sinn der Erscheinungen beruht. So hat denn auch das Judentum, das von Erscheinungen Gottes in der Gegenwart nicht mehr zu berichten weiß, die Vor-

---

[154] Vgl. Fascher, aaO S. 67—69.
[155] Hier freilich in einer ganz bestimmten Modifikation.
[156] Ähnliches gilt dann vom Wirken der Apostel in Apg.
[157] Vgl. den ganzen Komplex des Messiasgeheimnisses.
[158] Von den ekstatischen Erlebnissen, die von einzelnen Rabbinen berichtet werden, ist hier abzusehen.
[159] Bei diesen ist auch in der Regel der Schrecken der Menschen und das μὴ φοβοῦ u. dgl. des Engels charakteristisch: Mk 16,5 f; Lk 1,12 f.29 f; Apg 27,24 usw.

stellung von der Gottesstimme, die Entscheidungen fällend und Weisungen gebend vom Himmel erklingt, ausgebildet[160].

Alles das zeigt, daß die alten Vorstellungen noch lebendig sind, und daß es zumal ein schiefes Bild gibt, wenn man die Stellung des Urchristentums im Verhältnis zum AT und Judentum unter dem Gesichtspunkt der religionsgeschichtlichen „Entwicklung" als eine „Vergeistigung" des Gottesglaubens auffaßt. Daß auch die Vorstellung von der *Gegenwart Gottes im Kultus* noch und im Urchristentum neu lebendig ist, ist ebenfalls deutlich. Bei den Rabbinen wird der Ausdruck „Gott schauen" technisch gebraucht für: im Tempel oder in der Synagoge vor Gott erscheinen oder auch im Gebet oder im Thorastudium (also in kultischen Verhaltungen) sich ihm nahen[161]. Das Urchristentum hat auf seinen Gottesdienst diese Vorstellung übertragen, wenn es Did 4,1 den in der jüdischen Quelle auf den Thorauntericht bezogenen Satz auf die christliche Verkündigung anwendet: ὅθεν γὰρ ἡ κυριότης λαλεῖται, ἐκεῖ κύριός ἐστιν. Natürlich ist die göttliche Gegenwart, die in den urchristlichen Gottesdiensten erfahren wird, vor allem die des κύριος Ἰησοῦς Χριστός. Bei der Feier des Herrenmahls ist er gegenwärtig[162]. Aber Christus und Gott sind überhaupt im Gottesdienst gegenwärtig in der Fülle der pneumatischen Lebensäußerungen der feiernden Gemeinde[163].

Daß *das Motiv* der Anschauung, daß Gott im allgemeinen verhüllt ist, und daß er nur für bestimmte Menschen unter bestimmten Bedingungen sichtbar ist, im NT das gleiche ist wie im AT, wurde schon gesagt (s. S. 183), indem auf Hebr 12,14; Mt 5,8 hingewiesen wurde: Gott ist heilig, und der Mensch ist unrein; nur wer rein ist, | darf ihn schauen, ohne zu verderben. Dabei ist Heiligkeit und Reinheit in demselben radikalen Sinne verstanden wie im AT, weil es auch dem NT selbstverständlich ist, daß Gottes Anspruch den *ganzen* Menschen umfaßt[164]. Dieser Gedanke ist auch im späteren Judentum nicht untergegangen[165];

---

[160] Zur Vorstellung von der Bath-Qol vgl. BOUSSET, Religion d. Judentums³ S. 315; BILLERBECK I S. 125—134.

[161] Vgl. BILLERBECK I S. 206 f.

[162] Die Vorstellungen variieren im einzelnen bekanntlich; G. P. WETTER hat (Altchristliche Liturgien, Das christliche Mysterium [1921]) gezeigt, wie konkret vielfach die Gegenwart Christi bei der Eucharistie gedacht wurde.

[163] Vgl. besonders 1Kor 12 und 14 (14,25: ... ἀπαγγέλλων ὅτι ὄντως ὁ θεὸς ἐν ὑμῖν ἐστιν).

[164] In diesem Zusammenhang kann ich natürlich nicht weiter ausführen, wie der Gedanke der Heiligkeit im NT verstanden ist; vgl. R. ASTING, Die Heiligkeit im Urchristentum (1930).

[165] Vgl. BILLERBECK I S. 215.

im Urchristentum aber ist er eine fundamentale Voraussetzung für das Verständnis Jesu Christi. Denn Jesus Christus ist dadurch, daß er für die Gläubigen δικαιοσύνη und ἁγιασμός bedeutet (1Kor 1,30), auch derjenige, der ihnen *den Zugang zu Gott verschafft* (Röm 5,1 f; 1Kor 8,8; 2Kor 4,14; Kol 1,22; Eph 2,18; 3,12; 1Petr 3,18; Hebr 6,18—20; 7,25; 10,19—22), so daß wir ihm die παρρησία Gott gegenüber verdanken (Eph 3,12; Hebr 4,16; 10,19)[166].

Damit ist aber auch gesagt, daß im NT das „Sehen Gottes" ganz den Sinn des „Sich-vor-Gott-halten-Könnens" bewahrt hat und keinerlei mystische „Verinnerlichung" erfahren hat. Und ebenso, daß dieses „Gott-Sehen" als „Vor-Gott-Bestehen" gleichbedeutend ist mit der Gewißheit der Gnade Gottes. Durch Christus wird der Zugang zu Gott vermittelt, weil Christus die Tat der Gnade Gottes ist. Der Begriff des Gott-Sehens ist ebenso radikal *vergeschichtlicht* wie im AT, aber das gnädige Wirken Gottes, dessen gewiß sein bedeutet: vor Gott bestehen können, erscheint ganz konzentriert in der *einen* Heilstat in der Fülle der Zeit: in Jesus Christus. Das JohEv hat den Gedanken in die knappste Gestalt gebracht. Bekennt Philippus mit seiner Bitte: δεῖξον ἡμῖν τὸν πατέρα, καὶ ἀρκεῖ ἡμῖν, daß Gott sehen, bedeutet: zur Eigentlichkeit des Lebens gelangen, so bedeutet Jesu Antwort: ὁ ἑωρακὼς ἐμὲ ἑώρακεν τὸν πατέρα, daß Gott nirgends zu sehen ist als in der Offenbarung seiner Liebe, und daß diese Offenbarung erfassen, bedeutet: Gott sehen (Joh 14,8 f)[167].

Im späteren Judentum ist der Gedanke zwar erhalten geblieben, daß Gott-Schauen bedeutet, der Gnade Gottes gewiß sein. Er kann aber eine charakteristische Wendung erhalten, kraft deren er im Gegensatz zur alttestamentlich-christlichen Auffassung tritt. Er kann nämlich heißen: sich ein Verdienst vor Gott erwerben[168]. Andererseits begegnet er in einer Auffassung, die dem Judentum mit dem Urchristentum gemeinsam ist, daß nämlich der unsichtbare Gott gleichsam vertreten wird durch den Mitmenschen. Hat ein Mensch dem Liebe erwiesen, den er sieht, so soll ihm der vergelten, den er nicht sieht[169]. Das ist der Gedanke, der negativ 1Joh 4,20 f formuliert ist: . . . ὁ γὰρ μὴ ἀγαπῶν τὸν ἀδελφὸν αὐτοῦ ὃν ἑώρακεν, τὸν θεὸν ὃν οὐχ ἑώρακεν οὐ δύναται ἀγαπᾶν. Vor allem jedoch

---

[166] Zum Begriff Παρρησία vgl. E. PETERSON, Reinhold-Seeberg-Festschrift (1929), S. 283—297.

[167] Ich sehe im übrigen hier wie in meinem Aufsatz 1928 S. 113—163 (oben S. 124 ff) vom JohEv und den Joh-Briefen fast durchweg ab, da diese Untersuchungen nur den Boden für deren Verständnis bereiten sollen.

[168] Jalqut Šimoni zu Ps 17,15 bei P. FIEBIG, Jesu Bergpredigt (1924), S. 10 f.

[169] P. Pea 8, 21 b, 44; p. Scheq. 5, 49 b, 18 (BILLERBECK I S. 916, III S. 32).

ist im späteren Judentum der Gedanke in seiner *eschatologischen* Wendung lebendig, denn während das Urchristentum von der schon geschehenen Heilstat Gottes redet, wartet das Judentum ja noch auf sie. Dereinst also heißt es, wird man das Antlitz dessen schauen, dem man in diesem Leben gedient hat (4Esra 7,98 vgl. 7,87; PsSal 17,50; 18,7; TestSeb 9,8 und die rabbinischen Belege bei Billerbeck I S. 207—215)[170].

Der eschatologische Gedanke hat aber im Judentum noch eine besondere Wendung erhalten, insofern das Gott-Schauen nicht nur als der Gnadenzustand der Heilszeit verstanden wird, sondern auch als das Ereignis, das dem Einzelnen *in seiner Sterbestunde* bevorsteht[171]. Hier hat der Gedanke seinen ursprünglichen Sinn und seine alte Kraft behalten; denn nur mit Bangen kann der Mensch an diesen Augenblick denken, der ihm Heil, aber auch Verderben bringen kann. Hier kommt deutlich zutage, daß sich der Mensch der Übermacht Gottes preisgegeben weiß, daß er als Mensch weder über Gott verfügt noch auch über sich selbst. Er kennt sich selbst nicht einmal, denn er weiß nicht, ob seine Taten ausreichen, um Gottes Gnade zu gewinnen. Erst der Tod wird ihm radikal die Augen öffnen, und indem er Gott schaut, wird er auch wissen, wer er selbst ist. Die Gerechten werden dann Gott so sehen, daß es Seligkeit ist[172], aber wer weiß jetzt, ob er dann Gott sehen wird zum Trost oder zum Schrecken?

Das *eschatologische Gott-Schauen muß im Urchristentum* deshalb eine etwas andere Bedeutung gewinnen, weil für dieses Gottes geschichtliche Heilstat ja zugleich seine eschatologische Tat ist, die den neuen Äon heraufgeführt hat, so daß der „in Christus" Befindliche schon „neues Geschöpf" ist (2Kor 5,17). Wenn also die Verheißung der Gottesschau für die καθαροὶ τῇ καρδίᾳ Mt 5,8 im Munde Jesu noch vorblickt auf die Wende der Äonen und deshalb kein eigentlich christliches Wort ist, sondern im Rahmen der jüdischen Heilshoffnung steht, so ist dann für die Gemeinde der an Jesus Christus Glaubenden zur Gegenwart geworden, worauf das Judentum hoffte. Gott ist im κύριος Ἰησοῦς Χριστός gegenwärtig, und der Glaubende hat schon die προσαγωγὴ πρὸς τὸν πατέρα (s. oben S. 190). Die Gemeinde ist die Gemeinde der ἅγιοι und ἐκλεκτοί, der Tempel Gottes. Aber freilich steht die Vollendung noch aus, steht die Parusie noch bevor; und selbst, wenn das nicht so wäre, so müßte sich

---

[170] Vgl. W. Bousset, Die Religion des Judentums³ S. 241; L. Brun, Symbolae Osloenses V (1927), S. 13.
[171] Vgl. Billerbeck I S. 208 f. 783 f. III S. 31 f.
[172] Vgl. Billerbeck I S. 209—212.

der Blick doch auf die Zukunft richten, da das Sein des Gläubigen nicht eine Zuständlichkeit, eine mysteriöse Qualität, sondern ein lebendig-geschichtliches Leben ist, das noch auf dem Spiele steht. Der Blick des Glaubenden in die Zukunft ist freilich nicht Angst, sondern Hoffnung. Der Glaubende hat die παρρησία, aber er soll sie auch bewahren (Hebr 3,6; 10,35). Deshalb kann auch hier von einem endgültigen, noch nicht verwirklichten Gott-Schauen in der Zukunft geredet werden. Οἴδαμεν ὅτι ἐὰν φανερωθῇ ὅμοιοι αὐτῷ ἐσόμεθα ὅτι ὀψόμεθα αὐτὸν καθώς ἐστιν (1Joh 3,2; vgl. Apk 22,4).

> Βλέπομεν γὰρ ἄρτι δι' ἐσόπτρου ἐν αἰνίγματι,
> τότε δὲ πρόσωπον πρὸς πρόσωπον ·
> ἄρτι γινώσκω ἐκ μέρους,
> τότε δὲ ἐπιγνώσομαι καθὼς καὶ ἐπεγνώσθην
>
> (1Kor 13,12; vgl. 2Kor 5,7).

Weder die Motive des griechischen Idealismus noch die der Gnosis sind im Urchristentum entscheidend wirksam geworden. Eingedrungen ist — wohl zumeist auf dem Wege über das hellenistische Judentum — fast nur ein Stück der aus diesen Kreisen stammenden Terminologie. Der Ausdruck ἀόρατος θεός ist Kol 1,15; 1Tim 1,17; Hebr 11,27 aufgenommen im Zusammenhang mit anderen hellenistischen Gottesprädikationen, wie denn auch 1Tim 6,15 f Gottes Unsichtbarkeit in einer stark hellenistischen Beschreibung seines Wesens betont wird[173]. Nirgends ist dabei das Problem der Gotteserkenntnis leitend und die Reflexion auf den Unterschied von αἴσθησις und νοῦς als Wahrnehmungsorganen. Leitend ist vielmehr das Bestreben, die Weltüberlegenheit Gottes hervorzuheben (1Tim 1,17; 6,15 f sind Doxologien!) und etwa die Paradoxie des Glaubens zu betonen (Hebr 11,27; vgl. 2Kor 4,18). In diesem Sinne hat begreiflicher|weise auch das Judentum Gottes Verhülltheit für menschliches Auge betont. Wie schon für Deuterojes 40,12 ff; Spr 30,1 ff; Hi 9,2 ff Gottes Unzugänglichkeit ein Beweis seiner Übermacht über das Geschöpf ist, so ist für die Rabbinen Gottes Unsichtbarkeit ein Zeichen seiner Überlegenheit, und die Unfähigkeit des Menschen, Gott zu sehen, wird gerne mit seiner Unfähigkeit, auch nur in die Sonne zu blicken, die doch nur einer der Diener Gottes ist, verglichen[174].

Im *hellenistischen Judentum* freilich ist wie der Ausdruck ἀόρατος

---

[173] Vgl. besonders die betr. Kommentare im HNT.
[174] BILLERBECK III S. 31 f.

θεός und andere hellenistische Terminologie¹⁷⁵, so auch der griechisch-stoische Gedanke von der natürlichen Gotteserkenntnis aufgenommen worden, bekanntlich schon von der Weisheit, erst recht dann bei Philon. Das ist oft dargestellt worden¹⁷⁶, und es ist längst erkannt, daß sich diese Tradition, die dann später in breitem Strome in das Christentum eingedrungen ist, schon im NT geltend macht. Der Verf. der Apg stattet die Missionsreden des Paulus vor Heiden 14,17 und besonders 17,24—29 mit diesen Motiven aus. Aber auch *Paulus* selbst sagt Röm 1,19 f in zum Teil stoischer Terminologie: . . . διότι τὸ γνωστὸν τοῦ θεοῦ φανερόν ἐστιν ἐν αὐτοῖς (dh τοῖς ἀνθρώποις)· ὁ θεὸς γὰρ αὐτοῖς ἐφανέρωσεν. τὰ γὰρ ἀόρατα αὐτοῦ ἀπὸ κτίσεως κόσμου τοῖς ποιήμασιν νοούμενα καθορᾶται, ἥ τε ἀίδιος αὐτοῦ δύναμις καὶ θεότης. Aber Paulus rezipiert den griechischen Gedanken nicht, weil ihn die Frage der Gotteserkenntnis als Problem bewegte, sondern um die Schuld der Menschen zu erweisen: εἰς τὸ εἶναι αὐτοὺς ἀναπολογήτους. Ist es schon charakteristisch, daß er für Gott den Ausdruck τεχνίτης vermeidet, den Weish 13,1 unbefangen übernimmt, so ist das Wesentliche, daß es ihm im Grunde nicht auf das Daß der Existenz Gottes ankommt, sondern auf das Wie Gottes als des Richters bzw. auf die Verantwortlichkeit der Menschen. Ihre Sünde ist nicht der Irrtum, sondern ihre Undankbarkeit, daß sie nicht Gott die Ehre gaben (V. 21). Die Erkenntnis Gottes schließt für Paulus ohne weiteres die Erkenntnis seines δικαίωμα, seines an den Menschen gerichteten Anspruchs, ein (V. 32). Indem es sich aber so um die Erkenntnis des *jenseits* des Menschen stehenden und nicht des am und *in* ihm wirkenden Gottes handelt, ist der stoischen Theorie die Spitze abgebrochen.

Bei Paulus läßt sich ebenfalls der Einfluß des gnostischen Sprachgebrauchs nachweisen, wie Reitzenstein¹⁷⁷ und Bousset¹⁷⁸ richtig beobachtet haben. Die Analyse des paulinischen γνῶσις-Begriffs würde hier zu weit führen. Ich will nur andeuten, wie die an gnostische Aussagen besonders erinnernden Formulierungen, die die Korrelation des menschlichen γιγνώσκειν zum γνωσθῆναι von Gott her betonen¹⁷⁹, ganz ungnostisch gemeint sind. Sagt Paulus zu den Galatern: νῦν δὲ γνόντες τὸν θεόν, μᾶλλον δὲ γνωσθέντες ὑπὸ θεοῦ (Gal 4,9), so handelt es sich bei dem γιγνώσκειν um die durch die Missionspredigt dem Glauben vermittelte,

---

¹⁷⁵ Vgl. Aristobul bei Eus. praep. ev. XIII 12, 5; Jos. bell. VII 346 (s. AD. SCHLATTER, Wie sprach Jos. von Gott? [1910], S. 27); Sibyll. Prooem. 7 ff.
¹⁷⁶ S. oben S. 178 und die dort genannte Literatur.
¹⁷⁷ Hellenist. Myst.-Rel.³ S. 299 f. 333 ff.
¹⁷⁸ Kyrios Christos² S. 50. 172, 2.
¹⁷⁹ Vgl. H. LIETZMANN zu 1Kor 8,3 im HNT.

ganz unmystische Erkenntnis; und der Gedanke des γνωσθῆναι ὑπὸ θεοῦ ist durch den Sinn des at.lichen ידע in der Nuance „erwählen" bestimmt. Sagt Paulus 1Kor 8,2 f: εἴ τις δοκεῖ ἐγνωκέναι τι, οὔπω ἔγνω καθὼς δεῖ γνῶναι· εἰ δέ τις ἀγαπᾷ τὸν θεόν, οὗτος ἔγνωσται ὑπ' αὐτοῦ, so versteht er die γνῶσις, auf die die Korinther pochen, als die theoretische Einsicht davon, daß es neben Gott keine anderen Götter gibt (V. 5). Er stellt aber der theoretischen Erkenntnis nicht die mystische, sondern, man darf sagen, die existentielle gegenüber; dh er polemisiert gegen eine γνῶσις, die als theoretische Einsicht ein sicherer Besitz ist, so daß man Folgerungen aus ihr ziehen kann; und er fordert eine γνῶσις, die als eine Bestimmtheit des Lebens sich äußert und ihre vorzügliche Vollzugsmöglichkeit in der ἀγάπη hat. Das γνωσθῆναι aber hat jenen at.-lichen Sinn des von Gott Erwählt- und Angenommenseins. Und das ist auch 1Kor 13,12 der Fall: ἄρτι γινώσκω ἐκ μέρους, τότε δὲ ἐπιγνώσομαι καθὼς καὶ ἐπεγνώσθην. Das menschliche γινώσκειν aber ist hier, gerade da seine *direkte* Bezogenheit auf Gott als eschatologische Möglichkeit vorbehalten bleibt, keine mystische γνῶσις, sondern das indirekte Wissen von Gott, das in der Offenbarung gegeben ist.

Das Problem des Verhältnisses des Paulus zur hellenistischen Gnosis ist damit natürlich nicht erledigt. Hier kam es nur darauf an, zu zeigen, daß Paulus im Unterschied von der Gnosis nicht ein direktes Gottverhältnis, nicht eine Schau Gottes in andächtiger Spekulation oder mystischer Versenkung und Ekstase kennt. Das würde in ein noch helleres Licht treten, wenn man mit Paulus *die Aussagen Philons über die Gotteserkenntnis* vergleicht, in denen sich alttestamentlich-jüdische, platonische, rationalistisch-stoische und gnostisch-mystische Motive seltsam abwechseln und verbinden. Auch darüber muß hier eine Andeutung genügen. Sehr bezeichnend ist die Stelle de Abrah. 76, weil hier der alttestamentlich-jüdische Gedanke mit der griechischen Reflexion auf das Wahrnehmungsorgan verbunden ist: σώματος γὰρ ὀφθαλμοῖς οὐκ ἠξίωσε καταλαμβάνεσθαι (ὁ πρῶτος θεός), τάχα μὲν ἐπειδὴ θνητὸν ἀϊδίου ψαύειν οὐχ ὅσιον ἦν, τάχα δὲ καὶ δι' ἀσθένειαν τῆς ἡμετέρας ὄψεως. οὐ γὰρ ἂν ἐχώρησε τὰς ἀπὸ τοῦ ὄντος ἐκχεομένας αὐγάς, ὁπότε οὐδὲ ταῖς ἀφ' ἡλίου προσβλέπειν ἀκτῖσιν οἷά τέ ἐστιν. Wesentlich platonisch-stoischen Gedanken folgt Philon de spec. leg. I 13 ff[180], wenn er dem νοῦς, der der ἀόρατος ἡγεμὼν τῶν αἰσθητικῶν ὀργάνων ist (§ 18), bzw. dem λογισμός (§ 20) die Erkenntnis des unsichtbaren Gottes (τοῦ ἀειδοῦς καὶ ἀοράτου καὶ μόνῃ διανοίᾳ

---

[180] Auch FASCHER weist aaO S. 60 darauf hin.

καταληπτοῦ) zuschreibt. Kraft seines νοῦς bzw. seiner διάνοια ist ja der Mensch mit Gott verwandt (opif. mundi 69. 146). Entsprechend schildert Philon de Abrah. 161—164 die philosophische Gotteserkenntnis durch die διάνοια, welche, παρὰ τῆς ὄψεως τοῦ δύνασθαι τὰ νοητὰ θεωρεῖν τὰς ἀφορμὰς λαβοῦσα, von der Betrachtung des κόσμος auf den Schöpfer geführt wird. Nicht sehr klar ist dagegen die mystisch-ekstatische Gottesschau abgegrenzt, die durch kosmologische bzw. astrologische Schau vorbereitet wird. Die Betrachtung der Gestirne und ihrer Bahnen weckt die Lust zum θεωρεῖν, und daraus erwächst einerseits die Philosophie als die ζήτησις nach der οὐσία und den αἰτίαι (opif. mundi 54), andererseits aber die μέθη νηφάλιος und die ekstatische Schau (ibid. 70 f). Durch solche Spekulation und Schau wird der sterbliche Mensch zum unsterblichen (ibid. 77). Ὁ γὰρ ὁρῶν τὸν θεὸν ὑπὸ ἐκπρεπεστάτου κάλλους ἀγόμενος τῷ ὁρωμένῳ προσκεκλήρωταί τε καὶ μεμέρισται (de post. Caini 92). Wer τὸ τῆς ψυχῆς ὄμμα auf Gott richtet, gelangt ἐπ' ἄκρον εὐδαιμονίας (de Abrah. 58). Es sind die ὁρατικοὶ ἄνδρες, die φιλοθεάμονες, die solche Schau ausbilden[181]. De spec. leg. I 32 ff werden zwei Weisen der Gotteserkenntnis unterschieden, indem stoische und platonische Gedanken kombiniert werden. *Daß* Gott ist, hat Mose aus der philosophischen Betrachtung der Welt mittels des Schlusses vom Werk auf den Hersteller (32—35) gelernt; er möchte aber auch Gott in seinem *Wie* sehen[182]. Als er belehrt wird, daß die Erfassung des ἐναργὲς εἶδος Gottes der φύσις des Menschen versagt ist, möchte er wenigstens Gottes δόξα, seine δυνάμεις schauen. Er erhält die Antwort (§ 46): ἃς ἐπιζητεῖς δυνάμεις εἰσὶν ἀόρατοι καὶ νοηταὶ πάντως ἐμοῦ τοῦ ἀοράτου καὶ νοητοῦ· λέγω δὲ νοητὰς οὐχὶ τὰς ἤδη ὑπὸ νοῦ καταλαμβανομένας, ἀλλ' ὅτι εἰ καταλαμβάνεσθαι οἷαί τε εἶεν, οὐκ ἂν αἴσθησις αὐτὰς ἀλλ' ἀκραιφνέστατος νοῦς καταλαμβάνοι. Diese δυνάμεις werden nun mit den ἰδέαι identifiziert, die „sichtbar" sind, sofern sie ἕκαστα τῶν ὄντων εἰδοποιοῦσι τὰ ἄτακτα τάττουσαι καὶ τὰ ἄπειρα καὶ ἀόριστα καὶ ἀσχημάτιστα περατοῦσαι καὶ περιορίζουσαι καὶ σχηματίζουσαι ... Dabei ist deutlich, wie Philon trotz seiner Anlehnung an die griechische Tradition das Sein Gottes nicht im griechischen Sinne versteht; denn er gebraucht νοητός entgegen der griechischen Bedeutung, in der es eben das dem νοῦς Faßbare bedeutet. Ist Gott als νοητός bezeichnet, ohne daß er vom

---

[181] Vgl. W. Bousset, Kyrios Christos² S. 167; Reitzenstein, aaO S. 317 f; H. Leisegang, Der hl. Geist I S. 223, 4.
[182] Vgl. de praem. et poen. 39: γνήσιον δὲ ἵμερον καὶ πόθον ἰδὼν ὁ πατὴρ καὶ σωτὴρ ἠλέησε καὶ κράτος δοὺς τῇ τῆς ὄψεως προσβολῇ τῆς ἑαυτοῦ θέας οὐκ ἐφθόνησε, καθ' ὅσον οἷόν τε ἦν χωρῆσαι γενητὴν καὶ θνητὴν φύσιν, οὐχὶ τῆς ὅ ἐστιν ἐμφαινούσης, ἀλλὰ τῆς ὅτι ἔστιν, ibid. 44.

νοῦς faßbar wäre, so ist νοητός im Sinne der Gnosis gebraucht, um die Irrationalität der göttlichen Substanz zu bezeichnen[183].

Der philosophischen ἐπιστήμη, die aus der τάξις der Welt auf die πρόνοια und auf den δημιουργὸς κοσμοποιός schließt, stellt Philo als dem Wege κάτωθεν ἄνω de praem. et poen. 41—46 eine andere Möglichkeit gegenüber: αὐτὸν (Gott) ἐξ ἑαυτοῦ καταλαμβάνειν ἑτέρῳ μηδενὶ χρησάμενοι λογισμῷ συνέργῳ πρὸς τὴν θέαν. Das sind die ὅσιοι, die γνήσιοι θεραπευταί und θεοφιλεῖς, deren Repräsentant Israel ist; denn der Sinn dieses Namens ist ὁρῶν θεόν. Von ihnen gilt: ἀλήθειαν δὲ μετίασιν οἱ τὸν θεὸν θεῷ φαντασιωθέντες, φωτὶ φῶς. So kann auch nach de mut. nom. 7 nicht einmal der νοῦς Gott wirklich erfassen. So muß nach de Abrah. 79 f Gott sich selbst dem Frommen offenbaren καθ᾽ ὅσον οἷόν τε ἦν ἰδεῖν τὸν βλέποντα. διὸ λέγεται (näml. Gen 12,7), οὐχ ὅτι ὁ σοφὸς εἶδε θεόν, ἀλλ᾽ ὅτι »ὁ θεὸς ὤφθη« τῷ σοφῷ· καὶ γὰρ ἦν ἀδύνατον καταλαβεῖν τινα δι᾽ αὐτοῦ τὸ πρὸς ἀλήθειαν ὄν, μὴ παραφήναντος ἐκείνου ἑαυτὸν καὶ ἐπιδείξαντος. Dann ist die Seele zugleich ὁρῶσά τε καὶ ὁρωμένη (de somn. II 226). Was aber die Seele schaut, wird in einem Ineinander von rational-ästhetischer Spekulation und ekstatischer Schau geschildert. So heißt es de praem. et poen. 37 von Abraham: καθαρωτέρα γὰρ αἰθέρος ἀσώματος ἐξαίφνης ἐπιλάμψασα αὐγὴ τὸν νοητὸν κόσμον ἀνέφηνεν ἡνιοχούμενον[184]. Am deutlichsten ist die Schau in der schon genannten Stelle de opif. mundi 70 f geschildert: Der menschliche νοῦς wandert durch Erde und Meer und erhebt sich zur Betrachtung des αἰθήρ und der περίοδοι der οὐρανοί; aber endlich, ἑπόμενος ἔρωτι σοφίας ποδηγετοῦντι, πᾶσαν τὴν αἰσθητὴν οὐσίαν ὑπερκύψας, ἐνταῦθα ἐφίεται τῆς νοητῆς. καὶ ὧν εἶδεν ἐνταῦθα αἰσθητῶν ἐν ἐκείνῃ τὰ παραδείγματα καὶ τὰς ἰδέας θεασάμενος, ὑπερβάλλοντα κάλλη, μέθῃ νηφαλίῳ κατασχεθεὶς ὥσπερ οἱ κορυβαντιῶντες ἐνθουσιᾷ, ἑτέρου γεμισθεὶς ἱμέρου καὶ πόθου βελτίονος, ὑφ᾽ οὗ πρὸς τὴν ἄκραν ἀψῖδα παραπεμφθεὶς τῶν νοητῶν ἐπ᾽ αὐτὸν ἰέναι δοκεῖ τὸν μέγαν βασιλέα· γλιχομένου δ᾽ ἰδεῖν, ἀθρόου φωτὸς ἄκρατοι καὶ ἀμιγεῖς αὐγαὶ χειμάρρου τρόπον ἐκχέονται, ὡς ταῖς μαρμαρυγαῖς τὸ τῆς διανοίας

---

[183] Über die Irrationalität Gottes leg. alleg. III 206: τίς ἂν ἰσχύσαι ἢ ὅτι ἀσώματον ἢ ὅτι σῶμα ἢ ὅτι ποιὸν ἢ ὅτι ἄποιον τὸ αἴτιον εἰπεῖν ἢ συνόλως περὶ οὐσίας ἢ ποιότητος ἢ σχέσεως ἢ κινήσεως αὐτοῦ βεβαίως ἀποφήνασθαι; de praem. et poen. 40, wo das Göttliche als καὶ ἀγαθοῦ κρεῖττον καὶ μονάδος πρεσβύτερον καὶ ἑνὸς εἰλικρινέστερον bezeichnet wird. Auch de opif. mundi 8 wird Gott (ὁ τῶν ὅλων νοῦς) nicht nur als κρείττων ἢ ἀρετὴ καὶ κρείττων ἢ ἐπιστήμη, sondern auch ganz ungriechisch als κρείττων ἢ αὐτὸ τὸ ἀγαθὸν καὶ αὐτὸ τὸ καλόν charakterisiert.

[184] Mit dem Sehen der καθαρὰ αὐγή kann Philon aber auch die rationale Gotteserkenntnis beschreiben de Abrah. 70.

ὄμμα σκοτοδινιᾶν[185]. Es ist deutlich, daß der Gegenstand solcher Schau nur als Lichtglanz beschrieben werden kann (wie bei Plotin und in der hermetischen Mystik), und daß im Grunde nur ein psychischer Zustand des Subjekts charakterisiert werden kann. Wie weit sich Philon mit solchen Gedanken vom AT und vom echten Judentum entfernt hat, ist deutlich, und als Gegenbild zu Paulus zeigt Philon, wie dieser in der alttestamentlich-jüdischen Tradition steht.

---

[185] Weiteres bei BOUSSET, Religion des Judentums³ S. 450 f; vgl. auch H. WINDISCH, Die Frömmigkeit Philos (1909), S. 60—62.

Römer 7 und die Anthropologie des Paulus*

Das viel verhandelte Problem von Römer 7 wird in der Regel in der Frage gesehen: wer ist das Ich, das hier redet? Ist es der Mensch unter dem Gesetz, oder ist es der Glaubende? Und weiter: wenn es der unter dem Gesetz Stehende ist, ist es der Mensch unter dem Gesetz überhaupt, oder ist es speziell Paulus, der hier von seiner eigenen Entwicklung redet? — Mir scheint, daß diese Fragen hinreichend diskutiert sind und daß die Antwort nicht zweifelhaft sein kann: die Situation des unter dem Gesetz stehenden Menschen überhaupt wird hier charakterisiert, und zwar so, wie sie für das Auge des vom Gesetz durch Christus Befreiten sichtbar geworden ist. Die neuste Monographie, die m. W. dies Problem zum Thema hat, die von W. G. Kümmel, hat die Fragen mit mustergültiger Vorsicht und Sorgfalt und mit richtigem Urteil behandelt[1].

Aber ein weiteres nun erwachsendes Problem scheint mir in der bisherigen Verhandlung nicht zu seinem Recht gekommen zu sein. Worin besteht der Röm 7,14 ff geschilderte Zwiespalt der gesetzlichen Existenz? Nach V. 15—20 darin, daß das Wollen des Guten stets vom Tun des Bösen zunichte gemacht wird. Nach der üblichen Auslegung heißt das, daß der Mensch das Gesetz als den heiligen guten Gotteswillen (V. 12) zwar erfüllen möchte, aber faktisch nicht erfüllt, daß er nicht über gute Vorsätze hinauskommt. Das θέλειν (V. 15—18) geht danach auf die Erfüllung der ἐντολαί des νόμος; das faktisch vollzogene κατεργάζεσθαι (V. 15 bis 20), ποιεῖν (V. 15—21), πράσσειν (V. 15.19) wäre danach die Übertretung des Gebotes; das συνφάναι (V. 16) bzw. συνήδεσθαι (V. 22) wäre das Ja-sagen zu der Forderung des Gesetzes, zum Gebotenen. Der Mensch wäre also im Zwiespalt, weil die in der ἐπιθυμία (V. 7) sich äußernde ἁμαρτία beständig den guten Willen überwältigt. So erscheint

---

* Imago Dei. Beiträge zur theolog. Anthropologie. Gustav Krüger zum 70. Geburtstage. Giessen 1932, 53—62.
[1] Werner Georg Kümmel, Römer 7 und die Bekehrung des Paulus (1929).

Ovid Metam. VIII, 19 f als Parallele: „video meliora proboque, deteriora sequor."² Ist diese Interpretation haltbar? |

Muß man nicht, um sie durchzuführen, das πράσσειν des κακόν abschwächen zu einem: das Gesetz nicht voll, nicht beständig erfüllen, während doch offenbar ein schlechthin und grundsätzlich verkehrtes Tun gemeint ist? Denn kann Paulus davon absehen, daß der Jude doch in vielen Fällen das Gesetz erfüllt, wie er sich Phil 3,6 ja selbst das Zeugnis ausstellt: κατὰ δικαιοσύνην τὴν ἐν νόμῳ γενόμενος ἄμεμπτος? Denn sowenig Röm 7 eine Konfession des Paulus ist, sondern eine Beschreibung der jüdischen Existenz überhaupt, so sehr muß diese eben deshalb doch auch auf das jüdische Dasein des Paulus zutreffen. Tut sie das aber, wenn der hier beschriebene Zwiespalt wirklich der zwischen der Bejahung der Gesetzesforderung durch den Willen und ihrer Verletzung durch das Tun ist?

Aber die Hauptsache ist doch dies: was nach dieser Interpretation als der eigentlich sündige Charakter der Juden gelten müßte, das gilt sonst bei Paulus nicht als solcher; was bei ihm sonst als die eigentliche Sünde der Juden erscheint, das würde hier außer Betracht bleiben!

Es versteht sich freilich von selbst, daß für Paulus die Übertretung des Gesetzes Sünde ist. In solcher Sünde stehen die Juden ebenso wie die Heiden (Röm 3,19). Und die eigentümliche Schuld der Juden ist nicht nur der „Selbstwiderspruch" (Röm 2,17—24), daß sie, die durch ihre Übertretungen schuldig sind vor Gott, sich doch gleichzeitig auf das Gesetz berufen, so daß „der Verzicht, mit dem Paulus den Glauben begann", „lediglich der einfache Akt der Reue" wäre³. Das würde ja nur zu der Konsequenz führen, daß das Gesetz bestehen bleibt und die Rechtfertigung durch Christus dem zuteil wird, der dem Gesetz ernstlich gehorchen will und angesichts seiner Sünden wirkliche Reue an den Tag legt.

Aber die Antithese: πίστις — ἔργα νόμου führt darüber hinaus. Die „Reue" des Paulus (er redet bezeichnenderweise in solchem Zusammenhang nie von Reue) besteht garnicht darin, daß er als Glaubender seine früheren Übertretungen erkennt, sondern darin, daß er seinen früheren Gesetzeseifer und seine Gesetzeserfüllung verurteilt (Phil 3,4 ff), wie er

---

² Zitiert von LIETZMANN z. St. So meint JÜLICHER, es handle sich um die Ausübung von Werken, gegen die mein Gewissen protestiert. Im selben Sinne redet ZAHN vom Widerspruch des Wollens und Handelns; vgl. WEINEL, Bibl. Theol. des NT, 4. Aufl., S. 223. — Dagegen mit Recht schon GERH. KUHLMANN, Theologia naturalis bei Philon und bei Paulus (1930), S. 104, 1.

³ AD. SCHLATTER, Der Glaube im NT, 4. Aufl. (1927), S. 331.

ja den Juden grundsätzlich nicht ihre Übertretungen, sondern ihren Gesetzeseifer als ihren Fehler vorhält (Röm 10,2 f). Wenn sie sich freilich vor Gott über die Heiden erhaben dünken, so muß ihnen zum Bewußtsein gebracht werden, daß sie als Übertreter des Gesetzes nicht besser als jene sind (Röm 2,17—24). Nirgends aber argumentiert Paulus gegen den Gesetzesweg mit dem Gedanken, daß dieser Weg in die Verzweiflung führe, und nirgends preist er den Glauben als den Ausweg aus einem durch das Gewissen geweckten Zwiespalt. Sein grundsätzlicher Vorwurf ist nicht der, daß der Gesetzesweg falsch ist, weil er wegen der Übertretungen nicht zum Ziele führt (das wäre etwa der Gedanke des 4Esra)[4]; vielmehr der, daß die *Richtung* dieses Weges verkehrt | ist, und zwar deshalb, weil er seinen Sinn darin hat, daß er zur ἰδία δικαιοσύνη führen will (Röm 10,3; Phil 3,9). Nicht erst die bösen Werke, die Übertretungen des Gesetzes, sind es, die den Juden vor Gott verwerflich machen, sondern schon die Absicht, durch Gesetzeserfüllung vor Gott gerecht zu werden, ist die Sünde, die an den Übertretungen nur zu Tage kommt. Und daß sie zu Tage komme, das ist der göttliche Zweck des Gesetzes, das die Sünde reichlich machen soll (Röm 5,20 f; Gal 3,19.21—24; vgl. Röm 4, 13—16). Die ἐπίγνωσις ἁμαρτίας, die durch das Gesetz kommt (Röm 3,20), besteht darin, daß der Mensch durch das Gesetz in die konkrete Sünde geführt wird; daran erweist sich, daß der Mensch sündigt, weil er ein Sünder *ist*. Denn es steht nicht umgekehrt, daß er erst zum Sünder würde, weil er sündigt. Das ist ja auch der klare Sinn von Röm 7,7—13, der alsbald noch deutlicher werden wird.

Was ist aber die eigentliche Sünde der Juden? Worin besteht die Verkehrtheit des Gesetzesweges? — Sobald Paulus die Lehre von der δικαιοσύνη θεοῦ auf Grund der πίστις χωρὶς νόμου zum erstenmal vorgetragen hat (Röm 3,21—26), ist die erste Frage: ποῦ οὖν ἡ καύχησις; (V. 27). Das καυχᾶσθαι, das πεποιθέναι ἐν σαρκί (Phil 3,3 f) charakterisiert die jüdische Haltung unter dem Gesetz, und zwar in der Weise, daß der Jude gerade das Gehorsam fordernde Gesetz zum Mittel der καύχησις macht. So ist die πίστις nicht (im jüdischen Sinne) das in der Reue begründete Vertrauen auf Gottes gnädige Vergebung, die den Sünder auf den in den Übertretungen verlassenen Gesetzesweg zurückbringt; und die in der πίστις enthaltene Willensbewegung ist nicht die für die jüdische Frömmigkeit charakteristische Haltung der Reue und Buße, die sich

---

[4] Vgl. W. MUNDLE, Das religiöse Problem des 4. Esrabuches, Zeitschr. f. d. alttest. Wiss., NF 6 (1929), S. 222—249.

von den Übertretungen abwendet, sondern ist die ὑπακοή, dh primär die Unterwerfung unter den neuen Heilsweg der χάρις Gottes und der Verzicht auf die ἰδία δικαιοσύνη, die Abwendung von dem Weg der ἔργα. Es ist nicht die Selbstverurteilung des alten Lebens als eines durch Übertretungen befleckten, also die Verurteilung dessen, was schon in und von der gesetzlichen Existenz verurteilt werden konnte und verurteilt wurde (4Esra), sondern das Opfer dessen, was vom gesetzlichen Standpunkt aus Stolz, κέρδος, war (Phil 3,7—9), dessen, was die gesetzliche Existenz *bejahte*. Dem entspricht es, daß für die unbeschnittenen Gläubigen das Gesetz nicht mehr gilt, so daß seine Übernahme ein Fall in die σάρξ sein würde (Gal 3,3).

Ich halte es für ganz unmöglich, daß in Röm 7,14 ff dieser Grundgedanke — und es ist doch der charakteristisch paulinische — vergessen sein sollte zugunsten der billigen Einsicht: „video meliora proboque, deteriora sequor." Aber ich glaube, es läßt sich auch sehr einfach zeigen, daß der Sinn von Röm 7,14 ff ein ganz anderer ist, — sehr einfach nämlich, sobald man erfaßt hat, daß die bei jener Interpretation vorausgesetzte Anthropologie nicht die des Paulus ist.

Jene Anthropologie nämlich — ich will sie kurz die subjektivistische nennen — setzt voraus, daß das θέλειν, von dem Paulus redet, das je im einzelnen Willensakt des Subjekts, das seiner Subjektivität Herr ist, sich vollziehende Wollen ist, daß es *bewußtes* Wollen ist. Diese Voraussetzung ist falsch. Der Mensch ist von Paulus garnicht primär als bewußtes Subjekt gesehen; die Tendenzen seines Wollens und Tuns, die dem Menschen seinen Charakter geben, sind garnicht die Strebungen seiner Subjektivität. Das menschliche Sein transzendiert vielmehr nach Paulus die Sphäre seiner Bewußtheit. Das kommt ja sehr deutlich darin zum Ausdruck, daß nach Paulus der Mensch entweder unter der Herrschaft der σάρξ oder des πνεῦμα will und handelt (zB Röm 8,5 ff.12 ff; Gal 5,16 ff); tertium non datur. Von einer subjektivistischen Anthropologie aus können diese „Mächte", unter denen der Mensch steht, nur als mythologische Größen verstanden oder im Sinn eines naturalistischen Dualismus interpretiert werden. Ich hoffe, daß die Interpretation von Röm 7 zeigen wird, daß jene „Mächte" in Wahrheit die Möglichkeiten geschichtlichen Seins bezeichnen.

Zunächst also scheint mir deutlich zu sein, daß das θέλειν, von dem Paulus redet, keine in der Sphäre der Subjektivität gelegene Willensbewegung ist, so wenig wie — und das ist doch wohl ohne weiteres klar — das φρονεῖν und das φρόνημα Röm 8,5—7.27 und das ἐπιθυμεῖν Gal 5,

17[5]. Das θέλειν ist die transsubjektive Tendenz der menschlichen Existenz überhaupt, und dieser Satz wird, denke ich, völlig evident sein, wenn gezeigt wird, worauf sich dieses θέλειν richtet. Aber ehe das geschieht, sei noch ein anderes Mißverständnis, das oft die Auslegung beeinflußt, beseitigt.

Es ist nämlich keineswegs so, daß in dem Röm 7,14 geschilderten Zwiespalt das Tun des Bösen auf die σάρξ zurückginge, während das Wollen des Guten aus einer der σάρξ fremden, aber ihr gegenüber ohnmächtigen Kraft entspränge, dem νοῦς oder ἔσω ἄνθρωπος[6]. Vielmehr: σάρκινος ist der Mensch gerade, weil er durch den Zwiespalt des Wollens und Tuns charakterisiert ist. In ihm, in seiner σάρξ, wohnt beides, sowohl jenes Wollen wie dieses Tun (V. 18). So wenig sich Wollen und Tun auf verschiedene Subjekte — wie etwa ein besseres Selbst und niedere Triebe — verteilen, sondern beide vom Ich vollzogen werden, so wenig sind σάρξ und νοῦς (ἔσω ἄνθρωπος) zwei verschiedene Bestandteile, aus denen der Mensch zusammengesetzt ist. Der Mensch *ist* der Zwiespalt[7].

Aber, mag man einwenden, die Schilderung zeigt doch, daß sich das Ich gegen die einwohnende Sünde distanzieren kann, daß das Ich die Verantwortung für das κατεργάζεσθαι ablehnt (V. 17.20)! Nun, gerade die scheinbar widerspruchsvolle Schilderung, in der — ganz analog wie Gal 2,19 f — einerseits jene Distanzierung vorgenommen wird, andrerseits das Ich als Gesamtsubjekt gilt (V. 14 f.20), läßt den eigentümlichen Charakter des Zwiespalts erkennen. Es handelt sich eben nicht um einen Streit zweier in ihrer Gesondertheit vorhandener Subjekte, sowenig wie um ein Spannungsverhältnis zweier Kräfte. Der Mensch ist gerade deshalb Zwiespalt und Kampf, weil er es nicht sein soll, nicht sein darf, ja, sub specie seiner Eigentlichkeit, nicht sein kann; dh aber, weil es dem menschlichen Dasein um seine Eigentlichkeit geht und es sie ständig verfehlt.

Es ist doch wohl deutlich, daß das sich gegen die ἁμαρτία distanzierende ἐγώ, daß der ἔσω ἄνθρωπος, der νοῦς, der Mensch ist, sofern er um seine Eigentlichkeit weiß, der — bewußt oder unbewußt — in seinem Dasein davon bestimmt, davon umgetrieben ist, daß es ihm um seine

---

[5] Röm 7,27 ist ja völlig deutlich, daß das φρόνημα des πνεῦμα, das den Betenden erfüllt und bestimmt, dem Menschen selbst verborgen ist und nur von Gott verstanden wird.

[6] Hierzu könnte V. 25b verführen. Aber wenn dieser Satz nicht, wie ich glauben möchte, eine interpretierende Glosse ist, so muß er doch nach dem Vorhergehenden verstanden werden. Vgl. Kümmel, aaO S. 67 f.

[7] Richtig Kümmel, aaO S. 134 ff.

Eigentlichkeit geht. Für Paulus versteht es sich von selbst, daß um seine Eigentlichkeit wissen und durch den Anspruch Gottes bestimmt sein, das Gleiche ist; denn nur als Gerechter vor Gott ist der Mensch das, was er sein soll und kann[8]. Gerade weil der Mensch ein Wesen ist, dem es um seine Eigentlichkeit geht, die er in allem Tun eigentlich will und die er in allem Tun verfehlen kann (und nach Paulus auch faktisch verfehlt), gerade deshalb ist er dieser eigentümliche Zwiespalt. In allem Tun handelt *er*, weil er in allem Tun seine Eigentlichkeit gewinnen will, und sofern er sie nicht erreicht, hat gerade *er* in seiner Eigentlichkeit nicht gehandelt!

Ich habe damit im Grunde schon gesagt, was das Objekt des θέλειν ist, nach dem gefragt wurde. Aber das läßt sich keineswegs nur indirekt aus dem Text erheben, sondern ganz direkt. Das Objekt des θέλειν ist nicht die Erfüllung der ἐντολαί. Was ist es? es ist die ζωή. *Sie* ist das eigentlich bei allem Tun Gewollte, aber was bei allem Tun herauskommt, ist der θάνατος. Das wird durch den Zusammenhang völlig klar gestellt.

Denn wie läuft der Zusammenhang? Es genügt, darauf hinzuweisen, daß 1,18—3,20 gezeigt hatte, daß Heiden und Juden vor der Offenbarung der δικαιοσύνη θεοῦ unter der ὀργὴ θεοῦ standen, dh dem Tode verfallen waren. 3,21—31 wird behauptet, daß Gott den Heilsweg der δικαιοσύνη θεοῦ erschlossen hat, und in c. 4 wird dafür der Schriftbeweis erbracht, wobei charakteristischerweise Gott, auf den sich der Glaube richtet, als ζωοποιῶν (V. 17) bezeichnet wird. — Die Disposition des Folgenden ist nur verständlich, wenn man sich bewußt bleibt, daß für Paulus wie für das Judentum die δικαιοσύνη das eschatologische Heilsgut ist, daß also die paradoxe Behauptung des Paulus eben die ist, daß das eschatologische Heilsgut Gegenwart ist, wie denn c. 5 gleich einsetzt: δικαιωθέντες οὖν. Es mußte also für jüdisches Denken — und damit auch

---

[8] Warum Kümmel, aaO S. 137 bestreitet, daß durch νοῦς gesagt ist, daß der Mensch unter Gottes Anspruch steht, verstehe ich nicht, da Kümmel ja zugibt, daß nach Paulus der νοῦς die Gebote Gottes anerkennen soll. Was heißt das denn anderes, als daß durch νοῦς die Möglichkeit des Menschen, um Gottes Anspruch zu wissen, bezeichnet wird? Wenn Gott sagt: du sollst! so ist das doch wohl etwas anderes, als wenn zB ein Förster von einem Baum sagt, er soll gefällt werden. Dieses Soll bestimmt die Seinsweise des Baumes nicht, wohl aber Gottes Du-sollst die des Menschen. — Da Gerh. Kuhlmann, Theologia naturalis bei Philon und bei Paulus, 1930, den Begriff der Sünde bei Paulus seiner geschichtlichen Bestimmtheit entkleidet, kann er freilich nicht anerkennen, daß der Mensch als ἔσω ἄνθρωπος den Anspruch Gottes höre. Aber warum Kuhlmann meint, *wenn* es so sei, so bedeute der ἔσω ἄνθρωπος schon die Rechtfertigung des „natürlichen" Menschen (S. 106, 1), verstehe ich nicht. Vielmehr ist darin gerade die Möglichkeit der Verurteilung, des θάνατος, begründet. Wenn der Baum gefällt wird, „stirbt" er nicht.

für das Denken des Paulus selbst — sofort die Frage laut werden: wo bleibt denn dann die σωτηρία, wo bleibt die ζωή? wie steht es mit Tod und Sünde, die doch noch Gegenwart zu sein scheinen und angesichts derer die Gegenwart der δικαιοσύνη illusorisch zu sein scheint?

Diese Diskussion beherrscht c. 5—8, und zwar so, daß in c. 5 Tod und Leben, in 6,1—7,6 Sünde und ἁγιασμός das Thema ist; und wiederum so, daß die Abhandlung des ersten Themas die Voraussetzung für die des zweiten ist, weil Tod und Sünde einerseits, Leben und ἁγιασμός (καρποφορεῖν τῷ θεῷ 7,4) andrerseits zusammengehören. Das tritt gerade 7,1—6 hervor, wo die innere Zusammengehörigkeit von νόμος und ἁμαρτία deutlich gemacht wird, damit niemand aus der in c. 6 erwiesenen Zusammengehörigkeit von Tod und Sünde, Leben und ἁγιασμός und aus der damit erwiesenen Freiheit des Christen von der Sünde den Schluß ziehen kann, daß doch nach der Vernichtung der Sünde der νόμος erhalten bleiben könne. Das Gesetz, so heißt es hier V. 5, gehört mit der Sünde zusammen, und es führt in den Tod. Der von der Sünde Befreite (c. 6) ist gerade der vom Gesetz Befreite, der in den Stand der καινότης πνεύματος Versetzte (7,6). Der Ring ist eigentlich geschlossen. Bewies 6,1—23 gemäß der seit 3,21 leitenden Fragestellung: mit dem Gesetz ist die Sünde abgetan, so ist am Schluß des Beweisgangs 7,1—6 die These umgedreht: mit der Sünde ist das Gesetz abgetan. Der mit 7,6 erreichte Punkt wird in 8,1 wieder aufgenommen. Die beiden großen Themen von 5,1—7, 6 werden nun in neuer Form und in umgekehrter Reihenfolge noch einmal behandelt: 8,1—11 die Freiheit von der Sünde, 8,12—39 die Freiheit vom Tode, und zwar so, daß der Zusammenhang beider Themen dadurch deutlich wird, daß das zweite am Schluß des ersten (8,10 f), das erste am Anfang des zweiten (8,12 f) als Konsequenz bzw. als Voraussetzung erscheinen. Wie in dieser Wiederholung die Themata und ihr Zusammenhang in ein neues Licht geraten und wie die Gliederung im einzelnen vollzogen ist, brauche ich hier nicht zu verfolgen. Genug, daß das Ganze die These bestätigt: das Heil, das Leben ist Gegenwart, denn die Zukunft ist mit dem gegenwärtigen Heil dem Glaubenden schon geschenkt.

Was ist nun der Sinn des Zwischenstückes 7,7—25? Der Abschnitt ist, wie man mit Recht zu sagen pflegt, eine Apologie des Gesetzes[9]; | es soll verhindert werden, daß aus der 7,1—6 (spez. V. 5) behaupteten Zusammengehörigkeit von νόμος und ἁμαρτία der Schluß gezogen wird: ὁ νόμος

---

[9] Vgl. Kümmel, aaO S. 9.

ἁμαρτία (V. 7). Und zwar ist das Motiv dieser Apologie wohl nicht eigentlich die Pietät oder der Gedanke an erschreckte Leser, sondern die klare Einsicht, daß der Schuldcharakter der Sünde preisgegeben wird, wenn die Anerkennung des Gesetzes als der Forderung Gottes hinfällt, an der der Mensch schuldig wird.

Die „Apologie" wird 7,7—13 in der Weise geführt, daß gezeigt wird, daß durch die ἐντολαί des νόμος die schon vorher im Menschen schlummernde Sünde geweckt wird. Gerade der gute Gotteswille führte zum Tode des Menschen infolge der den Menschen innerlich beherrschenden ἁμαρτία. Dieser Satz wird V. 14—25 weiter verständlich gemacht, indem die Art, wie νόμος und ἁμαρτία den Menschen bestimmen, verdeutlicht wird. Damit ist aber nicht nur das Negative erreicht, die Abwehr der falschen Konsequenz, sondern es ist zugleich der positive Gedanke von V. 1—6 wieder aufgenommen: V. 5 ist in seinem Recht erwiesen, die innere Zusammengehörigkeit von νόμος und ἁμαρτία ist deutlich gemacht, so daß 8,1 ebenso die Antwort auf die aus 7,24 erwachsende Frage ist wie die Wiederaufnahme von 7,6.

Für die Einzelinterpretation ist nun als leitender Gedanke festzuhalten, daß es letztlich um das eschatologische Heil geht, und daß die eschatologischen Möglichkeiten ζωή und θάνατος heißen. So ist denn auch ganz deutlich in 7,5 das Thema von 7,(7—)14—25 formuliert: ὅτε γὰρ ἦμεν ἐν τῇ σαρκί, τὰ παθήματα τῶν ἁμαρτιῶν τὰ διὰ τοῦ νόμου ἐνηργεῖτο ἐν τοῖς μέλεσιν ἡμῶν εἰς τὸ καρποφορῆσαι τῷ θανάτῳ. Der Gesetzesdienst ist hinsichtlich dessen ins Auge gefaßt, was dabei herauskommt: der Tod; und was V. 7 ff weiter ausgeführt wird, ist hier schon knapp gesagt: der Tod ist das Ergebnis des Gesetzesdienstes, weil durch das Gesetz die παθήματα τῶν ἁμαρτιῶν (die ἐπιθυμία V. 7 f) aktualisiert werden.

In V. 7—13 liegt wiederum der Nachdruck darauf, daß das Ergebnis des Gesetzesweges der Tod ist: die ἐντολή[10], die zum *Leben* führen sollte, führte zum *Tode* (V. 10), was V. 11—13 (V. 5 entsprechend) erläutert wird: das Gesetz war für die Sünde das Mittel, den Tod zu erwirken (κατεργαζομένη V. 13). Wie V. 5 von den παθήματα τῶν ἁμαρτιῶν die Rede war, so V. 7 f von der ἐπιθυμία. Es ist bezeichnend, daß von der *Übertretung* des Gesetzes, von der παράβασις, nicht geredet wird. Es bleibt völlig dahingestellt, ob und wie weit es im Gesetzesdienst zur Übertretung der ἐντολαί kommt. Der Nachdruck liegt darauf, daß *überhaupt* durch die ἐντολαί die Begierden geweckt werden; und diese werden ge-

---

[10] Zum Begriff ἐντολή vgl. KÜMMEL, aaO S. 55 f.

weckt, ob das Gebot übertreten oder ob es erfüllt wird. Der Mensch ist Sünder, auch wenn er das Gebot erfüllt. Daß Paulus den Gesetzesdienst als solchen und nicht nur die Übertretungen im Sinne hat, zeigt deutlich V. 6. Denn das καταργηθῆναι ἀπὸ τοῦ νόμου, von dem hier die Rede ist, bedeutet nicht primär die Unmöglichmachung von παραβάσεις, sondern, wie der ὥστε-Satz zeigt, die Erledigung des δουλεύειν (ἐν) παλαιότητι γράμματος, also die Befreiung vom Gesetzesdienst als solchem, dessen Frucht auch nach 2Kor 3,6 f der Tod ist, wie denn auch die Befreiung vom Gesetzesdienst 2Kor 3,13 als καταργηθῆναι (des νόμος) bezeichnet wird. Das ist völlig klar: nach dem Zuge des Gedankenganges von 3,21 an kann in 7,1—6 nur die Befreiung von der Gesetzlichkeit als solcher gemeint sein, dh die Vernichtung des Gesetzes als des Heilsweges der ἔργα, nicht die Tilgung der παραβάσεις.

Das also ist für V. 14—25 festzuhalten. Wie V. 13 gesagt hatte, daß und warum das Ergebnis des Gesetzesweges der θάνατος ist, so schließt V. 24 mit der Frage: τίς με ῥύσεται ἐκ τοῦ σώματος τοῦ θανάτου τούτου; und entsprechend wird 8,1 f der Charakter der gläubigen Existenz bestimmt: ὁ γὰρ νόμος τοῦ πνεύματος τῆς ζωῆς ἐν Χριστῷ Ἰησοῦ ἠλευθέρωσέν σε ἀπὸ τοῦ νόμου τῆς ἁμαρτίας καὶ τοῦ θανάτου. In dieser neuen Existenz kann dann auch die Forderung des Gesetzes zur Erfüllung gelangen, dh aber, wenn die Richtung des Gesetzesweges umgedreht ist.

Es dürfte also klar sein, was ὃ γὰρ κατεργάζομαι οὐ γινώσκω (V. 15) bedeutet: der Mensch weiß nicht, daß sein δουλεύειν ἐν παλαιότητι γράμματος in den Tod führt, wie nach 2Kor 3,14 f der Jude nicht weiß, was der Sinn des Gesetzesdienstes ist: seine νοήματα sind verstockt, eine Hülle liegt über dem Gesetz. So erst erhält das οὐ γινώσκω seinen klaren und gewichtigen Sinn, während es in der üblichen Interpretation immer künstlich gedeutet werden muß[11]: ich weiß nicht, wie es zugeht, daß meinen guten Vorsätzen immer die Übertretung folgt, „ich handle geradezu

---

[11] Ich erlaube mir dazu einen Satz aus einer Seminararbeit zu zitieren (KARL ERDMANN): „Wenn man in V. 15b den dualistischen Gegensatz zwischen gutem Willen und böser Tat ausgesprochen findet, so wird es unmöglich, ihn in verständliche Beziehung zu V. 15a zu bringen. Denn in jener psychischen Spannung läge ja gerade das höchste *Bewußtsein* von der Kluft, die das ideale Wollen von der von der Materie verfallenen Tat scheidet. Der als Ausdruck dieser Spannung verstandene Erlösungs-Schrei 7,24 gäbe sich keiner Illusion hin über den eigenen Zustand. V. 15b als Begründung für V. 15a: was ich tue, weiß ich nicht, wäre völlig sinnlos; so ist es denn auch für LIETZMANN „wohl nur rhetorischer Ausdruck". Der innere Zusammenhang des Satzes wird erst verständlich, wenn man ihn auffaßt als das Urteil des Christen über seinen vorigen Unglauben. In seinem neuen Wissen um die Sünde der Jagd nach Gerechtigkeit sieht er, daß der Wille, indem er Gerechtigkeit erringen wollte, gerade das be-

unbegreiflich" (Lietzmann). Das κατεργάζεσθαι ist also — genau wie V. 13, wo es von der Sünde gesagt wird, — ebenso transsubjektiv wie das θέλειν (s. o.), dh es bezieht sich gar nicht auf die empirische Tat der Übertretung, sondern auf das Ergebnis des Tuns, das für die gesetzliche Existenz bei *jeder* Tat herauskommt: auf den Tod.

Nun ist auch der Zwiespalt V. 15—20 klar: Objekt des θέλειν ist die ζωή, und Resultat des ποιεῖν und πράσσειν ist der θάνατος. Die ζωή | ist das ἀγαθόν bzw. καλόν, der Tod ist das κακόν (V. 19.21). Daß diese Größen als Objekte von ποιεῖν und πράσσειν vorschweben können, obwohl doch ζωή und θάνατος nicht „gemacht", hergestellt werden, beruht auf der absichtlich sentenzhaften, antithetischen Formulierung. Daß ποιεῖν und πράσσειν nach κατεργάζεσθαι interpretiert werden müssen, zeigt sich daran, daß das κατεργάζεσθαι stets wiederkehrt (V. 17.18.20), und dies bedeutet, wie zwar nicht immer, aber gewöhnlich bei Paulus: erarbeiten, einbringen (vgl. V. 13). Die Wörter ποιεῖν und πράσσειν sind also gewählt, weil pointiert der innere Widerspruch zwischen dem Wollen und dem faktischen Tun, zwischen der Intention und dem Akt zum Ausdruck gebracht werden soll: alles Tun ist von vornherein gegen seine eigene und eigentliche Intention gerichtet. *Das* ist der Zwiespalt! Es ist also der gleiche, der in V. 10 so formuliert war: εὑρέθη μοι ἡ ἐντολὴ ἡ εἰς ζωήν, αὕτη εἰς θάνατον. *Das* ist das Rätsel, dessen Lösung der im Glauben freigelegte Blick auf die Sünde sieht, daß die eigentliche Intention des Gesetzes ins Gegenteil verkehrt wird im faktischen Gesetzesdienst. Es ist nun auch klar, was das συνφάναι bzw. συνήδεσθαι τῷ νόμῳ (V. 16.22) bedeutet, nämlich nicht die jeweilige Zustimmung zur konkreten Forderung des Gesetzes, sondern die Bejahung seiner Grundintention, zum Leben zu führen[12].

---

wirkte, was nicht in seinem Sinne lag: Sünde, Abfall von Gott. Der innere Bruch, von dem in V. 15 die Rede ist, liegt nicht zwischen dem Wollen und Tun des Menschen, sondern im Verständnis seiner selbst im Verhältnis zu Gott."

[12] Aus dem Gesagten geht schon hervor, warum ich die Paulus-Interpretation von G. KUHLMANN für falsch halten muß. Da er die Sünde bei Paulus nur als das Negativum der Gott-losigkeit versteht und nicht die positive Bezogenheit, die der Mensch gerade als Sünder zu Gott hat, sieht, bedeutet für ihn das Gesetz nicht Gottes bleibenden und vernehmlichen Anspruch, sondern nur eine Möglichkeit des sündigen Menschen selbst, nämlich die Möglichkeit des Gewissens, sich unter die Idee des Guten zu stellen. Da KUHLMANN nun ganz richtig sieht, daß der Röm 7,14 ff geschilderte Zwiespalt nicht der zwischen gutem Willen und bösem Tun ist, gerät er in Verlegenheit zu erklären, was das Böse ist, das bei dem Tun herauskommt. Die Übertretung des Gesetzes kann es ja nicht sein. Wie kann der Mensch also „erfahren", „daß das, was er nach bestem Wissen und Gewissen durchgesetzt hat, doch das Böse ist"? Man müsse annehmen, daß das Böse „das ‚Wie' des Wirkens auf den ‚andern' Menschen"

Die ganze Konzeption des Paulus wird nun klar, wenn, was jetzt möglich ist, gefragt wird, als was die ἁμαρτία verstanden werden muß, wenn sie, als vorher schon im Menschen vorhandene, durch den νόμος geweckt werden kann. Der νόμος begegnet dem Menschen als Gottes Anspruch: „Du sollst (nicht)!" dh er will ihn seiner eigenen Verfügung entnehmen. Sünde ist also das Selbst-verfügen-wollen des Menschen, das | Selbst-Anspruch-erheben, das Sein-wollen wie Gott[13]. Indem nun diese ἁμαρτία den θάνατος bringt, tritt zutage, 1. daß der Mensch, der er selbst sein will, sich selbst verliert; anstelle des ἐγώ wird die ἁμαρτία das Subjekt (V. 9); und damit 2. daß das Selbst-sein allerdings zum Menschen gehört; denn indem er es verliert, stirbt er (V. 9 f); daß es aber nicht verwirklicht wird, wenn er es selbst ergreifen will, wenn er sich selbst durchsetzen will, sondern nur, wenn er sich preisgibt, wenn er sich dem Anspruch Gottes ausliefert, wenn er von Gott her ist. Das wäre für ihn ζωή; dann wäre er in seiner *Eigentlichkeit*[14]. Die Eigentlichkeit des Menschen wird gerade durch sein Selbst-sein-wollen verfehlt, das sie erreichen will; darin besteht der Trug der Sünde (V. 11). Aber gerade weil in dem Selbst-sein-wollen das Eigentlich-sein-wollen, wenngleich verkleidet und verdreht, erhalten bleibt, ist es möglich, von jenem Zwiespalt so zu reden, daß das eigentliche Ich dem faktischen Ich gegenübergestellt wird.

Deshalb ist auch in V. 7—13 gar nicht „der psychologische Prozeß der Entstehung der Einzelsünde im Menschen" geschildert (Lietzmann), sondern der die gesetzliche Existenz begründende Vorgang, der jenseits der Subjektivität und des psychischen Geschehens liegt: darin, daß der

---

sei. „Wenn ein Mensch das Gute seines Wissens durchsetzt, muß er am Widerstand des ‚Nächsten' erfahren, daß es in bezug auf ihn, den ‚Andern', nur das Böse ist." Er muß, wenn er „mit dem ganzen Ernst seiner Existenz das Gute tut", „unausweichlich dem Nächsten Böses antun" (S. 104, 1). Es ist schon nicht deutlich, wie ein solcher Mensch den Gedanken des „Nächsten" fassen kann und wie er dazu kommen kann, sein gegen den Widerstand des Nächsten gerichtetes Tun von seiner Idee des Guten aus als böse zu verstehen. Außerdem ist im Text ja gar nicht gesagt, daß der Mensch das, was er tut, als das Böse *erfährt*. Das οὐ γινώσκω sagt vielmehr das Gegenteil. Vor allem aber ist der ganze Gedanke in Röm 7 schlechterdings eingetragen, wie er überhaupt unpaulinisch ist.

[13] Wenn dem Paulus bei der Darstellung V. 7—13 wirklich Adam vorschwebt, so denkt er ausdrücklich an das Sein-wollen wie Gott, vgl. aber Kümmel, aaO S. 54.

[14] Daß der Begriff der Eigentlichkeit kein eingetragener ist, sondern sachgemäß wiedergibt, was Paulus meint, zeigt zB die gelegentliche Formulierung bei Lietzmann zu V. 9: das ζῆν, von dem Paulus redet, sei Leben „im eigentlichen Sinne des Wortes". Was soll es denn heißen, wenn die Exegeten vielfach vom Leben im „prägnanten" Sinne reden, was anders als Eigentlichkeit des Ichseins?

Mensch ein Ich ist, dem es um seine Eigentlichkeit geht, und daß er seine Eigentlichkeit (als die des Geschöpfes) nur findet, wenn er sich dem Anspruch Gottes preisgibt, liegt die Möglichkeit der Sünde! Darin, daß der Anspruch Gottes von vornherein auf die Eigentlichkeit des Menschen geht, ist die Möglichkeit seines Mißverständnisses begründet: der zur Eigentlichkeit gerufene Mensch will er selbst sein.

Darin endlich, daß es sich Röm 7,7—25 um transsubjektive Vorgänge handelt, ist auch die Möglichkeit gegeben, Röm 7 in seiner Einheit mit 5,12—21 zu verstehen. Aber darüber kann ich hier nicht mehr handeln, wie ich auch darauf verzichten muß, andere Konsequenzen — sowohl positive Einsichten wie neue Fragen — aus dem Gesagten zu entwickeln.

Jesus und Paulus*

I.

a) Im kirchlichen Christentum ist nach Alfred Rosenberg[1] die „große Persönlichkeit Jesu" „mißbraucht worden". „Die große Persönlichkeit Jesu Christi, wie immer sie auch gestaltet gewesen sein mag, wurde gleich nach ihrem Hinscheiden mit allem Wust des vorderasiatischen, des jüdischen und afrikanischen Lebens beladen und verschmolzen."[2] Speziell bilden die Lehren des Paulus, „den jüdisch-geistigen Grundstock, gleichsam die talmudisch-orientalische Seite der römischen, aber auch der lutherischen Kirche"[3].

Die in solchen Äußerungen wirkende Fragestellung ist nicht neu; sie ist in der theologischen Forschung der vorigen Generation ernsthaft diskutiert worden, nachdem sie vor allem durch W. Wredes „Paulus" (1905) zum Bewußtsein gebracht worden war. Nach Wrede ist Paulus „als der zweite Stifter des Christentums zu betrachten"; Paulus hat als „der eigentliche Schöpfer einer christlichen Theologie" „das Christentum zur Erlösungsreligion gemacht". Erlösungsreligion ist das Christentum nach Paulus deshalb, weil das Erlösende „in keiner Weise im Menschen" liegt, sondern „außer ihm in einem göttlichen Erlösungswerke, das für die Menschheit ein für alle Mal das Heil bereitet hat". „Die ganze Neuerung des Paulus ist darin beschlossen, wie er diese Heilstatsachen, die Menschwerdung, den Tod und die Auferstehung Christi, zum Fundamente der Religion gemacht hat."[4] Diese christliche Heilslehre hat den Charakter des Mythos.

---

* Jesus Christus im Zeugnis d. Heiligen Schrift u. d. Kirche. Beih. 2 zur „Evangel. Theologie", 1936, 68—90.

[1] Der Mythos des 20. Jahrhunderts, 13.—16. Aufl. (1933), S. 76.

[2] Ebenda S. 74. Nach S. 76, Anm. liegt nicht der geringste zwingende Grund zu der Annahme vor, daß Jesus jüdischer Herkunft gewesen ist.

[3] Ebenda S. 74 f. — Man vergleiche weiter die Zitate aus Rosenberg im „Kirchlichen Anzeiger für die Erzdiözese Köln", amtl. Beilage Dez. 1934 („Der Apostel Paulus und das Urchristentum", Nachtrag zu den „Studien zum Mythos des 20. Jahrhunderts"). [4] W. Wrede, Paulus S. 104, 102, 103.

Ähnlich urteilte Arnold Meyer[5]: Jesus hat nicht wie Paulus ein Dogma von der allgemeinen Sündhaftigkeit; er verlangt nicht den Glauben an eine Tat der Sündensühne, an seinen Tod und an seine Auferstehung, sondern nur das Vertrauen auf Gottes Macht; es bedarf nach Jesus keines Vermittlers zwischen Gott und den Menschen. „Versteht man unter Christentum den Glauben an Christus als den himmlischen Gottessohn, ... dann hat hauptsächlich Paulus und nicht Jesus ein solches Christentum begründet."[6]

Bei Wrede, A. Meyer und anderen wird die Distanz zwischen Jesus und Paulus von der Überzeugung aus aufgewiesen, *daß das eigentliche Christentum die Religion Jesu sei*. Aus dieser Überzeugung hatte Ad. Harnack 1900 das „Wesen des Christentums" auf Grund der Verkündigung Jesu gezeichnet. „In dem Gefüge: Gott der Vater, die Vorsehung, die Kindschaft, der unendliche Wert der Menschenseele, spricht sich das ganze Evangelium aus."[7] Es wird deutlich im Vaterunser: „Nach diesem Gebet ist das Evangelium Gotteskindschaft, ausgedehnt über das ganze Leben, ein innerer Zusammenschluß mit Gottes Willen und Gottes Reich und eine freudige Gewißheit im Besitz ewiger Güter und in bezug auf den Schutz vor dem Übel."[8] Die wesentlichen Elemente im Evangelium — und sie sind von der „Schale", dem Welt- und Geschichtsbild Jesu zu trennen — sind zeitlos[9].

b) Wir gedenken dankbar dieser Forscher, denn der Ernst und die Wahrhaftigkeit ihres Fragens mußte zu einer immer radikaleren Selbstbesinnung des christlichen Glaubens auf sein eigentliches Wesen führen. Wir gehen nicht darauf ein, wie die Diskussion damals geführt wurde, denn uns ist die Frage heute neu gestellt[10]. Und das ist zu einem guten Teil das Verdienst der *„religionsgeschichtlichen Schule"*, die mit rücksichtsloser Energie weiter in jene Selbstbesinnung hineintrieb. Sie wies nach, daß der „Christus-Mythos" aus der zeitgeschichtlichen Mythologie erwachsen ist. Aus der messianischen Mythologie des Judentums stammt die Gestalt des Messias-Königs, stammt — im Zusammenhang mit der Lehre von den zwei Äonen — die Vorstellung vom Menschensohn. Aus den hellenistischen Mysterienreligionen stammt die Vorstel-

---

[5] ARNOLD MEYER, Wer hat das Christentum begründet, Jesus oder Paulus? 1907.
[6] AaO S. 95 f.
[7] AaO S. 44.
[8] Ebenda S. 42.
[9] Ebenda S. 94.
[10] Vgl. als bes. charakteristisch für die Diskussion: JUL. KAFTAN, Jesus und Paulus (1906); AD. JÜLICHER, Paulus und Jesus (1907).

lung vom sterbenden und wieder zum Leben erwachenden Gott-Heiland und von den Sakramenten (Taufbad und heiliges Mahl), durch die der Myste am Schicksal der Gottheit teilgewinnt. Aus der Gnosis stammt die Vorstellung von der himmlischen Erlösergestalt, ihrer Menschwerdung und Erhöhung, die dem Gläubigen den Weg in die himmlische Heimat bahnt. Die historische Erforschung der christlichen Heilslehre scheint zugleich ihre Destruktion zu bedeuten; aber sie scheint damit auch den Weg frei zu machen: zurück zum schlichten Evangelium Jesu![11]

Dabei ist es für Forscher wie W. Bousset und W. Heitmüller klar, daß das geschichtliche Phänomen, das bisher „Christentum" hieß, die paulinische Heilslehre einschließt, daß „Christentum" in seinem bisherigen Sinne diejenige Religion ist, in der das Gottesverhältnis des Menschen durch die Person Christi vermittelt wird, daß also die Religion des historischen Jesus kein „Christentum" gewesen ist, daß Jesus nicht der „erste Christ" gewesen ist. Denn „Christentum" gibt es erst, wo es Glaube an Christus, bzw. Glaube an Gott durch Christus gibt.

Was ist die Konsequenz? Ist es die Rückkehr zu Jesu? die Preisgabe der paulinischen Heilslehre? Das wäre die Preisgabe dessen, was bisher Christentum hieß. Vor dieser Konsequenz dürfte man nicht zurückschrecken, wenn ihre Voraussetzungen richtig wären. Und sich diese Konsequenz zum Bewußtsein zu bringen, darf kein Christ, zumal kein Theologe, scheuen. Denn diese Besinnung kann nur dazu dienen, klar zum Bewußt|sein zu bringen, was auf dem Spiele steht, was Christentum heißt. Auch könnte man ja zunächst vielleicht bereit sein, den Preis des Verzichts auf das „Christentum" zu zahlen, wenn man dafür dessen sicher wäre, dadurch mit der eigentlichen Intention Jesu einig zu werden.

II.

a) Kleidet sich die Forderung, das Christentum preiszugeben, in die Parole: Zurück von Paulus zu Jesus! — so muß der Sinn dessen, was Christentum ist, an der Besinnung auf *das Verhältnis des Paulus zu Jesus* deutlich werden. Sicheres Ergebnis der Forschung ist es zunächst, daß die Theologie des Paulus nicht von der Verkündigung Jesu abhängig ist, daß *Paulus kein Schüler Jesu* war, weder direkt, noch durch die Vermittlung der ersten Jünger, wie er ja selbst solche Vermittlung

---

[11] Vgl. meine Skizzierung der Erforschung der Christologie des Neuen Testaments in „Glauben und Verstehen" [I] (1933), S. 245 ff.

schroff abweist (Gal 1,1) und behauptet, sein Evangelium direkt durch Offenbarung empfangen zu haben (Gal 1,11 f). Natürlich hat er das Kerygma der Gemeinde gekannt; sonst hätte er sie ja nicht verfolgen können. Was hat er gekannt? Das Kerygma lautete, daß Gott den gekreuzigten Jesus von Nazareth auferweckt und zum Messias, dh zum König der seligen Endzeit, gemacht hat, der kommen wird, um Gericht zu halten und das Heil zu bringen.

Das hat Paulus natürlich gekannt; aber eben dies ist ja auch schon ein Christus-Mythos und nicht das „einfache Evangelium" Jesu, wie es in seiner eigenen Verkündigung begriffen war. Und eben von jener Verkündigung Jesu ist Paulus so gut wie ganz unberührt; sie ist im wesentlichen irrelevant für ihn[12].

Aber es bleibt die Frage, *wie sich sachlich die Theologie des Paulus zur Verkündigung Jesu verhält;* dh es ist zu prüfen, ob jene Darstellungen des Gegensatzes Jesus—Paulus richtig sind, bzw. wieweit sie es sind; ob es gelingt, unter Preisgabe des Paulus zu einer Verkündigung Jesu zurückzugelangen, die von Mythologie frei ist, und die zeitlose Wahrheiten enthält, wie sie auch dem heutigen Menschen einleuchten.

b) Die religionsgeschichtliche Forschung hat, wie die Theologie des Paulus, so auch die Verkündigung Jesu besser verstehen gelehrt, und das Ergebnis ist: *es gelingt nicht, durch den Rückgang auf Jesus ein mythologiefreies Christentum zu gewinnen.*

Der Fehler jener Konstruktionen ist der, daß in ihnen die *eschatologische Botschaft Jesu* nicht zu ihrem Rechte kommt, dh die Verkündigung, in der Jesus und Paulus ganz einig sind, und die besagt: die alte Weltzeit ist abgelaufen; es ist letzte Stunde; die Herrschaft Gottes steht vor der Tür, ja sie bricht schon herein; der Menschensohn wird kommen als Richter, Verderben für die Sünder zu bringen und Heil für die Guten[13].

Nun ist gewiß die von Harnack und anderen erhobene Forderung, *zwischen Kern und Schale zu unterscheiden,* an sich nicht unrichtig. Da es klar ist, daß Jesu Erwartung eines nahen Endes dieser Welt eine Täuschung war — der Menschensohn ist ja bis jetzt nicht gekommen auf den Wolken des Himmels —, so ist die Frage geboten, ob damit Jesu

---

[12] Vgl. hierzu und zum Folgenden meine Ausführungen in „Glauben und Verstehen" [I] S. 188 ff.

[13] Ob Jesus meinte, daß er selbst dieser kommende Menschensohn sein werde, kann hier außer acht bleiben, so gut wie die Tatsache, daß Paulus den Terminus „Menschensohn" nicht gebraucht; genug, daß er die Gestalt kennt.

ganze Verkündigung nichtig sei, oder ob in ihr Motive stecken, die gleichwohl Geltung behalten. Es fragt sich nur, was Kern und was Schale sei. Kann man allgemein sagen: die Schale ist das Weltbild, das Jesus als antiker Mensch und Kind seines Volkes und seiner Zeit hatte, — was ist dann der Kern? Genauer: welcher Gottesgedanke, welche Anschauung vom Menschen und seinem Verhältnis zu Gott sind in Jesu eschatologischer Botschaft enthalten? Und: welches ist der Sinn der Anschauung Jesu vom Jetzt, von der Stunde seines Auftretens, zugegeben daß für sein Bewußtsein der Sinn dieses Jetzt im Gewande vergänglicher Kosmologie objektiv wurde; und damit endlich: was ist der Sinn des Anspruches Jesu?

Es geht nicht an, daß man mit Harnack sagt, Jesu Verkündigung von der *Gottesherrschaft* umfasse zwei Pole: das Gottesreich sei einerseits ein künftiges, kommendes Reich als die äußere Herrschaft Gottes, und es sei andrerseits ein Innerliches, schon Vorhandenes, — nämlich überall da vorhanden, wo sich der Mensch innerlich mit dem lebendigen Gott zusammenschließe[14]. Es sei insofern eine geistige Größe, „eine Macht, die in das Innere eingesenkt wird und nur vom Inneren zu erfassen ist", ein Reich, „welches so sicher und so still aufwächst wie ein Samenkorn und Frucht bringt"[15]. Und so wenig Gottes Herrschaft nach der Verkündigung Jesu in der Herrschaft des Willens Gottes in der *Menschenseele* besteht, so wenig ist sie seine geistige Herrschaft in der *Gemeinschaft* derer, die durch den Gehorsam unter seinen Willen verbunden sind, so daß innerhalb der Weltgeschichte, eben in solcher Gemeinschaft, Gottes Reich erbaut würde. Beides ist ein Mißverständnis Jesu. Nach seiner Verkündigung ist Gottes Herrschaft freilich die Herrschaft seines Willens, aber als vollständig in der ganzen Welt und über jeden Menschen durchgeführte, durchgeführt durch Gottes Tat zu bestimmter Zeit. Und diese Zeit steht jetzt bevor; sie bricht an mit dem Kommen Jesu selbst. Und im Hinblick auf die bevorstehende Gottesherrschaft lehrt Jesus beten: „Dein Reich komme!" Diese Bitte aber ist die Bitte um *Erlösung* von der bösen, verderbten Welt.

Denn mit der Vorstellung von der Gottesherrschaft und mit ihrer Erwartung ist *ein ganz bestimmtes Verständnis von Welt, Mensch und Geschichte* gegeben. Die Erwartung der Gottesherrschaft steht in unlösbarem Zusammenhang mit der Vorstellung der beiden Weltzeiten (Äonen) und enthält deshalb ein bestimmtes *Urteil über die Welt:* ihre

---

[14] Das Wesen des Christentums, S. 40.
[15] Ebenda S. 39.

Verurteilung. Das besagt: die Welt ist böse; mythologisch ausgedrückt: sie steht unter der Herrschaft des Satans und der Dämonen, weswegen denn auch Jesu Wirken den Charakter eines Kampfes gegen die Dämonen annimmt. Unmythologisch ausgedrückt: die Menschen, mit denen Jesus zu tun hat, sind ein „ehebrecherisches und sündiges Geschlecht" (Mk 8,38; vgl. Mt 12,39.41 f.45); sie sind „böse" (Mt 7,11). Jesus will selbst nicht „gut" genannt werden; denn „niemand ist gut als Gott allein" (Mk 10,18). Freilich hat Jesus keine | theologische Lehre von der Erbsünde vorgetragen; aber in seiner Botschaft liegt das Urteil, daß die Menschen, auch wenn sie im einzelnen gütig sein können (Mt 7,11), aufs Ganze gesehen, verworfen sind: Meint ihr, daß die, die durch Gewalttat oder Unglück umgekommen sind, besonders schlechte Menschen waren? „Nein! sage ich euch, sondern wenn ihr nicht Buße tut, werdet ihr alle ebenso umkommen" (Lk 13,1—5). — In seinem Bußrufe sagt Jesus nichts Anderes, als was Paulus in seiner Theologie mit theoretischen Gedankengängen klar zu machen versucht.

Die eschatologischen Gedanken stehen für Jesus ganz selbstverständlich auf dem Grunde des *Schöpfungsglaubens*, dh auf dem Grunde der Überzeugung, daß Gott die Welt und den Menschen ins Leben gerufen hat und deshalb schlechthin ihr Herr ist; daß der Mensch Gott gehört und sich vor ihm als seinem Richter zu verantworten hat. Denn der Sinn dieses Schöpfungsglaubens ist nicht der, daß Gott in der Welt verfügbar wäre, daß der Mensch sich des göttlichen Funkens in seiner Seele, des göttlichen Lebens in seinem Volke freuen könne, sondern der, daß Gott durch die Welt den Menschen anredet, daß er Furcht, Verehrung und Gehorsam fordert.

Gottes Forderung entreißt den Menschen seiner eigenen Verfügung, seinen eigenen Zwecken und Zielen. Freilich hat Jesus keine Askese gefordert, wohl aber das *Opfer*. Die Predigt der *Liebe* bedeutet in seinem Sinn und für die Ohren seiner Hörer nicht die Befreiung von der Last unerträglicher Gesetzesvorschriften; sie kann nicht vernommen werden gleichsam mit einem Aufatmen: „also brauche ich mich nicht mehr zu quälen mit einer Fülle von Gesetzen, die auch nur zu kennen, viel verlangt ist! also brauche ich mich nicht mehr innerlich zu quälen mit Skrupeln und Zweifeln, ob ich genug getan, ob ich mich nicht wieder und wieder schuldig gemacht habe! Es kommt ja nicht auf das Äußere an, sondern auf die Gesinnung! darauf, daß der Mensch immer strebend sich bemüht!" — Gewiß, die Reduzierung der Gesetzesgebote auf die sittlichen Forderungen des Dekalogs (Mk 10,19), auf das Doppelgebot der Liebe (Mk 12,28 ff), *ist* eine Befreiung von einer Last. Aber in ganz anderem Sinne, als es der moderne Mensch meint, für den es freilich höchst unbequem und lästig sein würde, unter die Forderungen des jüdischen Gesetzes gestellt zu werden. Für den Frommen der Zeit Jesu ist aber das Gesetz im allgemeinen keine Last, sondern ein Stolz, und die Gewohnheit jüdischer Sitte nimmt für den, der darin aufgewachsen ist, das Unbequeme.

Zunächst gilt es zu sehen, daß die *Forderung der Liebe* nicht *weniger,* sondern *mehr* vom Menschen verlangt als das Gesetz. Sie entreißt den Menschen erst recht seiner Verfügung, sie stellt ihn erst recht unter den Herrscherwillen Gottes. Deutlich zeigen das die Antithesen Mt 5: Nicht die korrekte Erfüllung der Rechtsforderungen des Gesetzes erweist den Menschen als gehorsam vor Gott; vielmehr kann er bei aller Korrektheit ein Sünder sein; denn Gott will den Menschen ganz, seinen ganzen Willen. Zorn, Begierde, laxe Gesinnung, innere Unwahrhaftigkeit, Rachsucht und Berechnung, — all das, und nicht erst die Übertretung des Gesetzes, machen den Menschen schlecht. Und man kann nicht sagen: bei dieser Gegenüberstellung von Recht und Gottesforderung handle es sich nur um das spezifisch jüdische Gesetz; ein anderes Recht, das dem sittlichen Bewußtsein des Menschen oder eines Volkes entspringt und entspricht, stehe nicht im Gegensatz zur Liebesforderung, sondern im Einklang mit ihr! — Keineswegs! denn die Gesetzesbestimmungen, die Jesus nennt, sind ja nicht spezifisch jüdische und betreffen nicht zeremonielle, rituelle Forderungen, sondern sind Rechtsforderungen, die überall dem sittlichen Bewußtsein entspringen: das Verbot des Mordes und Totschlags, des Ehebruchs, des Meineids, das Gesetz der Ehescheidung, das Jus Talionis, die Forderung der Volkssolidarität. Also sind die Antithesen grundsätzlich gemeint: Gott fordert mehr als das Recht. Ja, alles Recht ist sinnlos, wenn es nicht von vornherein verstanden wird als der *Weg* zum Ziel, als im Dienst der *eigentlichen* Forderung Gottes, der Forderung der Liebe, stehend. Und darin ist Paulus völlig mit Jesus einig: die eigentliche Forderung des Gesetzes ist die Liebe, in der alles Andere enthalten ist (Gal 5,14; Röm 13,8—10); das ganze Gesetz wird in dem einen Wort erfüllt: du sollst deinen Nächsten lieben wie dich selbst!

Eine *Befreiung* von unerträglichen Lasten ist das insofern, als der Mensch seiner *eigenen Verantwortung* zurückgegeben wird; insofern der Mensch nicht mehr von menschlichen Autoritäten abhängig ist, die ihm Gottes Willen erst erklären müssen; insofern er über das Recht, jenseits des Rechtes gestellt wird; insofern er nicht nach allen möglichen Pflichten zu fragen braucht, sondern nur nach der einen, und je im Augenblick erkennen muß, was sie fordert. Eine Befreiung also auch nur für den, der es versteht, daß es ihn innerlich befreit, wenn *Größeres* von ihm gefordert, wenn er *selbst* gefordert wird. Für den Durchschnittsjuden und für den Durchschnittsmenschen bedeutet das gar keine Befreiung, sondern eine Bindung. Denn für ihn ist äußere Korrektheit, ist blinder Gehorsam gegen eine Autorität leichter, trotz aller Unbequemlichkeiten, die das manchmal mit sich bringen mag, — leichter als die radikale Selbstverantwortung vor Gott. Nicht aufatmen, sondern *erschrecken* muß der natürliche Mensch angesichts der Reduktion der Forderungen des Gesetzes auf das Gebot der Liebe. Und wer dieses Erschrecken nicht kennt, ahnt den Ernst der Forderung nicht und versteht den Sinn der Befreiung nicht.

Deshalb spricht auch aus der *Hinwendung Jesu zu den Verworfenen*, den Sündern, zu den Zöllern und Dirnen, keineswegs ein Nachlassen der Strenge der Forderung, sondern das Gegenteil. Denn diese Verworfenen sind ja in Wahrheit nicht schlechter, sondern besser als die Korrekten und Selbstsicheren. Sie genügen dem Anspruch Gottes besser; freilich nur dann, wenn sie „Buße tun", dh wenn sie ihrer Nichtigkeit vor Gott inne werden. Aber indem Jesus dem selbstsicheren Pharisäer den bußfertigen Zöllner, indem er dem korrekten Sohn den „verlorenen" Sohn gegenüberstellt, zeigt er, wer der eigentliche Sünder ist, nämlich der, der den Ernst, die Radikalität der Forderung Gottes gar nicht sieht, der meint, durch seine Korrektheit, seine Leistung vor Gott bestehen zu können, und nicht versteht, daß Gott den Menschen *ganz* fordert. Das aber weiß, wer an seine Brust schlägt: „Gott sei mir Sünder gnädig!" (Lk 18,12).

Genau das aber ist auch *die Anschauung des Paulus*, daß nämlich das, was der Korrekte und Selbstsichere als seinen Gewinn ansieht, in Wahrheit sein Schaden ist (Phil 3,4 ff); daß es die Grundsünde des Menschen ist, seinen Ruhm vor Gott zu suchen, auf seine Leistungen stolz zu sein. Nur daß Paulus theoretisch, „geschichtsphilosophisch", expliziert, was Jesus ohne theoretische Reflexion vorträgt. Paulus tut das, indem er zeigt, daß nach Gottes Absicht gerade dieses der eigentliche Sinn des Gesetzes sei, den Menschen zur Erkenntnis seines Nichts vor Gott zu führen, „damit jeder Mund sich schließe und die ganze Welt als schuldig vor Gott dastehe" (Röm 3,19). Eben dieses Verstummen des Menschen vor Gott zeigt Jesus als die einzig angemessene Haltung auf: „Und wenn ihr alles getan habt, was ihr zu tun schuldig waret, so sollt ihr sprechen: ‚Unnütze Knechte sind wir; was wir zu tun schuldig waren, haben wir getan'" (Lk 17,10). Und ironisch weist er den zurück, der meint, auf Grund seiner größeren Leistungen mehr beanspruchen zu können als ein anderer, den Gott gnädig beschenkte: „Bist du neidisch, weil ich gütig bin?" (Mt 20, 15).

Und noch eines! Die Reduzierung des Willens Gottes auf das Liebesgebot scheint vielleicht auch deshalb befreiend zu sein, weil sie den Blick des Menschen in die Welt richtet und nicht zu verlangen scheint, daß der Mensch um ein Jenseits der Welt wisse; sie scheint den Menschen gleichsam in seiner eigenen Sphäre zu belassen, indem sie ihn einfach an den Mitmenschen weist. Das wäre ein Irrtum. Denn das Gebot der *Nächstenliebe* ist unlösbar mit dem Gebot der *Gottesliebe* verbunden, und zwar auf Grund der Überzeugung, daß man den Nächsten gar nicht sehen kann, wie man soll, wenn man nicht Gott im Blick hat; bzw. daß man gar nicht weiß, was das Gute für den Menschen ist — und dieses muß man doch wissen, wenn man ihn lieben soll —, wenn man nicht um die Endlichkeit, Vorläufigkeit, Unabgeschlossenheit dieser Welt weiß. Die Welt ist für Jesus nicht abgeschlossen; der verantwortliche Mensch steht vor Gott. Mit der Liebe zum Nächsten geht die *Furcht Gottes* Hand in Hand, und das gibt dem Menschen dem Diesseits gegenüber eine gespaltene oder zurückhaltende Stellung.

Der Mensch soll sich vor dem fürchten, der Leib und Seele zur Hölle verdammen kann (Mt 10,28). Diese Furcht ist freilich keine Angst. Sie gibt dem Menschen gerade die Freiheit von der Angst, die Freiheit von der Menschenfurcht, von der Furcht vor denen, die den Leib töten, aber der Seele nichts anhaben können. Wer diesen Gott fürchtet, der weiß, daß Gott, der selbst für die Sperlinge sorgt, auch alle Haare unseres Hauptes gezählt hat (Mt 10,29 f). Das bedeutet freilich nicht, daß Gott alles „zum Guten" lenkt, so wie *wir* uns das Gute vorstellen und wünschen, sondern es bedeutet, daß wir unentrinnbar in Gottes Hand sind. Wer diesen Gott fürchtet, der weiß, daß er sich nicht zu sorgen braucht; wenn Gott das Gras auf dem Felde mit herrlicher Pracht bekleidet, sollte er nicht erst recht für den Menschen sorgen? (Mt 6,25 ff).

Aber diese *Mahnung zur Sorglosigkeit* hat immer die Bedingung: wer Gott fürchtet! Denn die Mahnung zur Sorglosigkeit ist nicht die Mahnung zum Leichtsinn oder zur Blindheit gegenüber Not und Leid. Sie weist den Menschen in seine Grenze: wie lächerlich die Anmaßung, durch sein Sorgen sein Leben selbst in die Hand nehmen zu können!

„Wer von euch kann mit seinen Sorgen seiner Länge eine Elle zusetzen?" (Mt 6,27). Kann der Mensch über die Zeit verfügen? Wie kann er meinen, durch seine heutige Sorge den nächsten Tag von der Sorge entlasten zu können? Das Morgen wird kommen und seine eigene Sorge bringen (Mt 6,34). Kann der Mensch wähnen durch die Sorge für die Lebensmittel sein Leben zu sichern? „Du Narr! in dieser Nacht wird man dein Leben von dir fordern!" (Lk 12,20). Nicht zu lebensfrohem Optimismus mahnen die Worte von den Lilien auf dem Felde und den Raben unter dem Himmel; sondern sie weisen den Menschen auf seine Grenze hin; sie zeigen ihm seine Kläglichkeit. Und wiederum: *Befreiung* ist das für den Menschen, der seiner Kläglichkeit inne wird. Nur wer frei von der „Vermessenheit" ist, ist frei von der Angst (Kierkegaard). Wer Gott *fürchtet*, kann ihn getrost sorgen lassen. Aber Gott ist nicht einfach der, der dem Menschen die Sorge abnimmt, so daß sich der Mensch nun in seiner Welt zu Hause fühlen und nach Behagen einrichten könnte.

Wenn der Mensch, der Gott ganz gehören soll, faktisch in der Welt steht und von ihren Notwendigkeiten bedrängt, von ihren Gaben verlockt wird, so steht er immer in Gefahr, sich an die Welt zu verlieren und zu vergessen, daß für ihn ein *Entweder-Oder* besteht. „Niemand kann zwei Herren dienen; | entweder er wird den einen hassen und den andern lieben, oder er wird dem einen anhangen und den andern verachten. Ihr könnt nicht Gott dienen und dem Mammon" (Mt 6,24). „Wenn dich dein Auge verführen will, so wirf es weg; es ist dir besser, einäugig in die Herrschaft Gottes einzugehen, als mit zwei Augen in die Hölle geworfen zu werden" (Mk 9,47). „Wie schwer ist es, in die Gottesherrschaft hinein zu kommen! Leichter kommt ein Kamel durch ein Nadelöhr als ein Reicher in die Gottesherrschaft!" (Mk 10,24 f); „keiner, der die Hand an den Pflug gelegt hat und rückwärts schaut, taugt für die Herrschaft Gottes" (Lk 9,62). „Sammelt euch nicht Schätze auf Erden ... Sammelt euch aber Schätze im Himmel ... Denn wo dein Schatz ist, da ist auch dein Herz" (Mt 6,19—21).

Bei alledem fordert Jesus *keine Askese*. Wohl fordert er um Gottes und des Nächsten willen den Verzicht, das Opfer. Der Reiche, der meint, Gottes Gebote schon erfüllt zu haben, wird auf die Probe gestellt, ob er imstande ist, seinen Reichtum hinzugeben, oder ob er innerlich an ihn gebunden ist (Mk 10,17—22). Es gilt unter Umständen auch den Verzicht auf die Ehe um des Gottesreiches willen (Mt 19,12). Es gilt unter Umständen den Bruch mit der Familie: „Wenn einer zu mir kommt und haßt nicht Vater und Mutter, sein Weib und seine Kinder, Brüder und Schwestern, ja sich selbst, der kann mein Jünger nicht sein" (Lk 14,26). Die Gleichnisse vom Schatz im Acker und von der Perle zeigen, daß der Mensch bereit sein muß, um der Gottesherrschaft willen alles preiszugeben (Mt 13,44—46). Aber grundsätzlich hat Jesus die Preisgabe von Besitz und Familie nicht gefordert; sein Jünger Petrus zB war verheiratet. Nahrungsaskese liegt ihm fern wie sexuelle Askese; er wird als ein „Fresser und Weinsäufer" gescholten (Mt 11,19). Ebensowenig predigt er einen Anarchismus, sondern er setzt Recht und Staat als die Formen menschlichen Daseins in der Welt voraus. „Gebt dem Kaiser, was dem Kaiser gehört, und Gott, was Gott gehört!" (Mk 12,17). Aber was ist es, das dem Kaiser gehört? das Geld! Und was ist es, das Gott gehört? der ganze Mensch! Die Frage, ob indirekt, auf dem Wege über Gott, der Mensch dem Kaiser auch zu mehr als zum Steuerzahlen verpflichtet sein könne, hat Jesus nicht aufgeworfen. Sie kann aber überhaupt nur aufgeworfen werden und ihre Antwort finden, wenn zuerst anerkannt ist, daß der Mensch Gott ganz gehört. Und dieses deutlich zu machen, hielt Jesus für seinen Beruf; nicht aber, Weisungen für das innerweltliche Leben zu geben. „Wer hat mich zum Richter oder Erbteiler über euch bestellt?" (Lk 12,14). Im Kreise seiner Jünger herrscht eine andere Ordnung als in der Welt:

> „Ihr wißt: die als Fürsten der Völker gelten,
> die schalten als Herren über sie,
> und ihre Großen üben über sie Gewalt.
> So aber sei es nicht bei euch,
> sondern wer groß sein will bei euch, der sei euer Diener,
> und wer der Erste sein will bei euch, der sei der Knecht aller"
> (Mk 10,42—44).

Was aber bedeutet diese Haltung zur Welt Anderes, als was *Paulus* fordert und was er bezeichnet als die Haltung des „als ob nicht":

> „Die Zeit eilt dem Ende zu.
> Also gilt es, daß die, die Weiber haben, seien, als hätten sie keine,
> und die weinen, als weinten sie nicht,
> und die sich freuen, als freuten sie sich nicht,
> und die, die kaufen, als ob sie nichts behalten,
> und die, die mit der Welt verkehren, als hätten sie nichts davon.
> Denn die Gestalt dieser Welt geht dahin.
> Ich aber möchte, daß ihr ohne Sorge seid!" (1Kor 7,29—32)

Also: sowenig man von der Mythologie des Paulus zu einer unmythologischen Verkündigung Jesu flüchten kann, sowenig kann man von der kritischen Welt- und Menschenbeurteilung des Paulus zu einer optimistischen Betrachtung Jesu, vom transzendenten Gott des Paulus zu einem immanenten Gott Jesu zurückkommen. Beide sind ganz einig. Für Jesus wie für Paulus steht Gott jenseits der Welt als der Schöpfer und Richter; für Jesus wie für Paulus ist diese Welt verkehrt und bösen Mächten verfallen; Jesus wartet wie Paulus auf die Tat Gottes, die diesem verderbten Weltlauf ein Ende macht und die Frommen aus dieser jetzigen Welt erlöst. Selig die Armen, die Hungernden, die Weinenden! Selig die, die auf Gottes Herr|schaft, die da kommen soll, warten, denn ihnen wird sie zuteil werden! Wem Paulus widerwärtig und unheimlich ist, dem muß Jesus genau so widerwärtig und unheimlich sein. Was Paulus ausdrücklich gesagt hat, daß nämlich das Evangelium ein Ärgernis sei, das zeigt Jesu Verkündigung, sein Wirken und sein Schicksal genau ebenso.

III.

a) Oder liegt der Unterschied beider, wie oft gesagt wurde, in der Auffassung von der *Gnade Gottes?* Ist für Jesus Gott als solcher schlechthin und immer gnädig, so daß sich der Mensch immer der Gnade Gottes getrösten und zu ihr seine Zuflucht nehmen kann, während es nach Paulus erst einer besonderen Veranstaltung Gottes bedurfte, nämlich des Versöhnungswerkes Christi, damit er gnädig sein könne? Und ist demzufolge der *Glaube* bei Jesus nichts Anderes als das schlichte Gottvertrauen, während er nach Paulus der Glaube an Jesus Christus, den Gekreuzigten und Auferstandenen ist? Scheint sich hier nicht ein fundamentaler Unterschied aufzutun?

So scheint es; aber es scheint nur so. Denn einmal ist es für *Paulus* selbstverständlich, daß *Gott immer der Gott der Gnade war;* daß es immer seine Gnade war, wenn die Sonne aufging über Böse und Gute, und wenn es regnete über Gerechte und Ungerechte. Das würde Paulus nie bestritten oder bezweifelt haben. Er redet von der Zeit vor Christus als von der Zeit der Geduld, Langmut und Güte Gottes (Röm 2,4; 3,26). Aber er ist freilich der Meinung, daß die Menschen diese Güte Gottes nicht erkannt, sondern mißverstanden haben, daß sie sich nicht zur Buße treiben ließen, sondern sich in Leichtsinn und Selbstsicherheit verloren haben.

Jesus andrerseits ist der Meinung, daß *Gottes Gnade nichts Selbstverständliches ist*, sondern daß sie dem Menschen nur durch Gott selbst zugesprochen werden kann. Wenn der Sünder ehrlich ist und um sich als Sünder weiß, so kann er nur in der Verzweiflung enden; denn je ehrlicher er ist, desto weniger ist Gottes Vergebung für ihn etwas Selbstverständliches. Er kann nur ausschauen und warten, ob Gott ihm vergibt. Er hat nicht im Bewußtsein seiner Sündigkeit schon | eine solche Distanz von sich selbst als Sünder gewonnen, daß er in seinem besseren Ich schon als Reiner dastünde. Sein besseres Ich ist es gerade, das ihn verurteilt. Der Sünder weiß als solcher nicht schon um Gottes Gnade; sonst hat er seine Sündenerkenntnis verfälscht. Ja, er mag von der Gnade Gottes im allgemeinen wissen; entscheidend ist, ob er das „für mich" weiß, — genau so, wie im menschlichen Miteinander der Schuldige nicht schon auf Grund seiner Reue die Verzeihung des Anderen hat, sondern erst, wenn der Andere ihm wirklich verzeiht. Sein Vertrauen auf die verzeihende Güte des Anderen mag noch so groß sein, — er weiß doch, daß er sie für sich zu nichte macht, wenn er mit ihr rechnet. Er kann nur bekennen und vertrauensvoll bitten, und er weiß, daß er diese Demütigung auf sich nehmen muß. Nichts Anderes aber sagt Jesus im Gleichnis vom „verlorenen Sohn" (Lk 15,11—32). Der Sohn, der sich selbst verurteilt, macht sich auf, zum Vater zu gehen und vor ihm seine Schuld zu bekennen, und so darf er das vergebende Wort des Vaters hören. Und nicht anders zeichnet Jesus den Zöllner, der seine Augen nicht zu erheben wagt und nichts kann, als an seine Brust schlagen: „Gott, sei mir Sünder gnädig!" (Lk 18,13). Denen aber, die so sprechen, sichert er die vergebende Gnade Gottes zu.

Paulus aber sagt nichts Anderes, als daß Gott das Wort seiner vergebenden Gnade in Jesus unüberhörbar gesprochen hat für jeden, der sich zu ihm flüchtet. *Jesus Christus ist für Paulus das vergebende Wort Gottes.* Die Bedingung, an die der Empfang der Gnade geknüpft ist, ist dann freilich diese: das Wort dort zu hören, wo Gott es gesprochen hat. Es wäre dem Paulus komisch vorgekommen, wenn jemand gesagt hätte: dadurch ist die Gnade begrenzt, die Bitte um Vergebung erschwert! Im Gegenteil: dadurch ist die Bitte erleichtert; denn in Christus ist die Liebe Gottes sichtbar geworden! Im Gegenteil: in Christus steht die Gnade Gottes Allen und Jedem offen!

Aber ist nicht eben diese Bindung der Gnade Gottes an die Person Jesu doch *eine Begrenzung, von der Jesus nichts weiß?* Das ist wahr, daß Jesus nicht den Glauben an seine Person gefordert hat, wohl aber den

Glauben an sein | Wort. Was aber bedeutet das? Jesus trat auf in dem Bewußtsein, daß Gott ihn in der letzten Stunde der Welt gesandt habe. Das bedeutet aber, daß die Entscheidung, in die er durch seine Verkündigung die Menschen ruft, die definitive Entscheidung ist; daß, sofern er jetzt die Menschen zur Buße ruft, gerade dieser sein Ruf Gottes letzter Gnadenerweis ist; daß sein Kommen Gottes Gnade in letzter Stunde ist; daß, sofern sich einer sein Wort gesagt sein läßt, jetzt Gottes Heil für ihn offen steht. In der Tat: er fordert die Entscheidung angesichts seines Wirkens:

"Die Blinden sehen, und die Lahmen gehen,
die Aussätzigen werden rein, und die Tauben hören,
die Toten stehen auf, und den Armen klingt die Botschaft
   vom Heil!
Und Heil dem, der nicht Anstoß nimmt an mir!"   (Mt 11,4—6)
"Wer mich bekennt vor den Menschen,
den wird auch der Menschensohn bekennen vor den Engeln
   Gottes.
Wer mich aber verleugnet vor den Menschen,
der wird verleugnet werden vor den Engeln Gottes."   (Lk 12,8 f)
"Hier ist mehr als Salomo, ...
Hier ist mehr als Jona."   (Lk 11,31 f)

Wenn Paulus — wie die Urgemeinde — in Jesus den Messias sieht, so hat er nichts Anderes getan, als den Anspruch Jesu zu bejahen, daß sich an ihm das Schicksal des Menschen entscheidet. Das aber bedeutet für Paulus: *Gott hat durch die Sendung Jesu der alten Weltzeit ein Ende gemacht.* Die Wende der Zeiten, auf die die Frommen hofften, die Befreiung und Erlösung vom alten bösen Weltlauf: in Jesus Christus ist es Wirklichkeit geworden. "Als die Zeit erfüllt war, sandte Gott seinen Sohn, vom Weibe geboren, unter das Gesetz getan, damit er die, die unter dem Gesetz sind, freikaufe, damit wir die Sohnschaft empfangen" (Gal 4,4 f). Wer nach der Gerechtigkeit hungert und dürstet, der soll sich gesagt sein lassen, daß, wer an Jesus Christus glaubt, diese Gerechtigkeit jetzt von Gott geschenkt erhält; denn Gottes Richter|spruch, der den Menschen verdammt oder freispricht, ist eben in Jesus Christus gesprochen. Also: "wer in Christus ist", dh wer seinen Anspruch bejaht, seiner Herrschaft sich unterstellt, "der ist ein neues Geschöpf. Das Alte ist vergangen! siehe, es ward neu!" (2Kor 5,17). Die Heilszeit, auf die man sehnsüchtig wartete, ist Gegenwart: "Siehe, jetzt ist die willkommene Zeit! siehe, jetzt ist der Tag des Heils!" (2Kor 6,2).

b) Und damit ist *der wirkliche Unterschied zwischen Paulus und Jesus* genannt: Jesus blickt in die Zukunft und verweist auf die Zukunft, auf die *kommende* Gottesherrschaft; freilich auf die jetzt kommende, jetzt schon anbrechende. Paulus blickt zurück und weist auf das schon Geschehene: die Wende der Weltzeiten ist schon erfolgt! Der Tag des Heils ist schon Gegenwart![16]

Freilich ist Paulus der Meinung, daß die Vollendung noch aussteht, daß Jesus Christus noch einmal als Richter wiederkehren und Gottes Herrschaft zur Vollendung bringen wird. Aber das Entscheidende hat Gott schon getan, und die Glaubenden haben schon jetzt die Möglichkeit, neue Geschöpfe zu sein, zur neuen Welt zu gehören[17].

c) Aber sagt die *Erlösungslehre des Paulus* nicht noch mehr? Redet sie nicht vom Kreuz und von der Auferstehung Christi als von Heilstatsachen in einer Weise, die dem heutigen Menschen unverständlich und unannehmbar ist?

Es ist gar nicht zu leugnen, daß Paulus vom *Kreuze Christi* in Begriffen und Gedankengängen redet, die wir heute als mythologisch bezeichnen. Und die religionsgeschichtliche Forschung hat, wie gesagt, gezeigt, daß diese Sprache aus orientalischen Mythologien stammt, die für uns vergangen sind. Nun, jeder Mensch redet in der Sprache seiner Zeit, und es gilt für uns, den Grundgedanken hinter jenen mythologischen Aus-

---

[16] Vgl. ALB. SCHWEITZER, Die Mystik des Apostels Paulus (1930), S. 114: „Die Feststellung, daß Paulus sich Jesus gegenüber selbständig verhält, ist irreführend, wenn man sich dabei nicht zugleich vergegenwärtigt, was er alles mit ihm gemeinsam hat. Mit ihm teilt er die eschatologische Weltanschauung und die eschatologische Erwartung samt allem, was damit gegeben ist. Verschieden ist nur die jedesmal in Betracht kommende Weltzeit. Beidemale ist es dasselbe Gebirge. Jesus erschaute es als vor ihm liegend; Paulus aber steht darin und hat die ersten Anhöhen schon hinter sich ..."

[17] Noch schärfer hat *Johannes*, der nach ROSENBERG noch aristokratischen Geist atmet, und der sich gegen die Verbastardierung, Verorientalisierung und Verjudung des Christentums gewehrt haben soll, das ausgedrückt, daß Jesu Kommen die Wende der Zeit war, daß Gottes Gericht sich eben damit schon vollzogen hat: „Wer an ihn glaubt, wird nicht gerichtet; wer nicht glaubt, ist schon gerichtet, weil er nicht an den Namen des eingeborenen Sohnes Gottes geglaubt hat. Denn das ist das Gericht, daß das Licht in die Welt gekommen ist und die Menschen die Finsternis mehr liebten als das Licht" (Joh 3,18 f). „Wahrlich, wahrlich, ich sage euch: Wer mein Wort hört und dem glaubt, der mich gesandt hat, der hat das ewige Leben und kommt nicht ins Gericht, sondern ist aus dem Tode in das Leben hinübergeschritten. Wahrlich, wahrlich, ich sage euch: Es kommt die Stunde, und jetzt ist sie da, da die Toten die Stimme des Sohnes Gottes hören werden, und die hören, leben werden" (5,24 f). Das also ist die christliche Überzeugung, daß Gott in Jesus Christus die entscheidende Tat für die Welt getan hat; daß durch ihn die Welt neu geworden ist zum Heil und zum Gericht.

sagen zu finden; *er* erst bedeutet eine echte Entscheidungsfrage, die uns gestellt ist, und der wir nicht ausweichen können.

Der Grundgedanke des Paulus aber ist der: im Kreuze Christi hat Gott das Urteil über die Welt gesprochen und ihr gerade *dadurch* den Weg zum Heil eröffnet. Indem ein Gekreuzigter als der Herr der Welt verkündigt wird, wird gefordert, daß der Mensch sich dem Urteil Gottes unterwerfe, dh dem Urteil, daß alles menschliche Wollen und Streben, alle menschlichen Maßstäbe und Werte vor Gott nichtig sind, daß sie ins Nichts, in den Tod dahingegeben sind. Wenn Gott durch das Kreuz Christi die Welt mit sich versöhnt hat, so heißt das, daß Gott im Kreuze Christi sichtbar wird und gleichsam spricht: hier bin ich! Alles Leisten, alles Sich-rühmen des Menschen hat ein Ende, ist als nichtig verurteilt durch das Kreuz.

Aber vom Kreuz ist *die Auferstehung* nicht zu trennen, dh gerade wer das im Kreuz gesprochene Urteil auf sich übernimmt, wer sich — wie Paulus sagt — mit Christus kreuzigen läßt, erfährt das Kreuz als Befreiung, als Erlösung und vermag zu glauben, daß Gott, indem er Jesus ans Kreuz gab, ihn dadurch ins Leben führte, in ein Leben, an dem die teilhaben werden, die sich mit ihm kreuzigen lassen. Gerade der Tod be|freit zum Leben. Deshalb achtet Paulus alles, was ihm Gewinn war — nämlich die nationalen Vorzüge, deren er sich rühmen könnte und sein untadeliges Leben und Streben unter dem Gesetz — für Schaden, „damit ich — wie er sagt — ihn (Christus) erkenne und die Kraft seiner Auferstehung und die Gemeinschaft seiner Leiden, indem ich seinem Tode gleichgestaltet werde, damit ich so zur Auferstehung der Toten gelange" (Phil 3,7 ff). „Die, die Jesus Christus gehören, haben ihr Fleisch gekreuzigt mit seinen Leidenschaften und Begierden" (Gal 5,24). „Nimmermehr will ich mich rühmen denn allein des Kreuzes unseres Herrn Jesu Christi, durch das mir die Welt gekreuzigt ist und ich der Welt" (Gal 6,14).

Fragt jemand, ob das nicht bloße Spekulation, Phantasie sei, so ist er heute nicht der erste, der so fragt. Der Römerbrief zeigt deutlich, daß dem Paulus schon ehemals diese Frage vorgelegt wurde, ja, daß er sie sich selbst vorgelegt hat: „Du behauptest, daß mit Christus die alte Welt ein Ende genommen und mit ihm die neue Welt begonnen hat, daß Gottes Richterurteil schon gesprochen ist? Du behauptest im Glauben schon ein neues Geschöpf zu sein und die Gerechtigkeit zu haben? — Wo ist denn das Auferstehungsleben, dessen du dich rühmst?, wo ist die Gerechtigkeit, die Freiheit von der Sünde, die zum neuen Leben gehört?" — Paulus antwortet darauf mit theologischen Gedankengängen in Röm 5 und 6, die zeigen sollen, daß und wie das neue Leben Gegenwart ist. Wir wollen hier nicht diese Gedankengänge reproduzieren und erklären, sondern wir verweisen auf einige Stellen, die man Bekenntnisse des Paulus nennen könnte, an denen deutlich wird, wie er gerade in der Hingabe, der Preisgabe in den Tod, im Verzicht auf eigene Kraft und eigenen Ruhm jenes Leben in sich erfährt.

> „Wir haben aber diesen Schatz in irdenen Gefäßen,
> damit der Überschwang der Kraft von Gott sei und nicht von uns.
> Allenthalben sind wir bedrängt, aber nicht erdrückt,
> ratlos, aber nicht verzweifelt,
> verfolgt, aber nicht verlassen,
> zu Boden geworfen, aber nicht vernichtet.
> Allenthalben tragen wir das Sterben Jesu an unserem Leibe umher,
> damit auch das Leben Jesu an unserem Leibe offenbar werde.
> Denn immerfort werden wir bei Leibesleben in den Tod
>   dahingegeben,
> damit auch das Leben Jesu an unserem sterblichen Fleisch
>   offenbar werde." (2Kor 4,7—18)

So geht er seinen Weg „durch Ehre und Schande, durch Lästerung und Lob,

> als die Verführer, und doch wahrhaftig,
> als die Unbekannten und doch wohlbekannt,
> als die Sterbenden, und siehe, wir leben,
> als die Gezüchtigten, und doch nicht getötet,
> als die Traurigen, aber allezeit fröhlich,
> als die Armen, die doch Viele reich machen,
> als die, die nichts haben, und doch Alles innehaben." (2Kor 6,8—10)

Sein körperliches Leiden scheint ihn zu hemmen, und er bittet den Herrn, ihn davon zu befreien. Aber er vernimmt die Antwort: „Genügen muß dir meine Gnade; denn die Kraft kommt in der Schwachheit zur Vollendung!" „Also — fährt er fort — will ich mich nun gerade meiner Schwachheit rühmen, damit mir die Kraft Christi geschenkt werde. Deshalb sage ich Ja! zu Schwachheiten, Mißhandlungen, Nöten, Verfolgungen und Bedrängnissen um Christi willen. Denn wenn ich schwach bin, dann bin ich stark!" (2Kor 12,8—10).

Hier wird der Sinn der Lehre vom Kreuz und von der Auferstehung sichtbar, und alle theologisch-mythologische Auseinandersetzung darüber kann ruhig beiseite bleiben, wenn nur dieser Sinn erfaßt ist. Der *Glaube* an Kreuz und Auferstehung ist deshalb nicht die Annahme von unvernünftig-mythologischen Lehren, sondern er ist zuerst die Beugung unter Gottes Gericht, der Verzicht auf alles Rühmen. Daher bestimmt Paulus den Glauben als *Gehorsam*, dh eben als die Anerkennung des Kreuzesweges als des Weges zum Leben. Als solcher Gehorsam ist der Glaube zugleich das Vertrauen auf Gottes Schöpferkraft, die Leben aus dem Tode weckt. Deshalb sagt Paulus zB 2Kor 1,9, als er von einer Gefahr berichtet, in der er schon am Leben verzweifelt gewesen sei: das sei geschehen, | „damit wir unser Vertrauen nicht auf uns selbst setzten, sondern auf Gott, der die Toten auferweckt". Genau wie Luther sagt, daß Gott nicht lebendig macht, wenn er nicht zuvor getötet hat. Der Glaube ist das Vertrauen auf Gott, das sich gerade da erhebt, wo für menschliche Augen nichts zu sehen ist als Dunkel, als Tod. Aber solches Vertrauen setzt eben den Gehorsam voraus, alles Eigene in den Tod dahinzugeben.

Macht solcher Glaube untüchtig für das Leben? Paulus hat nicht gemeint, daß die Glaubenden aus der Welt fliehen sollen (1Kor 5,10). Er meint nicht, daß der Glaube, in dem der Mensch einsam vor Gott steht, ihn aus seinen *menschlichen Beziehungen* herausreiße. Der Glaubende soll sich freuen mit den Fröhlichen und weinen mit den Weinenden (Röm 12,15). Er mag Freude und Leid in der Welt kosten; er mag heiraten und Handel treiben, — freilich in jener eigentümlichen Distanz des „als ob nicht", im Inneren nicht gebunden an all das Vergängliche (1Kor 7,29—31). Geleitet ist er in allem innerweltlichen Verhalten durch die *Liebe*. Denn die Hingabe ans Kreuz besagt positiv, daß der Mensch, der für sich nichts mehr sein will, für die Anderen da ist. Da ihm im Kreuz die befreiende Liebe Gottes erschlossen ist, drängt auch ihn die Liebe Christi zum Dienst an den Anderen (2Kor 5,14), und sein Glaube ist in der Liebe wirksam (Gal 5,6).

Endlich noch ein Wort über *die Sakramente*. Sie sind Feiern, die in ihrer Form den sakramentalen Feiern der Mysterienreligionen verwandt sind, wie schon die alten Kirchenväter richtig beobachtet haben. Und manches, was Paulus darüber sagt, bewegt sich ganz in der Begrifflichkeit dieser Mysterientheologie. Aber der Sinn von Taufe und Abendmahl besteht für ihn nicht, wie bei den Mysterien, darin, daß den Feiernden geheimnisvolle Kräfte eingeflößt werden, durch die sie vergottet und unsterblich werden. Der Sinn ist einfach der, daß in diesen Feiern das einmalige Heilsgeschehen von Tod und Auferstehung Christi für den einzelnen vergegenwärtigt und aktuell gemacht, ihm zugeeignet wird. Da das Heilsgeschehen für Paulus die entscheidende Tat Gottes ist, die der alten Welt ein Ende macht und die neue Welt begründet, so kann für ihn dieses Geschehen nicht zu einem Ereignis der Vergangenheit werden wie andere | geschichtliche Ereignisse. Es steht gewissermaßen außerhalb der fließenden Zeit und gilt in ewiger Gegenwart für alle Zukunft. Aber eben diese ewige Gegenwärtigkeit des entscheidenden Tuns Gottes wird dem einzelnen zugeeignet in Taufe und Abendmahl; und in solcher Feier bekennt sich der einzelne zu dem, was Gott getan hat. Die Taufe stellt den Getauften unter das Kreuz, so daß sein Leben ein Mitgekreuzigtwerden mit Christus ist, daß er sich nicht mehr selbst gehört, sondern Gott zur Verfügung steht. Im Abendmahl bekennt er sich zum Gekreuzigten, und indem er es feiert, verkündigt er den Tod Christi (1Kor 11,26).

Aber Taufe und Abendmahl sind nur eine besondere Vergegenwärtigung des Heilsgeschehens, das im allgemeinen *im gepredigten Wort* sich vergegenwärtigt. Mit dem Kreuz hat Gott das Amt der Versöhnung, das Wort von der Versöhnung eingesetzt (2Kor 5,18 f); m.a.W. die Predigt gehört selbst mit zum Heilsgeschehen. Sie ist weder ein erzählender Bericht über ein vergangenes Ereignis, das einmal passiert ist, noch ist sie eine Belehrung über weltanschauliche Fragen; sondern in ihr begegnet Christus, begegnet Gottes Anrede selbst: „So wirken wir also für Christus, indem Gott gleichsam durch unseren Mund predigt: laßt euch versöhnen mit Gott!" (2Kor 5,20). Die christliche Lehre ist also nicht eine religiöse Weltanschauung, die diskutiert werden kann, die sich entwickeln und umgestalten kann, sondern das eine, immer gleich bleibende Wort der Verkündigung, das das Kreuz verkündigt als Gottes richtende und befreiende Tat, und das jeden fragt, ob er sich unter das Kreuz beugen und sein Leben von ihm her verstehen will. Kirche ist nur dort, wo um dieses Wort die Glaubenden sich sammeln. Kirche ist also kein religiöser Verein und keine soziologische Größe, sondern, so sehr sie die sichtbare Gemeinschaft der Glaubenden ist, erkennbar an Wort und Sakrament, so sehr ist sie in ihrem Wesen unsichtbar, nämlich als die Gemeinschaft derer, in denen Gott Leben schafft und regiert. Sie gehört nicht mehr zu dieser Welt, und menschliche Maßstäbe und Grenzen haben in ihr keine Geltung. Denn von ihr gilt:

„Hier gibt es nicht Juden noch Griechen,
nicht Sklaven noch Freie, |

nicht Mann noch Weib;
denn Alle seid ihr Einer in Christus Jesus." (Gal 3,28)

Man kann nicht von Paulus los und zurück zu Jesus. Man begegnet bei Jesus dem gleichen Gott wie bei Paulus: dem Gott, der der Schöpfer und Richter ist, der den Menschen ganz für sich verlangt, und der dem Menschen, der vor ihm zu nichte wird, seine Gnade schenkt. Man kann nur durch Paulus zu Jesus, dh man ist von Paulus gefragt, ob man Gottes Tat in Christus als das Ereignis verstehen will, das über die Welt und über uns entschieden hat und entscheidet. Paulus hat gewußt, daß die Predigt vom Kreuz ein Ärgernis und eine Torheit ist. Die in ihm gestellte Frage ist ja diese: sind wir bereit, unseres Nichts vor Gott inne zu werden und aus dem Tode Leben zu empfangen? sind wir bereit, nicht aus unseren eigenen weltanschaulichen Gedanken und Entwürfen den Sinn und das Ziel unseres Lebens zu verstehen, sondern aus der christlichen Predigt, die uns als Gottes Wort begegnet?

Johanneische Schriften und Gnosis*

E. Percy hat sich in seinen Untersuchungen über den Ursprung der johanneischen Theologie[1] die Aufgabe gestellt, die Frage nach dem *Ursprung der „religiösen Gedankenwelt" des Johannesevangeliums und der Johanneischen Briefe* zu untersuchen, und | zwar so, daß er die vielfach vertretene Anschauung von dem Ursprung dieser Gedankenwelt in der „synkretistischen Frömmigkeit der Spätantike" nachprüft. Angesichts der in den letzten Jahren mehrfach gemachten Versuche, speziell die *gnostische* Sphäre als den Ursprungsort der johanneischen Vorstellungen anzusehen und dabei für die Rekonstruktion der gnostischen Gedankenwelt die *mandäischen* Schriften wegen ihres reichen Traditionsmaterials zu bevorzugen, führt der Verf. seine Untersuchung in der Form eines *Vergleiches* zwischen den gnostischen und johanneischen Vorstellungen durch, und zwar in der Weise, daß das Hauptgewicht dabei auf den Vergleich zwischen Johannes und den Mandäern fällt. Die sog. mandäische Frage, dh die Frage nach dem Alter der mand. Schriften, die in der uns vorliegenden Redaktion bekanntlich aus dem 7. Jh. stammen, aber viel altes Material enthalten, braucht den Verf. bei diesem Vergleichsverfahren nicht zu kümmern, wie er auch manichäische Texte heranziehen kann, obwohl der Manichäismus ja erst ein nachchristliches Phänomen ist. Die Frage ist zunächst einfach die, ob der Vergleich eine solche Übereinstimmung zwischen den johanneischen und den mandäischen Texten zeigt, daß sie nur auf dem Grunde einer älteren, hier wie dort eigentümlich gestalteten Tradition begriffen werden kann. Das führt den Verf. naturgemäß zu der Frage, ob die Gnosis überhaupt ein vorchristliches Phänomen ist.

Der Verf. führt die Untersuchung in ständiger Auseinandersetzung mit Forschern wie Reitzenstein und Bousset und speziell mit mir; sein

---

* Orientalistische Literaturzeitung 43 (1940), 150—175.
[1] ERNST PERCY, Untersuchungen über den Ursprung der Johanneischen Theologie. Zugleich ein Beitrag zur Frage nach der Entstehung des Gnostizismus. Lund: Gleerupska (1939), XX 370 S., gr. 8°.

Buch erscheint geradezu als eine große Widerlegung meiner Auffassung vom Johannesevangelium. Nicht berücksichtigen zu müssen glaubte er offenbar das für die Frage nach dem Ursprung der Gnosis wichtige Werk von Jos. Thomas, Le mouvement baptiste en Palestine et Syrie (1935); nicht berücksichtigen konnte er die für sein Thema bedeutsame Monographie von Ed. Schweizer, EGO EIMI (1939), die die religionsgeschichtliche Herkunft der johanneischen Bildreden behandelt. Von anderen Werken, die für das Thema wichtig sind, benutzt er wohl die Schriften von H. Schlier, leider aber nicht die von E. Käsemann (Leib und Leib Christi 1933; die andere: Das wandernde Gottesvolk 1938 stand wohl noch nicht zur Verfügung) und G. Bornkamm (Mythos und Legende in den apokr. Thomasakten 1933). Vor allem aber wundert mich, daß er, obwohl bekannt mit den Forschungen H. Odebergs, der Frage der jüdischen Gnosis nicht nachgegangen ist, sondern sich darüber mit wenigen gelegentlichen Andeutungen begnügt. Er hat also *die Frage | nach dem Verhältnis der johanneischen Schriften zur Gnosis isoliert*, statt sie in den Zusammenhang der umfassenderen Frage nach dem Verhältnis der jüdischen und altchristlichen Literatur zur Gnosis überhaupt zu stellen. So sehr es nun berechtigt ist, die Frage für die johanneischen Schriften thematisch zu isolieren, so sehr rächt es sich doch, daß dabei die umfassendere Frage nicht im Bewußtsein bleibt, um jeweils, wenn die Sache es erfordert, zur Sprache zu kommen.

Die Untersuchung ist im übrigen auf Grund umfassender und solider Kenntnisse mit großer Sorgfalt und Sachlichkeit geführt, und jeder Leser (nicht zum mindesten ich selbst) hat Grund, dem Verf. für den Reichtum des ausgebreiteten Stoffes und die Gewissenhaftigkeit seiner Prüfung dankbar zu sein. Ich muß jedoch urteilen, daß der Versuch, die Unabhängigkeit des Johannes und der johanneischen Briefe von der gnostischen Gedankenwelt und den nachchristlichen Ursprung der Gnosis zu erweisen, nicht gelungen ist. Ja, ich glaube, daß der Versuch mißlingen mußte, da die Untersuchung m. E. von schweren Fehlern beeinträchtigt ist.

Zunächst hat der Verf. die Gegner, gegen die er kämpft, offenbar nicht recht verstanden und sich nicht klar gemacht, *wie sich ein solcher Vorgang, wie er hier in Frage steht, vollzieht*. Behauptet wird (von mir wie von anderen), daß die johanneische Begrifflichkeit, die sich von der synoptischen deutlich unterscheidet, ihren Ursprung nicht in der alttestamentlich-jüdischen Tradition hat, in der die Synoptiker stehen, sondern in der gnostischen Mythologie. Daß deshalb Johannes das gleiche sage wie die mand. (oder überhaupt die gnostischen) Schriften, ist damit nicht behauptet; und die immer wiederholten Nachweise des Verf., daß diese oder jene johanneische Aussage einen anderen Sinn habe als eine etwaige mand. Parallele, trifft die Sache überhaupt nicht. Wenn zB „Licht" und „Finsternis" bei Johannes nicht als kosmische, sondern als geistige Mächte gedacht sind, so ist damit keineswegs erwiesen, daß die Sprache des Johannes nicht aus der gnostischen Licht- und Finsternismythologie stammt. Daß die Sprache des Johannes mythologische Sprache sei, und daß sie aus der Gnosis stamme, behaupte ich allerdings; daß sie bei Johannes entmythologisiert, dh um ihren mythologischen Sinn gebracht sei, leugne ich keineswegs, sondern behaupte es gleichfalls. Der Vorgang, daß eine mythologische Sprache, ihres ursprünglichen Sinnes beraubt, neuen geistigen Inhalten Ausdruck verleihen kann, ist in der Geschichte ja auch sonst zu beobachten. Ich erinnere nur an die Bedeutung des Mythos für Platon. Natürlich kann das nicht beliebig geschehen, wenn die mythologische Sprache nicht zur bloßen Allegorie werden soll; sondern Voraussetzung ist, daß die neuen geistigen Inhalte in einer Kontinuität mit dem Anliegen des Mythos stehen, dessen Sprache ihnen jetzt Gestalt gibt. Um beim Beispiel Platons zu bleiben: die Frage nach dem, was der Mensch ist, ist es, die ihn selbst bewegt und die er als das den Mythos bewegende Anliegen erfaßt, so daß er dessen Begrifflichkeit aufgreifen kann, um sein Anliegen auf neuer geschichtlicher Stufe zu reinerem Ausdruck zu bringen.

Damit hängt unmittelbar ein zweiter Einwand gegen den Verf. zusammen: er hat sich offenbar keine Rechenschaft darüber abgelegt, *welchen Sinn der Mythos der Gnosis eigentlich hat*. Er reproduziert die gnostische Mythologie als eine Art Dogmatik, statt sie von dem Existenzverständnis her, dem sie Ausdruck gibt, zu interpretieren, obwohl ihm doch das von ihm mehrfach zitierte Buch von H. Jonas dazu die beste Anleitung bot. Er kann deshalb das kosmologische Interesse der Gnosis in Gegensatz setzen zu dem soteriologischen Interesse des Johannes, ohne zu beachten, daß die ganze Kosmologie der Gnosis soteriologisch orientiert ist. Die gnostische Kosmologie will ja einem bestimmten Selbstverständnis des Menschen Ausdruck geben bzw. ihn dazu anleiten. Ein radikaler Vergleich zwischen Gnosis und Johannes müßte zeigen, wie beiden die Frage nach dem Weltverhältnis des Menschen und das Wissen um eine Erlösung, die Entweltlichung ist, gemeinsam ist und in gleicher (oder verwandter) Sprache Ausdruck findet. Erst dann kann auch ein Urteil über den Ursprung der johanneischen Theologie gewonnen werden, wenn nämlich Klarheit über das sachliche Verhältnis des johanneischen Verständnisses von Welt und Entweltlichung zum gnostischen gewonnen ist. Das aber würde sich erreichen lassen, wenn am Leitfaden der gemeinsamen Terminologie aufgezeigt würde, auf welcher Ebene Johannes die Frage des Mythos aufnimmt und zur Antwort führt. Es würde sich nämlich klar herausstellen, daß die gnostische Gedankenwelt die historische Voraussetzung der johanneischen ist, nicht umgekehrt.

So kann der Verf. aber die Frage nicht anfassen, weil er endlich noch eine weitere Unterlassung begeht. Er nimmt den Ausgangspunkt für seine Untersuchung in einem kurzen Referat über „die heutige Lage des Problems", *statt das Problem selber zu exponieren*. Denn dieses erwächst ja nicht daraus, daß es differierende Anschauungen der Gelehrten über das Objekt gibt, sondern es erwächst aus der Problematik des Objektes selbst! Wie ist es denn | begründet, daß für Johannes, und nicht etwa für die Synoptiker, die Frage nach dem Ursprung aus der Gnosis, die Frage nach dem Verhältnis zu den mand. Schriften entsteht? Es müßte doch die Eigenart des Johannes in formeller wie in inhaltlicher Hinsicht gegenüber den Synoptikern und auch gegenüber den anderen urchristlichen Schriften charakterisiert werden! Warum redet Johannes eine andere Sprache als die Synoptiker? — denn das tut er doch ohne Zweifel! Warum ist Jesu Polemik gegen das Gesetz bei Johannes eine ganz andere als in den Synoptikern? Warum ist die johanneische Eschatologie eine ganz andere als die synoptische? Es hat doch keinen Sinn, jeweils für eine einzelne solcher Fragen psychologische Erwägungen anzustellen, sondern zunächst muß Johannes als ganze Gestalt in seiner Eigenart sichtbar sein, damit das Problem deutlich wird. Es hat auch keinen Sinn, für diesen oder jenen Ausdruck des Johannes auch einmal eine synoptische oder paulinische Analogie anzuführen, oder einen johanneischen Terminus (zB „Licht" oder „Leben") als isolierten mit Termini des AT oder des Judentums zu vergleichen; denn die johanneische Sprache ist ein Ganzes, innerhalb dessen der einzelne Terminus erst seine feste Bestimmung erhält.

Doch werden diese grundsätzlichen Einwendungen ihr volles Gewicht erst erweisen, wenn wir dem Gedankengang des Verf. im einzelnen folgen. Das Buch zerlegt sich in drei große Teile: 1. der Dualismus, 2. der Erlöser, 3. die Erlösung. Daß das Thema des Dualismus vorangeht, ist sachgemäß; das Thema der Erlösung hätte freilich als zweites folgen müssen. — Das erste Thema wird (nach einer kurzen Übersicht über die mand. Religion) in drei Kapiteln behandelt, die den großen Gegensatzpaaren gelten: 1. Licht und Finsternis, 2. Wahrheit und Lüge, 3. die beiden Welten und die beiden Menschenklassen.

Der Vergleich zwischen den mand. Schriften und Johannes hinsichtlich des Gegensatzes *Licht und Finsternis* geht davon aus, daß in der „in so hohem Grade kosmologisch interessierten Vorstellungswelt" der Mandäer die Größen Licht und Finsternis „in erster Reihe sinnlich vorgestellt" werden. Daß sich diese Auffassung nicht konsequent durchführen läßt, sieht der Verf. selbst; er hält aber daran fest, daß Licht und Finsternis in den mand. Schriften primär physische Größen sind, und daß sie nicht „geistig-metaphorisch" gemeint sind, und daß auch da, wo diese Vorstellung nicht konsequent festgehalten ist, das Schwergewicht doch auf dem „Sinnlich-Phantastischen" liege, daß das Licht und die Finsternis immer zugleich stofflich gedacht seien. — Nun ist es zweifellos rich|tig, daß Licht und Finsternis in den mand. Schriften im allgemeinen als physische (oder kosmische) Mächte vorgestellt sind. Indessen ist das für ihren Sinn gar nicht das Entscheidende, und die Erfassung des Sinnes verbaut sich der Verf. von vornherein durch den viel zu engen Gegensatz: sinnlich (physisch) und geistig-metaphorisch, wobei er „geistig" im Sinne von „intellektuell" oder „religiös-sittlich" versteht (S. 32). Es ist freilich richtig, daß die gelegentliche metaphorische Verwendung der Begriffe Licht und Finsternis nicht für die mand. Sprache charakteristisch ist. Entscheidend aber ist, daß Licht und Finsternis für die Mandäer „numinose" oder „eschatologische" Größen sind. Sind sie als sinnliche und stoffliche Größen vorgestellt, so ist doch diese Sinnlichkeit und Stofflichkeit „ganz anderer" Art als die innerweltliche. Das wird zB daran deutlich, daß das irdische Feuer, das doch gewiß sinnliche Leuchtkraft hat, insofern es irdisch ist, als „finsteres" Feuer bezeichnet werden kann (Ginza ed. Lidzbarski S. 592, 21), und daß ebenso die Planeten als finster und nicht leuchtend charakterisiert werden können (Ginza 575, 24). Es sollte sich dann doch von selbst verstehen, daß, wenn der Lichtgesandte die „finsteren Herzen erleuchtet", damit nicht das „Geistige substantiell gedacht" ist (S. 32), sondern daß der Gegensatz „substantiell" und „geistig" im Sinne des Verf. überhaupt nicht trifft, was gemeint ist. Es ist klar: Licht und Finsternis bedeuten für die Mandäer Wert und Unwert, und zwar nicht im allgemeinen, sondern im Hinblick auf die Frage nach dem Heil, — und wiederum unter der Voraussetzung, daß das „Heil" etwas schlechthin Überweltliches ist, das als „Licht", „Glanz", „Duft" andeutend beschrieben wird. Licht ist das Wesen und die Kraft der göttlichen Welt, Finsternis das Wesen und die Kraft der dämonischen, seelenverderbenden Welt des Todes. Wenn es heißt, daß die aus der Lichtwelt stammende Seele leuchtend ist, daß sie den Körper und die irdische Welt erleuchtet, oder daß der Lichtgesandte Licht über die Welt breitet (die trotzdem finster bleibt), oder daß er die Seele erleuchtet, so mag das noch so sinnlich vorgestellt sein, in Wahrheit ist doch nicht von einer sinnenfälligen Illumination die Rede. Diese irdische Welt, dieser „stinkende" Körper, — sie erhalten dadurch, daß die Seele in ihnen weilt, eine Bedeutung, einen „Wert", den sie ohne diese Partizipation am Göttlichen nicht hätten. Der Gesandte, der die Seelen „erleuchtet", bringt ihnen die Möglichkeit des Heils; das „Licht, das über den Lichtern steht" ist zugleich der „Arzt, der über den Ärzten steht" (Mand. Liturgien 68). Er bringt damit natürlich auch „Erkenntnis", so daß „erleuchten" den Sinn von „aufklären" gewinnen kann, ohne jedoch dadurch seinen numinosen Sinn zu verlieren und zur bloßen Metapher zu werden; denn die Aufklärung ist ja „Offenbarung", und sie wird wirksam als „Macht" (Lit. 37), wie denn die Welt des Lichtes die „Welt der Siege" ist (Ginza 181, 10). Und wie im „Licht" die Offenbarung miteinbegriffen ist, so ist das Licht zugleich „Güte" (Ginza 251, 15 ff), und der Lichtgesandte ist der „gute Mann" (Lit. 128), der gekommen ist, um „Gutes zu stiften und Gutes unter seine Freunde zu streuen" (Joh.Buch 221,16 f); er nimmt das „Seufzen" aus dem Herzen (Ginza 328, 1). Am „Lichtort" wird der als Vater angerufene Gesandte, der „ganz Vergebung ist" (Lit. 66), alle Sünden, Vergehungen, Torheiten, Strauchelungen und Irrungen wegwischen und in den Abgrund der Finsternis werfen (Lit. 67; vgl. zum Ganzen auch Helm. Kittel, Die Herrlichkeit Gottes 1934, S. 115 ff). Kurz: geht man von der Grundbedeutung aus, so ergibt sich ein völlig anderes Bild, als es der Verf. zeichnet, — anders nicht in den sorgfältig von ihm zusammengetragenen Einzelheiten, anders aber in seinem Gesamtsinn.

Infolgedessen kann auch der Vergleich mit Johannes nicht sachgemäß sein. Er kann es aber auch deshalb nicht, weil *der Verf. Johannes selbst nicht sachgemäß interpretiert*. Dabei sehe ich von Fehlinterpretationen einzelner Stellen ab und beschränke mich auf die Hauptsache. Es ist energisch zu bestreiten, daß bei Johannes Licht „eine anschauliche Metapher für eine sittlich-religiöse Wirklichkeit" sei (S. 52). Vielmehr ist Licht bei Johannes (von gelegentlichem metaphorischen Gebrauch, wie er sich ja auch bei den Mand. findet, abgesehen) genau so wie in den mand. Schriften die Bezeichnung des jenseitigen Heiles, das Gott schenkt, und das ebenso Erkenntnis und Leben einschließt; es ist eine numinose, eschatologische Größe. Alles, was der Verf. als Charakteristik der johanneischen Lichtvorstellung anführt: daß das Licht eine im Erdenleben der Menschen gegenwärtig wirksame geistige Realität sei, daß es die Atmosphäre sei, in der Gott mit seiner Offenbarung nahe ist und in der sich der Mensch bewegt, daß es eine religiös-sittliche Qualität sei (S. 52 f, 56), — all das gilt für die mand. Lichtvorstellung genau so. Richtig ist nur, daß das Licht bei Johannes nicht stofflich gedacht ist, — was ja freilich in der mand. Anschauung auch nicht das Entscheidende ist. Richtig ist auch — und diese Erkenntnis ist wesentlich —, daß bei Johannes trotz der dualistischen Terminologie nicht ein eigentlicher Dualismus vorliegt. Aber eben | diese wesentliche Tatsache ist vom Verf. gar nicht wirklich klargestellt; denn *darin* ist diese Tatsache *nicht* begründet, daß Licht und Finsternis bei Johannes nicht stofflich vorgestellt werden, — dies ist vielmehr erst die Konsequenz des grundlegenden Unterschiedes, und dieser betrifft *die Auffassung der menschlichen Existenz*. Vom Existenzverständnis aus hätte der Verf. den Vergleich durchführen müssen. Johannes und die Mandäer stimmen darin überein, daß sie das Selbst des Menschen als ein der Welt fremdes und den Mächten der Welt ausgeliefertes verstehen, und daß sie das Heil in der Entweltlichung des Menschen sehen. Aber sie unterscheiden sich in folgendem: 1. Für Johannes ist die Verlorenheit des Menschen nicht wie für die Mandäer ein Verhängnis, sondern Schuld. Die gottfeindliche Macht „dieser Welt" wird nach Johannes durch die Menschen selbst konstituiert; daher fehlt bei ihm der für den gnostischen Mythos konstitutive Satz von der Präexistenz der Seelen, die infolge eines urzeitlichen Verhängnisses in die Welt der Finsternis gebannt sind. 2. Deshalb fehlen bei Johannes die kosmologischen Belehrungen; denn der Mensch bedarf, um seiner Weltfremdheit inne zu werden, nicht der Reflexion über die Weltentstehung und das Seelenschicksal, sondern nur der Besinnung auf sich selbst angesichts des ihm begegnenden Wortes der Offenbarung, das ihn von der Welt zu sich selbst zurückruft. Deshalb kann die Welt, die durch den Menschen den Charakter einer gottfeindlichen Sphäre gewinnt, gleichwohl als göttliche Schöpfung gelten, und deshalb fehlt bei Johannes die für die Mandäer (wie für die Gnosis überhaupt) charakteristische Beurteilung des Leibes als eines Gefängnisses der Seele. 3. Damit ist auch gesagt, daß die Erlösung des Menschen nicht ein Vorgang ist, den er wesentlich erleidend erfährt und der deshalb als kosmisches Geschehen (Himmelfahrt der Seele nach dem Tode) verstanden wird, sondern daß sie sich in der gegenwärtigen Existenz des Menschen ereignet, wenn der Mensch sich im gläubigen Hören der Offenbarung von der Welt ab und dem Lichte zuwendet. Hier ist die Eschatologie radikal entmythologisiert, indem sie in den gegenwärtigen Existenzvollzug hineinverlegt wird. — Der Grundunterschied ist also der, daß der Mensch bei Johannes nicht wie in der Gnosis primär gesehen ist hinsichtlich seines Schicksals, hinsichtlich dessen, was er erleidet, sondern hinsichtlich dessen, was er will und tut, also nicht als kosmisches, sondern als geschichtliches Wesen. Der „Dualismus" ist bei Johannes also nicht der kosmologische Dualismus der Gnosis, sondern der Ausdruck der Entscheidungssituation, in der der Mensch vor Gott und seiner Offenbarung steht.

Daß in solcher entscheidenden Modifikation der gnostischen Anschauung Motive alttestamentlich-jüdischer und urchristlicher Tradition wirksam sind, wird man mit Recht behaupten. Das gleiche gilt aber nicht für die Sprache, in der der Entscheidungsdualismus des Johannes seinen Ausdruck findet, und die m. E. deutlich zeigt, daß Johannes das Anliegen der Gnosis bewußt aufnimmt und neugestaltet. Diese Sprache (und eben gerade auch die Licht-Finsternis-Terminologie) entstammt sicher nicht der alttestamentlich-jüdischen Tradition. Es ist die Sprache der Gnosis, die sich, wie in einzelnen Stücken des Corpus Hermeticum und in späterer christlicher Literatur, so auch in einigen jüdischen Schriften findet, vor allem in den TestPatr, dh aber: nicht im genuinen, sondern im synkretistischen Judentum, so daß ihr Auftreten hier derselben Frage unterliegt wie bei Johannes. — Was der Verf. zum Schluß in einem Exkurs über Licht und Finsternis in der altiranischen Frömmigkeit ausführt, ist unbefriedigend; mindestens hätte dabei die Parallelität oder Synonymität von Licht und Duft, Finsternis und Gestank berücksichtigt werden müssen.

Der Abschnitt über *Wahrheit und Lüge* beginnt mit einer Untersuchung der beiden mand. Wörter, die mit „Wahrheit" übersetzt zu werden pflegen: Kušṭā und Sch^{e}rārā. Es wird richtig sein, daß Sch. (opp. Irrtum) Wahrheit im objektiven Sinne bezeichnet, K. (opp. Lüge) überwiegend im subjektiven Sinne, also Wahrhaftigkeit und auch Treue, wenngleich es mir scheint, daß K. (ebenso wie Lüge: Kād^{e}bā, auch Schīq^{e}rā) im objektiven wie im subjektiven Sinne gebraucht werden, wie denn auch Sch. im Sinne von K. gebraucht werden kann. Das eigentliche Problem ist aber, *wie Kušṭā als terminus technicus zu verstehen ist*, als welcher es, von seinem Wortsinne entfernt, den sakramentalen Akt der Handreichung (Treueschwur) und anscheinend auch die mand. Religion bezeichnen kann. Das ist nach der Meinung des Verf. nicht möglich von der allgemeinen Bedeutung „Wahrheit" aus, sondern nur auf Grund der Bedeutung „Brudertreue", weil K. im Sinne von Brudertreue „das Eigenartige in der Stimmung der mand. Frömmigkeit" besonders deutlich ausgedrückt habe.

Mir scheint, daß der Verf. das Entscheidende nicht gesehen hat; denn von welchem Wortsinn aus K. zur Bezeichnung der mand. Religion gekommen sein möge, — *Kuštā bezeichnet überhaupt nicht die mand. Religion als historisches Phänomen, sondern als „numinoses" bzw. „eschato|logisches" Faktum,* als göttliche Offenbarung und als Heilsmacht. Es rächt sich wieder, daß der Verf. die Untersuchung nicht am Grundanliegen der mand. Religion orientiert, nämlich an der aus dem Erlebnis der Weltfremdheit erwachsenden Frage nach dem überweltlichen Heil; er könnte sonst den eschatologisch-soteriologischen Sinn von K. nicht verkennen. Der Gläubige bekennt, daß er, nachdem er die K. gefunden und liebgewonnen hat, zu nichts mehr in der Welt Vertrauen habe. Er suchte seine Seele, die ihm „Generationen und Welten wert ist"; und er fand sie, indem er „am Außenrande der Welten" die K. fand; da wurden dank ihrer Gaben seine Augen „des Lichtes voll" und seine Seele wurde hell und klar, und er stieg empor und schaute den Lichtort (Ginza 390, 17 ff; vgl. Ginza 58, 23 ff; 60, 3 ff, wo die gleiche Wirkung der Offenbarungsrede zugeschrieben wird). Es ist unsinnig, hier K. als „die mand. Religion" zu definieren; das gleiche gilt etwa für Ginza 271, 20 ff; 394, 28 ff, wo der Glaubende ein Gebet an die K. richtet. Wie der Gesandte des „Lichtes" und des „Lebens" der „wahrhaftige" dh einfach der heilbringende Gesandte ist (Ginza 58, 17 ff), so ist die K. das „Licht" als heilbringende Macht, als das „Leben von Ewigkeit" (Ginza 271, 20 ff). Sie nimmt im Herzen des Gläubigen Platz (Ginza 271, 29; 444, 12; vom Offenbarer selbst ausgesagt zB Lit. 198); sie geleitet die Seele empor (Ginza 561, 18); sie ist der Pfad zum Lichtort (Ginza 271, 26 f), und die „Pfade der K." sind nichts anderes als der Heilsweg. Von daher ist die sakramentale Bedeutung der K. zu verstehen, von daher auch die Bezeichnung der Gläubigen als der „Wahrhaftigen"; es sind diejenigen, die im Heilsbereich stehen, so daß man das mand. „die Wahrhaftigen" mit dem οἱ ἅγιοι des urchristlichen Sprachgebrauchs gleichsetzen kann. Der eschatologische Charakter der K. tritt gelegentlich überraschend deutlich hervor, wenn zB gesagt wird, daß der Todesengel, der die Seele aus dem Körper holt, und der in den Augen der Welt „Tod" heißt, von den Wissenden Kuštā genannt werde (Ginza 424, 30 ff). — Ich habe fast nur Stellen zitiert, die der Verf. auch anführt; man sieht also deutlich, wie sich das Bild fundamental ändert auf Grund einer anderen Interpretation. Übrigens bestreite ich natürlich gar nicht, daß K. neben seinem eschatologischen Sinn auch den ethischen Sinn von Wahrhaftigkeit und Treue haben kann; aber daß das Wort von daher zur Bedeutung von Heilsoffenbarung und Heilsmacht gelangt ist, dürfte wenig wahrscheinlich sein; näher liegt es m. E., von der Bedeutung Wahrheit auszu|gehen und von Wendungen wie der vom Schauen der Wahrheit (Lit. 198).

Ehe der Verf. zu Johannes übergeht, untersucht er den *Wahrheitsbegriff in der griechischen Literatur, im AT, im paläst. Spätjudentum, im NT (außer Johannes) und im westlichen Gnostizismus und damit verwandten spätantiken Strömungen.* Die Hauptsache ist dabei, daß er meine Behauptung bestreitet, daß sich in der Spätantike (hermet. Schriften, Philon, Plotin u.a.) der Begriff ἀλήθεια von seiner griechischen Bedeutung fortentwickelt habe und zur Bezeichnung der göttlichen Wirklichkeit geworden sei, und daß ἀλήθεια ebenso diese selbst wie ihre wirkende δύναμις und die sie offenbarende Rede bezeichnen könne. Der Verf. meint, daß der spätantike Sprachgebrauch den griechisch-platonischen nicht überschreite. Ich halte den Nachweis nicht für gelungen, so richtig es ist, daß der griech. Sprachgebrauch überall nachwirkt, und daß die gnostischen Autoren den Ausgleich mit dem platonischen Sprachgebrauch erstreben. Es scheint mir auch hier der Fehler der Interpretation zu sein, daß der Verf. die betr. Stellen nicht vom Gesamtsinn der jeweiligen Anschauung aus interpretiert und nicht beachtet, daß der Sinn von ἀλήθεια sich *notwendig* ändert, wenn der platonische „Dualismus" durch einen kosmologischen Dualismus anderer Art abgelöst wird, dem seinerseits ein neues Existenzverständnis zugrunde liegt, aus dem sich die Frage nach der „Wahrheit" in einem neuen Sinne erhebt. Es genügt nicht zu sagen (wie der Verf. es tut), daß der Wahrheitsgedanke hier in gewissen Fällen „einen massiveren Charakter" angenommen hat (S. 117). Was das bedeute und wie es aus der Gesamtstruktur des Denkens zu begreifen sei, das gerade ist ja das Problem. Ich kann hier nicht in eine ausführliche Diskussion eintreten und bemerke nur: ich habe nie bestritten, daß zB ἀληθινός in der in Frage kommenden Literatur seinen ursprünglichen formalen Sinn behalten habe, nämlich von einer Sache auszusagen, daß sie wirklich das sei, was ihr Name oder ihr Aussehen behauptet (S. 116). Aber gleichwohl ändert sich der Sinn von ἀληθινός in einem Anschauungskreis, in dem es als selbstverständliche Voraussetzung feststeht, daß ἀληθινός = „wirklich" nur von der überweltlich-göttlichen

Sphäre ausgesagt werden könne, wo es also selbstverständlich ist, daß ἀληθινὴ ζωή jenseitiges, entweltlichtes Leben, ἀληθινὸν φῶς überweltliches Licht ist. Im übrigen darf ich für den Wandel des Existenz- und Weltverständnisses, dessen Zeugnis der Sprachgebrauch ist, auf H. Jonas, Gnosis und spätantiker Geist I, 1934, verweisen.

Für völlig verfehlt muß ich nach allem nun die Untersuchung von *Wahrheit und Lüge bei Johannes* halten. Wenn der Verf. gleich damit beginnt zu behaupten, daß Joh 8,31 f mit ἀλήθεια weder einen erschlossenen metaphysischen Tatbestand meine, noch die übersinnliche, göttliche Wirklichkeit in ihrem Gegensatz zu Schein und Sinnenwelt, sondern vielmehr „den Inhalt des Selbstzeugnisses Jesu als Wahrheit, als Wirklichkeit schlechthin" (S. 113 f), — so ist das überhaupt kein klarer Gegensatz. Denn die „Wirklichkeit schlechthin", die der Inhalt des Selbstzeugnisses Jesu ist, ist ja gerade die „übersinnliche, göttliche Wirklichkeit". Gewiß ist bei Johannes ἀλήθεια die „Wahrheit im objektiven Sinne" (S. 119, A. 65), — aber solche Wahrheit ist für Johannes eben nur die göttliche Wirklichkeit, die in Jesu Person wirksam ist, so daß er selbst „die Wahrheit" ist (Joh 14,6). Es kann kein Zweifel sein, daß für Johannes ἀλήθεια den gleichen eschatologisch-soteriologischen Sinn hat wie Kušṭā für die Mandäer, — nur daß er von den Möglichkeiten, die der griech. Sprachgebrauch bietet, Gebrauch macht und nicht selten mit den verschiedenen Bedeutungen von ἀλήθεια geistreich spielt. Jesus „ist" die Wahrheit als der heilbringende Offenbarer, dessen δόξα voll χάρις und ἀλήθεια ist (Joh 1,17); durch die Wahrheit werden die Gläubigen „geheiligt" (17,17.19), wie sie durch die Macht des göttlichen ὄνομα „bewahrt" bleiben (17,11); und wie die Parallelität mit ὄνομα, so zeigt die Koordination mit πνεῦμα (4,23 f), daß die ἀλήθεια die göttliche Wundermacht ist. Wie ἀλήθεια und ζωή zusammengehören (14,6), so ψεῦδος und Mord (8,44). Und εἶναι ἐκ τῆς ἀληθείας (18,37; 1Joh 2,21) heißt nicht „der begegnenden Macht der Wahrheit ganz erschlossen sein" (S. 119), sondern es heißt: seinen Ursprung in der göttlichen Sphäre haben und ihr angehören; es ist gleichbedeutend mit ἐκ τῶν ἄνω εἶναι (opp. ἐκ τῶν κάτω bzw. ἐκ τοῦ κόσμου 8,23), mit ἐκ τοῦ θεοῦ εἶναι (3,10, opp. ἐκ τοῦ διαβόλου, ἐκ τοῦ πονηροῦ 8,44; 1Joh 3,12). Daß die ἀλήθεια als Offenbarung des göttlichen Heilwirkens „an das Gewissen (übrigens kein johanneischer Ausdruck!) des Menschen appelliert bzw. die Menschen abstößt" (S. 119), das hat sie — entgegen der Behauptung des Verf. — mit der mand. Kušṭā gemein. Kurz: durchweg entspricht die johanneische ἀλήθεια der mand. Kušṭā bzw. der gnost. ἀλήθεια, und erst auf dem

Grunde dieser Gemeinsamkeit wäre analog wie für den Begriff „Licht", der eigentliche Unterschied zu klären.

Der Abschnitt über *die beiden Welten und die beiden Menschenklassen* illustriert zunächst durch Texte die mand. An|schauung, daß der Erlöser und die Gläubigen nach Wesen und Ursprung in Gegensatz stehen zu den Dämonen, zur irdischen Welt und zu den Ungläubigen; eine anschauliche Darstellung, die die unübersehbaren Analogien zu johanneischen Aussagen und auch die vorhandenen Unterschiede hervorhebt. Freilich werden diese Unterschiede (die als solche ja gar nicht gegen einen Zusammenhang des Johannes mit der gnostischen Tradition sprechen) vom Verf. nicht auf den Grundunterschied zurückgeführt, der sich erst dann zeigt, wenn man fragt, wie hier und dort die — auf beiden Seiten als dämonische Macht vorgestellte — Welt vom Menschen *erfahren* wird, und wie die Zugehörigkeit zur Welt bzw. die Entweltlichung verstanden wird. Unter solcher Fragestellung wäre dann auch der κόσμος-Begriff des christlichen Gnostizismus und der Hermetik zu analysieren. Der Verf. beschränkt sich darauf zu zeigen, daß κόσμος hier in kosmologischem Sinne gemeint sei und die „empirische, physische Welt" bezeichne. Das ist richtig; aber ebenso zweifellos ist es, daß diese „empirische, physische Welt" vom Menschen eben nicht als eine solche erfahren wird, sondern als dämonische, verführerische und todbringende Macht. Entsprechend ist richtig, daß bei Johannes κόσμος des kosmologischen Sinnes entkleidet ist und die Menschenwelt bedeutet (wie übrigens die „Welt" in den mand. Schriften ebenfalls nicht nur eine kosmische Größe ist, sondern auch die Menschenwelt bedeuten kann). Aber der Verf., der bei der Interpretation des johanneischen κόσμος-Begriffes die Aussagen vom ἄρχων τοῦ κόσμου τούτου außer acht läßt, bemerkt nicht, daß κόσμος für Johannes wie für die Gnosis die Bedeutung einer die einzelne menschliche Subjektivität übergreifenden Macht hat. Gewiß ist bei Johannes durch das ἐκ τοῦ κόσμου oder ἐκ τοῦ διαβόλου das „innerste Wesen" des Menschen bezeichnet (S. 140); aber „das innerste Wesen des Menschen" ist nach Johannes nicht frei in seine Hand gegeben, sondern von der Macht des κόσμος (wie beim Glaubenden von der Macht der ἀλήθεια) bestimmt. Kann der Verf. so den im Unterschied des Existenzverständnisses wurzelnden Unterschied im Reden von der Welt nicht deutlich machen, so bemüht er sich um so mehr, die Analogien zu entkräften. Einmal dadurch, daß er auf Ähnlichkeiten des johanneischen Sprachgebrauchs mit dem anderer urchristlicher Schriften hinweist. Solche liegen in der Tat vor. Aber 1. gilt für Paulus, der am nächsten mit Johannes verwandt ist (der Verf. verweist mit Recht auf den θεὸς τοῦ αἰῶνος τούτου 2Kor 4,4), daß er ebenfalls in dem Kreise der gnostischen Begrifflichkeit steht, und 2. sind die Analogien, die aus der jüdisch-urchristlichen Äonenlehre einerseits und aus dem johanneischen Dualismus andererseits erwachsen, danach zu beurteilen, daß Johannes die mit der Zwei-Äonen-Lehre zusammenhängende apokalyptische Eschatologie eliminiert (wie denn der Terminus οὗτος ὁ αἰών bei ihm fehlt). Und 3. gilt für den johanneischen Sprachgebrauch von κόσμος und von Wendungen wie εἶναι ἐκ..., wie für die anderen untersuchten Begriffe, daß sie nicht als einzelne zu vergleichen sind, sondern nur im Zusammenhang des Ganzen. Was aber den johanneischen Sprachgebrauch als ganzen betrifft, so steht er im NT isoliert, hat aber seine Analogie in der Gnosis. — Ferner nimmt der Verf. den Analogien dadurch ihr Gewicht, daß er einzelne johanneische Stellen in fragwürdiger Weise exegesiert. So soll zB der Gegensatz ἐκ τῶν κάτω — ἐκ τῶν ἄνω Joh 8,23 „zunächst (und dann?) von rein lokaler Art" sein, als ob κάτω und ἄνω nicht von vornherein „numinose" Größen bzw. Sphären wären, — einerlei ob und wieweit sie lokal vorgestellt werden. — Oder er findet in 12,31 (indem er den Vers von V. 32 und von dazugehörigen Aussagen isoliert) den Gedanken: „daß der Weltfürst mit himmlischer Sanktion sein Weltregiment vom Himmel her ausübt, wobei er natürlicherweise der himmlischen Gewalt untersteht" (S. 143). Das soll ein johanneischer Gedanke sein!

Da die *Erlösung* als Entweltlichung nur im Zusammenhang mit dem Dualismus verstanden werden kann, stelle ich die Besprechung des dritten Teiles der des zweiten voraus. Die Bedenken, die gegen den Verf. zu erheben sind, sind die gleichen wie die zum ersten Teile geäußerten. Es handelt sich hier vor allem um den *Begriff des Lebens* und um seine Kombination mit dem Begriffe Licht. Daß in gewissen Partien des Corp Herm ζωή und φῶς formelhaft das transzendente Wesen Gottes beschreiben, in dem auch der Mensch seinen Ursprung und sein Ziel hat, ist richtig gesagt. Woher diese Terminologie stammt, kann nur im Zusammenhang der Gesamtfrage nach dem Ursprung der Gnosis entschieden werden; der Verf. meint sie überall (auch in den OdSal) auf christlichen Einfluß zurückführen zu müssen. Richtig sieht er jedenfalls, daß „Leben" wie schon im Judentum, so auch im NT außerhalb Johannes das eschatologische Heilsgut bezeichnet, und daß Johannes mit Paulus darin übereinstimmt, daß die eschatologische ζωή schon Gegenwart ist. Aber es ist nicht deutlich gemacht, welche Änderung der Grundanschauung von ζωή damit verbunden ist, nämlich wie — bei Paulus im Ansatz und bei

Johannes radikal durchgeführt — die alte apokalyptische Eschatologie damit uminterpretiert ist. (Es liegt ja genau genommen nicht so, daß die „ursprüng|lich als eschatologisches Ereignis gedachte Zuerteilung vom Leben" jetzt schon in *diesem* Äon erfolge, S. 327; vielmehr ist der *neue* Äon *selbst* schon Gegenwart geworden und mit ihm das eschatologische Geschehen.) Die Formel, daß das „Leben" als eschatologisches Heilsgut „durch Expansion" zu etwas Gegenwärtigem geworden sei (S. 323), ist ganz unzulänglich; und der Hinweis auf die paulinische „Erfahrung vom Geist" würde nur dann die Sache wirklich klären, wenn der eschatologische Charakter des πνεῦμα (als ἀπαρχή und ἀρραβών) und sein Gegensatz zur σάρξ deutlich gemacht würde. Es kann also beim Verf. nicht kenntlich werden, wie sich in der Modifizierung und Umgestaltung des jüdischen Äonen-Dualismus zum paulinischen πνεῦμα-σάρξ- und zum johanneischen φῶς-σκοτία-Dualismus eine neue Auffassung des Weltverhältnisses des Menschen und eben damit auch eine neue (der gnostischen verwandte) Auffassung der ζωή als des Heiles der Entweltlichung spiegelt. Die Nähe zur Gnosis wird auch dadurch verdeckt, daß der Verf. den Zusammenhang des Gegensatzes von Tod und Leben bei Paulus mit der Adam-Christus-Theologie (Röm 5,12 ff; 1Kor 15,21 f) ignoriert. Und in der Darstellung des Johannes vermißt man wieder eine klare Exposition des Problems, das sich ja nicht darin erschöpft, daß bei Johannes der Terminus βασιλεία τοῦ θεοῦ so gut wie ganz fehlt. Die Stellung des Johannes zur Eschatologie ist vom Verf. überhaupt nicht wirklich untersucht worden, ja, durch eine m. E. völlig unmögliche Interpretation von Joh 5,24 wird dem Problem die Spitze abgebrochen. Das Verhältnis des Johannes zur Gnosis kann so nicht fruchtbar diskutiert werden. Das gilt endlich auch für die Bemerkungen über den *Begriff des Erkennens*. Daß das Erkennen bei Johannes nicht eine mystisch-intuitive Gottesschau meint, ist zwar völlig richtig. Indessen ist damit gar nicht gesagt, daß die Terminologie des Johannes nicht der Gnosis entstammen könne, deren Fragestellung Johannes vielmehr auch hier aufnimmt, um sie zu korrigieren; Joh 14,7 ff scheint mir das deutlich zu zeigen.

Am wichtigsten und der Diskussion bedürftigsten ist der zweite Teil, der über *die Gestalt und das Wirken des Erlösers* handelt und zuerst die mand. Vorstellungen vom Erlöser beschreibt. *Der Sinn der mand. Erlöservorstellung* wird als ein dreifacher charakterisiert: der Erlöser ist der Helfer der Seele bei ihrem Aufstieg nach dem Tode in die Lichtwelt; er ist der Offenbarer, der die erlösende Wahrheit mitgeteilt hat; er ist endlich ein Urzeitheros, der einst gegen die Mächte der Finsternis siegreich gekämpft hat. | Leider stellt der Verf. die drei Rollen des Erlösers mit einem „nicht nur — sondern auch" nebeneinander, ohne nach ihrer inneren Einheit zu fragen; ja er hält es sogar für wahrscheinlich, daß die mythologische Erzählung von Mandā dHaijē als Urzeitheros eine sekundäre Erweiterung der ursprünglichen Vorstellung von ihm als dem Offenbarer sei (S. 153 f). Darin scheint sich mir ein *Mißverständnis der gnostischen Mythologie* zu zeigen, deren Sinn doch in den mand. Quellen durchweg zutage liegt, ein *Mißverständnis der gnostischen Zeitsicht* überhaupt.

Das urzeitliche Geschehen, von dem der gnostische Mythos berichtet, ist nicht ein bloßes Geschehen der Vergangenheit, sondern es ist ständige Gegenwart. Wie die Kosmogonie ihrem Sinne nach die Weltverfallenheit der nichtweltlichen Seele expliziert, so ist *der Kampf des Erlösers mit den Mächten der Finsternis in der Urzeit „eschatologisches" Geschehen* und hat unmittelbar gegenwärtige Aktualität. Was sich einst ereignete, als der Erlöser „das Firmament spaltete", „eine Bresche schlug", und den dämonischen Mächten der Finsternis erschien, so daß sie in Entsetzen gerieten (Ginza 111, 11 ff; 372, 24 ff), das ereignet sich immer wieder, wo der „Helfer" erscheint, um die Seele in die himmlische Heimat zu holen (Ginza 533, 30 ff; 551, 9 f usw.). In der Urzeit hat der Erlöser den Pfad für die Guten geschaffen (Ginza 94, 7; 95, 15); daß ihm ein solcher Weg geschaffen werde, darum betet der Fromme (Ginza 395, 3 ff; vgl. 472, 34 ff), oder daß sein Helfer ihn ihm zeige (Ginza 479, 4 f). Und der Helfer zeigt ihm den Weg, schafft ihm den Pfad zum Lichtort (Ginza 500, 28 f), öffnet ihm das Tor (Ginza 502, 8 f). Ja, man wird sagen müssen, daß sich dieses mythische Geschehen ständig abspiele bzw. daß es im Kulte ständig jeweils vergegenwärtigt wird (Lit. 77, 127 f, 134, 142). Daß die mand. Religion eine kultische Religion ist, ist vom Verf. in diesem Zusammenhang zu Unrecht, wie mir scheint, nicht zur Geltung gebracht worden. Und wie zB im christlichen Kult die Auferstehung Christi jeweils an Ostern als eschatologisches Ereignis vergegenwärtigt wird (am deutlichsten in der Ostkirche), so wird offenbar das Erscheinen Mandā dHaijēs als des Lichtgesandten und Erlösers am Sonntag vergegenwärtigt, dem „Haupt der Tage", an dem „der Glanz M. dH.s aufgegangen ist" (Lit. 183 f, 186). An diesem Tage schaut die Gemeinde immer wieder, wie M. dH. in die Welt kam (Lit. 183 f). Ja, der Sonntag vertritt gewissermaßen den Erlöser: der Sonntag ist „der Erleuchter, den ich (M. dH.) zu euch gesandt | habe, daß er euch erleuchte, festige, aufrichte..." (Lit. 175 f; vgl. 220 f; Ginza 558, 1 ff).

Es ist in diesem Zusammenhange völlig gleichgültig, ob der Sonntag als der Tag der kultischen Feier bei den Mand. vom Christentum übernommen worden ist; hier handelt es sich nur um den Sinn der kultischen Feier als solcher.

Daß man sich den *eschatologischen Sinn des mythischen Geschehens* klarmacht, ist wichtig für die Beurteilung der folgenden Ausführungen des Verf. über die mand. Vorstellungen von der Mitteilung der Offenbarung. Er unterscheidet in den mand. Schriften zwei verschiedene Vorstellungen von der Ankunft des Erlösers: 1. seine Ankunft als des Urzeitheros vor der Erschaffung der Welt und damit eng verknüpft seine Ankunft zu Adam, dem ersten Menschen, dem er Belehrung erteilt; 2. seine Ankunft „in der Mitte der Geschichte". Da nun *einige* von den Texten, die von der Ankunft des Offenbarers „mitten in der Geschichte" handeln, zweifellos christlichen Einfluß zeigen, hält der Verf. es für wahrscheinlich, daß *alle* diese Texte auf christlichen Einfluß zurückgehen. Wäre das richtig, so wären die Folgerungen einschneidend, denn sie führen den Verf. zu dem Satze, daß die gnostische Erlöservorstellung, damit aber die Gnosis als Erlösungsreligion überhaupt, jünger ist als das Christentum. Wie steht es damit?

Es ist richtig, daß weder in den mand. Texten (wo nicht sicher christlicher Einfluß vorliegt) noch sonst in anderen gnostischen Texten, die nicht einer christlichen oder (wie der Manichäismus) mit christlichen Elementen kombinierten Gnosis angehören, der Erlöser in einer bestimmten Gestalt der Geschichte gesehen wird, wie es im Christentum der Fall ist, in welchem der historische Jesus von Nazareth als der Erlöser gilt. Folgt daraus, daß die mand. Texte, wo sie vom Kommen des Erlösers nicht als von einem Ereignis der mythischen Vorzeit, sondern als von einem innergeschichtlichen Ereignis reden, von der christlichen Erlöservorstellung beeinflußt sind?

Ich denke nicht! Zunächst muß aber festgestellt werden, daß die Formulierung des Verf. vom *Kommen des Erlösers „mitten in der Geschichte"* irreführend ist. Die Texte, um die es sich handelt, reden nicht von einer „Mitte" der Geschichte; sie reden überhaupt nicht von einem bestimmten chronologisch fixierten Ereignis, sondern sie blicken auf ein früheres Kommen des Erlösers zurück, dessen Zeit sie völlig unbestimmt lassen. Daß nicht das Kommen in der Urzeit gemeint ist, geht nur daraus hervor, daß vorausgesetzt ist: der Erlöser findet bei seinem Kommen schon Gläubige in der Welt vor, und sein Kommen hat eben den Sinn, diese Gläubigen zu wecken, zu erleuchten, zu festigen und dgl. (nach

Joh.Buch 218, 13 scheint er sogar als von seiner Gemeinde Gerufener zu kommen). Daß in solchen Texten christlicher Einfluß vorliege, ist schon deshalb sehr unwahrscheinlich, weil eine bestimmte Fixierung des Offenbarungsereignisses, wie gesagt, fehlt, und weil ebenso alle dahinweisenden konkreten Züge fehlen, die das Kommen und die Gestalt des Erlösers beschreiben würden, nicht nur etwaige Reminiszenen an Einzelheiten des Lebens Jesu, sondern auch mythisierte Ereignisse der Jesus-Geschichte. Es fehlt eine Geburtsgeschichte; es fehlt (man vergegenwärtige sich das am Gegensatz zum Manichäismus!) das Kreuz, der Tod und demzufolge auch die Auferstehung des Erlösers. Ist es denkbar, daß der bloße vage Gedanke: der Erlöser ist früher einmal dagewesen, aus dem Christentum übernommen ist? Wenn wirklich von den Mandäern der Sonntag als Tag der kultischen Feier vom Christentum übernommen worden ist (was durchaus möglich ist), so wird doch von ihnen an diesem Tage nicht die Auferstehung oder die Erhöhung des Erlösers gefeiert, sondern sein Kommen in die Welt, seine Epiphanie vom Himmel her!

Dazu kommt, daß *die Mandäer die christliche Zweiteilung der Geschichte* (die im NT durch die Übernahme der jüdischen apokalyptischen Zwei-Äonen-Theorie ihren Ausdruck gefunden hat) in eine Zeit des Unglaubens und des Glaubens *nicht kennen*. Es ist nach mand. Anschauung nicht etwa durch die Erscheinung des Offenbarers in der Geschichte erstmalig eine Gemeinde der Gläubigen, eine Kirche auf Erden geschaffen worden; vielmehr gilt die mand. Religion als die Urreligion, die schon dem Adam offenbart ward, und die mand. Gemeinde hat also das Bewußtsein, seit Urzeiten zu bestehen. Man wird daraus die Folgerung ziehen müssen, daß die mand. Religionsgemeinschaft vorchristlich ist. Denn wie hoch man den Einfluß des Christentums auf ihre Ausgestaltung anschlagen möge, — sie als eine christliche Sekte aufzufassen, erscheint mir als unmöglich. Das scheitert m. E. an ihrem Selbstbewußtsein. Einer christlichen Sekte würde das spezifisch christliche Kirchenbewußtsein, das Bewußtsein der Neuheit innerhalb der Geschichte, nicht fehlen. Die Mandäer können in jedem Falle nur eine christianisierte orientalische Taufsekte sein; und es handelt sich dann darum, den Umfang des christlichen Einflusses festzustellen.

Gegen die Meinung, daß dazu auch der Gedanke von einem Kommen des Erlösers innerhalb der Geschichte gehöre, scheint mir außer dem schon Gesagten folgendes entscheidend zu sprechen. *Der Mythos vom Kommen des Erlösers in der Urzeit zu Adam hat von vornherein „escha-*

tologischen" Sinn, dh der Erlöser ist, indem er zu Adam gekommen ist, damit zu dem ganzen „Stamm der Seelen" gekommen, dh konkret zur Gemeinde der Gläubigen. Wie Adam geweckt, belehrt und erleuchtet wurde (Ginza 112, 24 ff; 119, 12 ff; die Belehrung gilt Adam und seinem ganzen Stamm Ginza 141, 18), so sind stets die Seelen durch den Erlöser erweckt, belehrt und erleuchtet und werden es dauernd (Ginza 576, 33 ff; Lit. 45 f). Die Belehrungen an Adam (und Hawwa) gehen unmittelbar über in die Belehrungen an die „Vollkommenen und Gläubigen" (Ginza 16, 5 ff; 53, 33 ff). Adam selbst belehrt und mahnt die Gläubigen (Ginza 246, 19 ff; 404, 19 ff). Die Mahnungen an Adam (Ginza 386, 36 ff) gelten allen Gläubigen, wie seine Klage die Klage aller Seelen ist (Ginza 388, 7 ff). Die Identität des Schicksals der Seele mit dem Adams zeigt eine Reihe von Liedern aus dem 2. und 3. Buch des Linken Ginza. Mythische Vergangenheit und Gegenwart fließen in Eines zusammen, und die Vorgänge der Vergangenheit können sozusagen beliebig historisiert werden.

Davon, daß der Offenbarer einmal in bestimmter geschichtlicher Zeit gekommen ist, ist, wie gesagt, nicht die Rede; daß er aber *zur Gemeinde der Gläubigen gekommen* ist — ob einmal, ob wiederholt, kann man angesichts dieses eigentümlichen Denkens kaum fragen —, das ist sicher. Sein Kommen preist zB Lit. 76 f (vgl. Lit. 38; 134 f), ohne daß dabei an „ein einmaliges epochemachendes Ereignis" gedacht zu sein brauchte (S. 178). In gewisser Weise ist er immer da in der Gemeinde, ebenso wie das Wort, „die Rede der Wahrheit", die zu den Erwählten „gekommen" ist, wie das sakramentale Öl, das „in diese Welt gesandt" ist (Lit. 36); und in gewisser Weise ist er zugleich ein immer kommender, der gepriesen wird als der, der gekommen ist und der kommt (Lit. 125; 130). Seine Epiphanie erlebt man am Sonntag, und seine Worte hört man im Gottesdienst. So redet er zB Lit. 190 f die Gemeinde als Gegenwärtiger an, indem er auf sein Kommen „im Anfang" zurückweist. Die Stimme M. dH.s ist es, die „seine Freunde aufklärt" (Joh.Buch 167 f; vgl. 169 f). Spricht M. dH. in der Todesstunde zum Gottlosen: „O Seele, als ich dich rief, da antwortest du nicht; jetzt, wo du rufest, wer soll dir antworten?" (Ginza 588, 26 f), — so ist deutlich | vorausgesetzt, daß die Seele in der Gegenwart des Lebens den Ruf des Erlösers hören kann. Er kommt ja, die Herzen zu prüfen, bei den Gläubigen zu weilen und sie nach dem Tode in die Lichtwelt zu holen (Ginza 389, 21 ff). Entsprechend fragt Ginza 593, 3 ff die Seele: „Wann wird der hohe Mann kommen, der mich seine Stimme hat hören lassen? ... Er offenbare und zeige mir ... Mysterien." Es ist sinnlos, diese Offenbarung datieren zu wollen.

Es ist auch kein besonderes Problem, daß, wenn vom Kommen des Erlösers innerhalb der Gemeinde die Rede ist, *dieses Kommen mit mythischen Zügen ausgestattet wird.* Wenn der, der „die Mysterien offenbarte" und „Glanz auf seine Freunde legte", zugleich der ist, den „alle Welten verfolgten" (Lit. 193), so ist damit nicht auf eine historisch fixierte Passionsgeschichte wie die christliche Bezug genommen. Vielmehr spiegelt sich darin nur das mythische Geschehen der Urzeit, in der der Erlöser als Heros gegen die Nachstellungen der Mächte der Finsternis zu kämpfen hatte, — oder vielmehr: es wiederholt sich das gleiche Geschehen in jener Identität, in der alles Heilsgeschehen eine mysteriöse Einheit bildet. Das Kommen des Erlösers aus der Lichtwelt ist eine Selbstentäußerung, ein Kommen in die Fremde; und was die Seele erlebt, die sich hier, aus der himmlischen Heimat verbannt, in der Fremde weiß, — was die Gemeinde erlebt, ebenfalls in der Fremde und von der Welt verfolgt, — all das ist dasselbe, was der Erlöser um ihretwillen in der Urzeit oder in unbestimmten Vorzeiten auch erfahren hat. Auch er war in Bedrängnis und Angst, auch er hob in der Verfolgung durch die Welten seine Augen zum Lichtort empor, auch ihm wurden Helfer gesandt usw. (Ginza 68, 13 ff; 296, 32 ff; 316, 28 ff; Joh.Buch 223,2 ff). Und wie er herabgekommen war, ist er emporgestiegen (Joh.Buch 169, 4 ff; 224, 20; Lit. 130). Auf dem Wege, auf dem er als der Siegreiche emporstieg, wird auch die Seele des Frommen emporsteigen (Ginza 400, 7 f). Insofern ist es richtig — um das schon hier zu bemerken — den mand. Offenbarer als den erlösten Erlöser zu bezeichnen. Vor allem macht die eigentümliche Parallelität zwischen dem Schicksal des Erlösers und der Seele deutlich, wie falsch es ist, die Rolle, die der Erlöser als Offenbarer, und die, die er als Helfer der Seele hat, nicht in Einheit zu sehen: in seiner Offenbarerrolle, die er nur im Kampf gegen die Finsternis durchführen kann, ist er zugleich der Seelenhelfer, indem er prototypisch den Weg hinab- und hinaufgegangen ist, der auch der Weg der Seele ist.

Aus der Parallelität, ja Identität des Schicksals von Seele und Erlöser ist es auch zu verstehen, daß *der Erlöser in eine merkwürdige Konkurrenz mit Adam treten kann.* Denn auch dessen Schicksal ist ja eschatologisches Schicksal, in dem das Schicksal des ganzen „Stammes" der Seelen begründet ist. Ist er erlöst worden und emporgestiegen, so wird auch sein „ganzer Stamm" emporsteigend ihm nachfolgen (Ginza 435, 35 f), und so geht die Seele „auf dem Wege, den Adam recht gebauet" (Ginza 513, 29. Anderwärts ist offenbar von Heroen der Vorzeit die Rede, die den Gläubigen vorangegangen sind und ihnen den Weg gebahnt haben. Ginza 247, 16 ff; 439, 12 ff).

Es steht nun der mythologischen Phantasie völlig frei, vom Kommen des Erlösers zu dieser oder jener Gestalt der Vergangenheit zu erzählen, — nur handelt es sich immer um mythische oder sagenhafte Personen wie Jōšamîn und Šum-Kušṭā (Joh.Buch 28,22 ff; 60, 15 ff; 69, 3 ff), wie denn auch die Namen der Offenbarer wechseln können (zB Joh.Buch 39, 21 ff). Natürlich konnte hier im Laufe der Zeit allerlei fremde Tradition rezipiert werden; und es können auch Aussagen vom Auftreten Mandā dHaijēs oder des Enoš gebildet werden, die polemisch an der christlichen Tradition orientiert sind. Ebenso kann sich natürlich Spekulation des Gedankens an die Uroffenbarung, die in der Geschichte lebendig bleibt, bemächtigen. Dann entsteht *die Theorie von den verschiedenen Zeitaltern*, deren jedes mit einer neuen Offenbarung bzw. mit einer neuen Verkündigung der einen Uroffenbarung beginnt. Bekannt ist die Vorstellung von der periodischen Inkarnation des Offenbarers in den Pseudoklementinen; Mani hat sie in eigentümlicher Weise aufgenommen; ihre Spuren begegnen auch sonst. Auch in einigen Stücken der mand. Schriften findet sie sich, ohne daß ich hier darüber entscheiden wollte, wie alt sie hier ist; es ist von drei Zeitaltern, die durch Weltkatastrophen endigen, die Rede, von dem „Hüter" oder dem „Haupt des Zeitalters" (vgl. darüber die wichtigen Ausführungen des Verf. S. 161 ff; S. 297, A. 43). Da der Verf. seine These von dem nachchristlichen Ursprung des Gedankens der Ankunft des Erlösers innerhalb der Geschichte nicht nur in bezug auf die Mandäer, sondern auf die Gnosis überhaupt vertritt, so füge ich hier noch hinzu, daß *der Gedanke der Erneuerung der Uroffenbarung innerhalb der Geschichte* auch andere Formen als die der periodischen Inkarnation des Offenbarers annehmen kann. Einmal kann im Synkretismus der Offenbarer mit Mysteriengottheiten anderer Herkunft zusammenwachsen, die zwar mythische Gestalten sind, deren Schicksal aber im Raume der — wie immer unbestimmt gedachten — Geschichte gespielt hat. So Attis bei den Naassenern. Sodann kann ein homo religiosus von dem prophetischen Bewußtsein erfüllt sein, daß in ihm der Offenbarer rede. So offenbar bei den Propheten, von denen Celsus bei Origenes erzählt. Endlich aber haben wir zwei Beispiele dafür, daß eine Person der jüngsten Vergangenheit von ihren Anhängern als Inkarnation des Erlösers verehrt wurde: Johannes der Täufer (auch in den mand. Quellen finden sich davon ja die Spuren, wenngleich diese Anschauung nicht zum alten Bestande gehört) und Simon Magus; denn es scheint mir nicht gerechtfertigt zu sein, daß der Verf. den Bericht von seiner Verehrung als einer Inkarnation der Gottheit als Assimilierung an die Lehren späterer christlicher Gnostiker bezeichnet (S. 290, A. 37).

Endlich aber ist zu behaupten, daß *auch das NT außerhalb Johannes Zeugnisse von einem vorchristlichen gnostischen Erlöserglauben enthält*, vor allem die paulinische und deuteropaulinische Literatur. Wenn der Verf. S. 181 dafür, daß der mand. Glaube an den in der Geschichte auftretenden Erlöser aus der christlichen Tradition stammt, auf die in Kol 2,15; 1Petr 3,19 bezeugte „altchristliche Vorstellungswelt" verweist, so ist umgekehrt zu sagen, daß solche Stellen die Rezeption gnostischer Mythologie durch das alte Christentum bezeugen. Die paulinische Christologie ist ohne die Voraussetzung des gnostischen Erlösermythos nicht verständlich, ob dieser dem Paulus nun auf dem Wege über ein synkretistisches Judentum zugekommen ist oder nicht. Ein sicheres Indizium ist ja sein Gebrauch des Wortes ψυχικός im Sinne der Gnosis. Ferner zeigen Phil 2,6 ff; 1Kor 2,6 ff, daß der Mythos vom Erlöser als einem präexistenten Himmelswesen, das in Menschengestalt verkleidet und den „Archonten" unerkennbar auf die Erde kommt, um das Erlösungswerk zu verrichten, älter ist als das Christentum. Die paulinische Interpretation der Auferstehung Jesu im kosmisch-eschatologischen Sinne und damit zugleich die Adam-Christus-Theorie (Röm 5,12 ff; 1Kor 15,21 f) ist nur vom gnostischen Denken aus zu verstehen, und 1Kor 15,46 zeigt doch wohl klar, daß Paulus auf eine gnostische Spekulation Bezug nimmt, indem er sie modifiziert. Daß Gal 3,19 eine Anleihe bei gnostischen Gedanken ist, dürfte auch klar sein. Für die paulinische Vorstellung vom σῶμα Χριστοῦ hat Käsemann den Nachweis geführt, daß ihre Begrifflichkeit aus der Gnosis stammt. Die beiden Korinther-Briefe bezeugen, daß gnostisches Pneumatikertum in die Gemeinde eingedrungen war; und der Kampf des Paulus dagegen zeigt nicht minder, daß er die Fragestellung der Gnosis aufnimmt und selbst mit gnostischen Begriffen (wie ἐλευθερία, ἐξουσία) arbeitet. Daß immer mehr Christologie und Heilslehre in gnostischer Begrifflichkeit expliziert werden, ist für Epheser und Ignatius von Schlier, für Hebräer von Käsemann nachgewiesen worden. Es ist völlig unmöglich, diesen Prozeß als eine rein innerchristliche Entwicklung zu begreifen, deren Voraussetzung nur die Verkündigung Jesu und die Predigt der Urgemeinde gewesen wäre. Innerhalb dieses Prozesses hat nun auch das Johannes-Evangelium seinen geschichtlichen Ort. Für das Vorhandensein eines vorchristlichen gnostischen Erlöserglaubens sind m. E. auch die Oden Salomos ein Zeugnis (mögen sie auch christlich redigiert worden sein), die freilich der Verf. als Dokument der christlichen Tradition versteht.

Den Vergleich mit der johanneischen Erlöservorstellung macht sich der Verf. nun allzu leicht, indem er die einzelnen Züge der johanneischen Jesusgestalt bzw. die einzelnen Aussagegruppen des Johannes isoliert und dadurch jeder einzelnen Formulierung das Gewicht nimmt, das sie im Zusammenhang des Ganzen hat. So behauptet er zB, die bei Johannes oft betonte Einheit Jesu mit dem Vater sei ein „allzu natürlicher Gedanke" (S. 204); oder die Aussagen, daß Jesus das vom Vater aufgetragene Werk ausführt, seien „ein ganz natürlicher Ausdruck für das Berufsbewußtsein Jesu" (S. 206). Ist schon zweifelhaft, ob das an sich richtig ist, so ist es jedenfalls falsch, solche Sätze zu isolieren und nicht vom Gesamtbilde auszugehen und zunächst dessen fundamentale Verschiedenheit vom synoptischen Jesusbilde festzustellen. Warum fehlen denn bei den Synoptikern solche „natürlichen" Gedanken? — Oft nimmt der Verf. den Parallelen ihr Gewicht durch unrichtige Interpretation. So, wenn er angesichts der johanneischen Sätze, daß Jesus der vom Vater in die Welt herabgesandte Sohn sei (wo findet sich das bei den Synoptikern?), behauptet, die johanneische Vorstellung sei von der mand. deshalb verschieden, weil bei Johannes alles Gewicht darauf liege, daß Jesus gesendet und nicht aus eigenem Antriebe gekommen sei, und daß seine Sendung eine göttliche Liebestat sei, während es sich bei den Mandäern „nur um die ganz mythologische Vorstellung von der Aussendung des Gottwesens" handele, oder „Gesandter" zu einem terminus technicus für den Erlöser geworden sei (S. 201 f). Das ist doch überhaupt kein klarer Gegensatz! Und zudem ist die Sendung des Erlösers bei den Mandäern doch auch eine Tat der göttlichen Liebe. | Der Verf. muß selbst (S. 202, A. 15) auf mand. Stellen hinweisen (die übrigens doch nicht so selten sind, wie er sagt), in denen alles Gewicht auf die Sendung und den Auftrag des Erlösers fällt. Daß mythologische Aussagen modifiziert werden können, wenn sie (wie bei Johannes) auf eine geschichtliche Person übertragen werden, ist freilich unbestreitbar; aber diese Tatsache entkräftet nicht das Gewicht der Parallelen.

Nachdem der Verf. über den johanneischen Jesus als den zur Welt gesandten Gottessohn gehandelt hat, spricht er nacheinander über das Wirken des Erlösers (der Erlöser als Lebensspender und seine Verkündigung), über die Stellung der Menschen zum Erlöser, seinen Hingang und dessen Folgen und über seine bildlichen Bezeichnungen. Ich kann hier nicht in eine Einzeldiskussion eintreten. Die Fehler sind m. E. immer die gleichen: die Isolierung der Einzelaussagen und ihre unzureichende Interpretation. Höchstens einige Beispiele! Bei den Mandäern ist nur vom Glauben an die *Predigt* des Erlösers die Rede, bei Johannes vom Glauben an den Erlöser *selbst* (S. 212). Aber darf man daraus einen Gegensatz konstruieren angesichts der an den Erlöser gerichteten Gebete und der „Du-bist"-Aussagen (Lit. 67 f, 130 f, 139)? Oder darf man sagen, daß sich Jesus bei Johannes nicht in erster Linie als Gott oder Gottes Sohn darstelle, sondern als den, „in welchem die volle Gottesnähe erlebt(!) wird" (S. 215)? Für die Frage nach den Selbstprädikationen und den bildlichen Bezeichnungen des Erlösers (der Hirt, der Weinstock) darf ich außer auf meinen Kommentar zu Johannes auf die inzwischen erschienene Monographie von Ed. Schweizer hinweisen.

Es folgt ein Kapitel über den *Ursprung der mandäisch-gnostischen Erlöservorstellung*. Ich kann es nur kurz besprechen, da es nicht direkt die Interpretation des Johannes betrifft, sondern im wesentlichen eine Auseinandersetzung mit Reitzensteins Auffassung der Urmenschen-Anschauung ist. Der Verf. meint nachweisen zu können, daß der *„Urmensch"*, dh der makrokosmische Mensch, der als Kollektivseele vorgestellt ist, nur dort zugleich als Erlöser gedacht wird, wo er mit dem christlichen Erlöser identifiziert wird. Diese Ausführungen scheinen mir dem nicht gerecht zu werden, was in den mand. Quellen über das Verhältnis der Seele sowohl zum Erlöser wie zu Adam gesagt wird, und wovon ich oben gesprochen habe. Ich gebe indessen gerne zu, daß der Verf. hier vieles Richtige gegenüber vorschnellen Hypothesen vorgebracht hat, und daß ich selbst nicht imstande bin, etwas Entscheidendes zu sagen. Das Urmenschenproblem | müßte einmal im vollen Umfange untersucht werden. W. Staerk behandelt es in seinem Buche „Die Erlösererwartung in den östlichen Religionen" (1938) und bringt namentlich aus der jüdischen Tradition vieles wichtige Material, scheint mir aber die Frage noch nicht endgültig geklärt zu haben, zumal er die gnostische Tradition beiseiteläßt.

Den folgenden Teil über den *Ursprung des Gnostizismus* kann ich dagegen nur für verfehlt halten. Da der gnostische Dualismus nicht ohne den Erlösungsgedanken denkbar sei, und dieser wiederum nicht ohne die Vorstellung von einem Erlöser, so falle die Frage nach der Entstehung des gnostischen Dualismus mit der nach der Entstehung der gnostischen Erlöservorstellung zusammen (S. 287). Das bedeutet aber für den Verf., da er die Vorstellung von einem (innerhalb der Geschichte) vom Himmel entsandten Erlöser nur als eine im Christentum gegebene erachtet, daß der Gnostizismus eine nachchristliche Erscheinung ist. Der gnostische Erlösungsgedanke sei dadurch entstanden, „daß der urchristliche Gedanke an die Erlösung des Menschen von Tod und Gericht zum Gottesreich und zur Seligkeit vom Standpunkt einer kosmologisch-metaphysischen Anschauung aus, worin die Befreiung der Seele aus den Banden der Materie bzw. ihre Erhebung aus der jetzigen Welt zu einem rein geistigen Dasein, das dem wahren Wesen des Menschen entspricht, als höchstes Ziel des Menschenlebens betrachtet wurde, interpretiert worden sei" (S. 291 f). Die Heimat der dem Gnostizismus zugrunde liegenden kosmologischen Metaphysik sei der griechisch-synkretistische Boden, genauer die platonisierende alexandrinische Spekulation. Danach ist der Gnostizismus eine „interpretatio graeca des urchristlichen Erlösungsglaubens", der sich hier zunächst nicht im Kultus, sondern in theosophischer Spekulation ausgewirkt hat (S. 292). Da bei diesem Unternehmen „sowohl die arteigenen christlichen Vorstellungen wie die spätgriechische Philosophie notwendig versagen mußten, ... mußte man zu Mythenbildungen greifen, wobei man in vielen Fällen an ältere Mythen, die man dabei in seinem Geist interpretierte, angeknüpft haben dürfte" (S. 295). So hat die Exklusivität des christlichen Erlösungsglaubens, dh die Überzeugung, daß die in Jesus gegebene Erlösung jeden anderen Heilsweg ausschließt, erst „aus der nachplatonischen kosmischen Wertstufenleiter den radikalen Gegensatz zwischen guter und böser Welt" erzeugt (S. 294); und indem der platonisierende Dualismus, der die Welt des Geistes und die Welt der Materie einander gegenüberstellte, mit dem christlichen Erlösungsglauben kombiniert wurde, wurde „die Erlösung im christlichen Sinne ... zur Erlösung aus der Gefangenschaft der materiellen Welt" (S. 294). Also das spezifisch gnostische Daseinsgefühl und Existenzverständnis wäre im Grunde aus einer Fehlinterpretation des christlichen Glaubens erwachsen!

In dieser Konstruktion scheint mir der geschichtliche Sachverhalt auf den Kopf gestellt zu sein. Ich brauche nach dem früher Gesagten nicht weiter darauf einzugehen und verweise nur noch einmal nachdrücklich auf die Darstellung von H. Jonas. Es versteht sich dann von selbst, daß ich die Ausführungen über den *Ursprung der johanneischen Anschauung vom präexistenten Erlöser* für ebenso verfehlt halte. Ihr entscheidendes Motiv liege darin, „daß Jesus gerade als die vom Evangelisten bzw. der Urgemeinde religiös erlebte geschichtliche Person für das Bewußtsein des Evangelisten so ganz mit Gott zusammengehört, daß er schon von Ewigkeit bei Gott gewesen sein muß; der Vater und der, welcher zu ihm in einem absoluten Liebesverhältnis steht und den Menschen gegenüber sich ganz auf der Seite Gottes befindet und ihn den Menschen offenbart, müssen von Ewigkeit miteinander zusammengehören" (S. 301 f). So hält es denn der Verf. auch für unwahrscheinlich, daß Johannes die Bezeichnung des Präexistenten als des Logos aus fremder Tradition übernommen habe. Er habe sie gewählt, „um einen besonderen Inhalt auszudrücken". Wie λόγος zu verstehen sei, das lehre 1Joh 1,1 ff: „λόγος hat hier offenkundig denselben Sinn wie sonst im NT: ‚das Wort des Lebens' ist das Wort Gottes zu uns, seine Offenbarung, die uns Leben vermittelt; dieses Wort fällt aber für Johannes auf dieselbe Weise wie die Wahrheit mit Jesus Christus zusammen. Und wenn dabei schon der Präexistente das ‚Wort' heißt, so dürfte dies nur bedeuten, daß sein Bild ganz von der Erscheinung Jesu in der Geschichte bestimmt ist" (S. 303 f).

Die Frage nach der Echtheit von Mt 16,17-19*

In seiner Schrift „Königsherrschaft Christi und Kirche im Neuen Testament"[1] erklärt O. Cullmann: „Es ist wissenschaftlich nicht gerechtfertigt, das an Petrus gerichtete Wort über die Kirche Mt 16,18 Jesus abzusprechen und als spätere Schöpfung der Gemeinde anzusehen." Damit wäre das Urteil über einen Satz gesprochen, der seit zwei bis drei Generationen als ein verläßliches Ergebnis der historischen Kritik galt. Während E. Klostermann in seinem Mt-Kommentar[2] konstatiert: „so wie Mt 16,17—19 kann nur der Auferstandene sprechen", sollen die Verse jetzt als echte Worte des historischen Jesus gelten.

I.

1. Wer der erste war, der die Historizität jener Worte bezweifelte, vermag ich nicht anzugeben. Jedenfalls tut es Ch. H. Weisse[3]; er meint von dieser Stelle, es seien „Umstände vorhanden, welche ihr das Ansehen geben, nach einem allgemeinen Typus der Lehr- und Denkweise der apostolischen oder nächstnachapostolischen Zeit ausgeprägt zu sein". Die Untersuchung solcher „Umstände", deren wichtigster der ist, daß Jesus hier in einer Weise von der sichtbaren Kirche spricht, die mit seinem übrigen Reden und Tun nicht in Einklang steht, beschließt er: „Nach allem diesem bin ich der Meinung, daß diese Stelle nicht für geschöpft aus den Aufzeichnungen des ächten Matthäus gelten kann, sondern für eine der Sagen zu nehmen ist, deren sich manchen Spuren zufolge, die sich noch außerdem in unsern Evangelien finden, gerade in

---

* Theologische Blätter 20 (1941), 265—279 (Hans von Soden zum 60. Geburtstag gewidmet).
[1] Theol. Studien 10 (1941), S. 22. — H. Windisch hatte (ThR, NF 5, 1933, S. 256) gesagt: „die Echtheit der Petrus-Ekklesia-Sprüche ist heutzutage mit wissenschaftlichen Mitteln durchaus zu verteidigen." — L. Brun (ZsystTh 14, 1937, S. 90) urteilte, daß die Echtheit von Mt 16,18 „nicht zwingend widerlegt, aber noch weniger bindend bewiesen werden kann".   [2] HNT 4², (1927), S. 139.
[3] Die evangelische Geschichte II (1838), S. 93 ff.

bezug auf die Person des Petrus frühzeitig mehrere gebildet zu haben scheinen."

Daß E. Renan[4] und Th. Keim[5] keine Schwierigkeiten darin fanden, Jesu Worten an Petrus in ihrem phantasievoll gezeichneten Bild der Wirksamkeit Jesu eine Stelle zu geben, wird nicht Wunder nehmen. Auffallender ist, daß D. Fr. Strauß' kritisches Interesse sich nicht auf jene Worte gerichtet hat, und daß auch F. C. Baur in den „Kritischen Untersuchungen über die kanonischen Evangelien" (1847) hier keine Kritik übt. Dagegen bezeichnet H. J. Holtzmann in seiner Erklärung der Synoptiker[6] das Wort von der ἐκκλησία als eine „matthäische Antezipation"[7]. Und später urteilt er: wenn Jesu Absicht „die Gründung einer, ihm als dem Messias im besonderen Sinne gehörigen, Gemeinde" gewesen wäre, so hätte er damit „auf die Gewinnung des Volkes im Ganzen" Verzicht geleistet. Da er aber „eben darum nach Jerusalem zieht, weil er jenen Verzicht wenigstens bis dahin nicht geleistet hatte", kann er „zuvor unmöglich das Wort von der Kirchengründung geredet haben"[8].

Mit besonderem Nachdruck hat A. Loisy die These vertreten, daß Mt 16,17—19 wie 18,17 wohl „en rapport" ist „avec la situation du christianisme primitif", aber nicht „avec celle du royaume céleste pendant le ministère de Jésus". Nicht schon das Wort ἐκκλησία begründet den stärksten Verdacht gegen die Echtheit der Stelle, „mais l'idée même d'une société terrestre, qui n'est ni communauté isréelite ni le royaume de cieux, et qui se substitue pour ainsi dire | à l'une et à l'autre. Jésus n'a jamais prêché que le royaume et l'avènement prochain du royaume; il n'a pas réglé formellement les conditions d'un établissement terrestre qui remplacerait l'économie judaïque en tant que préliminaire à l'avènement du royaume. On n'a pu parler d'église que quand l'Eglise a existé, c'est-à-dire après que, le judaïsme ayant rejeté la prédication apostolique, les groupes chrétiens durent se constituer du plus en plus et définitivement en dehors de l'organisation religieuse d'Israël. . . C'est l'Eglise, en effet, qui est venue au lieu du royaume qu'on attendait, et l'idée de l'Eglise s'est substitué par la force des choses à l'idée du royaume"[9].

J. Wellhausen bemerkt zu Mt 16,17—19: „Die Gemeinde ist nicht von Jesus, sondern erst durch die Auferstehung gegründet, und Petrus hat daran das Verdienst, weil ihm der Auferstandene zuerst erschien — das liegt zugrunde."[10]

---

[4] La vie de Jésus (1863), S. 158.
[5] Die Geschichte Jesu von Nazara II (1871), S. 549 ff.
[6] HC zum NT (1889).
[7] In gleichem Sinne schon 1872 in Schenkels Bibel-Lexikon IV, S. 482, wo er auf Coops, Petrus Primaatschap en onfeilbarheid (1870) verweist.
[8] Lehrbuch der Neutestamentl. Theologie I² (1911), S. 269; dort S. 270, 2 weitere Literaturangaben.
[9] Les Evangiles Synoptiques II (1908), S. 8 f.
[10] Das Evangelium Matthaei (1904), S. 84.

Nach J. Weiß atmet Mt 16,17—19 „durchaus den Geist einer anderen, späteren Zeit, den Geist der werdenden katholischen Kirche"[11].

Hatte J. Kreyenbühl in Mt 16,17—19 die Antwort der Urgemeinde auf den Angriff des Paulus im Galaterbrief gefunden[12], so läßt B. H. Streeter es zwar dahingestellt sein, ob den Versen echte Jesusworte zugrunde liegen und was deren Sinn gewesen sein mag; aber er meint: „it is hard not to suspect, that they have since been modified by some controversy between the followers of different leaders in the early Church". In der vorliegenden Form werden die Worte aus dem Streit zwischen den Parteien des Petrus und Jakobus stammen[13]. Dagegen vermutet M. Goguel, daß sie nach den Kämpfen der paulinischen Zeit, also nach 70 entstanden sind[14]. Nach Ed. Meyer stammen die Verse aus der judenchristlichen Gemeinde[15], und ähnlich sieht K. G. Goetz in ihnen einen judenchristlichen Zusatz, und zwar im Interesse des monarchischen Episkopats[16].

M. Dibelius urteilt: „Bei Matthäus ist die Geschichte vom Petrus-Bekenntnis eine typische Legende geworden, Namens-Legende und vaticinium ex eventu in einem."[17] Jesu Worte „geben in prophetischer Verheißung einen Zustand wieder, den die Evangelisten aus Erfahrung kennen: die Kirche ist für die Dauer begründet und besitzt das Recht, Sünden zu vergeben oder zu behalten. Es ist ein großartiges Bild, das Matthäus wiedergibt. Aber es ist ein christliches, ein nachösterliches Bild"[18]. Auch W. G. Kümmel erklärt Mt 16,17—19 für eine „Bildung der Urgemeinde"[19]. Und um noch einen Profanhistoriker zu nennen: J. Haller sagt: „Wir haben es mit einer nachträglichen Weissagung zu tun, die ihre Erfüllung voraussetzt."[20]

So kann schließlich B. Sc. Easton von Mt 16,18 sagen: „That it is secondary is now universally admitted, for it is wholly irreconcilable with Jesus' teaching about the Kingdom, whether present or future."[21]

2. Wie ist also jenes Urteil Cullmanns verständlich? Daß in der konservativen protestantischen wie in der katholischen Forschung Mt 16, 17—19 immer als echtes Jesuswort gegolten hat, versteht sich von selbst.

---

[11] Die Schriften des NT I (1906), S. 320; ebenso 3. Aufl. (1917), S. 333.
[12] ZNW 8 (1907), S. 165. 174 f; vgl. A. Loisy, Les Evangiles Synoptiques II (1908), S. 7, 1.
[13] The Four Gospels (1924), S. 258. 515.
[14] Tu es Petrus. Bulletin de la faculté libre de Théol. protest. de Paris (1938), Nr. 15, S. 1 ff.
[15] Ursprung u. Anfänge des Christentums I (1921), S. 112, 1. 241 f.
[16] Petrus (1927), S. 22, 44 ff.
[17] Die Formgeschichte des Evangeliums² (1933), S. 112.
[18] Jesus (1939), S. 78, vgl. S. 22.
[19] Die Eschatologie der Evangelien (1936), S. 16.
[20] Das Papsttum I (1934), S. 4; dazu die Anm. S. 442.
[21] Anglican Theol. Rev. 22 (1940), S. 167; vgl. J. B. Bernardin, ebenda 21 (1939), S. 154.

Ich wüßte nicht, daß es *ihre* Argumente gewesen wären, die sich allmählich durchgesetzt hätten. Eher ist umgekehrt die konservative Forschung durch die kritische beeinflußt worden. So haben nach P. Feine Mt 16,18 und 18,17 „ihre eigentümliche Färbung erst in der nachapostolischen Zeit erhalten", und „es liegt auf der Hand, daß diese Anschauung (von Mt 16,18 f) von Jesu Anschauung, wie wir sie aus der synoptischen Gesamtüberlieferung erhoben haben, abweicht, ebenso aber auch, daß dem Petrus in diesem Wort eine Autorität beigelegt | wird, welche nicht aus den geschichtlichen Verhältnissen Jesu, sondern aus der Stellung, welche Petrus innerhalb der judenchristlichen Kirche gewonnen hat, zu erklären ist". Ja, in Mt 16,18; 18,17 „ist mit Ekklesia ein paulinischer Terminus in die synoptische Verkündigung Jesu eingetragen worden", und Matthäus deutet das Evangelium „im Sinne des sich bildenden Katholizismus"[22].

Die Wendung ist offenbar eingeleitet durch den Aufsatz F. Kattenbuschs „Der Quellort der Kirchenidee"[23], der vorbereitet war in seinem Artikel „Das Messiastum Jesu"[24], und dessen Gedanken fortgeführt wurden in dem Aufsatz „Der Spruch über Petrus und die Kirche bei Matthäus"[25]. Kattenbuschs Anschauung ist mit einigen Modifikationen von K. L. Schmidt energisch vertreten und durch eine lexikographische Untersuchung des Begriffs ἐκκλησία unterbaut worden[26]. An ihn schließt sich, was die Echtheit von Mt 16,18 betrifft, W. Michaelis an[27]; und G. Gloege meint gar, sich den „Beweis für die Echtheit der Worte Jesu über die ἐκκλησία ... um so mehr ersparen zu können, weil in jüngster Zeit Kattenbusch und K. L. Schmidt mit großer Akribie das Echtheitsproblem in positivem Sinne gelöst haben"[28]. Ebenso tritt H. D. Wendland auf den „neuen Boden", den die Arbeiten Kattenbuschs und Schmidts bereitet haben[29]. Auf Schmidt nimmt auch J. Schniewind in seiner Erklärung von Mt 16,17—19 Bezug[30], und nach Kattenbusch fin-

---

[22] Theologie des NT² (1911), S. 67. 68. 450. 676. In der 3. Aufl. (1919) sind diese Sätze freilich zurückgenommen bzw. unterdrückt; s. dort S. 109.
[23] Festgabe von Fachgenossen u. Freunden A. VON HARNACK ... dargebr. (1921), S. 143—172.
[24] ZNW 12 (1911), S. 270—286.   [25] ThStKr (1922), S. 96—131.
[26] Festgabe f. Ad. Deißmann (1927), S. 258—319; ThBl 6 (1927), Sp. 293—302 (vgl. ThBl 10 [1931], Sp. 116 f, 147 ff); Artikel ἐκκλησία, ThW zum NT III (1938), S. 502 bis 539, bes. S. 522—530.
[27] Täufer, Jesus, Urgemeinde (1928), S. 107 f.
[28] Reich Gottes und Kirche im NT (1929), S. 262.
[29] Die Eschatologie des Reiches Gottes bei Jesus (1931), S. 164 ff.
[30] NTD 2 (1937).

det Fr.-J. Leenhardt in Daniel 7 „la source de l'idée de l'église" und vertritt ohne Bedenken die Echtheit von Mt 16,17—19[31], wie denn auch R. Otto wenigstens Mt 16,17 ohne Erörterung als echtes Jesuswort nimmt[32], und wie A. Fridrichsen ebenso mit Mt 16,18 verfährt[33].

II.

Im folgenden sollen die Gründe, die gegen und für die Echtheit von Mt 16,17—19 als einem ursprünglichen Jesuswort sprechen, geprüft werden. Es wird dabei kaum etwas Neues gesagt werden können; aber die Situation der Forschung erfordert die Besinnung, ob die heute für die Echtheit angeführten Gründe den Zweifel an der Echtheit wirklich erschüttern können[34].

1. Der Zweifel wird ja schon dadurch geweckt, daß *das Wort* ἐκκλησία *nur Mt 16,18 und 18,17 in Herrenworten begegnet*. Dabei wird die Echtheit von Mt 18,17 in der Regel auch von denen preisgegeben, die 16,18 als echt behaupten. So ist es bei 18,17 nach Kattenbusch „wirklich mit Händen zu greifen, daß Jesu ein Wort untergelegt ist"[35]. Und ebenso urteilt K. L. Schmidt: in Mt 18,15—17 „haben wir es mit der Gemeinde nach Ostern zu tun, deren katechismusartige Stücke Jesus in den Mund gelegt sind"[36]. Mt 16,18 stünde also völlig isoliert; in den Herrenworten, die in Mk und in der Spruchquelle überliefert sind, fehlt ἐκκλησία. | Nun ist es natürlich nicht ausgeschlossen, daß sich im Sondergut des Mt (und Lk) Herrenworte finden, die aus zuverlässiger alter Tradition stammen. Aber das ist doch in jedem einzelnen Fall erst wahrscheinlich zu machen; und dafür muß doch als Kriterium gelten, daß sich solche Worte in Sprache, Begrifflichkeit und Interesse zu den Herrenworten fügen, die auf Grund der bei Mk und in der Spruchquelle erhaltenen Überlieferung als altes Gut gelten können. Für Mt 16,17 bis 19 treffen diese Merkmale nicht zu.

---

[31] Études sur l'église dans le NT (1940), S. 14.
[32] Reich Gottes und Menschensohn² (1940), S. 173. Über Mt 16, 18 f äußert sich Otto nicht.
[33] RHPhR (1937), S. 342.
[34] Vgl. auch das Referat bei O. Linton, Das Problem der Urkirche in der neueren Forschung (1932), S. 157—183; H. Windisch, ThR, NF 5 (1933), S. 248—257; und bes. Kümmel, Die Eschatologie der Evangelien (1936).
[35] ThStKr (1922), S. 109.
[36] Festgabe f. A. Deißmann, S. 296.

Daß σάρξ καί αἷμα (V. 17) und πύλαι ᾅδου (V. 18) sonst in Herrenworten nicht begegnen, wird man kaum betonen dürfen. Daß sich ἀποκαλύπτειν (V. 17) im gleichen Sinne nur noch Mt 11,25.27 = Lk 10,21 f findet, ist für Mt 16,17 nur kompromittierend, denn gerade Mt 11,25—27 ist singulär in der Spruchquelle[37]. Der Begriff der κλεῖδες τῆς βασιλείας τῶν οὐρανῶν begegnet Mt 23,13 in verbaler Form (Lk 11,52: ἡ κλεὶς τῆς γνώσεως); aber von δέειν und λύειν ist nur noch in dem gleichfalls dem Verdacht der Unechtheit unterliegenden Vers Mt 18,18 die Rede.

Es ist nun aber zu beachten, daß bei Mk und in der Spruchquelle nicht nur die Vokabel ἐκκλησία fehlt, sondern daß sich auch Wörter, die zu dem gleichen Begriffskomplex gehören, nicht finden. So fehlt das mit ἐκκλησία fast gleichbedeutende Wort λαός im Sinne von λαὸς τοῦ θεοῦ, das bei Lk charakteristischer Weise 1,68.77; 2,32; 7,16 begegnet (nicht in Herrenworten!). Ebensowenig ist von den ἅγιοι, die die eschatologische ἐκκλησία bilden[38], die Rede. Die κλητοί, die sich Mt 22,14 im Zusatz zur Gastmahlparabel finden, sind gerade nicht die „Berufenen" im kirchlichen Sinne[39], sondern die „Gerufenen", die Eingeladenen. Von den ἐκλεκτοί, die zur ἐκκλησία gehören[40], reden Mk 13,20. 22.27, Verse, die zu der jüdischen Quelle gehören, die der Komposition Mk 13,5—27 zugrunde gelegt ist[41]. Außerdem begegnen die ἐκλεκτοί nur in dem sekundären Zusatz zur Parabel vom gottlosen Richter Lk 18,7. Das determinierte οἱ δίκαιοι findet sich im kirchlichen Sinne[42] nirgends; daß von den δίκαιοι geredet wird, wenn es sich um das Gericht (Mt 13,43.49; 25,37.46) oder um die Auferstehung handelt (Lk 14,14), ist eine andere Sache, — aber auch in diesem Sinne fehlt der Begriff bei Mk und in der Spruchquelle. Es fehlen überhaupt die in den PsSal charakteristischen Bezeichnungen der Angehörigen des frommen Israel: die ὅσιοι und die φοβούμενοι κύριον; deshalb hat auch das πτωχοί, das Mt 5,3 par.; 11,5 par. mit den PsSal gemein ist, keinen spezifisch

---

[37] Geschichte der synopt. Tradition² S. 171 f; M. Dibelius, Formgeschichte des Evangeliums² S. 279 ff.
[38] Vgl. Röm 1,7; 12,13; 1Kor 6,1 f; 2Kor 1,1 usw., vgl. Tob 8,15; 12,15; Weish 5,5? 18,9; Dan 7,18.21 f.25; 8,24; äthHen 38,4; 48,7 usw.
[39] Vgl. Röm 1,7; 1Kor 1,2.24; Apk 17,14.
[40] Vgl. Röm 8,23; Kol 3,12; 2Tim 2,10; Tit 1,1; 1Petr 1,1; Apk 17,14; vgl. Tob 8,15; Weish 3,9; 4,15; äthHen 1,3.8; 41,1; 45,5 usw.
[41] Vgl. Geschichte der synopt. Tradition² S. 129; G. Hölscher, ThBl 12 (1933), Sp. 193 ff. Wenn Hölscher V. 22 der jüdischen Quelle abspricht und der christlichen Redaktion zuweist, so bleibt sich das für unseren Zusammenhang gleich; denn um ein altes Herrenwort handelt es sich in keinem Fall.
[42] So oft im äthHen, zB 1,1; 38,2; 39,4.6; 48,7.

ekklesiologischen Klang. Ferner ist keine Rede davon, daß ἀδελφός den Angehörigen eines ausgegrenzten kirchlichen Kreises bezeichne, außer Mt 18,15. Aber Mt 18,15—17 ist ja gerade eine sekundäre kirchliche Bearbeitung des Logions Lk 17,3, in dem ἀδελφός noch den allgemeinen Sinn hat wie zB Mt 7,3—5. — Kurz die ekklesiologische Sprache und Begrifflichkeit ist den alten Herrenworten fremd.

Es läßt sich auch nicht behaupten[43], daß der Begriff ποίμνιον (Lk 12,32) ekklesiologischen Charakter habe; denn schon das Attribut μικρόν zeigt, daß eine bildliche bzw. hyperbolische Wendung vorliegt (wie etwa Mt 10,11 = Lk 10,3). Mk 14,27 = Mt 26,31 gehört gar nicht hierher; die Zerstreuung der Jünger ist nach Sach 13,7 unter dem Bilde der Zerstreuung einer Herde dargestellt; die Pointe ruht auf dem διασκορπισθῆναι, nicht auf der ποίμνῃ, — und übrigens hat erst Mt das τῆς ποίμνης zu dem τὰ πρόβατα des Mk hinzugefügt. Erst recht gehören johanneische und andere spätere Stellen, die K. L. Schmidt anführt, nicht hierher, zumal die Schafe bei Johannes gar nicht die Gemeinde, sondern die „Prädestinierten" sind[44].

2. Es ist aber weiter zu fragen, wie sich Mt 16,17—19 hinsichtlich seines eigentümlichen Interesses zu den alten Herrenworten fügt. Zunächst: welchen Sinn hat ἐκκλησία Mt 16,18?

Ἐκκλησία, welches auch das aramäische Aequivalent gewesen sein mag[45], entspricht im neutest. Sprachgebrauch jedenfalls dem alttest. *kahal*, das in LXX in der Regel durch ἐκκλησία wiedergegeben wird[46]. Die ἐκκλησία ist also das Volk Gottes, wie sie denn auch in der paulinischen und deuteropaulinischen Literatur mehrfach die ἐκκλησία τοῦ θεοῦ heißt[47]. Der *kahal* ist die Versammlung des Volkes, zumal die kultische; und entsprechend ist ἐκκλησία ein *kultischer* Terminus, vgl.

PsSal 10,7: καὶ ὅσιοι ἐξομολογήσονται ἐν ἐκκλησίᾳ λαοῦ.
Sir 24,1 f: ἡ σοφία αἰνέσει ψυχὴν αὐτῆς,
καὶ ἐν μέσῳ λαοῦ αὐτῆς καυχήσεται,
ἐν ἐκκλησίᾳ ὑψίστου στόμα αὐτῆς ἀνοίξει.

---

[43] K. L. Schmidt, ThW III S. 524, 15 ff.
[44] Vgl. meinen Johannes-Kommentar (Meyers Kommentar) S. 284 f.
[45] Darüber ausführlich K. L. Schmidt, Festgabe für Deißmann S. 273 ff; ThW III S. 528 ff.
[46] Hierüber und über die meist motivierten Ausnahmen s. O. Linton, Das Problem der Urkirche, S. 143, 3. — Daß der Begriff des οἰκοδομεῖν keine Schwierigkeiten macht (K. L. Schmidt, Festgabe 288 f), zeigt Ph. Vielhauer, Oikodome (Diss. Heidelberg 1939), 1940, S. 70 ff (vgl. S. 16 ff).
[47] 1Kor 10,32; 11,22; 15,9; Gal 1,13; 1Tim 3,15.

Die Beispiele zeigen zugleich die Verwandtschaft der Begriffe ἐκκλησία und λαός durch Verbindung oder Parallelisierung.

Im späteren Judentum ist der Begriff des Gottesvolkes, der Gottesgemeinde, zugleich zu einem *eschatologischen* Begriff geworden. Einmal deshalb, weil das Gottesvolk in der Gegenwart unter die Völkerwelt zerstreut ist und als solches erst in der Heilszeit wieder vereint sein wird[48]. Sodann auch deshalb, weil das empirisch vorhandene Volk aus Frommen und Gottlosen gemischt ist, während die Gemeinde Gottes nur aus den Frommen bestehen wird. Das echte Israel ist das der πτωχοί und πένητες[49], der φοβούμενοι κύριον[50], der ὅσιοι[51], der ἀγαπῶντες τὸν κύριον[52], und solche Ausdrücke können in synonymem Parallelismus mit Ἰσραήλ stehen[53].

Natürlich bilden die πτωχοί, die zum echten, jetzt verborgenen und dereinst offenbaren Gottesvolk gehören, nicht etwa eine Sondersynagoge[54]. Von der συναγωγή ist die ἐκκλησία unterschieden als die ideale bzw. eschatologische Einheit der einzelnen συναγωγαί[55]. So werden PsSal 17,18 die Frommen bezeichnet als οἱ ἀγαπῶντες συναγωγὰς | ὁσίων, und der Parallelismus PsSal 10,7 f zeigt, daß dem Sing. ἐκκλησία der Plur. συναγωγαί entspricht:

> καὶ ὅσιοι ἐξομολογήσονται ἐν ἐκκλησίᾳ λαοῦ,
> καὶ πτωχοὺς ἐλεήσει ὁ θεὸς ἐν εὐφροσύνῃ Ἰσραήλ.
> ὅτι χρηστὸς καὶ ἐλεήμων ὁ θεὸς εἰς τὸν αἰῶνα,
> καὶ συναγωγαὶ Ἰσραήλ δοξάσουσιν τὸ ὄνομα κυρίου.

Da das eigentliche Gottesvolk in der Gegenwart gar nicht zur Erscheinung kommt, redet der Apokalyptiker von der Zeit, „wenn die Ge-

---

[48] Hoffnung und Gebet gehen auf die Sammlung Israels (BOUSSET-GRESSMANN, Die Religion des Judentums³, S. 236 f); vgl. Sir 33,13 a; 36, 16 b; PsSal 11 par.; Bar 4,36 bis 5,9; die 10. Bitte des Schemone esre; vgl. auch die aus jüdischem Gebet übernommenen Bitten Did 9,4; 10,5.
[49] PsSal 5,2.13; 10,7; 15,2.   [50] PsSal 2,37; 3,16; 5,21.
[51] PsSal 2,40; 4,7.9; 10,7; 13,11; 14,2.   [52] PsSal 4,29; 6,9; 10,4; 14,1.
[53] PsSal 5,21; 10,6 f; 14,2 f.
[54] K. L. SCHMIDT (Festgabe 278 f) meint aus der συναγωγή Ἀσιδαίων bzw. γραμματέων 1Makk 2,42; 7,12 schließen zu können, daß schon zur Zeit des Antiochus Epiphanes eine „Sondersynagoge der ‚Frommen' " bestand, die sich um die Gesetzeslehrer geschart habe. Aber in 7,12 handelt es sich nur um eine Schar von Schriftgelehrten und ebenso 2,42 um eine Schar von Ἀσιδαῖοι; diese sind aber, wie L. GULKOWITSCH (Die Entwicklung des Begriffes Hasid im AT [1934], S. 28 ff) gezeigt hat, nicht eine Partei oder Gruppe, sondern die für die nationale Freiheit kämpfenden Juden überhaupt.
[55] Natürlich kann daneben ἐκκλησία auch von der empirischen Gesamtgemeinde (1Makk 4,59) oder von der Einzelversammlung (1Makk 14,19) ausgesagt werden.

meinde der Gerechten sichtbar werden wird" (äthHen 38,1), und verheißt: „die Gemeinde der Heiligen und Auserwählten wird gesät, und alle Auserwählten werden an jenem Tage vor ihm stehen" (äthHen 62, 8). Die Frommen sind gleichsam prädestiniert für jenen Tag: ὅτι τὸ σημεῖον τοῦ θεοῦ ἐπὶ δικαίους εἰς σωτηρίαν (PsSal 15,8). Oder: ἐν τῷ καιρῷ ἐκείνῳ σωθήσεται λαός σου πᾶς ὁ γεγραμμένος ἐν τῇ βίβλῳ (Dan 12,1).

Wenn nun Jesus — und zwar, wie der Zusammenhang zeigt, als der Messias — sagt: . . . οἰκοδομήσω μου τὴν ἐκκλησίαν, so kann kein Zweifel sein, daß diese ἐκκλησία das eschatologische Gottesvolk ist, das ihm als dem Messias zu eigen ist. Ebenso ist aber auch deutlich, daß dieses eschatologische Gottesvolk verkörpert ist in einer empirischen, organisierten Gemeinde, deren Leiter Petrus ist, dem die Lehr- und Disziplinargewalt über diese Gemeinde übergeben wird[56]. Innerhalb des jüdischen Volkes wird eine solche Gemeinde so etwas wie eine „Sondersynagoge" darstellen.

Dann steht die Frage so: läßt es sich angesichts der übrigen Verkündigung Jesu verstehen, daß er eine „Sondersynagoge" als Repräsentantin des eschatologischen Gottesvolkes gründen wollte, wie Kattenbusch[57] und K. L. Schmidt[58] meinen? Oder ist die Vorstellung, daß eine „Sondersynagoge" die eschatologische Gottesgemeinde darstelle, nur verständlich als Ausdruck des Selbstverständnisses der Urgemeinde, die sich ja in der Tat als die ἐκκλησία der ἅγιοι wußte, und die doch notgedrungen in der Form einer Sondergemeinschaft innerhalb des jüdischen Volkes existieren mußte? Eine solche wird sie — eben notgedrungen — erst allmählich, wie sich schon darin spiegelt, daß die synoptische Überlieferung Jesus am sabbatlichen Gottesdienst beliebiger Ortssynagogen teilnehmen läßt[59]. Auch zeigt Mk 13,9 parr., daß sich die Anhängerschaft Jesu zunächst noch der Jurisdiktion der Ortssynagogen unterstellt weiß. Im Laufe der Zeit kommt es dann zum Ausschluß aus dem Synagogenverband[60]. Jesus müßte also eine Weissagung gegeben haben, die in der Geschichte der Urgemeinde erst allmählich ihre Erfüllung fand.

Die Frage stellen, heißt, wie mich dünkt, im Grunde schon, sie entscheiden: Mt 16,17—19 ist eine Gemeindebildung. Das ist eigentlich

---

[56] Vgl. Gesch. d. synopt. Trad.², S. 147, 1.
[57] Festgabe f. Harnack S. 166.
[58] Festgabe f. Deißmann S. 278.
[59] S. GOETZ, Petrus S. 24 ff.
[60] Vgl. das ἀφορίζειν Lk 6,22 (gegen Mt 5,11); ferner Joh 9,22; 12,42; 16,3.

auch schon dadurch entschieden, daß es heißt: μου τὴν ἐκκλησίαν. Denn es ist wohl begreiflich, warum K. L. Schmidt sagt, „man sollte wirklich nicht so viel Wesens machen von dem μου bei ἐκκλησίαν"[61]; denn dieses μου ist ihm unbequem. Aber Loisy hat völlig recht: „S'il avait parlé de l'église, Jésus n'aurait pas plus dit ‚mon église' qu'il ne disait ‚mon royaume'; mais, au temps de Matthieu, et dans l'esprit de cet évangéliste, le Christ n'est plus seulement l'agent du royaume et le représentant de Dieu, il est entré pleinement dans la sphère de la divinité, il agit en Dieu, tout-puissant au ciel et sur la terre ... et ses fidèles lui rendent un cult divin, ils sont devenus son église."[62]

Wenn man nun wie Kattenbusch[63] und Schmidt[64] | *die Gründung einer solchen „Sondersynagoge" schon in die irdische Zeit Jesu verlegt*, indem man sie in der Berufung eines ausgewählten Jüngerkreises erblickt, so müßte man sich bewußt sein, daß *man damit nicht die Weissagung von Mt 16,18 erklärt;* denn diese geht nicht auf schon Gegenwärtiges, sondern auf Zukünftiges. „Die Worte οἰκοδομήσω μου τὴν ἐκκλησίαν weisen ja auf die Zukunft und nicht auf ein im Kreis der Zwölf schon Begonnenes oder bereits Bestehendes. Sie entsprechen vielmehr der auch 1Hen 53,6 bezeugten jüdischen Hoffnung, daß der Messias das Haus der Versammlung werde erscheinen lassen."[65]

Kattenbusch sucht dieser Schwierigkeit freilich dadurch zu entgehen, daß er das Futur οἰκοδομήσω auf das *Abendmahl* als den eigentlichen Akt der Gründung der ἐκκλησία vorausweisen läßt[66]. Nun läßt sich wohl sagen, daß die Abendmahlstexte das Bestehen einer — wenigstens einigermaßen — organisierten Gemeinde voraussetzen, in der das Mahl als Sakrament gefeiert wird. Denn offenbar setzt die sakramentale Feier voraus, daß der Tod Jesu (sein dahingegebener Leib und sein vergossenes Blut) als Opfertod den eschatologischen Bund zwischen Gott und

---

[61] Festgabe f. Deißmann S. 290, 1.
[62] Les Évangiles synoptiques II S. 9.
[63] Festgabe f. Harnack S. 162 ff.
[64] Festgabe f. Deißmann S. 290 ff; vgl. S. 293: „Mit den Jüngern wird der k^ehal jahwe konstituiert.... Die Frage, ob Jesus seine Jünger zur ἐκκλησία gemacht hat, muß bejaht werden."
[65] GOETZ, Petrus S. 24. Richtig VIELHAUER, Oikodome S. 74: „Das Futur οἰκοδομήσω weist voraus auf die Auferstehung." Die Bedeutung des Futur betont im Gegensatz zu SCHMIDT auch E. LOHMEYER, Grundlagen paulinischer Theologie (1929), S. 158, 1 (er bezieht das Futur freilich auf die Parusie). Vgl. L. BRUN, ZsystTh 14 (1937), S. 90. Dagegen bestreitet JOACH. JEREMIAS (ThW III S. 749, 16 ff) den futur. Sinn von δώσω m. E. mit Unrecht.
[66] Festgabe f. Harnack S. 168 ff.

seinem Volk gestiftet hat, an dem der Einzelne durch den sakramentalen Genuß von Leib und Blut teilgewinnt.

Dann aber erhebt sich hier wieder die historisch-kritische Frage, ob die überlieferten Abendmahlsworte dem geschichtlichen Jesu zuzutrauen sind, — Worte, in denen nicht weniger als drei verschiedene Interpretationen des Todes Jesu kombiniert sind! 1. Der Gedanke des Todes als Sühnopfers (ἐκχυννόμενον ὑπὲρ πολλῶν Mk 14,24, von Mt 26,28 zutreffend ergänzt: εἰς ἄφεσιν ἁμαρτιῶν; bei Paulus 1Kor 11,24 ersetzt durch das zu τοῦτό μού ἐστιν τὸ σῶμα gesetzte ὑπὲρ ὑμῶν). 2. Der Gedanke des Bundesopfers (τὸ αἷμά μου τῆς διαθήκης Mk 14,24; Mt 26,28; vgl. 1Kor 11,25). 3. Der eigentlich sakramentale Gedanke, der in dem τοῦτό ἐστιν ausgesprochen ist, mit dem Brot und Wein zum Genuß dargeboten werden. Und zwar ist dieses der beherrschende Gedanke; denn der Akt ist ja zunächst und vor allem eine Mahlzeit.

Ist nun diese Kombination, die sich auch durch die Schwerfälligkeit des Textes Mk 14,24; Mt 26,28 (dem gegenüber 1Kor 11,24 f eine Glättung ist) als sekundär erweist, in einem Worte des geschichtlichen Jesus denkbar? Ist zumal der Gedanke des sakramentalen Mahles, durch welches die Wirkung des Todes angeeignet wird, nicht überhaupt erst in der hellenistischen Gemeinde denkbar?

Ich kann Hans von Sodens Interpretation von 1Kor 11,24 f[67] nicht für richtig halten. Er meint, τοῦτο τὸ ποτήριον bedeute nicht: der Becher „ist" (= enthält) mein Blut; sondern: er ist (= vollzieht) die Stiftung durch das Blut. Mag der Satz dieses *auch* bedeuten, — jedenfalls aber bedeutet er m.E.: der Becher *enthält* mein Blut; denn er wird ja getrunken! Und auch 1Kor 10,16 zeigt doch, daß durch das gemeinsame Trinken des Bechers die κοινωνία hergestellt wird. Ferner: zu dem ὑπὲρ ὑμῶν, das Paulus beim Brotwort bringt, sei wahrscheinlich nicht ein κλώμενον, θρυπτόμενον oder διδόμενον zu ergänzen (wie sekundäre Textzeugen es faktisch tun), sondern das ὑπὲρ ὑμῶν bestimme den Leib als „den für euch, dh der es für euch, um euretwillen ist, = zu dem ihr gehört, in den ihr aufgenommen seid"; und dadurch werde das σῶμα des Sakraments von dem σάρξ-Leibe des geschichtlichen Jesus differenziert. Aber schon V. 27 zeigt, daß gar nicht zwischen dem getöteten σάρξ-Leibe und dem δόξα-Leib unterschieden werden darf. Wie schon nach primitivem Sakramentsglauben der getötete Leib der Kultgottheit eben zugleich der machterfüllte, wirkungskräftige Leib ist, so ist für Paulus der δόξα-Leib mit dem am Kreuz getöteten Leib identisch. Wer den sakramentalen Leib und das sakramentale Blut unwürdig genießt, der macht sich eben am Tode Christi mitschuldig. Und wenn es Röm 7,4 heißt: καὶ ὑμεῖς ἐθανατώθητε τῷ νόμῳ διὰ τοῦ σώματος τοῦ Χριστοῦ, so ist dieses σῶμα der getötete Leib Christi, der als solcher (vermöge seiner Auferstehung) zugleich der wirkungskräftige δόξα-Leib ist.

---

[67] Sakrament und Ethik bei Paulus (Marburger theol. Studien I [1931]), S. 28 f [= H. v. Soden, Urchristentum und Geschichte I (1951), 264 f].

Im Mk-Text stoßen sich die zu τὸ αἷμά μου gesetzten Attribute: τῆς διαθήκης und τὸ ἐκχυννόμενον, und speziell ist das τῆς διαθήκης unverträglich mit dem μου; es wird also sekundärer Zusatz sein. Die paulinische Form ist eine Glättung des Textes, der das τὸ ἐκχυννόμενον ὑπὲρ πολλῶν zum Opfer gefallen ist; es ist durch das zum Brotwort gesetzte τὸ ὑπὲρ ὑμῶν ersetzt worden. Vgl. W. Wrede, ZNW 1 (1900), S. 69—74. Umgekehrt hält M. Dibelius (Formgesch. des Evg.² S. 207—212) das τὸ ἐκχυννόμενον ὑπὲρ πολλῶν für ein sekundäres Interpretament und die Form des Kelchwortes bei Paulus für primär. Richtig ist daran so viel, daß in der Tat das τὸ ἐκχυννόμενον ὑπὲρ πολλῶν *auch* ein Interpretament ist, aber ein älteres als τῆς διαθήκης. Das Ursprüngliche dürfte sein:

τοῦτό ἐστιν τὸ σῶμά μου,
τοῦτό ἐστιν τὸ αἷμά μου.

Denn das primäre Element müssen doch die Worte sein, die die *Handlung* interpretieren. Diese bringt als solche den Gedanken der sakramentalen Communio zum Ausdruck; und die Worte besagen, wodurch die Communio hergestellt wird. Alles Übrige sind Interpretamente.

Aber selbst abgesehen von diesen Erwägungen ist es nicht möglich, im Abendmahl die Erfüllung der Weissagung Mt 16,18 zu sehen. Schon daß Mk und Lk jene Weissagung nicht bringen, zeigt mindestens, daß die Einsetzung des Herrenmahles zu ihrem Verständnis der Weissagung nicht bedarf. In der Tat weist kein Wort in den Abendmahlstexten darauf hin, daß jetzt die Gründung der ἐκκλησία erfolgt. Es ist auch bezeichnend, daß es bei Mk und Mt ὑπὲρ (bzw. περὶ) π ο λ λ ῶ ν heißt und nicht (wie Paulus und der von ihm beeinflußte Lk-Text sagen) π ε ρ ὶ ὑ μ ῶ ν, wie man doch erwarten müßte, wenn die hier versammelten Jünger jetzt die ἐκκλησία konstituieren sollten, wie denn auch jede Bezugnahme auf Petrus als den Felsen, auf dem die ἐκκλησία erbaut wird, fehlt. Vor allem aber: die Abendmahlsworte zeigen deutlich, *wann und wodurch die* ἐ κ κ λ η σ ί α, *das neue Gottesvolk, begründet wird: im Tode Jesu*[68]. Denn diesen Sinn hat es doch, wenn der Kelch als das Bundesblut bezeichnet wird: das neue Gottesvolk entsteht dadurch, daß ein neuer Bund geschlossen wird; und ist Jesu Blut das Bundesblut, so heißt das eben: die Entstehungsstunde der ἐκκλησία ist der Tod Jesu[69]. Da der

---

[68] So richtig H. D. WENDLAND, Die Eschatologie S. 193 ff.
[69] Phantastisch sucht KATTENBUSCH (aaO 169) seine Auffassung wahrscheinlich zu machen: „In erster Linie kam es ihm (Jesus) darauf an, die Jünger zu *vergewissern*, daß er das heilige Mahl *stets selbst mit ihnen* halten werde: so *handgreiflich* für sie das Brot sei, sein „Leib", *so sicher* sei er da „bei ihnen", so gewiß könnten sie da ihn und den Himmel (πνευματικῶς) *schauen.*" Damit sind die Worte, die die Handlung interpretieren, ignoriert; ignoriert auch das οὐκέτι οὐ μὴ πίω κτλ. Mk 14,25 parr., und es wird die groteske Vorstellung heraufbeschworen, daß Jesus selbst — wenn er das Mahl mit ihnen halten wird — seinen Leib verzehrt und sein Blut trinkt! — K. L. SCHMIDT folgt hier denn auch KATTENBUSCH nur mit Einschränkungen (Festgabe f. Deißmann S. 295 f).

Tod und die Auferstehung eine Einheit bilden — der Tod ist ja nur kraft der Auferstehung das, was er ist —, so läßt sich natürlich auch sagen: die Auferstehung ist die Entstehungsstunde. Es kann also keine Rede davon sein, daß die Verheißung von Mt 16,17—19 auf das Abendmahl vorausweist; sie weist vielmehr voraus auf die Zeit nach Tod und Auferstehung Jesu.

3. a) Es bleibt nun aber noch übrig, nach dem *Verhältnis von Mt 16,17—19 zur übrigen Verkündigung Jesu* ausdrücklich zu fragen. Jesus hat — daran ist ja kein Zweifel — das bevorstehende Hereinbrechen der Gottesherrschaft verkündigt; ja, er hat sein eigenes Auftreten als Zeichen des bevorstehenden Ereignisses verstanden: in ihm selbst — in seinem Wort und in seinem Handeln — wirkt die Gottesherrschaft schon voraus. Seine Verkündigung war eschatologische Predigt, sein eigenes Auftreten ein eschatologisches Phänomen[70].

Wie kann er für die Zukunft die Entstehung einer organisierten Gemeinde von Anhängern ins Auge gefaßt und für sie den Petrus als Inhaber der Lehr- und Disziplinargewalt bestellt haben! Er hat den „Armen", die in Hunger und Tränen auf das Heil warten, die Erfüllung in der Gottesherrschaft verheißen (Lk 6,20 f par.). Soll solche Verheißung wirklich auf eine Zeit kirchlich-organisierten Daseins gehen? Jetzt, da die Herrschaft des Satans schon gebrochen ist (Mk 3,27; Lk 10,18), da die Dämonen vor seinem Worte fliehen (Lk 11,20 par.), da „die Blinden sehen und die Lahmen gehen . . ." (Mt 11,9 par.), — jetzt kündet sich das Kommen der Gottesherrschaft in vorauswirkenden Kräften an. Und jetzt sollte erst noch eine Zeit kommen, da das „Binden und Lösen" eine notwendige Maßregel ist, um den Bestand der Gemeinde zu erhalten? Nein, jetzt ist die Entscheidungszeit, und wehe dem, der jetzt die Zeichen der Zeit nicht versteht (Lk 12,54—56)! Jetzt bricht die Zeit an, nach der sich Propheten, Könige, Gerechte der Vorzeit gesehnt haben (Mt 13,16 f par.). Soll solche Sehnsucht dadurch erfüllt werden, daß eine Gemeinde innerhalb des jüdischen Volkes unter der Leitung des Petrus organisiert wird?

Doch genug solcher Fragen, deren es seit J. Weiß eigentlich nicht bedürfen sollte[71]!

---

[70] Vgl. W. G. Kümmel, Eschatologie d. Evangelien S. 4 ff.

[71] Es kommt mir komisch vor, wenn Schmidt (Festgabe S. 291, 1) mir vorwirft, daß in meiner Geschichte der synopt. Tradition nicht die Einzelkritik durch eine Gesamtanschauung ergänzt werde. Ich dächte, meine Gesamtanschauung vom eschatologischen Wirken Jesu nicht verborgen zu haben; nur ist es nicht gerade die Gesamtanschauung Schmidts.

Aber, wendet man ein, das Wirken Jesu hat sich doch nicht darauf beschränkt, die eschatologische Botschaft durch Wort und Tat zu verkündigen! Es sei auch ein „Gemeinschaft stiftendes Handeln" gewesen[72], und es habe auch *die Gewinnung eines kleinen ausgesonderten Kreises* als jenes jesajanischen *„Restes"* zum Ziele gehabt. Einerlei ob man nun diesen Kreis schon als „Sondersynagoge" bezeichnen will, oder ob man in ihm den „Grundstock" einer künftigen, erst durch Tod und Auferstehung Jesu konstituierten Kirche sieht, — jedenfalls soll die Berufung und Auswahl dieses Kreises zeigen, daß Jesus als Ergebnis seines Wirkens die Gründung einer ausgesonderten, organisierten Gemeinde im Auge gehabt hat. „In der Berufung der Jüngerschaft und in der Sammlung einer neuen Gemeinde" liegt nach H. D. Wendland das „Zwischenglied" zwischen der alttestamentlichen und der neutestamentlichen Gemeinde[73].

Ja, das Vertrauen auf diese Argumentation ist so stark, daß K. L. Schmidt sagt: „Seine (Jesu) sogenannte Kirchenstiftung steht und fällt nicht mit Mt 16,18, ist nicht ein vereinzelter Akt, von dem dort erzählt ist, sondern ist zu verstehen aus Jesu Gesamthaltung seinem Volk gegenüber, in dem, für das, gegen das er ein Zwölferkollegium[74] als eine besondere k^eništa gesammelt und beauftragt hat, den k^ehal jahwe darzustellen."[75] Und deshalb will sich Leenhardt gar nicht bei der Diskussion der Echtheit von Mt 16,17—19 aufhalten, in der nach seiner Meinung doch literarkritische und philologische Argumente nicht entscheiden können. Indem Jesus als der Messias die Jüngergemeinde sammelt, gründet er die messianische Gemeinde, die Kirche[76]. Ja, Michaelis[77] und Wendland[78] drehen in der Nachfolge Schmidts den Spieß um: *gerade* die eschatologische Botschaft, *gerade* die Erwartung des nahen Endes erforderte die Sammlung des „heiligen Restes"!

Demgegenüber ist zuerst noch einmal zu betonen[79]: *ist das richtig, daß Jesus eine solche Restgemeinde gesammelt hat, so ist damit die Echtheit von Mt 16,17—19 schlechterdings nicht gerettet; denn es heißt nicht* οἰκοδομῶ, *sondern* οἰκοδομήσω.

---

[72] WENDLAND, Eschatologie S. 146.
[73] Eschatologie S. 148.
[74] So offenbar statt „Zwölferkolloquium" zu lesen.
[75] Festgabe f. Deißmann S. 291 f.
[76] Études S. 19 ff.
[77] Täufer, Jesus, Urgemeinde S. 109.
[78] Eschatologie S. 151 ff.
[79] S. o. S. 264.

3. b) Aber wie steht es mit der These von der *Sammlung der Restgemeinde durch Jesus?*[80] Wenn Schmidt sagt: „Aus der Menge des jüdischen Volkes hat Jesus eine kleine Schar ausgesondert, die in scharfem Gegensatz zu den pharisäischen Schriftgelehrten und schließlich zum ganzen Volk, das ‚sich verstockte', stand"[81], so ist das im wesentlichen richtig[82], insofern damit das faktische *Ergebnis* des Wirkens Jesu bezeichnet ist. Und in diesem Sinne ist es auch richtig, daß die Zwölf der „Grundstock der neuen Gemeinde" sind[83]. Eine ganz andere Frage ist es aber, ob damit die *Absicht* Jesu richtig gekennzeichnet ist. Ich wüßte nicht, daß die Quellen den anderen Satz Schmidts bestätigen: „Die Stellung Jesu zu seinem Volk ist einerseits damit gegeben, daß er versucht hat, das ganze Volk, ganz Israel zu gewinnen, und andrerseits damit, daß er sich dann doch auf seine Jünger als den Rest Israels zurückgezogen hat."[84] Denn nirgends wird in der Überlieferung ein solcher Zeitpunkt eindeutig sichtbar, von dem ab Jesus auf die Gewinnung des ganzen Volkes verzichtet und sich auf die Bildung und Ausbildung eines geschlossenen, abgesonderten Jüngerkreises beschränkt hätte. Jesu Auftreten in Jerusalem zeigt, wie schon Holtzmann richtig betont hatte[85], nichts davon. Nirgends auch taucht der jesajanische Begriff des „Restes" auf[86]. Hat Jesus gewußt, daß „Viele gerufen, aber nur Wenige auserwählt" sind (Mt 22,14), so hat er doch nicht diese Wenigen, sondern eben die Vielen gerufen und die Auswahl Gottes überlassen.

Nun gibt es freilich in der synoptischen Tradition Herrenworte, die voraussetzen, daß die Anhänger Jesu einen aus dem Volke ausgesonderten Kreis bilden, wie die Seligpreisung der um seinetwillen Verfolgten (Mt 5,11 f = Lk 6,22 f) oder die Tröstung des μικρὸν ποίμνιον (Lk 12,32), — ebenso wie es Herrenworte gibt, die über das Ausbleiben der Parusie trösten und mahnen, die Bereitschaft nicht preiszugeben[87]. Aber

---

[80] Richtig sagt Kümmel in seiner Polemik gegen Kattenbusch und Schmidt (Eschatologie d. Evangelien 13 f): „Es ist charakteristisch, wie stark in dieser ganzen Erörterung systematische Konstruktion die exegetische Fragestellung verdrängt hat."
[81] Festgabe S. 290.
[82] Die schematische Vorstellung von den „pharisäischen Schriftgelehrten" als den Gegnern Jesu halte ich für falsch; s. Geschichte der synopt. Tradition² S. 54 ff.
[83] Wendland, Eschatologie S. 160. — Richtig Fr. C. Grant, Anglic. Theol. Rev. 21 (1939), S. 191.
[84] Festgabe S. 296.
[85] S. o. S. 256.
[86] Gloeges Ausführungen über die Restgemeinde (Reich Gottes und Kirche S. 241 ff) sind eine phantastische Konstruktion.
[87] Mk 9,1; 13,33—37; Lk 12,35—38 usw., s. Geschichte der synopt. Tradition² S. 134.

kann es zweifelhaft sein, daß wir darin Bildungen der Gemeinde oder wenigstens von ihr redigierte Worte haben? Ebenso steht es doch mit den Worten, in denen von dem Fastenbrauch die Rede ist, der in der Gemeinde nach dem Tode Jesu üblich sein wird (Mk 2,20), und von dem sie von den Johannesjüngern unterscheidenden Gebet (Lk 11,1), ebenso mit der Geschichte von der Tempelsteuer (Mt 17,24—27). Daß hier Bildungen der Gemeinde bzw. der Evangelisten vorliegen, ist deutlich. Das Charakteristische solcher Worte ist doch, daß in ihnen die Existenz einer Jüngergemeinde naiv vorausgesetzt ist. Ein Herrenwort, das die Gemeinde zusammenriefe und aus dem Volk herausriefe, ist nicht überliefert. Und eben indem | solche Worte jene Voraussetzung machen, zeigen sie, daß sie aus der Gemeinde stammen.

Aber ausdrücklich ausgewählt und berufen hat Jesu doch *die Zwölf*! Läßt man die Frage dahingestellt, ob er das wirklich getan hat, und ob nicht die Zwölf erst eine Institution der Urgemeinde sind, so zeigt doch die Überlieferung nicht im mindesten, daß mit ihnen der $k^e hal$ $jahweh$ konstituiert wird, wie Schmidt behauptet[88]. „Que Jésus se soit voué à la formation de ses disciples afin de les associer à son oeuvre, ce n'est pas encore l'église; car les apôtres n'avaient toujours à prêcher que le royaume, et ils n'avaient pas été chargés de l'organiser provisoirement dans une institution quelconque."[89] Wo sie als die Zwölf berufen werden (Mk 3,14 f; Mt 10,1; Lk 6,13), werden sie als *Verkündiger* berufen, wie Mk ausdrücklich sagt, wie sich bei Mt aus dem Zusammenhang (9,37 f/10,1 ff) ergibt, und wie Lk durch die Beilegung des Namens ἀπόστολοι deutlich zu verstehen gibt. So werden sie denn auch zur Predigt entsandt (Mk 6,7 ff; Mt 10,5 ff; Lk 9,1 ff). Und dabei ist nicht etwa davon die Rede, daß sie einen „Rest" sammeln sollen; sondern ihr Auftrag geht an das ganze Volk[90].

Natürlich kann man sagen, daß durch die Verkündigung — sei es die Jesu, sei es die der Jünger — faktisch eine Gemeinde gesammelt wurde. Aber das Entscheidende ist doch 1., daß weder Jesus noch (nach den Aus-

---

[88] Festgabe S. 293.
[89] LOISY, Les Évangiles synoptiques S. 9.
[90] Daß sie zum „Dienst an der Gottesherrschaft" berufen seien, und daß ihre Botschaft eine „Wegbereitung des Reiches Gottes" sei (WENDLAND, Eschatologie S. 152. 157), ist eine verkehrte Formulierung. Einen „Dienst" an der eschatologischen Gottesherrschaft kann es nicht geben, und man bereitet ihr den Weg nicht. Vielmehr kommt sie von selbst; und die Predigt Jesu und der Jünger hat den Sinn, das Volk auf ihr Kommen vorzubereiten.

sendungsreden) die Jünger die Absicht des Sammelns hatten[91], 2. daß diejenigen, die sich der Botschaft willig öffneten, zu einer gesammelten Gemeinde erst nach Ostern wurden. Daß „ein eschatologischer, vom Reichsbegriff abhängiger Gemeindebegriff schon in der Geschichte Jesu tief verwurzelt" sei[92], ist insofern richtig, als die Ostergemeinde natürlich auf die Reichspredigt Jesu zurückgeht, und auch insofern, als die dem Reiche Gottes Angehörigen natürlich eine Gemeinde, die Gottesgemeinde darstellen. Der *Begriff* einer eschatologischen Gemeinde geht nicht erst auf Jesu Reichspredigt zurück, sondern ist schon jüdisch[93].

Oder erfahren wir von den *Zwölfen* noch Anderes, so daß wir unser Urteil modifizieren müßten? Gewiß, es werden ihnen besondere Verheißungen gegeben wie die Verheißung reicher Vergeltung im kommenden Aion (Mk 10,28—30 parr.)[94], oder die Verheißung der Herrschaft über die zwölf Stämme Israels (Mt 19,28 = Lk 22,28—30). Nirgends aber ein Wort davon, daß durch die Zwölf der $k^e hal\ jahweh$ „konstituiert" werde, daß sie „beauftragt" würden, ihn „darzustellen"[95], daß sie der „Grundstock der neuen Gemeinde" seien[96]. Auch dem Wunsche der Zebedaiden liegt ein solcher Gedanke fern. Und könnte man etwa aus Worten wie Mt 5,13—16 und Mk 4,11 auf besondere Aufgaben und Rechte der Zwölf schließen, so ist doch klar, daß diese Worte sekundär sind, und zwar nicht einmal als eigentliche Gemeindebildungen, sondern als individuelle Neubildungen des Evangelisten (Mk 4,11) oder als evangelische | Redaktion alter Herrenworte (Mt 5,13—16; vgl. Lk 14,34 f; 11,33; bzw. Mk 9,50; 4,21).

3. c) Je weniger aber die Behauptung, Jesus habe seine Aufgabe darin gesehen, die messianische Rest-Gemeinde zu sammeln, an den Quellen ausgewiesen werden kann, desto mehr stützt man sich auf ein *messianisches Dogma*, das Jesus aus der Reflexion auf Dan 7 gewonnen haben soll. Hier meint Kattenbusch den „Quellort der Kirchenidee" gefunden zu haben[97], und andere sprechen es ihm nach. Jesus habe die

---

[91] Die Terminologie des „Sammelns" fehlt wie die des „Restes". Vgl. dagegen Joh 11,52. — Mt 12,30 ist ein Bildwort, das natürlich nicht hierher gehört.
[92] WENDLAND, Eschatologie S. 163.
[93] S. o. S. 262 f.
[94] Ich konzediere hier nur hypothetisch dieses Wort als an die Zwölf gerichtetes. Schwerlich sind mit den ἡμεῖς, für die Petrus Mk 10,28 spricht, ursprünglich die Zwölf gemeint.
[95] K. L. SCHMIDT, Festgabe S. 293. 292.
[96] WENDLAND, Eschatologie S. 160. — Richtig KÜMMEL, Eschatologie d. Evangelien 14.
[97] Festgabe f. Harnack S. 160 ff.

Danielweissagung vom Menschensohn, der mit den Wolken des Himmels kommt, auf sich bezogen. Da nun dieser Menschensohn Dan 7 als das „Volk der Heiligen des Höchsten" gedeutet werde, habe er in bezug auf sich selbst die Unterscheidung machen müssen, wonach er als Individuum, als Jesus von Nazareth, der persönliche Sohn Gottes sei, während er als Menschensohn zugleich der berufene Herr und Repräsentant eines besonderen Volkes, des Volkes der Heiligen, sei:

> „Er wußte nun, daß fortan alles, was er als *Jesus* der Gottessohn in Anspruch nehme, von sich anderen kundgebe, tue oder lasse, etwas unter den Menschen *verwirklichen* müsse, nämlich dies, daß sie den *Christus*, den Messias an ihm *begreifen* könnten und vor die innere Nötigung gestellt würden, ihn in seiner vor ihnen *deutlich* offenbar zu machenden Art als solchen *anzuerkennen*. Er mußte sich nun in seinem persönlichen Wesen so ausgestalten, daß er wirklich der Typus eines ‚Volks' der ‚Heiligen des Höchsten' werde, zu sein behaupten *dürfe*. Und er mußte dieses *Volk* auch als solches *herausbilden*, ‚schaffen' unter den Menschen. Es lag in seiner Erkenntnis über sich, die er aus Daniel gewonnen, daß er seinen *Belang* für *Gott* daran habe, *ob* und *wie* er ihm Menschen gewinne, an denen und durch die seine (Gottes) Herrschaft über die ganze Welt aus einer Weissagung, Verheißung zur *Tatsache*, zum *Welt*geschehen werde — soweit ‚Menschen' dabei überhaupt etwas sein (werden) und tun sollen. . . Als der ‚Menschensohn' hatte Jesus nicht mehr, wie der ‚Gottessohn', *allein* mit Gott und für Gott zu leben, sondern unter *Jüngern*, die er sich gewann und so unter sich zusammenfaßte, daß sie ‚zur Einheit' eines *Volkes* unter seiner d. i. *Gottes* Herrschaft wurden. Es ist Jesu unvergleichliche Größe, daß und wie er den Menschensohn ἐν σαρκί zu einer *Wirklichkeit* zu gestalten, den, welchen Daniel geschaut, in die *Geschichte* hineinzustellen vermocht hat."[98]

Das ist eine phantastische Konstruktion. Kattenbusch bedarf des Umwegs über Dan 7 deshalb, weil er das Problem lösen will, wie Jesus vom Bewußtsein, der *Gottessohn* zu sein, zu dem Bewußtsein kommt, der *Messias-Menschensohn* zu sein. Dieses Problem aber ist eine Einbildung; und eine Einbildung ist es, daß Jesus in sich zwischen dem Gottessohn, der er als Individuum, als Jesus von Nazareth, war, und dem Messias als Herrn eines Volkes unterschieden hätte. Als ob „Sohn Gottes" innerhalb der jüdischen Sphäre überhaupt etwas anderes bedeuten könnte als eben Messias.

Der Titel „*Sohn (Gottes)*" begegnet *in Herrenworten* — vom Gleichnis Mk 12,6 parr. und vom Taufbefehl Mt 28,19 abgesehen — nur Mk 13,32 und Mt 11,27 = Lk 10,22. Was Mk 13,32 betrifft, so nimmt selbst G. Dalman daran Anstoß und findet hier „Beeinflussung des Textes durch die Redeweise der Kirche"; er vermutet, daß der Schluß des Wor-

---

[98] Festgabe S. 160 f. Alle Hervorhebungen von K.

tes (οὐδὲ ὁ υἱὸς εἰ μὴ ὁ πατήρ) Zusatz ist[99]. Und Mt 11,27 par. dürfte ein hellenistisches Offenbarungswort sein, dessen Sprecher eine mythische Person ist[100]. Es konnte Jesus von der Gemeinde in den Mund gelegt werden, sobald er für sie zur mythischen Person geworden war.

Was aber den eigentlichen *Sinn des Titels „Sohn Gottes"* betrifft, so sind die Aussagen darüber völlig eindeutig, daß er die „feierliche messianische Bezeichnung Jesu nach seiner Würde und Machtstellung" ist[101]. Das zeigt die Stimme bei der Taufe und bei der Verklärung (Mk 1,11; 9,7) ebenso wie die Anrede durch den Teufel (Mt 4,3.6 par.) und durch die Dämonen (Mk 3,11; 5,7), wie auch die Huldigung der Jünger vor dem Wundertäter (Mt 14,33) und der Ausruf des Centurio angesichts der τέρατα beim Tode Jesu (Mk 15,39). Die Frage des Hohenpriesters: σὺ εἶ ὁ Χριστὸς ὁ υἱὸς τοῦ εὐλογητοῦ; (Mk 14,61) zeigt die Identität der Begriffe Messias und Gottessohn. Lk bringt sozusagen eine Exegese des Titels, wenn er das Schweigegebot an die Dämonen, die rufen: σὺ εἶ ὁ υἱὸς τοῦ θεοῦ, umschreibt: ... οὐκ εἴα αὐτὰ λαλεῖν, ὅτι ᾔδεισαν τὸν Χριστὸν αὐτὸν εἶναι (4,41). Ebenso bezeichnend ist das Nebeneinander von Lk 22,67: εἰ σὺ εἶ ὁ Χριστός und 22,70: σὺ οὖν εἶ ὁ υἱὸς τοῦ θεοῦ, oder Lk 23,37: εἰ σὺ εἶ ὁ βασιλεὺς τῶν Ἰουδαίων (dh der Messias), σῶσον σεαυτόν. Als dem υἱὸς τοῦ ὑψίστου ist Jesus der Thron Davids bestimmt (Lk 1,32).

Wußte sich also Jesus als den „Sohn Gottes", so wußte er sich von vornherein als den Messias. Er bedurfte dann auch nicht der Danielweissagung, um zu wissen, daß er der Herrscher des Volkes sein werde. Denn der Messias ist der König (der Endzeit), und zu ihm gehört das von ihm beherrschte und beglückte Volk; das versteht sich von selbst. Und hat Jesu Messiasbewußtsein seine spezielle Ausprägung auf Grund der Danielweissagung gewonnen, so ist gerade die Erläuterung Dan 7,27, daß der „Menschensohn" das „Volk der Heiligen des Höchsten" sei, ignoriert und der „Menschensohn" gegen den Danieltext als Individuum verstanden, — wie es ja durchweg in der urchristlichen Literatur der Fall ist.

Der *Menschensohn* von Dan 7 ist ein mythisches Bild. Der Menschensohn als individuelle Messiasgestalt der jüdisch-apokalyptischen Hoffnung — einerlei welches der Zusammenhang zwischen dieser Gestalt

---

[99] Worte Jesu I S. 159.
[100] Vgl. Geschichte der synopt. Tradition² S. 171 f und M. DIBELIUS, Formgeschichte d. Evangeliums² S. 279 ff.
[101] W. STAERK, Soter I (1933), S. 89.

und dem danielischen Bilde ist — ist eine mythische Person[102]. Hat Jesus sich als den Menschensohn bezeichnet — ich lasse dahingestellt, ob er es wirklich getan hat —, so kann er das nur in dem Sinne getan haben, daß er erwartete, dereinst zum Menschensohn erhoben zu werden. Ja, auch wenn man es für möglich hält, daß Jesus sich selbst und sein Wirken völlig mythisch verstanden hätte und sich also schon in der Gegenwart als Menschensohn gewußt hätte, so könnte das doch nur so gedacht werden, daß er sich als den verhüllten, verborgenen Menschensohn gewußt hätte, der *als solcher* erst offenbar werden wird, wenn er mit den Wolken des Himmels kommt. Denn der Menschensohn *als solcher* ist der endzeitliche Richter und Herrscher, nicht ein wundertätiger Prediger oder gar — nach Kattenbusch — ein Pädagog und Organisator. Die Vorstellung vom Messias als einem Lehrer und Organisator, der selbst das Volk, das er als Messias beherrschen soll, beruft und heranbildet, ist ein Anachronismus[103]. Noch bei Paulus ist die echt jüdische bzw. jüdischchristliche Anschauung ganz deutlich. Hat er die ältere Messiasanschauung auch durch die Vorstellung von einer metaphysischen Gottessohnschaft und durch den Präexistenzgedanken modifiziert (und vielleicht ist er damit gar nicht der erste gewesen), so weiß er doch, daß Jesus zum υἱὸς θεοῦ ἐν δυνάμει erst ἐξ ἀναστάσεως νεκρῶν geworden ist[104]. In seinem geschichtlichen Dasein war er ein Mensch wie andere; erst durch seine Erhöhung ist er zum „Herrn" geworden (Phil 2,6—11). So weiß auch die Apostelgeschichte, für die der geschichtliche Jesus ein ἀνὴρ ἀπο|δεδειγμένος ἀπὸ τοῦ θεοῦ ... δυνάμεσι καὶ τέρασι καὶ σημείοις war (2,22), daß dieser Jesus durch die Auferstehung bzw. Erhöhung zum κύριος und Χριστός gemacht worden ist (2,36). Jetzt, zwischen Auferstehung und Parusie, übt Jesus Christus nach 1Kor 15,25 f seine Herrschaft aus.

Wenn Jesus seine Aufgabe in der ihm von Kattenbusch zugeschriebenen pädagogischen Tätigkeit gesehen hat, so hat er sich eben *nicht* als Messias, geschweige als den danielischen Menschensohn gewußt, sondern aus dem Menschensohn etwas ganz anderes gemacht, als dieser

---

[102] Vgl. BOUSSET-GRESSMANN, Die Religion des Judentums³ S. 262 ff; G. F. MOORE, Judaism II (1927), 334 ff.; H. GRESSMANN, Der Messias (1929), S. 343 ff.; P. VOLZ, Die Eschatologie der jüd. Gemeinde (1934), S. 11 ff, 186 ff.

[103] Die rabbinische Vorstellung, daß der Messias, wenn er als solcher, dh als König erschienen ist, auch als Lehrer der Thora auftreten wird (s. P. SEIDELIN, ZNW 35 [1936], S. 194 ff), ist natürlich keine Analogie.

[104] Röm 1,4. — Ich vermute, daß Paulus hier eine ältere Bekenntnisformel zitiert, die er durch Zusätze (κατὰ σάρκα und κατὰ πνεῦμα ἁγιωσύνης) erweitert.

bei Daniel oder sonst in der jüdischen Erwartung war. Er hätte dann *nicht sich nach dem Menschensohn Daniels* verstanden, *sondern diesen nach sich* gedeutet, — nur daß man dann nicht einsieht, aus welchem Grunde er das getan haben sollte. Dem „Menschensohn" im Sinne Kattenbuschs „eine menschliche Seele einhauchen" heißt den Begriff des Menschensohnes preisgeben.

Es ist also unmöglich, aus der Tatsache (wenn sie als solche gelten darf), daß sich Jesus als den Menschensohn-Messias gewußt habe, abzuleiten, daß er sich die Aufgabe gestellt haben müsse, eine Gemeinde zu sammeln und zu erziehen, und mit Hilfe dieser Folgerung dann die Echtheit von Mt 16,17—19 zu begründen. Ebensowenig hat auch die Gemeinde Jesu Messianität in diesem Sinne aufgefaßt, — was speziell dann zu betonen ist, wenn man das Messiasbewußtsein Jesu bezweifelt.

Daß Jesus sich bemüht habe, die Jünger „in ein Verständnis seiner selbst, seiner Art, seiner Aufgabe, seiner Würde hineinzuziehen"[105], ist eine Phantasie. Nach Wrede sollte doch die Rede von der *Jüngerpädagogik* verstummt sein. Von sich selbst redet Jesus zu den Jüngern in den Vaticinia von seinem Leiden, Sterben und Auferstehen. Daß auch die Evangelisten diese Belehrungen nicht als Erziehungsarbeit Jesu an den Jüngern auffassen, zeigt sich darin, daß und wie sie vom Unverständnis der Jünger reden[106]. Und soll die historische Forschung wirklich noch einmal den Nachweis führen, daß jene Vaticinia Vaticinia ex eventu sind?[107] Ich will nur auf eine wohl nicht immer genügend bedachte Tatsache hinweisen. Bei den Synoptikern finden sich zwei Typen von Weissagungen Jesu: 1. die Weissagungen vom Leiden, Sterben und Auferstehen des Menschensohnes[108]. In ihnen fehlt die Weissagung der Parusie. — 2. die Weissagungen der Parusie des Menschensohnes[109]. In ihnen fehlt die Weissagung vom Sterben und Auferstehen, ohne die sie ja eigentlich unverständlich sind, wenn der sie sprechende Jesus selbst

---

[105] KATTENBUSCH, Festgabe S. 162.

[106] W. WREDE, Das Messiasgeheimnis in den Evangelien (1901), S. 93—101.

[107] Vgl. zB WREDE, Messiasgeheimnis S. 82—92; J. WELLHAUSEN, Einleitung in die drei ersten Evangelien² (1911), S. 79—82.

[108] Mk 8,31 parr.; 9,31 parr.; 10,33 f parr. Dazu auch die einzelnen Andeutungen Mk 9,9 par.; 10,45 par.; 14,8 f par. 17—21 parr. 27 f par. 30 f par. 41 par.

[109] Mk 8,38 parr.; 13,26 f parr.; 14,62 parr. Dazu aus der Spruchquelle Mt 24,27.37. 39 (Lk 17,24.26.30); 24,44 (Lk 12,40); Lk 12,8 f (Mt 10,32 f geändert); Mt 19,28 (Lk 22,28 geändert oder aus anderer Überlieferung?). Aus alter Überlieferung (Spruchquelle?) Mt 10,23. Unsicher ist (der von Mt kommentierte) Spruch Mt 12,40 = Lk 11,30.

der kommende Menschensohn zu sein meint. Die beiden Typen — Auferstehungs- und Parusieweissagungen — stehen also unverbunden nebeneinander, wie besonders an dem unausgeglichenen Nebeneinander von Mk 8,31 und 8,38 zum Bewußtsein kommt. Auch Mk 9,1.11—13 ist nur die Parusie vorausgesetzt[110]; die dazwischen geschobene Verklärung[111] enthält den Auferstehungsgedanken. Erst Mt 17,12b bringt das Motiv des anderen Typus (das πάσχειν | des Menschensohnes) hinein. Ebenso kombiniert Lk 17,25 (vgl. Lk 17,23—25 mit Mt 24,26—27) das Leidensmotiv mit der Parusieweissagung. Die Kombination ist natürlich sekundär; die beiden Typen sind einander ursprünglich fremd. Sichtlich ist der Typus der Parusie-Weissagungen der älteste; es ist der palästinensische. Der Typus der Auferstehungsweissagungen, der in der Spruchquelle noch nicht erscheint, ist der spätere, hellenistische. Nach der Analogie der Parusieweissagungen sind auch die Auferstehungsweissagungen in dritter Person formuliert; hier dringt aber die erste Person dann ein: Mk 14,8.17.28.

Endlich ist es ein von Kattenbusch[112] und seitdem oft geäußerter Gedanke, daß Jesus die Umgestaltung des danielischen Menschensohnbildes — das dadurch aber zur Unkenntlichkeit entstellt und in Wahrheit preisgegeben wäre — dadurch vollzogen habe, daß er es mit dem deuterojesajanischen *Bilde vom Gottesknecht* kombiniert habe. Ich vermisse in den Quellen jeden Beleg für diese Behauptung. Daß der leidende Gottesknecht von Jes 53 auf den Messias gedeutet wurde, ist erst in der christlichen Gemeinde bezeugt (zuerst Apg 8,32 f; 1Petr 2,22 ff), und diese Deutung ist ex eventu gefunden worden[113].

Hat sich Jesus für den Menschensohn-Messias gehalten, so folgt daraus nur, daß er erwartet hat, mit seiner künftigen Offenbarung als Messias in Herrlichkeit (paulinisch gesprochen: mit seiner Einsetzung zum Sohn Gottes ἐν δυνάμει) werde zugleich auch das „Gottesvolk" zur Erscheinung kommen, die Gemeinde, auf deren Erscheinen der Apokalyptiker wartet. Seine Verkündigung legt jedem Hörer die Entscheidungsfrage vor, ob er sich bereiten will, dereinst zu dieser Gemeinde zu gehören. Ruft er sein „Heil" über die πτωχοί, die πεινῶντες und κλαίοντες,

---

[110] Mk 9,12b ist eine Interpolation nach Mt 17,12b; s. Geschichte der synopt. Tradition² S. 132.
[111] Vgl. Geschichte der synopt. Tradition² S. 131; so auch R. H. Lightfoot, History and Interpretation in the Gospels (1934), S. 92 f.
[112] Festgabe S. 161; ausführlich früher ZNW 12 (1911), S. 271 ff.
[113] Vgl. meine Auseinandersetzung mit R. Otto in: ThR NF 9 (1937), S. 26—30. Dazu jetzt P. Seidelin, ZNW 35 (1936), S. 194—231.

so redet er nicht zu einer abgesonderten Gruppe, geschweige zu einer „Sondersynagoge", sondern jeder Hörer ist gefragt, ob er sich zu den πτωχοί rechnen will. Der Glaube an seine Auferstehung hat die ἐκκλησία, *seine* ἐκκλησία, konstituiert, — und dafür ist Mt 16,17—19 *das Zeugnis*.

Im übrigen will ich auf Ursprung und Sinn von Mt 16,17—19 hier nicht näher eingehen[114]. Ich widme also Ihnen, lieber Freund, hiermit nur eine kritisch-polemische Studie. Aber wir sind darin ja einig, daß Kritik und Polemik ein unverlierbarer Bestandteil unserer Arbeit bleiben muß, — auch unter Freunden! So daß ich diesem Beitrag zu der Festgabe, die Ihnen den Dank von Freunden und Schülern bezeugen soll, sogar auch eine freundschaftliche Polemik gegen Sie selbst einfügen durfte, — auch sie ein Ausdruck des Dankes!

---

[114] Vgl. Geschichte der synoptischen Tradition² S. 147—150.

Glossen im Römerbrief*

I.

In der Zeitschrift für die Neutestamentliche Wissenschaft 40 (1941), S. 249—254, hat Friedrich Müller sorgfältig und scharfsinnig den Gedankengang der Abschnitte Röm 7,22—8,3 und 10,13—15 analysiert und ist zu dem Ergebnis gekommen, daß die von den Exegeten durchweg beobachtete Brüchigkeit des Zusammenhangs darauf zurückgeht, daß die Sätze im vorliegenden Text in falscher Reihenfolge stehen; man braucht nur eine Umstellung der Verse vorzunehmen, und der Gedankengang verläuft glatt. Die heutige falsche Stellung aber beruhe darauf, daß die jetzt verstellten Verse einst als Nachtrag an den Rand geschrieben waren — wohlgemerkt: schon im Original, nicht etwa erst nachträglich von einem Glossator — und dann falsch eingeordnet wurden.

1. Für den ersten der genannten Abschnitte schlägt Müller als ursprüngliche Reihenfolge vor: 7,22.23.25 b.24.25 a; 8,2.1.3. Verstellt sind danach die Verse 7,24.25 a; 8,2; sie standen am Rande als ein notwendiges Verbindungsstück zwischen 7,25 b und 8,1, vielleicht dazu bestimmt, „an die Stelle eines anderen Übergangs der allerersten Fassung zu treten, der gleichzeitig getilgt wurde". |

Aber wie ist dann der textgeschichtliche Vorgang zu verstehen? Ist etwa das Konzept des Briefes mit den Korrekturen von Paulus an die römische Gemeinde geschickt worden? Das dünkt mich wenig wahrscheinlich. So richtig mir Müllers Analyse des Textes zu sein scheint und so sehr ich ihm darin zustimme, daß Randbemerkungen an falscher Stelle in den Text geraten sind, — die Frage nach dem Zustandekommen des vorliegenden Textes scheint mir doch eine andere Antwort zu verlangen.

Der erste den Gedankengang störend unterbrechende Satz ist 7,25b; ich glaube nicht, daß man ihn durch Versetzung hinter V. 23 als dem

---

* Theologische Literaturzeitung 72 (1947), 197—202.

ursprünglichen Texte zugehörig erweisen kann, sondern daß man ihn als sekundäre Glosse ausscheiden muß. Sie will offenbar eine Zusammenfassung der Ausführungen V. 15—23 sein und verrät sich als sekundär nicht nur durch ihren falschen Platz, sondern vor allem dadurch, daß sie den Sinn der vorangegangenen Ausführungen gar nicht wirklich trifft. Das σύμφημι τῷ νόμῳ von V. 16 und das συνήδομαι τῷ νόμῳ von V. 22 können doch nicht durch das δουλεύω τῷ νόμῳ τοῦ θεοῦ wiedergegeben werden; denn zu einem δουλεύειν kommt es nach V. 15—23 nicht. Das ἐγὼ τῷ . . . νοΐ δουλεύω νόμῳ θεοῦ kann doch nur besagen: „Ich habe die Absicht, die Forderung des νόμος zu erfüllen"; das σύμφημι τῷ νόμῳ und das συνήδομαι . . . τῷ νόμῳ τοῦ θεοῦ κατὰ τὸν ἔσω ἄνθρωπον dagegen bedeutet: „ich bejahe die Intention, den Zweck, des Gesetzes (nämlich, daß es εἰς ζωήν ist, V. 10), einerlei ob ich es erfülle oder nicht".

Ist die These, daß V. 25b eine sekundäre Glosse ist, nicht neu[1], so hat mich Müllers Analyse weitergeführt zu der Erkenntnis, daß auch 8,1 eine exegetische Glosse ist. Durch das ἄρα νῦν gibt sich der Satz (ebenso wie 7,25b durch das ἄρα οὖν) als Folgerung aus dem Vorausgehenden und kann deshalb nicht auf das χάρις τῷ θεῷ κτλ. 7,25a folgen, das vielmehr selbst eine Begründung verlangt[2]. Diese Begründung wird in 8,2 tatsächlich gegeben, und 8,2 muß sich an 7,25a anschließen. Nun wäre es nicht unmöglich, 8,1 auf 8,2 folgen zu lassen, wie Müller vorschlägt. Indessen scheint mir die Verbindung von 8,2 und 8,3 eine feste zu sein: das ὁ γὰρ νόμος τοῦ πνεύματος . . . ἠλευθέρωσέν σε ἀπὸ τοῦ νόμου τῆς ἁμαρτίας καὶ τοῦ θανάτου (V. 2) wird durch das ὁ θεὸς . . . κατέκρινεν τὴν ἁμαρτίαν ἐν τῇ σαρκί begründet. Dieser Nexus darf nicht zerrissen werden. Auch ist als Ergebnis der Befreiung des ταλαίπωρος ἄνθρωπος von 7,15—23 der Satz, daß es für die in Christus Jesus Befindlichen kein κατάκριμα gebe, zum mindesten nicht sehr treffend. Denn die Errettung, nach der V. 24 ausschaut, ist nicht die von der Verurteilung im Gericht, sondern die vom σῶμα τοῦ θανάτου τούτου, und dh von der Macht des νόμος τῆς ἁμαρτίας . . . ἐν τοῖς μέλεσιν. Also dürfte 8,1 wie 7,25b eine exegetische Glosse sein. Beide Glossen wollen das Ergebnis der paulinischen Ausführungen 7,15—23 bzw. 7,25a; 8,2.3 zusammenfassen zu gleichsam aus dem Text abstrahierten sentenziösen oder dogmatischen Sätzen; beide sind charakteristisch formuliert als Folgerungen.

---

[1] Vgl. zB Jülichers Erklärung und die Lietzmanns in der 1. Aufl. seines Kommentars.
[2] Müller sagt mit Recht, daß der Anschluß von 8,1 an 7,25a „logisch überhaupt nicht, psychologisch nur sehr schwierig zu vollziehen ist".

2. Ebenso steht es mit 10,17, wo wieder das charakteristische ἄρα erscheint, um eine sentenziöse Zusammenfassung von V. 14 f einzuführen. Müller hat darin völlig Recht, daß 10,17 eine an falscher Stelle in den Text geratene Randbemerkung ist, die eigentlich hinter V. 15 ihren Platz haben sollte, — nur daß die Randbemerkung die eines Glossators sein dürfte.

Das gleiche Urteil ist aber m. E. nicht über V. 15b (καθάπερ κτλ.) zu fällen, den Müller ebenfalls für eine Randbemerkung hält, die hinter V. 14 einzufügen wäre. Aber warum? Das Zitat V. 15b ist doch gewiß nicht, wie Müller nach Lietzmann meint, ein „nur ornamentales Lob des Evangelistenberufes"; ein solches würde freilich seinen Platz allenfalls besser hinter V. 14 haben. Aber mit Lagrange und anderen wird das Zitat als Schriftbeweis aufzufassen sein wie sonst die mit καθάπερ eingeführten Zitate bei Paulus. Es begründet (bzw. ersetzt) die auf die rhetorische Frage πῶς δὲ κηρύξωσιν ἐὰν μὴ ἀποσταλῶσιν; selbstverständliche Antwort: das erforderliche ἀποσταλῆναι hat stattgefunden; denn schon Jesaja hat die Entsendung der Boten geweissagt. Das ist um so deutlicher, wenn Paulus das ὡραῖοι in dem ursprünglichen und immer lebendigen Sinn von „rechtzeitig", „zur rechten Zeit sich einstellend" verstanden hat[3]. Jedenfalls hat das Zitat hinter V. 15a seinen richtigen Platz, so daß kein Grund vorliegt, es als eine Randbemerkung — sei es des Paulus, sei es eines Glossators — umzustellen bzw. auszuscheiden.

II.

Ist man durch solche Fälle darauf aufmerksam geworden, daß derartige sentenziöse Sätze, die den Sinn paulinischer Ausführungen knapp zusammenfassen wollen und ihn in die Form eines dogmatischen Lehrsatzes bringen, in den Text eingedrungene Randbemerkungen sein können, so wird man fragen, ob der gleiche Tatbestand nicht auch in anderen Fällen vorliegt, wo solche Sätze begegnen, auch wenn sie sich nicht dadurch als Glossen verraten, daß sie den Gedankengang empfindlich stören.

Man wird freilich vorsichtig sein müssen und nicht etwa jede sentenziöse Formulierung dem Paulus absprechen oder jedes ἄρα (οὖν) als Index einer Glosse ansehen. Niemand wird zweifeln, daß das ἄρα οὖν

---

[3] Ich sehe, daß auch KARL BARTH so versteht. Ob auch ältere Exegeten, habe ich nicht feststellen können.

Röm 5,18; 7,3; 8,12; 9,16.18 ebenso gut ursprünglich paulinisch ist wie Gal 6,10; 1Thess 5,6. Und wollte man etwa fragen, ob Röm 14,12.19 Glossen sind, so wäre das eine ganz vage, nicht wirklich zu begründende Vermutung. Und der sentenziöse Charakter von Röm 9,16 bringt den Vers so wenig in den Verdacht, eine Glosse zu sein, wie etwa der von Gal 6,7 f. |

1. Es gibt jedoch zwei Fälle, in denen mir ein solcher Verdacht als begründet erscheint, zuerst Röm 2,1. Jeder Exeget weiß, welche Schwierigkeit das διό macht, mit dem der Vers beginnt, der doch wirklich keine Folgerung aus dem Vorausgehenden sein kann. Welche Versuche sind gemacht worden, um dieses διό zu erklären! — bis zu seiner Entwertung zu einer „farblosen Übergangspartikel"[4] oder bis zur konjizierenden Änderung in δίς[5]. Alle Schwierigkeiten verschwinden, wenn man den Vers als Glosse aushebt, die den Sinn von V. 2 f zusammenfassen will, bzw. die Konsequenz aus V. 3 zieht. Man sieht dann: V. 1 gehört eigentlich hinter V. 3: dem ὦ ἄνθρωπε ὁ κρίνων wird in der Glosse durch den Zusatz des πᾶς der Sinn eines allgemeingültigen Satzes ausdrücklich gegeben, und das διό folgert aus dem auf die rhetorische Frage von V. 2 selbstverständlich zu gebenden „Nein!". Der Anschluß von 2,2 an 1,32 stellt sich nun als ein ausgezeichneter heraus: während den τοιαῦτα πράσσοντες noch Beifall gespendet wird von ihresgleichen[6], wissen wir doch, daß Gottes Gericht über sie verhängt ist. Daß in der Tat das οἴδαμεν δέ ... genau besehen hinter V. 1 nicht gut paßt, kommt darin zutage, daß das δέ in das mehrfach bezeugte γάρ geändert wurde, damit das σεαυτὸν κατακρίνεις von V. 1 eine Begründung erhält, — eine unnötige freilich, da es durch das τὰ γὰρ αὐτὰ πράσσεις ὁ κρίνων schon begründet war.

Mir war seit langem das πᾶς ὁ κρίνων in V. 1 verdächtig gewesen; im Austausch mit Ernst Fuchs, der den Gedanken zuerst äußerte, wurde mir klar, daß 2,1 nur eine Glosse sein kann.

2. Wie in 7,25b; 8,1; 10,17 die Glosse durch ἄρα (οὖν bzw. νῦν) eingeführt ist, so analog in 2,1 durch διό. Mir scheint, daß das in 13,5 ebenso der Fall ist. Es läßt sich doch nicht leugnen, daß sich das διὰ τοῦτο γάρ V. 6 auf den Satz von V. 4 bezieht: θεοῦ γὰρ διάκονός ἐστιν (sc. ἡ

---

[4] So LIETZMANN; vgl. besonders die ausführliche Diskussion durch EINAR MOLLAND, Serta Rudbergiana, Oslo 1931, S. 44—52.
[5] ANTON FRIDRICHSEN, Symb. Arct. (bzw. Osl.) I (1922), 40.
[6] Ich bemerke bei dieser Gelegenheit, daß ich glaube, daß das συνευδοκεῖν 1,32 auf den Beifall geht, der solchen Taten in der Komödie und im Mimus, vielleicht auch im Zirkus gespendet wird.

ἐξουσία), für den V. 6 ganz sachgemäß den Erkenntnisgrund bringt; deshalb, nämlich weil die Behörde Gottes Dienerin ist, zahlt ihr ja auch Steuern; denn sie (die Behörden) sind ja Gottes Beamte, die eben dafür Sorge tragen. Auf V. 5 kann das διὰ τοῦτο von V. 6 ja nicht gehen. V. 5 ist also wiederum eine exegetische Glosse, die aus V. 4 und V. 6 folgert, und zwar ist V. 5 genau genommen eine Anmerkung zu V. 6; denn wenn es lautet: οὐ μόνον διὰ τὴν ὀργὴν ἀλλὰ καὶ διὰ τὴν συνείδησιν, so bedeutet das: nicht nur, weil die Obrigkeit als Vollstreckerin der ὀργή das Schwert führt (V. 4), sondern auch, weil sie von Gott zur Erhebung der Steuern eingesetzt ist (V. 6); sie bedeutet also nicht nur einen Schrecken für den Verbrecher, sondern auch eine Mahnung für den Bürger.

III.

1. Zwei andere Glossen, die ich meine feststellen zu müssen, haben anderen Charakter. Die erste ist die als Glosse ja schon oft verdächtigte Stelle 2,16. Der Anstoß erwächst zunächst daraus, daß das ἐν ᾗ ἡμέρᾳ κρινεῖ (bzw. κρίνει) das συμμαρτυρεῖν der συνείδησις und das κατηγορεῖν und ἀπολογεῖσθαι der λογισμοί (V. 15) als einen Vorgang bezeichnet, der sich dereinst beim Gericht abspielen wird, während es doch ein Phänomen der Gegenwart sein muß als Beweis dafür, daß die Heiden, denen das Mosegesetz fehlt, faktisch doch das Gesetz kennen. Zahlreich sind wieder die gequälten Versuche, mit diesem Anstoß fertig zu werden. Unmöglich ist die Parenthesierung von V. 14 f oder gar von V. 13–15, die V. 16 mit V. 13 bzw. mit V. 12 verbinden will. Dann wäre es schon besser, V. 14 f als Glosse zu streichen (J. Weiß) oder das Problem dadurch zu beseitigen, daß man das ἐν ᾗ ἡμέρᾳ tilgt (Blaß), welch letzterer Versuch freilich zur Folge hat, daß der so reduzierte V. 16 völlig unmotiviert dasteht. Unmöglich ist es ebenfalls, die ἡμέρα des κρίνειν Gottes nicht als den Tag des eschatologischen Gerichtes, sondern als „jeden beliebigen Tag der Gegenwart" aufzufassen (v. Hofmann, H. E. Weber). Aber viel besser ist es doch auch nicht, umgekehrt das ἐνδείκνυνται V. 15 futurisch zu nehmen (was grammatisch natürlich wohl möglich ist) und damit den ganzen V. 16 als Aussage über die Zukunft des Gerichtstages zu verstehen (Lietzmann). Denn V. 14 und V. 15 gehören zusammen als der Beweis dafür, daß Gottes Gericht dereinst mit vollem Recht auch über diejenigen ergehen wird, die ἀνόμως (dh ohne das Mosegesetz) gesündigt haben. Zu diesem Beweise gehört 1. das faktische ποιεῖν τὰ

τοῦ νόμου, das auch bei Heiden vorkommt, 2. das Gewissensphänomen. Falls man die μεταξὺ ἀλλήλων κατηγοροῦντες ἢ καὶ ἀπολογούμενοι λογισμοί nicht als Beschreibung des Gewissensphänomens, sondern als die Diskussion über moralische Fragen in der heidnischen Gesellschaft verstehen will, was ich für sehr fragwürdig halte, käme dazu noch 3. eben diese Diskussion. In jedem Falle aber wird der Beweis durch den Hinweis auf unbestreitbare Tatsachen der Gegenwart geführt.

Steht es aber so, daß V. 15 von der Gegenwart und V. 16 von der Zukunft redet, so bleibt nur noch die Möglichkeit, zwischen V. 15 und V. 16 einen Zwischengedanken zu ergänzen: „Das wird sich zeigen an jenem Tage . . ." (Jülicher, Althaus). Aber ist diese Ergänzung wirklich so einfach und leicht zu vollziehen? Und beseitigt sie wirklich den Anstoß? Welchen Sinn soll es denn haben, von einem jedermann sichtbaren Phänomen der Gegenwart zu sagen, daß es sich am Tage des Gerichtes offenbaren werde?!

Alle solche Bemühungen zeigen nur, daß V. 16 ein Fremdkörper im Text ist, und das wird endlich durch die auffallende Wendung κατὰ τὸ εὐαγγέλιόν μου bestätigt, die durch nichts begründet ist und die im Munde des Paulus hier schlechterdings unpassend wäre, da der Satz vom Gericht Gottes über das Verborgene der Menschen gar kein spezifisch paulinischer Satz ist. Im Satz eines Glossators ist die Wendung verständlich; denn hier ist sie eine einfache Erinnerung an 1Kor 4,5 und hat weiter keine Bedeutung, als daß sie (im Sinne des Glossators formuliert) sagt: „wie ja auch Paulus sonst — nämlich 1Kor 4,5 — gesagt hat".

2. Der klare antithetische Satz 6,17 f:
χάρις δὲ τῷ θεῷ ὅτι ἦτε δοῦλοι τῆς ἁμαρτίας,
ἐλευθερωθέντες δὲ ἀπὸ τῆς ἁμαρτίας ἐδουλώθητε τῇ δικαιοσύνῃ
ist durch den stupiden Zwischensatz: ὑπηκούσατε δὲ ἐκ καρδίας εἰς ὃν παρεδόθητε τύπον διδαχῆς empfindlich gestört, durch einen Satz, der gleich zwei unpaulinische Wendungen enthält, das ἐκ καρδίας und das τύπος διδαχῆς. Die Exegeten werden wieder in quälende Bemühungen gestürzt, was vom Blickpunkt des Paulus aus unter dem τύπος διδαχῆς zu verstehen sei, während es völlig klar ist, daß der Glossator die spezifisch paulinische Lehre meint. Freilich: wer nicht empfindet, daß in dem Abschnitt 6,15—23 die großartige Entfaltung der Dialektik der ἐλευθερία einerseits, des ὑπακούειν bzw. des δοῦλος εἶναι andererseits durch das triviale ὑπακούειν gegenüber dem τύπος διδαχῆς verdorben wird, dem wird mit anderen Gründen nicht mehr viel zu helfen sein.

Ob sämtliche Glossen, die im Vorangegangenen besprochen wurden, auf einen und denselben Glossator zurückgehen, will ich dahingestellt sein lassen. Von den in den beiden ersten Abschnitten behandelten ist es mir sehr wahrscheinlich. Die im dritten Abschnitt behandelten haben anderen Charakter; sie sind Interpolationen im eigentlichen Sinn, keine Randbemerkungen, die in sentenziöser Form den Gehalt eines Gedankengangs auf eine kurze Formel bringen wollen. Sie dürften also auch anderen Ursprungs sein und stammen vielleicht von dem Redaktor, der die Schluß-Doxologie 16,25—27 hinzugefügt hat, in der auch jenes κατὰ τὸ εὐαγγέλιόν μου von 2,16 begegnet.

Bekenntnis- und Liedfragmente im ersten Petrusbrief*

In seiner Erklärung von 1Petr 3,18—22 (im Handbuch zum NT) sagt H. Windisch, daß der Verf. hier ein drittes, vierstrophiges Christuslied einschiebe, das zugleich ein Taufhymnus sei. Eine formale Analyse des Stückes gibt er nicht; ja, es bleibt — wie bei 1,18—21 und 2,21—25, den beiden ersten „Christusliedern" — unklar, ob Windisch meint, daß der Verf. ein in der Gemeinde überliefertes Lied zitiert, oder daß er, durch Assoziationen veranlaßt, sich selbst durch hymnisch geformte Verse unterbricht. Mir scheint, daß ein eigentliches Zitat vorliegt in genauer Analogie zu Phil 2,6—11, wo Paulus, um seine Mahnung zu bekräftigen, ein überliefertes „Christuslied" zitiert[1]. Freilich ist nicht das ganze Stück ein Zitat; vielmehr hat der Verf. den ihm vorliegenden Text — sei es ein Lied, sei es ein Bekenntnis — glossiert[2]. |

Er verstärkt die Mahnung zum geduldigen Leiden durch den Hinweis auf die Passion Christi. Daß die Überlieferung von dieser nicht nur im evangelischen Passionsbericht, sondern auch in Bekenntnissen und Liedern der Gemeinde frühzeitig feste Formen gewann, ist nicht zweifelhaft. Aus einem solchen Text stammt offenbar V. 18; denn nur

---

* Coniectanea Neotestamentica XI (in honorem Antonii Fridrichsen) Lund 1947, 1—14.
[1] Den Nachweis, daß Phil 2,6—11 ein von Paulus zitiertes Lied der Gemeinde ist, hat E. LOHMEYER, Kyrios Jesus (Sitzungsber. d. Heidelb. Akad. d. Wiss., Phil.-hist. Kl., [1927/28], 4) 1928, erbracht.
[2] Erst nach Abschluß dieser Arbeit lernte ich das Buch von Bo REICKE, The Disobedient Spirits and Christian Baptism (Acta Sem. Neotest. Ups. XIII) 1946 kennen, in dem 1Petr 3,18—22 nach einem umfassenden Überblick über die alte, die mittelalterliche und die neue Exegese ausführlich behandelt wird. Der Verf. sagt S. 126: „We think, then, that even if 18—22 as a whole is built upon certain traditional ideas and formulae, the detailed description of the spirits to whom the Saviour preached, and also the interest it clearly aroused, were a personal contribution of the author made with a certain object." Das berührt sich mit meiner Auffassung; da der Verf. aber darauf verzichtet, durch eine kritische Analyse die dem Briefschreiber vorliegende Tradition genauer zu bestimmen, mag meine kleine Arbeit als eine Ergänzung seiner umfassenderen gelten. Sofern seine Interpretation einen festgeschlossenen, alle Einzelheiten bestimmenden Gedankengang in 1Petr feststellen will, vermag ich ihr nicht zu folgen. Aber sein Buch ist durch seine eindringenden Untersuchungen zur Sprache wie zur Traditionsgeschichte von besonderer Bedeutung.

die Aussage von V. 18a ist im Zusammenhang motiviert, während V. 18b (θανατωθεὶς κτλ.) für die Paränese keine Bedeutung mehr hat, sondern eben mitzitiert ist. Wie in all solchen Fällen läßt sich natürlich ein zwingender Beweis nicht führen; indessen erhält die Hypothese eine starke Stütze, wenn man wahrscheinlich machen kann, daß die mutmaßlich zitierten Sätze vom Verf. glossiert worden sind.

Wieweit der Wortlaut von V. 18a genaues Zitat ist, ist natürlich fraglich. Ohne Zweifel hat der Verf. den Satz durch das ὅτι in seinen Zusammenhang eingefügt. Nach Analogien wie Phil 2,6—11; 1Tim 3,16 darf man vermuten, daß die aus der Vorlage stammenden Sätze in V. 18—22 ursprünglich Relativ- bzw. Partizipialsätze waren[3], denen die Nennung Christi vorausging, daß es also etwa hieß:

εὐλογητὸς ὁ κύριος ἡμῶν Ἰησοῦς Χριστός, ὅς . . .

oder auch: πιστεύω (πιστεύομεν) εἰς τὸν κύριον Ἰησοῦν Χριστόν, ὅς . . . Natürlich wäre statt des ὅς ἔπαθεν[4] auch möglich ὁ παθών. Indessen wäre dann zu erwarten, daß die Partizipien in V. 18b den Artikel führten. Ihre Artikellosigkeit zeigt, daß sie dem regierenden Ver|bum von V. 18a subordiniert sind; dann aber ist für V. 18a die Form des Relativsatzes vorauszusetzen.

Infolge der Einfügung in den Zusammenhang hat der Verf. vermutlich auch die ursprüngliche Wortstellung geändert. Dem Stil solcher liturgischen Sprache in Bekenntnis und Lied entspricht es jedenfalls besser, wenn das Verbum am Anfang steht; der Verf. mußte es ans Ende stellen, da er ja das Χριστός des Eingangs als Subjekt in den Satz nehmen mußte.

Gegen die Zugehörigkeit des ἅπαξ zur Vorlage bestehen keine Bedenken; für den Zusammenhang hat es ja keine Bedeutung.

Wahrscheinlich ist mir dagegen, daß das δίκαιος ὑπὲρ ἀδίκων ein Zusatz des Verf. ist, der den Satz noch fester mit dem Zusammenhang verknüpfen sollte. Den Christen, die διὰ δικαιοσύνην leiden müssen (V.

---

[3] Über den Relativ- und Partizipialstil liturgischer Prädikationen s. ED. NORDEN, Agnostos Theos (1913), 201—207.

[4] Die Lesart ἔπαθεν scheint mir den Vorzug vor ἀπέθανεν zu verdienen. Nicht nur, daß dann die Erinnerung an den zitierten Text besser motiviert ist, sondern vor allem, weil die Wiederaufnahme der Paränese in 4,1 durch Χριστοῦ οὖν παθόντος zeigt, daß das Beispiel Christi unter dem Stichwort πάσχειν steht. Die Korrektur in ἀπέθανεν ist leicht begreiflich, sie ist dadurch hervorgerufen, daß die Verbindung von ἀποθνῄσκειν mit περί bzw. ὑπέρ traditionell war. Vgl. Röm 5,6.8; 14,15; 1Kor 15,3; 2Kor 5,14 f; 1Thess 5,10; Joh 11,50 f; IgnRöm 6,1; Polyk 9,2. Seltener begegnet πάσχειν ὑπέρ: 1Petr 2,21; IgnSm 7,1 (2Clem 1,2: ἕνεκα).

14) von denen, die ihren guten, christlichen Wandel beschimpfen (V. 16), wird derjenige vor Augen gestellt, der als δίκαιος ὑπὲρ ἀδίκων gelitten hat. Hebt man diese Worte als Zusatz heraus, so erscheint V. 18a als ein zweigliedriger Vers, und wie das Folgende zeigt, ist das Prinzip des Aufbaus des zugrunde liegenden Textes die Zweigliedrigkeit. Es ist damit übrigens schon gesagt, daß der ἵνα-Satz zum Zitat gehört. Sein Inhalt ist nicht durch den Zusammenhang gefordert oder motiviert, und daß ἵνα-Sätze in liturgisch geformten Texten ihren guten Platz haben, zeigt zB Phil 2,10, ebenso andere Texte, denen Lieder oder bekenntnismäßige Formulierungen zugrunde liegen wie 1Petr 2,24; Tit 2,14; 2Clem 14,2.

Im ἵνα-Satz ist das ὑμᾶς schwerlich ursprünglich. Zwar hat das in H K L pm überlieferte ἡμᾶς nur den Wert einer Konjektur; doch beruht diese auf dem richtigen Instinkt; denn in dem V. 18—22 zugrunde liegenden Bekenntnis oder Liede redet doch die Gemeinde. Der Verf. aber hat die ursprüngliche erste Person um des paränetischen Zusammenhangs willen in die zweite umgesetzt (ebenso wie 2,21 s. u.).

Es würde sich also als erster zweigliedriger Vers der Vorlage ergeben:

(ὃς) ἔπαθεν ἅπαξ περὶ ἁμαρτιῶν,
ἵνα ἡμᾶς προσαγάγῃ τῷ θεῷ.

Daran würde sich V. 18b fügen:

θανατωθεὶς μὲν σαρκί.
ζωοποιηθεὶς δὲ πνεύματι.

Wie schon gesagt, sind die Partizipien θανατωθείς und ζωοποιηθείς dem ἔπαθεν des ersten Verses subordiniert. Eine redaktionelle Änderung der Vorlage durch den Verf. anzunehmen, besteht kein Anlaß. Die Antithese bewegt sich in der traditionellen Formelsprache; wie in den christologischen Sätzen Röm 1,3 f; 1Tim 3,16; IgnEph 7,2 begegnet der Gegensatz σάρξ-πνεῦμα, der auch IgnSm 1,1 f; 2Clem 14, Herm sim V 6,5 vorausgesetzt ist. Die Rhetorik des Satzes verträgt nicht eine zu scharfe exegetische Fragestellung. Soll man daraus, daß σαρκί offenbar meint: „sofern er Fleisch war", folgern, daß πνεύματι heißen müsse: „sofern er Geist war"? Oder soll man πνεύματι, an Sachparallelen wie Röm 6,4; 1Kor 6,14 erinnernd, instrumental verstehen? Oder soll man es als verkürzten Ausdruck nehmen für den Gedanken: „zum Leben erweckt und dadurch mit dem Geist ausgerüstet"? In jedem Falle schließt sich der folgende Relativsatz gut an:

ἐν ᾧ καὶ τοῖς ἐν φυλακῇ πνεύμασιν πορευθεὶς ἐκήρυξεν.

Die Zugehörigkeit dieses vielumstrittenen Satzes zum Zitat und damit auch seine ursprüngliche Form läßt sich nur feststellen, wenn sein Inhalt klar gestellt ist. Als sicher erscheint es mir nun, daß V. 20 f nicht zur Vorlage gehören kann. Die Sätze sind reine Prosa; sie lassen sich weder in den rhythmischen Bau des Zitates einfügen, noch stimmen sie in ihrer gelehrt-belehrenden Weise zum liturgischen Tone der Vorlage. Sichtlich ist zunächst V. 20 eine Glosse des Verf., die das τοῖς ἐν φυλακῇ πνεύμασιν erklären will, V. 21 ist dann eine weitere gelehrte Anmerkung, die das ὕδωρ der Sündflut als Typos der christlichen Taufe deutet.

Die πνεύματα ἐν φυλακῇ versteht der Verf. als die, die „ungehorsam" waren zur Zeit des Noah. Bekanntlich ist die Interpretation strittig. Sind die πνεύματα die ungehorsamen Engel von Gen 6, von deren Fesselung unter der Erde die jüdische Legende erzählt, die auch von der an sie gerichteten Predigt des Henoch zu berichten weiß? Oder sind es die im Hades befindlichen Seelen der widerspenstigen Zeitgenossen des Noah? Eine sichere Entscheidung wird sich kaum treffen lassen, und sie ist auch für das hier zur | Untersuchung stehende Problem unnötig. Denn die vom Verf. in V. 20 zu V. 19 gegebene Erklärung ist in jedem Falle falsch.

In jedem der beiden für V. 20 möglichen Fälle wäre an die „Höllenfahrt" Christi gedacht; diese kann aber in V. 19 ursprünglich nicht gemeint gewesen sein, denn sie kann nur *vor* der Auferstehung stattgefunden haben, während das ἐκήρυξεν in V. 19 vom Auferstandenen ausgesagt wird. Die Predigt an die πνεύματα ἐν φυλακῇ hat also bei der Himmelfahrt des Auferstandenen stattgefunden, wie schon H. Schlier richtig erkannt hat[5]. Wie Eph 4,7—10 ist hier die aus dem gnostischen Erlösermythos stammende Vorstellung auf Christus übertragen[6]. Die πνεύματα sind also diejenigen Seelen Verstorbener, die von den feindlichen Geistermächten, die zwischen Himmel und Erde hausen, am Aufstieg in die Himmelswelt gehindert und gefangen genommen worden sind[7].

---

[5] H. Schlier, Christus und die Kirche im Epheserbrief (1930), 15 ff; s. überhaupt S. 1 ff. Aus Reicke S. 45 (s. Anm. 2) sehe ich, daß ebenso schon P. J. Jensen, Laeren om Kristi Nedfart (1903), und K. Gschwind, Die Niederfahrt Christi (1911), geurteilt haben.

[6] Oscar Cullmann, Les Premières Confessions de Foi Chrétiennes (Cah. de la RHPhR 30) (1943), 49 Anm. 14a, fragt, ob nicht auch das ἐκηρύχθη ἐν ἔθνεσιν 1Tim 3,16 so verstanden werden müsse.

[7] Die Bezeichnung der Seelen Verstorbener als πνεύματα: Hebr 12,23; äthHen

Sehr fraglich ist mir aber, ob in V. 19 das πορευθείς zum ursprünglichen Text gehört und nicht aus dem nachher V. 22 zitierten Verse stammt. Da der Verf. V. 19 mißverstand, bedurfte es für ihn zweier Fahrten Christi, der „Höllenfahrt" und der „Himmelfahrt". Da nun das πορευθεὶς εἰς οὐρανόν in V. 22 schwerlich entbehrt werden kann, wird man das πορευθείς in V. 19 für einen Zusatz des Verf. halten; es ist auch völlig entbehrlich. Es ergibt sich also als Vorlage:

ἐν ᾧ καὶ τοῖς ἐν φυλακῇ πνεύμασιν ἐκήρυξεν[8].

Nach der Anmerkung V. 21 nimmt der Verf. den Text der Vorlage wieder auf, jedoch so, daß er ihn um des Anschlusses willen redi|giert. Denn der liturgischen Sprache der Vorlage entspricht es nicht, daß das ὅς ἐστιν ἐν δεξιᾷ θεοῦ dem subordinierten πορευθείς vorausgeht. Die Voranstellung des ἐν δεξιᾷ θεοῦ ist natürlich durch das Vorhergehende veranlaßt: die durch Rede von der Heilsbedeutung der Taufe veranlaßte Nennung der Auferstehung Jesu, in der jene Heilsbedeutung gründet, zog das ἐν δεξιᾷ θεοῦ an sich. Denn Auferstehung bzw. Auferweckung Jesu und seine Erhöhung zur Rechten Gottes gehören zusammen, wie zB Röm 8,34; Eph 1,20; Polyk 2,1 zeigen[9]. Vielleicht war der Verf. speziell durch die Erinnerung an Röm 8,34 geleitet: Χριστὸς Ἰησοῦς ὁ ἀποθανὼν μᾶλλον δὲ ἐγερθείς, ὅς ἐστιν ἐν δεξιᾷ τοῦ θεοῦ.

Als ursprünglicher Text wäre also etwa zu vermuten:

πορευθεὶς (δὲ) εἰς οὐρανὸν ἐκάθισεν ἐν δεξιᾷ θεοῦ.

Mit dem vorigen Satze würde dieser zu einem zweigliedrigen Verse zusammengehören, — zweifellos in sehr angemessener Weise: Auf die Nennung von Tod und Auferstehung (V. 19) folgt die der Himmelfahrt in den beiden Stadien: 1. zum Firmament der Geistermächte, 2. in den Himmel zur Rechten Gottes.

Es bleibt der Schluß von V. 22:

ὑποταγέντων αὐτῷ ἀγγέλων καὶ ἐξουσιῶν καὶ δυνάμεων.

Dies wird wörtlich aus der Vorlage zitiert sein und den Abschluß des

---

22,3—13; (103,3 f, nicht griech. überliefert); Pap. Graec. Mag. I 178; IV 1951. REICKE S. 54 f ist danach zu ergänzen.

[8] REICKE (S. 104—115) will das ἐν ᾧ nicht auf πνεύματι beziehen, sondern temporal verstehen: „bei welcher Gelegenheit"; ich glaube, daß die Beziehung auf πνεύματι vorzuziehen ist.

[9] Auch Apg 2,33; 5,31, wenn hier nicht τῇ δεξιᾷ als „durch die Rechte" gemeint ist.

Ganzen gebildet haben, — eben als überschießendes drittes Glied des letzten Doppelverses[10].

Der Abschluß des Stückes durch die Beschreibung des Triumphes Christi über die kosmischen Mächte entspricht traditionellen Schilderungen; sie ist das Schlußmotiv des Liedes Phil 2,6—11, und auf die darin enthaltene Vorstellung des ὑποταγῆναι nimmt Paulus auch 1Kor 15,25—28; Phil 3,21 Bezug. Mit dem gleichen | Motiv schließt die Schilderung des Heilswerkes Christi Kol 2,15, und in etwas gewandelter Form liegt es dem Kol 1,15—20 eingearbeiteten Hymnus[11] zugrunde in den Worten: εἰρηνοποιήσας (nämlich durch Unterwerfung der empörerischen kosmischen Mächte) . . . εἴτε τὰ ἐπὶ τῆς γῆς εἴτε τὰ ἐν τοῖς οὐρανοῖς. Angedeutet erscheint es 1Tim 3,16, breit ausgeführt ist es bei IgnEph 19[12] und als Schlußmotiv begegnet es wieder IgnTrall 9,1 (s. u.) und Polyk 2,1 (s. u.)[13].

Es ist die charakteristisch gnostische Auffassung vom Heilswerk als einem kosmischen Erlösungswerk, die hier überall zugrunde liegt. Sie unterscheidet sich von der älteren urchristlichen Anschauung, die aus der jüdischen Apokalyptik stammt. Nach dieser steht der kosmische Abschluß und Triumph Christi erst bevor, nämlich seine Parusie, sein Kommen zum Gericht. Eine von dieser Anschauung aus entworfene Schilderung des Heilswerkes muß enden wie das Symbolum Romanum: ὅθεν ἔρχεται κρῖναι ζῶντας καὶ νεκρούς.

Diese jüdisch-christliche Anschauung, die ja dem Paulus auch geläufig ist, findet ihren Ausdruck in verschiedenen Wendungen, bis sie sich in jener Formel des Symbolum kristallisiert, so in den Sätzen 2Tim 4,1; Barn 7,2, daß Christus der μέλλων κρίνειν ζῶντας καὶ νεκρούς ist. Oder Apg 10,42 am Schluß des Referates über Jesu Wirken, Tod und Auferstehung: οὗτός ἐστιν ὁ ὡρισμένος ὑπὸ τοῦ θεοῦ κριτὴς ζώντων καὶ νεκρῶν.

---

[10] Auch den Schluß des dem Johannes-Prolog zugrunde liegenden Liedes bildet ein überschießendes drittes Glied: καὶ χάριν ἀντὶ χάριτος. Ebenso ist das εἰς δόξαν θεοῦ πατρός Phil 2,11 ein überschießendes drittes Glied des Christusliedes, dessen Aufbau ich anders beurteile als Lohmeyer (s. Anm. 1); während er durchgehends Strophen zu drei Gliedern zu finden meint, glaube ich, daß durchweg, bis zum Schluß, zweigliedrige Verse vorliegen.

[11] Daß in Kol 1,15—20 ein Hymnus bearbeitet ist, zeigt Ernst Käsemann in einer Untersuchung, die demnächst veröffentlicht werden soll [vgl. Festschrift R. Bultmann (1949), 133 ff; jetzt in: Exegetische Versuche und Besinnungen I (1960), 34 ff].

[12] Vgl. H. Schlier, Religionsgeschichtliche Untersuchungen zu den Ignatiusbriefen (1929), 14 ff.

[13] Welche Rolle dieses Motiv in den Bekenntnissen spielt, zeigt Cullmann aaO (s. Anm. 6), 48 ff.

Ferner Polyk 2,1 am Schluß der Darstellung des Heilswerkes (s. u.): ὃς ἔρχεται κριτὴς ζώντων καὶ νεκρῶν. Endlich in der Mahnung 2Clem 1,1, über Christus zu denken ὡς περὶ κριτοῦ ζώντων καὶ νεκρῶν.

Die beiden aus verschiedenen Ursprüngen stammenden Motive haben sich im altchristlichen Denken miteinander vertragen. So bringt ja 1Petr das jüdisch-apokalyptische Motiv alsbald 4,5 mit dem οἱ ἀποδώσουσιν λόγον τῷ ἑτοίμως ἔχοντι κρῖναι ζῶντας καὶ νεκρούς. Offenbar denkt er sich, daß dem kosmischen Sieg Christi (3,22) | sein Kommen zum Gericht folgen wird[14]. Anders hat Paulus die Vorgänge geordnet; denn nach 1Kor 15,24—28 wird der endgültige Sieg Christi erst durch die Bezwingung des Todes als des letzten Feindes mit seiner Parusie und der Auferstehung der Toten erkämpft werden. Dagegen hat sich Polykarp bzw. seine Quelle[15] den Gang der Ereignisse offenbar wie 1Petr vorgestellt (2,1):

πιστεύσαντας εἰς τὸν ἐγείραντα τὸν κύριον ἡμῶν Ἰ. Χριστὸν ἐκ νεκρῶν
καὶ δόντα αὐτῷ δόξαν καὶ θρόνον ἐκ δεξιῶν αὐτοῦ·
ᾧ ὑπετάγη τὰ πάντα ἐπουράνια καὶ ἐπίγεια,
ᾧ πᾶσα πνοὴ λατρεύει,
ὃς ἔρχεται κριτὴς ζώντων καὶ νεκρῶν,
οὗ τὸ αἷμα ἐκζητήσει ὁ θεὸς ἀπὸ τῶν ἀπειθούντων αὐτῷ.

Merkwürdig ist das Durcheinander IgnTrall 9,1 f:

(Ἰ. Χριστὸς ὁ) ἐκ γένους Δαυίδ, (ὁ) ἐκ Μαρίας,
ὃς ἀληθῶς ἐγεννήθη, ἔφαγέν τε καὶ ἔπιεν,
ἀληθῶς ἐδιώχθη ἐπὶ Ποντίου Πιλάτου,
ἀληθῶς ἐσταυρώθη καὶ ἀπέθανεν
βλεπόντων τῶν ἐπουρανίων καὶ ἐπιγείων καὶ ὑποχθονίων.
ὃς καὶ ἀληθῶς ἠγέρθη ἀπὸ νεκρῶν,
ἐγείραντος αὐτὸν τοῦ πατρὸς αὐτοῦ,
ὃς καὶ κατὰ τὸ ὁμοίωμα ἡμᾶς τοὺς πιστεύοντας αὐτῷ
οὕτως ἐγερεῖ ὁ πατὴρ αὐτοῦ...

Das βλεπόντων κτλ. bringt doch offenbar, wenngleich in verkümmerter Form, das Motiv des Staunens der kosmischen Mächte über den kosmi-

---

[14] Der Verf. hat freilich kaum über den Ausgleich reflektiert, wie er ja auch das Verhältnis der Predigt Christi an die unbotmäßigen Geister bzw. an die Sündflutgeneration zu der Predigt an die Toten (4,6) ganz im unklaren läßt. Auch hier versucht Reicke freilich zu harmonisieren.

[15] Das πιστεύσαντες εἰς macht wahrscheinlich, daß ein überliefertes Bekenntnis den Sätzen zugrunde liegt, doch wohl ein Taufbekenntnis.

schen Sieg Christi zum Ausdruck und müßte hinter dem ἠγέρθη κτλ. stehen.

Angesichts der beiden aus Polyk und Ign zitierten Texte könnte man auf den Gedanken kommen, daß auch 1Petr 4,5 noch aus der 3,18 f.22 zitierten Vorlage stammt. Indessen hat diese ja in dem | ὑποταγέντων κτλ. ihren formalen Abschluß (s. o.), und die Formel von 4,5 war dem Verf. ohnehin geläufig.

Dagegen muß man fragen, ob 3,18 f.22 die Vorlage des Verf. vollständig bringt, oder ob diese Sätze nur ein Fragment, und zwar das Schlußstück, eines längeren Textes sind. Damit stellt sich dann auch die Frage ein, ob man die Vorlage als ein Lied oder als Bekenntnis bezeichnen soll. Gewiß wird man nicht zu scharf zwischen beiden unterscheiden dürfen. Denn der Stil — Sprache und Aufbau — kann in beiden Gattungen der gleiche sein[16]; auch wissen wir zu wenig von der kultischen Praxis der alten Gemeinden, um zu sagen, wie kultischer Lobpreis, Bekenntnis und Lied gegeneinander abgegrenzt waren. Ganz allgemein wird man sagen dürfen, daß ein Bekenntnis im eigentlichen Sinne, also vor allem das Taufbekenntnis, relativ kurz war. Ursprünglich wird es in dem einfachen κύριος Ἰησοῦς Χριστός (vgl. Röm 10,9) bestanden haben oder in einem Sätzchen wie dem in abendländischen Zeugen sich findenden Text von Apg 8,37: πιστεύω τὸν υἱὸν τοῦ θεοῦ εἶναι τὸν Ἰησοῦν Χριστόν[17]. Allmählich ist dieses Bekenntnis erweitert worden, sowohl dadurch, daß Christus durch Beschreibung seiner Person und seines Heilswerkes charakterisiert wurde, wie dadurch, daß dem Bekenntnis zu ihm ein solches zu Gott vorgeordnet wurde. Das ist hier nicht weiter zu verfolgen[18].

Den relativ kurzen Bekenntnissen gegenüber müssen die Lieder einen größeren Umfang gehabt haben, wie ja schon Phil 2,6—11 und

---

[16] Es gab freilich auch andersartig stilisierte Lieder, wie die „Lieder" in Apk zeigen: doch ist fraglich, ob man diese überhaupt als Lieder bezeichnen soll und nicht lieber als liturgische Rufe oder Doxologien, wie das Trishagion 4,8. Solcher Art sind die kurzen Stücke 4,11; 7,12; 11,15; 15,3 f; 19,5. Sie könnten zum Teil etwa Schlußdoxologien längerer Gemeindegebete (bzw. nach deren Analogie geformt) sein wie etwa 1Clem 61,3. — Apk 4,9 f.12 f; 7,10; 19,1 f.6—8 und wohl auch 12,10—12 wird man weder als überlieferte Lieder noch als liturgische Rufe ansehen dürfen. Diese Stücke sind vom Verf. im Stil der liturgischen Sprache für den Zusammenhang gebildet. Eher könnte 11,17 f einem Gemeindelied entstammen.

[17] CULLMANN (aaO 14) ist geneigt, den Vers für ursprünglich zu halten.

[18] Vgl. dazu etwa H. LIETZMANNs Symbolstudien und die übrige bei CULLMANN zitierte Literatur sowie dessen eigene Ausführungen.

Kol 1,15—20 zeigen, und wovon die Oden Salomos gewiß eine treffende Anschauung geben. |

1Petr 3,18 f.22 kann ebensowohl einem Bekenntnis wie einem Liede entstammen. Ist das erstere der Fall[19], so könnte der vom Verf. zitierte Text vollständig sein, nur daß als Einleitung etwa zu ergänzen wäre: πιστεύω εἰς oder ὁμολογοῦμαι ἐν. Aber natürlich könnten auch noch andere Sätze vorangegangen sein, vielleicht gar ein Bekenntnis zu Gott. Darüber läßt sich nichts Sicheres, nicht einmal Wahrscheinliches sagen. Stammt das Zitat dagegen aus einem Liede, so wäre es sicher ein Fragment, und dann ist zu erwägen, ob sich etwa dazugehörige Sätze in den anderen christologischen Aussagen der Epistel finden.

In Frage kommt zunächst 1,18—20, jedoch wäre die Vermutung für V. 18 f ganz vage, denn in seiner Form ist dieser Satz ganz prosaisch. Er bewegt sich freilich in traditioneller Terminologie in der Weise, wie er von der Erlösung durch Christus spricht[20] und als das Mittel der Erlösung das Blut Christi als des Lammes nennt, Wendungen, die auch sonst in feierlich-liturgischer Sprache begegnen[21]. In Texten, die Bekenntnis-Sätze in relativ fester Formulierung zeigen, habe ich jedoch keine Parallelen gefunden. Es muß also dahingestellt bleiben, ob der Verf. in V. 18 f aus dem traditionellen Sprachschatz frei schöpft, oder ob er auf einen bestimmten Text anspielt.

Dagegen zeigt V. 20 den gebundenen Stil der liturgisch-poetischen Sprache:

(Χριστοῦ τοῦ) προεγνωσμένου μὲν πρὸ καταβολῆς κόσμου,
φανερωθέντος δὲ ἐπ᾽ ἐσχάτου τῶν χρόνων. |

Hier dürfte nur das folgende δι᾽ ὑμᾶς entweder hinzugesetzt oder aus einem δι᾽ ἡμᾶς in die zweite Person umgesetzt worden sein.

---

[19] CULLMANN (aaO 15) vermutet, daß in 1Petr 3,18.22 ein Taufbekenntnis zugrunde liegt, weil in V. 20 f auf die Taufe Bezug genommen ist. Die Vermutung mag zutreffen, aber die Begründung überzeugt nicht, da V. 20 f gelehrte Zusätze des Verf. sind. Wenn er die Leser an ihr Taufbekenntnis hätte erinnern sollen, würde er das dann nicht ausdrücklich mit dem Hinweis auf ihre ὁμολογία getan haben wie Hebr 4,4; 10,23; 1Tim 6,12 f?

[20] Vgl. Tit 2,14: ὃς ἔδωκεν ἑαυτὸν ὑπὲρ ἡμῶν, ἵνα λυτρώσηται ἡμᾶς ἀπὸ πάσης ἀνομίας und Barn 14,5 f: ἐφανερώθη δέ (sc. ὁ κύριος), ἵνα . . . ἡμεῖς . . . διαθήκην κυρίου Ἰησοῦ λάβωμεν, ὃς εἰς τοῦτο ἡτοιμάσθη, ἵνα αὐτὸς φανείς, τὰς . . . ἡμῶν καρδίας . . . λυτρωσάμενος ἐκ τοῦ σκότους, διάθηται ἐν ἡμῖν διαθήκην λόγῳ. Vgl. noch Hebr 9,12.

[21] Zu αἷμα vgl. Röm 3,25; 5,9; Kol 1,20; Eph 1,7; 2,13; 1Petr 1,2; Apg 20,28; 1Joh 1,7; 5,6.8; Hebr passim; Apk passim; ferner die Abendmahlsliturgie und etwa 1Clem 7,4; 12,7; 21,6; 49,6; Barn 5,1.

Das προεγνωσμένου hat seine sachlichen Parallelen Joh 17,24; OdSal 41,15. Das Motiv geht aber weiter zurück in die jüdische Weisheitsliteratur (Spr 8,23; Sir 24,9) und ist im Judentum auch auf Mose übertragen worden (AssMos 1,14). Das Motiv des φανερωθέντος setzt jenes voraus und erscheint mit ihm verbunden Kol 1,26:

> τὸ μυστήριον τὸ ἀποκεκρυμμένον ἀπὸ τῶν αἰώνων καὶ τῶν γενεῶν,
> νῦν δὲ ἐφανερώθη τοῖς ἁγίοις αὐτοῦ.

Ferner 2Tim 1,9 f:

> (κατὰ ἰδίαν πρόθεσιν καὶ) χάριν, τὴν δοθεῖσαν ἡμῖν ἐν Χρ. Ἰησοῦ
> πρὸ χρόνων αἰωνίων, φανερωθεῖσαν δὲ νῦν διὰ τῆς ἐπιφανείας τοῦ
> σωτῆρος Χρ. Ἰ.

Ebenso im (unechten) Schluß von Röm (16,25 f):

> (κατὰ ἀποκάλυψιν) μυστηρίου χρόνοις αἰωνίοις σεσιγημένου,
> φανερωθέντος δὲ νῦν κτλ.

Abgewandelt ist es zB Eph 3,9 f (vgl. auch 3,5) und Tit 1,2 f.

Während an diesen Stellen das Subjekt des προγνωσθῆναι und φανερωθῆναι eine sachliche Größe ist (das μυστήριον Kol 1,26 — in V. 27 aber als Χριστὸς ἐν ὑμῖν erläutert —; Eph 3,9; Röm 16,25; Gottes χάρις 2Tim 1,9 f; die ζωὴ αἰώνιος Tit 1,2), ist in anderen Aussagen Christus das Subjekt: IgnMagn 6,1: (Ἰ. Χρ.) ὃς πρὸ αἰώνων παρὰ πατρὶ ἦν καὶ ἐν τέλει ἐφάνη. Herm sim IX 12,1 ff (verbunden mit der allegorischen Deutung der πέτρα und der πύλη):

> ὁ μὲν υἱὸς τοῦ θεοῦ πάσης τῆς κτίσεως προγενέστερός ἐστιν . . .
> ἐπ' ἐσχάτων τῶν ἡμερῶν τῆς συντελείας φανερὸς ἐγένετο.

2Clem ist auf die ἐκκλησία übertragen, was von Jesus gilt:

> (ἐκ τῆς ἐκκλησίας τῆς πρώτης, τῆς πνευματικῆς,)
> τῆς πρὸ ἡλίου καὶ σελήνης ἐκτισμένης . . .
> (ἦν γὰρ πνευματικὴ ὡς καὶ ὁ Ἰησοῦς ἡμῶν,)
> ἐφανερώθη δὲ ἐπ' ἐσχάτων τῶν ἡμερῶν, ἵνα ἡμᾶς σώσῃ[22].

In umgekehrter Reihenfolge erscheinen die Aussagen OdSal 41,13—15:

> „Der Sohn des Höchsten ist erschienen
>   in der Vollkommenheit seines Vaters.

---

[22] Der ἵνα-Satz zeigt deutlich, daß das Subjekt der Aussage ursprünglich Christus war. Vgl. noch Barn 14,5 (s. o. Anm. 20).

Und Licht ist aufgegangen von dem Logos,
   der von jeher in ihm war.
Denn Christus ist Einer in Wahrheit
   und ward erkannt vor der Grundlegung der Welt."

(Übersetzung von Gressmann)

Die angeführten Texte zeigen, daß das Motiv in bekenntnismäßigen oder liturgischen Sätzen relativ feste Formulierung gewann; daß es auch in einem Liede Platz finden konnte, beweist OdSal 41. Es ist daher möglich, wenngleich das eine bloße Vermutung bleiben muß, daß 1Petr 1,20 in der Tat an den Anfang des 3,18 f.22 zitierten Textes gehört hat. Seinem Inhalt nach paßt 1,20 durchaus zu der in 3,18 f.22 zugrunde liegenden Erlöservorstellung. Seiner Form nach zeigt 1,20 freilich den Partizipialstil, während für 3,18 f.22 der Relativstil wahrscheinlich ist. Indessen können Relativ- und Partizipialstil im gleichen Liede (oder Bekenntnis) wechseln[23], und zudem ist es möglich, daß die Partizipien von 1,20 dem Verbum eines Relativsatzes subordiniert waren.

Ist Entsprechendes auch für 2,21—24 zu vermuten? Jedenfalls liegt es hier insofern ebenso wie 3,18 f.22 (und damit auch wie Phil 2,6—11), als der Verf. die — an die Sklaven gerichtete — Mahnung zur Geduld auch im ungerechten Leiden durch den Hinweis auf das Vorbild des leidenden Christus verstärkt, und daß er die Zeichnung dieses Vorbildes einem überlieferten Text entnimmt. Dieses letztere geht 1. daraus hervor, daß die Rede unvermittelt von der zweiten Person (ὑμῶν, ὑμῖν V. 21, ἡμῶν V. 24) in die erste übergeht, der dann in der Anwendung wieder die zweite Person folgt (V. 25). Die Vorlage redete in der ersten Person, die der Verf. am Anfang in die zweite umsetzte, um den Anschluß an die vorausgehenden Sätze zu gewinnen. Es geht 2. daraus hervor, daß die Anwendung V. 25 ganz allgemein ist und den Gedanken von V. 21 gar nicht wieder aufnimmt; der Verf. ist in seiner Gedankenführung durch seine Vorlage geleitet worden. Es ergibt sich 3. daraus, daß das ὑπὲρ ὑμῶν und die Beschreibung des Sinnes des Leidens Christi für den Zusammenhang, dh für die Mahnung an die Sklaven, keine Bedeutung hat. Endlich wird es 4. bestätigt durch den liturgischen Stil, der hier der Relativstil ist.

In V. 21 wird man der Redaktion des Verf. das offenbar um des Zusammenhangs willen eingefügte Stück zuschreiben: ὑμῖν ὑπολιμπάνων

---

[23] Vgl. Norden aaO (s. Anm. 3) 201 ff, 223 ff.

ὑπογραμμόν, ἵνα ἐπακολουθήσητε τοῖς ἴχνεσιν αὐτοῦ. Außerdem natürlich die Formulierung des Eingangs (ὅτι καί) und die Umsetzung der ersten Person in die zweite. Es wäre also zu vermuten, daß der ursprüngliche Text nach der Nennung Christi mit einem Relativsatz begann:

(Χριστός,) ὃς ἔπαθεν ὑπὲρ ἡμῶν.

Ist dies offenbar nur das Fragment eines Verses, so erscheint der nächste Satz in der charakteristischen Form des zweigliedrigen Verses:

ὃς ἁμαρτίαν οὐκ ἐποίησεν,
οὐδὲ εὑρέθη δόλος ἐν τῷ στόματι αὐτοῦ.

Der folgende Satz enthält drei Glieder, denn schwerlich darf man die beiden ersten Sätzchen als *ein* Glied zusammennehmen:

ὃς λοιδορούμενος οὐκ ἀντελοιδόρει,
πάσχων οὐκ ἠπείλει,
παρεδίδου δὲ τῷ κρίνοντι δικαίως.

Wenn wir auch nicht wissen, wie strenge Forderungen wir an den Bau eines altchristlichen poetischen oder liturgischen Textes stellen dürfen, und ob etwa zwei- und dreigliedrige Verse sich abwechseln konnten, so hat man doch Grund zu der Frage, ob nicht der Verf. um des Zusammenhangs willen den Text erweitert hat, indem er an mögliche Situationen des Sklavenlebens dachte. Man könnte ihm eines der drei Glieder — am wahrscheinlichsten wohl das dritte — zuschreiben. Es wäre sogar nicht unmöglich, daß der ganze Vers, der ja im Unterschied von V. 22 und V. 23 keine Wendungen aus Jes 53 aufgreift, von ihm gebildet ist; daß er sich in der Formulierung an den Stil der gegebenen Verse | anschloß, wäre durchaus verständlich. Aber das ist natürlich bloße Erwägung einer Möglichkeit.

V. 24 läßt wieder den Bau in zweigliedrigen Versen erkennen:

ὃς τὰς ἁμαρτίας ἡμῶν αὐτὸς ἀνήνεγκεν
ἐν τῷ σώματι αὐτοῦ ἐπὶ τὸ ξύλον,
ἵνα ταῖς ἁμαρτίαις ἀπογενόμενοι
τῇ δικαιοσύνῃ ζήσωμεν.

Als drittes abschließendes Glied (s. o.) folgte dann ganz organisch:

οὗ τῷ μώλωπι ἰάθημεν.

Sollte diese Schilderung des Leidens Christi nun auch zu dem 3,18 f.

22 zitierten Texte gehört haben? Es ist sehr unwahrscheinlich. Stilistisch würde sie sich schlecht einfügen. Die breite Schilderung mit den aus Jes 53 stammenden Farben paßt nicht zu den kurzen, lapidaren Aussagen dort. Und wie sollten sich diese Verse in jene einordnen lassen? 2,21—24 kann dem (ὅς) ἔπαθεν ἅπαξ περὶ ἁμαρτιῶν nicht vorangegangen sein, und das (ὅς) ἔπαθεν ὑπὲρ ἡμῶν konkurriert mit jenem Satze. Man kann daher auch nicht 2,21—24 zwischen 3,18 a und 18 b einschalten.

Man wird also schließen, daß 2,21—24 aus einer anderen Vorlage stammt, und diese wird man zufolge der schildernden Beschreibung eindeutig als ein Lied, nicht als ein Bekenntnis bezeichnen müssen, während es für (1,20 und) 3,18 f.22 wahrscheinlicher sein dürfte, daß diese Verse einem Bekenntnis entnommen sind.

Als ganzer lautet der rekonstruierte Text:

(?πιστεύω εἰς τὸν κύριον Ἰησοῦν Χριστόν,)
τὸν προεγνωσμένον μὲν πρὸ καταβολῆς κόσμου,
φανερωθέντα δὲ ἐπ' ἐσχάτου τῶν χρόνων·
ὃς ἔπαθεν ἅπαξ περὶ ἁμαρτιῶν,
  ἵνα ἡμᾶς προσαγάγῃ τῷ θεῷ,
θανατωθεὶς μὲν σαρκί,
ζωοποιηθεὶς δὲ πνεύματι,
ἐν ᾧ καὶ τοῖς ἐν φυλακῇ πνεύμασιν ἐκήρυξε,
πορευθεὶς (δὲ) εἰς οὐρανὸν ἐκάθισεν ἐν δεξιᾷ θεοῦ,
ὑποταγέντων αὐτῷ ἀγγέλων καὶ ἐξουσιῶν καὶ δυνάμεων.

Exegetische Probleme des zweiten Korintherbriefes[*]

I. Zu 2Kor 5,1—5

In die vielumstrittene Stelle 2Kor 5,1—5 kann vielleicht, wenn nicht die Entscheidung, so doch einiges Licht gebracht werden durch die Beobachtung, daß sich Paulus hier gegen eine Anschauung wendet, die in Korinth durch gnostisierende Christen vertreten wird. Zunächst ist festzustellen, daß die Verse im Zusammenhang eine Abschweifung sind. Das durchgehende Thema von 2,14—7,4 ist das apostolische Amt. Aus diesem Amte, das nach 3,7—18 durch δόξα charakterisiert ist, und das die ζωή verbreitet[1], fließt nach 2,14—4,6 die πεποίθησις bzw. die παρρησία des Apostels. Die ζωή aber, das führt 4,7—6,10 aus, erscheint in der Welt unter der Maske des Todes (vgl. bes. 4,7—12). Gesagt ist dies, um gegenüber einem falschen Verständnis des Apostels, als müsse dieser durch sichtbare Erweise die δόξα seines Amtes dokumentieren, das echte Verständnis klar zu stellen: gerade indem er dem Wirken des Todes preisgegeben ist, wirkt durch ihn das Leben in seinem Werk (4,12; vgl. 6, 4—10). Von seinem apostolischen Amte und der aus ihm erwachsenden παρρησία redet Paulus durchweg. Gelegentlich freilich tritt zu Tage, daß das, was die apostolische Existenz charakterisiert, im Grunde auch der christlichen Existenz überhaupt ihren Charakter gibt. Ist das Wir 3,12 das des Apostels, so tritt 3,18 an dessen Stelle das ἡμεῖς πάντες, um dann 4,1 wieder durch | das apostolische Wir abgelöst zu werden. Dieses herrscht bis 4,16, während das Wir von 4,17 f wieder das gemeinchristliche ist. Das gemeinchristliche Wir redet auch in 5,1—5; dagegen ist 5,6 das Wir wieder das des Apostels. Durch 5,6—10 wird der Gedanke von 5,1—5 dem beherrschenden Thema eingeordnet; 5,6 nimmt 4,16 wieder auf: aus der in 5,1—5 begründeten Hoffnung folgt das θαρρεῖν

---

[*] Symbolae Biblicae Upsalienses 9 (1947), 3—31.
[1] Vgl. 2,16; 3,6. Als ζωή läßt sich zusammenfassend bezeichnen, was 3,7—11 πνεῦμα, δικαιοσύνη und μένον im Gegensatz zu θάνατος, κατάκρισις und καταργούμενον genannt ist.

des Apostels, wie aus der 4,14 f entwickelten Hoffnung das μὴ ἐγκακεῖν folgte. Da das οὐκ ἐγκακοῦμεν 4,16 nicht entfaltet, sondern in 4,17 f neu begründet worden war, wird es durch das θαρροῦντες 5,6 wieder aufgenommen, und 5,6 könnte eigentlich an 4,18 anschließen. Das apostolische Wir von 5,6 gleitet aber alsbald unmerklich in das gemeinchristliche über, das dann in dem τοὺς γὰρ πάντας ἡμᾶς 5,10 deutlich an den Tag kommt, um dann in 5,11 wieder durch das apostolische Wir abgelöst zu werden.

Der Blick auf die gemeinchristliche Hoffnung 4,17 f hat nun zu der Abschweifung 5,1—5 geführt, und zwar zu einer polemischen Abschweifung, was schon durch das οὐ — ἀλλά V. 4 und durch das betonte εἰς αὐτὸ τοῦτο V. 5 zu erkennen ist. Indem Paulus von der künftigen δόξα redet, muß er daran denken, daß darüber in Korinth falsche Vorstellungen verbreitet sind, nämlich solche, die es für das Ziel der Sehnsucht halten: ἐκδύσασθαι, γυμνὸς εὑρεθῆναι. Es sind gnostische Vorstellungen, und es handelt sich im Grunde um das gleiche Thema wie 1Kor 15. Den gnostisierenden Bestreitern der leiblichen Auferstehung gegenüber hatte Paulus dort den Beweis für die Auferstehung des Leibes führen zu müssen gemeint, unter der Voraussetzung, daß es ihre Anschauung sei, mit dem Tode sei alles aus (vgl. bes. 15,32). Daß er sie mißverstanden hat, zeigt schon der in Korinth geübte Brauch der Taufe für die Toten (15, 29). Inzwischen wird er gehört haben, daß es die Meinung der korinthischen Gnostiker gar nicht sei, nur für dieses Leben die Hoffnung auf Christus zu setzen (15,19). Sie werden ihm mitgeteilt haben, daß sich ihre Hoffnung sehr wohl über dieses Leben hinausschwingt, daß sie aber eine Auferstehung des σῶμα für absurd halten und sich vielmehr danach sehnen, von diesem σῶμα entkleidet zu werden. |

Das eben ist die gnostische Hoffnung, wie sie C. Herm 1,24—26 breit geschildert wird; γυμνωθεὶς ἀπὸ τῶν τῆς ἁρμονίας ἐνεργημάτων steigt der Erlöste zur Ogdoas empor[2]. 13,6 erhält das ἀληθές, das den Gegensatz zum θνητόν bildet, unter anderen Prädikaten, die das unkörperliche Wesen bezeichnen, die Charakteristik τὸ γυμνόν. Nach Philon de virt. 76 spürt Mose bei seinem Ende, daß sich die Bestandteile, aus denen er zusammengesetzt ist, auflösen: τοῦ μὲν σώματος . . . περιαιρουμένου, τῆς δὲ ψυχῆς ἀπογυμνουμένης καὶ τὴν κατὰ φύσιν ἐνθένδε ποθούσης μετανάστασιν. Hierocl. in aur. Pyth. carmen p. 179,18 ff (Mullach) beschreibt die durch die philosophische Erziehung bewirkte κάθαρσις in Mysterientermino-

---

[2] Vgl. auch C. Herm 7,2: πρῶτον δὲ δεῖ σε περιρρήξασθαι ὃν φορεῖς χιτῶνα.

logie: ... ἵν' ὅταν ὁ τοῦ θανάτου καιρὸς ἐνστῇ, καταλιπόντες ἐπὶ τῆς γῆς τὸ θνητὸν σῶμα, καὶ τὴν τούτου φύσιν ἀποδυσάμενοι, πρὸς τὴν οὐρανίαν πορείαν ὦσιν εὔζωνοι οἱ τῶν φιλοσοφίας ἀγώνων ἀθληταί. Wie sich hier die Vorstellung von der Nacktheit der Ringkämpfer einmischt, so noch stärker Porphyr. abst. I, 31: ἀποδυτέον ἄρα τοὺς πολλοὺς ἡμῖν χιτῶνας, τόν τε ὁρατὸν τοῦτον καὶ σάρκινον καὶ οὓς ἔσωθεν ἠμφιέσμεθα προσεχεῖς ὄντας τοῖς δερματίνοις, γυμνοί τε καὶ ἀχίτωνες ἐπὶ τὸ στάδιον ἀναβαίνωμεν τὰ τῆς ψυχῆς Ὀλύμπια ἀγωνισόμενοι. Es ist aber klar, daß die Vorstellung von der Nacktheit der Seele erst das Bild vom nackten Ringkämpfer hervorgerufen hat[3].

Freilich hat die gnostische Hoffnung auf die γυμνότης als das Befreitsein vom irdischen σῶμα zum Korrelat die Hoffnung auf ein Himmelsgewand (vgl. die Exkurse bei Lietzmann und Windisch zu V. 1 bzw. V. 5), bzw. auf ein ἀθάνατον σῶμα (C. Herm 13,3.14). Aber wie Paulus 1Kor 15 nur das Negative der gegnerischen Anschauung aufgenommen hat, so auch hier nur die Sehnsucht nach dem ἐκδύσασθαι die Hoffnung auf die γυμνότης.

Was gewinnen wir nun aus diesen Erwägungen für das genauere Verständnis von 2Kor 5,1—5?

Umstritten ist in V. 1 der Sinn von ἐάν ... καταλυθῇ. Der Sinn des Verbums, ausgesagt von der οἰκία (τοῦ σκήνους), ist zunächst „abbrechen", „zerstören". Da nun die οἰκία das irdische σῶμα bedeutet, so meint das καταλυθῆναι dessen Vernichtung, und am nächsten liegt es zweifellos, an die Vernichtung durch den Tod, die sich im Sterben vollzieht, zu denken. Das würde auch dem traditionellen Sinne des gnostischen Sprachgebrauchs am besten entsprechen; denn solcher liegt hier

---

[3] Nicht hierher gehören die von LIETZMANN (An die Korinther[3] HNT 9, S. 120 f zu V. 3) und WINDISCH (Der zweite Korinther-Brief[9] MeyerK 1924, S. 164) angeführten Sätze der platonischen Jenseitsmythen, nach denen die Seele nackt vor dem Richter in der Unterwelt erscheint. Zu vergleichen ist aber zB Sen. cons. ad Marc. 25,1: proinde non est, quod ad sepulcrum filii tui curras; pessima eius et ipsi molestissima istic iaciunt, ossa cineresque, non magis illius partes quam vestes aliaque tegumenta corporum. Integer ille nihilque in terris relinquens sui fugit et totus excessit paulumque supra nos commoratus, dum expurgatur et inhaerentia vitia situmque omnem mortalis aevi excutit, deinde ad excelsa sublatus inter felices currit animas. Ferner etwa Plot. enn. III 6, 6, 69 ff Bréh. „Geschieht doch die Wahrnehmung, während die Seele schläft; denn soviel von der Seele im Leibe ist, das schläft; und das wahre Aufwachen ist ein Auferstehen vom Leibe, nicht mit dem Leibe, das Aufstehen mit dem Leibe ist nur ein Wegstehen aus dem einen in den anderen Schlaf, wie von einer Lagerstatt zur anderen. Das wahre Aufstehen aber ist ein Aufstehen von den Körpern überhaupt, welche in ihrer Anlage der Seele entgegengesetzt und ihr daher entgegengesetzt in bezug auf das Sein sind" (Übersetzung von HARDER).

zweifellos vor. Der anthropologische Gebrauch der Termini „Haus" und „Gewand", und zwar gerade auch der abgeschliffene Gebrauch, der beide Bilder vermischt, ist typisch gnostisch[4]. Ebenso ist an den typischen Gebrauch von λύειν, ἀναλύειν etc zu erinnern. Der Tod ist nach C. Herm 1,24 die ἀνάλυσις τοῦ σώματος, und C. Herm 13,14 fragt der Myste den Mystagogen: τὸ σῶμα τοῦτο τὸ ἐκ δυνάμεων συνεστὸς λύσιν ἔχει (Scott: ἕξει) ποτέ; und 13,15 spricht der Mystagoge: καλῶς σπεύδεις λῦσαι τὸ σκῆνος (Scotts Korrektur des Textes scheint mir hier zu kühn zu sein); vgl. 13, 12. In 13,3 stellt Scott vielleicht richtig her: διαλέλυταί (Reitzenstein: διαμεμέλισταί) μοι τὸ πρῶτον σύνθετον εἶδος. Dem θνητὸν εἶδος wird 13,6 das ἀληθές gegenübergestellt als das ... μὴ διοριζόμενον ... τὸ γυμνὸν ... τὸ ἀσώματον, und gleich darauf wird die Sphäre des Ewigen (des ἀληθές) als das μὴ διαλυόμενον etc beschrieben[5]. |

Freilich kann es nun gegen die Auffassung, daß das καταλυθῆναι V. 1 das Sterben bedeute, bedenklich machen, daß Paulus von einem normaler Weise dem Christen bevorstehenden Ereignis zu reden scheint, während er doch 1Thess 4,17; 1Kor 15,51 f damit rechnet, daß normaler Weise die Gläubigen die Parusie erleben werden. Daß sich seine Anschauung seit 1Kor 15 gewandelt haben solle, dagegen haben W. Mundle[6] und L. Brun[7] berechtigte Bedenken vorgebracht.

Meint man gleichwohl, unter dem καταλυθῆναι V. 1 das Sterben verstehen zu sollen, so bestehen noch verschiedene Möglichkeiten der Erklärung.

1. Paulus will sagen, daß der Gläubige sofort nach dem Tode den Himmelsleib erhält (so wie manche anderen Windisch). Aber darf man ohne weiteres zu dem (dann als futurisch zu verstehenden) ἔχομεν ein „sofort" oder „alsbald" ergänzen[8]? Vor allem aber würde dieser Gedanke nicht zu der sonst bei Paulus herrschenden Anschauung stimmen, nach der die Bekleidung mit dem Himmelsleib bzw. die Verwandlung in die himmlische Seinsweise mit der bei der Parusie Christi sich ereig-

---

[4] Vgl. PH. VIELHAUER, Oikodome. Das Bild vom Bau in der christlichen Literatur vom NT bis Clemens Alexandrinus. Diss. Heidelb. 1940, bes. S. 37 ff, 106 ff.

[5] Anders, wo es sich nicht um die Auflösung des Leibes, sondern um die Lösung der Seele vom Leibe handelt, wie Philo, Quod det. pot. ins. 158; Rer. Div. Her. 68; Somn. I 181. Vgl. auch ActThom 160 p. 271, 26 f, wo λύσις ἀπὸ τοῦ σώματος und λύσις τοῦ σώματος wechseln.

[6] Festgabe für Ad. Jülicher (1927), S. 93—109.

[7] ZNW 28 (1929), S. 207—229.

[8] Leichter scheint mir LIETZMANNS Bedenken zu wiegen, daß dann statt des ἐν τοῖς οὐρανοῖς ein ἐξ οὐρανοῦ zu erwarten sei.

nenden Auferstehung der Toten zusammenfällt (außer 1Thess 4,13 ff; 1Kor 15,50 ff; vgl. Röm 8,23; Phil 3,21).

2. Paulus setzt voraus, daß zwischen dem Tode und der, erst bei der Parusie erfolgenden, Bekleidung mit dem Himmelsleib ein Zwischenzustand liegt, und zwar der Zustand der Nacktheit, von dem V. 3 redet. Die V. 2—4 ausgesprochene Sehnsucht wäre dann die Sehnsucht, dem Tode vor der Parusie zu entgehen (so mit anderen Lietzmann). Auch dagegen haben Mundle und Brun begründete Bedenken vorgebracht. Wie kann Paulus, nachdem er in V. 1 die tröstliche Gewißheit ausgesprochen hat, daß wir im Falle des Todes einen Himmelsleib für uns bereit wissen, sich in V. 2—4 danach sehnen, dem Tode zu entgehen? Wie kann die Sehnsucht, nicht sterben zu müssen, die Sicherheit der Hoffnung auf den Himmelsleib im Falle des Todes | und der Nacktheit begründen oder bestätigen[9]? Vielmehr kann doch nur die Sehnsucht nach der Befreiung aus dem irdischen Leibe die Gewißheit der Hoffnung (analog Röm 8,22 f) begründen.

Dazu kommt, daß Lietzmann V. 3 übersetzen muß: „da wir ja (nur dann), wenn wir sie angezogen haben, nicht werden nackt erfunden werden", — bzw. umschreiben muß: „Wie sicher unsere Hoffnung auf den neuen Leib und die Herrlichkeit des Jenseits ist, könnt ihr daran sehen, daß unsere Sehnsucht ja beständig darauf gerichtet ist, und wir vor dem Tode nur aus dem einen Grunde Grauen empfinden, weil er uns für eine Weile in den Zustand der Nacktheit versetzt, ehe wir das neue Kleid empfangen." Aber das entscheidende „nur dann" bzw. „nur aus dem einen Grunde" steht ja nicht im Text! Und das εἴ γε καί (bzw. εἴπερ καί BDG pc) kann schwerlich einfach kausal aufgefaßt werden, wie Lietzmann es tut, sondern heißt: „wenn wenigstens" dh „sofern es nämlich richtig ist" (Windisch).

Angesichts dieser Schwierigkeiten hat L. Brun vorgeschlagen, das καταλυθῆναι nicht vom Tode im buchstäblichen Sinne zu verstehen, sondern von dem Sterbeprozeß, der sich nach 4,8—12.16 im apostolischen Wirken vollzieht. Er muß dann freilich annehmen, daß Paulus hier „im eigenen Namen" redet, und das scheint mir nicht wohl möglich zu sein. 5,1—5 schließt sich durch γάρ an die Sätze 4,17 f an, die die gemeinchristliche Hoffnung aussprechen. Auch klingen die Sätze 5,1—5 durchaus wie die Entfaltung eines Dogmas, einer gemeinchristlichen Lehre[10],

---

[9] L. Brun l. c. S. 218.
[10] Das Wir hat doch offenbar den gleichen Sinn wie das Wir Röm 8,18 ff.

zumal wenn es richtig ist, daß sie polemisch orientiert sind: die echte christliche Hoffnung wird einer falschen entgegengesetzt.

Auch vermag ich mich nicht zu überzeugen, daß der Aorist καταλυθῇ nicht den Akt der endgültigen Vernichtung bezeichnen solle, sondern zusammenfassend das Gesamtresultat der schon erlittenen und der noch zu erwartenden apostolischen Leiden, „ohne doch den Tod im buchstäblichen Sinne anzeigen oder mit einschließen zu wollen"[11]. |

3. Bezeichnet das καταλυθῆναι den Tod vor der Parusie, so bleibt noch die Möglichkeit, daß Paulus auf den Moment der Bekleidung mit dem Himmelsgewand gar nicht reflektiert hat. Es ist für ihn selbstverständlich, daß die Bekleidung bei der Parusie und der Totenerweckung stattfindet. Reflektiert er nicht ausdrücklich darauf, so heißt das, daß er nicht auf die Zwischenzeit zwischen Tod und Parusie reflektiert, die ja nach 1Thess 4,13 ff; 1Kor 11,30; 15,6.18.20.51 ein κοιμᾶσθαι ist. Er spricht vielmehr V. 1 einfach den Trost aus: angesichts des Todes besteht keine Angst: denn für den Fall des Todes wissen wir, daß das Himmelsgewand für uns bereit liegt. So die Erklärung Mundles, freilich mit einer gleich zu nennenden Modifikation.

Aber erhebt sich nicht dagegen jenes Bedenken, daß Paulus dann mit dem Tode der Gläubigen als dem normalen Falle zu rechnen scheint? Halten wir aber fest, daß die Formulierung durch die Orientierung an der gegnerischen Anschauung orientiert ist, so wäre das doch begreiflich. Die Gegner haben gegen Paulus eingewandt: „Die Hoffnung auf die Auferweckung des σῶμα ist unsinnig; vielmehr, ἐὰν ἡ ἐπίγειος ἡμῶν οἰκία τοῦ σκήνους καταλυθῇ, dann steigt die entkleidete Seele nackt empor!" „Nein!" erwidert Paulus, „ἐὰν καταλυθῇ, dann wartet unser der himmlische Leib!" Man erwäge auch, daß Paulus auch sonst gelegentlich, wenn er die Auferstehungshoffnung zum Ausdruck bringt, gar nicht das πάντες οὐ κοιμηθησόμεθα (1Kor 15,51) bedenkt, sondern so redet, als sei das Sterben vor der Parusie das Normale; so 4,14: ... καὶ ἡμᾶς σὺν Ἰησοῦ ἐγερεῖ und 1Kor 6,14: καὶ ἡμᾶς ἐξεγερεῖ (Röm 8,11 statt dessen vorsichtiger ζῳοποιήσει). So scheint mir diese dritte Möglichkeit gute Gründe für sich zu haben.

4. Es ist indessen noch eine andere Möglichkeit zu erwägen. Daß das καταλυθῆναι den Moment der endgültigen Vernichtung des irdischen Lebens meint, dürfte gegenüber L. Brun das Wahrscheinliche sein. Aber muß dieser Moment der des Todes sein? Kann das καταλυθῆναι nicht

---

[11] L. c. 220.

den „irgendwie erfolgenden Abschluß des Daseins in irdischer Leiblichkeit" meinen, wie Bachmann und nach ihm Mundle es verstehen wollen? Das καταλυθῆναι | würde dann den Vorgang des ἀλλαγῆναι von 1Kor 15,51 einschließen, der ja mit dem Vorgang des καταποθῆναι des θνητόν (V. 4) identisch ist. Kann nicht eben dieses als ein καταλυθῆναι des irdischen σῶμα bezeichnet werden? Nun hat L. Brun mit Recht gegen Bachmann und Mundle eingewandt, daß doch schwerlich so Disparates wie der Tod vor der Parusie und die Verwandlung bei der Parusie mit dem einen Ausdruck καταλυθῆναι gemeint sein könne. Der Ausdruck kann gewiß jedes von dem beiden bedeuten, aber doch nur jeweils das eine und nicht beides zugleich. So scheint mir nur die Erwägung begründet zu sein, ob nicht Paulus an das ἀλλαγῆναι bei der Parusie denkt. Und das erscheint als durchaus glaublich, wenn — wie wahrscheinlich — der Ausdruck durch die gnostischen Gegner bestimmt ist. Für diese ist der Moment des καταλυθῆναι freilich der Augenblick des Todes, während es für Paulus der Augenblick der Parusie ist[12]. Aber es ist begreiflich, wenn diese Differenz in der Antithese außer Betracht bleibt, da es Paulus für den Augenblick nur darauf ankommt, denen gegenüber, die behaupten: „Das καταλυθῆναι ist der ersehnte Moment des ἐκδύσασθαι, des γυμνωθῆναι", zu sagen: „Nein! Im Moment des καταλυθῆναι erfolgt kein γυμνωθῆναι, sondern die Überkleidung mit dem Himmelsleib." Der gegen die zuerst besprochene Möglichkeit (S. 7) erhobene Einwand, daß ein „alsbald" oder „sofort" nicht ausgesprochen ist, hat hier keine Geltung; denn wenn das καταλυθῆναι bei der Parusie erfolgt, so versteht sich ja das „sofort" von selbst und brauchte nicht ausgesprochen zu werden, was der Fall sein müßte, wenn vom Tode vor der Parusie die Rede wäre[13].

So wäre freilich eine Entscheidung nicht herbeigeführt: zwei Möglichkeiten bleiben, V. 1 zu interpretieren, und jede von beiden läßt sich aus dem Gegensatz gegen die gnostische Anschauung gut begreifen. Die folgenden Verse bringen zwar auch keine Entscheidung, bestätigen aber die Abweisung der beiden ersten Möglichkeiten.

Den Wunsch, nicht vor der Parusie zu sterben, kann man | aus V. 2 nur dann herauslesen, wenn man das ἐπενδύσασθαι nicht als „bekleidet werden" versteht, sondern als „überkleidet werden" bzw. „darüber an-

---

[12] Sollte Paulus die Gegner mißverstanden haben, indem er ihnen unterschiebt, daß auch sie den Augenblick der Parusie meinen?
[13] Von der Erklärung REITZENSTEINS (Hell. Myst. Rel.³ S. 354—357) sehe ich ab, da sie mir als zu fernliegend erscheint.

ziehen", — nämlich über das irdische σῶμα, das dann von dem Himmelsgewande wie von einem Nessusgewande (Bousset) verzehrt werden würde. Aber ἐπενδύσασθαι braucht keineswegs diesen Sinn zu haben: und der Gegensatz von ἐκδύεσθαι und ἐπενδύεσθαι V. 4 scheint mir zu zeigen, daß Paulus ἐπενδύεσθαι in dem einfachen Sinne von „bekleidet werden" bzw. „anziehen" gebraucht.

Gab V. 2 den Erkenntnisgrund für V. 1 an („daß ein Himmelsgewand unser wartet, wird durch unsere Sehnsucht nach dem Anlegen dieses Gewandes bezeugt"), so gibt V. 3 wieder den Realgrund der Sehnsucht an, eingeführt durch εἴ γε καί (oder im gleichen Sinn durch εἴπερ καί), dh mit der besonderen Wendung, daß dieser Grund als ein solcher angeführt wird, der doch wohl Geltung haben dürfte, — also mit einem Seitenblick auf die Gegner, die anderer Meinung sind. Einen klaren Sinn gibt V. 3 aber nur bei der Lesart ἐκδυσάμενοι. Denn das ἐνδυσάμενοι gibt einen trivialen Sinn: „wenn wir wenigstens, nachdem wir uns bekleidet haben, nicht nackt dastehen werden." Um den Sinn erträglich zu machen, muß Lietzmann (wie Mundle) das εἴ γε καί seiner Kraft berauben und ein „nur dann" einfügen (s. o. S. 302). Dagegen ist bei der Lesart ἐκδυσάμενοι alles klar: „Wenigstens wenn es gilt (und das ist für Paulus selbstverständlich), daß wir nach Ablegung des irdischen Gewandes nicht nackt dastehen werden."[14] Daß Paulus die Formulierung im Blick auf die gnostischen Gegner wählt, die behaupten: „wenn wir (im Tode) das irdische Gewand ablegen, so werden wir nackt dastehen", zeigt doch deutlich V. 4. Indem dieser Vers wieder wie V. 2 den Erkenntnisgrund bringt, versichert er, daß unsere Sehnsucht nicht auf das ἐκδύσασθαι, sondern auf das ἐπενδύσασθαι geht. Und nachher bestätigt V. 7 diese Auffassung, da dieser Vers doch wohl gegen die gnostische Behauptung polemisiert, daß wir außer der πίστις auch schon ein Schauen besitzen.

In V. 3 f ist sichtlich nur an die Bekleidung mit dem neuen Leibe bei Parusie und Auferstehung gedacht, und im Blick stehen offenbar nur diejenigen, die die Parusie erleben werden. Es versteht sich freilich von selbst, daß die Hoffnung auch für die vor der Parusie Gestorbenen gilt. In gewissem Sinne sind diese schon ἐκδυσάμενοι, freilich nicht ἐκδεδυμένοι, wie man erwarten müßte, wenn auf sie reflektiert wäre. Aber im vollen Sinne sind sie es nicht, da die definitive Vernichtung des irdi-

---

[14] Windisch's Frage: „wieso kann einer, der sich ausgezogen hat, dennoch vor Nacktheit bewahrt bleiben?" ist doch einfach zu beantworten: dann, wenn er gleich ein neues Gewand zur Verfügung hat!

schen σῶμα erst bei der Parusie erfolgt. Das ἐκδύεσθαι ist bei ihnen gleichsam unterbrochen durch den Todesschlaf und kommt zu seinem Ende mit dem καταποθῆναι des θνητὸν ὑπὸ τῆς ζωῆς.

V. 5 begründet die in V. 4 ausgesprochene Gewißheit, einerlei ob man das εἰς αὐτὸ τοῦτο auf das ἐπενδύσασθαι von V. 2 und V. 4 bezieht, oder auf den ἵνα-Satz von V. 4. Jedenfalls macht der Satz noch einmal deutlich, daß das ἐπενδύσασθαι nicht auf diejenigen beschränkt werden darf, die die Parusie erleben, und daß sich Paulus also nicht deshalb nach dem ἐπενδύσασθαι sehnt, damit er dem Zustand der Nacktheit entgehe. Denn darin hat Mundle ganz recht: „Schränkt man das ἐπενδύσασθαι auf das Erleben der Parusie ein, so würde Paulus hier die Gewißheit zum Ausdruck bringen, daß wir die Parusie erleben, und würde diese Gewißheit noch mit einem Hinweis auf die Tatsache des Geistesbesitzes in V. 5b bekräftigen!"[15] Daß aber das absurd wäre, ist deutlich.

II. Zum Gedankengang von 2Kor 5,11—6, 10

Mit 5,11 wird das Thema der apostolischen πεποίθησις, das seit 2,14 die Ausführungen beherrschte, wieder aufgenommen, nachdem die Ansätze dazu in 4,16 und 5,6 nicht zur Durchführung gekommen waren (s. o. S. 298 f); wie 5,6 an 4,18 anschließen könnte, so 5,11 an 4,15. Die Wiederaufnahme des Themas erfolgt jetzt freilich nicht in einer ausdrücklichen Formulierung der πεποίθησις wie 4,16 (οὐκ ἐγκακοῦμεν) und 5,6 (θαρροῦντες), sondern so, daß sich die πεποίθησις in 5,11 f direkt ausspricht. | Sie wird alsbald durch die Tatsache begründet, daß mit Christus das Alte vergangen und der neue Äon angebrochen ist, und daß eben dieses Heilsgeschehen sich in der Verkündigung fortvollzieht (5,16 bis 6,2). So ist also die ζωή in der Verkündigung wirksam, die der Apostel in der Kraft des eschatologischen Geschehens vollbringt (6,3 bis 10). Das polemische Motiv der Ausführungen ist deutlich; sie wenden sich gegen den Vorwurf, daß Paulus ein kraftloser, erbärmlicher Apostel sei. Analog 4,7—12 wird 6,4—10 dargelegt, wie sich gerade in der Niedrigkeit des Verkündigers die Kraft der in der Verkündigung wirkenden ζωή offenbart. Und der Eingang 5,11—15 richtet sich wieder gegen den Vorwurf des καυχᾶσθαι[16].

---

[15] L. c. 105.
[16] Das εἰδότες οὖν τὸν φόβον τοῦ κυρίου 5,11 zeigt nicht, daß Paulus für sich und die Gemeinde das Motiv der Furcht nicht missen will im Interesse der praktischen Be-

5,11—19 führt aus, daß sich in der Verkündigung des Apostels der Anbruch der neuen Schöpfung ereignet, und 5,11—15 gibt für solches Verständnis des apostolischen Wirkens den rechten Maßstab des Urteils. Dabei zeigt schon das ἀνθρώπους πείθομεν die polemische Orientierung. Denn das πείθειν, das bei Paulus sonst nur noch Gal 1,10 begegnet, nimmt offenbar hier wie dort ein gegnerisches Schlagwort auf; von sich aus hätte Paulus doch wohl wie 6,1 (vgl. 5,20) παρακαλοῦμεν gesagt. Ebenso geht das θεῷ δὲ πεφανερώμεθα κτλ. offenbar gegen den Vorwurf der Heimlichkeit, der Unaufrichtigkeit (vgl. 4,2). Und deutlich ist auch, daß sich V. 12 gegen den Vorwurf der Selbstempfehlung wendet (vgl. 3,1; 4,2). Man darf V. 12 nicht wie Windisch mißverstehen: Da tatsächlich doch ein συνιστάνειν ἑαυτόν des Paulus vorliege, so könne der Sinn nicht sein: „wir *empfehlen* uns nicht wieder euch gegenüber", sondern: „nicht *euch* gilt diesmal unsere Selbstempfehlung, sondern anderen, denen ihr sie weitergeben sollt". Nein! Wie 3,1 lehnt Paulus das συνιστάνειν ἑαυτόν überhaupt ab; und die Pointe ist gerade die: die Selbstempfehlung des Paulus, die man aus seinen Worten herauslesen kann, ist nur eine scheinbare.

Dafür, daß sich die Gemeinde gegen die in Korinth gegen Paulus arbeitenden Pseudo-Autoritäten entscheidet, gibt Paulus ihr eine ἀφορμή, eine Handhabe, — und zwar mit allem, was er ihr in diesem Briefe schreibt[17]. Man darf daher nicht erwarten, es müsse jetzt sofort eine ἀφορμὴ καυχήσεως folgen[18].

Der ἵνα-Satz macht deutlich, daß das καύχημα des Paulus nicht wie bei seinen Konkurrenten in äußerlich sichtbaren Vorzügen (ἐν προσώπῳ), sondern im Unsichtbaren (ἐν καρδίᾳ) besteht[19]. Von da aus ist der im

---

währung, und daß er auch die numinosen Elemente im Gottesgedanken, „wenn sie auch durch den Glaubens- und Liebesenthusiasmus stark zurückgedrängt werden", nicht vergißt (WINDISCH), sondern es bezeichnet einfach das Bewußtsein der Verantwortung und entspricht dem κατέναντι θεοῦ 2,17; 12,19 und dem ἐνώπιον τοῦ θεοῦ 4,2.

[17] Nach meiner Überzeugung gehören 2Kor 2,14—7,4 (außer 6,14—7,1) und c. 10 bis 13 zu *einem* Briefe zusammen, dem sog. Zwischenbrief, während 1,1—2,13; 7, 5—16 zusammen den Brief bilden, den Paulus an die Gemeinde nach der Rückkehr des Titus und dessen Bericht über die Wirkung des Zwischenbriefes schreibt. Wie die c. 8 und 9, die ursprünglich nicht zusammengehört haben können, zu verteilen sind, will ich nicht erörtern.

[18] So WINDISCH, der die erwarteten Ausführungen in 6,3—10 findet und deshalb vermutet, 6,3—10 stehe an falschem Platze. Richtig ist nur, daß 6,3—10 in der Tat ganz besonders eine solche ἀφορμή bietet.

[19] Ἐν προσώπῳ wie ἐν καρδίᾳ sind von τοὺς καυχωμένους abhängig. Zum Gegensatz πρόσωπον — καρδία vgl. 1Thess 2,16 f; Röm 2,28 (1Kön 16,7).

Zusammenhang zunächst befremdliche Vers 13 zu verstehen. Zu den Vorzügen, deren sich die Konkurrenten des Paulus rühmen, gehören Demonstrationen ihres πνεῦμα-Besitzes, speziell, wie 12,1 ff bestätigt, Ekstasen. Demgegenüber sagt Paulus: sofern ich solche ekstatischen Erlebnisse habe, gehen sie euch gar nichts an, sondern sie betreffen nur mein Verhältnis zu Gott. Es ist der gleiche Gedanke wie 1Kor 14,2. 18 ff[20]. Nur so ist der Satz eine klare Begründung für V. 12 (γάρ!): die ἐν προσώπῳ καυχώμενοι rühmen sich ihrer Ekstasen; Paulus lehnt das ab und gibt andere Beweise seiner apostolischen Qualität, auf Grund deren die Gemeinde ihn rühmen kann (6,4 ff). Das γάρ von V. 13 begründet | also das ἀφορμὴν διδόντες ὑμῖν κτλ.: „Indem ich mich euch in meinem nüchternen Wirken zeige, zeige ich euch, wie ihr mich jenen gegenüber rühmen müßt. Denn ob an mir solche Phänomene zu konstatieren sind, wie jene sich ihrer rühmen, das kann euch ganz gleichgültig sein. Euch betrifft nur mein σωφρονεῖν, dh die bewußte, nüchterne Führung meines Amtes."

In V. 14 f wird diese Haltung des Paulus begründet: seine Wegwendung von der Welt des Sichtbaren (des ἐν προσώπῳ; des φανερόν Röm 2,28; des βλεπόμενον 2Kor 4,18; der σάρξ V. 16) und seine Hinwendung zum Unsichtbaren, zur neuen Welt. Der Grund für diese seine Haltung liegt darin, daß er — in der Formulierung von V. 16 — ἐν Χριστῷ ist, daß er an Christi Tod (und Auferstehung) teilhat[21].

Windisch verkennt den Gedankengang, wenn er meint, nach dem εἷς ὑπὲρ πάντων ἀπέθανεν sei als Fortsetzung zu erwarten: „also haben die πάντες ihm ihr Leben zu danken" oder „also hat er den πάντες das Sterben erspart". Vielmehr ist die Fortsetzung, wie V. 15 sagt und V. 16 f ausführt, der Gedanke: „also ist das sarkische Leben erledigt; es gibt also kein ἐν προσώπῳ καυχᾶσθαι mehr, sondern nur noch ein Sein für die Anderen". In diesem Sinne begründet V. 14 (γάρ!) den V. 13; in V. 14 f wird das Doppelte festgestellt: 1. negativ, daß Paulus in seiner weltlichen Vorfindlichkeit nichts bedeutet, also kein καυχώμενος ἐν προσώπῳ sein kann, 2. daß er das, was er ist, im Dienste für die Anderen ist. Genau genommen wird also das (σωφρονεῖν) ὑμῖν von V. 13 in

---

[20] So auch Käsemann, ZNW 41 (1942), S. 67 f. Die Erklärung, daß man dem Paulus seine Ekstasen zum Vorwurf gemacht habe, als benutze er sie zur Selbstempfehlung (Windisch), ist unmöglich; denn 1. hat Paulus das nach 11,16 ff; 12,11 ff sicher nicht getan, und 2. stehen ja Ekstasen als pneumatische Phänomene in Korinth hoch im Kurs.
[21] Dabei kann die genauere Interpretation des ὑπέρ V. 14 f hier dahingestellt bleiben.

V. 14 f. erläutert, und zwar in V. 14 nach der negativen, in V. 15 nach der positiven Seite. Das Negative wird dann in V. 16 f genauer ausgeführt, das Positive in V. 18 f[22]. In V. 15 wird also nicht das „mystische" Denken in das „ethische" übergeleitet (Windisch), sondern zum Negativen das Positive hinzu|gefügt, das in V. 13 von vornherein ins Auge gefaßt war. Von Mystik kann hier überhaupt keine Rede sein. Von vornherein stand das durch die ἀγάπη τοῦ Χριστοῦ bestimmte apostolische (und christliche) Sein nach der doppelten Richtung hin im Blick: Tot ist der Apostel (der Christ) hinsichtlich des vorfindlichen leiblichen Daseins, so daß alles καυχᾶσθαι ἐν προσώπῳ (V. 12) ein Ende hat; und damit ist sein Leben in den Dienst Christi und dh der Anderen gestellt.

Damit ist der Maßstab für die Beurteilung des Paulus gewonnen; die Verkündigung kann als der Anbruch der neuen Schöpfung verstanden werden, wie V. 16—19 es darstellt, indem zunächst wiederum das Negative herausgestellt wird V. 16 f: mit dem Alten ist es wirklich aus; dann das Positive V. 18 f: in dem Heilsgeschehen, durch welches das Alte zum Ende gebracht worden ist, ist die Verkündigung begründet. V. 16 f zieht die Konsequenz aus V. 14, V. 18 f aus V. 15.

Dabei ist wieder zu konstatieren, daß Paulus von den Aussagen über sich als Apostel übergleitet zu Sätzen, die für alle Christen gelten (s. o. S. 298 f). Das ἡμεῖς V. 13 ist natürlich primär von Paulus ausgesagt; aber man kann fragen, ob es zugleich von allen Aposteln, ja vielleicht sogar von allen Gläubigen gelten soll. Jedenfalls entspricht das ἡμεῖς V. 16 dem εἴ τις V. 17, und das ἡμᾶς V. 18 umfaßt alle Christen, während das ἡμῖν am Schluß von V. 18 vielleicht wieder auf Paulus und etwa die Apostel überhaupt geht, aber doch wohl besser auf die christliche Gemeinde bezogen wird, von der man doch auch das ἐν ἡμῖν V. 19 verstehen muß, wenn dieses nicht gar die Menschheit überhaupt meint.

V. 16 ist nach dem eben Gesagten keineswegs einer der „charakteristischen paulinischen Zwischensätze" (Lietzmann) oder ein „Zwischengedanke" (Wendland), sondern er zieht die Konsequenz aus V. 14 f. Der Sinn von V. 16 ist deutlich, einerlei ob man (wie wohl besser ist) das κατὰ σάρκα in V. 16a zu οὐδένα und in V. 16b zu Χριστόν, oder ob man es zu οἴδαμεν bzw. ἐγνώκαμεν bezieht. Im Zusammenhang handelt es

---

[22] Daß V. 14 f von den πάντες redet, ist so zu verstehen, daß für alle die *Möglichkeit* gegeben ist, sich den Tod Christi zu eigen zu machen, was freilich nur im Glauben aktualisiert wird; vgl. 1Kor 15,22; Röm 5,18. Falsch will MUNDLE (Der Glaubensbegriff des Paulus [1932], S. 147—149) unter den πάντες nur die Getauften verstehen; dagegen mit Recht N. A. DAHL, Das Volk Gottes (1941), S. 329, A. 168.

sich um die Frage, wie ein Mensch verstanden und beurteilt werden soll. V. 16a sagt: nicht nach seiner Vorfindlichkeit, nach seinen sicht-| baren Vorzügen (oder Schwächen). V. 16b gibt dafür nicht die Begründung (die ja in V. 14 schon gegeben war), sondern nennt den extremsten Fall, an dem der Sinn von V. 16a ganz deutlich wird. Dabei gibt das ἀπὸ τοῦ νῦν nicht den Moment der Bekehrung an (Lietzmann, Windisch), sondern ist eschatologische Terminologie: seit dem Ereignis V. 14 f ist die Welt neu geworden (vgl. 6,2), und das Alte ist vergangen (V. 17), und zwar objektiv, nicht subjektiv für den Bekehrten, so gewiß es sich durch die Bekehrung am Einzelnen realisiert. Dieses ἀπὸ τοῦ νῦν soll ja im Glauben jeweils ergriffen und verwirklicht werden (6,1 f).

V. 16 zieht also die Konsequenz aus V. 14: da es mit uns allen hinsichtlich des sarkischen Daseins, der vorfindlichen Weltlichkeit, zu Ende ist, darf und kann sich unser Urteil über Menschen nicht mehr an der vorfindlichen Weltlichkeit orientieren. Wie das ἐν προσώπῳ καυχᾶσθαι (V. 11) ein Ende hat, so dürfen die ἐν προσώπῳ καυχώμενοι den Korinthern nicht mehr imponieren, und dementsprechend haben die Korinther ihr Urteil über Paulus zu orientieren.

V. 17 entfaltet den Gedanken des ἄρα οἱ πάντες ἀπέθανον von V. 14, bzw. den Gedanken von V. 16. Der speziellen Wendung von V. 16 gegenüber, daß das alte εἰδέναι aufgehört hat, wird jetzt radikal gesagt: alles Alte hat aufgehört. Dabei ist es gleichgültig, ob man das ὥστε V. 17 als parallel zu dem ὥστε von V. 16 auffaßt, oder ob man den ὥστε-Satz als neue Folgerung aus V. 16b versteht. Der Sinn des ἐν Χριστῷ ist im Zusammenhang deutlich: wer die in V. 14 genannte (in V. 19 neu formulierte) Möglichkeit ergreift, wer also an dem von Gott in Christus gewirkten Heilsgeschehen teilhat, der gehört als neues Geschöpf zur neuen Welt. Ἐν Χριστῷ ist nicht mystische, sondern eschatologische Formel[23].

Natürlich darf man nicht erwarten, daß Paulus sagen müßte: εἰ ἐγνώκαμεν κατὰ πνεῦμα Χριστόν (Windisch). Denn der εἰ-Satz von V. 17 geht gar nicht dem εἰ καὶ ἐγνώκαμεν von V. 16 parallel, sondern ist ein echter Bedingungssatz. Das γινώσκειν κατὰ πνεῦμα | würde gar nicht der Grund für das καινὴ-κτίσις-εἶναι sein können, sondern ist vielmehr selbst in diesem enthalten und hat seinen Grund in dem ἐν-Χριστῷ-εἶναι bzw.

---

[23] Das ἐν Χριστῷ realisiert sich subjektiv durch den Glauben, objektiv durch die Taufe (Gal 3,26—28; 1Kor 12,13), welche beide zusammen gehören.

in der Heilstat V. 14. Paulus könnte also sagen: ὥστε εἴ τις ἐν Χριστῷ, κατὰ πνεῦμα Χριστὸν (bzw. ἕκαστον) γινώσκει.

Es würde nun im Rückblick auf V. 11 f folgen müssen: „Also dürft ihr euch nicht an diejenigen halten, die ἐν προσώπῳ καυχῶνται (V. 12), sondern ihr müßt das rechte Urteil über mich gewinnen, indem ihr nicht κατὰ σάρκα über mich urteilt. Vielmehr müßt ihr als καινὴ κτίσις auch mich als καινὴ κτίσις verstehen!" Diese Folgerung überläßt Paulus den Lesern; er entfaltet die positive Seite des Gedankens von V. 14 f: für ihn ist das neue eschatologische Sein als ein Leben ὑπὲρ Χριστοῦ sein apostolischer Dienst. Damit kommt er also wieder auf das Thema der apostolischen Existenz; freilich nicht so, daß er von sich selber redete, sondern so, daß er diesen apostolischen Dienst als einen im Heilsgeschehen begründeten charakterisiert (V. 18 f) und ihn dann in dem Appell 5,20—6,2 faktisch ausübt. Als Verkündiger redet er also 5,20 bis 6,2 zu den Korinthern und erweist sich dadurch als διάκονος τῆς καταλλαγῆς (V. 18) bzw. als διάκονος τοῦ πνεύματος und τῆς δικαιοσύνης (3,18 f), als den also, der die ὀσμὴ τῆς γνώσεως τοῦ θεοῦ verbreitet (2,14), der die γνῶσις τῆς δόξης τοῦ θεοῦ erstrahlen läßt (4,6), in dem also die ζωὴ τοῦ Ἰησοῦ wirksam ist (4,10 f).

Wie Windisch in V. 16 Bekehrungsanschauung findet, so in V. 20 Missionsstil in dem Sinne, daß der Ruf καταλλάγητε eigentlich nur an die noch unbekehrte Welt gerichtet sein kann, nicht an eine längst begründete Gemeinde, als böte er dieser erneute Vergebung an. „Hier (in V. 20) ist vielmehr der Chor der Apostel am Wort, der die Botschaft Christi in die Welt hinausruft." Aber für Paulus besteht die von Windisch aufgestellte Alternative offenbar gar nicht. Natürlich kann man sagen, daß Paulus hier im „Missionsstil" redet; aber dieser Stil ist immer der angemessene Stil der eschatologischen Predigt. Denn der Vollzug des δέχεσθαι wird nie zur Vergangenheit, sondern muß als echter Entschluß stets neu vollzogen werden, weil die alte Welt, die mit Christus in den Tod gegeben ist, nie ein für alle | mal still gelegt ist, sondern immer wieder in den Tod gegeben werden muß. Das eschatologische νῦν (5,16), das sich in der Predigt jeweils zeitlich konkretisiert (6,2), steht grundsätzlich jenseits des Zeitverlaufes; denn dieser ist im Grunde selbst mit dem „Alten" abgetan. Das καταλλάγητε ist also ganz sachgemäß an die korinthische Gemeinde adressiert.

V. 21 bringt eine neue Formulierung des eschatologischen Geschehens, indem an die Stelle der Begriffe Tod und Leben die Begriffe Sünde und Gerechtigkeit treten. Daß Gott Christus für uns zur Sünde gemacht hat, ist sachlich damit gleichbedeutend, daß Christus für uns gestorben ist (V. 14 f). Es bedeutet nicht, daß der (bis dahin) sündlos reine Christus zeitweise sündliche Qualität erhielt, wenigstens sofern er versuchlich war (Windisch, mit Hinweis auf Hebr 4,15); sondern es bedeutet, daß Gott ihn, den Sündlosen[24], als Sünder *behandelt* hat, indem er ihn am Kreuz sterben ließ (vgl. Gal 3,13). Und entsprechend bedeutet ἵνα κτλ. einfach: „damit wir (in ihm oder durch ihn) zu Gerechten würden", — dh solche, denen die Sünden nicht angerechnet werden (V. 19), und die daher das Leben haben[25].

In der in diesem Geschehen begründeten und dieses Geschehen weiter verkündigenden Predigt vollzieht sich das eschatologische Geschehen weiter. Mit dem Heilsgeschehen hat Gott die διακονία bzw. den λόγος τῆς καταλλαγῆς eingesetzt (V. 18 f). Und wenn jetzt der Apostel „mitwirkend" seinen Ruf an die Gemeinde richtet (6,1), so tritt nun nicht neben den göttlichen Auftrag von 5,20 noch das persönliche Motiv des Paulus, Gottes Botschaft seinerseits zu „unterstützen" (Windisch). Nicht von persönlichen und psychologischen Motiven ist die Rede, sondern von sachlichen Notwendigkeiten. Paulus „wirkt mit" — dh die apostolische Predigt gehört mit zum Heilsgeschehen.

Hat Paulus 5,20—6,2 als Verkündiger zu den Korinthern gesprochen, so stellt er nun 6,3—10 wieder apologetisch-polemisch dar, wie sich in solcher Erfüllung seines Auftrags die Kraft des eschatologischen Geschehens bzw. die Kraft der ζωή erweist. 6,3 setzt also keineswegs „völlig abrupt" ein (Lietzmann), so daß gar eine Unordnung des Textes zu vermuten wäre (Windisch). Vielmehr ist 6,3—10 organisch mit dem Gedankengang verbunden: die Art des Evangeliums und das Auftreten des Apostels entsprechen einander.

---

[24] Τὸν μὴ γνόντα ἁμ. heißt nicht, wie Windisch meint: „den bis dahin Sündlosen" und ist erst recht nicht kausal zu verstehen: „da er bis dahin nicht gesündigt hatte".

[25] Windisch hat darin recht, daß er für Paulus die Lösung der Entsündigung von der Rechtfertigung bestreitet, darin aber Unrecht, daß er die δικαιοσύνη als eine in unser Wesen eingegangene wirkliche Eigenschaft unserer neuen „Natur" versteht: „der sündlose Christus, der nur vorübergehend Sünde gewesen war, teilt uns in mystischer(!) Gemeinschaft mit ihm seine heilige, sündlose, rechtschaffene(!), gottgefällige Natur mit." Nein! Vielmehr ist der Zusammenhang von Rechtfertigung und Entsündigung mit dem Charakter der δικαιοσύνη als Vergebung der Sünde (V. 19) gegeben.

III. Zu 2Kor 10—13

1. Traditionsprinzip?

Anregend und lehrreich, aber auch zum Widerspruch herausfordernd hat Ernst Käsemann in der Zeitschr. f. d. Neutest. Wissenschaft 41 (1942), S. 33—71 an der Hand einer Interpretation der leitenden Gedanken von 2Kor 10—13 über die „Legitimität des Apostels" gehandelt. Seiner Darstellung der Auffassung des Paulus von der Legitimität des Apostels stimme ich im wesentlichen zu; die Front jedoch, der gegenüber Paulus seine Auffassung entwickelt, scheint mir nicht richtig gezeichnet zu sein.

Richtig hat Käsemann gesehen, daß das eigentliche Thema von 2Kor 10—13 die Legitimität des Apostels ist, und daß Paulus seine Legitimität gegen die in Korinth erhobenen Vorwürfe verteidigt; richtig auch, daß diese Vorwürfe das Pneumatikertum des Paulus treffen, daß ihm ἀσθένεια vorgeworfen, daß seine δοκιμή vermißt, und daß er schließlich fleischlichen Wandels beschuldigt wird. Sehr richtig hat Käsemann sodann gezeigt, daß für Paulus die ἀσθένεια, die für die Gemeinde der Anstoß ist, gerade seinen Ruhmestitel bedeutet, denn diese ἀσθένεια dokumentiert ja nur seine Teilhabe an den παθήματα τοῦ Χριστοῦ. Ebenso ist sehr richtig dargelegt, daß für Paulus die σημεῖα τοῦ ἀποστόλου, die die Gegner an ihm vermissen, nicht eigentlich die Wunder sind, die er freilich auch aufweisen könnte; auch nicht seine ekstatischen Erlebnisse, die nur sein privates religiöses Leben betreffen und nicht in den Bereich seines apostolischen Dienstes gehören; daß vielmehr das eigentliche Apostelzeichen — da er einzig von seiner διακονία aus verstanden werden will — „die Kontinuität des in ὑπομονή und ἀσθένεια verlaufenden, durch σωφρονεῖν und ἀγάπη ausgezeichneten Dienstes an der Gemeinde" ist (S. 70 f).

Dagegen scheint mir Käsemann darin fehlzugreifen, daß er zu den an Paulus vermißten Merkmalen der Legitimität auch die Autorisierung durch eine autoritative, in rechtlicher Geltung stehende Instanz rechnet; sowie in der Meinung, daß die in Korinth eingedrungenen Gegner eine Delegation mit einem amtlichen Auftrag, und zwar aus der Urgemeinde, seien, daß sie die Autorität der Urapostel gegen Paulus ausspielen, also ein *Traditionsprinzip* vertreten.

Diese Auffassung hat ihre einzige exegetische Stütze doch nur in 10, 12 ff, — eine scheinbare Stütze! Denn m. E. hat Käsemann diese Stelle mißverstanden. Er liest aus dem Text heraus: die Gegner werfen dem Paulus vor, er „lasse das μέτρον τοῦ κανόνος vermissen", ihm „fehle eine feste, eindeutige Autorität und ein klares mandatum" (S. 56).

Gewiß ist nach 10,12 ff das συγκρίνειν, das Vergleichen, für die Gegner charakteristisch. Sie vergleichen sich mit Paulus, bzw. sie fordern die Korinther auf, Paulus mit ihnen zu vergleichen, damit seine Erbärmlichkeit an den Tag komme. Ironisch erwidert Paulus, daß er es nicht wage, sich den Konkurrenten gleichzustellen, sich mit ihnen zu vergleichen, daß er sich nur an sich selbst messen, mit sich selbst vergleichen wolle, daß er sich nicht ins Maßlose rühmen wolle, — *wie es die Gegner tun!* Nicht, wie Käsemann interpretiert: *wie es die Gegner ihm vorwerfen!* Gerade wenn man, wie ich, mit Käsemann überzeugt ist, daß der Text von D etc in 10,12 der richtige ist, wenn also das αὐτοί den Paulus im Gegensatz zu den Eindringlingen bezeichnet, ist doch für *diese* das εἰς τὰ ἄμετρα καυχᾶσθαι, das Paulus von sich abweist, charakteristisch. Und die folgenden Worte machen ganz deutlich, daß Paulus den Gegnern die Überschreitung ihrer Kompetenz, das ὑπερεκτείνειν, das εἰς τὰ ἄμετρα καυχᾶσθαι ἐν ἀλλοτρίοις κόποις vorwirft (V. 14 f). Sie sind es doch, auf die das οὐ γὰρ ὡς μὴ ἐφικνούμενοι εἰς ὑμᾶς anspielt. Es liegt also nicht so, daß sich die Gegner durch ein μέτρον als „Dienstvorschrift" oder „Berufungsinstallation" (Käsemann nach Windisch) legitimiert wissen, das sie bei Paulus vermissen. Nein! Paulus vermißt bei *ihnen*, daß sie kein μέτρον haben, — was aber nicht bedeutet, daß sie keine rechtlich fixierte Dienstvorschrift aufweisen können, sondern daß sie ein unbegrenztes Selbstbewußtsein haben, während er sein μέτρον τῆς καυχήσεως von Gott erhalten hat und respektiert[26].

Was außerdem die These vom Traditionsprinzip begründen könnte, wäre noch die Berufung der Gegner auf Empfehlungsschreiben, die nach Käsemann von einer Instanz ausgestellt sein müssen, die von Paulus und von der Gemeinde in gleicher Weise anerkannt wird. Denn „unverbindliche Schreiben würden Paulus kaum Anlaß geben, sein Amt in solcher Breite und Nachdrücklichkeit zu entfalten, wie es c. 3 f geschieht" (S. 45). — Wirklich nicht? Paulus ist doch zur Entfaltung seiner Amtsauffassung genötigt durch die *Folgen*, die die Empfehlungsschreiben in der Gemeinde hervorgerufen haben, einerlei, welches der *Ursprung* dieser Schreiben ist. Aber wie steht es? Nach 3,1 haben sich die Konkurrenten in der Tat durch Empfehlungsschreiben in der Ge-

---

[26] KÄSEMANNS Ausführungen über das dem Paulus gegebene μέτρον sind dagegen zutreffend; sein Kanon ist die Abhängigkeit von seinem Herrn.

meinde eingeführt. Daß diese von Jerusalem stammen, ist weder gesagt, noch spricht irgend etwas dafür. Wenn von den συστατικαὶ ἐπιστολαὶ πρὸς ὑμᾶς ἢ ἐξ ὑμῶν die Rede ist, so scheint mir im Gegenteil, daß die von der korinthischen Gemeinde ausgestellten Empfehlungsschreiben den an sie gerichteten im Gewicht gleichstehen, und diese werden also ebenfalls Schreiben aus hellenistischen Gemeinden (wenn nicht nur aus einer) sein. Vor allem aber: Wenn wirklich Empfehlungsschreiben einer autoritativen Instanz eine solche Rolle spielten, wie Käsemann meint, so müßte das doch in c. 10—13 zur Geltung kommen. Aber das ist keineswegs der Fall; und es ist nicht richtig, daß sich Paulus 10,12 ff gezwungen sieht, das Thema | seines κανών mit dem anderen der Empfehlungsschreiben zu verbinden (S. 45). Denn 10,12 ff ist von Empfehlungsschreiben nicht die Rede, sondern von der Selbstempfehlung.

2. Die Gegner

Daß die Gegner des Paulus in Korinth Pneumatiker sind, stellt auch Käsemann fest. Im Unterschied von Lütgert und Reitzenstein, denen ich beipflichte, hält er sie aber nicht für Gnostiker. Als solche dürften sie nur bezeichnet werden, wenn sie sich als Träger einer spezifisch mythologischen, einer spekulativen Heilslehre erweisen würden (S. 36, 40).

Dieses Argument scheint mir keine Kraft zu haben; denn auf die mythologisch-spekulative Heilslehre der Gegner polemisch einzugehen, hätte Paulus nur Veranlassung gehabt, wenn in diesem Punkte ein Unterschied zwischen ihm und den gnostischen Gegnern bestanden hätte. Allein in diesem Punkte besteht Übereinstimmung, wie 1Kor 2,6 ff; Phil 2,6 ff und ferner Röm 5,12 ff; 1Kor 15,21 f.45 zeigen. Paulus teilt den Erlösermythus der Gnosis und hatte also keinen Grund zur Polemik, was die Heilslehre betrifft[27].

Käsemann bezweifelt, daß man sich das Bild der Gegner in Korinth nach dem ersten Brief vervollständigen dürfe, wie Lütgert es tat, da doch 2Kor über alle diejenigen Themen, die für 1Kor allerdings ein gnostisches Pneumatikertum bezeugen, Schweigen übe (S. 40). Aber auch dieses Argument überzeugt nicht. Denn wie kann man erwarten, daß Paulus auf diese Themata zurückkommt und, soweit das in 1Kor nicht schon geschehen, „explizite und grundsätzliche Klarstellungen"

---

[27] Bei dem ἄλλος Ἰησοῦς (11,4) handelt es sich, wie auch Käsemann sieht, um etwas anderes, s. u.

vornimmt? Wie kann man das erwarten, wenn doch jetzt die Autorität des Apostels, die zur Zeit von 1 Kor noch als selbstverständlich feststehende galt, schwer erschüttert ist? Wenn jetzt alles von der einen Frage abhängt, ob die Gemeinde die Autorität des Paulus anerkennen wird? Wenn also alles auf dieses eine Thema, die Legitimität des Apostels, konzentriert ist?

Unter diesen Umständen kann man höchstens erwarten, daß | gelegentlich und unthematisch dieses oder jenes Thema von 1 Kor wieder anklingt. Und das ist auch der Fall, wenn 2 Kor 5,1 ff auf die gnostische Anschauung vom Schicksal der Seele nach dem Tode Bezug nimmt (s. o. S. 299)[28]. Vielleicht ist es auch der Fall 12,20, wo die aufgezählten Laster zwar nicht mit Sicherheit, aber doch mit Wahrscheinlichkeit als die Folgen des Pneumatikertums gedacht sein werden; leicht ließen sich die meisten der genannten Laster aus den in 1 Kor sichtbaren Zuständen der Gemeinde illustrieren. Damit würde dann auch das von Käsemann vermißte „spezifisch hellenistische Motiv der Freiheit des Pneumatikers" (S. 40) zwar nicht thematisch, aber doch in einer Anspielung sich finden.

Aber das alles tritt, wie gesagt, hinter dem einen Thema des Apostolates zurück, dessen Erledigung die Voraussetzung für die Behandlung aller anderen Fragen ist.

Wenn nun Käsemann sehr richtig sieht, daß die Verteidigung des Paulus gegen die Vorwürfe darin besteht, daß er seine ἀσθένεια als das angemessene Gewand der in ihm wirkenden δύναμις verstehen lehrt, — welches kann dann nur die Front sein, gegen die er sich wendet? Doch nicht die Vertreter des Legitimitätsprinzips! Denn was die Gegner als Erweise von δύναμις werten, liegt doch zu Tage. Es ist das wirkungskräftige Auftreten, das sich nicht auf eine legitimierende rechtliche Instanz beruft, sondern durch sich selbst überzeugt, das durch Krafttaten imponieren kann. An Paulus vermißt die durch die Konkurrenten aufgehetzte Gemeinde das imponierende Auftreten des Pneumatikers (10, 1.10), die sichtbare Dokumentierung seiner ἐξουσία (10,8; 13,10); sie vermißt, wie Käsemann nach Reitzenstein wohl richtig selbst interpretiert, an Paulus die Gabe der freien pneumatischen Rede (S. 35). Sie verlangt eine δοκιμή des in ihm redenden Christus, die seine δύναμις demonstriert (13,3 f).

Der Charakter der Gegnerschaft muß besonders da hervortreten,

---

[28] Ich setze voraus, daß 5,1 ff zu dem gleichen Briefe gehört, zu dem c. 10—13 gehören, s. o. S. 307, A. 17.

wo Paulus in der Rolle des ἄφρων sich mit den Gegnern vergleicht, wo er wie sie sich rühmen will. Hier erfahren wir zunächst, daß die Konkurrenten judenchristliche Missionare sind | und sich wohl auch auf ihre Abrahamskindschaft berufen (11,22). Das berechtigt noch nicht zu einem Schluß auf ihre Herkunft aus Jerusalem. Denn da jedes Indizium fehlt, das auf „Judaisten" schließen läßt, kann es sich durchaus um ein hellenistisch-gnostisches Judenchristentum handeln[29]. Auch der zweite Punkt (11,23 ff) gibt noch kein konkretes Bild von den Gegnern, da der Katalog nur den Begriff des διάκονος Χριστοῦ erläutert: Paulus erweist sich als διάκονος Χριστοῦ durch die Leiden und Mühen, die er mehr als jene auf sich nimmt. Der dritte Punkt (12,1 ff) aber läßt ein Charakteristikum der Konkurrenten deutlich sichtbar werden: sie berufen sich auf ὀπτασίαι und ἀποκαλύψεις κυρίου. Daß damit nicht Eingebungen wie etwa Gal 2,2 gemeint sein können (und wie sie nichts besonders Charakteristisches wären)[30], sondern ekstatische Erlebnisse, zeigt das Folgende, wie es auch aus 5,13 hervorgeht (s. o. S. 308). Mit solchen Erlebnissen also brüsten sich die Gegner[31].

Alles zusammengenommen: erhält man das Bild von den Gegnern, daß sie „als ‚Apostel' zugleich Visitatoren der Urgemeinde sind, die sich als Rechtsnachfolgerin der jüdischen Zentralgemeinde und ihrer Ansprüche auf authentische Weitergabe und Interpretation der heiligen Überlieferung fühlt"? (S. 52). Vielmehr: das Pneumatikertum, gegen das Paulus kämpft, kann nur das hellenistische Pneumatikertum sein, das wir als charakteristisch für die gnostische Bewegung kennen. Daß diese gnostisierenden Christus-Apostel einen ἄλλος Ἰησοῦς (11,4) verkündigen, erklärt sich — und das hat Käsemann richtig gesehen — aus dem Korrelatverhältnis zwischen Evangelium und Apostolat (S. 48 f). Wird der Apostolat des Paulus falsch verstanden, so wird damit auch ein anderer, ein falscher Jesus verkündigt; denn Jesus ist nur | recht verstanden, wenn man sieht, daß sich seine ζωή im θάνατος (4,7 ff), seine δύναμις in der ἀσθένεια realisiert[32].

---

[29] Die Wendung διάκονοι δικαιοσύνης 11,15 weist nicht auf Gesetzesprediger. Denn abgesehen davon, daß dann doch hinzugefügt sein müßte τῆς ἐκ τοῦ νόμου oder dgl., steht im Zusammenhang das διάκονοι τῆς δικαιοσύνης dem ἄγγελος φωτός parallel, muß also gerade nicht das Wesen, sondern die Maske bezeichnen, die die Pseudo-Apostel als echte Christus-Apostel erscheinen läßt. Das Apostelamt ist ja nach 3,9 die διακονία τῆς δικαιοσύνης.

[30] Wie übrigens auch die σημεῖα, τέρατα und δυνάμεις 12,12.

[31] Es ist eine völlige Verkennung des paulinischen Gedankens, wenn WINDISCH den Sinn findet: davon können die Gegner nicht reden, sondern ich allein.

[32] Daß die Gegner mit ihrer judenchristlichen Herkunft auch ihre Beziehungen

Nun aber gewinnt Käsemann noch ein weiteres Argument für seine These daraus, daß er meint, zwischen den von Paulus bekämpften Eindringlingen und der hinter ihnen stehenden oder doch von ihnen in Anspruch genommenen Autorität der Urapostel — denn diese sind nach seiner Auffassung mit den ὑπερλίαν ἀπόστολοι gemeint — unterscheiden zu müssen. Woraus gewinnt er das Recht zu dieser Unterscheidung?

Die Eindringlinge, meint er, sind 10,12 ff; 11,22 ff ins Auge gefaßt. Mit ihnen vergleicht sich Paulus, um ihre Vorwürfe zu entkräften und sich als ihnen überlegen hinzustellen. Diese Leute aber, meint Käsemann, können nicht gemeint sein, wenn Paulus die Gegner mit ein paar grimmigen Ausfällen abtut (11,3 f.13 ff). Diesen letzteren gegenüber kann Paulus nicht sagen: „Ich viel mehr" (11,23 ff), sondern nur: „Ich nicht weniger" (11,5; 12,11).

Nun, einen „geheimen Zwiespalt" zwischen 10,12 ff; 11,22 ff einerseits und 11,3.13 ff andrerseits vermag ich nicht zu erblicken; und das ὑπὲρ ἐγώ, das 11,23 παραφρονῶν gesprochen ist, ist doch nur rhetorische Steigerung des „ich nicht weniger" von 11,5; 12,11, — wie es rhetorische Steigerung gegenüber dem κἀγώ 11,21 ist, das ja auch nach Käsemann auf die Eindringlinge geht.

Aber — so fragt Käsemann — kann Paulus denn im Blick auf diejenigen, die er als Satansdiener schilt, die er beschuldigt, Träger eines anderen Evangeliums, eines fremden Jesus und Geistes zu sein, — kann er im Blick auf sie sagen, er sei nicht weniger als sie? Kann er sich mit ihnen überhaupt vergleichen?

Ja, warum denn nicht, wenn es geschieht, um den Korinthern die Augen zu öffnen? Seine Lage ist doch dadurch bestimmt, daß sich die Gemeinde von Konkurrenten imponieren läßt, die in ihren Augen dem Paulus überlegen sind. Paulus wirbt um die Gemeinde, indem er sich auf ihre Schwäche einläßt und tut, was er eigentlich nicht tun sollte: ὑμεῖς με ἠναγκάσατε | (12,11)! Gibt er grundsätzlich nichts von der Wahrheit preis, daß sich die im Apostel wirkende δύναμις und ζωή Jesu in seiner ἀσθένεια offenbare, so will er doch falsche Anstöße an seiner Person aus dem Wege räumen; dem, was die Gemeinde an den Gegnern besticht, vermag er Gleiches, ja Überlegenes gegenüber zu stellen und tut es in seiner καύχησις. Es kommt zwar auf die in die Augen fallenden imponierenden Dinge gar nicht an; daher ist sein καυχᾶσθαι eine ἀφροσύνη. Aber *dadurch* wenigstens sollen die Gegner ihm den Rang

---

zum historischen Jesus ausgespielt haben (S. 49), wird in keiner Weise sichtbar und geht auch aus 5,16 nicht hervor.

nicht ablaufen, daß sie den Eindruck erwecken, ihm in diesem Punkte überlegen zu sein! *Hierin* kann er es mit ihnen aufnehmen, — obwohl es doch ein Wahnsinn ist, sich mit ihnen zu vergleichen! Aber ein falsches Urteil in *diesem* Punkte soll jedenfalls nicht daran schuld sein, daß die Gemeinde zu den Satansdienern abfällt! Wenn die Entscheidung zwischen ihm und den Gegnern fallen muß, so soll die Gemeinde sein Bild nicht verzerrt, sondern richtig sehen!

So kann denn auch der Übergang von 11,4 zu 11,5 nicht als ein sprunghafter bezeichnet werden (S. 44), weil — wie Käsemann argumentiert — Paulus in V. 3 f die Eindringlinge als Träger satanischen Truges bezeichnet, während er V. 5 sagt, daß er hinter den ὑπερλίαν ἀπόστολοι nicht zurückstehe (S. 41 f). Die Korinther können doch auf die Vorwürfe V. 3 f erwidern: die von Paulus charakterisierten Eindringlinge haben sich doch durch λόγος und γνῶσις (V. 6) als echte Apostel ausgewiesen, ja als dem Paulus überlegen; und die Gemeinde hat deshalb mit Recht auf sie gehört, sie „ertragen"! — Ja, dann aber kann Paulus — das sagt V. 5 f — mit gleichem Recht verlangen, daß man auf ihn hört, ihn „erträgt"; denn er steht hinter ihnen doch nicht zurück, — und wenn auch im λόγος, so doch nicht im Entscheidenden, in der γνῶσις! V. 5 begründet doch ganz einfach, wie schon V. 4, den beherrschenden Grundgedanken: „Ertragt mich!" Diese in V. 1 ausgesprochene Bitte wird dreifach begründet: 1. in V. 2 f durch den ζῆλος des Paulus angesichts der der Gemeinde drohenden Gefahr, 2. in V. 4 durch den Hinweis auf das von der Gemeinde den Konkurrenten gegenüber geübte ἀνέχεσθαι[33], 3. in V. 5 f durch die Behauptung, hinter den Gegnern nicht zurückzustehen, und also das gleiche Recht in Anspruch nehmen zu können[34]. Und speziell die Wendung: „Ertragt mich so gut wie die anderen; denn ich stehe hinter ihnen nicht zurück!" hat ihre Parallele in V. 18 ff: „Ertragt auch *mein* καυχᾶσθαι, wie ihr das καυχᾶσθαι anderer Leute, ja noch ganz andere Dinge von ihnen ertragt! Was sie (nämlich im καυχᾶσθαι) riskieren, das riskiere ich auch!" (V. 21). Wie nun V. 21b gegen die Konkurrenten und nicht gegen ihre vermeintlichen Hintermänner geht, so auch V. 5. Und wenn endlich — was auch Käsemann nicht bestreitet — V. 6 auf die Konkurrenten geht,

---

[33] Wie Käsemann lese ich 11,4 mit B D etc ἀνέχεσθε.
[34] Selbst wenn man in V. 5 mit B δέ zu lesen hätte, wäre der Sinn nicht anders; ja, es wäre dann noch klarer, daß die ὑπερλίαν ἀπόστολοι eben mit dem ἐρχόμενος von V. 4 identisch sind. Der Satz: „ich meine aber hinter den ὑπερλ. ἀποστ. in nichts zurückzustehen" fordert im Zusammenhang die Ergänzung: „also haltet auch mich aus!", ist also auch in dieser Form eine Begründung der seit V. 1 herrschenden Bitte.

so doch notwendig auch V. 5. Denn das μηδὲν ὑστερηκέναι von V. 5 wird doch in V. 6 genauer expliziert. Es ergibt sich also, daß die Konkurrenten mit den ὑπερλίαν ἀπόστολοι identisch sind.

Das wird noch durch Folgendes bestätigt. 12,11 zeigt, daß das μηδὲν ὑστερηκέναι τῶν ὑπερλίαν ἀποστόλων von 11,5 die Gleichwertigkeit des Paulus nicht im allgemeinen behauptet, sondern im Hinblick auf das Auftreten und Wirken in Korinth. Denn 12,11 heißt es im Aor. οὐδὲν γὰρ ὑστέρησα τῶν ὑπερλίαν ἀποστόλων, und das κατειργάσθη ἐν ὑμῖν V. 12 bestätigt es. Dann müssen aber doch die ὑπερλίαν ἀπόστολοι eben in Korinth den Paulus durch ihr Wirken — nach ihrer und der Gemeinde Auffassung — in den Schatten gestellt haben. Und wenn die Charakteristik der Eindringlinge 11,20 — woran nicht zu zweifeln ist — darauf geht, daß sie ihr Apostelrecht auf Unterhaltung durch die Gemeinde ausnutzen, so sind sie auch dadurch als identisch mit den ὑπερλίαν ἀπόστολοι bzw. ψευδαπόστολοι erwiesen; denn daß diese auf Kosten der Gemeinde leben (und deshalb möchten, daß auch Paulus das tue), ist 11,12 gesagt, wie es nach 11,7—11 völlig deutlich ist.

Käsemann vermeint zu spüren, daß Paulus vielfach unter Hemmungen | rede, da er das Recht der hinter den Eindringlingen stehenden Autorität nicht wohl bestreiten könne. Nun, kann man von Hemmungen reden, so fühlt sich Paulus doch gewiß nicht durch das nicht zu bestreitende Ansehen der Urapostel gehemmt. Ist die Charakteristik der ὑπερλίαν ἀπόστολοι 11,13 ff nicht gerade hemmungslos? Gehemmt ist Paulus freilich in gewisser Weise in der Tat, aber dadurch, daß er einerseits den Vergleich mit den Gegnern und die καύχησις verurteilt, und daß er sich andrerseits aus dem genannten Grunde doch auf sie einläßt. Die καύχησις ist eigentlich das Hauptthema von 11,22—12,18; und die Hemmung spürt man, insofern Paulus nur widerwillig das Thema angreift nach umständlichen Vorbereitungen. Er sagt zunächst 10,12—18, daß er sich nicht vergleichen wolle, wobei er es tatsächlich doch schon tut. Dann folgt 11,1—16 die in V. 1—6 motivierte, in V. 7—15 unterbrochene und mit V. 16 wiederaufgenommene Bitte, sein καυχᾶσθαι zu ertragen, bis endlich die καύχησις mit V. 22 wirklich beginnt. Und dabei betont er, daß solches καυχᾶσθαι eine ἀφροσύνη sei (11,1.16 f.21; 12,11), und daß er nur gezwungen so verfahre (12, 11). Höchst paradox läuft aber das καυχᾶσθαι in ein Rühmen der ἀσθένεια aus (V. 30), wodurch alles V. 23—29 Gesagte nachträglich unter den Gesichtspunkt der ἀσθένεια gerückt wird. Und das mit 12,1 sich wieder erhebende καυχᾶσθαι wird alsbald zur Folie für ein radikales καυχᾶσθαι ἐν ταῖς ἀσθενείαις. Paulus tut also alles, um sich einerseits als den Konkurrenten gegenüber ebenbürtig, ja überlegen darzustellen und doch andrerseits sein καυχᾶσθαι nicht als ein eigentliches καυχᾶσθαι erscheinen zu lassen.

Ähnlich wie mit dem καυχᾶσθαι steht es mit dem ἀπολογεῖσθαι. Paulus sieht sehr wohl, daß die Gemeinde seine Ausführungen als ein ἀπολογεῖσθαι verstehen wird (12,19), und tatsächlich ist ja 10,12—12,18 auch eine Verteidigung vor der Gemeinde gegen die von den Konkurrenten erhobenen Vorwürfe, zumal 12,11—18. Und dennoch will er diese Ausführungen nicht so verstanden wissen (12,19); denn er kann ja die Gemeinde — wie 1Kor 4,3 — nicht als richterliche Instanz anerkennen. Warum hat er also doch geredet als einer, der sich verteidigt? Damit die Gemeinde ihn *verstehen* lernt (5,11; vgl. 1,14); damit sie ihre Entscheidung nicht fällt, ohne ihn zu sehen, so wie er wirklich ist, nicht wie die Gegner sein Bild malen. Nirgends also ist Paulus durch den Respekt vor den wirklich oder vermeintlich hinter den Gegnern stehenden Autoritäten gehemmt, sondern allein durch die Situation, die ihn zwingt, sich selbst zu charakterisieren.

Endlich sei noch Käsemanns Frage beantwortet, wer denn sonst als eine „sehr gewichtige Autorität im feindlichen Lager" den Paulus, „den Gründer und ‚Vater' der Gemeinde öffentlich vor dieser in die Schranken fordern" könne (S. 43). Nun, mir scheint die Antwort ist einfach unter Hinweis auf 1Kor 2,15 zu geben. Eben die gnostischen Pneumatiker sind es, die *darin* ja mit Paulus gleicher Meinung sind: ὁ δὲ πνευματικὸς ἀνακρίνει μὲν πάντα, αὐτὸς δὲ ὑπ' οὐδενὸς ἀνακρίνεται.

IV. Zu 2Kor 12,21

Der Satz μὴ πάλιν ἐλθόντος μου κτλ. ist von dem φοβοῦμαι V. 20 abhängig: also muß das μὴ . . . ταπεινώσῃ με ὁ θεός μου . . . καὶ πενθήσω . . . einen dem μή πως ἐλθὼν οὐχ οἵους θέλω εὕρω ὑμᾶς V. 20 parallelen Sinn haben. Dann muß also die von Paulus gefürchtete Demütigung darin bestehen, daß er die Korinther nicht „so findet, wie er will", sondern in wildem Parteihader und in sittliche Laster versunken.

Aber inwiefern wäre das eine Demütigung? Etwa insofern er dann die Vergeblichkeit seines apostolischen Wirkens in Korinth erleben müßte? Oder spezieller (wenn das πάλιν zu ταπεινώσῃ με und nicht zu ἐλθόντος μου zu ziehen ist), insofern sein Besuch dann wieder ein Besuch ἐν λύπῃ (vgl. 2,1) sein würde und dh nicht zur Verständigung, sondern zum (dann definitiven) Bruch führen müßte?

Aber das paßt gar nicht in den Zusammenhang; denn das φοβοῦμαι V. 20 fürchtete ja nicht nur: μή πως . . . οὐχ οἵους θέλω εὕρω ὑμᾶς sondern auch (μή πως . . .) κἀγὼ εὑρεθῶ ὑμῖν οἷον οὐ θέλετε, was ja nur bedeuten kann, daß Paulus fürchtet, er werde in Korinth ein Strafgericht vollziehen müssen; das bestätigt ganz | klar 13,2 ff: . . . ὅτι ἐὰν ἔλθω εἰς τὸ πάλιν οὐ φείσομαι . . . Die Klage μὴ . . . πενθήσω kann also nur bedeuten: ich fürchte, daß ich dann zu strengem Einschreiten gezwungen sein werde. Dann muß das μὴ . . . ταπεινώσῃ με ὁ θεός μου den gleichen Sinn haben: die Demütigung würde darin bestehen, daß der Apostel seine ἐξουσία, die er für die οἰκοδομή hat, für die καθαίρεσις verwenden muß (13,10). Sie kann nicht darin bestehen, daß er auch diesmal wieder erfolglos abreisen muß, wie das vorige Mal; denn die Erfolglosigkeit des vorigen Besuches führt Paulus ja darauf zurück, daß er die Gemeinde damals schonte, was er jetzt nicht wieder tun will (13,2).

Es ist freilich unglaublich, daß für Paulus die Möglichkeit, ein strenges Strafgericht in Korinth zu vollziehen, als eine mögliche Demütigung vor den Korinthern (πρὸς ὑμᾶς) durch Gott erscheinen sollte, zumal doch dieses Strafgericht eine δοκιμή des in ihm redenden Christus sein soll, der sich den Korinthern gegenüber als mächtig erweisen wird (13,3). Dann ist doch wohl anzunehmen, daß zwischen μου und ταπεινώσῃ ein οὐ ausgefallen ist: Paulus fürchtet, daß Gott ihn *nicht* (wieder) vor der Gemeinde demütigen wird! Daß er dieses *fürchtet* und nicht *erhofft*, zeigt, daß ihm alles an der οἰκοδομή der Gemeinde liegt.

Dazu stimmt auch, daß er sich im Blick auf sein früheres Auftreten in Korinth als κατὰ πρόσωπον ταπεινὸς ἐν ὑμῖν (10,1) charakterisiert hat. So wird er bei seinem nächsten Besuche nicht wieder erscheinen[35].

---

[35] Es erweist sich so auch als gleichgültig, ob πάλιν zu ἐλθόντος μου oder zu ταπεινώσῃ gezogen wird; denn auch im ersten Falle nimmt der Satz natürlich auf die ταπείνωσις des vorigen Besuches Bezug.

Zur Geschichte der Lichtsymbolik im Altertum*

I.

1. Die Freude am Licht — am „strahlenden Licht der Sonne"[1], das am Morgen aufleuchtet, wenn die finstere Nacht vergangen ist; am Tageslicht, das wie ein vertrautes Element den Menschen umfängt und die Erde heimisch macht — klingt überall auf in der griechischen Dichtung und Literatur. Daß das Licht nicht als etwas Selbstverständliches, sondern als Geschenk, als Himmelsgabe, empfunden wird, zeigen die Attribute, die es charakterisieren: es ist das οὐράνιον φῶς, das ἁγνὸν φῶς, das ἱερὸν φῶς[2]. Es ist eine Gabe der himmlischen Welt, dem Menschen nur im Wechsel mit den Schatten der Wolken und dem nächtlichen Dunkel beschieden. Nur um den Sitz der Götter ist es in ewiger Stetigkeit ergossen. Der Olymp ist

> „der Götter sicherer Wohnsitz,
> ... den kein Sturm erschüttert, nimmer ein Regen
> feuchtet, nie der Schnee bedeckt; beständige Heitre
> wölbt sich ohne Gewölk und deckt ihn mit schimmernder Helle."[3]

So strahlt denn auch lichter Glanz, goldenes Leuchten von der Gestalt | der Götter aus und umschimmert ihre Gewänder und Waffen[4].

---

* Philologus 97 (1948), 1—36.
[1] Λαμπρὸν φάος ἠελίοιο. Homer Il. 1, 605.
[2] Soph. Ant. 944; El. 86; Hes. op. 339; vgl. Eur. Fr. 443, 1: ὦ λαμπρὸς αἰθὴρ ἡμέρας θ' ἁγνὸν φῶς. Noch im Conv. Sept. Sap. des Plutarch wird auf die Frage: τί κάλλιστον; die Antwort gegeben: φῶς (153 a).
[3] Hom. Od. 6, 42 ff:
> θεῶν ἕδος ἀσφαλὲς αἰεὶ
> ... οὔτ' ἀνέμοισι τινάσσεται οὔτε ποτ' ὄμβρῳ
> δεύεται, οὔτε χιὼν ἐπιπίλναται, ἀλλὰ μάλ' αἴθρη
> πέπταται ἀννέφελος, λευκὴ δ' ἐπιδέδρομεν αἴγλη (Übers. Voss-Weiss).
[4] Hymn. Ap. I, 4: φαίδιμα τόξα, 10: δέπαϊ χρυσείῳ; II, 6 f: φόρμιγξ χρυσέου ὑπὸ πλήκτρου, 24 f: αἴγλη δέ μιν ἀμφιφαείνει ... So erscheint Aphrodite auf goldenem Wagen, Sapph. Fr. 1, 9 f. Beispiele für strahlende Epiphanien etwa Hom. Od. 19, 33 ff:
> ... πάροιθε δὲ Παλλὰς Ἀθήνη
> χρύσεον λύχνον ἔχουσα φάος περικαλλὲς ἐποίει.

Und entsprechend beschreibt Pindar die Stätte der Seligkeit, da die Seelen der Frommen weilen:

"Drunten bei ihnen
leuchtet der Sonne Kraft, indessen hier Nacht ist. Es dehnt sich
voll purpurner Rosen ein Anger
vor ihrer Stadt.
Da schattet der Weihrauchbaum, und
schwer von goldenen Früchten..."⁵ |

Je mehr der Mensch dem Wechsel von Licht und Dunkel unterworfen ist, desto mehr freut er sich des Lichtes der Morgenröte⁶, der aufgehenden Sonne. So begrüßt der Chor in der Antigone am Tage der Siegesfreude die Sonne:

"Licht, o schönes über alle
Du der siebentorigen Thebe
Ehe aufgegangenen Sonnen,

δὴ τότε Τηλέμαχος προσεφώνεεν ὃν πατέρ' αἶψα·
"ὦ πάτερ, ἦ μέγα θαῦμα τόδ' ὀφθαλμοῖσιν ὁρῶμαι.
ἔμπης μοι τοῖχοι μεγάρων καλαί τε μεσόδμαι
εἰλάτιναί τε δοκοὶ καὶ κίονες ὑψόσ' ἔχοντες
φαίνοντ' ὀφθαλμοῖς ὡς εἰ πυρὸς αἰθομένοιο·
ἦ μάλα τις θεὸς ἔνδον, οἳ οὐρανὸν εὐρὺν ἔχουσιν."

Eur. Ion. 1549 f:
ἔα· τίς οἴκων θυοδόκων ὑπερτελὴς
ἀντήλιον πρόσωπον ἐκφαίνει θεῶν;

Eur. Bacch. 1082 ff:
καὶ ταῦθ' ἅμ' ἠγόρευε καὶ πρὸς οὐρανὸν
καὶ γαῖαν ἐστήριζε φῶς σεμνοῦ πυρός.
σίγησε δ'αἰθήρ, σῖγα δ' εὔλειμος νάπη
φύλλ' εἶχε, θηρῶν δ' οὐκ ἂν ἤκουσας βοήν.

⁵ Fr. 129:
τοῖσι λάμπει
μὲν σθένος ἀελίου τὰν
ἐνθάδε νύκτα κάτω, φοι-
νικορόδοις δ' ἐνὶ λειμώ-
νεσσι προάστιον αὐτῶν
καὶ λιβάνῳ σκιαρὸν καὶ
χρυσοκάρποισιν βέβριθε... (Übers. v. WOLDE).

Vgl. Aristoph. Ran. 454 ff:
μόνοις γὰρ ἡμῖν ἥλιος
καὶ φέγγος ἱλαρόν ἐστιν,
ὅσοι μεμυήμεθ' εὐ-
σεβῆ τε διήγομεν
τρόπον...

⁶ Eur. Tro. 848 ff:
τὸ τᾶς δὲ λευκοπτέρου
ἀμέρας φίλιον βροτοῖς
φέγγος.

Schlugst du dich auf doch, goldnen Tages
Auge über Dirkes Quell!"[7]

Und ebenso gilt der erste Gruß der vom Leid umfangenen Elektra dem aufstrahlenden Lichte des Morgens:

„O heiliges Licht
Und erdumströmende Luft, o wie oft
Habt ihr mein gramvoll Klagelied,
Wie oft es gehört, da verzweifelnd
Ich die blutende Brust mit den Händen zerschlug,
Wenn finstere Nacht von der Erde verschwand."[8]

Es ist eigentümlich, daß die euripideische Elektra in der parallelen Szene nicht das Licht des Morgens, sondern die Nacht begrüßt, aber nicht, wie man meinen könnte, als das nächtliche Dunkel, das ihrem Leid und ihrer Klage die angemessene Sphäre ist; sondern die Nacht wird angeredet: ὦ νὺξ μέλαινα, χρυσέων ἄστρων τροφή[9] |

Daß auch das Dunkel der Nacht gelichtet, durchbrochen wird, sei es von dem Chor der Sterne, dessen sich der wachende Hirte freut[10], oder dem ἐρατὸν φάος des Mondes[11], sei es auch von der flammenden Fackel,

---

[7] Soph. Ant. 100 ff:
 ἀκτὶς ἀελίου τὸ κάλλιστον ἑπταπύλῳ φανὲν
 Θήβῃ τῶν προτέρων φάος,
 ἐφάνθης ποτ', ὦ χρυσέας
 ἀμέρας βλέφαρον,
 Διρκαίων ὑπὲρ ῥεέθρων μολοῦσα (Übers. v. Reinhardt).
Vgl. auch die Schilderung des Tagesanbruchs Parm. Fr. B 1.

[8] Soph. El. 86 ff:
 ὦ φάος ἁγνὸν
 καὶ γῆς ἰσόμοιρ' ἀήρ, ὥς μοι
 πολλὰς μὲν θρήνων ᾠδάς,
 πολλὰς δ'ἀντήρεις ᾔσθου
 στέρνων πλαγὰς αἱμασσομένων,
 ὁπόταν δνοφερὰ νὺξ ὑπολειφθῇ (Übers. v. Donner).

[9] Eur. El. 54 ff.

[10] Hom. Il. 8, 554 ff:
 ... πυρὰ δέ σφισι καίετο πολλά.
 ὡς δ'ὅτ' ἐν οὐρανῷ ἄστρα φαεινὴν ἀμφὶ σελήνην
 φαίνετ' ἀριπρεπέα, ὅτε τ' ἔπλετο νήνεμος αἰθήρ,
 ἔκ τ' ἔφανεν πᾶσαι σκοπιαὶ καὶ πρώονες ἄκροι
 καὶ νάπαι· οὐρανόθεν δὲ ὑπερράγη ἄσπετος αἰθήρ,
 πάντα δὲ εἴδεται ἄστρα, γέγηθε δέ τε φρένα ποιμήν.

[11] Pind. Ol. 10, 73 ff:
 ... ἐν δ'ἕσπερον
 ἔφλεξεν εὐώπιδος
 σελάνας ἐρατὸν φάος.

dem fernhin leuchtenden Feuerzeichen, — das bricht gewissermaßen ihren Bann und gliedert die amorphe Finsternis[12].

2. Die Freude am Licht, die Sehnsucht nach Licht und die Seligkeit des Im-Lichte-Seins hat sich in der Sprache ausgeprägt: „Im Lichte sein", „das Licht schauen" heißt leben, und „Leben" heißt, das Licht schauen. So in immer neuen Wendungen in der Alkestis des Euripides, in der die Sehnsucht, das Licht zu schauen, es noch oder wieder schauen zu dürfen, bezwingenden Ausdruck gefunden hat.

Alkestis, die ihr Leben hingibt, damit ihr Gatte das Licht noch schauen möge, läßt sich, da das Ende genaht ist, aus dem Palast ins Freie bringen:

„Und ob sie kaum noch schwach den Atem zieht,
Doch will sie blicken in der Sonne Strahlen."

Hades naht:

„Nah ist der Hades!
Nachtdunkel kriecht auf die Augen!
Kinder, Kinder, es ist nicht mehr
Eure Mutter, sie ist nicht mehr!
Freut Euch, o Kinder, das Licht hier zu schauen!"[13]

Geschieden sind Dunkel und Licht[14]; der Tod ist das Dunkel, und drunten an der Stätte der Toten herrscht Finsternis im sonnenlosen

---

[12] So richtet sich des Wächters Auge, der vom Dach des Palastes in Argos ausspähen muß, ob das Feuerzeichen den Fall Troias verkündet, allnächtlich auf die ὁμήγυρις ἄστρων νυκτέρων, auf die lichten Herrscher, die im Äther erstrahlen (Aesch. Ag. 4 ff); und so jubelt er auf, als endlich das Flammenzeichen erscheint:
ὦ χαῖρε λαμπτήρ, νυκτὸς ἡμερήσιον
φάος πιφαύσκων καὶ χορῶν κατάστασιν
πολλῶν ἐν Ἄργει τῆσδε συμφορᾶς χάριν.
Und die Freude an diesem Phänomen, am Laufe der Feuerzeichen, am Aufblitzen des Glanzes von Station zu Station klingt wider in Klytaimnestras Schilderung des Weges, den das Licht, Hephaistos Bote, nahm (281 ff).

[13] Eur. Alc. 205 f:
ὅμως δὲ καίπερ σμικρὸν ἐμπνέους' ἔτι
βλέψαι πρὸς αὐγὰς βούλεται τὰς ἡλίου.
268 ff: πλησίον Ἅιδας·
σκοτία δ' ἐπ' ὄσσοις νὺξ ἐφέρπει.
τέκνα, τέκν', οὐκέτι δὴ
οὐκέτι μάτερ σφῷν ἔστιν.
χαίροντες, ὦ τέκνα, τόδε φάος ὁρῶτην (Übers. v. VON ARNIM).
Vgl. zB Hom. Il. 24, 558:
ζώειν καὶ ὁρᾶν φάος ἠελίοιο.
Aesch. Eum. 520:
τίς δὲ ... ἐν φάει dh „wer, der lebt".

[14] Aesch. Cho. 320:
σκότῳ φάος ἀντίμοιρον.

Hause[15]. „Grauenvolles Dunkel packte ihn", „Dunkel umhüllte seine Augen", das sind Formeln, mit denen Homer das Sterben der Kämpfer beschreibt[16]. Vor dem Dunkel aber faßt den Menschen ein Grausen.

„Wie lieb ist dieser Gottesglanz, wie lieb!"[17]
„Wie süß, das Licht zu schauen!"[18]
„Das Köstlichste dem Menschen: hier dies Licht zu schauen!
Dort drunten gibt es keins!"[19]

So und ähnlich klingt es immer wieder[20]. Muß man schon sterben, so möge es wenigstens beim Tageslicht sein[21]!

Das ist das Bittere am Sterben, daß es der Abschied vom Licht ist. Dieser Abschied ist ein Thema, das Sophokles wie Euripides variiert haben. Aias ruft, ehe er sich ins Schwert stürzt:

„O Tod, o Tod, erscheine, wend' auf mich den Blick!
Doch dich begrüß' ich drunten noch, mit dir vereint.
Dich aber, lichten Tages Glanz, der heute strahlt,
Und Helios, den Wagenlenker, ruf ich an
Zum letzten Male, künftighin nie wieder mehr!
O Licht! o Heimaterde, dich geweihtes Land
Von Salamis, o meines Vaterherdes Sitz,
Dich, Burg Athenes, dich Geschlecht, mit mir genährt,
Euch Flüsse hier und Quellen, euch, ihr troischen
Gefilde, ruf ich, meine Pfleger lebet wohl!
Dies Wort, sein allerletztes, ruft euch Aias zu;
Das andre sag ich jenen dort in Hades' Haus."[22]

---

[15] Ἀνάλιος οἶκος Eur. Alk. 437.
[16] Στυγερὸς δ'ἄρα μιν σκότος εἶλεν Il. 5, 47 etc. Τὸν δὲ σκότος ὄσσε κάλυψεν Il. 6, 11 etc. Vgl. auch Aesch. Sept. 403: εἰ γὰρ θανόντι νὺξ ἐπ' ὄμμασι πέσοι.
[17] Eur. Alc. 722: φίλον τὸ φέγγος τοῦτο τοῦ θεοῦ, φίλον.
[18] Eur. Iph. Aul. 1218 f: ἡδὺ γὰρ τὸ φῶς λεύσσειν.
[19] Ibid. 1250 f: τὸ φῶς τόδ' ἀνθρώποισιν ἥδιστον βλέπειν, τὰ νέρθε δ᾽ οὐδέν.
[20] So noch bei Lukian dial. mort. 26, 1: οὐχ ἡδὺ ἦν ζῶντι ὁρᾶν τὸ φῶς; Ibid. 27, 9: ἡδὺ γὰρ ἦν τὸ φῶς, καὶ τὸ τεθνάναι δεινὸν καὶ φευκτέον.
[21] Hom. Il. 17, 645 ff:
Ζεῦ πάτερ, ἀλλὰ σὺ ῥῦσαι ὑπ' ἠέρος υἷας Ἀχαιῶν,
ποίησον δ' αἴθρην, δὸς δ' ὀφθαλμοῖσιν ἰδέσθαι·
ἐν δὲ φάει καὶ ὄλεσσον, ἐπεί νύ τοι εὔαδεν οὕτως.
[22] Soph. Ai. 854 ff:
ὦ Θάνατε, Θάνατε, νῦν μ'ἐπίσκεψαι μολών·
καίτοι σὲ μὲν κἀκεῖ προσαυδήσω ξυνών.
σὲ δ', ὦ φαεννῆς ἡμέρας τὸ νῦν σέλας,
καὶ τὸν διφρευτὴν Ἥλιον προσεννέπω,
πανύστατον δὴ κοὔποτ' αὖθις ὕστερον.
ὦ φέγγος, ὦ γῆς ἱερὸν οἰκείας πέδον
Σαλαμῖνος, ὦ πατρῷον ἑστίας βάθρον,
κλειναί τ' Ἀθῆναι, καὶ τὸ σύντροφον γένος,

Dem Lichte gilt freilich nicht sein einziger, aber sein erster Abschiedsgruß. Einzig dem Lichte gilt die letzte Klage der Antigone:

> „Seht mich, Vaterlandes Bürger,
> Meinen letzten Weg gehen,
> Meiner Sonne letztes Licht
> Schauen und keines wieder."[23]
> „Nicht dieses Lichtes heiliges Auge
> Darf ich, ach, noch einmal schauen."[24]

Und selbst Oidipus, der Geblendete, der, noch lebend, das Licht nicht mehr schauen kann, klagt beim Abschied von der Erde:

> „O Licht verlornen Glanzes! Einst auch warst du mein;
> Und jetzt spürt dich mein Leib zum letztenmal."[25]

Iphigenie, die in Aulis geopfert werden soll, klagt:

> „Dahin ist für mich das Licht,
> Dahin dieser Strahl der Sonne!"[26]

Und als sie zum Opfer geführt wird:

> „Fackeltragender Tag! Strahl des Zeus! Fern von hier,
> Fern von hier soll hinfort mir Stätte und Los sein.
> Lebe wohl, du geliebtes Licht!"[27]

Das Charakteristische des griechischen Empfindens wird noch deutlicher, wenn man daneben Verse aus deutscher Dichtung stellt, in denen

---

κρῆναί τε ποταμοί θ' οἵδε, καὶ τὰ Τρωϊκὰ
πεδία προσαυδῶ, χαίρετ', ὦ τροφῆς ἐμοί.
τοῦθ' ὑμῖν Αἴας τοὔπος ὕστατον θροεῖ·
τὰ δ' ἄλλ' ἐν Ἅιδου τοῖς κάτω μυθήσομαι (Übers. v. DONNER).

[23] Soph. Ant. 806 ff:
ὁρᾶτ' ἔμ', ὦ γᾶς πατρίας πολῖται,
τὰν νεάταν ὁδὸν
στείχουσαν, νέατον δὲ φέγγος λεύσσουσαν ἀελίου
κοὔποτ' αὖθις (Übers. v. REINHARDT).

[24] Ibid. 879 f:
οὐκέτι μοι τόδε λαμπάδος ἱερὸν ὄμμα
θέμις ὁρᾶν ταλαίνᾳ.

[25] Soph. Oed. Col. 1549 f:
ὦ φῶς ἀφεγγές, πρόσθε πού ποτ' ἦσθ' ἐμόν,
νῦν δ' ἔσχατόν σου τοὐμὸν ἅπτεται δέμας.

[26] Eur. Iph. Aul. 1281 f:
κοὐκέτι μοι φῶς
οὐδ' ἀελίου τόδε φέγγος.

[27] Ibid. 1506 ff:
λαμπαδοῦχος ἁμέρα Διὸ-
ός τε φέγγος, ἕτερον
ἕτερον αἰῶνα καὶ μοῖραν οἰκήσομεν.
Χαῖρέ μοι, φίλον φῶς.

auch der Schmerz des Abschieds vom Leben Ausdruck gefunden hat.
Wohl kann auch hier der Abschiedsgruß lauten:

„Gott segne dich, Mond und Sterne!"

Aber es geht weiter:

„Desgleichen Laub und Gras!"²⁸

Und das ist für die deutsche Lyrik offenbar das Charakteristische, daß der Abschiedsblick auf der grünen und bunten Welt verweilt, zB:

„Vergönnt es mir
Das Grün hinfür
Allhier noch anzuschauen,
Auf Bergen, Tal und Auen:
Was Laub und Blüt
Ins Auge trägt, |
An Buchen, Eichen, Tannen
Und was nur hier
Der Frühling pflegt
Für Teppich auszuspannen."²⁹

So wird ja auch in Frühlingsliedern viel mehr das Grünen und Blühen, auch die Vogellieder und die süßen Düfte, als das Leuchten der Sonne besungen.

Im Griechischen wird das Licht zum Symbol für das Leben und für das, was das Leben erhält, oder für den, der als Retter des Lebens erscheint. Von Koiranos, der dem bedrängten Idomeneus zu Hilfe kommt, heißt es: „Ihm erschien er als Licht und wehrte dem Tag des Verderbens."³⁰ Oder von Aias: Er „brach die Reihen der Troer und schaffte Licht den Genossen"³¹.

---

²⁸ Des Knaben Wunderhorn I, 2. Aufl. (1819), S. 278.
²⁹ Ibid. III 1808, S. 151. — Für die Romantik vgl. L. TIECK, Prinz Zerbino V (der Wald spricht):   „Grün ist das erste Geheimnis
In das die Natur dich weiht;
Grün schmückt sich rings die Welt,
Ein lebendiger Odem,
Ein lieblich Element,
Das alles froh umgießt.
Grüne bedeutet Lebensmut,
Den Mut der frohen Unschuld,
Den Mut zur Poesie."
³⁰ Hom. Il. 17, 615.
³¹ Ibid. 6, 6; vgl. weiter Il. 8, 282; 11, 797; 16, 39. 95; 18, 102; 21, 537 f; Eur. Hec. 841; Iph. Taur. 186 f, 848 f; Iph. Aul. 1063. Ebenso in dem Distichon Simon. 76 DIEHL:
Ἦ μέγ' Ἀθηναίοισι φόως γένεθ' ἡνίκ', Ἀριστο-
γείτων Ἵππαρχον κτεῖνε καὶ Ἁρμόδιος.
Vgl. noch Hom. Il. 15, 741: τῷ ἐν χερσὶ φάος: „nur in den Armen ist Licht" (dh Heil).

Alles, was dem Leben Heil und Freude bringt und so das Leben zu einem echten Leben macht, heißt Licht.

Als der Bote die Schreckensnachricht nach Susa bringt, daß das Perserheer geschlagen ist, und doch melden kann:

„Xerxes, der König, lebt und schaut das Licht", |

atmet Atossa auf:

„O meinem Hause sprachst du zu ein helles Licht;
Nun schimmert's mir wie Tag nach bangverhangner Nacht."[32]

Die Mannen des Aias jubeln im Wahne, daß es sich mit ihrem Herrn zum Guten wendet:

„Jetzt darf wieder, o Zeus, leuchtendes Licht frohen Tages
den meerdurcheilenden Schiffen nahn."[33]

So freut sich Ion:

„In des erdgeborenen Geschlechtes Palast ist's nicht mehr Nacht,
Es blickt wieder auf zum Frühsonnenstrahl."[34]

Für die Jungfrau ist die Hochzeit ein Licht:

„Ein sel'ges Licht brach für die Jungfrau an."[35]

---

[32] Aesch. Pers. 299 ff:
„Ξέρξης μὲν αὐτὸς ζῇ τε καὶ βλέπει φάος."
„ἐμοῖς μὲν εἶπας δώμασιν φάος μέγα
καὶ λευκὸν ἦμαρ νυκτὸς ἐκ μελαγχίμου."
Vgl. Aesch. Ag. 601 ff:
... τί γὰρ
γυναικὶ τούτου φέγγος ἥδιον δρακεῖν
ἀπὸ στρατείας ἄνδρα σώσαντος θεοῦ
πύλας ἀνοῖξαι;
Als Gegenbeispiel Aesch. Cho. 51 ff:
ἀνήλιοι βροτοστυγεῖς
δνόφοι καλύπτουσι δόμους
δεσποτῶν θανάτοισι.
[33] Soph. Ai. 709 f:
νῦν, ὦ Ζεῦ, πάρα λευκὸν εὐάμερον πελάσαι φάος
θοᾶν ὠκυάλων νεῶν.
[34] Eur. Ion. 1466 f:
ὅ τε γηγενέτας δόμος οὐκέτι νύκτα
δέρκεται, ἀελίου δ' ἀναβλέπει λαμπάσιν. —
Als Gegenbeispiel etwa Aesch. Pers. 167:
μήτ' ἀχρημάτοισι λάμπειν φῶς.
[35] Eur. Iph. Aul. 439:
φῶς γὰρ τόδ' ἥκει μακάριον τῇ παρθένῳ.

Freude ist Licht für das Leben[36], ebenso der Reichtum, der mit Mannestugenden gepaart ist[37]. |

Vor allem ist der Ruhm ein strahlendes Licht[38].

Wie der Mann, der Heil bringt, als Licht bezeichnet werden kann, so kann der Freund, der Tröster, der Helfer als „Licht" angeredet werden. So begrüßt Eumaios den Telemachos:

ἦλθες, Τηλέμαχε, γλυκερὸν φάος[39],

so Elektra den Orest:

ὦ φίλτατον φῶς, μόνος σωτὴρ δόμων
Ἀγαμέμνονος[40].

So läßt Aristophanes den Chor parodierend den Wursthändler begrüßen:

„O rettendes Licht du dem heil'gen Athen, du der Inseln Erretter und Helfer,
Was bringst du für glückliche Kunde denn mit, drum feiern wir sollen und jubeln?"[41]

Die Verknüpfung der Vorstellung des Heils mit dem Bilde des Lich-

---

[36] Pind. Ol. 10, 22 f:
ἄπονον δ' ἔλαβον χάρμα παῦροί τινες,
ἔργων πρὸ πάντων βιότῳ φάος.
[37] Pind. Ol. 2, 58 ff:
ὁ μὰν πλοῦτος ἀρεταῖς δεδαιδαλμένος ...
ἀστὴρ ἀρίζηλος, ἐτυμώτατον
ἀνδρὶ φέγγος.
[38] Pind. Nem. 3, 83 ff:
τίν γε μέν, εὐθρόνου Κλεοῦς ἐθελοί-
σας, ἀεθλοφόρου λήματος ἕνεκεν
Νεμέας Ἐπιδαυρόθεν τ' ἄπο καὶ Μεγάρων δέδορκεν φάος. vgl. Isthm. 2, 17. Das Siegeslied als das Licht Ol. 4, 7 ff.
[39] Hom. Od. 16, 23; ebenso 17, 41.
[40] Soph. El. 1354 f.
[41] Aristoph. Equ. 1319:
ὦ ταῖς ἱεραῖς φέγγος Ἀθήναις καὶ ταῖς νήσοις ἐπίκουρε,
τίν' ἔχων φήμην ἀγαθὴν ἥκεις, ἐφ' ὅτῳ κνισῶμεν ἀγυιάς;
(Übers. v. Droysen)
Eigentliche und bildliche Bedeutung gehen ineinander über Soph. Phil. 663 ff:
ὅς γ' ἡλίου τόδ' εἰσορᾶν ἐμοὶ φάος
μόνος δέδωκας, ὃς χθόν' Οἰταίαν ἰδεῖν,
ὃς πατέρα πρέσβυν, ὃς φίλους, ὃς τῶν ἐμῶν
ἐχθρῶν μ' ἔνερθεν ὄντ' ἀνέστησας πέρα.
Eur. Her. fur. 562 ff:
οὐ ῥίψεθ' Ἅιδου τάσδε περιβολὰς κόμης
καὶ φῶς ἀναβλέψεσθε τοῦ κάτω σκότου
φίλας ἀμοιβὰς ὄμμασιν δεδορκότες.

tes ist so fest, daß Sophokles den Aias das paradoxe Wort sprechen lassen kann: „Dunkel, mir bist du Licht!
Erebos, mir leuchtender Glanz!"[42]

3. Licht bedeutet Heil für den Menschen, und Heil heißt deshalb Licht. Aber es ist merkwürdig, daß für den Griechen das Licht — modern | gesprochen — keinen „numinosen" Charakter hat[43]. Wohl ist es — wie Wasser und Feuer — ἱερόν, ἁγνόν[44], aber es ist nicht zu einer Göttergestalt verkörpert worden; und der Gott, der das Tageslicht spendet, Helios, ist nicht, oder kaum, kultisch verehrt worden, so wenig wie Selene, die das nächtliche Licht des Mondes strahlen läßt[45]. Wohl gelten Sonne und Mond als Götter, aber sie sind nur mythologische Gestalten, keine Kultgötter. Wohl wird Helios, der Allsehende, beim Schwur angerufen[46], wohl wird die Sonne beim Aufgang mit einem Handkuß oder einer Verbeugung begrüßt wie auch die erste Schwalbe oder der erste Storch[47]. Aber wir brauchen nur an die Sonnenopfer und Sonnengebete orientalischer Religionen zu denken — etwa an den großen Sonnenhymnus des ägyptischen Echnaton —, um den Unterschied zu sehen[48]; ja, die Griechen haben die Sonnen- und Mondverehrung als barbarische Kulte empfunden[49].

Aber auch als mythologische Gestalten spielen Helios und Selene kaum eine Rolle. Die von Sonne und Mond handelnden Sagen sind bei den

---

[42] Soph. Ai. 395 f:
σκότος, ἐμὸν φάος,
ἔρεβος ὦ φαεννότατον, ὡς ἐμοί.

[43] Vgl. Franz Boll, Sternglaube und Sterndeutung (1918), S. 19 ff.

[44] Wohl schuldet man dem Lichte Ehrfurcht. Man soll nicht gegen die Sonne harnen, sich nicht unter freiem Himmel entblößen (Hes. op. 727 ff; Plut. qu. Rom. 40, p. 274 b); man soll im Lichte sittsam sein (Eur. fr. 524, 2). Vgl. H. Usener, Götternamen (1896), S. 179; E. Williger, Hagios (1922), S. 56 f.

[45] M. Nilsson, Geschichte der griech. Religion I (1941), S. 33. 363. 790.

[46] Beim Eidopfer Hom. Il. 3, 104. 277; (Ἥλιός θ', ὃς πάντ' ἐφορᾷς καὶ πάντ' ἐπακούεις); 14, 259. Vgl. Nilsson, aaO S. 128 ff. — Vgl. auch den Ruf des Herolds, der die Botschaft des Sieges bringt Aesch. Ag. 508: νῦν χαῖρε μὲν χθών, χαῖρε δ'ἡλίου φάος ὕπατός τε χώρας Ζεὺς ὁ Πύθιός τ' ἄναξ.

[47] Nilsson, aaO S. 790.

[48] Freilich preisen die Musen nach Hes. theog. 19 unter der anderen Götterschar auch Ἠῶ τ' Ἠέλιόν τε μέγαν λαμπράν τε Σελήνην, und unter den Homer. Hymnen findet sich je einer an Helios und an Selene; aber sie enthalten außer mythologischer Genealogie nur die Beschreibung der Erscheinung, keinen eigentlichen Mythos und sie entbehren jedes religiösen Klanges.

[49] Aristoph. Pax 406 ff:
ἡ γὰρ Σελήνη χὠ πανοῦργος Ἥλιος
ὑμῖν ἐπιβουλεύοντε πολὺν ἤδη χρόνον,
τοῖς βαρβάροισι προδίδοτον τὴν Ἑλλάδα.

Griechen sehr spärlich, verglichen mit der Mythologie anderer Völker. Auch Sagen von Sternbildern sind bei ihnen nicht häufig[50]. Bei Homer wird Helios selten erwähnt, abgesehen von der Geschichte Od. 12, die erzählt, wie die Gefährten des Odysseus zu ihrem Verderben seine Rinder schlachteten[51]. Er ist der Allsehende, der dem Hephaistos die Kunde vom Ehebruch der Aphrodite bringt[52]; Hera schickt ihn gegen seinen Willen zum Okeanos hinab, damit der Kampf um die Leiche des Patroklos durch die Nacht beendet wird[53], wie umgekehrt Athene die Eos hindert, die Sonnenrosse rechtzeitig anzuschirren, damit für die wiedervereinten Gatten Odysseus und Penelope die Nacht länger daure[54]. Aber das sind keine Mythen, sondern dichterische Erfindungen. Mythologische Genealogie teilt mit, daß Helios der Vater der Kirke und des Aietes sei[55]; dasselbe steht bei Hesiod[56], wo Helios und Selene samt Eos als Kinder der Theia, der Tochter der Gaia gelten[57]. Erst in der hellenistischen Zeit dringt der Sonnenkult aus dem Osten in die griechisch-römische Welt ein, und dann erst wird das Licht zu einer kosmischen Größe, zum Inbegriff der göttlichen Macht schlechthin, die im Kampf mit der Gegenmacht der Finsternis steht. Dieser kosmische Dualismus von Licht und Finsternis, der Grundgedanke der iranischen Religion und im Hellenismus von den gnostischen und gnostisierenden Kreisen als der Ausdruck eines neuen Weltgefühls übernommen, fehlt der griechischen Religion. Hades, der Gott der finsteren Unterwelt, ist der Bruder des Zeus und des Poseidon; dreifach ist die Welt unter die drei Brüder verteilt: Hades ist der Herrscher der Unterwelt, wie Zeus der des Himmels und Poseidon der des Meeres, und die Erde ist allen gemeinsam nach Homer[58]. Hades wird zwar selten kultisch verehrt[59], aber er gilt nicht als böses Prinzip. Den Unterirdischen werden Opfer dargebracht so gut wie den himmlischen Göttern, wenn auch nach anderem Ritus.

Der Gegensatz von Licht und Finsternis ist deshalb im Griechentum kein ethischer Dualismus, nicht gleichbedeutend mit dem Gegensatz von Gut und Böse wie im Iranischen, wenn es sich auch ziemt, im Lichte sittsam zu sein und man sich schämt, bei Tageslicht Schamloses und Frevelhaftes zu verüben[60]. Der Gegensatz von Licht und Dunkel ist im

---

[50] Nilsson, aaO S. 33. [51] Vgl. 1, 8; 11, 105 ff. [52] Od. 8, 270 f.
[53] Il. 18, 239 f. [54] Od. 23, 242 ff. [55] Od. 10, 138.
[56] Hes. theog. 956 ff. [57] Hes. theog. 371. [58] Hom. Il. 15, 187 ff.
[59] Nilsson, aaO S. 424.
[60] S. o. S. 332 A. 44, dazu Eur. Herc. fur. 1159 f:
   φέρ' ἀνοσίῳ τί κρατὶ περιβάλω σκότος;
   αἰσχύνομαι γὰρ τοῖς δεδραμένοις κακοῖς.

Griechentum vielmehr der von Heil und Unheil. Das Heilsame ist das Licht, das Unheilvolle das Dunkle.

4. Indessen ist mit dieser Bestimmung das Eigentümliche des griechischen Verständnisses noch nicht hinreichend angegeben; denn soweit dürfte sich die Lichtsymbolik fast überall auf der Welt finden, wenngleich nicht überall in der gleichen Ausprägung. Das eigentümlich Griechische tritt erst klar heraus, wenn deutlich gemacht wird, was für griechisches Empfinden und Denken wesentlich zum Heil gehört. Es wird sich zeigen: der Dualismus von Licht und Dunkel wird zu dem von νοεῖν und ἄγνοια, von Erkenntnis, verstehendem Wissen, und Wahn[61].

Was ist die Grundbedeutung von φῶς? Φῶς ist das Tageslicht, das den Menschen umgibt. Seiner Grundbedeutung nach bezeichnet φῶς nicht das Licht als ein leuchtendes Phänomen, als Gegenstand. Der Blick richtet sich nicht auf den Widerschein des Lichtes auf den Gegenständen, auf das Licht, das auf der Landschaft ruht; das Auge weilt nicht auf dem Flimmern der Wellen, auf dem Spiel von Licht und Schatten im Laub und dergleichen. Vielmehr: φῶς ist das Tageslicht als die Helligkeit, in der man sich bewegt, in der sich die Welt artikuliert, in der sie übersehbar und verständlich wird, in der die Unterscheidung zwischen hier und dort, zwischen diesem und jenem möglich ist, in der man schreiten und greifen kann. Es ist die Helligkeit, die das sich orientierende Sehen ermöglicht, und die damit zugleich das Dasein sich selbst verständlich macht, daß es nicht „im Dunkeln | tappt", sondern „seinen Weg sieht", daß es „aus und ein weiß" und keine Angst zu haben braucht. Solche Erhelltheit des Daseins gehört notwendig zum Leben, und so begreift es sich, daß Licht und Leben zusammengehören.

Die Charakteristik des Helios bei Homer ist bezeichnend:

„Helios auch, der du alles vernimmst und alles gewahrest",

„Er, dessen leuchtender Blick doch am schärfsten ist, alles zu sehen."[62]

Hier ist deutlich auf den Spender des Lichtes übertragen, was in

---

Plat. Phil. 65e/66a: ἡδονὰς δέ γέ που, καὶ ταῦτα σχεδὸν τὰς μεγίστας, ὅταν ἴδωμεν ἡδόμενον ὁντινοῦν, ἢ τὸ γελοῖον ἐπ' αὐταῖς ἢ τὸ πάντων αἴσχιστον ἑπόμενον ὁρῶντες αὐτοί τε αἰσχυνόμεθα καὶ ἀφανίζοντες κρύπτομεν ὅτι μάλιστα, νυκτὶ πάντα τὰ τοιαῦτα διδόντες, ὡς φῶς οὐ δέον ὁρᾶν αὐτά.

Worauf gründet sich J. Stenzels Satz (Die Antike I [1925], S. 256), daß das Lichtsymbol mit dem Bilde der Finsternis den Gedanken der Schuld, mit dem des Lichtes den einer Erlösung und Errettung vom Bösen verbindet?

[61] J. Stenzel, aaO S. 256 ff.
[62] Il. 3, 277 (s. o. S. 332 A. 46); 14, 344 f:
... Ἥλιός περ
οὔ τε καὶ ὀξύτατον πέλεται φάος εἰσοράασθαι.

Wahrheit Wirkung des Lichtes selber ist: im Lichte liegt alles offen und unverhüllt zu Tage. Gleichen Sinnes ist etwa die Bezeichnung der Eos als πολυδερκής[63] oder der Satz, daß der Tag den irdischen Menschen das πολυδερκὲς φάος schenkt[64].

Dieser Charakter des Lichtes als der Helligkeit, die die Möglichkeit des Sehens verleiht, kommt auch darin zum Ausdruck, daß das Auge Licht[65], oder das Licht Auge[66] genannt werden kann, oder daß vom Licht der Augen[67] geredet wird, wie denn das Auge der ἀντίμιμος ἡλίου τροχῷ, das Widerspiel der Sonnenscheibe, heißen kann[68].

Es nimmt nicht wunder, daß das Heil (oder der Heilbringer), wie es als Licht gilt, so auch als „Auge" bezeichnet werden kann. Die Eumeniden sind das ὄμμα πάσης χθονὸς Θησῇδος[69]. Vom Geschlecht Therons sagt Pindar: Σικελίας τ᾽ ἔσαν ὀφθαλμός[70]. Wie die Kunde des Boten der Atossa ein φάος μέγα bedeutet[71], so jubelt Deianeira auf den Botenbericht:

    ὡς ἄελπτον ὄμμ᾽ ἐμοὶ
    φήμης ἀνασχὸν τῆσδε νῦν καρπούμεθα[72].

---

[63] Hes. theog. 451.
[64] Hes. theog. 755. — Anders der Sinn in den Aussagen vom allsehenden Zeus (Usener, Götternamen, S. 196, A. 62); Zeus sieht als der Richter, zB Soph. El. 175.
[65] Bei Homer heißen die Augen öfter die φάεα O. 16, 14 ff; 17, 39; 19, 417. Das Auge ist das φῶς Κύκλωπος Eur. Cycl. 633 f. Vgl. Aesch. Pers. 150 f:
    ἀλλ᾽ ἥδε θεῶν ἴσον ὀφθαλμοῖς
    φάος ὅρμαται μήτηρ βασιλέως. — Vgl. Empedokl. Fr. 84.
Aesch. Eum. 104. Ion redet (Eur. Ion 188 ff) von dem διδύμων προσώπων (der beiden Tempelgiebel) καλλιβλέφαρον φῶς.
[66] Soph. Ant. 879 f:
    οὐκέτι μοι τόδε λαμπάδος ἱερὸν ὄμμα
    θέμις ὁρᾶν ταλαίνᾳ. Der Mond als νυκτὸς ὀφθαλμός Aesch. Sept. 390.
[67] Pind. Nem. 10, 40 f:
    (ἀξιωθείην κεν) . . . Ἄργει μὴ κρύπτειν φάος ὀμμάτων.
[68] Aristoph. Thesm. 17.
[69] Aesch. Eum. 1025 f.
[70] Ol. 2, 10 f. — Ol. 6, 16 teilt Pindar das Wort des Adrastos über den vor Theben entrückten Amphiaraos mit: ποθέω στρατιᾶς ὀφθαλμὸν ἐμᾶς = „ich misse das Auge meines Heeres". Des Battos altes Glück (παλαιὸς ὄλβος) ist nach Pyth. 5, 56 f: πύργος ἄστεος ὄμμα τε φαεννότατον ξένοισι = „ein Turm der Stadt und das strahlendste Auge den Fremden". — Vgl. auch Aesch. Pers. 169: ὄμμα γὰρ δόμων νομίζω δεσπότου παρουσίαν. Wenn es Pers. 979 f heißt: ἦ καὶ τὸν Περσᾶν αὐτοῦ τὸν σὸν πιστὸν πάντ᾽ ὀφθαλμόν, so mag das auf den persischen Titel „Auge des Königs" Bezug nehmen, setzt aber doch das Verständnis des griechischen Hörers voraus.
[71] S. o. S. 330,32.
[72] Soph. Trach. 203 f, unübersetzbar; Donner: „Denn ein Licht, mir unverhofft, geht uns aus dieser Kunde jetzt heilbringend auf."

Und Andromache klagt:

εἷς παῖς ὅδ' ἦν μοι λοιπὸς ὀφθαλμὸς βίου[73].

Licht und Auge gehören zusammen und schaffen die Erhelltheit des Daseins, die dem Leben notwendig ist. Pindar formuliert den Zusammenhang zwischen Licht und Auge so, daß er den Strahl der Sonne als die „Mutter der Augen" bezeichnet[74], und Platon redet von dem Band, das das Licht um den Gesichtssinn und die Möglichkeit des Geschautwerdens schlingt[75].

5. Aber auch damit ist das spezifisch griechische Verständnis des Lichtes noch nicht ausreichend charakterisiert[76]. Es zeigt sich, wenn die spezifisch griechische Art des Sehens noch schärfer erfaßt wird[77]. Zur Orientierung in der Welt und also dazu, daß das Dasein die Welt und sich in der Welt versteht, dient dem Menschen ja auch das Gehör. Und es gibt Völker, bei denen das Gehör den Vorrang hat, und wo deshalb eine ganz andere Lichtsymbolik erwächst: das den Menschen erleuchtende Licht ist das Wort, das weisend und fordernd ihm begegnet und ihn so seinen Weg finden lehrt[78]. Bei den Griechen aber hat das Auge den Vorrang vor dem Ohr. Daß die Augen zuverlässigere Zeugen sind als die Ohren, sagt Heraklit[79], und bei Herodot lautet es in umgekehrter Formulierung: „Den Ohren schenken die Menschen weniger Glauben als den Augen."[80] „Hast du bemerkt, wie sehr der Schöpfer unserer Sinne das Sehvermö-

---

[73] Eur. Andr. 406. — Soph. Oed. r. 987 tröstet Iokaste den Oidipus, daß er nicht der Mörder seines Vaters sein kann, da ja das Grab des Vaters bekannt ist: καὶ μὴν μέγα γ' ὀφθαλμὸς οἱ πατρὸς τάφοι. — Hölderlin erneuert solche Sprache, vgl. Menons Klage um Diotima (4,) 55:
„Aber das Haus ist öde mir nun, und sie haben mein Auge
Mir genommen, auch mich hab' ich verloren mit ihr."

[74] Paian 9, 1.

[75] Resp. VI p. 507 a—508 b.

[76] Soweit hat der Gedanke seine Entsprechung zB auch in dem Worte Jesu Mt 6,22 f: ὁ λύχνος τοῦ σώματός ἐστιν ὁ ὀφθαλμός. ἐὰν οὖν ᾖ ὁ ὀφθαλμός σου ἁπλοῦς (= heil, gesund), ὅλον τὸ σῶμά σου φωτεινὸν ἔσται (dh nicht „beleuchtet", sondern „im Hellen"). ἐὰν δὲ ὁ ὀφθαλμός σου πονηρὸς (= krank) ᾖ, ὅλον τὸ σῶμά σου σκοτεινὸν ἔσται (dh „im Finstern").

[77] Es ist sehr bezeichnend, daß Philon, der die alttestamentliche Tradition im Sinne griechischer Philosophie zu interpretieren sich bemüht, an die Stelle des alttestamentlichen Hörens das Sehen setzt: der Logos verwandelt die Ohren des Menschen in Augen (H. Leisegang, Der Heilige Geist I [1919], S. 215). Daher die Umdeutung der göttlichen Stimme vom Sinai in Erleuchtung (Ibid. S. 219 ff).

[78] Vgl. zB Psalm 119, 105:
„Dein Wort ist meinem Fuß eine Leuchte
Und ein Licht meinem Pfade."

[79] Fr. B. 101a Diels: ὀφθαλμοὶ γὰρ τῶν ὤτων ἀκριβέστεροι μάρτυρες.

[80] Herod. I, 8: ὦτα γὰρ τυγχάνει ἀνθρώποισι ἐόντα ἀπιστότερα ὀφθαλμῶν.

gen und das Vermögen der Sichtbarkeit als bevorzugtes erschaffen hat?" fragt Platon und versichert: „Das Sehvermögen ist nicht die Sonne, weder es selbst, noch das (Organ), in dem es sich vollzieht, das wir Auge nennen ... Aber es scheint mir das sonnenähnlichste zu sein unter den Sinneswerkzeugen."[81] Und bei Aristophanes entwickelt Euripides in kosmischer Mythologie diesen immer wiederholten Gedanken:

> „So im Anfang ist's bestimmt.
> Der Äther, als zuerst er sich in sich entzweit
> Und aus sich selbst das selbstbewegt Lebendige
> Ans Licht gebar, werkmeisterte erst, was sollte sehn, |
> Das Auge, lichter Sonnenscheibe Widerspiel;
> Hierauf des Gehörs Schalltrichter bohrt' er dann, das Ohr."[82]

Zugrunde liegt dieser Schätzung des Auges die spezifisch griechische Anschauung vom Seienden, von der Wirklichkeit, als dem geformten Stoff. Wirklich sind die Dinge, die man greifen, deren Form man umreißen, deren Verhältnisse und Strukturen man messen kann. Das Sehen ist dabei als die reine Rezeptivität verstanden, die die gesehenen Gegenstände einfach wahrnimmt, ohne sie zu modifizieren, wie entsprechend das Gesehene passiv ist im Gesehenwerden; es hält still und macht nicht den Sehenden anders als er ist. Das Sehen ist gleichsam ein Abtasten der Formen, die den Gegenstand in seinem Sein konstituieren.

Das spiegelt sich wider im Gebrauch der Verben des Sehens und Berührens, Greifens. Sehen und Betasten oder „Begreifen" stehen nebeneinander, zB in den Worten des Empedokles, wo es in bezug auf die Gottheit heißt: „man kann (die Gottheit) sich nicht nahebringen, daß sie unseren Augen erreichbar wäre, oder sie mit Händen greifen, (zwei Wege) auf denen die Hauptstraße des Glaubens ins Menschenherz

---

[81] Resp. VI p. 507c: ἆρ' οὖν ... ἐννενόηκας τὸν τῶν αἰσθήσεων δημιουργὸν ὅσῳ πολυτελεστάτην τὴν τοῦ ὁρᾶν τε καὶ ὁρᾶσθαι δύναμιν ἐδημιούργησεν; p. 508a/b: οὐκ ἔστιν ἥλιος ἡ ὄψις οὔτε αὐτὴ οὔτε ἐν ᾧ ἐγγίγνεται, ὃ δὴ καλοῦμεν ὄμμα ... ἀλλ' ἡλιοειδέστατόν γε οἶμαι τῶν περὶ τὰς αἰσθήσεις ὀργάνων.

[82] Thesm. 13 ff:
... οὕτω ταῦτα διεκρίθη τότε.
αἰθὴρ γὰρ ὅτε τὰ πρῶτα διεχωρίζετο,
καὶ ζῷ' ἐν αὑτῷ ξυνετέκνου κινούμενα,
ᾧ μὲν βλέπειν χρὴ πρῶτ' ἐμηχανήσατο
ὀφθαλμὸν ἀντίμιμον ἡλίου τροχῷ,
ἀκοὴν δὲ χοάνης ὦτα διετετρήνατο. Vgl. noch Aristot. Met. I p. 980a,
21 ff; Probl. VII, 5. Aus späterer Zeit zB Dio. Chrys. or. XII, 71 p. 223, 13 f de Budé: τὸ λεγόμενον ὡς ἔστιν ἀκοῆς πιστότερα ὄμματα. Luc. hist. quom. conscr. 29: ὦτα ὀφθαλμῶν ἀπιστότερα.

führt"⁸³. Die Berührung ersetzt das Sehen; Oidipus, der geblendete, spricht, seine Töchter haltend:

„ ... Faß' ich sie an der Hand,
So hab' ich sie, dünkt mich, wie einst als Sehender."⁸⁴

Das eigentlich Schöne zu *schauen* und es zu *berühren*, ist das Gleiche; Platon fragt: „Meinst du wohl, es könnte ein schlechtes Leben daraus erwachsen, wenn ein Mensch dorthin blickt und Jenes, wie es sein soll, *schaut* und bei ihm weilt? Oder glaubst du nicht, daß es ihm dort | allein begegnen kann, wenn er das Schöne *schaut*, wie es geschaut werden muß, — daß er dann nicht Abbilder der Tugend zeugt, weil er ja nicht ein Abbild *berührt*, sondern Wahres, weil er ja das Wahre *berührte?*"⁸⁵

Daß das Sehen die Gestalt der Dinge erfaßt, prägt sich weiter darin aus, daß die Wörter, die „Form", „Gestalt" bedeuten, vom Verbum sehen, von ἰδεῖν, hergenommen sind: ἰδέα und εἶδος. Ἰδέα ist „Ansicht" in dem Doppelsinn, daß es das Sehen wie das Gesehene bezeichnet; εἶδος ist die Gestalt, die sich dem Auge darbietet. Die ἰδέα, das εἶδος eines Gegenstandes erfassen, heißt aber: ihn erkennen⁸⁶. Daher sind Sehen und Erkennen, ὁρᾶν und γιγνώσκειν oder ὄψις und νοῦς auf das engste verwandt. Das Erkennen beruht auf dem Sehen⁸⁷ und auch da, wo es sich von den sinnlich wahrnehmbaren Objekten abkehrt und dem Geistigen zuwendet, ist es immer eine Weise des Sehens; es „blickt" auf das unsichtbare Wesen des Gegenstandes, und eben dieses behält dann den Namen, der zunächst die sichtbare Gestalt bezeichnet: εἶδος, ἰδέα.

Wo sich im Griechentum der Zweifel an der Fähigkeit der Sinne (der

---

⁸³ Fr. B. 133 Diels.
⁸⁴ Soph. Oed. r. 1469 f: χερσί ταῖν θιγὼν δοκοῖμ' ἔχειν σφᾶς, ὥσπερ ἡνίκ' ἔβλεπον.
⁸⁵ Symp. 212a; vgl. 211b: ὅταν δή τις ἀπὸ τῶνδε διὰ τὸ ὀρθῶς παιδεραστεῖν ἐπανιὼν ἐκεῖνο τὸ καλὸν ἄρχηται καθορᾶν, σχεδὸν ἄν τι ἅπτοιτο τοῦ τέλους.
⁸⁶ Vgl. zB P. Friedländer, Platon I, 1928, S. 16 f über die Wandlung des Sinnes von εἶδος und ἰδέα in der Richtung „von äußerem Augenschein zur inneren Form und Struktur".
⁸⁷ Für die Fundierung des γιγνώσκειν bzw. εἰδέναι im ὁρᾶν vgl. die Beispiele bei Br. Snell, Die Ausdrücke für den Begriff des Wissens in der vorplatonischen Philosophie (Phil. Unters. 29) 1924, S. 20 aus Homer, etwa Il. 17, 333 f. Αἰνείας δ' ἑκατήβολον Ἀπόλλωνα ἔγνω ἐσάντα ἰδών. Dazu (nach W. Luther, Wahrheit und Lüge im ältesten Griechentum [1935], S. 60) Od. 16, 470 ἄλλο δέ τοι τό γε οἶδα · τὸ γὰρ ἴδον ὀφθαλμοῖσιν. Endlich muß hier vor allem der Eingang der Metaphysik des Aristoteles genannt werden (p. 980a 21 ff): Πάντες ἄνθρωποι τοῦ εἰδέναι ὀρέγονται φύσει, σημεῖον δ' ἡ τῶν αἰσθήσεων ἀγάπησις· καὶ γὰρ χωρὶς τῆς χρείας ἀγαπῶνται δι' ἑαυτάς, καὶ μάλιστα τῶν ἄλλων ἡ διὰ τῶν ὀμμάτων, οὐ γὰρ μόνον ἵνα πράττωμεν, ἀλλὰ καὶ μηδὲν μέλλοντες πράττειν τὸ ὁρᾶν αἱρούμεθα ἀντὶ πάντων ὡς εἰπεῖν τῶν ἄλλων, αἴτιον δ' ὅτι μάλιστα ποιεῖ γνωρίζειν ἡμᾶς αὕτη τῶν αἰσθήσεων καὶ πολλὰς δηλοῖ διαφοράς.

αἴσθησις), das Wirkliche zu erfassen, erhebt, da richtet er sich nicht gegen den Akt des Sehens als Sehen, sondern gegen den Anspruch der αἴσθησις, wirklich sehen zu können. An die Stelle des ὄμμα τοῦ σώμα|τος tritt der νοῦς als das ὄμμα τῆς ψυχῆς, wie es zuerst von Platon formuliert ist[88], wie es aber schon vor ihm in dichterischen Wendungen vorklingt[89].

Der Zusammenhang zwischen Sehen und Erkennen bzw. der Charakter des Erkennens oder Wissens als eines Sehens prägt sich in der Sprache und in einer Menge gelegentlicher Wendungen aus. Οἶδα (εἰδέναι) = „ich weiß" geht auf die ursprüngliche Bedeutung „ich habe gesehen" zurück. Das vom gleichen Stamme abgeleitete ἱστορία bedeutet die „Forschung", die auf ein Sehen zurückgeht[90]. Andrerseits heißt das Wort, das einen Tatbestand erkennen lehrt, das ihn „aufweist", ihn „zeigt", ἀπόφανσις[91]. Und wie das Sehen als ein Berühren gelten kann, so auch das Erkennen[92]. Am großartigsten ist dieser Gedanke von der Parallelität des Sehens und Erkennens und damit vom Sehens-Charakter des Erkennens und damit weiter der Sinn des Lichtes als des Ursprungs der Erkenntnis von Platon entwickelt worden. In mythologischer Weise findet der Gedanke seinen Ausdruck in der Lehre von der Erkenntnis als einer Wiedererinnerung (ἀνάμνησις): alle Erkenntnis ist begründet in der Schau der überirdischen Welt, deren die Seele in ihrer Präexistenz teilhaftig war; und sie vollzieht sich als Erinnerung, indem die auf | Erden eingekörperte Seele der Ähnlichkeit der irdischen Gestalten mit den himmlischen Urbildern inne wird, indem sie also diese gewissermaßen aus jenen herausschaut.

[88] Symp. 219 a; Resp. VII p. 533; Theaet. 164 a; Soph. 254 a.
[89] Pindar redet Nem. 7, 23 von einem τυφλὸν ἦτορ; Aesch. Cho. 854 von einer φρὴν ὠμματωμένη, einem Verstand, der Augen hat; Parm. Fr. B 2, 1 DIELS vom λεύσσειν νόῳ, einem Sehen mit dem Geiste. — Vgl. P. FRIEDLÄNDER, Der große Alkibiades (1921), S. 27–29; Platon I, S. 15–18; SNELL, aaO S. 52, 3; J. KROLL, Die Lehren des Hermes Trismegistos (1914), S. 18 f; R. REITZENSTEIN, Die Hellenist. Mysterienreligionen, 3. Aufl. (1927), S. 318; H. LEISEGANG, Der Heilige Geist (1919), S. 216–219.
[90] Vgl. SNELL, aaO S. 25 f, 69 f.
[91] Vgl. zB Aristot. Eth. Nic. I 4, p. 1096b, 28 f: ὡς γὰρ ἐν σώματι ὄψις, ἐν ψυχῇ νοῦς. Met. Θ 10, p. 1052a, 3 f: ἡ μὲν γὰρ τυφλότης ἐστὶν ὡς ἂν εἰ τὸ νοητικὸν ὅλως μὴ ἔχοι τις. Ferner Rhet. III 10, p. 1414 a 13; Topic. I 17, p. 108 a 11.
[92] Vgl. Aristot. Met. Θ 10, p. 1051b, 23 f: ἀλλ' ἔστι τὸ μὲν ἀληθὲς θιγεῖν καὶ φάναι (οὐ γὰρ ταὐτὸ κατάφασις καὶ φάσις), τὸ δ' ἀγνοεῖν μὴ θιγγάνειν = „es gibt (nämlich im Felde des ἀσύνθετον) das Wahre als ein Berühren und Sagen (denn nicht ist dasselbe ,Zusagen' dh Ansprechen von etwas als etwas, und ,Sagen' dh schlichte Nennung), das Nichterkennen aber ist Nichtberühren". — Λ 7, p. 1072b, 20 ff: „(ἑαυτὸν δὲ νοεῖ ὁ νοῦς κατὰ μετάληψιν τοῦ νοητοῦ· νοητὸς γὰρ γίγνεται θιγγάνων καὶ νοῶν, ὥστε ταὐτὸν νοῦς καὶ νοητόν ... erkennend wird der νοῦς (und so sich selbst erkennbar) in der Weise des (direkten) Berührens und Erkennens . . ."

Die Parallele zwischen Sehen und Erkennen wird im 6. Buch des Staates durchgeführt (Resp. VI p. 508a—509b). Es handelt sich darum, die „Idee des Guten" zu finden, in der alles Gerechte und alle Tugenden begründet sind (505a), so daß erst *ihre* Erkenntnis die Erkenntnis aller für das Leben notwendigen „Tugenden" (ἀρεταί) begründen und legitimieren kann. Aber nicht das Gute selbst, sondern nur ein Sprößling (ἔκγονος) des Guten kann beschrieben werden, an dem das Gute indirekt sichtbar werden soll (506e). Dieser Sprößling ist das Licht, genauer die Sonne als der Ursprung des Lichtes: „Was das Gute im Raume des Geistigen (des Denkbaren) ist im Verhältnis zum Geist (zum Denken) und zum geistig (durch das Denken) Wahrgenommenen, eben das ist die Sonne im Raume des Sichtbaren im Verhältnis zum Sehvermögen und zu den sichtbaren Dingen."[93]

„Wenn sich die Seele auf dasjenige richtete, auf welches die Wahrheit und die Wirklichkeit ihre Strahlen wirft, da gewann sie Gedanke und Erkenntnis davon und zeigt, daß sie Geist (Kraft des Denkens) besitzt."[94]

„Dasjenige nun, das den Dingen, sofern (indem) sie erkannt werden, Wahrheit verleiht und dem Erkennenden die Fähigkeit dazu gibt, das nenne die Idee des Guten und stelle sie dir vor als die Ursache der Erkenntnis und der Wahrheit, sofern sie erkannt wird."[95]

„Die Sonne verleiht doch den sichtbaren Dingen nicht nur die Sichtbarkeit, sondern auch das Werden, Wachsen und Gedeihen, wenngleich sie selbst (ihrem Wesen nach) nicht ein Werden ist. So nun gilt auch, daß die Gegenstände der Erkenntnis nicht nur ihre Erkennbarkeit vom Guten erhalten, sondern daß ihnen auch ihr Sein und Wesen | von jenem zuteil wird, welches freilich kein Sein ist, sondern an Würde und Kraft noch über das Sein hinausliegt."[96]

Entsprechend stellt Platon den Gewinn der Erkenntnis des Wirklichen, des Seienden als eine Erleuchtung vor im Unterschied zu einem

---

[93] 508c: ὅ τι περ αὐτὸ (τὸ ἀγαθόν) ἐν τῷ νοητῷ τόπῳ πρός τε νοῦν καὶ τὰ νοούμενα, τοῦτο τοῦτον (τὸν ἥλιον) ἐν τῷ ὁρατῷ πρός τε ὄψιν καὶ τὰ ὁρώμενα.

[94] 508d: ὅταν μὲν (ἡ ψυχή), οὗ καταλάμπει ἀλήθειά τε καὶ τὸ ὄν, εἰς τοῦτο ἀπερείσηται, ἐνόησέ τε καὶ ἔγνω αὐτὸ καὶ νοῦν ἔχων φαίνεται.

[95] 508e: τοῦτο τοίνυν τὸ τὴν ἀλήθειαν παρέχον τοῖς γιγνωσκομένοις καὶ τῷ γιγνώσκοντι τὴν δύναμιν ἀποδιδὸν τὴν τοῦ ἀγαθοῦ ἰδέαν φάθι εἶναι, αἰτίαν δ' ἐπιστήμης οὖσαν καὶ ἀληθείας ὡς γιγνωσκομένης μὲν διανοοῦ ...

[96] 509b: τὸν ἥλιον τοῖς ὁρωμένοις οὐ μόνον, οἶμαι, τὴν τοῦ ὁρᾶσθαι δύναμιν παρέχειν φήσεις, ἀλλὰ καὶ τὴν γένεσιν καὶ αὔξην καὶ τροφήν, οὐ γένεσιν αὐτὸν ὄντα ... καὶ τοῖς γιγνωσκομένοις τοίνυν μὴ μόνον τὸ γιγνώσκεσθαι φάναι ὑπὸ τοῦ ἀγαθοῦ παρεῖναι, ἀλλὰ καὶ τὸ εἶναί τε καὶ τὴν οὐσίαν ὑπ' ἐκείνου αὐτοῖς παρεῖναι, οὐκ οὐσίας ὄντος τοῦ ἀγαθοῦ, ἀλλ' ἔτι ἐπέκεινα τῆς οὐσίας πρεσβείᾳ καὶ δυνάμει ὑπερέχοντος.

einfachen Wissenserwerb, wie er im Raume der sichtbaren Welt des Werdens (als bloßes μάθημα) erarbeitet und (etwa in schriftlicher Fixierung) weitergegeben werden kann. Er hat deshalb seine Erkenntnis nicht in Lehrschriften niedergelegt. Denn es läßt sich nicht wie andere Lehrgegenstände formulieren, sondern aus lange währendem Umgang mit der Sache und dem Zusammenleben[97] wird plötzlich, wie von einem springenden Funken, in der Seele ein Licht entzündet, das nunmehr sich selbst ernähren kann."[98]

Diese Beschreibung klingt fast, als sei die Erleuchtung ein mystisches Erlebnis, und sie ist oft so verstanden worden. Daß das aber ein Mißverständnis ist, zeigen die folgenden Ausführungen deutlich[99]. Das ergibt sich aber auch aus dem ganzen Sinn des platonischen Philosophierens. Der Mystiker will das Licht einer jenseitigen Welt schauen, indem er die Augen verschließt (μύει) für die diesseitige Welt und das sie erhellende Licht. „In dem überhellen Lichte" — so beschreibt J. Stenzel treffend das Erlebnis der mystischen Erleuchtung —, „das kein Schatten des Diesseits mehr gliedert und teilt, verschwinden die Konturen der Dinge; eine alles verzehrende Helligkeit läßt in ihrem Übermaß die schauende Kraft des schwachen einzelnen Geistes verschwinden, in einem höheren untergehen; das Wort, die Verbindung mit dem anderen Ich, ist verstummt. Und mit dem Untergang des einzelnen Subjekts und der die Dinge deutenden Sprache verschwindet das einzelne Objekt; nur

---

[97] J. STENZEL (Die Antike 2 [1926], S. 238) ergänzt: „mit ihr und ihren Kennern".

[98] Ep. VII, p. 341 c: ῥητὸν γὰρ οὐδαμῶς ἐστὶν ὡς ἄλλα μαθήματα, ἀλλ' ἐκ πολλῆς συνουσίας γιγνομένης περὶ τὸ πρᾶγμα αὐτὸ καὶ τοῦ συζῆν ἐξαίφνης οἷον ἀπὸ πυρὸς πηδήσαντος ἐξαφθὲν φῶς ἐν τῇ ψυχῇ γενόμενον αὐτὸ ἑαυτὸ ἤδη τρέφει.

[99] Es zeigt sich im folgenden, daß die Erleuchtung nicht ein unvermitteltes Erlebnis ist, sondern nur im Gange eines bestimmten Erkenntnisweges, der verschiedene, genau bestimmte Stufen durchläuft, zur Möglichkeit wird. Nicht jeder gewinnt die Erkenntnis, sondern nur, wer εὖ πεφυκώς, wer ξυγγενὴς τοῦ πράγματος ist (343 e/344 a), dh ὁπόσοι τῶν δικαίων τε καὶ τῶν ἄλλων ὅσα καλὰ μὴ προσφυεῖς εἰσὶ καὶ συγγενεῖς, gewinnen sie nicht, mögen sie auch im übrigen εὐμαθεῖς und μνήμονες sein. Jene anderen müssen aber ihrerseits auch εὐμαθεῖς und μνήμονες sein, wenn sie zum Ziele kommen wollen (344 a/b). „Denn man muß beides zugleich, das Falsche und Wahre des ganzen Seins verstehen lernen, mit aller Übung und in vieler Zeit ... Wenn nun mühsam jedes einzelne am anderen abgeschliffen wird: Name, Erklärung, Anschauung und Wahrnehmung, in wohlmeinenden Prüfungen durch unverdrossenes Fragen und Antworten geprüft werden, dann leuchtet das Bewußtsein von jedem einzelnen und der Geist hervor, wenn man sich aufs höchste anspannt nach menschlicher Kraft" (Übers. ANDREAE): ἅμα γὰρ αὐτὰ ἀνάγκη μανθάνειν, καὶ τὸ ψεῦδος ἅμα καὶ ἀληθὲς τῆς ὅλης οὐσίας, μετὰ τριβῆς πάσης καὶ χρόνου πολλοῦ ... μόγις δὲ τριβόμενα πρὸς ἄλληλα αὐτῶν ἕκαστα, ὀνόματα καὶ λόγοι ὄψεις τε καὶ αἰσθήσεις, ἐν εὐμενέσιν ἐλέγχοις ἐλεγχόμενα καὶ ἄνευ φθόνων ἐρωτήσεσι καὶ ἀποκρίσεσι χρωμένων, ἐξέλαμψε φρόνησις περὶ ἕκαστον καὶ νοῦς, συντείνων ὅ τι μάλιστα εἰς δύναμιν ἀνθρωπίνην.

ein Etwas, das *Eine*, wird Objekt dieser Schau, oder besser: wenn die Gliederung der Welt und die Individualität des Betrachters aufgehoben wird, so verschwindet der Unterschied zwischen einem Schauenden und Geschauten. Es gibt weder Subjekt noch Objekt mehr, sondern ein höheres Zusammenfallen aller Gegensätze in der *unio mystica* tritt ein. Hinter dieser leuchtenden Helligkeit der Schau gähnt der Abgrund des letzten, alles ins Nichts ziehenden Dunkels, in dem alles erlischt und vergeht"[100].

Die Schau solchen Lichtes ist nicht das Ziel des platonischen Philosophierens. Vielmehr soll die Schau des wirklich Seienden, die Platon erstrebt, gerade diese Welt des Werdens verständlich machen in ihrer Einheit und ihrem Sinn, die ihren Grund jenseits ihrer in der Welt der Ideen haben. Das Jenseits ist nicht der pure Gegensatz zum Diesseits, sondern das Diesseits soll aus dem Jenseits als seiner ἀρχή, seinem Ursprung, verstanden werden[101].

Sofern also die Idee des Guten ein „Licht" ist, wird dem Lichte der Sinn und die Bedeutung zugeschrieben bzw. belassen, die es von je für den Griechen hat. Es ist nicht direktes Objekt der Schau; man sieht nicht — wie in der Mystik — in das Licht, sondern man sieht *mittels* des Lichtes, und zwar lernt man dank des Lichtes die Welt, in der man steht, und damit das eigene Dasein in der Welt verstehen.

II.

1. Dieses griechische Verständnis von Licht im eigentlichen wie im symbolischen Sinne wandelt sich aber in der Zeit des Hellenismus fundamental, — kurz gesagt deshalb, weil bzw. soweit sich die griechische Anschauung vom Kosmos wandelt. Der Kosmos ist für den Griechen die Heimat des Menschen, die er, und in der er sich grundsätzlich versteht. Es ist die Welt, die durch das Tageslicht und tiefer durch das Licht des

---

[100] J. STENZEL, Der Begriff der Erleuchtung bei Platon. Die Antike 2 (1926), S. 235 bis 257; Zitat von S. 242. Vgl. P. FRIEDLÄNDER, Platon I, S. 83—97.

[101] Plat. Resp. VI, p. 511b, überhaupt p. 509d—511e. Vgl. STENZEL, aaO S. 243; ibid., S. 252: Die Erleuchtung ist für Platon „Erleuchtung durch und für die Gemeinschaft". S. 256: „... die Erleuchtung gibt nicht etwa das Fünfte (nämlich der Stufen, durch welche nach Ep. VII, p. 342a ff die ἐπιστήμη zu stande kommt) in einer neuen Dimension der Erfahrung." Ihr Sinn ist vielmehr „die Einsicht in den Zusammenhang von Erkenntnisstufen, das Hindurchblicken durch die Mannigfaltigkeit sich abstufender Gegebenheiten auf eine Verknüpfung stiftende Einheit, die nur in diesem Erlebnis der Zusammenschau und nie anders als in ihm in das Denken der Menschen treten kann".

Denkens erhellt wird, so daß er eben in ihr im Lichte ist. Der Kosmos ist als Einheit verständlich, und die Gottheit gehört zu dieser Einheit. Die spätere stoische Definition bringt den alten Gedanken von der Einheit des Kosmos treffend zum Ausdruck: „Chrysippos sagt, die Welt sei ein Gefüge aus Himmel und Erde und der in ihnen befindlichen Wesenheiten; oder (sie kann auch bezeichnet werden als) das Gefüge, das aus den Göttern und Menschen und den ihretwegen gewordenen Dingen besteht. In anderer Weise kann die Welt als der Gott bezeichnet werden, durch dessen Walten die Weltgestaltung Ursprung und Vollendung empfängt."[102] Diese Einheit wird auch durch den platonischen „Dualismus" nicht gesprengt; denn die jenseitige Welt der Ideen ist dem sichtbaren Kosmos gegenüber nicht jenseitig im Sinne des ausschließenden Gegensatzes, sondern als seine ἀρχή, sein Ursprung.

Die Gründe dafür, daß die Welt dem Menschen zur Fremde wurde, daß sie ihren Charakter als einer verständlichen Einheit und damit ihren Charakter als göttlicher oder von der Gottheit gestalteter und durchwalteter Welt verlor, daß ein Dualismus emporwächst, für den Gott und Welt, Diesseits und Jenseits im Verhältnis des Gegensatzes stehen, können hier nur angedeutet werden. Es zeigt sich ja schon in der klassischen Zeit, vor allem bei den Tragikern, insbesondere bei Euripides, daß die Problematik des faktischen Lebens den Gedanken der durchgängigen Erhelltheit der Welt und ihrer Verständlichkeit erschüttert. Dazu kommt der Zusammenbruch der griechischen Polis. Für den in ihr verwurzelten Menschen war die Welt verständlich gewesen; denn der Bezug zur Welt war wesentlich durch die Polis vermittelt gewesen, — wie denn entsprechend das Werk Platons den Sinn hatte, der erschütterten Polis in der durch das Denken erleuchteten Welt eine neue Begründung zu geben. Mit dem Zerfall der Polis verliert der antike Mensch seine Heimat, — seine Heimat auch im Kosmos. Und die stoische Philosophie, die den — man kann sagen: verzweifelten — Versuch macht, den Kosmos als die Polis verstehen zu lassen, ist nur ein Zeugnis dafür[103].

Wo aber dualistische Weltanschauung herrschend wird, sei es in naiver Form in der Sphäre der Mysterienreligionen, sei es in reflektierter Form in der Philosophie und in der Gnosis aller Schattierungen, da gewinnt die Lichtsymbolik einen neuen Sinn.

---

[102] Stoic. vet. fr. (v. ARNIM) II, S. 168, 11 ff: κόσμον δ'εἶναί φησιν ὁ Χρύσιππος σύστημα ἐξ οὐρανοῦ καὶ γῆς καὶ τῶν ἐν τούτοις φύσεων· ἢ τὸ ἐκ θεῶν καὶ ἀνθρώπων σύστημα καὶ ἐκ τῶν ἕνεκα τούτων γεγονότων. Λέγεται δ' ἑτέρως κόσμος ὁ θεός, καθ' ὃν ἡ διακόσμησις γίνεται καὶ τελειοῦται.

[103] Dabei sehe ich von der spezifisch römischen Stoa und ihrer Staatsphilososphie ab.

2. Wohl bleibt insofern der alte Sinn, als „Licht" auch hier das Heil bezeichnet und „Dunkel", „Finsternis" das Unheil. Aber der Sinn von Heil und Unheil hat sich gewandelt. Das Heil ist nicht mehr das Zurechtkommen und Wohlergehen innerhalb der Sphäre des weltlichen Lebens, nicht mehr dieses Leben selbst im hellen Tageslicht, nicht mehr die Erhelltheit des weltlichen Daseins im Sich-Verstehen; sondern das Heil ist ein überweltliches Gut, primär gedacht als die individuelle Unsterblichkeit, ἀθανασία, ἀφθαρσία. Entsprechend behält „Finsternis" wohl den alten Sinn von Todesdunkel, Tod, jedoch so, daß die Sphäre des Todesdunkels nicht erst die Unterwelt ist, in die die Seele nach dem Tode eingeht, sondern schon diese irdische vom Sonnenlicht erhellte Welt, die im Schatten des Vergehens, des Todes, steht. Nicht die Welt des Sonnenlichtes und der dunkle Hades sind also die Gegensätze, sondern eine himmlische Lichtwelt und die Welt des Todes. Und die Welt des Tageslichtes steht nicht eigentlich mitten dazwischen, sondern ist schon die Sphäre eines vorläufigen Todes.

Es ist dann verständlich, daß das Wort „Licht" (φῶς) überhaupt seinen | Sinn ändert, ja seinen Grundsinn einbüßt. Denn ist dieser Grundsinn die Helligkeit, in der der Mensch die Möglichkeit des Verstehens hat, in der sich die Welt artikuliert, so daß der Mensch seinen Weg in ihr gehen kann, — ist also das Licht im Grunde ein *Wie* des Daseins, seine Erhelltheit, so wird das Licht nun zu einem *Was*. Es ist eine kosmische Kraft, die Kraft des Lebens, — Leben dabei gedacht als Unsterblichkeit. Nicht darauf kommt es mehr an, daß ich im Licht *bin*, sondern darauf, daß ich das Licht, dh die Kraft der Unsterblichkeit, in mir *habe*. Genauer müßte man also sagen: Licht ist eine Kraftsubstanz. Entsprechend ist die Finsternis nicht mehr die Dunkelheit, die mich umhüllt, also auch nicht mehr ein Wie des Daseins, sondern ebenfalls ein Was, nämlich ebenfalls eine kosmische Kraft oder Kraftsubstanz, eine Gegenkraft, die im Kampfe mit dem Lichte steht.

Der Sprachgebrauch zeigt den Wandel deutlich. Φωτίζειν heißt nicht mehr (bzw. nicht mehr nur) „erleuchten" in der Bedeutung von: ins Helle stellen, sondern es bedeutet: mit Licht füllen oder zu Licht, dh unsterblich machen; φωτισμός wird zum Ausdruck für die Weihe, die Unsterblichkeit verleiht[104]. Φῶς und ζωή, „Licht" und „Leben", werden oft

---

[104] Außer älteren Arbeiten wie G. ANRICH, Das antike Mysterienwesen in seinem Einfluß auf das Christentum (1894), S. 125 f; G. WOBBERMIN, Religionsgeschichtl. Studien (1896), S. 154 ff; vgl. R. REITZENSTEIN, Die hellenist. Mysterienrel. 3. Aufl. (1927), S. 264 f, 292; J. KROLL, Die Lehren des Hermes Trismegistos (1914), S. 21 ff;

kombiniert; jedoch nicht so, daß nun „Licht" Symbol für „Leben" wäre, sondern so, daß beide Wörter miteinander die göttliche Lebenskraft bezeichnen. Vor allem wird φῶς synonym mit πνεῦμα (Geist), das ebenfalls zur Bezeichnung der supranaturalen Gotteskraft wird[105], und ebenso mit δόξα, das im Hellenismus (offenbar unter orientalischem Einfluß) die Kraftmanifestation der Gottheit bedeutet[106]. So werden im Zauber φῶς, πνεῦμα, δόξα synonym gebraucht (auch χάρις kann dazutreten), um die Zauberkraft zu bezeichnen.

3. Diese Entwicklung ist zum Teil die Wirkung der aus dem Osten eindringenden Astralreligion, der Verehrung der Sonne und der anderen Gestirne. Als die syrischen Gottheiten in den Westen gelangten, waren unter dem Einfluß der chaldäischen Religion aus den ursprünglich agrarischen Göttergestalten siderische Gottheiten geworden[107]. Mit ihnen kamen theologische Lehren der Chaldäer zu den Griechen und Römern, die schon ihren Einfluß ausübten, ehe noch in der Kaiserzeit der solare Pantheismus die römische Welt erobert hatte.

Die Sphäre der Gottheit ist hier der Himmel; die Gottheiten sind die strahlenden Gestirne des Himmels, deren Bahnen allen Wechsel auf Erden hervorrufen, und deren Bewegungen alle Geschicke der Menschen regieren. Ist der Gedanke der Transzendenz der Gottheit auch noch nicht so radikal gedacht wie in der Gnosis, so sind diese Gottheiten doch im Vergleich mit den alten Göttern der Griechen und Römer als transzendente zu bezeichnen. Die Attribute der Allmacht und der Ewigkeit zeichnen die höchste Gottheit aus, deren Sitz die erhabenste Region der Welt ist, noch jenseits der Planeten und Fixsterne[108].

Der siderischen Sphäre des Himmels gegenüber erscheint die Erde als jeden Glanzes und jeder Geltung entkleidet. Denn was hier unten geschieht, ist abhängig von dem, was sich in der höheren Welt vollzieht.

G. P. WETTER, Phos (1915); W. BOUSSET, Kyrios Christos, 2. Aufl. (1921), S. 172 ff; J. PASCHER, Η ΒΑΣΙΛΙΚΗ ΟΔΟΣ (1931), S. 177 ff; R. BULTMANN, Das Evangelium des Johannes (1941), S. 22 ff. Ferner zur Geschichte der Lichtmetaphysik: CL. BAEUMKER, Witelo (BGPhMA III 2) (1908), S. 357 ff.

[105] Vgl. REITZENSTEIN, aaO passim; FR. PREISIGKE, Vom göttlichen Fluidum nach ägyptischer Anschauung (Papyrusinst. Heidelb., Schrift 1) 1920; DERS., Die Gotteskraft der frühchristlichen Zeit (ebd Schrift 6) 1922.

[106] Vgl. G. KITTEL, ThW II, S. 255 f; REITZENSTEIN, aaO passim; JOH. SCHNEIDER, Doxa (1932), S. 23 ff; H. KITTEL, Die Herrlichkeit Gottes (1934), S. 69 ff, 164 ff.

[107] F. CUMONT, Die orientalischen Religionen im römischen Heidentum, 3. Aufl. (1931), S. 112 f.

[108] Über die Gottesprädikate ὕψιστος, (Jupiter) summus, exsuperantissimus vgl. CUMONT, aaO S. 117 f.

Nicht die Taten des Menschen gestalten sein Schicksal; es ist vielmehr das Spiel der siderischen Mächte, deren Gewalt der Mensch preisgegeben ist. Die Welt verliert damit ihren Heimatcharakter; sie wird zum Gefängnis; sie trägt in sich weder Dauer noch Wert. Die Welt der Dauer und des Wertes ist die Welt der Gestirne, des Lichtes, und sie ist die eigentliche Heimat des Menschen. Denn die chaldäische Theologie lehrt, daß die Menschenseelen aus der Lichtwelt des Himmels stammen, und daß sie im Tode wieder dorthin emporgetragen werden[109]. Diese Eschatologie hat auf die griechisch-römische | Welt großen Einfluß ausgeübt und hat auch die mittlere und späte Stoa beeinflußt.

Seneca beschreibt das Erlebnis der Befreiung aus der irdischen Welt und dem irdischen Körper, des Emporstiegs in die Welt des Lichtes: „Wenn jener Tag (der Tag des Todes) gekommen ist, der dieses Gemisch aus Göttlichem und Menschlichem scheidet, dann werde ich diesen Körper hier, wo ich ihn fand, zurücklassen, und mich selbst werde ich zu den Göttern begeben." Im Tode „wird das Fleisch beseitigt werden und das in ihm strömende, ihn ganz durchfließende Blut. Beseitigt werden die Knochen und Sehnen, die das Fließende und Gleitende festigten. Jener Tag, vor dem du, als sei er der letzte, erschauderst, ist der Geburtstag des Ewigen. Lege die Last ab! ... Der Tag kommt, der dich herausreißt und dich aus dem Zelt des ekelhaften und stinkenden Bauches herausführt. Aus ihm hebe dich schon jetzt, soweit du es kannst, empor, entfremde dich schon jetzt der Lust, soweit sie nicht am Lebensnotwendigen hängt, und richte deine Gedanken auf Höheres und Erhabeneres. Bald werden die Geheimnisse der Natur dir enthüllt werden, zerteilt werden wird dieser Nebel, und von allen Seiten wird klares Licht auf dich eindringen. Stelle dir vor, wie groß der Glanz sein wird, wenn alle Gestirne ihr Licht untereinander mischen. Kein Schatten wird die Heiterkeit trüben. In gleicher Weise wird der Himmel ringsum strahlen. Den Wechsel von Tag und Nacht gibt es nur hier in dieser unteren Sphäre. Dann wirst du sagen, du habest im Finstern gelebt, wenn du die ganze Lichtfülle als Ganzer schauen wirst, die du jetzt nur dunkel wahrnimmst durch den engen Weg der Augen, — und doch bewunderst du jenes Licht schon von ferne. Wie wird dir das göttliche Licht erscheinen, wenn du es in seiner Heimat sehen wirst"[110]?

Eine Vision vermag wohl jene nach dem Tode der Seele sich bietende Schau schon jetzt vorweg zu nehmen. So erzählt Timarch von seiner Vi-

---

[109] Cumont, aaO S. 115.
[110] Seneca Ep. 102, 22 ff.

sion im Orakel zu Trophonion nach dem Berichte des Plutarch: „Er erzählte, als er in das Orakel hinabgestiegen sei, sei er zuerst in dichtes Dunkel geraten; dann habe er nach Verrichtung des Gebets lange Zeit dagelegen, ohne sich recht deutlich bewußt zu sein, ob er wache oder träume. Indessen habe er gemerkt, wie er unter gleich|zeitig sich einstellendem Dröhnen von einem Schlage getroffen wurde und die Seele die auseinanderklaffenden Nähte (des Schädels) verließ. Als sie aber nach ihrem Austritt sich freudig mit glänzender und reiner Luft vermischte, habe sie zuerst aufgeatmet, dann geglaubt, sie sei bisher lange Zeit hindurch eingeengt worden, und sie sei völliger geworden als früher, wie ein Segel, das ausgebreitet wird. Dann habe er undeutlich eine Art Rauschen gehört, das über seinem Kopfe dahinstrich und von dem eine liebliche Stimme ausging. Als er aufblickte, habe er die Erde nirgends mehr gesehen, wohl aber Inseln (die Gestirne), die in einem milden Feuerschein schimmerten, untereinander immer eine andere Farbe austauschend, wie wenn sie abwechselnd in das bunte Licht eintauchten. Sie seien aber an Menge unzählig, an Größe ungeheuerlich erschienen, nicht alle gleich, wohl aber alle gleichmäßig kreisrund. Es sei ihm aber so vorgekommen, als rausche der Äther unter ihnen, die sich im Kreise bewegten, dahin. Es habe aber mit der Eleganz der Bewegung die Milde jenes aus allen sich harmonisch zusammensetzenden Geräusches übereingestimmt. Mitten zwischen ihnen habe sich ein Meer oder See ausgebreitet, von den Farben durchleuchtet, die sich durch den Glanz vermischten. Von den Inseln aber seien einige (die Planeten) hinausgeschwommen durch eine enge Stelle und auf die andere Seite der Strömung hindurch gefahren, die meisten anderen aber seien mit dahingezogen und von dem Strome fast mitfortgerissen worden."[111]

Im Aufblick zu der himmlischen Heimat wird der sein Wesen erkennende Mensch sein Leben führen; als ein solcher also, dem die Erde Fremde ist. Was vermöchte ihm also Verbannung anzuhaben? „Von jedem Orte richtet er in gleicher Weise das Auge zum Himmel empor; die ganze himmlische Welt hat überall den gleichen Abstand von der Menschenwelt. Solange also meine Augen von jenem Schauspiel, an dem sie sich nicht sättigen können, nicht fortgeführt werden, solange ich die Sonne und den Mond anschauen darf, solange ich bei den übrigen Gestirnen weilen darf, solange ich ihre Auf- und Untergänge, ihre Abstände, die Gründe ihres schnelleren oder langsameren Laufes er-

---

[111] Plut. de genio Socr. 590 b ff; Übers. v. LEISEGANG, Der Heil. Geist I, S. 227.

forschen darf und betrachten darf so viele allnächtlich schimmernde Sterne, von denen die einen unbeweglich stehen, die | anderen innerhalb ihrer Bahn kreisen, einige plötzlich hervorbrechen, andere mit ihrem strömenden Feuer das Auge treffend, als fielen sie herab, oder in langem Zuge mit starkem Lichte vorbeifliegend, solange ich bei ihnen weile und mich, soweit es für den Menschen gestattet ist, unter die Himmlischen mische, solange mein Geist, der nach der Schau verwandter Dinge trachtet, in der erhabenen Welt verweilen darf, — was macht es da aus, welchen Boden mein Fuß betritt?"[112] „Eng ist der Geist, den Irdisches *(terrena)* ergötzt. Zu jenen Wesen muß er sich führen lassen, die überall in gleicher Weise erscheinen, überall in gleicher Weise leuchten."[113]

Mag sich beim Philosophen mit der religiös-mystischen Versenkung in die Gestirnwelt noch wissenschaftlich-forschende Betrachtung verbinden, wie das Beispiel Senecas zeigt, so tritt doch das wissenschaftliche Interesse völlig zurück. Die Rede von der himmlischen Heimat und die Betrachtung der Gestirnwelt ist eine völlig andere als einst bei Anaxagoras, der freilich auch den Himmel als seine Heimat (πατρίς) bezeichnet hatte, und der auf die Frage, wozu er geboren sei, die Antwort gegeben hatte: „Zur Betrachtung der Sonne und des Mondes und des Himmels"[114], — was aber bei ihm den Sinn hatte: zur wissenschaftlich-kosmologischen Forschung; ist doch für ihn die Sonne eine glühende Steinmasse[115].

4. In den Mysterienreligionen ist der Dualismus nicht gedanklich konsequent entwickelt. Aber für die Menschen, die sich in ihnen zusammenfinden, ist das Weltverhältnis fragwürdig geworden. Die Welt erscheint dem Menschen weder als das Feld der Tat in der Gemeinschaft der Polis, noch erscheint sie seinem Denken als verstehbare Einheit, in die sich der einzelne einfügt, so sich gesichert wissend. Sie enthält vielmehr primär die Möglichkeit des Schicksals, dem sich der Mensch ausgeliefert weiß, vor allem das Schicksal des Todes, dem er zu entrinnen sucht. Er flüchtet zu einer überweltlichen Gottheit, deren Kraft er sich im Mysterium zu eigen macht. Ihrer wird er in der Schau der Mysterienfeier inne, in der er das göttliche Licht gewahrt, das ihn unsterblich macht, ihm göttliche Natur einflößt. |

---

[112] Seneca cons. ad Helv. 8, 5 f.
[113] Ibid. 9, 2.
[114] Fr. A 1, p. 375, 17 f; 376, 9 f Diels.
[115] Μύδρος διάπυρος. Ibid., p. 375, 26.

Lichterscheinungen haben freilich auch in den alten griechischen Mysterien eine Rolle gespielt[116], so wenig wir im einzelnen davon wissen. Leuchtender Glanz ist ja das Zeichen göttlicher Epiphanie. In den hellenistischen Mysterien ist aber das Licht nicht mehr (nur) Begleiterscheinung der Epiphanie, sondern der eigentliche Gegenstand der Schau. Es ist die göttliche Kraft, die den Mysten „erleuchtet" dh vergottet, unsterblich macht[117]. Die Verwandlung in das göttliche Wesen dokumentiert sich — nach dem Mysterienglauben — öfters dadurch, daß von dem Verwandelten, dem „Heiligen", ein überirdischer Glanz ausstrahlt[118].

Auch im Kult der gnostischen Gemeinden werden Lichterscheinungen eine Rolle gespielt haben, wie sich aus der Symbolsprache der gnostischen Dichtungen schließen läßt[119]. Vor allem aber ist in der Gnosis die Lichtmetaphysik in großartiger Weise entwickelt worden, und zwar im Sinne eines radikalen Dualismus. Hier wird der Gedanke des göttlichen Lichtes so konsequent gedacht, daß das göttliche Licht allein als Licht im eigentlichen Sinne gilt, dem gegenüber alles irdische Licht nur als ein „finsteres Licht" gelten kann[120]. Zur irdischen Welt gehört für die Gnosis auch die Gestirnwelt[121]. Ja, in den Gestirnen verkörpert sich gerade die gottfeindliche Gegenmacht der „Finsternis"; sie sind die dämoni-

---

[116] Vgl. als schönes Beispiel das Chorlied der Geweihten, die in der Unterwelt die bakchische Feier begehen, Aristoph. Ran. 340 ff.

[117] In den Texten, die Belege bieten, ist nicht immer zu erkennen, um welche Mysterien es sich handelt. Aber auch, wo von den alten eleusinischen oder bakchischen Mysterien die Rede ist und nicht von solchen orientalischer Gottheiten oder gnostischen, handelt es sich um ihre Gestalt und Interpretation, die sie in der hellenistischen Zeit gewonnen haben. Belege bieten zum Teil philosophische Schriftsteller; denn Platons Vergleich des philosophischen Weges mit der Mysterienweihe wirkt weiter (Plut. quom. quis suos in virt. sent. prof. 10, p. 81 c. Hierocls in aur. Pyth. carm. comm., p. 21—24 MULLACH; Themistios bei Stob. Flor. IV, p. 107 M.); auch der Eintritt des Menschen in den Kosmos wird mit der Einführung in die Mysterienweihe verglichen (Dio Chrys. or. XII, 33, p. 208, 2 ff DE BUDÉ). Andere Belege bieten christliche Schriftsteller teils in polemischen Ausführungen, teils in der Schilderung des christlichen Mysteriums in Angleichung an das heidnische bzw. in ihrer Symbolsprache (Clemens Al. Protr. XI 114, 1; XII 119/20, p. 80, 13 ff, 84, 4 ff STÄHLIN; Firmic. Mat. De err. prof. rel. 2, 1 f; 22, 1). Eine direkte Schilderung nur bei Apul. Met. XI 23/24, p. 285, 14 ff; 286, 3 ff HELM. — Im übrigen s. N. TURCHI, Fontes Historiae Mysteriorum Aevi Hellenistici (1930).

[118] Vgl. G. P. WETTER, Phos, S. 82 ff; R. REITZENSTEIN, Historia Monachorum und Historia Lausiaca (1916), S. 84, 214; C.-M. EDSMAN, Le baptême de feu (1940), S. 156 f.

[119] Vgl. bes. die Oden Salomos und die poetischen Texte der Mandäer.

[120] Σκοτεινὸν φῶς Corp. Herm. 1, 28 (SCOTT ändert den Text mit Unrecht); vgl. dazu H. JONAS, Gnosis und spätantiker Geist I (1934), S. 149.

[121] Zum gnostischen Verständnis des Kosmos vgl. JONAS, aaO S. 146 ff, speziell über die gnostische Stellung zu den Gestirnen, S. 156 ff.

schen Weltherrscher, die den Menschen versklaven und diese Welt zum Gefängnis machen, — diese Welt, die eine eigentümliche Mischung von „Licht" und „Finsternis" ist. Denn sie ist, wie der gnostische Mythos erzählt, ein Gebilde der dämonischen Mächte, die in eifersüchtiger Imitation der himmlischen Lichtwelt eine Welt aus dem Chaos der Finsternis dadurch zu stande brachten, daß sie sich in der Urzeit einer göttlichen Gestalt aus der Lichtwelt bemächtigten[122]. Die Partikeln dieser zerrissenen oder zersplitterten Lichtgestalt sind die bindenden Elemente, die es ermöglichten, aus dem Chaos eine Welt zu formen; und diese Welt wird ins Chaos zurückfallen, wenn ihr jene Lichtelemente entzogen werden. Das Interesse der Gnosis konzentriert sich dabei auf die Lichtfunken, die das eigentliche Selbst in der Menschenseele bilden, und die hier gefangen sind in der Seele (denn diese gilt als ein Gebilde der dämonischen Mächte) und dem Körper. Das Erlösungsdrama besteht in der Befreiung dieser Lichtfunken und ihrer Emporführung in die himmlische Lichtwelt. Um dieser Erlösung willen ist der „Gesandte des Lichtes", eine Gestalt der Lichtwelt in Verkleidung herabgesandt, der durch seinen „Ruf", seine Lehren und die von ihm gestifteten Mysterien aus der Finsternis ins Licht führt[123]. Die Synonymik von „Licht" und „Leben" und die Auffassung von „Licht" als einer kosmischen Kraft ist hier ganz deutlich[124].

5. Über den Mysterienreligionen und der vulgären Gnosis erhebt sich eine mystische Frömmigkeit auf dem Grunde einer radikal dualistischen Weltanschauung. Die Schau des Lichtes wird hier nicht im Kult erfahren, sondern als inneres Erlebnis der sich vom Irdischen, vom Leib und den Sinnen, abwendenden Seele. Der Weg der Reinigung | (κάθαρσις) wird in philosophischer Betrachtung und Meditation gegangen. An seinem Ende steht die Ekstase, in der die Schau des göttlichen Lichtes erlebt wird. Die philosophische Betrachtung hat dabei nicht mehr den Sinn, die Einheit des Kosmos aus seinem Ursprung zu begreifen, ihn so als göttlichen zu verstehen und damit sich selbst, den Menschen, als in das Ganze organisch eingegliederten Teil zu erfassen und so eben sich selbst im Kosmos als der Heimat zu verstehen und in diesem Sinne mit dem Lichte des Denkens die Welt zu erhellen. Vielmehr hat die philoso-

---

[122] Über die Gründe, aus denen die Lichtgestalt der Finsternis zum Opfer fiel, variieren die verschiedenen Formen des Mythos.
[123] Vgl. ZNW 24 (1925), S. 110 f [s. o. S. 66].
[124] Außer dem genannten Werke von JONAS vgl. bes. W. BOUSSET, Hauptprobleme der Gnosis (1917) passim; Kyrios Christos, S. 173 ff.

phische Betrachtung die Aufgabe, den Sinn der Überweltlichkeit Gottes zu erweisen; sie geht also die „*via negationis*", die die Vorbereitung ist für die Schau des Überweltlich-Göttlichen. Sie kann freilich gelegentlich eine positive Wendung nehmen, insofern sie — in Fortsetzung der alten griechischen Tradition — den Kosmos als Abbild (εἰκών) Gottes faßt, aber nicht, um in der Betrachtung der Ordnung (τάξις) des Kosmos zu verweilen, sondern um sie nur als erste Stufe zu betreten, über die sich dann die mystisch-ekstatische Schau hinausschwingt.

Die Gottheit gilt als das Überrationale oder Irrationale, das der Mensch nicht mit dem Lichte des Geistes (des νοῦς) erfaßt, sondern das sich im eigenen Lichte zeigt, sich *offenbart*. Dem Gedanken der Irrationalität Gottes entspricht der Gedanke der Offenbarung. Das Licht der Gottheit erleuchtet nicht die Welt, sondern ist der direkte Gegenstand der Schau. Was wird noch geschaut? Nichts mehr als das Licht selbst, das ohne Schatten ist, in dem es deshalb keine Gestalten mehr gibt, sondern nur die unterschiedslose Flut des Leuchtens, in der alles eins ist. Das Anschauen ist kein verstehendes Schauen mehr, sondern ein das Denken (den νοῦς) verschlingender Rausch; das Berühren — denn von diesem ist immer noch die Rede — ist kein „Begreifen" der Form mehr, sondern ein Fühlen der göttlichen Lichtsubstanz, ein Verschmelzen mit ihr, die ἕνωσις, das Einswerden[125].

Philon von Alexandria schildert, wie der menschliche Geist (νοῦς) durch Erde und Meer wandert, wie er sich zur Betrachtung des Äthers und der Himmelsbahnen erhebt. Dann aber, heißt es, „wenn er sich von der Leidenschaft zur Weisheit (ἔρωτι σοφίας) leiten läßt, schwingt er sich über die ganze sinnlich wahrnehmbare Wesenheit hinaus und richtet sich auf die geistige; und wenn er dort die Urbilder und Ideen der sinnlich wahrnehmbaren Dinge, die er hier sah, geschaut hat in ihrer alles überragenden Schönheit, dann wird er von einem nüchternen Rausche erfaßt und gerät wie die Korybanten in Verzückung (ἐνθουσιᾷ), erfüllt von einer anderen Sehnsucht und einem besseren Verlangen, von dem er weiter geführt wird bis zum höchsten Gipfel der geistigen Wesenheiten (τῶν νοητῶν) und meint bis zum Großkönig selbst zu schreiten. Steht er da in der Begier zu schauen, so ergießen sich über ihn wie

---

[125] Vgl. etwa Plotin Enn. V. 3, 10, 42 Br.: vom ἁπλοῦν gibt es keine νόησις, sondern nur θίξις καὶ οἷον ἐπαφὴ μόνον ἄρρητος καὶ ἀνόητος, προνοοῦσα οὔπω νοῦ γεγονότος καὶ τοῦ θιγγάνοντος οὐ νοοῦντος = „ ... kein Denken, sondern nur ein Berühren, ein Anfassen ohne Wort und Begriff, ein vorgängiges Denken, ehe es das Denken noch gibt und ohne daß das Berührende dabei denkt" (Übers. v. HARDER).

ein Strom reine und unvermischte Strahlen gesammelten Lichtes, so daß in ihrem Gleißen das Auge des Geistes (τὸ τῆς διανοίας ὄμμα) geblendet wird"[126].

Die schönsten Schilderungen der ekstatischen Lichtschau hat Plotin gegeben. Man kann schwanken, wieweit sie bei ihm das Erlebnis wirklicher Ekstase wiedergeben, wieweit sie von ihm als Bilder gemeint sind, die den Höhepunkt philosophischer Erkenntnis beschreiben sollen[127]. Aber wie dem auch sei, auch als Bilder geben sie eine Anschauung von jenem Erlebnis, aus dem die Bildersprache — wenn sie wirklich als solche verstanden werden sollte — stammt.

Er beschreibt etwa den Weg zur höchsten Erkenntnis, der über die Stufen (ἀναβαθμοί) des abstrahierenden Denkens, über Reinigung, Tugend, Läuterung und Wandeln im geistigen Reich (κάθαρσις, ἀρεταί, κοσμήσεις, ἐπιβάσεις τοῦ νοητοῦ) führt, bis einer zugleich Beschauer und Schaunis (ὁμοῦ θεατής τε καὶ θέαμα αὐτὸς αὑτοῦ καὶ τῶν ἄλλων) wird. Dann ereignet sich das Wunderbare: „Jetzt aber reißt ihn die Woge eben des Geistes gleichsam fort, und hoch hebt ihn ihr Schwall hinauf: da erblickt er Es (das unbestimmbare Eine) mit einem Schlage, er sieht nicht wie, sondern das Schauen füllt seine Augen mit Licht und läßt durch das Licht nicht etwas anderes sichtbar werden, sondern das Licht selber ist es, was er sieht. Denn in jenem steht nicht das Gesehene für sich und für sich sein Licht, auch nicht das Denkende für sich und das Gedachte, sondern es ist ein Gleißen, welches diese Dinge | gebiert und von sich entläßt, daß sie von ihm her sind[128]. Er selber aber ist nur das Gleißen, welches den Geist gebiert, ein Gleißen, das von seinem Lichte nichts einbüßt im Gebären, sondern es bleibt Gleißen, und jener entsteht eben dadurch, daß es Gleißen ist."[129]

Oder Plotin sagt, daß das „Eine" nicht erreichbar ist auf dem Wege wissenschaftlichen Erkennens (μηδὲ κατ' ἐπιστήμην ... μηδὲ κατὰ νόησιν). So kann man von ihm nicht eigentlich reden und schreiben[130], sondern nur zu ihm hinleiten, aufwecken aus den Begriffen zum Schauen und

---

[126] Philo, De opif. Mundi 70 f.
[127] Vgl. K.-H. VOLKMANN-SCHLUCK, Plotin als Interpret Platos (1941).
[128] ... ἀλλ' αὐγὴ γεννῶσα ταῦτα εἰς ὕστερον καὶ ἀφεῖσα εἶναι παρ' αὐτῷ. Ist HARDERS Übersetzung zutreffend? BRÉHIER: „mais une pure lumière qui engendre intelligence et objet et leur permet d'exister à un rang inférieur". Vielleicht: „sondern es ist ein Gleißen, welches dieses (nämlich die νοούμενα) für später gebiert und aus sich entlassend für ihn (den νοῦς) bereitstellt"? Zu dem ὕστερον vgl. V 3, 17, 27 Br.
[129] Enn. VI 7, 36, 17 ff Br. (Übers. v. HARDER).
[130] Beachte die Imitation Platons, s. o. S. 341.

demjenigen den Weg weisen, der etwas schauen will. Die Schau selbst ist
die eigene Aufgabe dessen, der schauen will. „Wenn aber jemand nicht
zum Schauen gelangt und seine Seele des Glanzes dort oben nicht inne
wird, nicht erschüttert wird von einer inneren gleichsam erotischen Erschütterung beim Schauen, wie ein Liebender, der ausruht im Geliebten,
indem er wahres Licht (φῶς ἀληθινόν) aufnimmt und die ganze Seele erleuchtet", — so ist es seine eigene Schuld, weil er sich noch nicht von
allem Herabziehenden frei gemacht hat[131].

„Wer es aber geschaut hat, der weiß, was ich meine, daß nämlich die
Seele alsdann, indem sie herannaht und endlich anlangt und an Ihm
Teil erhält, ein neues Leben empfängt und aus diesem Zustand heraus
erkennt, daß hier der Spender des wahrhaften Lebens (ἀληθινῆς ζωῆς)
bei ihr ist und sie keines Dinges mehr bedarf, daß es vielmehr gilt, alles
andere von sich abzutun und in ihm alleine stille zu stehen, es zu werden in reinem Alleinsein, alles übrigen uns entschlagend, was uns umkleidet. Daher wir denn trachten, von hier wegzugelangen, und murren
über die Fesseln, die uns an das Andere binden, um endlich mit unserem ganzen Selbst Jenes zu umfassen und keinen Teil mehr in uns zu
haben, mit welchem wir nicht Gott berühren. So kann man denn dort
oben Jenen und sich selbst schauen, soweit Schauen dort das Rechte ist;
sich selbst von Glanz erhellt (ἠγλαϊσμένον, besser: | strahlend), erfüllt von
geistigem Licht (φωτὸς πλήρη νοητοῦ), vielmehr das Licht selbst, rein,
ohne Schwere, leicht, ja Gott geworden, — nein: seiend; entzündet in
diesem Augenblick, wenn man aber wieder schwer wird, gleichsam erlöschend."[132]

Wenn das Licht seinen ursprünglichen Sinn eingebüßt hat, den Sinn
nämlich, die Helligkeit zu sein, in der sich die Welt artikuliert, in der
die Gestalten fest umrissen erscheinen, so ist es nur noch ein Schritt,
bis das Licht sozusagen umschlägt in das Dunkel. In der Tat: Licht und
Dunkel sind ja eines, wenn die Schau ins Licht ebenso wie die Schau
ins Dunkel die Umrisse der Gestalten nicht mehr erfaßt, wenn vielmehr
die Flucht ins Licht zu der Flucht vor der gegliederten Mannigfaltigkeit
der Welt geworden ist, wenn der sehende νοῦς untergeht. Diesen Schritt

---

[131] Enn. VI 9, 4, 16 ff Br. (HARDER).
[132] Enn. VI 9, 9, 47 ff Br. (HARDER). — Vgl. ferner Enn. VI 9, 11, 8 ff, 22 ff Br., wo
die Schau ohne die Lichtsymbolik beschrieben wird. Für die Lichtsymbolik vgl. Enn. I
2, 4, 22 ff; 6, 9, 12 ff, 17 ff, 29 ff; IV 7, 10, 30 ff; V 3, 8, 16 ff, 24 ff, 38 ff; 3, 12, 40 ff;
3, 17, 24 ff; VI 7, 31. — Ferner Porphyr. ad Marc. 13, p. 282, 13 ff NAUCK; 20, p. 287,
15 ff; Corp. Herm. 10, 4b–6 (neben SCOTTS Rekonstruktion des in manchen Einzelheiten unsicheren Textes vgl. REITZENSTEIN, Hell. Myst. Rel. 231, 1, 288 f).

hat Plotin noch nicht getan, sowenig wie die mythologische Gnosis. Wirkt darin bei dieser die traditionelle, aus dem iranischen Dualismus stammende Terminologie des Gegensatzes von Licht und Finsternis nach, so bei Plotin doch auch noch die griechische Tradition, wenn für ihn die Finsternis (σκότος) das erste Böse, gleichbedeutend mit dem Unmaß (ἀμετρία) ist[133]. Nach ihm aber wurde dann jener Schritt getan, soviel ich sehe zuerst von Dionysius Areopagita (um 500), der von der „göttlichen Finsternis" oder dem „göttlichen Dunkel" θεῖον σκότος bzw. γνόφος redet.

Die Geschichte der Lichtsymbolik wurde hier an der Hand der literarischen Dokumente skizziert; ein Kundigerer könnte sie wohl auch von den Werken der bildenden Kunst ablesen. In Kürze darf man vielleicht soviel sagen, daß in der klassischen griechischen Malerei, soweit wir sehen können, das Licht die Bedeutung hat, die Gestalt, und zwar vor allem die menschliche Gestalt, die das eigentliche Thema der griechischen Kunst ist, in ihrer Haltung und Gliederung erkennen zu lassen. Lichteffekte sind offenbar noch nicht der Gegenstand künstlerischen Bemühens gewesen, und für die hellenistische Landschaftsmalerei, die die Lichteffekte kennt, sind sie nicht Selbstzweck wie etwa für die Landschaften der Romantik, sondern dienen zur Gestaltung des Raumes und der in ihm erscheinenden Formen.

Von symbolischer Bedeutung ist der Wandel der Gestalt des gottesdienstlichen Raumes. Der griechische Tempel steht scharf umrissen und klar gegliedert im hellen Tageslichte, und so will er gesehen werden. Die feiernde Gemeinde steht vor ihm und ist nicht von der mystischen Dämmerung eines Kultraumes umschlossen. Die Feiern der Mysteriengemeinden dagegen finden in geschlossenen, höhlenartigen Räumen statt, wie denn der Kultort der Mithrasmysterien eben die Höhle ist. Das Licht, das hier erstrahlt, ist nicht das von der Sonne gespendete Tageslicht, sondern das künstliche Licht, das für den Gläubigen das jenseitige, göttliche, übernatürliche Licht abbildet. Es bricht aus dem Dunkel als die Offenbarung der jenseitigen göttlichen Welt, den Feiernden aus der irdischen Welt in jene versetzend. So ist denn auch für die christlichen Kirchen, die in der von Mysterien und Mystik erfüllten Atmosphäre des Hellenismus erwuchsen, nicht der griechische Tempel das Vorbild für den Kultraum, sondern weithin der geschlossene Kultraum der Myste-

---

[133] Plot. Enn. I 8, 8, 40 Br·; nach VI 1, 27, 2 f ist das σκοτεινόν gleichbedeutend mit dem ἄμορφον, παθητόν, ζωῆς ἄμοιρον, ἀνόητον und ἀόριστον. Vgl. noch I 8, 13, 17 f; II 4, 5, 7.

rien mit seinem Dunkel und seinem mystischen Licht. Und im Kultraum findet die darstellende Kunst ihr charakteristisches Feld im Mosaikbilde, das nicht die Gestalten klar und gegliedert im Tageslichte zeigt, sondern sie geheimnisvoll wie von innerem Lichte erfüllt aufglühen läßt, so daß sie den Beschauer wie Erscheinungen aus einer jenseitigen Welt anblicken.

Heilsgeschichte und Geschichte*

Zu Oscar Cullmann, Christus und die Zeit[1]

Das sachliche Thema dieses Buches, „die urchristliche Zeit- und Geschichtsauffassung", ist unter den Titel „Christus und die Zeit" gestellt, weil der Verf. zeigen will, daß das Urchristentum Christus als die Mitte der Zeit verstanden habe, von der aus die ganze Geschichte nach rückwärts und nach vorwärts zu verstehen und zu beurteilen ist. Zunächst freilich sei Christus die Mitte der Heilsgeschichte, die sich im Rahmen der Weltgeschichte abspielt; aber diese Heilsgeschichte, die „Christus-Linie", gebe auch, obwohl selbst Geschichte, die Norm ab für die Beurteilung der Geschichte überhaupt, und zwar deshalb, weil die „Heilsgeschichte", die „biblische Geschichte", Offenbarungsgeschehen bzw. Offenbarungshandeln Gottes sei. Daher sei auch alle Theologie als Rede von Gottes Offenbarung „biblische Geschichte". In solchen Sätzen stekken schwierige Probleme, die ich zunächst beiseite lasse, um das Bild nachzuzeichnen, das der Verf. von der urchristlichen Zeit- und Geschichtsauffassung entwirft, der ja sein eigentliches Interesse gilt.

I.

„*Die fortlaufende Heilslinie*" heißt der erste Teil. Er will zeigen: das Heil ist an ein fortlaufendes, Vergangenheit, Gegenwart und Zukunft umfassendes Zeitgeschehen gebunden, das von seinem Mittelpunkt her, der geschichtlichen Tatsache des Todes und der Auferstehung Jesu, seine Gliederung empfängt. „Urchristlicher Glaube und urchristliches Denken gehen nicht von dem räumlichen Gegensatz Diesseits-Jenseits aus, sondern von der zeitlichen Unterscheidung Ehemals-Jetzt-Dann" (31). Das wird zunächst durch eine Musterung der „zeitlichen Terminologie" des

---

* Theologische Literaturzeitung 73 (1948), 659—666.
[1] CULLMANN, OSCAR, Christus und die Zeit. Die urchristliche Zeit- und Geschichtsauffassung. Zollikon-Zürich, Evangel. Verlag A.G. (1946).

NT (καιρός, αἰών u. a.) begründet und durch den Gegensatz der linearen Zeitauffassung der Bibel zu der zyklischen der Griechen verdeutlicht. Demgemäß stelle sich das NT auch den künftigen Äon als zeitliche Zukunft vor und denke sich das Endgeschehen als in zeitlicher Progression sich abspielend. Da Gottes Herrschaft über die Zeit seine Verfügung über Vergangenheit und Zukunft bedeutet, schließt sie die Bestimmungen der Präexistenz wie der Prädestination wie auch die Vorwegnahme der Zukunft in der Gegenwart ein. Daher ist denn auch Christus als der Mittelpunkt der Geschichte zu verstehen und das Christusgeschehen als Offenbarung der Gottesherrschaft über die Zeit als Ganzes. So ist auch der Hl. Geist und die Heiligung der Glaubenden als Vorwegnahme des Endes in der Gegenwart zu verstehen und die Kirche als der Ort der göttlichen Herrschaft über die Zeit; von der Kirche umfangen erhalten die Christen teil an den Gaben der ganzen Heilslinie und vermögen „das Geschehen der Zukunft in seiner göttlichen Vorwegnahme schon jetzt als Wirkung an sich zu *erfahren*, anderseits das Heilsgeschehen in seinen großen Etappen und der ganzen Zielrichtung zu begreifen" (69).

Die Mitte der Heilsgeschichte, für die Erwartung des Judentums Zukunft, ist für die Christen Vergangenheit geworden; während für jenes die „Mitte" zwischen Schöpfung und Parusie lag, fällt sie für die Christen mitten in die Zeit vor der Parusie (71). Vom Zentrum aus wird nun nicht nur die Geschichte Israels, sondern auch die Zeit vor der Schöpfung und die Schöpfung selbst als Vorbereitung der Erlösung verstanden (78 f). In der Zeit nach Christus „steht die Heilszeit nicht still" (80); die Geschichte muß nämlich weitergehen, weil die Sünde vor der Parusie noch nicht beseitigt ist (80). Als Ganzes ist die Heilsgeschichte „Prophetie" (84); und zwar schließt das Bild der Heilsgeschichte in den Erzählungen über den Ursprung und das Ende Vorgänge ein, die nicht historisch festgestellt werden können, sondern „objektiv *nur* Gegenstand der Offenbarung, subjektiv *nur* Gegenstand des Glaubens sind" (85). Das historische Mittelstück schließt zwar historisch feststellbare Tatsachen ein, erhebt sie aber zum Glaubensgegenstand, indem von ihnen behauptet wird, was kein Historiker kontrollieren kann, zB daß Jesus der Gottessohn ist, daß sein Tod Sühnetod ist.

Gegenüber diesem Bild von der Heilsgeschichte ist die Unterscheidung von Geschichte und Mythos sinnlos, ebenso die zwischen Geschichts- und Naturgeschehen, wie denn ja auch die Schöpfung in die Heilsgeschichte einbezogen ist. Das so prophetisch entworfene, oder besser offenbarte Geschichtsbild ist eine christologische Prophetie, da es von Christus als der Mitte aus entworfen ist und das Geschehen deshalb als „Christus-Linie" erscheint: „Christus der Mittler der Schöpfung — Christus der leidende Gottesknecht als Erfüller der Erwählung Israels — Christus der gegenwärtig herrschende Kyrios — Christus der wiederkehrende Menschensohn als Vollender allen Geschehens und Mittler der Neuschöpfung. Der Präexistente, der gestern Gekreuzigte, der heute im Verborgenen Herrschende, der bei der Äonenwende Wiederkehrende: sie sind alle eins, es ist der gleiche Christus, aber in Ausübung der *zeitlich sukzessiven heilsgeschichtlichen Funktionen*" (94 f). Diese Grundanschauung entspricht auch dem Bewußtsein Jesu von sich selbst. Die Bewegung der Heilsgeschichte, deren Prinzipien Erwählung und Stellvertretung sind (100), verläuft zuerst als „progressive Reduzierung", da mit dem Ziele des Heiles aller Menschen stellvertretend zunächst ein einzelnes Volk erwählt ist, dann ein „Rest" und schließlich Einer (Christus); von ihm aus geht es dann wieder progressiv zur Vielheit.

„*Die Einmaligkeit der Heilsepochen*" ist das Thema des zweiten Teiles. Die Kairoi, die „die Heilslinie ausmachen", sind Geschehnisse, die in ihrer Einmaligkeit für immer entscheidend sind" (107). So denn vor allem das Christusereignis, dessen Einmaligkeit schon im Urchristentum zum Anstoß geworden sei, dem der schon im Judenchristentum auftretende Doketismus entgehen möchte. Der Charakter der Einmaligkeit eignet aber auch der auf die Mitte bezogenen Heilsgeschichte vor Christus, und er darf nicht durch falsche Allegorese wie die des Barnabasbriefes und Wilh. Vischers zunichte gemacht werden. Richtig verstanden ist die alttestamentliche Geschichte Vorbereitung des Christusereignisses, da sie „auf einen inkarnierten und gekreuzigten Christus *abzielt*", „sich auf die Inkarnation und auf die Kreuzigung *zeitlich hinentwickelt*" (120). Auch die Zukunft ist als heilsgeschichtliche Entwicklung von Christus aus zu verstehen. Die Eschatologie ist „nicht beseitigt, wohl aber entthront" (122), insofern die Frage nach dem Wann des künftigen τέλος dadurch erledigt ist, daß Jesus Christus, der Erschienene, schon das τέλος ist (123). Die Eschatologie behält jedoch ihre „heilsgeschichtliche Eigenbedeutung". Das Neue, das die eschatologische Zukunft bringen wird, ist „die Erfassung der ganzen Welt der σάρξ, *der Materie*, durch den hl. Geist, das πνεῦμα" (124). „Solange diese Endvollendung noch aussteht, dringt der hl. Geist *nur zeitweilig* in die Welt des Leibes ein" (125).

Auch das Geschehen der Gegenwart ist Heilsgeschehen, sofern es Geschichte der Kirche ist, die bereits im neuen Äon steht, aber doch noch vor der Parusie, in der „letzten" Zeit, einer Zwischenzeit, mit der Jesus selbst gerechnet hat. Diesen heilsgeschichtlichen Charakter der Gegenwart verkenne Kierkegaard mit seinem Begriff der Gleichzeitigkeit (128, vgl. 148). Die Gegenwart sei ja die Zeit der Herrschaft des zur Rechten Gottes sitzenden Christus bis zu seiner Parusie. So sei denn nicht die Zukunft, sondern die Gegenwart der Gegenstand des Hauptinteresses des Urchristentums gewesen (134). Das gegenwärtige Heilsgeschehen, dessen eigentlichen Sinn die missionarische Verkündigung des Evangeliums ausmacht, sei ein Vorzeichen des Endes (138). Nur dürfe die gegenwärtige Zeit der Kirche nicht, wie im Katholizismus, von der Beziehung auf die Mitte gelöst und verabsolutiert werden; die Rückbeziehung werde durch die Herrschaft der zum Zentrum gehörigen Schrift über die Tradition gesichert.

Es folgt das Thema „*Heilsgeschichte und allgemeines Weltgeschehen*". Da dem NT der Dualismus von Schöpfung und Erlösung fremd ist, ist das gesamte Weltgeschehen in die Heilsgeschichte miteinbezogen, und gerade die „heilsgeschichtliche Konzentration" steht im Dienste des Universalismus des Heils vermöge der Prinzipien der Erwählung und Stellvertretung. Von der heilsgeschichtlichen Mitte an vollzieht sich der Prozeß der progressiven Erweiterung, dessen Träger die Kirche ist. Ihr Herr ist ja zugleich der Herr des Alls; ihn umgeben Kirche und Welt als zwei konzentrische Kreise (166). Wie im Anfang alle Heilsgeschichte zugleich Weltgeschichte war, so wird am Ende die Heilsgeschichte wieder zur Weltgeschichte. In diesen Prozeß ist auch der Staat einbezogen, hinter dem die unsichtbaren kosmischen Geistermächte stehen. Christus hat sie unterworfen, so daß nun der Staat, der seinem Wesen nach kein heilsgeschichtliches Phänomen ist, in die göttliche Ordnung hineingestellt wird und seine „christologische Begründung" erhält (182). Ist so die Welt in das Heilsgeschehen einbezogen, so „kann Weltverneinung kein adäquater Ausdruck für die urchristliche Einstellung sein" (187). Sofern der Gläubige weiß, daß die Welt vergehen wird, verneint er sie; „insofern er weiß, sie ist der gottgewollte Rahmen der heilsgeschichtlichen Gegenwart, bejaht er sie" (188).

Der 4. und letzte Teil handelt über den „*einzelnen Menschen und die heilsgeschichtliche Vergangenheit*". Der einzelne ist in die Heilsgeschichte hineingestellt; auf ihn zielt sie ab (193), und zwar wird die heilsgeschichtliche Vergangenheit für ihn wirksam auf Grund des Glaubens an die Heilsbedeutung der Tatsachen der Vergangenheit (194 f). Solcher Glaube setzt ein Sünden- und Schuldbewußtsein voraus; denn

„nur von da aus kann die Heilsgeschichte auf den einzelnen bezogen werden. Die ganze Heilsgeschichte ist ja überhaupt nur verständlich vom Bewußtsein der Sünde aus: denn um der menschlichen Sünde willen ist dieses ganze Geschehen notwendig", und die Rechtfertigungslehre ist „nichts anderes als die Anwendung eines Heilsgeschehens auf den einzelnen" (195). Diese „Ichbezogenheit der Heilsgeschichte" findet ihren Ausdruck im Glauben an die eigene Erwählung, — welcher Glaube die Überzeugung einschließe, „in der fernsten Vergangenheit, ‚vor Grundlegung der Welt' schon Mitträger der Heilsgeschichte zu sein" (196). So ist die heilsgeschichtliche Vergangenheit die „eigene Vergangenheit" des Gläubigen; „die aktive Teilnahme tritt allerdings erst in der Kirche, also in der heilsgeschichtlichen Gegenwart, in Erscheinung" (197). In der Kirche hat jeder einzelne vermöge der Gabe des Hl. Geistes seinen individuellen Dienst zu leisten, und nicht nur der apostolische Dienst, sondern auch „der bescheidenste Dienst in der Gemeinde Christi gehört in die Heilsgeschichte" (199). Das an den einzelnen ergehende göttliche Gebot ist durch das Christusgeschehen bestimmt, dh der Imperativ (das Sollen) ist im Indikativ (im Sein) begründet. Nicht neue Gebote werden aufgestellt, aber das alte soll und kann nun radikal erfüllt werden in der ethischen Entscheidung aus der jeweiligen konkreten Lage auf Grund des eigenen, durch den Geist gewirkten Urteils, wobei das „Anwendungsprinzip" die Liebe ist.

Da die Zukunft des einzelnen von der Zukunft der gesamten Heilsgeschichte abhängt, richtet sich die Hoffnung auf deren Vollendung, mit der die leibliche Auferstehung der einzelnen erfolgen wird. Ihr Grund ist die schon erfolgte Auferstehung Christi. Sie wirkt sich schon in der Gegenwart aus (durch den Geist) in Krankenheilungen und Totenerweckungen, und sie wird sich dereinst in der leiblichen Auferweckung der einzelnen auswirken, die dann einen „Geistleib" erhalten werden, dh einen Leib, dessen „Prinzip" nicht nur, sondern dessen Stoff auch der Geist sein wird (215).

II.

Das vorliegende Buch ist in seiner Architektonik und Geschlossenheit eine höchst eindrucksvolle Leistung. Auch ist keine Frage, daß der Verf. ein sehr bedeutsames Motiv der urchristlichen Gedankenbildung, die Idee der Heilsgeschichte, zum Thema gemacht und seine Wirksamkeit in den verschiedenen Bezirken dieser Gedankenbildung ebenso sorgfältig und scharfsinnig wie mit kombinatorischer Kraft verfolgt hat. Darf man aus seinem Satz, daß „alle christliche Theologie ihrem innersten Wesen nach biblische Geschichte ist" (19), schließen, daß er der Meinung ist, das zentrale Thema der Theologie erfaßt zu haben, so müßte ich freilich widersprechen. Denn so sehr ich dem Satze zustimmen würde, daß das Heilsgeschehen das eigentliche Thema der christlichen Theologie ist, so wenig könnte ich dieses Heilsgeschehen in dem Geschehen erblicken, das der Verf. Heilsgeschichte nennt. Müßte nicht, wenn von Heilsgeschehen und Heilsgeschichte geredet wird, klar bestimmt werden, in welchem Sinne von Geschehen und Geschichte theologisch legitim geredet werden kann?

Ich gestehe, daß mir die Grundauffassung des Verf. nicht deutlich geworden ist. Ich kann nicht erkennen, daß für ihn „Geschichte" in der Verbindung „Heilsgeschichte" einen anderen Sinn hat als in der Verbindung „Weltgeschichte", und daß sich die alttestamentliche Heilsgeschichte von der auch dem Historiker wahrnehmbaren Geschichte des Volkes Israel grundsätzlich als Geschichte unterscheidet. Denn daß in der Heilsgeschichte auch wunderbare gottgewirkte Dinge passieren, gibt dem Sinn von Geschichte im Kompositum „Heilsgeschichte" noch keine Besonderheit. Geschichte ist für den Verf., so scheint es wenigstens, nichts anderes als die Folge von Ereignissen in der Zeit (und natürlich auch im Raum), wobei nicht einmal zwischen eigentlich geschichtlichen Vorgängen und Naturereignissen unterschieden wird. Offensichtlich will der Verf. darüber hinauskommen, wenn er sagt, daß Heilsgeschichte als Ganzes „Prophetie" sei (84), — als Ganzes! Im einzelnen nämlich ist zu unterscheiden zwischen Anfangs- und Endgeschichten, die *nur* Prophetie sind, während die dazwischenliegenden „historischen Teile" in der Darstellung der urchristlichen Schriften „geoffenbarte Prophetie über Geschichte" sind (85). Identifiziert sich der Verf. mit dieser urchristlichen Auffassung? Es scheint so. Dann wäre also die „Heilsgeschichte" etwas völlig anderes als das weltgeschichtliche Geschehen, nämlich das *Bild*, das prophetische Deutung von weltgeschichtlichen Vorgängen entwirft? Also überhaupt kein *Geschehen?* Gilt das auch von den Anfangs- und Endgeschichten, die ja *nur* Prophetie sind? Oder ist am Anfang etwas passiert und wird am Ende wieder etwas passieren, was schon als Passierendes Heilsgeschehen ist? Ich finde mich nicht durch; ich verstehe auch Folgendes nicht: die Heilsgeschichte soll Offenbarungsgeschichte sein (22), was doch wohl bedeutet, daß sich in ihr göttliches Offenbarungshandeln ereignet (19 f). „Nirgends offenbart sich ... Gottes Handeln dem Menschen konkreter als in der Geschichte, die ja, theologisch gesprochen, ihrem innersten Wesen nach die Beziehung Gottes zu den Menschen darstellt" (19). Wo und wie offenbart sich Gott denn eigentlich? *In* der Geschichte oder *innerhalb* der Geschichte? Meint „Geschichte" hier Geschichte überhaupt oder Heilsgeschichte, also prophetisch gedeutete Geschichte? Und welcher Begriff von Offenbarung ist vorausgesetzt? Wenn die Geschichte als Heilsgeschichte, nämlich als göttliches Offenbarungshandeln, erst durch „offenbarte Prophetie über Geschichte" wahrgenommen wird, so bedarf es, damit die Offenbarung Gottes *in* (innerhalb?) der Geschichte erkannt wird, vorgängig einer Offenbarung *über* die Geschichte? Woher stammt diese? Wer empfängt sie und auf welche Weise?

Wenn theologisches Denken die Entfaltung des im Glauben als solchem gegebenen Erkennens ist, so könnte nur ein im Glauben erfahrenes und erfaßtes Geschehen als Heilsgeschehen oder Heilsgeschichte bezeichnet werden. Müßte also nicht eine Analyse des Glaubensbegriffes die Grundlage für ein theologisch haltbares Reden von Heilsgeschichte liefern? Ist es zB zulässig, auf diese den Begriff der Entwicklung anzuwenden? Und wenn, in welchem Sinne? Natürlich liegt auch beim Verf. eine Vorstellung von dem, was Glauben heißt, zugrunde, — aber welche, wenn es heißt, daß offenbarte Prophetie „historisch feststellbare Tatsachen zum Glaubensgrund erhebt" (85)? Ist es denn glaubensnotwendig, „das Werk Christi Jesu des Gekreuzigten und Auferstandenen im Zusammenhang mit dem göttlichen Heilsplan zu begreifen" (121), oder „das Heilsgeschehen in seinen großen Etappen und | der ganzen Zielrichtung zu begreifen" (69)? Welches Interesse besteht für den Glauben, das Kreuz Christi nicht nur als für mich gültiges Heilsgeschehen zu verstehen, sondern auch als „Mitte" der Heilsgeschichte (195)? Gehört nicht das ganze vom Verf. entworfene Bild zu den μυστήρια, deren eines Röm 11,25 vorträgt, zu der für die τέλειοι bestimmten σοφία, die jenseits der μωρία des λόγος τοῦ σταυροῦ steht, der der eigentliche Grund des Glaubens ist? Mir scheint, daß der Verf. aus der Theologie des NT eine christliche Geschichtsphilosophie macht; und es ist kein Wunder, daß er der Grundkonzeption von Eth. Stauffers „Theologie des NT" zustimmt (21,9), der auch die Theologie in Geschichtsphilosophie auflöst.

Wie der Begriff des Glaubens müßten auch die Begriffe von Heil und von Welt bestimmt werden, damit in eindeutiger Weise von Heils- und Weltgeschichte gehandelt werden kann, und damit das dialektische Verhältnis von Nein und Ja zur Welt zur Klarheit gebracht wird. Ferner müßte ein eindeutiger Sinn von Sünde und Rechtfertigung und Versöhnung wie von Erwählung und Stellvertretung erarbeitet werden, wenn solche Größen als inhaltliche Motive und als Prinzipien der Heilsgeschichte deutlich werden sollen. So allein hat es auch nur Sinn, die Frage nach dem Verhältnis von Geschichte und Mythos aufzuwerfen (81 ff). Denn so freilich, wie der Verf. von Heilsgeschichte redet, ist klar, daß eine Unterscheidung von Geschichte und Mythos sinnlos ist. Aber von der von ihm gewählten Basis aus hat der Verf. gar nicht die Möglichkeit, das Problem zu diskutieren. Deshalb trifft die gegen meine entmythologisierende Exegese gerichtete Kritik mich gar nicht, denn in allem, was der Verf. sagt, hat er von seinen Voraussetzungen aus völlig recht. Das Problem beginnt erst dann, wenn man fragt, welchen Sinn denn in der Verbindung „Heilsgeschichte" der Begriff „Geschichte" habe, — frage man nun von einem modernen Geschichtsverständnis oder vom Glauben aus.

Aber ich will nicht länger bei solchen allgemeinen Erwägungen verweilen. Ich will auch nur kurz auf einige Einzelheiten hinweisen, in denen ich dem Verf. nicht zustimmen kann. Ist der Plural καιροί in den Pastoralbriefen (1Tim 2,6 usw.) wirklich ein echter Plural, so daß er „Etappen der Heilsgeschichte" bezeichnete (34.36)? Schwerlich! Ist es wirklich so sicher, daß Jesus die Vorstellungen vom Gottesknecht und vom Menschensohn kombiniert hat, um dadurch seine heilsgeschichtliche Rolle zu bezeichnen (96 f)? Ich glaube nicht! Darf man wirklich sagen: „Es sollte nicht mehr bestritten werden, daß Jesus seinen eigenen Tod als den entscheidenden Punkt innerhalb des göttlichen Heilsplans angesehen hat" (130)? Warum denn nicht? Es gibt doch recht schwerwiegende Gründe, die diese Bestreitung nahelegen, und es gibt doch ganz respektable Forscher, die das Gewicht dieser Gründe empfinden! Hat Jesus wirklich mit einer Zwischenzeit zwischen seinem Tod und seiner Parusie gerechnet (131)? Davon hat auch Kümmel, auf den sich der Verf. beruft, mich nicht überzeugt. Und darf man behaupten, daß, wenn jene These zu Recht bestehen sollte, kein sachlicher Grund mehr vorliegt, die Echtheit von Mt 16,18 zu leugnen (132)? Das wäre selbst für Kümmel zu viel! Röm 2,14 ff will gewiß nicht zeigen, daß die Heiden im Gericht den Juden gegenüber nicht im Nachteil sein werden (161), sondern daß Gottes Gericht auch über die Heiden mit Recht ergeht, obwohl sie das Mosegesetz nicht haben. 2Tim 2,12 redet gewiß nicht von der Herrschaft der Kirche in der heilsgeschichtlichen Gegenwart (166). Schmerzlich, daß die groteske Mißdeutung der ἐξουσίαι von

Röm 13,1 ff auf die Engelmächte (172) wiederkehrt! Wie kann dekretiert werden, daß das im Cod. D zu Lk 6,5 überlieferte Logion „sicher echt" ist (202)? — Doch genug und lieber zu einigen wichtigeren kritischen Bedenken!

1. Zunächst scheint mir die Methode des Verf.s, die Aussagen der verschiedenen neutestamentlichen Schriften sozusagen auf die gleiche Fläche aufzutragen, zu einer unerlaubten *Harmonisierung* zu führen. Es ist ja schon zu fragen, bei welchen der neutestamentlichen Autoren die Idee der Heilsgeschichte überhaupt eine Rolle oder eine wesentliche Rolle spielt. Ist das bei Paulus, im Hebr, bei Mt, in gewisser Weise auch bei Lk und in Apg der Fall, so gewiß nicht bei Johannes (Evangelium und Briefe); bei jenen aber wiederum in verschiedener Weise. Jedenfalls ist es eine weit übertriebene Behauptung, daß das ganze NT eine einheitliche Auffassung der Heilsgeschichte voraussetze (97), und die ältesten Glaubensformeln scheinen mir den Beweis dafür nicht zu liefern. — Ferner: der „Leib" Christi als Bezeichnung der Kirche ist doch keineswegs ein dem ganzen NT gemeinsamer Begriff (für die Urgemeinde ist er undenkbar), sondern beschränkt sich auf die paulinische und deuteropaulinische Literatur. Er ist aber überhaupt kein heilsgeschichtlicher Begriff, sondern stammt aus dem gnosti|schen Denken und steht in Konkurrenz mit dem heilsgeschichtlichen Begriff des „Volkes Gottes". Diese Konkurrenz — es ist die zugleich von Raum- und Zeitkategorien — darf doch nicht nivelliert werden! — Ferner: ist denn die paulinische Begründung des Imperativs im Indikativ wirklich für die ganze Paränese des NT charakteristisch? Und muß man nicht, auch wenn man in ihr das echte Neuverständnis des christlichen Seins auf dem Grunde des Glaubens ausgedrückt findet, zugeben, daß dieses Verständnis keineswegs überall erreicht ist? Ist es denn richtig, angesichts der deuteropaulinischen Literatur zu sagen, daß das NT keine eigentlichen Katechismen, keine allgemeinen ethischen Regeln aufstellt (205)? Ich leugne nicht, daß es möglich, ja notwendig ist, eine einheitliche „Theologie" des NT, besser: ein einheitliches, allen Gedankenbildungen zugrunde liegendes Motiv des gläubigen Denkens aufzuzeigen. Aber diese Aufgabe wird m. E. am verkehrten Ende angefaßt, wenn man meint, die Einheitlichkeit der in Wahrheit sehr differenten Gedankengebilde aufzeigen zu sollen. Dann wird man zu falscher Harmonisierung verführt, und das Ergebnis wird jedenfalls nicht das Bild der neutestamentlichen Theologie als eines historischen Phänomens sein, sondern eine biblische

Dogmatik alten Stiles. Daß mit einer solchen der Verkündigung und dem Glauben besser gedient sei, bezweifle ich.

2. So gut wie völlig ist *das religionsgeschichtliche Problem* ignoriert. Die Folge ist zunächst, daß der Einfluß der jüdischen Apokalyptik auf das neutestamentliche Verständnis der Heilsgeschichte unterschätzt wird. In Wahrheit ist doch das ganze Bild des heilsgeschichtlichen Geschehens, das der Verf. zeichnet, keineswegs ein spezifisch christliches, von der „Mitte" des Christusgeschehens aus entworfenes, sondern einfach das jüdische, — nur daß der vom Judentum erwartete Heilbringer als in Jesus von Nazareth schon dagewesen geglaubt wird. Damit mag sich die „Mitte" der Heilsgeschichte auf der Zeitlinie verschieben (darüber s. u.), das Bild selbst ist dadurch keineswegs umgestaltet worden. Ausgangspunkt des Verstehens (der Geschichte) ist nicht erst für den Christen (93), sondern genau so schon für den Juden die „Mitte", wie denn apokalyptische Geschichtsbilder natürlich immer vom τέλος aus entworfen werden. Natürlich ist auch die Verbindung von Geschichte und Mythos für die jüdische Anschauung von der Heilsgeschichte genau so charakteristisch wie für die christliche. Kurz: die christliche Geschichtsphilosophie, die der Verf. entwirft, ist nichts anderes als die jüdisch-apokalyptische Spekulation, modifiziert nur dadurch, daß sich die „Mitte" nach rückwärts verschoben hat.

Das Bild ist freilich durch einige neue Züge bereichert worden: der eschatologische Heilbringer ist zugleich der Schöpfungsmittler geworden, und das von ihm heraufgeführte Heil ist nicht nur das Heil für das auserwählte Volk bzw. die Gemeinde seiner Auserwählten, sondern auch Befriedung, „Versöhnung", des ganzen Kosmos, dessen rebellische Geistermächte der selbst zu einer kosmischen Gestalt gewordene Heilbringer unterwirft. Diese Züge stammen nicht aus der Tradition des heilsgeschichtlichen Denkens und sind auch keineswegs spezifisch christlich; sie entstammen vielmehr dem gnostischen Denken, wie denn auch die Vorstellung von der Kirche als dem σῶμα Χριστοῦ gnostischen Ursprungs ist (s. o.). Man sieht doch, wie sich der Verf. von Eph 2,11 ff bemüht, kosmologisch-gnostisches und heilsgeschichtliches Denken zu verbinden; ähnlich der Verf. des Hebr (vgl. die Arbeiten von Schlier und Käsemann). Motiv des gnostischen Doketismus ist auch nicht, wie der Verf. meint, der Spiritualismus und die Flucht vor dem historisch Einmaligen, sondern (vom rein Fabulösen des Mythos abgesehen) die Verwechslung von Natur- und Geschichtsgeschehen; nicht die Verkennung der Bedeutung von *Geschehen* an sich, sondern die Verkennung bzw.

Fehldeutung der Geschichtlichkeit des menschlichen Seins! So ist denn auch der Tod Jesu zwar für die Urgemeinde und für jüdisch-christliches Denken ein Skandalon (112), aber gerade nicht für das Denken der Gnosis und der sog. Mysterienreligionen und daher auch nicht für das spezifisch hellenistische Christentum. In diesem wird er ja gerade mit den Begriffen des Mysteriendenkens interpretiert. Die Verse Kol 3,1—4, die „die verschiedenen Etappen der Christus-Heilslinie zu unserem persönlichen Leben in Beziehung" setzen (194), sind durchaus im Sinne des Mysteriendenkens gesprochen. Auch für den Mysten beruht das Heil auf einer Tatsache der zeitlichen Vergangenheit, auch wenn diese nicht als Ereignis der nächsten, sondern der fernsten Vergangenheit gilt. Ist der Mythos wirklich „zeitlos", so ist er es jedenfalls nicht in dem Sinne, daß er von Zeitlosem redet, — und das ist hier doch die entscheidende Frage. Er tut es weder in den Mysterienreligionen, noch in der Gnosis. Ist die Logik von Röm 5,|12 ff und 1Kor 15,12 ff nicht die des gnostischen Denkens, verständlich nur aus der Urmenschenidee?

3. Da in der Tat die Ewigkeit im neutestamentlichen Denken als fortlaufende Zeit vorgestellt ist, kann der Verf. mit Recht Christus als die Mitte der Zeitlinie bezeichnen, — nicht aber als die Mitte der Geschichte oder Heilsgeschichte. Nach urchristlichem Denken ist Christus vielmehr *das Ende der Geschichte und Heilsgeschichte*. Die Erscheinung Jesu, „als die Zeit erfüllt war" (Gal 4,4), bedeutet das eschatologische Ereignis, das dem alten Äon ein Ende setzt. Hinfort kann es keine Geschichte mehr geben, auch keine Heilsgeschichte, welche eben in ihm ihr Ziel erreicht hat. Freilich steht das letzte Drama, in dem die eschatologischen Ereignisse der Sendung bzw. des Kommens Jesu, seines Todes und seiner Auferstehung ihren Abschluß finden werden, noch bevor, — abgesehen von Johannes, für den auch jenes Drama, nämlich die Parusie, die Totenauferstehung und das Gericht, schon geschehen ist und geschieht. Durchweg wird sonst die Parusie und was mit ihr zusammenhängt als in nächster Zeit sich ereignend erwartet, und aus dem *Ausbleiben der Parusie* erwächst für das Urchristentum, zumal das aus der jüdischen Tradition genährte, ein drückendes *Problem*, dessen Gewicht Alb. Schweitzer und M. Werner wie Fr. Buri mit Recht stark empfunden haben, während der Verf. es zu bagatellisieren sich bemüht. Er versucht es mit Hilfe eines Vergleichs: wie die Entscheidungsschlacht in einer relativ frühen Phase eines Krieges schon geschlagen sein kann und doch der Krieg, wenngleich schon entschieden, noch weitergehen kann, so ist durch das Christusgeschehen schon alles entschieden, und es liegt nichts daran, wie

lange die Vollendung noch aussteht (72 f). Aber ist dieser Vergleich überzeugend, wenn die von Paulus zu seinen Lebzeiten erwartete Parusie sich nun schon um etwa 1900 Jahre verzögert hat? Jedenfalls hat das Urchristentum nicht so gedacht.

Ich sehe nicht, daß irgendwo im NT Kreuz und Auferstehung Christi als „Mittelpunkt und Sinn alles Geschehens", als „zunächst rein temporaler, dann aber auch als orientierender, dh sinngebender Mittelpunkt des ganzen zeitlich sich abwickelnden Geschehens" (74) aufgefaßt worden seien. Vielmehr ist über den Sinn des fortlaufenden Geschehens überhaupt nicht reflektiert worden, auch nicht bei Johannes, für den sich Parusie, Totenauferstehung und Gericht schon ereignet haben, und für den der weitere Zeitlauf nur der Weitervollzug solchen eschatologischen Geschehens, aber keine „Heilsgeschichte" mehr sein kann. Daß das Wesentliche des ἤγγικεν ἡ βασιλεία freilich die Chronologie betreffe, jedoch nicht in dem Sinne, daß die Nähe des Endes betont sei, sondern daß eine neue Zeiteinteilung proklamiert werde (75 f), ist doch eine gequälte Verlegenheitsauskunft. Daß die Frage nach dem Wann der Parusie im Urchristentum ihr Gewicht allmählich verliert, ist im Blick auf die späteren Schriften des NT, wie die Past. und Apg, gewiß richtig, und mit einem gewissen Recht könnte man die Konstruktion des Verf.s als für Apg als zutreffend anerkennen. Ihre zeitliche Entfernung von Paulus und ihre sachliche Ent|fernung von Johannes erweist sich dadurch. Und nicht die konsequente Ausbildung des heilsgeschichtlichen Denkens, sondern vielmehr sein Nachlassen tut sich darin kund. Man darf gewiß, der johanneischen Interpretation der Eschatologie folgend, sagen, daß die Frage nach dem Wann der Parusie für konsequent gläubiges Denken ihre Berechtigung verloren hat; aber man darf doch nicht das für das Urchristentum bestehende Problem eliminieren und verkennen, daß die Konsequenz erst bei Johannes, wenngleich vorbereitet durch Paulus, gezogen worden ist.

4. Da der Verf. die aus dem Ausbleiben der Parusie erwachsende Problematik eliminiert, tritt ein damit zusammenhängendes, im Grunde weit wichtigeres Problem kaum in seinen Blick, nämlich das der Zeitlichkeit des christlichen Seins. Die Glaubenden, die durch Christus von der Welt und ihren Mächten Befreiten, die Gerechtfertigten und mit ihm zu einem Leibe Verbundenen sind ja καινὴ κτίσις; sie sind entweltlicht und als die ἅγιοι in die eschatologische Seinsweise versetzt. Wie kann ihr eschatologisches Sein noch als zeitliches Sein verstanden werden? Die Antwort darauf ist nicht etwa schon damit gegeben, daß doch

die Ewigkeit des neuen Äon auch als Zeitlinie vorgestellt werde; daraus würde ja nur folgen, daß das eschatologische Sein ein innerzeitliches ist. Aber ein Dasein innerhalb der Zeit ist etwas anderes als die Zeitlichkeit des Seins selbst. Also: wie ist Zeitlichkeit des eschatologischen Seins überhaupt vorstellbar? Und diese Frage ist ja dringend gestellt, da die Zeit noch weiterläuft und die Parusie ausgeblieben ist! Die zeitliche Existenz bedeutet doch Existieren in jeweils neuen Entscheidungen, in jeweils neuen Begegnungen, sei es von Menschen, sei es von Schicksal! Wie kann es das geben für den, für den die Entscheidung schon ein für allemal gefallen ist? Wie kann es Schicksal und Anfechtung durch Leiden und Tod geben für den, der mit Christus gestorben und auferstanden ist? Wie Versuchung durch die Welt (oder durch den Satan) für die Entweltlichten? Wie einen ethischen Imperativ für den, für den das Gesetz ein Ende hat? — Allein die letzte Frage ist im letzten Teile des Buches wenigstens anvisiert, ohne daß jedoch die Problematik in ihrer Tiefe zur Darstellung käme. Zur Lösung könnte sie doch nur geführt werden, wenn der Begriff des Glaubens und das Verhältnis des Glaubensaktes zur Lebenshaltung analysiert würden, und wenn der Begriff des Geistes, der als supranaturale Macht vom Verf. freilich zur Hilfe aufgeboten wird, genau bestimmt würde.

Ich darf hinzufügen, daß der Verf. mir schwerlich die Ansicht untergeschoben haben würde, ich wolle durch die entmythologisierende Exegese „das Zeitliche und Geschichtliche als mythologische Einkleidung" eliminieren (25), wenn er das Problem der Zeitlichkeit des eschatologischen Seins in den Blick gefaßt hätte. Daß er dieses Problem, das Gerh. Delling in seinem Buche „Das Zeitverständnis des NT" (1940) wenigstens empfunden hat, nicht aufgegriffen hat, ist für mein Gefühl der schmerzlichste Mangel an diesem inhaltreichen und klugen Buch.

Ursprung und Sinn der Typologie als Hermeneutischer Methode*

Unter *Typologie* als hermeneutischer Methode versteht man die seit dem Neuen Testament in der Kirche geübte Auslegung des Alten Testaments, die in Personen, Ereignissen oder Einrichtungen, von denen dieses berichtet, *Vorabbildungen, Vorausdarstellungen,* entsprechender Personen, Ereignisse oder Einrichtungen der mit dem Kommen Jesu Christi angebrochenen Heilszeit findet. Die Bezeichnung als Typologie geht auf Paulus zurück, der Röm 5,14 Adam als Typos Christi, 1Kor 10,6 die Israeliten der Wüstenzeit als Typoi der Christen bezeichnet. Dem alttestamentlichen Typos entspricht der Antitypos der christlichen Zeit (1Petr 3,21; vgl. Hebr 9,24). Die typologische Betrachtungsweise ist jedoch nicht an diese Terminologie gebunden[1]. Verwandt ist diese exegetische Methode derjenigen, die in Worten des Alten Testaments *Weissagungen* findet, die in der Heilszeit ihre Erfüllung gefunden haben oder noch finden werden. Beide Methoden sind aber streng voneinander zu unterscheiden[2]. Die Typologie steht unter dem Gedanken der *Wiederholung,* der Weissagungsbeweis unter dem der *Vollendung.* Den beiden Methoden entspricht ein verschiedenes Zeitverständnis; der Weissagungsbeweis rechnet mit dem gradlinigen Lauf der Zeit, die Typologie mit dem zyklischen. Der Weissagungsbeweis entspringt der genuin alttestamentlichen Anschauung von dem durch göttlichen Plan geleiteten teleologischen Lauf der Geschichte, von der Heilsgeschichte, die zu ihrem Ende, ihrer Vollendung geht. Der Gedanke der Wiederholung stammt dagegen nicht aus einem echten Verständnis von Geschichte,

---

* Pro Regno Pro Sanctuario, G. van der Leeuw zum 60. Geburtstag, Verlag G. F. Callenbach N. V., Nijkerk-Holland (1950), 89—100 und in ThLZ 75 (1950), 205—212. [Der hier abgedruckte Text folgt der Festschrift, nimmt jedoch Zusätze der ThLZ, bes. in Anm. 28 u. 35 auf.]

[1] Über die Terminologie s. Leonh. Goppelt, Typos. Die typologische Deutung des Alten Testaments im Neuen (1939). Der griechischen Literatur ist dieser Gebrauch von τύπος fremd. Über die Geschichte des Wortes τύπος bzw. Typus s. J. E. Heyde, Forschungen und Fortschritte 17 (1941), 220—223.

[2] Daß Goppelt den Unterschied nicht klar sieht, ist ein Hauptfehler seines A. 1 genannten Buches.

sondern ist der kosmologische Gedanke von der zyklischen Bewegung des Weltlaufs, der nicht eine Vollendung, sondern die Wiederholung, die Wiederkehr des Gleichen, kennt; ἰδού, ποιῶ τὰ ἔσχατα ὡς τὰ πρῶτα (Barn 6,13) ist der klare Ausdruck dafür; aber auch in der paulinischen Prägung καινὴ κτίσις (2Kor 5,17) ist er ausgesprochen. Insofern der Anbruch einer neuen Weltperiode als das Ende der alten gilt, kann es heißen: Endzeit gleich Urzeit[3].

Die Anschauung von der Wiederkehr des Gleichen findet sich ebenso im alten Orient wie im Griechentum[4]. Sie dürfte schon ursprünglich mit der Vorstellung von der Gliederung der einzelnen Weltzeiten in Perioden verbunden gewesen sein, — Perioden, die ebenso die jüdische Apokalyptik kennt wie Hesiod. Wieweit ein historischer Zusammenhang zwischen der vorderorientalischen und der griechischen Anschauung vom zyklischen Gang des Weltlaufs und seiner Periodengliederung besteht, bleibe dahingestellt; jedenfalls ist die Anschauung vom Kreislauf der Zeit beiderwärts in der Beobachtung des Kreislaufs des Himmelsgewölbes mit seinen Gestirnen begründet. An ihrer Bewegung werden ja Tages- und Jahreszeiten abgelesen, und die Periodengliederung entspricht der Gliederung des Jahreslaufs. Sekundär wird es sein, daß die Abfolge der Zeitperioden auch nach Analogie der Altersstufen des Menschen verstanden wird[5].

Schon früh, jedenfalls bei einzelnen alttestamentlichen Propheten[6], ist die Anschauung vom Kreislauf der Zeit der eschatologischen Hoffnung dienstbar gemacht worden. Sie mußte zum Ausdruck des Bewußtseins dienen, am Ende einer Epoche des Unheils zu stehen, der demnächst eine Epoche des Heils folgen wird. Diese *Eschatologisierung* der Anschauung bedeutet natürlich eine Inkonsequenz; denn die Hoffnung auf

---

[3] Vgl. HERM. GUNKEL, Schöpfung und Chaos in Urzeit und Endzeit² (1921) und W. STAERK, Die Erlösererwartung in den östlichen Religionen (1938), zwei Werke, die bei GOPPELT unbegreiflicher Weise überhaupt nicht genannt sind.

[4] Vgl. WILH. BOUSSET (-HUGO GRESSMANN), Die Religion des Judentums im späthellenistischen Zeitalter³ (1926), S. 502 ff, sowie STAERKS A. 3 genanntes Werk S. 158 ff. — Für das Griechentum: ERICH FRANK, Philosophical Understanding and Religious Truth (1945), 67 f. — Über den griechischen Terminus ἀποκατάστασις bzw. ἀποκαθιστάναι s. OEPKE, Theologisches Wörterbuch zum Neuen Testament I, 387, 6 ff und 389, 4 ff. Ferner die Anmerkungen zu Corp. Herm. VIII, 4 und XI, 2 in „Hermes Trismegiste" ed. NOCK und FESTUGIÈRE I, S. 90 und S. 155/157.

[5] Vgl. 4Esr 5,55; syr Bar 85,10. — Der Bezug auf die Jahreszeiten scheint bei Philon, De op. mundi 59 im Gebrauch des Terminus χρόνος κατορθώσεως nachzuklingen.

[6] Vgl. HUGO GRESSMANN, Der Messias (1929), passim; AAGE BENTZEN, Messias-Moses redivivus — Menschensohn (1948).

die Wiederkehr der herrlichen Urzeit rechnet nicht damit, daß jetzt der Kreislauf von neuem beginnt, — sowenig bei den alttestamentlichen Propheten, den jüdischen und christlichen Apokalyptikern, wie etwa in der 4. Ekloge Vergils, — im Unterschied von der konsequenten Durchführung des Gedankens in der griechischen Philosophie. Aus den χρόνοι ἀποκαταστάσεως (Apg 3,21) wird dann der καιρὸς διορθώσεως (Hebr 9, 10).

Es ist im Grunde die gleiche Inkonsequenz, die sich schon in der kultischen Feier solcher Feste zeigt, die den Eintritt eines neuen Zeitabschnitts begehen, zumal des *Neujahrfestes*. Denn das Glück, dessen Eintritt hier gefeiert wird, ist, „auch wenn es sich wiederholt, im Erlebnis einmalig"[7]. In der Tat sind ja die der Eschatologie und dem Kultus zugrunde liegenden Motive eng verwandt. Die Feste des Neujahrs und der Thronbesteigung feiern im alten Orient die Erneuerung der Schöpfung, und bis in den späteren jüdischen Kult hinein haben sich solche Vorstellungen erhalten[8]. Da der Regierungsantritt des Herrschers als der Anfang einer neuen Weltperiode gilt, wird er auf den Neujahrstag verlegt (Babylonien), oder das Kalenderjahr wird ignoriert und die Zeit nach den Regierungsjahren des Königs berechnet[9]. Die „Eschatologi|sierung" des Periodengedankens ist in Neujahrs- und Thronbesteigungsfeiern gleichsam vorgebildet; radikal vollzogen ist sie da, wo das „neue Jahr" als definitive Heilszeit gedacht ist, und wo der Herrscher Gott selbst oder eine göttliche Gestalt ist[10].

Mit der radikalen Eschatologisierung des Wiederholungsgedankens in der jüdischen Hoffnung, in der die neue Weltzeit zur definitiven Heilszeit geworden ist, ist es gegeben, daß die alte Weltzeit nicht nur als die in ihrer Jugend blühende, dann allmählich verfallende und alternde erscheinen kann, sondern daß sie daneben auch in radikalem Gegensatz zur Heilszeit als die Unheilszeit schlechthin gilt[11]. Die Idee der in ständiger Folge sich ablösenden Weltperioden ist dann zur *Idee der beiden Äonen* geworden, des עולם הזה und des עולם הבא. Mit dem alt-

---

[7] GER. VAN DER LEEUW, Phänomenologie der Religion (1933), 95; ed. franç. (1948), 106.

[8] HARALD RIESENFELD hat sie in seinem Buch „Jésus Transfiguré" (1947) (Acta Seminarii Neotest. Upsal. XVI) verfolgt. Hier reiche Literaturangaben.

[9] Siehe VAN DER LEEUW l. c. 106—108 bzw. 116—119.

[10] „Eine göttliche Gestalt" — hier natürlich in anderem Sinne als es für den orientalischen Gottkönig gilt.

[11] Dann tritt jener Vorgang ein, den VAN DER LEEUW l. c. 556 bzw. 568 charakterisiert: „Die ganze Weltgeschichte wird dann aber zu einer einzigen Periode verkürzt, die vielen zyklischen Zeitläufte in einen einzigen Verlauf zusammengelegt."

testamentlichen Schöpfungsglauben konnte diese Vorstellung vereint werden, wenn der Gedanke Platz griff, daß die gute Schöpfung schon am Anfang verdorben wurde und zwar durch den Fall Adams, der damit ein ganz neues Gewicht gewann, das er im Alten Testament noch nicht gehabt hatte[12]. Wie parsische und gnostische Anschauungen dazu beigetragen haben, daß sich im Judentum und Urchristentum diese Vorstellung ausbildete, kann hier außer Betracht bleiben. Im Zusammenhang ist folgendes wichtig. Die *Kombination der Wiederholungsidee mit der Äonenlehre* bedingt es, daß der Antitypos der neuen Periode nicht die einfache Wiederholung (oder auch in eine höhere Tonart transponierte Wiederholung) des Typos der alten Periode sein kann, sondern ihm zwar parallel geht, ihm aber gegensätzlich entspricht. So kann Christus wohl als der zweite Adam gelten, weil er wie der erste eine Menschheit als Stammvater einleitet und ihr seinen Charakter aufprägt; aber dem παράπτωμα Adams korrespondiert das δικαίωμα Christi, der παρακοή jenes, die ὑπακοή dieses. Wie durch Adam Sünde und Tod über die Menschen gekommen sind, so durch Christus Gerechtigkeit und Leben (Röm 5,12 ff). Daneben besteht freilich die Möglichkeit, Typos und Antitypos im Sinn des Wiederholungsgedankens zu verstehen, so, wenn es sich nicht um Adam und Christus, sondern um Mose und Christus handelt (s. u.).

Die Eschatologisierung des Wiederholungsmotivs hat aber außer der Modifikation, daß die wiedergekehrte Urzeit als Heilszeit nun stabil ist, noch eine andere Veränderung erfahren. Denn begreiflicherweise geht die Hoffnung auf die Wiederkehr der Urzeit nicht darauf, daß die konkreten Menschen der Urzeit wiederkehren werden[13]. Vielmehr darauf, daß die Glücklichen, die die Zeit der Wiederkehr erleben, dann das Heil dieser Zeit genießen werden[14], und daß die Gestorbenen dazu aus den Gräbern erweckt werden. Nur für zwei Personen der Vorzeit scheint im Judentum die wirkliche Wiederkehr erwartet worden zu sein: für Mose und Elia[15]. Diese Erwartung kann jedoch auch die Form anneh-

---

[12] 4Esr 3,7.21 f; 7,118; syr Bar 17,3; 23,4; 48,42 f. — Vgl. STRACK-BILLERBECK, Kommentar zum Neuen Testament aus Talmud und Midrasch III (1926), 227 f; BOUSSET l. c. 406 ff; GEORGE FOOT MOORE, Judaism I (1927), 474 ff.

[13] Der Gedanke der Wiedergeburt der Seelen, demzufolge diese dem τροχὸς τῆς γενέσεως unterworfen wären (Jak 3,6, dazu die Kommentare von DIBELIUS und WINDISCH und GERH. KITTEL, Die Probleme des palästinischen Spätjudentums und das Urchristentum [1926], 141 ff) scheidet aus.

[14] PsSal 17,50; 18,7; vgl. das „Kaddisch".

[15] Siehe PAUL VOLZ, Die Eschatologie der jüdischen Gemeinde (1934), 195; B. MUR-

men, daß nicht der alte Mose und der alte Elia wiederkehren werden, sondern ein neuer Mose und ein neuer Elia, — *und dann haben wir die aus der Idee der Wiederholung erwachsene Typologie.*

Der echte Wiederholungsgedanke in seiner eschatologisierten Form liegt vor, wenn das Judentum die Wiederkehr der Paradieseszeit mit ihren Gütern in der Heilszeit erwartet[16]. Wenn dagegen der Messias als ein zweiter Adam erwartet wird[17], so ist das schon Typologie[18]. Eine eigentümliche Modifikation der Gleichung Urzeit = Endzeit entsteht dadurch, daß für Israel als Volk *die Mosezeit* die Zeit der Begründung ist, und so kann sie in der Typologie an die Stelle der Schöpfung treten[19]. Wie der Messias der letzte Adam heißen kann, so kann er auch Mose, dem „ersten Erlöser", als der „letzte Erlöser", als Antityp gegenübergestellt werden[20]. Natürlich ist das dann keine antithetische Entgegensetzung wie die paulinische Entsprechung des ersten und des letzten Adam, sondern der zweite Mose ist die gesteigerte Wiederholung des ersten[21]. Schließlich kann auch die ganze Vergangenheit Israels, soweit sie als klassische Zeit gesehen werden kann, als Typos der Heilszeit gelten, indem die Erzväter das Ideal der Heilszeit repräsentieren[22], oder wenn die Verhaltensweisen der Ruth als Vorabbildungen der Geschichte des Messias gedeutet werden; doch liegt hier wohl mehr Allegorese als Typologie vor[23]. Keine Typologie ist es jedenfalls, wenn in der rabbinischen

---

MELSTEIN, WZKM (1929), 51 f; und vor allem JOACH. JEREMIAS, ThW II, 933 ff; IV, 860 ff.

[16] Vgl. BOUSSET l. c. 283 ff; VOLZ l. c. 361.

[17] Vgl. MURMELSTEIN l. c. (1928), 242 ff; VOLZ l. c. 189 f; STAERK l. c. 21 ff.

[18] Untypologisch, rein als kosmologische Theorie begegnet der Gedanke von einem zweiten Weltuntergang (durch Feuer) nach dem ersten (durch die Wasserflut) 2Petr 3,5 ff.12 ff (gegen GOPPELT). Hier wird nicht die gegenwärtige Heilszeit mit der Urzeit konfrontiert, sondern um die Erlahmung der eschatologischen Erwartung zu bekämpfen, weist der Verf. darauf hin, daß die Welt untergehen wird, wie sie schon einmal unterging.

[19] Über die Wiederkehr der Mosezeit in der Endzeit s. GRESSMANN l. c. 181 ff; A. BENTZEN l. c.; VOLZ l. c. 360.

[20] Über die typologische Vorstellung, daß der Messias als der zweite bzw. als der „letzte" Erlöser (גואל) Mose als dem ersten Erlöser entspricht s. STRACK-BILLERBECK l. c. I, 68 f; R. EISLER, ZNW 24 (1925), 178; JOACH. JEREMIAS, ThW IV, 864, 4 ff.

[21] Daß die „heilsgeschichtliche Steigerung" für die Typologie konstitutiv ist (GOPPELT S. 151), ist nicht richtig; die Typologie verträgt sich ja auch mit Antithetik. Aber für den eschatologisierten Wiederholungsgedanken liegt sie freilich nahe. Jedenfalls aber hat das μείζων Mt 11,11 mit Typologie nichts zu tun (GOPPELT S. 74 f), und das μείζων und das πλεῖον Ἰωνᾶ bzw. Σολομῶνος Mt 12,41 f zeigt gerade, daß die Parallelität zwischen Jesus und Jona bzw. Salomo nicht typologisch gedacht ist.

[22] Vgl. VOLZ l. c. 360.

[23] Midr. Ruth zu 2,14 (132^{ab}) bei STRACK-BILLERBECK I, 27.

Literatur Ereignisse der Vorzeit als urbildlich für spätere kultische Riten gelten[24], denn hier handelt es sich nicht um die Vorabbildung des eschatologischen Geschehens der Heilszeit.

II.

Im folgenden sollen *die wichtigsten Fälle von Typologie im Neuen Testament* überblickt werden.

Das typologische Schema liegt Röm 5,12 ff zugrunde: Christus wird Adam gegenübergestellt, wobei, wie schon gesagt, die formale Parallelität zugleich eine sachliche Antithese ist. Wird hier der Adam von Gen 3 ausdrücklich als τύπος τοῦ μέλλοντος bezeichnet (5,14) und damit indirekt Christus als zweiter Adam, so fehlt der Terminus τύπος 1Kor 15,45—49, wo das Schema das gleiche ist und wo dem πρῶτος [ἄνθρωπος] Ἀδάμ der ἔσχατος Ἀδάμ bzw. der δεύτερος ἄνθρωπος gegenübergestellt wird. In knapper Anspielung liegt die Adam-Christus-Typologie Röm 3,23 vor; denn in dem Satz: πάντες γὰρ ἥμαρτον καὶ ὑστεροῦνται τῆς δόξης τοῦ θεοῦ ist offenbar auf die jüdische Legende angespielt, daß Adam durch den Fall die ihm ursprünglich zu eigene Herrlichkeit eingebüßt hat[25]. Daß Christus die δόξα wiederbeschafft hat, ist als selbstverständlich vorausgesetzt und wird indirekt Röm 8,28 f bezeugt, wenn es heißt: (ὁ θεὸς . . .) οὓς προέγνω καὶ προώρισεν συμμόρφους τῆς εἰκόνος τοῦ υἱοῦ αὐτοῦ . . . τούτους καὶ ἐδόξασεν.

Die Gleichung *Endzeit = Urzeit* ist im Neuen Testament nicht in derselben Direktheit ausgesprochen wie in jenem ἰδού, ποιῶ τὰ ἔσχατα ὡς τὰ πρῶτα. Aber der Gedanke ist bei Paulus wirksam, wenn er 2Kor 4,6 die Verkündigung des Evangeliums mit der Schöpfung parallelisiert[26]: ὅτι ὁ θεὸς ὁ εἰπών· ἐκ σκότους φῶς λάμψει, ὃς ἔλαμψεν ἐν ταῖς καρδίαις ἡμῶν πρὸς φωτισμὸν τῆς γνώσεως τοῦ θεοῦ ἐν προσώπῳ Χριστοῦ. Der Sinn des Satzes geht nicht darin auf, daß die Bekehrung des Paulus, die in dem ὃς ἔλαμψεν ἐν ταῖς καρδίαις ἡμῶν angedeutet ist, der Erschaffung des Lichtes parallel ist; der Ton liegt vielmehr auf der Zweckangabe: πρὸς φωτισμὸν κτλ. dh damit Paulus als Verkündiger die γνῶσις τῆς δόξης zum Aufstrahlen bringt. Parallelisiert werden also Schöpfung und apo-

---

[24] GnR 48 (30ª) bei Strack-Billerbeck II, 140.
[25] Vgl. Strack-Billerbeck III, 480; IV, 886 ff; Murmelstein l. c. (1938), 255 ff; Hugo Odeberg, The Fourth Gospel (1929), 264, A. 3; W. Staerk, Soter I, 158 f; Riesenfeld l. c. 110 f, 125.
[26] Daß das ἄνωθεν γεννηθῆναι Joh. 3,3 ff „aus der Schöpfungstypologie zu verstehen" sei (Goppelt S. 219), ist ein absurder Gedanke.

stolisches Amt. Und der Gedanke, daß durch die Verkündigung eine neue Schöpfung gewirkt wird, ist 5,17 ausgesprochen: εἴ τις ἐν Χριστῷ, καινὴ κτίσις· τὰ ἀρχαῖα παρῆλθεν· ἰδού, γέγονεν καινά. Die Neuschöpfung geschieht ja, indem die durch Christus beschaffte Versöhnung durch die διακονία τῆς καταλλαγῆς realisiert wird (V. 18 f).

Häufiger als die Parallelisierung Schöpfung-eschatologische Heilszeit ist die andere: *Mosezeit-Heilszeit.* In diesem Sinne scheint Apg 3,22 auch der technische Ausdruck ἀποκατάστασις gebraucht zu sein. Die χρόνοι ἀποκαταστάσεως πάντων ὧν ἐλάλησεν ὁ θεὸς διὰ στόματος τῶν ἁγίων ... αὐτοῦ προφητῶν („die Zeiten der Wiederherstellung aller Dinge, von denen ...") bezeichnen die eschatologische Heilszeit (die καιροὶ ἀναψύξεως von V. 20), sofern diese eine Wiederholung der Mosezeit ist. Denn V. 22 wird das Mosewort Dtn 18,15 zitiert, wonach Gott einen Propheten „wie mich" erwecken wird — nämlich den Messias[27]. Ob auch die Frage der Jünger Apg 1,6: ἐν τῷ χρόνῳ τούτῳ ἀποκαθιστάνεις τὴν βασιλείαν τῷ Ἰσραήλ im Sinne der Typologie zu verstehen ist, ist unsicher.

2Kor 3,7 ff wird Christus indirekt dadurch mit Mose parallelisiert, daß die διακονίαι des alten und des neuen Bundes und damit die δόξα des Mose und die des apostolischen Amtes parallelisiert werden. Die letztere ist aber ja die δόξα Christi (vgl. 4,4.6). Die Parallelisierung ist antithetisch, sofern die διαθῆκαι parallelisiert werden: jene die des tötenden γράμμα, diese die des lebendigmachenden πνεῦμα. Sofern die δόξαι parallelisiert werden, tritt an die Stelle der Antithese die Steigerung.

Zur Parallelisierung der Mosezeit mit der eschatologischen Gegenwart gehört es, wenn Christus 1Kor 5,7 als „unser" Pascha bezeichnet wird, ein gelegentlich auftretender Zug. Wahrscheinlich ist bei Johannes der gleiche Gedanke wirksam, wenn er den Tod Jesu auf die Stunde datiert, in der die Paschalämmer geschlachtet werden (19,14), wie er denn auch betont, daß die für das Paschalamm geltende Vorschrift (Ex 12, 46) darin erfüllt wurde, daß die Knochen des Gekreuzigten nicht zerschlagen wurden (19,36).

Daß die Parallelisierung Mose-Jesus Hebr 3,1—6 Typologie sei, wird man nicht sagen dürfen. Es liegt nur ein einfacher Vergleich vor, durch den die Erhabenheit Christi über Mose aufgezeigt wird, wie 1,1—14 seine Erhabenheit über die Engel beschrieben wurde, wobei ja von Typologie nicht die Rede sein kann.

---

[27] Wie es scheint, ist Dtn 18,15 im Judentum nicht typologisch gedeutet worden, s. STRACK-BILLERBECK II, 626; I, 730; JEREMIAS, ThW IV, 826, 9 ff.

Ebensowenig beruht das Bewußtsein des Urchristentums, die eschatologische Gemeinde des neuen Bundes zu sein, auf dem typologischen Denken. Denn der Gedanke des neuen Bundes ist kein typologischer, sondern entspringt dem heilsgeschichtlichen Denken. Bei Jeremia und Ezechiel tritt der neue Bund an die Stelle des alten, den das Volk gebrochen hat; er gilt nicht als dessen Wiederholung, sondern als sein Ersatz. Deshalb ist auch im Neuen Testament das Herrenmahl zwar eine Parallele zum Paschamahl, aber nicht sein Antityp, sowenig wie Pfingsten Antityp zur Sinai-Gesetzgebung ist. Denn wenn auch der Bericht vom Sprachwunder Apg 2 eine Parallele zur rabbinischen Legende sein wird, nach der sich die Gottesstimme vom Sinai in die Sprachen der Weltvölker teilte, so zeigt doch die Petrusrede (2,14 ff), daß das Pfingstwunder als Erfüllung der Weissagung des Joel verstanden wird. Jede typologische Bezugnahme auf das Sinai-Ereignis fehlt. Der ganze Gedankenkreis vom neuen Bunde, vom neuen Gottesvolk, von der Sammlung des Zwölf-Stämme-Volkes, vom neuen Tempel (Phil 3,2; 1Petr 2,9 etc) beruht auf dem Erfüllungs- und Vollendungsgedanken, nicht auf dem Wiederholungsgedanken. Nur in Hebr wird im Rahmen der ganzen typologischen Betrachtung (7,1—10, 18) auch der neue Bund zum Antityp des alten (8,6—13)[28].

In recht freier Weise nimmt Joh 3,14 f auf die Mose-Christus-Typologie Bezug: wie Mose die Schlange in der Wüste „erhöht" hat, so wird der „Menschensohn" — nicht etwa eine analoge Tat tun, sondern selbst „erhöht" werden. Ähnlich Joh 6,31—33; 49—51a: die Juden fordern, konsequent in der Linie des typologischen Denkens, daß Jesus ihnen himmlisches Brot spende, wie einst in der Wüste Moses den Vätern das Manna verschafft habe, — worauf aber die Antwort lautet, daß das von Jesus gespendete Himmelsbrot er selber sei. Diesen Stellen liegt also wohl Typologie zugrunde; aber der Evangelist führt das typologische Denken, mit ihm spielend, ad absurdum.

Typologisch dagegen ist — freilich wieder in origineller Modifikation — die Ausführung 1Kor 10,1—11: die Israeliten sind die τύποι der Christen, jedoch mit eigentümlicher paränetischer Wendung heißt es: die Situation von damals und jetzt ist die gleiche, nämlich gleich versucherisch; laßt euch jene Generation als warnendes Beispiel dienen! Breit ausgeführt ist dieses Motiv Hebr 3,7—4,13: das durch die Wüste

---

[28] Ob auch das Auftreten des Täufers in der Wüste auf die Mose-Typologie zurückgeführt werden darf (JEREMIAS, aaO IV, 872, 3 ff), ist mir nicht sicher. In der Damaskusschrift erscheint die Wüstenzeit als Vorbild der messianischen Heilszeit.

wandernde Israel und die christliche Gemeinde sind (ohne daß diese Terminologie gebraucht würde) Typ und Antityp; an beide ist das Wort ergangen, das sie zur Wanderschaft beruft, beide sind εὐηγγελισμένοι (4,2), und für beide ist das εὐαγγέλιον eine ἐπαγγελία dh eine in die Zukunft weisende Verheißung. Hat Israel infolge seines Ungehorsams und Unglaubens das Ziel nicht erreicht, so gilt für die christliche Gemeinde, im Blick auf dieses warnende Vorbild treu bis zum Ende auszuharren (3,14; 4,11).

Daß die mosaische Kultusgesetzgebung Typos der christlichen Heilsökonomie sei, liegt keineswegs in dem Begriff der λογικὴ λατρεία (Röm 12,1[29]), wird aber Hebr 5,1—10; 7,1—10, 18 breit ausgeführt, indem Christus nun freilich nicht etwa als Antityp Aarons, sondern des levitischen Priestertums überhaupt dargestellt wird. Als individueller Typ erscheint vielmehr Melchisedek (7,1—10). Mit ihm tritt eine Gestalt der *Abrahams-Geschichte* auf, die auch sonst der typologischen Betrachtungsweise unterworfen wird. So läßt sich jedenfalls die Gegenüberstellung der Beschneidung am Fleisch und der Beschneidung des Herzens (Röm 2,28 f) verstehen, wenngleich die Pointe nicht in der Parallelität, sondern in der Antithese liegt (vgl. Phil 3,3: ἡμεῖς γάρ ἐσμεν ἡ περιτομή; Kol 2,11). Vermischt mit Allegorese ist die Typologie in der Deutung der Sara-Hagar-Geschichte (Gal 4,21—31), in der sich aber auch noch mit dem ὑμεῖς δὲ . . . ἐπαγγελίας τέκνα ἐστέ der Erfüllungsgedanke verbindet. Abraham als Typos (der Glaubenden) zu bezeichnen[30], ist nicht möglich. Wohl ist er Ur- und Vorbild der Glaubenden wie schon in der jüdischen Literatur[31]; aber der Wiederholungsgedanke spielt dabei keine Rolle.

Hier und dort begegnen *einzelne typologische Deutungen*. So hat der Verf. von 1Petr die Taufe als Antityp der Sündflut verstanden (3,31). Vielleicht ist die Interpretation des Wortes vom Jona-Zeichen Mt 12,40 als Typologie zu bezeichnen. Jedenfalls gilt Johannes der Täufer als der wiedergekehrte Elia (Mt 11,14; Mk 9,12). Schwerlich aber darf man die Meinung, Jesu selbst sei der wiedergekehrte Elia (Mk 6,14 f; 8,28), als typologisch ansehen, da neben ihr die anderen Fragen stehen, ob er der wiedererstandene Täufer oder irgendein (wiedergekehrter?) Prophet sei. Denn die Meinung, daß er der wiedererstandene Täufer sei, ist ja auf keinen Fall Typologie, sondern einfacher Revenantglaube.

---

[29] So GOPPELT S. 180 f.   [30] So GOPPELT S. 165 ff.
[31] Vgl. AD. SCHLATTER, Der Glaube im Neuen Testament[4] (1927), 609; VOLZ l. c. 81; STRACK-BILLERBECK III, 186 ff; JEREMIAS, ThW I, 8, 11 ff.

Freilich mag die Meinung, daß er der Elia sei, sinnentleerte Popularisierung der Wiederholungsidee sein.

Wie sich die typologische Deutung mit dem Weissagungsbeweis und mit der Allegorese vermischt, so kann sie auch, wie der Hebräerbrief zeigt, *mit der spiritualistischen Exegese kombiniert* werden, wie Philon sie übt. Das zeigt sich schon in der Terminologie. Während bei Paulus τύπος die Bezeichnung des alttestamentlichen Urbildes ist (Röm 5,14; 1Kor 10,6.11), dem gegenüber die eschatologische Wiederholung der ἀντίτυπος ist (1Petr 3,21), heißt Hebr 8,5 τύπος das himmlische Urbild bzw. Vorbild oder Modell der Stiftshütte. Das entspricht der (platonisch-) philonischen Terminologie, wie 9,24 bestätigt, wo die χειροποίητα ἅγια als ἀντίτυπα τῶν ἀληθινῶν bezeichnet werden (vgl. Apg 7,44). Ebenso entspricht es der philonischen dualistischen Metaphysik, wenn das irdische Abbild als σκιά (τῶν ἐπουρανίων 8,5 bzw. τῶν μελλόντων 10,1) gilt. Die Christianisierung des Dualismus zeigt sich darin, daß für Hebr die ἀληθινά zugleich die μέλλοντα sind. Das himmlische Heiligtum (die σκηνὴ ἀληθινή 8,2) ist vor Christus gleichsam nur latent da, und der himmlische Kult wird erst vollzogen im Selbstopfer Christi als des himmlischen Hohenpriesters (9,26—28). Der νόμος „hat" die σκιά der μέλλοντα ἀγαθά (10,1; vgl. 9,11 v. l.: Christus als der ἀρχιερεὺς τῶν μελλόντων ἀγαθῶν). Die Terminologie ist allerdings konfus, wenn nach 8,5, die irdischen Priester den Kult vollziehen: ὑποδείγματι καὶ σκιᾷ τῶν ἐπουρανίων, weil ὑπόδειγμα nach hellenistischer Terminologie das himmlische Urbild bezeichnet. Konfus auch 10,1, wenn das Irdische als mit σκιά behaftet der εἰκὼν τῶν πραγμάτων gegenübergestellt wird, da nach dualistischer Terminologie das Irdische als die εἰκών des himmlischen τύπος gilt.

So hat Goppelt wohl recht, wenn er sagt, daß Hebr nicht die „vertikale" Typologie Philons vertritt, nicht aber, wenn er leugnet, daß sich in Hebr die „vertikale" und die „horizontale" Typologie kreuzen[32]. Sichtbar wird das schließlich 12,22 f, wo der himmlische Berg Zion und das himmlische Jerusalem dem irdischen Sinai gegenübergestellt werden, — in gewisser Weise eine antithetische Typologie, und doch wiederum nicht, weil das himmlische Jerusalem nicht als endgeschichtliches, jetzt auf Erden erschienenes Phänomen, sondern als himmlische Größe gedacht ist[33].

---

[32] GOPPELT S. 200 ff.
[33] Singulär ist der Terminus παραβολή für die typologische Bedeutung des alttestamentlichen Kultus im Verhältnis zum καιρὸς ἐνεστώς Hebr 9,9 (auch 11,19?) gebraucht; zu erklären aus der Vermischung von Typologie und Allegorese. Im Sinne

Hat die typologische Deutung des Alten Testaments einmal Platz gegriffen und neben oder in Verbindung mit dem Weissagungsbeweis apologetische Bedeutung gewonnen, so sind nun Tür und Tor für die Kunststücke typologischer Exegese geöffnet, wie ein kurzer Blick auf den Barnabasbrief noch zeigen mag. Aus der Abrahamsgeschichte ist die Opferung Isaaks der typologischen Deutung unterworfen, indem sie als τύπος der Opferung Christi gedeutet wird (7,3)[34], eine auch bei den Apologeten und sonst später wiederkehrende Deutung. Aus der Patriarchengeschichte wird weiter Jakob zitiert, dessen beim Segnen seiner Enkel gekreuzte Hände das Verhältnis der jüdischen und der christlichen Gemeinde abbilden (13,5). Doch ist hier die Typologie durch die Allegorese verdrängt, wie auch die Deutung der ausgebreiteten Hände des Mose auf das Kreuz Christi (12,2) Allegorese ist, während die eherne Schlange wie Joh 3,14 f typologisch als Vorabbildung des Kreuzes verstanden wird (12,5 f). Unklar ist, ob Josua als Typos Jesu dienen soll (12,10). Mehrfach werden Kultusvorschriften als Vorabbildungen christlichen Heilsgeschehens gedeutet (7,3.7.10 f; 8,1). Klar ist die typologische Idee bei Barnabas, trotz seines ἰδού, ποιῶ τὰ ἔσχατα ὡς τὰ πρῶτα, nicht durchgeführt; Typologie und Allegorese mischen sich[35].

Nicht jede Parallelisierung von Personen und Vorgängen der eschatologischen (bzw. christlichen) Gegenwart mit solchen des Alten Testaments ist Typologie[36]. Daß Gestalten der Geschichte Israels der gegenwärtigen Gemeinde als mahnende oder warnende Vorbilder vor Augen gestellt werden, wie der geduldige Hiob (Jak 5,11), der betende Elia (Jak 5,17), oder Frevler wie Kain, Esau und die Rotte Kora (Jud 11;

---

der letzteren heißt die Verheißung Ex 33,1 bei Barn 6,10 eine παραβολή (ein Rätsel), die auf Jesus zu deuten ist. So auch Barn 17,2: alle ἐνεστῶτα und μέλλοντα sind ἐν παραβολαῖς (in Rätseln) beschlossen.

[34] H. J. Schoeps, der diese Deutung auf rabbinische Reflexionen über die Opferung Isaaks zurückführt, möchte sie schon bei Paulus finden (JBL [1946], 385—392).

[35] Die weitere Geschichte der Typologie in der alten Kirche zu verfolgen, vor allem in der altchristlichen Kunst, wäre ein reizvolles Thema. Hinweisen möchte ich hier noch auf H. J. Schoeps, „Restitutio principii" as the basis for the „Nova lex" Jesu, JBL 66, 4 (1947), 453—464. Ganz besonders aber auf Erich Auerbach, Figura (Neue Dantesstudien, Europa-Verlag Zürich und New York 1944). Auerbach untersucht den Sprachgebrauch des Begriffs figura, der dem griechischen τύπος entspricht, in der lateinischen und altkirchlichen lateinischen Literatur, um dann über die Entstehung der Figuraldeutung und ihre Geschichte bis Dante zu handeln. Die eigentümliche Verschlingung der echt typologischen Deutung mit der spiritualisierenden Allegorese, die schon in Hebr wahrzunehmen ist, begegnet auch in dieser Geschichte. Auch in Auerbachs großem Werk „Mimesis" (Bern, Francke 1946) spielt die Geschichte der Figuraldeutung eine wichtige Rolle.

[36] Goppelt geht viel zu weit im Auftreiben von Typologien im Neuen Testament.

2Petr 2,15; Hebr 12,16; Apk 2,14.20) ist noch keine Typologie, sondern alte Methode der Paränese, die stets mit dem Verweis auf Beispiele der Vergangenheit arbeitet. Dazu gehören die Aufzählungen zB 4Makk 16,20 f; 18,10—19; 1Clem 4—12 und die „Wolke der Zeugen" Hebr 11. Ebenso hat der Verweis auf die Strafgerichte, die über Frevler der Vergangenheit ergangen sind (Jud 5 ff; 2Petr 2,4 ff; vgl. Sir 16,6—10; Weish 10,1—20; 3Makk 2,4—8), nichts mit Typologie zu tun. Ebensowenig ist es aber auch Typologie, wenn da auf Parallelen der Vergangenheit verwiesen wird, wo es sich nicht um Mahnung zu rechtem Verhalten oder Warnung vor böser Tat handelt, sondern um das Verstehen bösen Schicksals. Daß Jesu Geschick, vom eigenen Volke verworfen zu werden, dem Schicksal der alten Propheten vergleichbar ist, ist keine Typologie[37]. Schon das καὶ ὑμεῖς πληρώσατε τὸ μέτρον τῶν πατέρων | ὑμῶν Mt 23,32 zeigt, daß Jesu Schicksal in Kontinuität mit der Prophetengeschichte gesehen ist und nicht als ihre endzeitliche Wiederholung. Das Gleiche beweist Mt 23,34—36: die Tötung Jesu ist der letzte Frevel des prophetenmordenden Volkes; jetzt ist das Maß voll, und das Gericht bricht herein.

---

[37] GOPPELT S. 92 f.

Die kirchliche Redaktion des ersten Johannesbriefes*

Wer der Überzeugung ist, daß uns das Johannesevangelium in kirchlicher Redaktion vorliegt, hat Anlaß zu der Frage, ob nicht für den ersten Johannesbrief das gleiche gilt. Die kirchliche Redaktion des Evangeliums ist bemüht, seine Theologie mit der traditionellen Eschatologie und dem kirchlichen Sakramentsglauben auszugleichen; das erste in Stellen wie 5,28 f; 6,39.40.44; 12,48; das zweite in den Zusätzen 3,5; 6,51b—58; 19,34b[1]. Es ist zu fragen, ob Entsprechendes auch in 1Joh zu beobachten ist. Bevor ich mich aber der Untersuchung solcher Stellen, an denen es mir der Fall zu sein scheint, zuwende, sei die Frage aufgeworfen, ob nicht 1Joh, ganz abgesehen von den durch den Tatbestand im Evangelium hervorgerufenen Fragen, Anlaß zur Annahme einer Redaktion gibt[2].

I.

Das Proömium 1,1—4 ist mit großer schriftstellerischer Kunst gestaltet, indem der Verf. die Motive des brieflichen Präskripts frei verwertet. Mag man 1Joh einen „religiösen Traktat" nennen (Windisch, Dibelius), oder ein „an die ganze Christenheit gerichtetes Manifest" (Jülicher-Fascher), so gibt sich das Schreiben doch dadurch die Form des Briefes, daß der Verf. nicht nur im Proömium ausdrücklich sagt: ταῦτα γράφομεν (1,4), sondern daß sich Wendungen wie ταῦτα γράφω ὑμῖν (2,1) und ähnliche (2,7f.13f.21.26) wiederholen, und daß 5,13 mit ταῦτα ἔγραψα ὑμῖν auf das Ganze zurückblickt. Wie sich nun im brieflichen

---

* In Memoriam ERNST LOHMEYER (Evang. Verlagswerk Stuttgart, 1951), 189—201.

[1] Vgl. dazu meinen Kommentar. — Andere Motive der Redaktion, wie das Bestreben um Ausgleich mit den Synoptikern, kommen für 1Joh nicht in Frage.

[2] Selbstverständlich ist hier nur von einer kirchlichen Redaktion des 1Joh die Rede, nicht von der redaktionellen Tätigkeit des Verf., der eine schriftliche Quelle seinen Ausführungen zugrunde gelegt hat, wie ich in der Festgabe für Ad. Jülicher (1927) zu zeigen versucht habe [vgl. oben S. 105—123].

Präskript der Briefschreiber nennt und an die Adressaten wendet, so treten auch 1 Joh 1,1—4 Schrei|ber und Adressaten auseinander, — nur daß alles Konkret-Individuelle abgestreift ist: der anonyme Verf. redet nicht als eine individuelle Person, sondern im „Wir" der Ohren- und Augenzeugen, und ebenso erscheinen die Adressaten nur als die „Ihr", dh als die christliche Gemeinde, die Empfängerin der von den „Wir" vermittelten Tradition. Dem Segenswunsch des brieflichen Präskripts ist der Schluß des Proömiums nachgeahmt, indem die übliche Formulierung — χάρις καὶ εἰρήνη — in die spezifisch johanneische Terminologie umgegossen ist: (καὶ ταῦτα γράφομεν ὑμῖν), ἵνα ἡ χαρὰ ἡμῶν ᾖ πεπληρωμένη (vgl. Joh 15,11; 16,24; 17,11).

Danach wäre zu erwarten, daß auch der Schluß des Schreibens in ähnlicher Weise dem brieflichen Postskript nachgebildet ist. Das ist aber nicht der Fall, — wenigstens in der uns vorliegenden Fassung von 1 Joh, in der das Schreiben überhaupt kein Postskript hat. Die an sich bestehende Möglichkeit, daß der ursprüngliche Schluß (aus zufälligen Gründen) weggebrochen und verloren gegangen ist, würde man in Betracht ziehen, wenn nicht 5,13 tatsächlich das enthielte, was man erwarten muß. Denn das ταῦτα ἔγραψα ὑμῖν, ἵνα εἰδῆτε ὅτι ζωὴν ἔχετε αἰώνιον, τοῖς πιστεύουσιν εἰς τὸ ὄνομα τοῦ υἱοῦ τοῦ θεοῦ ist ein klarer Briefschluß. Das ἔγραψα entspricht den Schlußwendungen Phlm 21; 1 Petr 5,12 (vgl. auch ἐπέστειλα ὑμῖν Hebr 13,22) und ebenso dem ἔγραψα Röm 15,15; Gal 6,11. Wollte man einwenden, daß an den beiden letztgenannten Stellen doch wie 1 Joh 5,14—21 noch weitere Ausführungen folgen, so macht der Vergleich nur den Unterschied deutlich. Denn Röm 15,15 setzt den Schlußstrich unter die Ausführungen, die das eigentliche Anliegen von Röm sind, und es folgen nur noch persönliche Mitteilungen[3], — was eben in 1 Joh 5,14—21 nicht der Fall ist, wo teils ein neues Thema auftritt: die Fürbitte für den Sünder (V. 16 f), teils Sätze des Vorausgegangenen rekapituliert werden (V. 14 f.18—21). Und wollte man sagen, daß doch auch Gal 6,12—16 eine Rekapitulation bringt, so liegt die Sache doch deshalb ganz anders, weil Paulus in Gal 6,11 eigenhändig die Feder ergreift und es so verständlich wird, daß er Sätze, die inhaltlich gegenüber dem früher Gesagten nichts Neues bringen, nachdrücklich mit Pathos wiederholt. Davon kann 1 Joh 5,14—21 keine Rede sein. So kann der Vergleich nur den Eindruck bestätigen, daß 5,13 der ursprüngliche Schluß des Schreibens ist. Er entspricht sachlich genau dem ursprünglichen

---

[3] Daß Röm 16 nicht ursprünglich zum Römerbrief gehört, setze ich voraus.

Schluß des Evangeliums (20,31), und sein | ἵνα-Satz ist die johanneische Umsetzung des brieflichen Segenswunsches am Schluß[4].

So wäre also zu folgern: 5,14—21 ist ein Anhang, den kirchliche Redaktion hinzufügte, wie sie ja auch das Evangelium mit dem Anhang c. 21 versehen hat? In der Tat scheint mir diese Folgerung notwendig zu sein, und sie läßt sich noch weiter begründen.

II.

a) Zunächst ist der Aufbau des Schreibens zu beachten. Gewiß hat die Schwierigkeit oder Unmöglichkeit, in 1Joh einen gegliederten Gedankengang zu finden, die Exegeten stets in eine gewisse Verlegenheit gebracht. In der Tat beruht der Aufbau nicht auf der fortschreitenden Entwicklung eines Gedankens, auf der gegliederten Explikation eines Themas. Aber das bedeutet keineswegs, daß der Verf. wahllos niedergeschrieben hätte, was ihm — etwa durch Assoziationen veranlaßt — in den Sinn kam. Vielmehr ist ein bestimmter Rhythmus der Gedankenbewegung unverkennbar, — ein Rhythmus, der auf die homiletische Tradition zurückgeht, der gemäß auf dogmatische Ausführungen ethische Paränesen folgen. Wieweit diese Tradition auf die Synagoge zurückgeht, kann hier außer Betracht bleiben. Deutlich liegt die Weise der homiletischen Gliederung in der Gesamtlage von Röm und Gal vor, ebenso auch in Kol und Eph, im einzelnen etwa in der Folge von 1Thess 5 auf 4,13—18, von 1Kor 15,58 auf 15,1—57, von 2Clem 3 auf 1—2, und mehrfach in Hebr. Nach diesem Schema gliedert sich auch 1Joh: auf die christologische Belehrung (Warnung vor den Irrlehrern) 2,18—27 folgt 2,28—3,24 die Paränese, indem das zum rechten Glauben mahnende μένετε ἐν αὐτῷ 2,27 durch das jetzt zu der dem Glauben entsprechenden Lebensführung mahnende καὶ νῦν ... μένετε ἐν αὐτῷ wieder aufgenommen wird. Analog ist 4,1—6 wieder christologische Belehrung, der 4,7 bis 5,4a die Paränese folgt, wenngleich formal nicht so eng verknüpft, so doch sachlich dadurch, daß das ἐκ τοῦ θεοῦ, das in 4,1—6 vom rechten Glauben galt, jetzt als Kennzeichen der Liebe charakterisiert wird. Diese

---
[4] Die Möglichkeit, daß 5,14—21 ein verstellter Abschnitt ist, kommt nicht in Frage, — ganz abgesehen von dem unter II über den Aufbau des Schreibens und über den Inhalt von 5,14—21 Gesagten. Denn die Frage nach der Ordnung bzw. Unordnung des Textes liegt für 1Joh anders als für das Evangelium. In diesem wird die Frage durch die Aporien des überlieferten Textes hervorgerufen. Davon kann in 1Joh nicht die Rede sein.

beiden Gänge sind umrahmt von 1,5—2,17 und 5,4b—13, von welchen Stücken das erste Paränese | ist, und zwar so, daß auch hier das rechte Handeln als die Konsequenz der rechten Erkenntnis erscheint, während das zweite wieder christologische Belehrung bringt, und zwar an die vorangegangene Paränese als deren Begründung angeschlossen, indem der Sieg über die Welt, der sich nach 5,4a im Halten der Gebote dokumentiert, in 5,4b—5 als im rechten Glauben begründet aufgezeigt wird.

In diesen Rhythmus der Gedankenbewegung fügt sich 5,14—21 schlechterdings nicht, wie denn das Stück gern als „eine Art Nachtrag" (Windisch), als ein „Postskript" (! Dodd) bezeichnet wird, — beides Ausdrücke der Verlegenheit, in der sich der Exeget befindet.

b) Dazu kommen nun aber die Bedenken, die sich gegen die Ursprünglichkeit von 5,14—21 im einzelnen erheben.

Zwar beginnt 5,14 mit einer für den Verf. typischen Wendung: καὶ αὕτη ἐστίν ..., aber gerade dadurch verrät sich der Redaktor, denn es ist leicht zu sehen, daß dieser Satz Imitation ist. Wo sonst solche definierenden oder explizierenden Sätze begegnen, wird durch sie ein im Vorausgegangenen auftretender Begriff aufgenommen und erläutert wie 1,5; 3,23; 5,3.4b.9.11; 2Joh 6; Joh 1,19; 3,19; 6,39; 17,3[5]. Nimmt der definierende Satz nicht einen vorhergehenden Begriff wörtlich auf, so einen vorhergehenden Gedanken wie 2,25; 3,11. Im Unterschied davon hat das καὶ αὕτη ἐστὶν ἡ παρρησία 5,14 überhaupt keinen Anschluß an das Vorhergehende.

Vielmehr ist klar: der Schreiber von 5,14 will das Stichwort αἰτεῖσθαι einführen, um dadurch die Basis für das Neue, was er sagen will (V. 16 f) zu gewinnen. Inhaltlich reproduziert V. 14 f nämlich den Gedanken von 3,21 f: die παρρησία Gott gegenüber ist die Gewißheit der Gebetserhörung. Dabei ist die Begründung von 3,22b (ὅτι τὰς ἐντολὰς αὐτοῦ τηροῦμεν κτλ.) durch das zu ἐάν τι αἰτώμεθα gesetzte κατὰ τὸ θέλημα αὐτοῦ ersetzt und die Gewißheit der Erhörung in V. 15 erneut in verstärkter, wenngleich nicht gerade logischer Form zum Ausdruck gebracht; denn der Nachsatz besagt ja im Grunde das gleiche wie der Bedingungssatz: wenn das Gebet vom Wissen um die Erhörung begleitet ist, so folgt, daß der Betende der Erhörung gewiß ist! Dabei ist wieder die formale Imitation zu beobachten: das οἴδαμεν imitiert das οἴδαμεν von 3,2.14, zu dem sich auch das οἴδατε von 2,20 f; 3,5.15 und das οἶδας von 3Joh 12 stellt; nirgends aber findet sich sonst das plumpe ἐὰν οἴδαμεν

---

[5] Vgl. Jülicher-Festgabe S. 142 [s. o. S. 108 f].

... οἴδαμεν. Es dürfte deutlich sein, daß V. 14 f nur das V. 16 f Gesagte vorbereiten will, auf dem das eigentliche Interesse beruht. Auf der Folie des Satzes von der Erhörungsgewißheit hebt sich der Gedanke ab: es gibt eine Grenze für die Reichweite des Gebetes! Wohl soll man für den sündigenden Bruder bitten, jedoch nur, wenn es sich nicht um eine ἁμαρτία πρὸς θάνατον handelt! Dieser Begriff aber, wie überhaupt die Unterscheidung von zwei Klassen von Sünden bzw. Sündern, ist dem Schreiben (wie auch dem Evangelium) sonst ganz fremd, und die Verlegenheit der Exegeten ist begreiflich, zu sagen, was unter der ἁμαρτία πρὸς θάνατον zu verstehen sei. Sie beweist nur die faktische Unverträglichkeit jener Unterscheidung mit dem Denken des Verf.

In 1Joh tritt das Problem der Sünde des Christen, das ja hinter Röm 6 steckt und im Grunde in allen urchristlichen Paränesen verborgen ist, vielleicht zum erstenmal in das Licht der Reflexion. Es bewegt auch in Hebr 6,1—8 und im Hirten des Hermas das Denken. Ist es in Hebr auch nicht explizit entwickelt, so ist hier doch ein Ausweg faktisch dadurch gefunden, daß bestimmte Sünden als unvergebbar bezeichnet werden: der Abfall vom Glauben (6,6), das ἑκουσίως ἁμαρτάνειν (10,26, nach alttestamentlich-jüdischer Tradition) und die Unzucht (12,16; 13,4). Ausdrücklich ist über den Unterschied der vergebbaren und unvergebbaren Sünden in Herm reflektiert; als unvergebbar gilt die Lästerung des Gottesnamens, der Abfall und die Verleugnung (Herm sim VI 2; IX 19,1; 26,6).

Völlig anders ist die Lösung des Problems 1Joh 1,5 ff! Hier wird der Ausweg nicht in der Unterscheidung von Sünden gesucht, sondern hier wird das christliche Sein als ein ständiges Sein unter der Vergebung verstanden, indem das paradoxe Miteinander von Gottesgemeinschaft und Sündenbekenntnis gezeichnet wird: Gottesgemeinschaft und Wandel im Licht gehören notwendig zusammen, aber ebenso notwendig gehört dazu das Sündenbekenntnis, das sich der Vergebung getrösten darf. Die Sündlosigkeit des Christen ist also nicht als eine ethische Qualität verstanden (sei sie einmal durch die Taufe bewirkt, sei sie selbsterworben), sondern als eine geschenkte, die auch nur als ständig geschenkte in der Vergebung gegenwärtig ist, und die als geschenkte zugleich die ständige Forderung des Lichtwandels (der Bruderliebe) zum Bewußtsein bringt. Nur der sittliche Wandel rechtfertigt das Bewußtsein der Gemeinschaft mit Gott, — und wiederum: nur das Bekenntnis der Sünde ermöglicht diese Gemeinschaft.

Dieses dialektische Verständnis des christlichen Seins ist in 5,16 f einfach preisgegeben. In diesen Versen sprechen das Anliegen der | Kirche, wie es in Hebr und in Herm laut wird, das pädagogische Interesse und das Bestreben, durch eine Regelung der Buße die Reinheit der Gemeinde zu erhalten, — ein Interesse, das schließlich zur Ausbildung des kirchlichen Bußinstituts geführt hat[6].

Die „Sündlosigkeit" des Christen ist auch das Thema von 3,4—10, und zwar in der Weise, daß das Wesen des christlichen Seins als ein der Sünde Enthobensein beschrieben wird (vgl. 2,29; 4,7; 5,1). Das Problem der empirischen Verwirklichung des christlichen Seins und damit das Problem des faktischen Sündigens innerhalb der Gemeinde ist dabei nicht thematisch in den Blick genommen. Es soll vielmehr den Lesern zum Bewußtsein gebracht werden, daß das Sein des Christen ständig auf dem Spiele steht. Die Tatsache, daß, wer sündigt, damit zeigt, daß er nicht „aus Gott gezeugt" ist, muß als ernsteste Motivierung der Mahnung dienen, der Mahnung zum „Tun der Gerechtigkeit", zur Bruderliebe. Die Unterscheidung von Sünden, die πρὸς θάνατον sind, und solchen, die es nicht sind, würde das Entweder—Oder dieser Ausführungen völlig zerstören. Und eine solche Unterscheidung wird ja auch 3,4 von vornherein abgelehnt durch die Versicherung, daß jede ἁμαρτία den Charakter der ἀνομία hat, — ein Satz, der deutlich eine Meinung ablehnt, derzufolge man zwischen ἁμαρτία und ἀνομία als leichter und schwerer Sünde unterscheiden kann. Eben dieser Satz wird nun in 5,17 eigentümlich modifiziert und im Grunde zurückgenommen, wenn es heißt, daß freilich jede ἀδικία als ἁμαρτία zu gelten habe, aber daß nicht jede ἁμαρτία eine solche πρὸς θάνατον sei.

Die Verse 5,18—20 wollen offenbar einen Abschluß bringen durch Zusammenfassung einiger Hauptgedanken des Schreibens. Davon schließt sich der erste, V. 18, an V. 16 f an durch die einigermaßen überraschende variierende Reproduktion von 3,9, die zu V. 16 f gar nicht stimmt, — dh in dem Sinne, den der Satz, daß der aus Gott Gezeugte nicht sündigt, an seiner Stelle 3,9 hat. Aber eben dieser Sinn ist 5,18 gänzlich verändert. Der Satz beschreibt 3,9 das Wesen des christlichen Seins; 5,18 dagegen geht er, wie der ἀλλά-Satz zeigt, auf das empirische Verhalten des Christen: das Sündigen passiert ihm nicht, denn der Böse wagt sich nicht an ihn heran. Dabei kann es dahingestellt bleiben, ob ὁ γεννηθεὶς ἐκ τ. θ. τηρεῖ αὐτόν bedeutet: Jesus Christus als der Gottessohn bewahrt ihn (Dodd, Howard, Windisch mit ?), oder: er, der aus Gott Gezeugte, be-

---

[6] Vgl. zB WINDISCHS Exkurs zu Hebr 6,6—8 und M. DIBELIUS zu Herm mand IV 3,7.

wahrt sich | (Holtzmann, Schmiedel). Das erstere dürfte das Wahrscheinlichere sein; denn der Wechsel von γεγεννημένος und γεννηθείς verlangt doch wohl die Unterscheidung der Subjekte, und τηρεῖς ἑαυτόν bzw. αὐτόν ohne Prädikatsnomen (vgl. Jak 1,27; 1Tim 5,22) ist kaum möglich; zu τηρεῖν αὐτόν dagegen vgl. Joh 17,11 f.15, welche Verse eben hier in V. 18b imitiert sein dürften[7]. Jedenfalls ist das ὁ γεννηθεὶς ἐκ τοῦ θεοῦ singulär und findet sich sonst weder in 1Joh noch in Joh. Singulär ist auch das übertragene ἅπτεσθαι, was freilich, für sich genommen, nicht schwer wiegen würde.

Der folgende Satz V. 19 reproduziert wieder imitierend frühere Sätze des Schreibens, die vom εἶναι ἐκ τοῦ θεοῦ (3,10; 4,1—4.6 f; vgl. auch 3Joh 11; vgl. ferner ἐκ τοῦ πατρός 2,16 und ἐκ τῆς ἀληθείας 2,21; 3,19) und vom Gegensatz des christlichen Seins zum κόσμος (2,14—17; 3,1; 4,4—6; 5,4 f) reden.

V. 20 reproduziert ebenso johanneische Gedanken, vgl. bes. Joh 17,3. In der Formulierung überrascht das ἥκει (trotz Joh 8,42) statt des zu erwartenden ἐλήλυθεν (4,2; 5,6; Joh 3,19; 5,43; 7,28; 8,14; 9,39; 10,10; 12,46; 16,21; 18,37), vor allem aber das unjohanneische δέδωκεν ἡμῖν διάνοιαν. Überraschend ist aber auch das absolute τὸν ἀληθινόν als Objekt des γινώσκειν statt des (nach Joh 17,3) zu erwartenden τὸν ἀληθινὸν θεόν (so hier A 33 pm vg). Jedenfalls kann doch der ἀληθινός, dessen Erkenntnis uns der Sohn gegeben hat, nur Gott sein, und das folgende καὶ ἐσμὲν ἐν τῷ ἀληθινῷ kann dann nur sagen, daß wir in Gott sind, was sachlich 2,5 entspricht. Die offenbar als Begründung dazu gestellte Apposition ἐν τῷ υἱῷ αὐτοῦ Ἰ. Χρ. („dadurch, daß wir in seinem Sohne J. Chr. sind", so Holtzmann, Dodd) ist dem Gedanken nach zwar johanneisch, stilistisch aber singulär. Schwerlich muß man die Apposition nicht als begründende, sondern als identifizierende verstehen („nämlich in seinem Sohne J. Chr."), so daß schon damit die Identität des ἀληθινός (Gottes) und seines Sohnes ausgesagt wäre. Ob dann die Identität in dem folgenden Satz οὗτός ἐστιν κτλ. behauptet werden soll, ist zweifelhaft, denn es ist immerhin möglich, das οὗτός auf das ἐν τῷ ἀληθινῷ zurückzubeziehen (Holtzmann, Carpenter, Dodd). Wahrscheinlicher ist es jedoch, das οὗτος auf ἐν ... Ἰ. Χρ. zu beziehen, nicht nur, weil es sprachlich näher liegt, sondern vor allem, weil die Aussage, daß er die ζωὴ αἰώνιος ist, doch sinnvoller von Jesus Christus gilt, der nach Joh 11,25; 14,6 die ζωή ist. In der Tat werden diese Stellen das Muster abgegeben haben; |

---

[7] Die schwach bezeugte und von HARNACK vorgezogene LA ἡ γέννησις dürfte eine gescheite Verlegenheitskorrektur sein.

und das οὗτός ἐστιν ὁ ἀληθινὸς θεός ist die lehrhafte Konsequenz, die der Imitator aus Stellen wie Joh 1,1; 14,6; 20,28 gezogen hat, die sich aber zu Joh 17,3, wo der ἀληθινὸς θεός und der von ihm gesandte Ἰησοῦς Χριστός unterschieden werden, schlecht fügt.

Man wird nach allem zu dem Urteil gedrängt, daß 5,18—20 eine sekundäre Bildung ist, daß die Verse eine nach dem Vorbild johanneischer Stellen gebildete Zusammenfassung sein sollen. Den letzten Schluß bildet die Warnung vor den εἴδωλα V. 21, die in der Formulierung gänzlich unjohanneisch ist (weder φυλάσσειν ἑαυτόν noch εἴδωλον findet sich sonst bei Johannes) und die ein Schlagwort zu sein scheint. Man bemüht sich, einen Bezug der Warnung auf das Schreiben herzustellen, indem man unter den εἴδωλα die Irrlehre oder allenfalls den κόσμος verstehen will.

III.

a) An drei Stellen des Schreibens begegnen Aussagen im Sinne der traditionellen jüdisch-urchristlichen Eschatologie, nämlich 2,28; 3,2 und 4,17. An allen drei Stellen erhebt sich der Verdacht, daß Interpolation vorliegt.

2,28: μένετε ἐν αὐτῷ, ἵνα ἐὰν φανερωθῇ σχῶμεν παρρησίαν καὶ μὴ αἰσχυνθῶμεν ἀπ' αὐτοῦ ἐν τῇ παρουσίᾳ αὐτοῦ.

Wie im Evangelium so ist auch im 1Joh die traditionelle Eschatologie sonst vergeschichtlicht. Nach 2,8 ist die „Finsternis" schon im Vergehen, und das „wahre Licht" scheint schon. Nach 2,18 ist es schon „letzte Stunde", und das Kommen des Antichrist ist im Auftreten der Irrlehrer Gegenwart geworden. Es überrascht daher, 2,28 von dem φανερωθῆναι Christi und seiner παρουσία (dieses Wort sonst nie bei Johannes und in 1Joh!) als von einem künftigen Ereignis zu lesen. Und es ist doch kaum möglich, das φανερωθῆναι Christi und seine παρουσία anders als im Sinne der traditionellen Eschatologie zu verstehen. Man kann ja freilich versuchen, den Satz mit der sonstigen johanneischen Eschatologie in Einklang zu bringen, indem man die παρουσία im Sinne des πάλιν ἔρχομαι von Joh 14,3 oder auch des ἔρχομαι πρὸς ὑμᾶς von Joh 14,18—24 deutet, wo die traditionelle Eschatologie im Sinne des johanneischen Oster- und Pfingstglaubens interpretiert wird[8], aber sehr einleuchtend dürfte das nicht sein. Wahrscheinlich geht der vorliegende Wortlaut des Verses auf

---

[8] Vgl. die Erklärung der betr. Stellen in meinem Kommentar.

Redaktion zurück. Das Verhältnis von V. 28 zum vorausgehenden wie zum folgenden Vers ist fragwürdig. Zwar ist der Anfang: καὶ νῦν ... μένετε ἐν αὐτῷ als Übergangswendung | von der dogmatischen Belehrung zur Paränese verständlich, ja vortrefflich (s. o. IIa, S. 283). Aber das ἐν αὐτῷ müßte in der Folge von V. 28 auf V. 27 verstanden werden: „bleibt in dem, was das Chrisma euch lehrt". Wenn es jedoch weitergeht: ἵνα ἐὰν φανερωθῇ κτλ., so soll man offenbar verstehen: „bleibt in Jesus". Das ἀπ' αὐτοῦ und das (ἐν τῇ παρουσίᾳ) αὐτοῦ kann doch auf keinen anderen αὐτός gehen als auf den in dem μένετε ἐν αὐτῷ Gemeinten!

Der gleiche Anstoß erhebt sich aus dem Verhältnis von V. 28 zu V. 29, denn das Subjekt des Satzes: ὅτι δίκαιός ἐστιν müßte nach V. 28 Jesus sein, nach dem folgenden ὅτι πᾶς ... ἐξ αὐτοῦ γεγέννηται kann es aber nur Gott sein. Von Gott müßte also V. 28 die Rede gewesen sein!

Die Anstöße verschwinden, wenn man annimmt, 1. daß das ἐὰν φανερωθῇ in V. 28 interpoliert ist, und 2. daß die παρρησία und das μὴ αἰσχυνθῆναι vom Verhältnis zu Gott verstanden werden soll, daß also das (ἀπ' αὐτοῦ) ἐν τῇ παρουσίᾳ redaktionelle Korrektur ist. Der ursprüngliche Wortlaut wäre danach gewesen: ἵνα σχῶμεν παρρησίαν πρὸς τὸν θεόν (wie es 3,21 entspricht!) καὶ μὴ αἰσχυνθῶμεν ἀπ' αὐτοῦ. Das Verfahren des Interpolators ist dann auch ganz verständlich. Die Begriffe der παρρησία und des μὴ αἰσχυνθῆναι, die er im Texte vorfand, gaben ihm den Anlaß für sein redaktionelles Eingreifen, ähnlich wie es 3,2 und 4,17 der Fall ist, was sich alsbald zeigen wird.

3,2: ... οὔπω ἐφανερώθη τί ἐσόμεθα. οἴδαμεν ὅτι ἐὰν φανερωθῇ ὅμοιοι αὐτῷ ἐσόμεθα, ὅτι ὀψόμεθα αὐτὸν καθώς ἐστιν. Sieht man von dem ἐὰν φανερωθῇ zunächst ab, so ist der Satz in der johanneischen Gesamtanschauung voll verständlich. Daß die gegenwärtige Erkenntnis oder Schau Jesu als des Offenbarers noch nicht die vollendete ist, und daß dem Glaubenden die Vollendung verheißen wird, entspricht den Aussagen Joh 14,3; 17,24, selbst wenn die Formulierung ὅμοιοι αὐτῷ ἐσόμεθα bei Johannes sonst nicht begegnet. Einzig fragwürdig ist nur das ἐὰν φανερωθῇ. Ist Jesus als Subjekt gedacht, so liegt die eschatologische Anschauung von 2,28 vor, und es würde folgen, daß das ἐὰν φανερωθῇ von dem Interpolator stammt, der 2,28 redigiert hat. Man kann allerdings als Subjekt des (ἐὰν) φανερωθῇ auch das unpersönliche τί ἐσόμεθα verstehen, und das ist sogar hinter dem οὔπω ἐφανερώθη τί ἐσόμεθα das Nächstliegende (so auch Holtzmann). Auch dann wäre der Anstoß beseitigt. Indessen ist es sachlich unangemessen, zu sagen: „Wir wissen, daß wir, wenn offenbar werden wird, was wir sein werden, wir ihm gleich sein werden." Das Natürliche | wäre jedenfalls: „Wir wissen, daß wir ihm gleich sein werden, denn . . ." Also wird man das ἐὰν φανερωθῇ doch für eine Interpolation halten müssen.

4,17: . . . ἵνα παρρησίαν ἔχωμεν ἐν τῇ ἡμέρᾳ τῆς κρίσεως, ὅτι καθὼς ἐκεῖνός ἐστιν καὶ ἡμεῖς ἐσμεν ἐν τῷ κόσμῳ τούτῳ. Hier bedeutet die ἡμέρα τῆς κρίσεως zweifellos den eschatologischen Gerichtstag im Sinne der traditionellen Eschatologie, — im Widerspruch jedoch zu Joh 3,19; 5,24 f; 9,39; 12,31. Die kritische Ausscheidung von ἐν τῇ ἡμέρᾳ τῆς κρίσεως legt sich also nahe. Indessen liegt die Sache vielleicht komplizierter. Der Satz καθὼς ἐκεῖνός ἐστιν καὶ ἡμεῖς ἐσμεν ἐν τῷ κόσμῳ τούτῳ ist schwer verständlich, wie schon Korrekturen und Ergänzungen der Handschriften zeigen. Statt ἐσμεν schreiben S und 2138 ἐσόμεθα, und 2138 hatte schon vorher geschrieben: καθὼς ἦν ἐν τῷ κόσμῳ ἄμωμος καὶ καθαρός, οὕτως . . . Der ἐκεῖνος kann doch nur wie 2,6; 3,3.5.7.16 Jesus sein. Aber wie soll dann das καθὼς . . . ἐστιν interpretiert werden? Denn zu diesem kann doch das zu ἡμεῖς ἐσμεν gehörige ἐν τῷ κόσμῳ τούτῳ nicht auch noch gezogen werden! Das wäre nur möglich, wenn es hieße: καθὼς ἦν κτλ., wie es ja auch in 2138 lautet (s. o.). Zu dem καθὼς ἐκ. ἐστιν ergänzt man nach dem Zusammenhang natürlicher Weise: ἐν τῇ ἀγάπῃ (τοῦ πατρός vgl. Johannes 15,10); und wenn dieses auch die Fortsetzung von καὶ ἡμεῖς ἐσμεν wäre (statt ἐν τῷ κόσμῳ τούτῳ), so hätte das im Zusammenhang guten Sinn, und der nächste Satz: φόβος οὐκ ἔστιν ἐν τῇ ἀγάπῃ κτλ., würde sich vortrefflich anschließen. Darf man die Vermutung wagen, daß es ursprünglich tatsächlich so war? Daß also das ἐν τῷ κόσμῳ τούτῳ ein ἐν τῇ ἀγάπῃ verdrängt hat, und daß es seinen ursprünglichen Platz hinter ἵνα παρρησίαν ἔχωμεν hatte, wo es der Redaktor durch ἐν τῇ ἡμέρᾳ τῆς κρίσεως ersetzt hat?

Gewiß könnte man auch vermuten, daß das ἐν τῇ ἡμέρᾳ τῆς κρίσεως für ein ursprüngliches ἔμπροσθεν αὐτοῦ (vgl. 3,19) oder πρὸς αὐτόν (vgl. 3,21) gesetzt worden ist, aber dann wäre das unverständliche ἐν τῷ κόσμῳ τούτῳ nicht erklärt.

Jedenfalls hätte das ἵνα παρρησίαν ἔχωμεν ἐν τῷ κόσμῳ τούτῳ guten Sinn. In „dieser Welt" hat ja Jesus nach Joh 17,15 die Seinen zurückgelassen, und in ihr bedürfen sie jetzt der παρρησία. In der Tat muß die παρρησία von V. 17 die gegenwärtige sein, denn was sie bedeutet, wird ja in V. 18 beschrieben. Sie ist der Gegensatz zum φόβος, der κόλασις mit sich führt, der aber von der vollendeten Liebe (die nach V. 17a die παρρησία mit sich führt!) ausgetrieben wird. Es ist klar, daß damit das Wesen des christlichen Seins, wie es gegenwärtig | sein soll, beschrieben wird, wie denn κόλασις, das traditionell die künftige eschatologische Strafe bedeutet (Mt 25,46; 1Clem 11,1; 2Clem 6,7; ApkPetr 21), hier vergeschichtlicht worden ist und als der (gegenwärtigen) Furcht einwohnend verstanden ist.

Kurz: auf alle Fälle ist das ἐν τῇ ἡμέρᾳ τῆς κρίσεως eine redaktionelle Korrektur. Ich vermute freilich, daß V. 17 ursprünglich lautete: ἐν τούτῳ τετελείωται ἡ ἀγάπη μεθ' ἡμῶν, ἵνα παρρησίαν ἔχωμεν ἐν τῷ κόσμῳ τούτῳ, ὅτι καθὼς ἐκεῖνός ἐστιν (ἐν τῇ ἀγάπῃ τοῦ πατρός), καὶ ἡμεῖς ἐσμεν ἐν τῇ ἀγάπῃ.

b) Zu diesen Stellen kommen noch drei weitere, an denen die kirchliche Redaktion eingegriffen haben dürfte, freilich nicht wie im Evangelium im Interesse des Sakramentsglaubens, aber im Interesse eines Satzes der kirchlichen Dogmatik, der mit dem Sakramentsglauben eng zusammenhängt, nämlich des Satzes von der Entsühnung durch das Blut Christi. Wohl reden Evangelium wie 1Joh davon, daß Jesus sein Leben für die Seinen dahingibt bzw. gegeben hat (Joh 10,17 f; 15,3; 1Joh 3, 16; vgl. Joh 11,51), und ebenso davon, daß Jesus derjenige ist, der die Sünde der Welt wegnimmt (Joh 1,29) bzw. die Sünden wegnimmt (1Joh 3,5). Aber nach dem Evangelium ist die Befreiung bzw. die Reinigung von der Sünde nicht durch den Tod Jesu gewirkt, sondern durch sein Wort (8,31 f; 15,3), und sein Tod ist nicht ein Ereignis, das seine besondere Bedeutung hat, sondern der Abschluß der schon mit der Fleischwerdung beginnenden Selbsthingabe[9]. Vom Blute Jesu ist im Evangelium nur an solchen Stellen die Rede, die auf kirchliche Redaktion zurückgehen, nämlich 6,51b—58, wo vom Verzehren des Fleisches und vom Trinken des Blutes Jesu im Herrenmahl gehandelt wird[10], und 19,34b, wo berichtet wird, daß aus der Wunde des Gekreuzigten Blut und Wasser flossen, wodurch die Begründung der Sakramente des Herrenmahles und der Taufe im Tode Jesu dargestellt werden soll[11].

Danach ist zu vermuten, daß auch 1Joh 1,7b (καὶ τὸ αἷμα κτλ.) kirchliche Interpolation ist. Dafür spricht aber auch folgendes: Der Satz καὶ τὸ αἷμα κτλ. fügt sich schlecht an den vorausgehenden und zerstört den Rhythmus:

V. 6: ἐὰν εἴπωμεν ὅτι κοινωνίαν ἔχομεν μετ' αὐτοῦ
καὶ ἐν τῷ σκότει περιπατῶμεν,
ψευδόμεθα καὶ οὐ ποιοῦμεν τὴν ἀλήθειαν.

---

[9] Vgl. meinen Kommentar S. 273.
[10] Ebd S. 174 ff.
[11] Ebd S. 525.

V. 7: ἐὰν δὲ ἐν τῷ φωτὶ περιπατῶμεν
ὡς αὐτός ἐστιν ἐν τῷ φωτί,
κοινωνίαν ἔχομεν μετ' ἀλλήλων[12].

Dieser Aufbau wird zerstört durch das angefügte καὶ τὸ αἷμα κτλ., was zudem innerhalb der antithetischen Einheit von V. 6 und V. 7 völlig unmotiviert ist und den Gedanken, daß Gottesgemeinschaft und Lichtwandel eine Einheit bilden, nur stört. Vielmehr: wie in V. 6/7 das Thema der κοινωνία behandelt wird, eingeführt durch das ἐὰν εἴπωμεν, so wird in V. 8—10 das Thema der ἁμαρτία, wiederum eingeführt durch ἐὰν εἴπωμεν, in analoger Weise in antithetischen Sätzen behandelt:

V. 8: ἐὰν εἴπωμεν ὅτι ἁμαρτίαν οὐκ ἔχομεν,
ἑαυτοὺς πλανῶμεν
καὶ ἡ ἀλήθεια οὐκ ἔστιν ἐν ἡμῖν.
V. 9: ἐὰν ὁμολογῶμεν τὰς ἁμαρτίας ἡμῶν,
πιστός ἐστιν καὶ δίκαιος,
ἵνα ἀφῇ ἡμῖν τὰς ἁμαρτίας.

Der Satz V. 7b (καὶ τὸ αἷμα κτλ.) stört also nicht nur den Rhythmus von V. 6/7, sondern greift auch der Aussage von V. 9 vor.

Nun könnte man ja diese Störung des Aufbaus auch der Redaktion des Verf. des Schreibens zurechnen, der hier seinen Ausführungen eine Quelle zugrunde gelegt hat, die er glossiert[13]. In der Tat wird auf ihn der letzte Satz von V. 9 (καὶ καθαρίσῃ κτλ.) zurückgehen. Aber zwischen diesem Satz und V. 7b besteht die sachliche Differenz, daß nicht nur die Reinigung von der Sünde in V. 7b auf das Blut Jesu zurückgeführt wird, sondern daß auch die Bedingung der Reinigung von der Sünde hier und dort eine verschiedene ist. Nach V. 9 ist die Bedingung nichts anderes als unser Sündenbekenntnis, auf welches hin Gott als der πιστός und δίκαιος die Sünde vergibt. Dadurch aber, daß der Satz V. 7b (καὶ τὸ αἷμα κτλ.) an V. 7a (ἐὰν δὲ ἐν τῷ φωτὶ περιπατῶμεν κτλ.) angeschlossen ist, wird unser Lichtwandel zur Bedingung der Reinigung von der Sünde: „Wenn wir aber im Lichte wandeln . . ., dann haben wir Gemeinschaft miteinander, und dann reinigt uns . . ." |

Daß man unterscheiden muß zwischen den redaktionellen Zusätzen des Verf. von 1Joh und den Zusätzen der kirchlichen Redaktion, zeigt

---

[12] In der Jülicher-Festgabe (S. 139, 1) glaubte ich, mit A Cl Tert μετ' αὐτοῦ lesen zu sollen. Die Entsprechung von V. 6 und V. 7 scheint in der Tat dazu zu nötigen. Indessen entspricht es doch wohl dem Denken des Verf. bzw. seiner Quelle, daß das μετ' αὐτοῦ (V. 6) mit dem μετ' ἀλλήλων (V. 7) vertauscht werden kann, weil beides eine innere Einheit bildet.
[13] Vgl. Jülicher-Festgabe S. 139 ff.

sich auch in 2,1—3. Diese Verse gehören dem Verf., der damit die Sätze seiner Quelle von 1,8—10 erläutert[14]. Innerhalb dieser Sätze ist aber V. 2 wiederum eine kirchliche Interpolation. In V. 1 wird die Hoffnung auf die Sündenvergebung mit dem Hinweis darauf begründet, daß Jesus Christus unser Anwalt (Fürsprecher) beim Vater ist, in V. 2 dagegen damit, daß er der ἱλασμὸς περὶ τῶν ἁμαρτιῶν ἡμῶν ist, — also im Sinne der Interpolation 1,7b. Der Begriff ἱλασμός ist dem Evangelium fremd; er gehört der kirchlichen Dogmatik an, deren Tradition Röm 3,25 zum Vorschein kommt. Denn wenn Paulus Christus hier als ἱλαστήριον bezeichnet, so schließt er sich offenbar einer traditionellen Formel an[15]. Entsprechend wird Christi hohepriesterliches Amt Hebr 2,17 als ἱλάσκεσθαι τὰς ἁμαρτίας τοῦ λαοῦ beschrieben[16].

Das dogmatische Interesse des Redaktors kommt ferner in der Fortsetzung zum Ausdruck: οὐ περὶ τῶν ἡμετέρων δὲ μόνον ἀλλὰ καὶ περὶ ὅλου τοῦ κόσμου, was zwar ein an sich nicht unjohanneischer Gedanke ist (vgl. Joh 11,52; 17,20), was aber im Zusammenhang gleichgültig, ja störend ist und hier ebenso wie Joh 10,16 von der Redaktion nachgetragen ist[17].

Muß 2,2 als Interpolation gelten, so auch 4,10b, wo der Begriff des ἱλασμὸς περὶ τῶν ἁμαρτιῶν ἡμῶν zum zweitenmal begegnet. Man kann hier nur schwanken, ob sich der redaktionelle Zusatz auf diese Worte beschränkt, oder ob der ganze Satz καὶ ἀπέστειλεν τὸν υἱὸν αὐτοῦ ἱλασμὸν κτλ. interpoliert ist. Im letzteren Falle müßte auch das οὕτως im folgenden Satz als interpoliert gelten. Wie dem auch sei: jedenfalls genügte dem Redaktor die bloße Aussage, daß Gott seinen Sohn in die Welt sandte, ἵνα ζήσωμεν δι' αὐτοῦ (V. 9), nicht. Er vermißte ein περὶ τῶν ἁμαρτιῶν ἡμῶν und fügte es in V. 10 hinzu, — ob nun mit eigener variierender Wiederholung des τὸν υἱὸν αὐτοῦ ... ἀπέσταλκεν (V. 9) oder an den schon vorgefundenen Satz. Es ergab sich damit eine Zweckbestimmung der Sendung Jesu, wie sie sich sonst nirgends in den zahlreichen Aussagen des Evangeliums über die Sendung des Sohnes findet.

---

[14] Ebd S. 140 f.
[15] Vgl. meine Theologie des NT S. 47.
[16] Zu diesem ganzen Komplex vgl. meine Theologie des NT S. 85.
[17] Vgl. meinen Kommentar S. 292.

Zur Auslegung von Galater 2,15—18*

Die Auslegung von Gal 2,17 ist umstritten. Sie hat eine Reihe von *Fragen* zu beantworten: Welchen Sinn hat der ganze Satz: εἰ δὲ ζητοῦντες δικαιωθῆναι ἐν Χριστῷ εὑρέθημεν καὶ αὐτοὶ ἁμαρτωλοί, ἆρα Χριστὸς ἁμαρτίας διάκονος· μὴ γένοιτο? Es ist schon fraglich, ob ich richtig interpungiert habe, indem ich den ganzen Vers als Aussage auffaßte; ist er nicht vielmehr eine durch das μὴ γένοιτο verneinte rhetorische Frage? Ferner: wie ist der Bedingungssatz aufzufassen, als Realis oder als Irrealis? Sodann: wie ist die Möglichkeit gemeint, daß sich (im Falle eines Realis) herausstellte — oder (im Falle eines Irrealis) herausstellen würde, daß wir im Streben, durch Christus gerechtfertigt zu werden, Sünder sind? Und in welchem Sinne wäre Christus ein Diener der Sünde? Endlich: geht die in V. 17 erwogene Möglichkeit auf einen Einwand der Gegner des Paulus zurück (sei es ein wirklich erhobener, sei es ein von Paulus in ihrem Sinne formulierter), oder ist sie eine von Paulus in seiner gegen den Standpunkt des Petrus gerichteten Argumentation konstruierte Absurdität?

Man wird diese Fragen nur beantworten können, wenn man sich den *Gedankengang der Verse 15—21* vergegenwärtigt, dessen Sinn freilich auch umstritten ist. Sicher scheint mir jedenfalls zu sein, daß V. 15 ein geschlossener Satz ist, dem V. 16 als Gegen-Satz folgt: „Wir sind von Geburt Juden und nicht heidnische Sünder (V. 15). Aber ... wir wurden gläubig an Christus Jesus, um gerechtfertigt zu werden auf Grund des Glaubens an Christus und nicht auf Grund der Gesetzeswerke (V. 16)." Das εἰς Χριστὸν Ἰησοῦν ἐπιστεύσαμεν wird durch das εἰδότες κτλ. begründet[1] und erhält gewissermaßen auch durch den Finalsatz ἵνα δικαιωθῶμεν

---

* Ecclesia semper reformanda (Ernst Wolf zum 50. Geburtstag) 1952, 41—45.

[1] Schlier bestreitet, daß εἰδότες κτλ. Begründung des ἐπιστεύσαμεν sei; er will das καὶ ἡμεῖς von V. 16 als Wiederaufnahme des ἡμεῖς von V. 15 verstehen: „Der Zwischensatz V. 16 ... stellt dann der ersten Charakterisierung der ἡμεῖς als *Juden*christen eine andere entgegen, die sie als *Juden*christen zeigt"; V. 16a sei eine Unterbrechung,

κτλ. eine Begründung, | insofern dieser den Zweck oder Sinn des ἐπιστεύσαμεν angibt. Für den Zusammenhang des Ganzen sind Begründung und Zweckangabe wesentlich; denn sie machen klar, um welchen Gegensatz es sich handelt, wenn das ἡμεῖς φύσει Ἰουδαῖοι und das ἐπιστεύσαμεν κτλ. einander gegenübertreten; es ist das Entweder-Oder: Gesetzeswerke oder Glaube an Christus Jesus.

V. 17 sagt: wenn dieses Entweder-Oder nicht in Geltung bleibt, so wird der Glaube an Christus überhaupt sinnlos, weil dann Christus selbst sinnlos geworden ist. Diesen Sinn muß das durch μὴ γένοιτο abgewiesene ἄρα (oder ἆρα) Χριστὸς ἁμαρτίας διάκονος haben. Das scheint mir dadurch bestätigt zu werden, daß V. 21 den gleichen Grundgedanken ausspricht: wäre die Gerechtigkeit mittels des Gesetzes zu gewinnen, so wäre Christus umsonst gestorben. Das ἄρα Χριστὸς δωρεὰν ἀπέθανεν nimmt den Gedanken von V. 17: ἄρα Χριστὸς ἁμαρτίας διάκονος in neuer Form wieder auf, und dieser Satz muß nach jenem interpretiert werden. Schon daraus ergibt sich m. E., daß in V. 17 ἄρα zu lesen ist und der Satz nicht als Frage verstanden werden darf, die durch μὴ γένοιτο beantwortet wird; das μὴ γένοιτο weist den (im Sinne des Paulus) absurden Satz zurück[2].

Durch die Parallelität der beiden ἄρα-Sätze wird aber der Sinn des ersten (ἄρα Χριστὸς ἁμαρτίας διάκονος) eindeutig bestimmt. Er kann nicht sagen: „dann ist Christus einer, der Sünde veranlaßte (nämlich etwa, indem er zur Übertretung des Gesetzes anleitete), der zur Sünde verführte", sondern nur: „dann steht er im Dienste derer, die (immer noch,

---

die „nur vorauseilend die ἡμεῖς nach ihrer christlichen Seite hin" beschreibt. — Nun nimmt das καὶ ἡμεῖς von V. 16 gewiß das ἡμεῖς von V. 15 wieder auf, jedoch nicht in dem Sinne, daß damit nach einer Unterbrechung die Satzkonstruktion wieder aufgenommen würde, sondern so, daß das Gewicht des neuen Satzes dadurch zum Bewußtsein gebracht wird, daß das Subjekt noch einmal wiederholt wird: „gerade wir (die wir Juden von Geburt sind)!" Keineswegs sind die ἡμεῖς in V. 16 im Unterschied von den ἡμεῖς in V. 15 als Juden*christen* charakterisiert, sondern eben als die gebürtigen Juden.

[2] Daß μὴ γένοιτο bei Paulus sonst immer nach einer Frage steht (BL.-DEBRUNNER § 440, 2. So auch zB CALVIN), scheint mir kein zwingender Grund zu sein. In solchen Fällen ist die Frage ja immer eine rhetorische Frage, die etwas Absurdes fragt. Die Logik ist also die gleiche, ob eine Frage oder eine Aussage durch μὴ γένοιτο zurückgewiesen wird. Meint man daran festhalten zu müssen, daß auch Gal 2,17 das μὴ γένοιτο die Antwort auf eine vorhergehende Frage ist, so muß man m. E. annehmen, daß Paulus den Satz zu Ende führt, als ob er etwa begonnen hätte: τί οὖν ἐροῦμεν; εἰ ζητοῦντες δικαιωθῆναι ἐν Χριστῷ εὑρέθημεν ... ἁμαρτωλοί, was dann in die Frage auslaufen würde: ἄρα Χριστὸς ἁμαρτίας διάκονος; so könnte man nach Röm 7,7 (vgl. Röm 6,1.15; 9,14) konstruieren.

wie bisher) in ihren Sünden stecken; er hat sie nicht von der Sünde befreit"[3].

Ist das richtig, so folgt zunächst, daß der Bedingungssatz V. 17 als Irrealis aufzufassen ist: die Absurdität, daß noch der Sünde verfallen wäre, wer seine Rechtfertigung in Christus sucht, soll zum | Bewußtsein gebracht werden[4]. Solcher Wahn wäre eben das, was V. 21 ἀθετεῖν τὴν χάριν τοῦ θεοῦ heißt. Dann ist aber auch klar, wie das εὑρέθημεν καὶ αὐτοὶ ἁμαρτωλοί interpretiert werden muß. Es kann weder darauf gehen, daß der Glaube an die Rechtfertigung durch Christus zur Übertretung von Gesetzesgeboten veranlaßt hat, wie etwa die des Petrus in Antiochien[5], noch darauf, daß die durch Christus Gerechtfertigten als Sünder, als welche sie erfunden waren, gerechtfertigt wurden. Wer die letztere Meinung vertritt, muß natürlich den Bedingungssatz als Realis verstehen[6]; und er muß die Folgerung (ἄρα κτλ.) als einen von den Gegnern erhobenen Einwand auffassen: wenn es so steht, wie es faktisch der Fall ist, daß wir als Sünder gerechtfertigt wurden[7], ist dann nicht Christus ein Diener der Sünde[8]? Aber schon das καὶ ἡμεῖς widerspricht dieser Auffassung; denn es kann im Zusammenhang doch nur bedeuten: „auch wir, die wir durch den Glauben an Christus und nicht wie die Juden durch Werke gerechtfertigt werden wollen". Zudem lehrt doch der Zusammenhang, daß Paulus dem Petrus zeigen will, zu welcher Konsequenz dessen Verhalten führt; er will ihm das Entweder-Oder zum Bewußtsein bringen. V. 17 kann also nicht ein gegnerischer Einwand sein, sondern ist die von Paulus konstruierte und zugleich in ihrer Absurdität

---

[3] Vgl. die gleiche Logik 1Kor 15,17: εἰ δὲ Χριστὸς οὐκ ἐγήγερται, ματαία ἡ πίστις ὑμῶν, ἔτι ἐστὲ ἐν ταῖς ἁμαρτίαις ὑμῶν. Genau so hätte Paulus Gal 2,17 auch sagen können: ἄρα ματαία ἡ πίστις ὑμῶν. — Inwiefern Christus im „Dienst" der ἁμαρτωλοί stehen würde, braucht nicht genauer gesagt zu werden. Man könnte etwa sagen, indem sie, obwohl sie Gesetzesleute sind, ihn doch für sich in Anspruch nehmen, sich auf ihn berufen. Aber der entscheidende Gedanke ist der negative: er hat sie nicht von der Sünde befreit.

[4] Richtig DE WETTE, der den Satz aber als Frage versteht.

[5] So zB BOUSSET, BURTON, LIETZMANN.

[6] So SCHLIER; ähnlich SIEFFERT, ZAHN, DUNCAN und schon CALVIN.

[7] So SIEFFERT, LIPSIUS. Ebenso SCHLIER: „Das (nämlich als Sünder erfunden werden) ist zugegeben, denn das geht aus dem ζητεῖν δικαιοσύνην hervor (?). Das ist auch die Konzession, auf Grund deren der Einwand gemacht werden kann." Das ἄρα Χριστὸς ἁμαρτίας διάκονος ist keineswegs eine Folgerung, die die Gegner aus der Rechtfertigungslehre des Paulus ziehen (ZAHN), um deren Absurdität zu erweisen, sondern umgekehrt eine Folgerung, die Paulus aus dem durch Petrus repräsentierten Verhalten zieht.

[8] Dafür wäre freilich die Bezeichnung διάκονος (τ. ἁμαρτίας) sehr seltsam, selbst wenn Paulus Mk 10,5 bzw. Lk 22,27 nicht gekannt hat.

aufgewiesene Folgerung aus dessen Verhalten. Das εἰ... εὑρέθημεν... ἁμαρτωλοί ist also gleichbedeutend mit dem εἰ γὰρ διὰ νόμου δικαιοσύνη V. 21. Es bezeichnet die Situation des Menschen unter dem Gesetz, das ein Gesetz für ἁμαρτωλοί ist.

Das wird durch V. 19 bestätigt. Dieser Vers kann ja nicht die Begründung von V. 18 sein, sondern er begründet V. 17[9]. V. 18 ist eine Parenthese, die nicht den ganzen Gedanken von V. 17, sondern nur die Aussage εὑρέθημεν... ἁμαρτωλοί begründet[10], und die sogleich näher zu erklären ist. Zunächst aber — im Zuge des Gedankengangs — V. 19! Das ἐγὼ γὰρ διὰ νόμου νόμῳ ἀπέθανον sagt | — einerlei, wie das διὰ νόμου zu erklären ist — jedenfalls: „Für das Gesetz bin ich tot." Eben diese Feststellung begründet die Unmöglichkeit, als Sünder erfunden zu werden (V. 17); „als Sünder erfunden werden" bedeutet nichts anderes als: „unter dem Gesetz stehen". Wie in V. 15 das ἐπιστεύσαμεν durch den Finalsatz ἵνα δικαιωθῶμεν hinsichtlich seines Sinnes charakterisiert wurde, so in V. 19 das ἐγὼ... νόμῳ ἀπέθανον durch das ἵνα θεῷ ζήσω. In der Tat: die Haupt- wie die Finalsätze sind sachlich ganz parallel: Glauben heißt, dem Gesetz sterben; Gerechtfertigtwerden heißt, für Gott leben. Das Χριστῷ συνεσταύρωμαι ist asyndetisch daneben gestellt und nicht etwa durch ein γὰρ mit dem vorigen Satz verbunden, weil das ἐγὼ γὰρ... ἀπέθανον, ἵνα... ζήσω mit dem einfachen Χριστῷ συνεσταύρωμαι sachlich identisch ist. Hinzugefügt ist das Sätzchen, um das διὰ νόμου zu erläutern, statt dessen es auch wie Röm 7,4 διὰ τοῦ σώματος τοῦ Χριστοῦ heißen könnte. Christus ist durch den νόμος ans Kreuz gebracht (Gal 3,13), da er für die Sünde gekreuzigt wurde; der mit ihm Gekreuzigte ist also auch διὰ νόμου dem Gesetz gestorben[11].

V. 20 beschreibt die paradoxe Art des Lebens für Gott, welches aus dem Sterben für das Gesetz durch das Gekreuzigtwerden mit Christus erwächst. Für den Zusammenhang wichtig ist daraus das ὃ δὲ νῦν ζῶ ἐν σαρκί, ἐν πίστει ζῶ. Dieses Leben steht also nicht mehr unter dem Gesetz; es ist ja ein Leben im Glauben an Christus. Daß es sich um ein Entweder-Oder handelt, bringt V. 21 noch einmal nachdrücklich zum Bewußtsein.

Es bleibt noch, V. 18 genauer zu erklären. Der Satz hat die Form einer Sentenz; aber es ist klar, daß Paulus den allgemeinen Satz sofort auf die vorliegende Frage angewandt wissen will, daß er also als Objekt des

---

[9] So mit Recht LIETZMANN.
[10] So auch LIETZMANN.
[11] Richtig SCHLIER.

καταλύειν und οἰκοδομεῖν gleich das Gesetz im Auge hat, dessen καταλύειν ja in V. 16 beschrieben worden war, und dessen πάλιν οἰκοδομεῖν darin bestehen würde, daß es, nachdem es außer Kraft gesetzt worden war, nun doch wiederum in seine Geltung eingesetzt werden würde. Durch solches Verfahren würde man sich als παραβάτης erweisen. Inwiefern?, durch das καταλύειν, das der καταλύσας durch sein πάλιν οἰκοδομεῖν als ein παραβαίνειν zugestehen würde?, oder durch das πάλιν οἰκοδομεῖν[12]? — Durch das καταλύειν? das könnte bedeuten: durch die Übertretung einzelner konkreter Gebote, wie es sich Petrus in Antiochien hatte zuschulden kommen lassen, wenn er unter Mißachtung der Reinheitsgebote mit den „Heiden" Tischgemeinschaft hielt[13] — oder: durch die grundsätzliche Preisgabe des Gesetzes, wie Paulus sie dem Petrus V. 16 substituiert[14]. — Oder durch das πάλιν οἰκοδομεῖν? Das könnte natürlich nicht bedeuten, daß das πάλιν οἰκοδομεῖν als solches eine παράβασις wäre, was sinnlos sein würde; sondern nur, daß meine Wiederaufrichtung des Gesetzes der Beweis dafür wäre, daß ich ein παραβάτης bin, daß ich noch in der Sünde stecke[15]. Denn nur, wo es παράβασις gibt, da gibt es das Gesetz; wo kein Gesetz ist, da gibt es keine παράβασις (Röm 4,15). Wo kein Gesetz, sondern die Gnade regiert, da gibt es keine ἁμαρτία (Röm 6,14). Dieser Gedanke entspricht allein dem Zusammenhang, und so hat schon der Ambrosiaster richtig erklärt: „si iustificari volentes per fidem Christi legi servimus, sub peccato nos esse profitemur; quia fides hominem extrahit a lege, ut iustus sit. Ergo si damus nos legi, peccatores invenimur, quia qui sub lege sunt, sub maledicto sunt"[16].

V. 17 hatte gesagt: wenn es sich herausstellen würde, daß wir im Streben, durch Christus gerechtfertigt zu werden, Sünder wären, so wäre Christus ein Diener der Sünde — ein Gedanke, dessen Absurdität selbstverständlich von den durch Petrus repräsentierten Gegnern zugestanden wird. Aber auf diese Absurdität — das sucht Paulus deutlich zu ma-

---

[12] So zB DE WETTE, SIEFFERT, LIPSIUS.
[13] So zB BOUSSET, LIETZMANN.
[14] So zB ZAHN, BEYER, OEPKE.
[15] Richtig SCHLIER; um so merkwürdiger, daß er V. 17 falsch versteht.
[16] Es würde überhaupt lohnend sein, die altkirchliche Exegese unserer Verse zu studieren. Ich muß davon absehen, auf die wenigen Proben, die mir aus ihr bekannt sind, Bezug zu nehmen. LUTHER, der sich mit Hieronymus und Augustinus auseinandersetzt, dürfte die Verse im ganzen treffend verstanden haben, auch V. 18 dem Sinne nach, wenngleich er (wie übrigens auch CALVIN) als Objekt des καταλύειν und οἰκοδομεῖν nicht das Gesetz, sondern die Sünde versteht. Da er aber den Zusammenhang von Gesetz und Sünde im übrigen richtig im Sinne des Paulus interpretiert, kommt es auf das Gleiche hinaus.

chen — würde ihre Forderung, dem Gesetz neben Christus seine Geltung zu lassen, hinauslaufen. Denn das abgeschaffte Gesetz wieder in Kraft setzen, würde bedeuten, ἁμαρτωλὸς εὑρεθῆναι. So hätte Paulus in V. 18 statt παραβάτην ἐμαυτὸν συνιστάνω auch sagen können: ἁμαρτωλὸς εὑρεθήσομαι.

Ignatius und Paulus*

Paulus, der ἡγιασμένος, der μεμαρτυρημένος, der ἀξιομακάριστος (Eph 12,2), ist für Ignatius apostolische Autorität. Mit ihm kann er sich nicht vergleichen (Röm 4,3), aber er sehnt sich, seinen Spuren zu folgen (Eph 12,2). Er folgt seinen Spuren schon insofern, als er wie Paulus Briefe an christliche Gemeinden schreibt, und ebenfalls darin, daß er sich vielfach in Anspielungen und Zitaten auf die paulinischen Briefe stützt. Ich will jedoch nicht diesen Sachverhalt durch eine Statistik anschaulich machen, auch will ich nicht den Einfluß des Paulus auf Ignatius und die Weiter- oder Umbildung paulinischer Gedanken durch ihn an einzelnen Punkten aufzeigen[1]. Meine Absicht ist vielmehr, nach dem Verständnis der christlichen Existenz bei Ignatius zu fragen und dieses mit dem paulinischen zu vergleichen[2].

I.

Mir scheint, daß keiner der christlichen Autoren nach Paulus (und Johannes) — ob die Verfasser der späteren neutestamentlichen | Schriften oder die apostolischen Väter — den christlichen Glauben als eine existentielle Haltung verstanden haben außer Ignatius, selbst nicht die Verf. von Kol, Eph und 1Petr, bei denen noch am ehesten etwas davon

---

* *Studia Paulina* in honorem JOHANNIS DE ZWAAN Septuagenarii, Haarlem-Holland (1953), 37—51.

[1] So ist die Skizze orientiert, die EVA ALEITH in ihrer Schrift „Paulusverständnis in der alten Kirche" (1937) von der Theologie des Ignatius entworfen hat. Sie ist schon deshalb unbefriedigend, weil sie verkennt, daß manche Übereinstimmungen zwischen Ignatius und Paulus gar nicht auf den Einfluß des Paulus zurückgehen, sondern auf der Gemeinsamkeit des religionsgeschichtlichen Milieus beruhen, das in H. SCHLIERS von der Verf. ignorierten „Religionsgeschichtlichen Untersuchungen zu den Ignatiusbriefen" (1929) anschaulich gemacht ist.

[2] Ich berühre mich vielfach mit dem ausgezeichneten Aufsatz von TH. PREISS „La Mystique de l'Imitation et de l'Unité chez Ignace d'Antioche" in der RHPhR 18 (1938), S. 197—241.

zu spüren ist. Keiner hat die Paradoxie des christlichen Seins, jenen Zwischen-Charakter zwischen Vergangenheit und Zukunft, jenes Zugleich von „noch nicht" und „doch schon" verstanden, wie es bei Paulus Phil 3,12—14 exemplarisch zum Ausdruck kommt[3]. Keiner außer Ignatius hat deshalb die Einheit von Indikativ und Imperativ, die nach Paulus das christliche Sein charakterisiert, so klar erkannt. Das ist um so bemerkenswerter, als andrerseits ein wesentlicher Unterschied zwischen Ignatius und Paulus besteht[4].

Zwar ist in gewissem Sinne *die Paradoxie des christlichen Seins als eines Seins zwischen Vergangenheit und Zukunft* überall festgehalten worden, insofern überall einmal die Erscheinung Christi, sein Tod und seine Auferstehung, als das entscheidende Ereignis verstanden wird, das der vergangenen Geschichte ein Ende gesetzt hat, und das auch, sofern Christi Werk in der Taufe angeeignet wird, dem vergangenen Leben des Individuums ein Ende setzt. Sodann insofern die Vollendung des eschatologischen Geschehens als eine noch ausstehende von der Zukunft erwartet wird. Aber die entscheidende Frage ist die, ob das Zwischen nur eine chronologische Bestimmung oder auch eine Charakteristik der christlichen Existenz ist. Das hängt davon ab, was als das Vergangene, das durch die Taufe abgetan ist, verstanden wird, und ferner davon, ob oder wie die eschatologische Zukunft als eine die Gegenwart des Glaubenden bestimmende gedacht wird.

Im ganzen ist es so, daß *die erledigte Vergangenheit* verstanden wird als das Leben in der Unkenntnis Gottes und in Lastern[5], was zwar an sich nicht unpaulinisch ist[6], was aber nicht der spezifisch paulinische Gedanke ist. Denn Paulus versteht die Vergangenheit primär als ein Sein unter der Macht des Fleisches, der Sünde und des Gesetzes, dh er sieht die Verfallenheit des natürlichen Menschen viel radikaler, als daß sie durch die Unkenntnis Gottes und die Unmoral hinreichend beschrieben wäre. Eben diese Radikalität geht nach Paulus verloren (abgesehen immer von Johannes). Das zeigt sich nicht nur daran, daß der paulinische Gegensatz von σάρξ und πνεῦμα eine immer geringere Rolle spielt und, wo er begegnet, kaum mehr in der Tiefe des paulinischen Gedankens gemeint ist, und daß der Begriff der ἐλευθερία kaum noch auftaucht, —

---
[3] S. meinen Aufsatz „Der Mensch zwischen den Zeiten nach dem NT" in „Man in Gods Design" (Studiorum Novi Test. Societas 1952 [= GluV III, 35 ff]).
[4] Diesen Unterschied hat PREISS, aaO herausgearbeitet.
[5] Vgl. zB 1Clem 59,2; 2Clem 1,6 f; Herm sim IV 4; Kol 3,5 ff; Eph 2,1 ff; Tit 3,3 ff.
[6] Vgl. 1Thess 1,9; Gal 4,8; 1Kor 6,11; Röm 6,17 f.

jedenfalls nicht mehr im paulinischen Sinne[7]. Es zeigt sich vor allem daran, daß die durch die Taufe beschaffte Freiheit von der Vergangenheit primär als die Vergebung der vor der Taufe begangenen Sünden verstanden wird, durch welche der Mensch eine neue Chance erhalten hat. Symptom dafür ist es, daß hier und dort das Problem der nach der Taufe begangenen (schweren) Sünden auftauchen kann. Es zeigt sich deshalb auch daran, daß die Mahnungen zur Buße des Christen[8], der Ruf zu guten Werken, der Hinweis auf den Richter, der nach den Werken vergelten wird, überhand nehmen: die Verantwortung des Christen ist größer geworden als die der alttestamentlichen Frommen[9]. Das künftige Heil muß durch die Erfüllung der ἐντολαί, der δικαιώματα und προστάγματα gewonnen werden. Kurz: der Mensch ist wieder auf die eigene Kraft gestellt; seine radikale Verfallenheit ist nicht mehr gesehen. Und daran wird dadurch nichts geändert, daß auch von der dem bekennenden Sünder offenstehenden Vergebung und gelegentlich von der Hilfe des Geistes geredet wird. Symptomatisch ist es, | daß der Begriff δικαιοσύνη seinen paulinischen Sinn verliert und überhaupt nur selten im forensischen Sinne, meist aber im moralischen gebraucht wird. Die Folge ist, daß ein Perfektionismus erwächst.

Entsprechend ist *das eschatologische Heil* nicht wie bei Paulus schon in paradoxer Weise Gegenwart, sondern ausschließlich Zukunft, — soweit es nicht in den sakramentalen Kräften, die die Kirche vermittelt, wirksam ist. Wohl ist noch hin und wieder vom eschatologischen πνεῦμα, das der Theorie nach allen Christen in der Taufe geschenkt wird, die Rede als sich erweisend in den Charismen oder auch in der Kraft der sittlichen Haltung und des Wandels. Aber die Einheit des Geistesbesitzes mit dem Imperativ (vgl. Gal 5,25!) ist nicht deutlich gemacht. Die „Entweltlichung" des Glaubenden wird nicht als ein Positivum, sondern als ein Negativum verstanden; sie besteht in der Absage an fleischliche Lüste und Laster und wird im extremen Fall in der Askese praktiziert. Ein Symptom dafür ist es, daß das Leiden nicht mehr wie bei Paulus den positiven Sinn hat, die Kraft des Herrn mächtig werden zu lassen, daß es nicht als ein Leiden verstanden wird, in dem der Leidende am Leiden und damit auch am Leben Christi teilhat. Sondern es wird auf das Leiden als ein unschuldiges Leiden reflektiert, das man gegebe-

---

[7] Für Einzelheiten muß ich auf das Schlußkapitel meiner Theologie des NT verweisen.
[8] Von der Buße des Christen redet Paulus nur 2Kor 7,9 f und vielleicht 12,21.
[9] Hebr 2,2 f; 10,28 f; 12,25; 2Clem 6,9.

nen Falles in der Nachfolge Christi als des Vorbildes zu tragen hat[10]. Das Leiden ist nur eine Not, der dereinst die Zeit der Leidlosigkeit folgen wird.

II.

Einen völlig anderen Typus stellt Ignatius dar. Vergleicht man ihn mit Paulus, so muß man freilich sogleich sehen, daß seine Theologie nicht aus der für Paulus gegebenen Fragestellung herauswächst und nicht in der gleichen Frontstellung wie von Paulus in Röm und Gal entwickelt wird. Daß Ignatius *das Heilsgut* ebenso wie Paulus es tun kann, als ζωή (αἰώνιος) bezeichnet, | ist nicht verwunderlich, charakteristisch ist aber, daß die Bezeichnung des Heilsgutes als δικαιοσύνη (θεοῦ) bei Ignatius verschwunden ist[11]. Nur zweimal klingt das paulinische δικαιοῦσθαι nach: 1. als Ignatius sagt, seine Autorität sei ὁ σταυρὸς αὐτοῦ (sc. τοῦ Χριστοῦ) καὶ ὁ θάνατος καὶ ἡ ἀνάστασις αὐτοῦ ... ἐν οἷς θέλω ἐν τῇ προσευχῇ ὑμῶν δικαιωθῆναι (Phld 8,2). Daß hier der Einfluß der paulinischen Lehre von der Rechtfertigung durch den Glauben vorliegt, geht daraus hervor, daß zu σταυρός, θάνατος und ἀνάστασις noch hinzugefügt ist καὶ ἡ πίστις ἡ δι' αὐτοῦ, — eine bei Paulus freilich nicht wohl mögliche Koordination. 2. Röm 5,1 zitiert Ignatius 1Kor 4,4: ἀλλ' οὐ παρὰ τοῦτο δεδικαίωμαι (nämlich durch die erlittenen Mißhandlungen, durch die er immer mehr zum μαθητής wird). Dem Fehlen des Begriffs δικαιοσύνη entspricht das fast völlige Fehlen des Begriffs ἁμαρτία[12]. Die Irrlehre, gegen die Ignatius kämpft, heißt zwar Ἰουδαϊσμός[13]. Aber das bekämpfte ἰουδαΐζειν besteht in gewissen rituellen Observanzen wie der Sabbatfeier, nicht in dem jüdischen ζῆλος, durch die Erfüllung des Gesetzes die Gerechtigkeit zu erringen. Der Gegensatz νόμος bzw. ἔργα und χάρις bzw. πίστις fehlt bei Ignatius, und damit fehlen die paulinischen

---

[10] 1Petr 2,21 ff; 3,18.
[11] Δικαιοσύνη begegnet überhaupt nicht als Bezeichnung des Heilsgutes (das Wort nur Sm 1,1 im Sinne von Mt 3,16), δίκαιος ist sehr selten; Magn 12 bezeichnet es nach Spr 18,17 den Rechtschaffenen; die Wendung φύσει δικαίᾳ begegnet Eph 1,1 in einem Wortspiel und meint etwa „durch treffende Fügung der Natur".
[12] Ἁμαρτία begegnet nur einmal in der traditionellen Wendung, daß Christus gelitten hat ὑπὲρ τῶν ἁμαρτιῶν ἡμῶν (Sm 7,1) und das Verbum ἁμαρτάνειν findet sich ebenso nur einmal in dem Satz: οὐδεὶς πίστιν ἐπαγγελλόμενος ἁμαρτάνει (Eph 14,2).
[13] Ich gehe auf die Frage, ob Ignatius nur eine Irrlehre oder deren zwei bekämpft, nicht ein; sind die Irrlehrer gnostisierende Judenchristen, so ist der Sachverhalt um so klarer.

Gedanken von der heilsgeschichtlichen Bedeutung des Gesetzes, ja, die ganze heilsgeschichtliche Betrachtung des Paulus überhaupt[14].

So fehlt denn auch die bei Paulus vorliegende Verbindung von δικαιοσύνη und ζωή (vgl. Röm 5,21), und statt daß Christus | als δικαιοσύνη τε καὶ ἁγιασμὸς καὶ ἀπολύτρωσις bezeichnet wird (1Kor 1,30), heißt es in variierenden Wendungen, daß er τὸ ἀληθινόν ἡμῶν ζῆν ist (Sm 4,1; vgl. Eph 3,2; Magn 1,2), daß er die ἐν θανάτῳ ἀληθινὴ ζωή ist (Eph 7,2). Das Ergebnis des Heilswerkes ist die κατάλυσις θανάτου (Eph 19,3); denn θάνατος und ζωή sind die das Denken des Ignatius beherrschenden Opposita (vgl. Magn 5,1). Formulierungen wie εἴτε ζωή εἴτε θάνατος ... πάντα ὑμῶν (1Kor 3,22, vgl. Röm 14,7—9) sind hier nicht möglich. Das Herrenmahl heißt das φάρμακον ἀθανασίας und das ἀντίδοτον τοῦ ἀποθανεῖν; es verschafft das ζῆν ἐν Ἰ. Χριστῷ διὰ παντός (Eph 20,2). Die an Christus Glaubenden sind dem Sterben entronnen (Trall 2,1); sie befinden sich ὑπὲρ θάνατον (Sm 3,2). Wenn Ignatius statt ζωή auch ἀθανασία sagen kann, so ist das an sich nicht unpaulinisch (1Kor 15,53 f). Auch ἀφθαρσία ist ein dem Paulus nicht fremder Begriff (Röm 2,7; 1Kor 15,42.50.53 f), aber er spielt bei Ignatius eine weit größere Rolle[15].

Nicht das Streben nach der Gerechtigkeit, sondern die Sehnsucht nach dem Leben beherrscht die Gedankengänge des Ignatius und insofern ist er dem Johannes näher verwandt als dem Paulus. Mit ihm teilt er die Vorliebe für die Begriffe ἀλήθεια und ἀληθινός. Statt des Gegensatzes θάνατος — ζωή kann es auch θάνατος — ἀλήθεια heißen (Sm 5,1). Ignatius schreibt an Polykarp, da er das angespannte Verlangen seiner Gemeinde nach der ἀλήθεια kennt (Pol 7,3). Er redet die Philadelphier als τέκνα φωτὸς ἀληθείας an (Phld 2,1). Christliches Leben heißt κατὰ ἀλήθειαν ζῆν (Eph 6,2). Christus ist τὸ ἀληθινὸν ἡμῶν ζῆν (Sm 4,1), die ἀληθινὴ ζωή (Eph 7,2), und das Ziel der Glaubenden ist τὸ ἀληθινὸν ζῆν (Eph 11,1; Trall 9,2; vgl. Eph intr.: ἐν πάθει ἀληθινῷ). Die johanneische Antithese ἀλήθεια — ψεῦδος fehlt freilich bei Ignatius, ebenso wie die Antithese φῶς — | σκοτία, wenngleich φῶς zweimal begegnet: die Sehnsucht des Ignatius geht dahin, durch das Martyrium das καθαρὸν φῶς zu erlangen

---

[14] So richtig Joh. Klevinghaus in „Die theologische Stellung der Apostolischen Väter zur Alttestamentlichen Offenbarung" (1948) in seiner Darstellung des Ignatius S. 78—112.

[15] Das Evangelium ist das ἀπάρτισμα ἀφθαρσίας (Phld 9,2) oder die διδαχὴ ἀφθαρσίας (Magn 6,2). Christus hat der Ekklesia zugehaucht ἀφθαρσίαν (Eph 17,1). Der Preis für den Kampf des Christen ist ἀφθαρσία καὶ ζωὴ αἰώνιος (Pol 2,3), sein Trank, das Blut Christi, ist ἀγάπη ἄφθαρτος (Röm 7,3). Der καρπός, den die Christen als die Zweige des Kreuzes bringen, ist ἄφθαρτος (Trall 11,2).

(Röm 6,2), und die Philadelphier werden als τέκνα φωτὸς ἀληθείας angeredet (2,1)[16].

III.

Wie versteht nun Ignatius jenen „Zwischen"-*Charakter der Gegenwart?* Das Zwischen ist für ihn keineswegs nur ein chronologischer Begriff. Natürlich lebt auch er wie Paulus in der *Hoffnung auf eine Zukunft* des Heils, auf die ἀνάστασις[17], und wie er Christus unsere ζωή nennen kann, so auch unsere ἐλπίς[18]. Aber versteht er die Auferstehung von den Toten als einen Akt des künftigen eschatologischen Dramas, wenn er sagen kann, daß Christus durch seine Ankunft die Propheten von den Toten erweckt hat (Magn 9,2)? Jedenfalls spielt bei ihm das Zukunftsbild der apokalyptischen Tradition keine Rolle, wenngleich sich einige der alten Formeln bei ihm finden[19], und von den beiden Äonen ist keine Rede[20] und ebensowenig von der künftigen Parusie Christi; die Parusie ist vielmehr das historische Auftreten Jesu (Phld 9,2, vgl. Magn 9,2), der ἐν τέλει ἐφάνη (Magn 6,1). Eben darin hat sich | die kosmische Katastrophe, die die apokalyptische Eschatologie von der Zukunft erwartet, schon ereignet (Eph 19). Wo das eschatologische Zukunftsbild verblaßt, da richtet sich die Hoffnung vielmehr auf das individuelle Heil, auf die αἰώνιος ζωή, die ἀθανασία, die ἀφθαρσία[21].

Der Gedanke, daß sich mit dem historischen Kommen Jesu die kosmische Katastrophe schon ereignet hat, ist als solcher nicht ein dem

---

[16] Daß Ignatius von Johannes abhängig sei, davon hat mich auch Chr. Maurer, „Ignatius von Antiochien und das JohEv" (1949), nicht überzeugt. Vgl. außer den oben genannten Unterschieden das Fehlen der Begriffe ἀθανασία und ἀφθαρσία bei Johannes. Die im Erlösermythos bestehende Verwandtschaft ist nicht durch Abhängigkeit des Ignatius von Johannes zu erklären, sondern daraus, daß beide aus dem gleichen religionsgeschichtlichen Milieu stammen; s. die oben genannte Schrift von H. Schlier. Ignatius ist dieser Sphäre noch stärker verhaftet als Paulus.
[17] Vgl. Eph 11,2; Röm 4,3; auch Trall intr; 9,2; Sm 7,1.
[18] Vgl. Eph 21,2; Magn 11; Trall intr; 2,2; Phld 11,2.
[19] Eph 11,1: ἔσχατοι καιροί, vgl. Pol 3,2; die Begriffe des Gerichts, der μέλλουσα ὀργή (Eph 11,1) und der künftigen Vergeltung (Eph 11,1; 16,2); Magn 5,1; Sm 6,1; 9,2).
[20] Zwar heißt der Satan der ἄρχων τοῦ αἰῶνος τούτου, aber daß das Moment des Zeitlichen durch das des Diesseitigen verdrängt ist, zeigt die Parallelität von οὗτος ὁ αἰών und κόσμος (Röm 6,1). Vgl. überhaupt den Gebrauch von κόσμος zur Bezeichnung der Diesseitigkeit Magn 5,2; Röm 2,2; 3,2 f; 4,2; 6,2 (par. mit ὕλη!) 7,1. Statt ὁ κόσμος οὗτος auch ὁ βίος οὗτος Röm 7,3.
[21] Preiss will zeigen, daß „la recherche de l'immortalité par l'imitation est le motif essentiel et des idées sur le martyre et de la christologie d'Ignace" (aaO S. 218; s. bes. noch S. 214 f).

Ignatius allein eigener Gedanke. Er findet sich — vorgebildet von Paulus (Gal 4,4) und Joh (12,31 etc) — auch in Kol 1 und 2; und die Bezeichnung des Kommens Jesu als seiner Parusie hat 2Tim 1,10; Tit 3,11 ihre Parallele. Indessen ist bei Ignatius *die paradoxe Gegenwärtigkeit des künftigen Heils* in viel radikalerer Weise verstanden als irgendwo anders außer bei Paulus und Johannes, nämlich nicht als eine neue Chance, das Heil zu gewinnen, sondern als in der Existenz des Glaubenden wirksam. Sie sind „Glieder" Christi (Eph 4,2; Trall 11,2), bzw. „Zweige des Kreuzes" (Trall 11,2); sie sind als die in der Ekklesia Vereinten der Leib (Sm 1,2), dessen Haupt er ist (Trall 11,2). So bewegt sich das ganze Leben der Glaubenden „in Christus"[22]. Durch oder in Christus sind die Glaubenden überhaupt erst zum realen Sein gekommen (Magn 10,1), während das Sein der Irrlehrer nur ein Schein ist (Trall 10; Sm 2). Dann aber ist ja die Auferstehung nicht erst eine künftige, sondern eine paradox gegenwärtige. Daß das πάθος Christi unsere ἀνάστασις ist (Sm 5,3) und daß das Evangelium das ἀπάρτισμα ἀφθαρσίας ist (Phld 9,2), ist nach Sm 7,2 zu verstehen: ἐν ᾧ (sc. τῷ εὐαγγελίῳ) τὸ πάθος ἡμῖν δεδήλωται καὶ ἡ ἀνάστασις τετελείωται. Es ist die gleiche Paradoxie wie bei Paulus und Johannes: durch Jesus Christus ist der Tod schon überwunden und das Leben Gegenwart geworden (Röm 5,12 ff; Joh 11,25 f etc). Das bedeutet aber, daß Ignatius den Sinn von 2Kor 5,17 erfaßt hat: τὰ ἀρχαῖα παρῆλθεν, ἰδοὺ γέγονεν καινά. Die Beschreibung der kosmischen Katastrophe Eph 19,3 bringt das zum Ausdruck: παλαιὰ βασιλεία διεφθείρετο θεοῦ ἀνθρωπίνως φανερουμένου εἰς καινότητα ἀϊδίου ζωῆς.

Das Alte, mit dem es zu Ende ist, ist nicht einfach das heidnische Lasterleben, so gewiß es mit diesem auch ein Ende hat; sondern es ist die Herrschaft des Todes, dessen κατάλυσις nunmehr begonnen hat. Mythologisch geredet ist es die Herrschaft des „Herrschers dieses Äons" (Eph 19,1 etc), aber dessen Herrschaftsgebiet ist eben die Sphäre des Todes. Daß sich in dieser der Mensch unter einem dämonischen Zwang befindet, ist damit gesagt, daß das Ende des Alten so beschrieben wird: ἐλύετο πᾶσα μαγεία καὶ πᾶς δεσμὸς ἠφανίζετο κακίας (Eph 19,3). Die Verlorenheit des Menschen vor Christus ist von Ignatius wirklich als die Verfallenheit an eine Macht verstanden, deren er nicht Herr werden kann; und seine Befreiung von ihr bedeutet nicht, daß er jetzt auf seine eigene Kraft gestellt ist und durch seine Werke für sein Heil sorgen muß, sondern

---

[22] Bei Ignatius hat das ἐν Χριστῷ noch die ursprüngliche Kraft, die es in der deuteropaulinischen Literatur (Kol, Eph, selten in 1Petr) noch bewahrt, dann aber verloren

daß er unter einer neuen Macht steht, so daß das künftige Heil schon Gegenwart geworden ist.

Ignatius kann wie Paulus den Gegensatz zwischen dem Alten und dem Neuen als den Gegensatz zwischen *Fleisch und Geist* bezeichnen. Die Christen stehen als die πνευματικοί den σαρκικοί gegenüber (Eph 8,2), und auch wenn Ignatius den Gegensatz ἀνθρώπινος — πνευματικός bildet (Eph 5,1; vgl. κατὰ ἄνθρωπον Trall 2,1; Röm 8,1), so redet er wie Paulus (1Kor 3,1.3). Der große Unterschied von Paulus ist der, daß für Ignatius das Fleisch nicht primär die Sphäre der Sünde, sondern die der Vergänglichkeit, des Todes ist. Er kann gelegentlich statt σάρξ auch ὕλη sagen (Röm 6,2, vgl. 7,2). Es ist die Sphäre des βλεπόμενον (Magn 3,2), des φαινόμενον (Röm 3,3; Pol 2,2), was freilich im Ausdruck auch paulinisch ist (2Kor 4,18). Übereinstimmung aber besteht darin, daß das Fleisch von Ignatius wirklich als Machtsphäre gedacht ist und nicht etwa als | die Sinnlichkeit, und zwar als eine Machtsphäre, die, obwohl sie primär die des Todes ist, doch nicht einfach undialektisch als eine dem Menschen gegenüber fremde und ihn vergewaltigende Naturmacht gedacht ist, sondern als eine Sphäre, die er selbst zur Macht über sich werden lassen kann (und vor Christus hat werden lassen). Denn auch nachdem sie für den Glaubenden abgetan ist, bleibt sie verführerisch, so daß die Mahnung κατὰ θεόν zu handeln und nichts κατὰ σάρκα zu tun, ständig gilt (Magn 6,2), und daß das Entweder-Oder: die σάρξ zum Maßstab des Urteils und des Handelns zu machen oder das πνεῦμα bzw. die γνώμη θεοῦ weiterbesteht (Magn 6,2; Röm 8,3; Phld 7,1).

Das für Ignatius Charakteristische ist, daß für den Glaubenden die Sphäre der σάρξ in der Weise als Macht erledigt ist, daß sie gleichsam neutralisiert worden ist, ja, daß die σάρξ zur Einheit mit dem πνεῦμα fähig gemacht worden ist, und zwar dadurch, daß Christus das Fleisch angenommen und zu dem seinen gemacht hat, so daß seine ἀνάστασις zugleich σαρκική und πνευματική ist (Sm 12,2). Er ist auch als Auferstandener ἐν σαρκί (Sm 3) und ist also σαρκικός τε καὶ πνευματικός (Eph 7,2). Daher ist auch der Bischof σαρκικὸς καὶ πνευματικός (Pol 2,2), und daher wünscht Ignatius den Gemeinden ἕνωσις σαρκὸς καὶ πνεύματος Ἰ. Χριστοῦ (Magn 1,2; 13,2, vgl. Röm intr.) oder das μένειν ἐν Ἰ. Χριστῷ σαρκικῶς καὶ πνευματικῶς (Eph 10,3). Er rühmt, daß die Gemeinde von Smyrna ans Kreuz genagelt sei σαρκί τε καὶ πνεύματι (Sm 1,1)[23]. Sein Gedanke

---

hat. Formelhaft begegnet es noch öfter in 1Clem, auch bei Pol 1,1. Es fehlt in Jak, Hebr und Barn, in 2Petr, 2Clem, Did und Herm. In Apk findet sich nur 14, 13 ἐν κυρίῳ.   [23] Vgl. weiter Sm 13,2; Pol 1,2; 5,1; Magn 13,1; Trall intr; 12,1.

kommt besonders deutlich zum Ausdruck Eph 8,2. Hier folgt auf den Satz, der den Gegensatz formuliert: οἱ σαρκικοὶ τὰ πνευματικὰ πράσσειν οὐ δύνανται οὐδὲ οἱ πνευματικοὶ τὰ σαρκικά . . ., die Versicherung: ἃ δὲ καὶ κατὰ σάρκα πράσσετε, ταῦτα πνευματικά ἐστιν· ἐν Ἰησοῦ γὰρ Χριστῷ πάντα πράσσετε. Sind solche Aussagen auch bei Paulus nicht denkbar (vgl. zB 2Kor 10,3), so kommen sie doch dem Sinn von Gal 2,20; Phil 1,22 nahe, wenngleich die eigentlich paulinische Paradoxie (vgl. | bes. 2Kor 4,7 ff) dabei preisgegeben ist. Der paulinische Gedanke, daß das Fleisch als Macht abgetan ist (Röm 8,2 ff, bes. V. 9), hat bei Ignatius die merkwürdige Form gewonnen, daß das Fleisch selbst in die Gemeinschaft mit dem Geist gebracht worden ist.

Da nun das Fleisch für Ignatius primär die Sphäre des Todes ist, hat diese Anschauung ihre Parallele in der anderen, daß durch den Tod und die Auferstehung Christi auch Tod und Leben zu einer Einheit gebracht worden sind, worin Ignatius sich wiederum dem paulinischen Denken nähert. Gewiß: Tod und Leben sind Gegensätze (Magn 5,1). Aber wer das ἀποθανεῖν εἰς τὸ αὐτοῦ (sc. Χριστοῦ) πάθος übernimmt, in dem ist auch das ζῆν Christi wirklich (Magn 5,2), denn sein πάθος ist unsere ἀνάστασις (Sm 5,3)[24].

Wie das genauer zu verstehen ist, wird klarer, wenn ein Motiv der ignatianischen Gedanken berücksichtigt wird: *die Bedeutung der Kirche als der sakramentalen Gemeinschaft,* die durch den Bischof als den Repräsentanten Christi (Eph 6,1; Trall 2,1), ja, Gottes selbst (Eph 5,3; Magn 3; 6,1; Phld 3,2; Sm 9,1) geleitet wird. Keine Handlung der Gemeinde darf ohne ihn vorgenommen werden[25]; keine ἔρις, ἐριθεία, αἵρεσις[26] darf die Einheit der Gemeinde zerstören, — was ja auch nicht unpaulinisch ist (vgl. 1Kor 1,10 ff; 3,16). Das durch die Sakramente vermittelte Heil ist ausschließlich in der durch das bischöfliche Amt konstituierten Kirche zugänglich.

Gleichwohl darf das Christentum des Ignatius nicht als bloßer Sakramentalismus bezeichnet werden. Denn das für ihn Eigentümliche liegt darin, daß das ganze Leben des Christen in die sakramentale Einheit mit Christus hineingezogen wird und sakramentalen Charakter erhält, — eben als die Teilnahme | an Christi Leiden, Tod und Auferste-

---

[24] In einer variierenden Fülle von Ausdrücken beschreibt Ignatius die Teilhabe am Tode Christi (Phld 3,3; 4,1; Röm 6,3 u. a.), wobei die Teilhabe an der Auferstehung natürlich mitzuhören ist und oft auch ausgesprochen ist (Phld intr; 9,2; Trall intr; Magn 11; Sm 12,2).

[25] Magn 4; 7,1; Trall 2,2; 7,2; Phld 7,2; Sm 8,1 f; 9,1; Pol 5,2.

[26] Eph 8,1; Phld 8,2; Eph 6,2; Trall 6,1.

hung²⁷. Das paradoxe Wesen Christi als des σαρκικός τε καὶ πνευματικός, als der ἐν θανάτῳ ἀληθινὴ ζωή (Eph 7,2) ist auch das Wesen der Glaubenden; auch in ihnen sind Fleisch und Geist, Tod und Leben zur Einheit gebracht. So entspricht der Menschwerdung Gottes (Eph 7,2; 19,3) die Gottwerdung des Menschen. Freilich redet Ignatius nicht vom θεωθῆναι, dafür aber vom μετέχειν θεοῦ (Eph 4,2), vom γέμειν θεοῦ (Magn 14), vom θεοῦ εἶναι bzw. γίνεσθαι (Magn 10,1; Röm 6,2; 7,1), und mit dem ἐν Χριστῷ wechselt das ἐν θεῷ (Eph 1,1; Magn 3,1; Pol 6,1); dem Χριστὸς ἐν ὑμῖν (Magn 12; Röm 6,3) entspricht das θεὸς ἐν ἡμῖν (Eph 15,3). Die Glaubenden sind wie χριστοφόροι, so θεοφόροι und θεοδρόμοι (Eph 9,2; Phld 2,2; Pol 7,2).

Solche durch die Sakramente hergestellte Gemeinschaft mit Christi Tod und Auferstehung *prägt das ganze Leben der Glaubenden*. Dafür ist symptomatisch, daß Ignatius den Glauben und die Liebe, durch die sich die Glaubenden neu schaffen lassen sollen, als das Fleisch und Blut Christi, mit dem sie eins geworden sind, bezeichnen kann (Trall 8,1), und daß er sagen kann, daß diejenigen, die an das Kreuz Christi angenagelt sind, befestigt sind in Liebe durch das Blut Christi (Sm 1,1). Wiederbelebt durch das Blut Christi haben die Epheser das ihrer Art entsprechende Werk verrichtet (Eph 1,1). Die Gegenwärtigkeit des Lebens besteht also nicht einfach darin, daß den Glaubenden durch die Sakramente eine naturhafte Qualität zu eigen geworden ist, sondern darin, daß ihr ganzes Leben eine neue Bewegung gewonnen hat: es steht unter dem Imperativ, der die organische Frucht des Indikativs ist. Immer wieder dient die Zweiheit von Glaube und Liebe dazu, das christliche Sein zu charakterisieren²⁸; ja, in der Mahnung ἀνακτίσασθε | ἑαυτοὺς ἐν πίστει … καὶ ἐν ἀγάπῃ (Trall 8,1) wird der Sakramentalismus geradezu ausgeschaltet, indem die πίστις als das Fleisch, die ἀγάπη als das Blut Christi definiert werden. Mehrfach versichert Ignatius, daß es gilt, ein χριστιανός nicht nur zu heißen, sondern auch zu sein (Magn 4,1; Röm 3,2), daß der χριστιανός nicht Herr seiner selbst ist, sondern Gott zur Verfügung stehen muß (Pol 7,3), daß es gilt, κατὰ χριστιανισμὸν ζῆν (Magn 10,1) oder κατὰ χριστομαθίαν zu handeln (Phld 8,2). Der χριστιανισμός ist eine große Sache, ὅταν μισῆται ὑπὸ κόσμου (Röm 3,3). Die κατάλυσις

---

[27] Es ist bezeichnend, daß Ignatius von der Taufe, die er im Verhältnis zur Eucharistie nur selten erwähnt (Eph 18,2; Sm 8,2; Pol 6,2), nicht als von dem Akt der Vergebung der Sünden der Vergangenheit spricht. Ihre Wirkung erstreckt sich in die Zukunft (Pol 6,2: τὸ βάπτισμα ὑμῶν μενέτω ὡς ὅπλα); ἄφεσις ἁμαρτιῶν begegnet überhaupt nicht; daß der Herr den Christen, die Buße tun, vergibt, sagt Phld 8,1.

[28] Eph 1,1; 9,1; 14,1 f; 20,1; Magn 1,2; 6,1; 13,1; Phld 9,2; Sm 1,1; 6,1; 13,2; Pol 6,2.

θανάτου, die mit Christi Menschwerdung begonnen hat (Eph 19,3), vollzieht sich im Verhalten der Christen[29].

Darf man sagen, daß Ignatius die Todes- und Lebensgemeinschaft mit Christus wie Paulus in ihrem existentiellen Sinne verstanden hat, weil er sie als eine die Lebensführung bestimmende versteht, so erreicht er die Tiefe des paulinischen Gedankens freilich nicht. Es ist die Folge seines un- oder wenigstens nur halb-paulinischen Verständnisses des Fleisches, daß er das Sich-kreuzigen-lassen mit Christus nicht primär als den ständigen Kampf gegen die Sünde und ihre παθήματα und ἐπιθυμίαι (Röm 6,6; Gal 5,24; 6,14) versteht, wenngleich auch er den Gegensatz κατὰ κύριον — κατ' ἐπιθυμίαν kennt (Pol 5,3, vgl. Röm 4,3; 7,1; Pol 4,3), und wenngleich der Satz ὁ ἐμὸς ἔρως ἐσταύρωται (Röm 7,2) durch das οὐχ ἥδομαι τροφῇ φθορᾶς οὐδὲ ἡδοναῖς τοῦ βίου τούτου erläutert wird. Aber da die σάρξ primär die Sphäre der Vergänglichkeit und des Todes ist, ist sie, sofern sie ἀνθρωπίνη σάρξ ist (Phld 7,2) und im Gegensatz gegen Gott steht (Magn 3,2; Röm 8,3) eigentlich erst abgetan im leiblichen Sterben. Daher ist die Freiheit nicht wie bei Paulus die schon gegenwärtige, sondern erst die künftige, die in der Auferstehung verwirklicht werden wird (Röm 4,3). Daher gilt es: αὐθαιρέτως ἔχειν τὸ ἀποθανεῖν εἰς τὸ αὐτοῦ πάθος (Magn 5,2, vgl. Röm 6,1), und daher ist für Ignatius der Höhepunkt und das eigentlich erstrebenswerte Ziel des christlichen Lebens der Märtyrertod, in welchem er erst wirklich ein μιμητὴς τοῦ πάθους τοῦ θεοῦ μου sein wird (Röm 6,3). Jetzt fängt er erst an, ein Jünger zu werden (Eph 3,1; Röm 5,1.3); dann wird er es wirklich sein (Röm 4,2 f; Eph 1,2; Pol 7,1)[30].

Freilich ist es im Grunde auch nicht so, daß dem Jüngersein vor dem Märtyrertode ein Stück fehlte, das noch hinzugefügt werden müßte, um es quantitativ vollständig zu machen. Vielmehr ist Ignatius schon jetzt potentiell oder latent der μαθητής, der er sein möchte, und er sehnt sich danach, es auch reell und demonstrativ zu werden. Das οὔπω ἀπήρτισμαι (Eph 3,1), ἔτι ὢν ἀναπάρτιστος (Phld 5,1) hat doch keinen anderen Sinn als das paulinische οὐχ ὅτι ἤδη ἔλαβον ἢ ἤδη τετελείωμαι (Phil 3,12). Ignatius weiß, daß das μαθητὴς εἶναι keine Qualität, kein sicherer Besitz ist; daß solange das Ende noch nicht erreicht ist, es heißen muß: ἔτι γὰρ ὑπὸ κίνδυνόν εἰμι (Trall 13,3). Jede καύχησις und jedes φυσιοῦσθαι ist ausgeschlossen[31]; οὐ γὰρ νῦν ἐπαγγελίας τὸ ἔργον, ἀλλ' ἐν δυνάμει πίστεως ἐὰν

---

[29] Trall 4,2: χρῄζω οὖν πραότητος, ἐν ᾗ καταλύεται ὁ ἄρχων τοῦ αἰῶνος τούτου.
[30] Vgl. noch Röm 7,2; Sm 4,2.
[31] Eph 18,1; Trall 4,1; 7,1; Pol 4,3; 5,2.

τις εὑρεθῇ εἰς τέλος (Eph 14,2, vgl. 17,1). Unpaulinisch ist allerdings, daß Ignatius im Märtyrertode gleichsam seine Garantie sieht, daß er ihn nicht einfach als vom Herrn gefügt hinnimmt, sondern aus dem Todesgeschick nun doch gleichsam ein Werk macht, das ihm die Sicherheit gibt, und daß er deshalb die römische Gemeinde bestürmt, seinen Märtyrertod nicht zu verhindern. Wirkt sich der Tod Jesu für Paulus in seinem gegenwärtigen apostolischen Leben und Wirken aus (2Kor 4,7 ff), so ist er für Ignatius ein Vorbild, das es nachzuahmen gilt: ἐπιτρέψατέ μοι μιμητὴν εἶναι τοῦ πάθους τοῦ θεοῦ μου (Röm 6,3), während dem Paulus dieser Gedanke der Imitatio fern liegt[32]. |

Davon abgesehen aber hat Ignatius die Erkenntnis von dem paradoxen Sein des Christen zwischen dem „schon" und „noch nicht", und er weiß auch, daß Christ sein nicht notwendig bedeutet, Märtyrer sein. Er kennt die Dialektik des christlichen Seins und kann zu seinen Lesern sprechen als zu solchen, die μαθηταί oder μιμηταί θεοῦ bzw. κυρίου sind (Magn 10,1; Eph 1,1; Trall 1,2), und die es doch erst werden sollen (Magn 9,1; Eph 10,3; Phld 7,2). Sie können durch den Indikativ charakterisiert werden als ὄντες θεοῦ (Eph 8,1), als κατὰ πάντα κεκοσμημένοι ἐν ταῖς ἐντολαῖς Ἰ. Χριστοῦ (Eph 9,2), aber auch durch den Imperativ als solche, die κατὰ πάντα ἡγιασμένοι werden sollen (Eph 2,2). Die Paradoxie von Gal 5,25 hat ihre Parallele Sm 11,3: τέλειοι ὄντες τέλεια καὶ φρονεῖτε, oder in Sätzen wie Eph 15,3: πάντα οὖν ποιῶμεν ὡς αὐτοῦ ἐν ἡμῖν κατοικοῦντος, ἵνα ὦμεν αὐτοῦ ναοὶ καὶ αὐτὸς ἐν ἡμῖν θεὸς ἡμῶν (vgl. 1Kor 3,16; 6,19) und Magn 12: οἶδα ὅτι οὐ φυσιοῦσθε· Ἰησοῦν γὰρ Χριστὸν ἔχετε ἐν ἑαυτοῖς. Καὶ μᾶλλον, ὅταν ἐπαινῶ ὑμᾶς, οἶδα ὅτι ἐντρέπεσθε.

---

[32] Den Unterschied zwischen Ignatius und Paulus in dieser Hinsicht hat PREISS in seinem Aufsatz (s. oben) treffend aufgezeigt. So richtig auch seine Behauptung ist, daß das treibende Motiv in der Theologie des Ignatius das Verlangen nach Unsterblichkeit ist, so scheint es mir doch eine Übertreibung zu sein, wenn er (S. 219) sagt: „Il ne garde de la pensée paulinienne que ce qui est nécessaire pour assurer à l'homme sa pleine immortalité."

Zur Frage nach den Quellen der Apostelgeschichte*

In seinem 1956 erschienenen Kommentar zu den Acta Apostolorum gibt Ernst Haenchen einen lehrreichen Überblick über die historisch-kritische Erforschung der Acta: der Epoche der „Tendenzkritik", die mit Joh. Weiss verstummt, folgt die Epoche der „Quellenkritik", die ihren Höhepunkt mit Wellhausen erreicht hat, die aber immer noch die Forschung beschäftigt. Ist sie auch noch nicht erledigt, so ist sie doch in den Hintergrund gedrängt worden durch die stil- und formgeschichtliche Arbeitsweise, die wesentliche Anstöße durch P. Wendland und Ed. Norden empfangen hatte und dann von M. Dibelius weitergeführt wurde. Das Verdienst Haenchens ist es, in seinem Kommentar diese Betrachtungsweise für die Interpretation der gesamten Acta durchgeführt zu haben[1]. Für ihn sind die Acta nicht in erster Linie das Werk eines Historikers, das auf seinen Quellenwert befragt werden müßte. Sie müssen vielmehr als eine Komposition des Autors gewürdigt werden, in der dessen Theologie, — oder wohl besser: die in seiner Theologie begründete Auffassung der urchristlichen Geschichte ihren Ausdruck findet, einer Geschichte, in der sich das Verhältnis des christlichen Glaubens zum Judentum und zum römischen Staat erkennen läßt.

Abschnitt für Abschnitt unterwirft Haenchen die Behandlung des betreffenden Stückes durch die historische Kritik und ihre Quellenanalyse seinerseits einer Kritik, die durchweg die Unhaltbarkeit der Hypothesen jener Kritik aufzeigt, ihr aber vor allem — und zwar mit Recht — den Vorwurf macht, daß sie nicht zuerst den Versuch gemacht hat, den betreffenden Abschnitt als eine Einheit aus der schriftstellerischen Absicht des Autors der Acta zu verstehen. Wenn diese erkannt ist, so erledigen sich vielfach die Anstöße, die die frühere Forschung zu quellenkritischen

---
* New Testament Essays, Studies in Memory of T. W. Manson (Manchester 1959), 68—80.
[1] Vgl. dazu auch E. HAENCHEN, „Tradition und Komposition in der Apostelgeschichte", ZThK 52 (1955), S. 205—225.

Analysen | veranlaßt haben. Die Geschichtsschreibung des Autors enthält „nach unseren Begriffen ein dichterisches Element, und wir tun Lukas Unrecht, wenn wir sein freies Gestalten leugnen und es zu protokollarischer Genauigkeit verfälschen" (S. 118)[2].

Natürlich meint Haenchen nicht, daß die Darstellung des „Lukas" reine Dichtung sei. Selbstverständlich hat „Lukas" seine Darstellung auf Grund der ihm überkommenen Tradition, die auch eine schriftliche sein konnte, entworfen. Infolgedessen schließt die Erklärung eines Abschnitts aus der Absicht des Autors (bzw. aus seiner Geschichts-Auffassung) eine Analyse des betreffenden Abschnitts nicht aus. Nur darf die Analyse nicht vollzogen werden, ohne daß zuvor die Absicht des Autors bzw. die Sinneinheit des betreffenden Abschnitts erkannt ist. Da nun die Absicht des Autors gerade auch dann deutlich werden kann, wenn man sieht, über welche Tradition er verfügt und wie er sie gestaltet, so besteht freilich zwischen der exegetischen Frage nach der Sinneinheit und der analytischen Frage nach der benutzten Tradition eine Wechselwirkung. Die Ausbalancierung beider Fragen ist eine Sache des exegetischen Taktes, und in dieser Hinsicht dürfte Haenchens Interpretation meist das Richtige treffen.

Die Analyse hat jetzt auch einen anderen Sinn gewonnen als früher. Sie dient dem Verständnis des Textes der Acta, so wie dieser uns vorliegt, und dh dem Verständnis der Komposition und ihren theologischen Motiven. Die Interpretation will also nicht hinter den Text zurückfragen und zur Erkenntnis historischer Vorgänge durchstoßen, die zeitlich vor dem Texte liegen. Sie legt es nicht von vornherein darauf ab, Quellen — und zwar schriftliche, möglichst durchlaufende, umfassende Quellen — herauszuarbeiten, auf die man sich verlassen kann als auf historische Dokumente für die Rekonstruktion der Geschichte des Urchristentums. Eben diese Absicht leitete durchweg die quellenkritische Forschung, die sich die Arbeit des Autors wesentlich als die Kombination von Quellen vorstellte. Dagegen richtet sich Haenchens berechtigte Kritik.

Indessen darf man nicht verkennen, daß die Fragestellung der quellenkritischen Forschung auch ihr Recht hatte und in gewisser Weise auch von den Acta selbst herausgefordert wird. Denn unbeschadet ihrer theo-

---

[2] S. dazu auch aaO (Anm. 1) S. 210: „... daß Lukas kein Historiker in dem Sinne war und sein wollte, in dem wir diesen Begriff fassen, und daß deshalb die Komposition als das freie, nur vom kirchlichen Gesamtbild der Vergangenheit gelenkte Entwerfen von Szenen in der Apg eine Rolle spielt, wie wir sie heute nur in geschichtlichen Romanen zulassen."

logischen Tendenz wollen die Acta doch auch ein Bild entwerfen, wenn auch nicht vom Urchristentum überhaupt, so doch von wichtigen Momenten und Vorgängen seiner | Geschichte. Herausgefordert wird die kritische Fragestellung besonders auch dann, wenn sich parallele oder konkurrierende Angaben oder Berichte in den paulinischen Briefen finden, also zB durch das Verhältnis von Apg 15 zu Gal 2. Auch Haenchen denkt ja nicht daran, die Diskussion darüber abzuschneiden und ein Urteil über geschichtlich oder ungeschichtlich zu vermeiden. Aber die kritische Fragestellung wird erst fruchtbar, wenn zuvor die Texte unter der Frage nach ihrer Sinneinheit als Komposition des Autors verstanden sind. Gerade dann kann ein Urteil über den historischen Wert oder Unwert eines Berichtes gewonnen werden.

Die Frage nach der Einheit und dem Sinn eines Abschnitts ist nun nicht zu trennen von der Frage nach seiner Stellung im Zusammenhang der ganzen Acta. Denn „Lukas hat nicht nur aus allen möglichen Traditionsstücken jene großen lebendigen Einzelszenen gestaltet ..., sondern darüber hinaus die Szenenfolge der Apg selber: er hat ein Geschichtswerk geschaffen". Die dem einzelnen Abschnitt im Zusammenhang der ganzen sinnvollen Komposition angewiesene Stellung bestimmt ja auch seinen Sinn. Das ist von Haenchen zB ausgezeichnet klar gemacht durch die Interpretation der drei Berichte von der Bekehrung des Paulus[3]. Daß in ihnen Tradition verwendet ist, versteht sich von selbst. Aber wie sie jeweils in c. 9, c. 22 und c. 24 gestaltet ist, das ist durch den jeweiligen Zusammenhang in der Komposition des Ganzen bestimmt. Damit sind alle Versuche, diesen oder jenen der drei Berichte mittels psychologischer Deutung als den historisch zuverlässigsten den anderen vorzuziehen, erledigt.

Ich habe nun meinerseits doch einige kritische Fragen an Haenchens großen Kommentar zu richten, unbeschadet meiner grundsätzlichen Zustimmung zu seiner Methode und unbeschadet der Dankbarkeit für die reiche Belehrung, die ich aus dem Kommentar geschöpft habe. Ich möchte fragen: (1) Ist die Analyse, die in Wechselwirkung mit der Interpretation der Sinneinheit steht, immer in den Blick gefaßt worden, und ist sie nicht manchmal zurückgedrängt worden zugunsten der Frage nach

---

[3] S. dazu aaO (Anm 1) S. 217: „Lukas hat also nicht zwei oder drei Berichte von der Bekehrung des Paulus benutzt, sondern jene eine Tradition, die ihm bekannt war. Er hat sie — das gehört mit zu seiner Kompositionsarbeit — in c. 9,22 und 26 durch Kürzung, Ergänzung und Änderung jeweils zum Bestandteil einer größeren Einheit und damit einem Ziel dienstbar gemacht, an das die volkstümlichen Erzähler vor Lukas noch nicht gedacht hatten."

der Sinneinheit, so daß sogar die Sinneinheit als ein Kriterium gegen die Benutzung einer Quelle geltend gemacht wird? (2) Macht sich Haenchen die Frage nach schriftlichen Quellen nicht zu leicht? Begnügt er sich nicht oft zu schnell mit dem einfachen Hinweis, | daß hier oder dort „Tradition" vorliege, ohne genauer zu fragen, welcher Art diese Tradition sei?

Ad (1): Als Beispiel wähle ich Haenchens Interpretation von Apg 15,1 bis 35. Wie Dibelius[4] zeigt Haenchen, daß sich der Text ohne Quellenscheidung verstehen läßt, und macht den Aufbau und die Geschlossenheit der lukanischen Komposition deutlich (S. 407). Der Autor schrieb nicht als Historiker, sondern wollte „mit seiner Erzählung seiner Generation die Gewißheit vermitteln ..., daß ihr Heidenchristentum in Ordnung war, von Gott und den verantwortlichen Menschen gebilligt" (S. 402). Auch die Bedeutung von Apg 15 innerhalb des Ganzen der Acta ist einleuchtend charakterisiert: Apg 15 bezeichnet den Wendepunkt in der Geschichte, den Übergang von Jerusalem als dem Mittelpunkt der Frühgeschichte auf den neuen großen Schauplatz der christlichen Mission (S. 407 ff).

Aber ist damit die Frage nach den Quellen, die der Autor für seine Komposition benutzte, wirklich erledigt? Haenchen geht an einem Punkte noch über Dibelius hinaus, nämlich das Apostoldekret betreffend. Nach Dibelius scheint der Autor das „Dokument der vier Klauseln" wirklich gekannt zu haben. Nach Haenchen hat es ein solches Dokument nie gegeben. Es ist eine Bildung des Autors, der wußte, daß die vier Forderungen, die nach alttestamentlich-jüdischer Vorstellung für die unter den Juden lebenden Heiden galten, auch zu seiner Zeit bei den Heidenchristen in Geltung standen, und zwar als „eine lebendige Tradition", die man wahrscheinlich schon damals auf die Apostel zurückführte. Nun, wenn Dibelius Haenchen gegenüber Recht haben sollte, und wenn das Dekret wirklich (als Beschluß der Jerusalemer Gemeinde) existiert hätte und der Autor es seiner Erzählung eingegliedert hätte, — was wäre damit geändert an Haenchens Charakteristik des Aufbaus und der Geschlossenheit des Berichtes? Nicht das Mindeste! Diese Geschlossenheit kann also kein Kriterium dafür sein, daß der Autor nicht einen überlieferten Text, ein Stück „Quelle" seiner Komposition eingegliedert hat.

Es ist aber wahrscheinlich, daß das Dekret wirklich ein dem Autor überlieferter Text war. Nach Dibelius ist dafür beweisend „die Adressie-

---

[4] MARTIN DIBELIUS, Aufsätze zur Apostelgeschichte, 3. Aufl. (1957), S. 89.

rung lediglich nach Antiochien, Syrien und Kilikien"⁵. In der Tat! Wie konnte der Autor auf diese einschränkende Adresse verfallen, wenn er das Dekret als ein uneingeschränktes verstand, was nach Haenchen der Fall war.

Aber dann erheben sich sofort andere Fragen, die zwar das Bild der geschlossenen Komposition nicht zerstören, die aber die Arbeitsweise des Autors in neuem Lichte erscheinen lassen. Wo und wann ist das Dekret beschlossen worden? Es wird kein Zweifel sein können: in Jerusalem, von der dortigen Gemeinde, mögen nun ursprünglich als die Absender nur die ἀδελφοί genannt gewesen sein, und mag (οἱ) ἀπόστολοι καὶ οἱ πρεσβύτεροι 15,23 redaktioneller Zusatz des Autors sein.

Aber wann? Dibelius und Haenchen sind in gleicher Weise der Meinung (und ich glaube: mit Recht), daß das nicht auf dem Konvent geschehen sein kann, von dem Gal 2 berichtet. Früher selbstverständlich nicht; also später. Von Weizsäcker stammt bekanntlich die von vielen aufgenommene Hypothese, daß das Dekret „auf Grund des antiochenischen Zwischenfalles (Gal 2,11 ff) ohne Mitwirkung des Paulus beschlossen worden sei" (Haenchen S. 415). Es sagt ja in der Tat nichts von der Beschneidung, die beim Konvent von Gal 2 die aktuelle Frage war; seine Bestimmungen wollen offenbar das Zusammenleben in gemischten Gemeinden ermöglichen. Die Ablehnung dieser Hypothese durch Haenchen scheint mir nicht durchschlagend zu sein. Er meint, sie leide daran, daß sie nicht die lukanische Darstellung selbst gründlich und genau nach ihrem eigenen Sinn befragt habe (S. 415). Nun, diese Aufgabe hat Haenchen zwar überzeugend gelöst; aber ist damit die Hypothese widerlegt? Nicht im Mindesten! Denn mag das Dekret, so wie es in Apg 15 erscheint, sich der Komposition des Autors noch so glatt einordnen und an seinem Platze verständlich sein, so ist doch die Geschlossenheit der Komposition kein Kriterium dafür, daß der Autor nicht einen überlieferten Text verarbeitet hat.

Für die Bestätigung jener Hypothese wird oft angeführt, daß das Dekret dem Paulus Apg 21,25 als etwas Neues (und dann natürlich auf Grund einer in c. 21 benutzten Quelle) mitgeteilt wird. Auch mit diesem Argument scheint mir Haenchen zu schnell fertig zu werden. Dort richte sich das Dekret — wie Haenchen nach Loisy urteilt — gar nicht an Paulus, sondern an die Leser. Aber hätte der Autor dann nicht ein οἶσθα (γὰρ) ὅτι eingefügt wie das ὑμεῖς οἴδατε 10,37 oder das ἐπίστασθε 15,7?

---

⁵ AaO S. 89.

Aber wie dem auch sei! Außer der Möglichkeit, daß der Autor das Dekret — historisch gesehen: fälschlich — in einer Verhandlung der Jerusalemer mit Paulus und Barnabas untergebracht hat, | kommt noch eine andere Möglichkeit in Frage. Wie wäre es, wenn der Autor eine Tradition, ja, eine schriftliche Quelle, benutzt hätte, die von einer Verhandlung in Jerusalem berichtete, deren Ergebnis das Dekret war? In diesem Falle hätte er nicht das Dekret von sich aus in eine (von ihm frei benutzte) Tradition eingefügt, sondern er hätte jene Verhandlung, bei der Paulus und Barnabas nicht zugegen waren, dadurch umgestaltet, daß er Paulus und Barnabas einführte. Mit anderen Worten, die Verse bzw. Worte in Apg 15,1—35, die von diesen beiden reden, wären von ihm in seine Quelle eingefügt worden, wie ja auch sonst schon zB von Bousset vermutet worden ist[6].

Ich halte das für wahrscheinlich. So würde es sich auch erklären, warum nach V. 1 in V. 5 noch einmal der Einspruch gegen die Gesetzesfreiheit der Heidenchristen erhoben wird. Jedenfalls ist Haenchens Erklärung (von V. 4) dafür, daß Paulus und Barnabas in Jerusalem nicht sogleich ihren Auftrag ausführen, sondern vielmehr von ihrer Mission erzählen, nicht überzeugend. Er meint, der Fall wäre dann zu schnell erledigt gewesen; es sei dem Autor aber an einer eindrucksvollen Szene gelegen. „Deshalb kommt es besonders darauf an, das entscheidende Ereignis, die endgültige Billigung der gesetzesfreien Heidenmission, in einer unvergeßlichen Szene den Lesern einzuprägen" (S. 404). Aber es ist nicht einzusehen, warum der Autor, um das zu erreichen, nicht auf V. 3 gleich V. 6 hätte folgen lassen können[7].

Aber worauf es mir hier ankommt, ist das Methodische: an dem Bilde der Komposition, das Haenchen entwirft, ändert sich nichts, wenn der Autor eine Quelle benutzt hat, die nicht von Paulus und Barnabas erzählte. Nur seine Arbeitsweise wäre deutlicher geworden, und seine Fähigkeit, eine einheitliche Komposition auf Grund des ihm zur Verfügung stehenden Materials zu entwerfen wäre noch glänzender erwie-

---

[6] Die Sätze, in denen von Paulus und Barnabas die Rede ist, lassen sich leicht herausheben: V. 2 (es würde genügen: ἔταξαν ἀναβαίνειν τινὰς ἐξ αὐτῶν πρὸς κτλ.), 3—5, 12; das σὺν τῷ Παύλῳ καὶ Βαρναβᾷ in V. 22; V. 25 f. — Vgl. W. Bousset, ZNW 14 (1913), S. 156—162.

[7] Auch die Frage nach dem Verhältnis der 11,30 erzählten Reise des Paulus und Barnabas von Antiochien nach Jerusalem zu der Reise von 15,1 ff würde dann eine Antwort finden. Die Reise von 11,30 ist mit der von Gal 2,1 ff identisch. Daß Paulus und Barnabas nach 11,30 eine Unterstützung nach Jerusalem bringen, steht doch in keinem Widerspruch zu Gal 2,1 ff.

sen. Wenn zB V. 12 als ein Einschub in die Quelle gelten müßte, so wäre damit doch der Auffassung Haenchens, daß dieser Vers „eine wichtige Aufgabe im Rahmen der lukanischen Erzählung" hat (S. 405), nicht widersprochen.

Einige kleinere Beispiele mögen noch hinzugefügt werden.

Würde etwa Haenchens Interpretation von Apg 1,15—26 modifiziert werden, wenn V. 18 ein Einschub in eine Quelle ist? Keineswegs! Auch dann bliebe das Urteil bestehen, daß man nach solcher Ausscheidung nicht eine historisch „gute Überlieferung" vor sich hat. |

Würde die Interpretation von c. 2 hinfällig werden, wenn man annimmt, daß in der Petrusrede die Verse 14—21, 24—31, 33—35 in einen Quellenbericht eingefügt sind? Keineswegs! Die Einheit der lukanischen Komposition wäre damit nicht angefochten.

Ähnlich ist über 4,32; 5,12b—14; 6,12b—14a zu urteilen. Aber ich will diesen Gesichtspunkt nicht weiter verfolgen. Worauf es mir ankommt, ist, zu betonen, daß mit dem Nachweis der Einheit einer Komposition nicht über die etwaige Verwendung von Quellen entschieden ist, — so sehr ich Haenchen darin Recht gebe, daß die primäre Aufgabe der Exegese die Klarstellung der Komposition sein muß.

Ad (2): Haenchen ist gewiß mit Recht der Meinung, daß es vor den Acta keine „Apostelgeschichten" gegeben hat; an solchen konnte die apostolische Zeit kein Interesse haben. „Eine ‚Apostelgeschichte' wie die lukanische konnte erst in einer neuen Generation geschrieben werden" (S. 87). Aber es gab freilich Überlieferung aus der apostolischen Zeit, auf die Lukas für sein Werk angewiesen war. Doch in welcher Form gelangten sie an „Lukas"? Als mündliche oder schon als schriftliche Tradition? Man vermißt bei Haenchen eine zusammenhängende Untersuchung dieser Frage. Der auffallend kurze Abschnitt „Die in der Apg benutzte Tradition" (S. 95f) geht auf die Frage nicht ausdrücklich ein, sondern spricht nur unbestimmt von Traditionen. Wenn Haenchen sagt, daß es für den zweiten Teil der Acta erheblich günstiger stehe als für den ersten, weil der Autor ein Itinerar der paulinischen Reisen benutzen konnte, so scheint Haenchen im übrigen nur mit mündlicher Tradition zu rechnen, und diese Vermutung wird bestätigt durch die im Kommentar gegebenen Kompositions-Analysen.

Aber ist diese Anschauung haltbar? Ist es zB denkbar, daß Namenlisten wie Apg 6,5, 13,1, 20,4 in mündlicher Tradition weitergegeben wurden? Gewiß pflegen in mündlicher Tradition Namen zuzuwachsen, aber doch nur dann, wenn ein novellistisches Interesse für bestimmte

Personen vorliegt wie zB für den Centurio am Kreuz. Davon kann in den genannten Fällen ja keine Rede sein, und für 20,4 speziell ist anzunehmen, daß die Angabe aus dem Itinerar stammt.

Aber weiter! Haenchen bestreitet nicht, daß der Autor eine Gemeindeüberlieferung über die Bekehrung des Paulus benutzt hat (S. 284). Wenn er nun sagt, daß wir sie „nicht im Wortlaut | wiederherstellen können" — wie denkt er sich dann den Vorgang des Überlieferns? War der Wortlaut in der Überlieferung so fest geprägt, daß man eine Geschichte wie die der Bekehrung des Paulus sozusagen auswendig lernen konnte? Sonst hätte doch die Reflexion auf eine Wiederherstellung des Wortlauts keinen Sinn! Die Geschichte von der Befreiung des Petrus (12,7—17) hat der Autor nach Haenchen der Tradition entnommen und sie nur ein wenig retouchiert (S. 339—342). Ist es denkbar, daß sie in der mündlichen Tradition so fest geprägt war, daß man die Retouchen des Autors abtrennen kann? Das Gleiche gilt für 19,13—17 (S. 506 f). Wenn es zutrifft: „Lukas hat hier einen seinem Zweck fremden Stoff verwendet, den er trotz aller darauf verwendeten Bemühung nicht ganz hat einschmelzen können", so kann ich mir das nicht anders vorstellen, als daß der Autor einen schriftlichen Text bearbeitet hat. Und kann er zur Aufnahme dieses „seinem Zweck fremden Stoffes" anders veranlaßt worden sein als dadurch, daß er ihn im Zusammenhang einer schriftlichen Quelle fand, die er in c. 19 überhaupt zugrunde legte? Gewiß; man kann sagen: der Autor hätte dieses Stück der Quelle weglassen können. Aber das konnte er doch erst recht tun, wenn er es nur aus mündlicher Überlieferung kannte.

Daß die Geschichte vom Aufruhr des Demetrius 19,23—40 nur auf der mündlichen Tradition von einem θόρυβος stammt, der der Abreise des Paulus aus Ephesus vorausgegangen war (S. 518), ist mir recht zweifelhaft. Traut Haenchen hier nicht der kompositorischen Phantasie des Autors reichlich viel zu? Es scheint mir doch eine Verlegenheitsauskunft zu sein, wenn er die Gestalt des Demetrius darauf zurückführt, daß die Erinnerung an einen inschriftlich bezeugten νεωποιὸς ἐπώνυμος namens Demetrius bei den Christen fortgelebt habe, und wenn er die Gestalt des Alexander auf einen 1Tim 1,20; 2Tim 4,14 bezeugten Gegner des Paulus zurückführt.

Zu Apg 21,27—36 (die Verhaftung des Paulus) sagt Haenchen, daß der Autor dem „nüchternen Bericht" auf seine Weise „einige Lichter aufgesetzt" habe, und zwar meint er in diesem Falle, daß der Bericht einer schriftlichen Quelle (nach S. 548 dem Itinerar) entnommen sei.

Wohl mit Recht! Aber warum soll man in den anderen genannten Fällen anders urteilen?

Die Geschichte von der Erweckung des Eutychos (20,7—12) ist gewiß, wie Haenchen urteilt, in das Itinerar eingefügt und durch Einbringung des „Wir" mit ihm verklammert. Ob die Geschichte einer schriftlichen Quelle entnommen ist, kann man wenigstens fragen; die auffällige Erwähnung der Lampen (V. 8) scheint dafür zu sprechen[8]. Wenn der Autor in den Bericht von Apollos (18,24—28) „eine Art Bremse eingesetzt" hat (S. 496), indem er in V. 25 die Worte ἐπιστάμενος μόνον τὸ βάπτισμα Ἰωάννου und dazu V. 26 einfügte[9], so doch wohl in eine schriftliche Quelle. Leider äußert sich Haenchen nicht dazu. Anders kann es doch auch nicht sein, wenn in 18,18—23 die Verse 19b—21a als „Einschub" gelten (S. 489), doch wohl in eine schriftliche Quelle, über die wir von Haenchen auch nichts Genaueres erfahren.

Die einzige schriftliche Quelle, mit der Haenchen rechnet, ist das „Itinerar". Leider gibt er keine zusammenfassende Darstellung, wo er sie findet und wie etwa ihr Zusammenhang zu denken ist. Daß der Autor den Text des Itinerars nicht „sklavisch übernommen, sondern zu einem neuen Ganzen verarbeitet hat" (S. 483), ist zweifellos richtig; ebenso, daß es deshalb nicht immer möglich ist, den Text von der lukanischen Bearbeitung zu unterscheiden. Auch ist es richtig, was schon Dibelius bemerkte, daß der Autor, um den Bericht des Itinerars mit anderer Tradition zu verklammern, das „Wir" des Itinerars in umgebende bzw. nachfolgende Stücke einfügte, was offenbar 16,16 f; 20,7—12 und wohl auch 21,10—14 der Fall ist.

Das hindert jedoch nicht, daß man mit einiger Wahrscheinlichkeit feststellen kann, welchen Abschnitten das Itinerar, das im Wir-Stil berichtete, zugrunde liegt. Nach Haenchen gehört dazu wohl auch der Bericht über das Eintreffen des Paulus in Jerusalem (21,15 ff) und über die „entscheidungsschwere Zeit bis zur Verhaftung" (S. 548). Haenchen ist auch geneigt, den Bericht über die Seefahrt nach Rom und den Schiffbruch (27,1—44)[10] auf einen Fahrtgenossen des Paulus zurückzuführen, während Dibelius (nach Wellhausen) der Meinung war, „daß dem Fahrtbericht eine ‚profane' Darstellung von Fahrt und Schiffbruch als

---

[8] HAENCHEN, Komm., S. 524, 2; M. DIBELIUS, aaO S. 23, 1.

[9] Ich glaube, daß nur der Schluß von V. 25 (ἐπιστάμενος κτλ.) eingefügt ist. Vgl. meine Geschichte der synopt. Tradition, 3. Aufl., S. 263 (Anm. 2 zu S. 262) und KÄSEMANN, ZThK 49 (1952), S. 151.

[10] Vgl. dazu auch HAENCHEN, ZThK 52 (1955), S. 22, 1.

Vorbild, Modell oder Quelle gedient hat, in die der Verf. ein paar kleine Nachrichten über Paulus ... einfügt"[11]. Mir ist das wahrscheinlicher; denn wenn der Bericht von einem Fahrtgenossen des Paulus stammte, so wäre es doch schwer zu begreifen, daß er gar nicht von Paulus redet. Die von Paulus handelnden Stellen sind ja, wie auch Haenchen annimmt, in den zugrunde liegenden Bericht eingefügt.

Aber mag das dahingestellt bleiben. Mag das Itinerar mit der Verhaftung in Jerusalem oder mit der Romreise geendet haben, — wo haben wir seinen Anfang zu suchen? Das „Wir", das mit 16,10 einsetzt, ist zwar ein Indizium der Quelle; aber weder können alle das „Wir" enthaltenden Sätze zu dieser Quelle gerechnet werden, wie vorhin schon gesagt wurde, noch ist das Fehlen des „Wir" ein Beweis dafür, daß die Quelle nicht vorliegt. Wie der Autor ein „Wir" einsetzen konnte, so konnte er es auch tilgen. Es ist also durchaus möglich, daß die mit 16,10 einsetzende Quelle schon im vorausgehenden zugrunde liegt.

Ein Fall, in dem der Autor das „Wir" getilgt hat, scheint mir 13,2 vorzuliegen. Nach V. 1 müßten als Subjekt des λειτουργούντων δὲ αὐτῶν die in V. 1 genannten προφῆται καὶ διδάσκαλοι gedacht werden, die dann in V. 2 vom πνεῦμα angeredet werden: ἀφορίσατε δή μοι κτλ. Sie wären es dann auch, die in V. 3 den Barnabas und Saulus nach Fasten, Gebet und Handauflegung aussenden, — sie, aber abzüglich des Barnabas und Saulus. Wie diese nicht das Subjekt in V. 3 sein können, so doch auch nicht die in dem ἀφορίσατε V. 2 Angeredeten, wie es zufolge dem λειτουργούντων δὲ αὐτῶν κτλ. doch sein müßte. Die Schwierigkeit verschwindet, wenn man statt des λειτουργούντων δὲ αὐτῶν liest λειτουργούντων δὲ ἡμῶν. Dann ist in V. 2 die Gemeinde als Subjekt gedacht; sie wird angeredet und sie entsendet die vom πνεῦμα Auserwählten.

Ist diese Vermutung richtig, so wäre die Quelle als eine antiochenische zu bezeichnen, und es wäre dann zu fragen, ob und wieweit wir sie auch als die Grundlage des vorausgehenden Berichts annehmen dürfen. Nun, jedenfalls nur soweit in diesem Bericht von Antiochien direkt oder indirekt die Rede ist. Rechnen wir nach rückwärts, so käme 12,25 in Betracht, wo die Rückkehr des Paulus und Barnabas von Jerusalem nach Antiochien erzählt wird; damit aber auch 11,27—30, wo ihre Reise von Antiochien nach Jerusalem berichtet wird. Ich wundere mich, daß Haenchen über die Lesart des „westlichen" Textes in 11,28 so schnell hinweggeht[12]. Sie scheint mir zu den wenigen ursprünglichen Lesarten von

---

[11] DIBELIUS, aaO S. 174, auch S. 180.
[12] S. 324, A. 6. In dem Abschnitt über den Text der Acta (S. 41—50) ist die Lesart

D zu gehören; denn die Einbringung des „Wir" scheint mir als spätere redaktionelle Arbeit nicht verständlich zu sein. Dann würde also 11,27 bis 30 auch ein Stück der antiochenischen Quelle sein[13].

Geht man weiter nach rückwärts, so dürfte es sehr wahrscheinlich sein, daß der Hauptbestand von 11,19—26 auch aus dieser Quelle stammt. Der Autor hat sie freilich redigiert, vor allem dadurch, daß er den Barnabas von Jerusalem nach Antiochien als Inspektor geschickt werden läßt. Apg 11,19 dürfte nun aber die Wiederaufnahme von 8,4 sein. Denn das 11,19 ff ein „lukanisches Summarium" sei, davon kann mich Haenchen nicht überzeugen (S. 320). Mir scheint vielmehr, daß 8,4 a ein abgebrochener Satz ist; das οἱ μὲν οὖν διασπαρέντες διῆλθον fordert unbedingt die Angabe des Zieles. Der absolute Gebrauch von διέρχεσθαι 10,38; 17,23 scheint mir keine Analogie zu sein, weil an diesen Stellen ein Ausgangspunkt des διέρχεσθαι nicht in Frage kommt, wie er 8,4 zwar nicht ausdrücklich genannt, aber vorausgesetzt ist. Der in 8,4a abgebrochene Satz wird in 11,19 wieder aufgenommen und durch ἕως Φοινίκης κτλ. zu Ende geführt, wobei natürlich das ἀπὸ τῆς θλίψεως . . . ἐπὶ Στεφάνῳ eine redaktionelle Einfügung des Autors ist.

Nun setzt 8,4 die Geschichte vom Fall des Stephanus voraus und diese wiederum den Bericht von den Hellenisten in Jerusalem. Ich bin nun keineswegs der Meinung, daß 6,1—8,4 einfach der antiochenischen Quelle entnommen ist, sondern gebe der Analyse Haenchens, dieses Stück betreffend, durchaus Recht. Nur daß ich allerdings glaube, daß der Autor diese Quelle in 6,1—8,4 als Grundlage verwendet hat. Ein Indizium dafür dürfte doch die Namenliste 6,5 sein. Im übrigen verzichte ich auf eine literarkritische Analyse und bemerke nur, daß 6,12 b (καὶ ἐπιστάντες κτλ.) bis 15 ein Einschub ist in eine, vom Autor freilich redigierte Quelle; ebenso natürlich 7,1—53.

Ich glaube also, an einer antiochenischen Quelle, wie einst Harnack und dann J. Jeremias sie angenommen und zu rekonstruieren versucht haben[14], festhalten zu müssen, freilich mit den angedeuteten Modifika-

---

nicht erwähnt. Auch in HAENCHENS Aufsatz, „Zum Text der Apostelgeschichte", ZThK 54 (1957), ist diese Frage nicht diskutiert.

[13] Diese Vermutungen würden sich höchstens modifizieren, wenn man 11,30; 12,25 der antiochenischen Quelle abspricht, wie JOACHIM JEREMIAS (ZNW 36 [1937], S. 218) es tut. Es würden dann 11,27—29 übrig bleiben. Ich sehe aber keinen zwingenden Grund 11,30; 12,25 auszuschalten.

[14] AD. HARNACK, Die Apostelgeschichte (1908), S. 169 ff; J. JEREMIAS, ZNW 36 (1937), S. 213—220.

tionen[15]. Ich glaube zudem, daß sie im Wir-Stil geschrieben war. Man könnte sie als die Annalen oder als die Chronik der antiochenischen Gemeinde bezeichnen.

Ich halte es auch für wahrscheinlich, daß dem Bericht über die sogenannte erste Missionsreise des Paulus c. 13/14 ein Itinerar im Wir-Stil zugrunde liegt. Es läßt sich freilich nicht beweisen; aber jedenfalls darf man m. E. nicht sagen, daß von einem Itinerar nichts zu spüren sei (S. 366). Die Verse 13,3 f, 13 f, 43 f, 48 f (auch 52?) machen durchaus den Eindruck aus einem Itinerar zu stammen (wieviel von 13,4—12 lasse ich dahingestellt). Ebenso | 14,1—6 (wo V. 3 wohl auf die Redaktion des Autors zurückgehen wird); dafür spricht der dem Autor sonst fremde Gebrauch von ἀπόστολος (V. 4). Da sich dieser auch in V. 14 findet, wird auch der Einschub 14,8—20 aus einer schriftlichen Quelle geschöpft sein. Die ursprüngliche Fortsetzung von 14,1—6 dürfte 14,21—26 sein. Über diese Probleme scheint mir Haenchen zu schnell hinweg zu gehen.

Wie dem auch sei! Die Hauptfrage dürfte die nach dem Verhältnis des von c. 16 an zugrunde liegenden Itinerars zu der „antiochenischen" Quelle sein. Daß beide Quellen eine literarische Einheit gebildet haben, ist nicht gerade wahrscheinlich. Eher dürfte man vermuten, daß der oder die Reisebegleiter des Paulus (es können ja durchaus mehrere nacheinander gewesen sein) aus der antiochenischen Gemeinde stammten. Im Archiv der Gemeinde hätte dann der Autor, der vielleicht selbst Antiochener war, sowohl die „antiochenische" Quelle wie das Itinerar benutzen können.

---

[15] Daß zB 9,1—30 zu ihr gehört haben sollte, halte ich für unmöglich.

Adam und Christus nach Römer 5*

Karl Barth hat 1952 in den „Theologischen Studien" unter dem Titel „Christus und Adam nach Röm 5" eine Interpretation von Röm 5 vorgetragen. Da er einmal geäußert hat, die theologischen Streitfragen müßten ihre Entscheidung an der Hand der Exegese gewinnen, scheint es mir richtig zu sein, seine Exegese von Röm 5 kritisch zu prüfen. Ich möchte das nun nicht in der Weise tun, daß ich seinen Ausführungen Schritt für Schritt folge, sondern so, daß ich ihnen zunächst einfach mein Verständnis von Röm 5 an die Seite stelle, um nach der Interpretation der beiden großen Abschnitte Röm 5,1—11 und 5,12—21 jeweils kritisch auf Barths Exegese einzugehen. Ich schicke der Interpretation der beiden Abschnitte eine Übersetzung voraus, die, wie sie selbst ja eine gewisse Interpretation enthält, der ausführlicheren Exegese eine Hilfe sein kann[1].

Das Thema bzw. das in Röm 5 zur Sprache kommende Problem erwächst aus dem Vorausgegangenen; es ist die Gewißheit des künftigen (eschatologischen) Lebens der Gerechtfertigten. Eine kurze Übersicht mag das veranschaulichen:

1,18—3,20: Heiden und Juden standen vor der Offenbarung der δικαιοσύνη θεοῦ unter der ὀργὴ θεοῦ.

3,21—31: durch das Heilsgeschehen in Christus ist die δικαιοσύνη beschafft worden für die πίστις.

4,1—15: der Schriftbeweis für diese These.

Da die δικαιοσύνη das eschatologische Heilsgut ist, das die ζωή einschließt, und da Paulus ihre Gegenwärtigkeit behauptet, muß er die Frage beantworten: ist denn die ζωή Gegenwart? Sind nicht vielmehr Tod und Sünde Gegenwart? Auf die Frage nach der Gegenwart der ζωή antwortet 5,1—21.

---

* Zeitschrift für die Neutestamentliche Wissenschaft 50 (1959), 145—165.

[1] Da es mir hier nur auf die Auseinandersetzung mit K. BARTH ankommt, verzichte ich darauf, auf die Interpretation von Röm 5 in der neueren Literatur einzugehen. Auch auf die für einige Verse bestehenden textkritischen Fragen gehe ich hier nicht ein.

I.

5,1—11: der erste Beweis für die Gegenwart der ζωή. Es ist ein Beweis a maiore ad minus: wenn Gerechtigkeit, dann erst recht (πολλῷ μᾶλλον) Leben. Inhaltlich besagt der Beweis: die ζωή ist Gegenwart in der ἐλπίς. |

1. Da wir nun gerechtfertigt sind aus Glauben, haben wir Frieden mit Gott durch unsern Herrn Jesus Christus,
2. durch den wir ja den Zugang erhalten haben (durch den Glauben?) zu dieser Gnade, in der wir unseren Stand gewonnen haben, und wir rühmen uns der Hoffnung auf die Herrlichkeit Gottes.
3. Und nicht nur das! Sondern wir rühmen uns auch der Bedrängnisse (wissen wir doch, daß die Bedrängnis Geduld wirkt).
4. die Geduld aber Bewährung, die Bewährung aber Hoffnung;
5. die Hoffnung aber läßt nicht zuschanden werden), denn die Liebe Gottes ist ausgegossen in unseren Herzen durch den heiligen Geist, der uns geschenkt worden ist.
6. Denn Christus ist, als wir noch schwach waren, als wir zur Zeit noch gottlos waren, für uns gestorben.
7. Denn kaum wird jemand für einen Gerechten sterben. Denn für den Guten zu sterben, nimmt vielleicht einer auf sich.
8. Es richtet aber den Beweis seiner Liebe für uns Gott dadurch auf, daß, als wir noch Sünder waren, Christus für uns starb.
9. Erst recht nun werden wir, nachdem wir durch sein Blut gerecht gemacht worden sind, gerettet werden durch ihn vor dem Zornesgericht.
10. Denn wenn wir, als wir Feinde waren, versöhnt wurden mit Gott durch den Tod seines Sohnes, dann werden wir erst recht als Versöhnte gerettet werden durch sein Leben.
11. Und nicht nur das! Nein, auch als solche, die wir uns Gottes rühmen durch unsern Herrn Jesus Christus, durch den wir jetzt die Versöhnung empfangen haben.

Ad 1: Der Ertrag der Rechtfertigung auf Grund des Glaubens wird zunächst als die εἰρήνη πρὸς τὸν θεόν bezeichnet. Diese ist natürlich nicht der Seelenfriede, wie denn jede psychologische Charakteristik des Heils fernliegt. Sie ist die objektiv neue Situation, das neue Verhältnis zwischen Gott und den Menschen (bzw. den Glaubenden), das Gott durch Christus herbeigeführt hat. War das Verhältnis früher das der Feindschaft (wir waren ἐχθροί V. 10), so jetzt das des Versöhntseins. Eben dies ist die εἰρήνη: die von Gott gestiftete Versöhnung. Sie ist nicht vom Menschen in die Wege geleitet worden, sondern kann von ihm nur im Glauben angeeignet werden (vgl. 2Kor 5,20: δεόμεθα ὑπὲρ Χριστοῦ, καταλλάγητε τῷ θεῷ).

Genau genommen ist die καταλλαγή nach V. 1 die Folge der δικαιοσύνη. Faktisch aber entfaltet das κατηλλάχθα. bzw. die εἰρήνη nur die δικαιοσύνη.

So wird das δικαιωθέντες von V. 1 in V. 10 f durch κατηλλάγημεν ... καταλλαγέντες wieder aufgenommen. Wie nach 3,24 durch Christus die δικαιοσύνη beschafft worden ist, so ist er nach 5,11 der, δι' οὗ νῦν τὴν καταλλαγὴν ἐλάβομεν. Das Evangelium offenbart nach 1,16 f die δικαιοσύνη τοῦ θεοῦ, und es ist nach 2Kor 5,19 der λόγος τῆς καταλλαγῆς.

Ad 2: das δι' οὗ καὶ τὴν προσαγωγὴν ἐσχήκαμεν κτλ. wiederholt eigentlich nur das mit δικαιωθέντες Gesagte. Denn die χάρις, zu der Christus den Zugang erschlossen hat und in der die Glaubenden ihren Stand gewonnen haben, ist ja eben die durch Christus geschaffene Situation. Wie der Mensch die καταλλαγή annehmen soll (2Kor 5,20), so die χάρις (2Kor 6,1). Den Weg der πίστις verlassen, würde bedeuten ἀτεθεῖν τὴν χάριν τοῦ θεοῦ (Gal 2,21), τῆς χάριτος ἐκπίπτειν (Gal 5,4).

Καὶ καυχώμεθα ἐπ' ἐλπίδι τῆς δόξης τοῦ θεοῦ: dies ist eigentlich die erste Antwort auf die Frage, unter der das Kapitel steht: die Gegenwart ist eine Gegenwart der Hoffnung! Es ist die Hoffnung auf das eschatologische Heil der Zukunft, das ja manchmal als δόξα bezeichnet wird (vgl. zB 2Kor 4,17) und hier δόξα τοῦ θεοῦ (Gen. auct. oder qual.) genannt wird. Daß die Hoffnung ein positives Gut ist, zeigt zB die Charakteristik der λοιποί als der μὴ ἔχοντες ἐλπίδα (1Thess 4,13). Gemeint ist also nicht ein pures Hoffen, wie alle Menschen es zu haben pflegen, sondern eine Hoffnung, die ihrer Erfüllung gewiß ist, die „nicht zuschanden werden läßt" (V. 5).

Die δόξα ist also noch nicht Gegenwart, aber gewisse Zukunft, vorausgenommen durch die Hoffnung. Wie die Hoffnung aber die Gegenwart verwandelt, sagt V. 3.

Ad 3: καὶ καυχώμεθα ἐν ταῖς θλίψεσιν (das καί zu ἐν τ. θλίψ.): Also ein Paradox charakterisiert das christliche Sein in der Gegenwart. Es gibt allerdings auch im Judentum ein Sich-rühmen auf Grund der Leiden, weil das Leiden Verdienste bringt. Dort also erhebt es sich aus einem Sein in Unsicherheit und Angst; hier bei Paulus gerade aus der Sicherheit; der Glaubende braucht ja keine Verdienste, da er schon gerechtfertigt ist, oder, wie es V. 8 dann begründet: ὅτι κτλ.

Vor die Begründung aber schiebt sich die Apposition: εἰδότες κτλ., die am besten als Parenthese aufgefaßt wird.

εἰδότες ὅτι ἡ θλῖψις ὑπομονὴν κατεργάζεται! Woher wissen wir das? Der Satz wird als eine allgemeine Wahrheit gedacht sein, gleichsam ein Sprichwort, das wie manche Sprichwörter zweifach verstanden werden kann. Hier also: die θλῖψις kann ὑπομονή wirken; oder dem Zusammenhang besser entsprechend: der Sinn der θλῖψις ist κατεργάζεσθαι ὑπομονήν.

Ad 4: ἡ δὲ ὑπομονὴ δοκιμήν, ἡ δὲ δοκιμὴ ἐλπίδα. Also eine Kette oder Klimax, deren Höhepunkt die ἐλπίς ist. Es scheint danach, als ob die ἐλπίς doch erst das Ergebnis einer Lebensbewegung ist, die von der ὑπομονή über die δοκιμή zur ἐλπίς führt, während nach V. 2 die ἐλπίς schon mit dem rechtfertigenden Glauben gegeben war. Das aber macht nur deutlich, daß der | Glaube kein Zustand, die Hoffnung kein sicherer Besitz ist, sondern daß der Glaube eine Bewegtheit des Lebens ist, daß er sich in der ὑπομονή immer zu bewähren hat, im Grunde immer neu vollzogen werden muß, damit die Hoffnung immer aufs neue gewonnen werde.

In bezug auf das leitende Problem zeigt sich also: 1. Der Glaubende lebt immer (nur) in der Hoffnung, dh nicht auf Grund dessen, was er besitzt, sondern auf Grund dessen, was er erhalten wird, dh er lebt aus der Zukunft. Er ist also immer auch Hoffnung, und jede Gegenwart ist für ihn ein Vorläufiges. 2. Aber gerade dieses: das Gegenwärtige als das Vorläufige durchschauen, ist die Frucht des Glaubens; denn es ist die Freiheit vom Gegenwärtigen, die Unangefochtenheit von den θλίψεις, die den Nichtglaubenden in Angst stürzen; also die Freiheit von der ständig das Leben bedrohenden Angst, die Offenheit für die Zukunft. Die Paradoxie des christlichen Seins, die durch das καυχώμεθα . . . zum Ausdruck kommt, ist also die gleiche, die Paulus 2Kor 4,7—11 beschreibt (vgl. 2Kor 6,9 f; 12,9 f).

Luther erklärt in der Römerbrief-Vorlesung von 1516/17 ganz treffend: Quia qui habet fidem, omnia illa quidem habet, sed abscondite. Per tribulationem autem exercentur ad eminentiam (Ed. Ficker, Glosse 46, 17 f). Ferner: Qualia et qualem invenit tribulatio, talia et talem magis facit (Schol. 133, 14 f). Ad hanc igitur probationem non pervenitur nisi per patientiam. Et fit ista examinatio, ut appareat unicuique suus affectus, i. e. ut quisque cognoscat se ipsum, utrum sc. vere Deum propter Deum diligat, quod Deus sine examinatione cognoscit (Schol. 136, 16 ff. Vgl. auch 137 über den Unterschied von spes und presumptio).

Ad 5: Die Gewißheit der Hoffnung findet ihren Ausdruck in dem Satz: ἡ δὲ ἐλπὶς οὐ καταισχύνει. Ob der folgende Satz (ὅτι ἡ ἀγάπη τοῦ θεοῦ . . .) diesen Satz begründet oder — über die Parenthese V. 3b—5a hinweg — das καυχώμεθα von V. 3a, ist sachlich gleich.

Wenn Paulus von der ἀγάπη τοῦ θεοῦ (Gen. subj.) sagt ἐκκέχυται κτλ. und dabei das πνεῦμα als den Vermittler nennt, so verbinden sich offenbar zwei Gedanken. Einfacher wäre es ja gewesen, zu sagen: ὅτι τὸ πνεῦμα ἅγιον ἐκκέχυται ἐν ταῖς καρδίαις ἡμῶν. Denn das πνεῦμα ist die ἀπαρχή (8,23), der ἀρραβών (2Kor 1,22) der eschatologischen Zukunft. Dann käme der Gedanke klar heraus: die Hoffnung kann nicht trügen, weil wir das Pfand der Zukunft schon haben, also gewissermaßen schon in der eschatologischen Existenz sind. (Dabei ist es gleichgültig, ob Paulus an den Empfang des Geistes in der Taufe denkt oder an seine Wirkungen in der Gemeinde oder an ekstatische Erlebnisse oder auch an die Wirkungen des Geistes im Vollzug des christlichen Lebens.) Jedenfalls will Paulus das auch sagen; denn sonst hätte die Erwähnung des πνεῦμα im Zusammenhang keinen Sinn. Nach dem Zusammenhang kann V. 5 nur sagen: wir sind der göttlichen Liebe (die uns, wie V. 6—8 ausführen, durch Christus gerecht macht) gewiß. Da diese Gewißheit die Gewißheit der Heilsvollendung in der Zukunft einschließt (V. 9 f), ist sie mit dem Wissen um den Empfang des πνεῦμα identisch. Paulus will also in V. 5 beides zugleich sagen: wir haben das πνεῦμα, und wir kennen die Liebe Gottes. Beides begründet die ἐλπίς bzw. das καυχώμεθα. Beides bildet eine Einheit, weil das πνεῦμα die Gewißheit der Liebe Gottes gibt. V. 6—8 begründen, daß von der Liebe Gottes geredet werden kann.

Ad 6: Darin, daß Christus für uns starb, ist die Liebe Gottes zur Erscheinung gekommen. Der für uns erfolgte Tod Christi wird in seiner Größe und Bedeutung charakterisiert durch das ἔτι . . . ὄντων ἡμῶν ἀσθενῶν. Doch fügt Paulus verdeutlichend noch hinzu: ἔτι κατὰ καιρὸν ὑπὲρ ἀσεβῶν. Beides wird dann in V. 8 durch das ἔτι ἁμαρτωλῶν ὄντων ἡμῶν und durch das ἐχθροὶ ὄντες in V. 10 noch einmal ausgedrückt. Wie erstaunlich und großartig das ist, sagt V. 7.

Ad 7: Kaum für einen δίκαιος, höchstens vielleicht für einen ἀγαθός gibt sich jemand in den Tod. Schwerlich ist zwischen δίκαιος und ἀγαθός zu unterscheiden (so wenig wie zwischen den ἀσθενεῖς und den ἀσεβεῖς V. 6, den ἁμαρτωλοί V. 8 und den ἐχθροί V. 10). Der zweite Satz will offenbar den ersten nur limitieren. Ob es wirklich Ausnahmen gibt, darüber ist nicht zu reflektieren; durchschnittlich ist es jedenfalls so, und das Erstaunliche des Todes Christi für uns, die Sünder, soll durch die Sätze charakterisiert werden.

Ad 8: V. 8 sagt, daß eben dieser Tod für uns, die Sünder, der Beweis der Liebe Gottes ist. V. 5 ist also bewiesen, und V. 9 zieht die Folgerung für den Gedankengang: die Heilsvollendung ist uns also gewiß, die Hoffnung hat ihren sicheren Grund.

Ad 9: Erst recht (πολλῷ μᾶλλον) gilt also: σωθησόμεθα κτλ. Dabei wird die V. 6 f gegebene Begründung der ἀγάπη τοῦ θεοῦ wieder zum Bewußtsein gebracht, jedoch so, daß jetzt nicht das Erstaunliche, sondern die Wirkung bzw. die Bedeutung des Todes Christi genannt wird: δικαιωθέντες ἐν τῷ αἵματι αὐτοῦ. Unsere Rechtfertigung ist es also, die durch den Tod Christi beschafft worden ist. Statt διὰ τοῦ θανάτου αὐτοῦ, wie man nach V. 6—8 erwarten könnte und wie es V. 10 wieder heißt, sagt Paulus jetzt mit einer traditionellen Formel ἐν τῷ | αἵματι αὐτοῦ (vgl. 3,25, wo Paulus auch traditioneller Formulierung folgt. Außer an diesen beiden Stellen und in der tradierten Formel der Eucharistie redet Paulus nicht vom Blut, sondern vom Tod oder vom Kreuz Christi).

Die Zukunftsgewißheit wird jetzt beschrieben durch die Wendung: σωθησόμεθα δι' αὐτοῦ ἀπὸ τῆς ὀργῆς. Es ist die Rettung vor dem der eschatologischen Vollendung vorausgehenden Zornesgericht (die ὀργή ist ebenso objektiv zu verstehen wie die εἰρήνη V. 1).

Ad 10: Das γάρ begründet natürlich nicht V. 9; vielmehr läuft V. 10 parallel mit V. 9. Das γάρ begründet also nochmals V. 5. Das κατηλλάγημεν τῷ θεῷ entspricht dem δικαιωθέντες V. 9, wie das διὰ τοῦ θανάτου τοῦ υἱοῦ αὐτοῦ dem ἐν τῷ αἵματι αὐτοῦ entspricht. Dabei wird wieder das Erstaunliche und Bedeutsame betont durch das εἰ γὰρ ἐχθροὶ ὄντες, wobei das ἐχθροί an die Stelle der ἀσθενεῖς und der ἀσεβεῖς von V. 6 und der ἁμαρτωλοί von V. 8 tritt. Ἐχθρός, das 8,7 den aktiven Sinn „feindlich gerichtet gegen" hat, ist hier wie 11,28 offenbar passivisch verstanden „verhaßt". Aber beides läßt sich kaum trennen.

Der Schluß πολλῷ μᾶλλον ist wieder der gleiche wie V. 9. Das σωθησόμεθα erhält seine nähere Bestimmung jetzt nicht wie V. 9 durch die Angabe, wovor die Rettung erfolgt, sondern durch die Angabe des Mittels: ἐν τῇ ζωῇ αὐτοῦ; denn das ἐν ist offenbar instrumental zu verstehen, und das ἐν τῇ ζωῇ αὐτοῦ entspricht dem διὰ τοῦ θανάτου αὐτοῦ. Es kommt aber in dieser Formulierung zutage, was für Paulus selbstverständlich ist, daß mit dem Tode Christi seine Auferstehung zusammengehört. Vermöge seiner Auferstehung hat sein Tod die entscheidende Bedeutung gewonnen. Es könnte also statt ἐν τῇ ζωῇ αὐτοῦ auch heißen: ἐν τῇ ἀναστάσει αὐτοῦ; vgl. 4,25 und besonders 2Kor 4,14.

Ad 11: Der Gedankengang ist eigentlich abgeschlossen; aber Paulus kann sich nicht genug tun, die Gewißheit der christlichen Hoffnung zum Ausdruck zu bringen, und nimmt dabei (nachlässig durch das Part. καυχώμενοι angeschlossen, vgl. 3,24) das Motiv des καυχᾶσθαι von V. 2 f wieder auf, und zwar wieder mit dem οὐ μόνον δέ von V. 3. Das καυχᾶσθαι ist jedoch jetzt nicht das spezielle von V. 3: ἐν ταῖς θλίψεσιν, auch nicht das allgemeinere von V. 2: ἐπ' ἐλπίδι τῆς δόξης τοῦ θεοῦ, sondern das allgemeinste, das möglich ist, und das alles andere in sich schließt: ἐν τῷ θεῷ. Denn Gott ist es, in dem alles andere καυχᾶσθαι begründet ist. Dieser Grund kommt zum Ausdruck, indem das καυχᾶσθαι als ein διὰ τοῦ κυρίου ἡμῶν Ἰησοῦ | Χριστοῦ vermitteltes bezeichnet wird. Denn das διά wird nicht wie V. 1 f vom Urheber, sondern vom Vermittler gemeint sein, der liturgischen Sprache entsprechend; aber daß die Gemeinde ihr Gott preisendes Rühmen „vermittelt durch Christus" laut werden läßt, beruht ja darauf, daß es durch Christus begründet ist. Und dieses wiederum kommt zum Ausdruck in dem δι' οὗ νῦν τὴν καταλλαγὴν ἐλάβομεν, was damit gleichbedeutend ist, daß wir durch ihn die εἰρήνη und die προσαγωγή erhalten haben. So schließt sich der Ring V. 1—11. Dabei kommt in dem νῦν zutage die neue Situation im Gegensatz zu dem ἔτι ὄντων ἡμῶν ἀσθενῶν usw. (vgl. das νῦν 2Kor 5,16).

Der paradoxe eschatologische Charakter der Gegenwart für den Glaubenden ist in 5,1—11 deutlich gemacht worden, und dadurch ist die Frage nach der Gegenwart der ζωή vorläufig beantwortet worden. Aber ist die Gegenwart der ζωή nicht nur eine relative, dh nur in der ἐλπίς antezipierte? Offenbar hat Paulus das Bedürfnis, die Gegenwart der ζωή noch deutlicher zum Ausdruck zu bringen, und das geschieht in 5,12—21.

Barths Interpretation von 5,1—11 gibt den Gedanken des Abschnitts insofern richtig wieder, als er in ihm die Begründung der christlichen Hoffnung im Tode und in der Auferstehung Jesu findet. Dabei ist nur zu bemerken, daß Barth die Auferstehung, auf die nur V. 10 hingedeutet ist, stärker betont als den Tod, auf dem im Text der Nachdruck liegt (V. 6—9 bzw. 10). Richtig ist es aber ebenso, daß Paulus von einem objektiven Heilsgeschehen spricht. Die Liebe Gottes „hat also nicht auf uns gewartet, sondern ist uns entgegen- und zuvorgekommen" (S. 6). „Wenn sie (die Menschen) glauben, so *folgen* sie damit nur der in ihm (Christus) über sie gefallenen Vorentscheidung" (S. 8).

Barth interpretiert aber den Abschnitt nicht aus dem Zusammenhang des Briefes und also nicht unter der beherrschenden Frage nach der Gegenwart des Heils, der ζωή. Was ihn interessiert, ist das Verhältnis von Mensch und Christus, und er glaubt, dem Text den Gedanken entnehmen zu müssen, daß Christus als menschliche Einzelperson gleichwohl alle anderen Menschen in sich einschließt. Im Glauben „erkennen und begreifen sie (die Menschen), daß eben diese *seine* Geschichte in Wahrheit die ihrige ist: daß *ihre* wesentliche Geschichte nur so etwas wie deren Nachzeichnung und Abbild sein kann" (S. 8). Das bedeutet, „daß eben er *in ihnen* ist, sie *in ihm* sind, bevor sie danach gefragt waren, wie es mit ihrer Liebe zu Gott stehen möchte" (S. 8). Man möchte wohl erfahren, wie nach Barth dieses In-Sein zu verstehen ist, zumal die Formulierung die gleiche ist wie die der gnostischen Lehre vom Urmenschen.

Barth interpretiert in dieser Weise, weil er schon 5,12—21 im Blick hat, wo in der Tat jene Christologie vorliegt, während in 5,1—11 die Stellvertretungs- bzw. Opfer-Vorstellung regiert (ὑπέρ V. 6 und V. 8, ἐν τῷ αἵματι αὐτοῦ V. 9). Die Christologie von 5,12—21, die Barth in 5,1—11 hinein interpretiert, ist faktisch die gnostische, während in 5,1—11 die christologische Lehre mit Hilfe der kultisch-juristischen Begrifflichkeit der jüdischen Tradition formuliert wird.

Aber abgesehen davon, daß Barth diesen Unterschied offenbar nicht sieht: er macht zur Hauptsache, was nur ein untergeordnetes Motiv ist. Denn das eigentliche Thema in 5,1—11 ist die paradoxe Existenz der Glaubenden in der Hoffnung.

II.

5,12—21: der zweite Beweis. Adam und Christus; jener der Bringer des Todes, dieser der Bringer des Lebens.

12. Deshalb (gilt): wie durch *einen* Menschen die Sünde in die Welt hineinkam und durch die Sünde der Tod und auf diese Weise der Tod weiter seinen Weg nahm zu allen Menschen, weil alle sündigten,

13. — denn bis zum Gesetz war Sünde in der Welt; Sünde wird freilich nicht angerechnet, wenn es kein Gesetz gibt.

14. Aber (trotzdem) herrschte der Tod von Adam bis Mose auch über die, die nicht gesündigt hatten entsprechend der Übertretung Adams, der die Vorabbildung des kommenden (Adam) ist. —

15. Aber nicht ebenso wie mit dem Fehltritt steht es mit der Gnadengabe. Denn wenn infolge des Fehltritts des Einen die Vielen starben, so ist erst recht die Gnade Gottes und das gnädige Geschenk des *einen* Menschen Jesus Christus reichlich über die Vielen gekommen.

16. Und nicht verhält es sich mit der Gabe in der gleichen Weise, wie (es) bei dem Einen, der sündigte (der Fall war). Denn das Gericht (kam) von dem Einen her (oder: von dem einen Fehltritt?) und führte zur Verurteilung. Die Gnadengabe aber (kommt) von vielen Fehltritten her (und führt) zur Gerechtsprechung.

17. Denn wenn durch den Fehltritt des Einen der Tod zur Herrschaft kam durch den Einen, dann werden erst recht diejenigen, die die überreiche Gnade und das Geschenk der Gerechtigkeit empfangen, zur Herrschaft kommen im Leben durch den Einen, Jesus Christus.

18. Also nun: wie es infolge *eines* Fehltritts für alle Menschen zur Verurteilung (kam), so (kommt es) auch infolge *einer* Rechttat für alle Menschen zur Gerechtmachung, die Leben ist (bedeutet? bringt?).

19. Denn wie durch den Ungehorsam des einen Menschen die Vielen zu Sündern wurden, so werden auch durch den Gehorsam des Einen die Vielen zu Gerechten werden.

20. Das Gesetz aber kam dazwischen hinein, damit sich der Fehltritt mehre. Wo aber die Sünde sich gemehrt hatte, da ist die Gnade überreich geworden.

21. damit wie die Sünde herrschte durch den Tod, so auch die Gnade herrsche durch (die) Gerechtigkeit zum ewigen Leben durch Jesus Christus, unseren Herrn.

Ad 12: Der Satz ist ein Anakoluth; denn das ὥσπερ findet keine Entsprechung in einem Nachsatz. Es wird nachträglich durch das ὡς in V. 18 wieder aufgenommen. Der Satz wird zunächst | durch eine Parenthese V. 13 f unterbrochen. Dann aber wird statt der erwarteten durch ὥσπερ . . . οὕτως ausgedrückten Analogie zwischen Adam und Christus zunächst die Verschiedenheit in der Analogie durch ein ἀλλ' οὐχ ὡς . . . οὕτως beschrieben (V. 15).

V. 12 sagt, daß durch „den einen Menschen", Adam, die Sünde in die Welt (dh in die Menschheitsgeschichte) gebracht wurde und demzufolge der Tod das Schicksal aller Menschen wurde. Das eigentliche Interesse des Satzes ist nicht das, den Ursprung der Sünde aufzuzeigen, sondern den Ursprung des Todes als Folie für das eigentliche Thema des Abschnitts: den Ursprung des (neuen) Lebens. Denn das Thema von V. 12—21 ist im Zuge des Zusammenhangs ja der Aufweis der Gegenwärtigkeit des Lebens bzw. die Gewißheit des Lebens für die christliche Menschheit: wie durch Adam der Tod über die adamitische Menschheit gebracht wurde, so ist durch Christus jetzt das Leben für die Menschheit gebracht worden. Da aber für Paulus der Tod als Strafe oder Folge der Sünde gilt, mußte er auch von Adams Sünde reden.

Es ist nun charakteristisch, daß Paulus nicht das Bedürfnis hat, den Ursprung der Sünde Adams aufzuzeigen. Sie besteht für ihn in Adams παράπτωμα (V. 15.17) bzw. παρακοή (V. 19). Die Genesis-Erzählung schwebt also vor. In dieser wird freilich weder die Sünde noch der Tod der Menschheit auf Adams Sünde zurückgeführt, wie denn Gen 3 im AT überhaupt keine Rolle spielt. Erst im späteren Judentum wurde dem Fall Adams die Bedeutung zugeschrieben, daß er Sünde und Tod in die Welt gebracht habe (4Esr, ApkBar (syr), Rabbinisches bei Bill. III, 227 f). Paulus setzt das als bekannt voraus. Indem er aber die jüdischen Gedanken vom Satan als dem Verursacher von Sünde und Tod und vom „bösen Trieb" beiseite läßt, bleibt er bei dem einfachen Gedanken: die Sünde kam durch das Sündigen in die Welt. Darauf, daß die Sünde schon in Adam schlummerte und durch Gottes ἐντολή geweckt und aktualisiert wurde (7,7—11), reflektiert Paulus hier nicht; erst recht nicht auf die Anschauung, daß Adam ψυχικός und χοϊκός war (1Kor 15,44—49) und also gar nicht imstande war, Gottes ἐντολή zu vernehmen (vgl. 7,14: ὁ νόμος πνευματικός ἐστιν). Als χοϊκός war Adam ja von vornherein dem Tode verfallen, und es bedurfte des Sündigens gar nicht.

Das διὰ τοῦτο, mit dem V. 12 an V. 1—11 angeschlossen ist, kann verstanden werden: deshalb, weil wir durch Christus die καταλλαγή erhalten haben, gilt es, daß Christus, der Bringer des Lebens, das Gegenbild zu Adam, dem Bringer des Todes, | ist. Aber V. 12—21 sollen offenbar nicht einfach eine Folgerung aus V. 1—11 sein, sondern eine Weiterführung des Gedankens von der Gegenwärtigkeit des Lebens, ein zweiter Beweis. Daher wird das διὰ τοῦτο nicht mehr als eine Übergangswendung sein.

Da es im Zusammenhang nur darauf ankommt, daß Adam den Tod in die Welt gebracht hat, ist der begründende Satz „weil alle sündigten" (an sich könnte das ἐφ' ᾧ ebensogut masc. wie neutr. verstanden werden: „auf Grund dessen", „durch den verursacht"; aber dann müßte Adam unmittelbar vorher genannt gewesen sein) eigentlich überflüssig. Der Tod war ja nun einmal als Folge der Sünde Adams in die Welt gekommen! Ja, der Satz bringt auch in Verlegenheit; denn während in V. 12 die Verantwortung für Sünde und Tod auf Adam fällt, wird jetzt die Verantwortung den sündigenden Menschen zugeschrieben. Begreiflich ist es freilich, daß Paulus, für den der Tod die Folge der Sünde ist, auch von der Sünde derer redet, über die Adam den Tod gebracht hat.

Ad 13 f: Die Schwierigkeit wird durch V. 13 f noch gesteigert. Die Verse sollen das ἐφ' ᾧ πάντες ἥμαρτον begründen, indem sie eben dieses sagen, daß nach Adam die Sünde und also auch der Tod in der Menschheit herrschten. Andererseits will Paulus aber auch den Unterschied der Sünde der Menschen nach Adam von der Sünde Adams hervorheben, indem er sagt: ἄχρι γὰρ νόμου ἁμαρτία ἦν ἐν τῷ κόσμῳ — wohl gab es also unmittelbar nach Adam Sünde in der Welt — ἁμαρτία δὲ οὐκ ἐλλογεῖται μὴ ὄντος νόμου. Wie aber kann von einem „Nicht-angerechnet-werden" der Sünde die Rede sein, wenn sie doch den Tod zur Folge hatte? Darauf läßt sich keine Antwort geben. Offenbar will Paulus sagen, daß die Sünde von Adam bis Mose anderer Art war als die des Adam. Das eben bringt V. 14 zum Ausdruck, indem die Sünder vor Mose als solche bezeichnet werden, die nicht in der Weise Adams gesündigt haben. Aber kann es eine Sünde geben, die nicht παράβασις (oder παρακοή V. 19) ist?

Damit aber wird die Verwirrung doppelt groß: 1. der Grundgedanke: die Bestimmtheit der adamitischen Menschheit durch Adam, der Sünde und Tod in die Welt gebracht hat, wird verdorben durch das ἐφ' ᾧ πάντες ἥμαρτον; 2. die Sünde Adams und die Sünde der vormosaischen Menschheit werden in einer unmöglichen Weise unterschieden, weil das Gesetz erst die Sünde zur wirklichen Sünde macht.

Die ganze Verwirrung hat ihren Grund darin, daß die Adam-Christus-Parallele, dh also der Gedanke von zwei | Menschheiten (bzw. zwei Menschheits-Epochen) und deren Bestimmtheit je durch ihren Anfänger ein gnostischer Gedanke ist, der kosmologisch, nicht heilsgeschichtlich gedacht ist. Er kommt in seiner Reinheit 1Kor 15,21 f zutage.

ἐπειδὴ γὰρ δι' ἀνθρώπου θάνατος,
καὶ δι' ἀνθρώπου ἀνάστασις νεκρῶν.
ὥσπερ γὰρ ἐν τῷ Ἀδὰμ πάντες ἀποθνῄσκουσιν,
οὕτως καὶ ἐν τῷ Χριστῷ πάντες ζωοποιηθήσονται.

Ebenso 1Kor 15,47 f:

ὁ πρῶτος ἄνθρωπος ἐκ γῆς χοϊκός,
ὁ δεύτερος ἄνθρωπος ἐξ οὐρανοῦ.
οἷος ὁ χοϊκός, τοιοῦτοι καὶ οἱ χοϊκοί,
καὶ οἷος ὁ ἐπουράνιος, τοιοῦτοι καὶ οἱ ἐπουράνιοι.

Hier ist weder von der Sünde als dem Grunde des Todes, noch vom Gesetz die Rede. Der Tod ist hier — echt gnostisch — als das Schicksal verstanden, das über die vom ersten Urmenschen abstammende Menschheit gebracht worden ist.

Die Sachlage ist klar. Paulus kann sich nicht damit begnügen, in 5, 1—11 das Leben als ein in der Hoffnung schon vorausgenommenes beschrieben zu haben, sondern er will es als ein schon jetzt durch Christus beschafftes darstellen; es ist mit Christus gleichsam abscondite schon Gegenwart, wenngleich es für den einzelnen erst in der Zukunft aktualisiert werden wird (V. 17 und 19). Eben um die Gegenwärtigkeit des Lebens behaupten zu können, greift er zu dem gnostischen Urmenschen-Mythos. Er korrigiert ihn 1. durch das ἐφ' ᾧ πάντες ἥμαρτον V. 12; 2. indem er die kosmologische Betrachtung durch die heilsgeschichtliche ergänzt durch die Reflexion auf die Bedeutung des Gesetzes in der adamitischen Menschheit.

Infolge der sich in den Grundgedanken mischenden Nebengedanken kommt der Grundgedanke selbst merkwürdig nachklappend in dem angehängten Relativsatz zum Ausdruck: ὅς ἐστιν τύπος τοῦ μέλλοντος, ein Satz, der als Überschrift über dem ganzen Abschnitt stehen könnte. Durch ihn wäre eigentlich herausgefordert, daß jetzt der positive Nachsatz zu dem ὥσπερ V. 12 gebracht würde. Statt dessen will Paulus zunächst die Ungleichheit in der Gleichheit betonen, was freilich den Grundgedanken selbst nicht klarer macht, aber die Großartigkeit der Gestalt Christi und seiner Gabe, seine Überlegenheit über Adam, zum Ausdruck bringt.

Ad 15: ἀλλ' οὐχ ὡς τὸ παράπτωμα, οὕτως τὸ χάρισμα. In dieser thetischen

Formulierung des Gegensatzes sind die gegensätz|lichen Begriffe nicht deutlich gegeneinander gestellt. Denn entweder müßte als Gegensatz zu παράπτωμα folgen: ὑπακοή oder dem χάρισμα müßte κρίμα bzw. κατάκριμα entsprechen. Aber es ist klar, daß Paulus, wenn er von παράπτωμα spricht, dessen Konsequenz im Sinne hat, und wenn er von χάρισμα redet, dessen Voraussetzungen mitmeint.

Worin der Gegensatz besteht, wird doppelt erläutert: εἰ γὰρ τῷ τοῦ ἑνός ... πολλῷ μᾶλλον κτλ. Wieder liegt keine genau formulierte Antithese vor. Zunächst erwartet man den Gegensatz Adam-Christus, etwa so wie er V. 18 formuliert ist. Aber dem τῷ τοῦ ἑνὸς παραπτώματι entspricht nicht τῇ τοῦ ἑνὸς ὑπακοῇ, sondern dem εἷς (Adam) wird jetzt Gott gegenüber gestellt, dessen χάρις (= Gnadenakt) dem παράπτωμα des Adam gegenübertritt. Dadurch kommt jedoch zum Ausdruck, daß das, was Christus geleistet hat durch seine ὑπακοή, in Gott selbst seinen Grund hat, wie denn der Ertrag der ὑπακοή sogleich, und zwar parallel mit Gottes χάρις, genannt wird: καὶ ἡ δωρεὰ ἐν χάριτι κτλ. Daß diese Gnadengabe das Leben ist, versteht sich im Zusammenhang der Antithese Adam-Christus von selbst. — Sodann ist der Gegensatz auch insofern ungenau formuliert, als dem οἱ πολλοὶ ἀπέθανον das ἡ χάρις ... εἰς τοὺς πολλοὺς ἐπερίσσευσεν gegenübertritt. Auch das ist jedoch keine Verschiebung des Gedankens, da ja die δωρεά, die die „Vielen" empfangen, eben das Leben ist, wobei noch zu bedenken ist, daß das οἱ πολλοί nach semitischer Redeweise mit den πάντες V. 12.18 gleichbedeutend ist; vgl. den Wechsel in V. 18/19.

Während in V. 17.19 (21) die Nachsätze futurisch sind, heißt es hier im zusammenfassenden Aor. ἐπερίσσευσεν. Das Verhältnis Adam-Christus ist hier also ohne Rücksicht auf die (noch ausstehende) Aktualisierung formuliert wie in dem nicht temporal bestimmten Satz V. 18.

Der Nachsatz zu dem εἰ γάρ ist nicht eine einfache Entsprechung („wenn das Eine gilt, dann gilt auch das Andere"), sondern es heißt: πολλῷ μᾶλλον; also: „dann gilt erst recht". Es liegt also nicht eine einfache antithetische Parallele zwischen Adam und Christus vor. Warum aber „erst recht"? Vielleicht liegt die jüdische Vorstellung zugrunde, daß das Gute so viel mächtiger ist als das Böse (4Esr 4,30—32; Sifre 5,17 bzw. 120a bei Bill. III, 230). Es kann aber auch der Gedanke vorliegen, daß die Wirkung der ὑπακοή Christi um so viel gewaltiger ist, als sie eine Gegenwirkung ist, die den Widerstand der bestehenden Situation überwinden mußte, während die Wirkung des Falles Adams auf keine Gegenwirkung stieß. Das macht V. 16 wahrscheinlich. |

Ad 16: Der γάρ-Satz von V. 16 läuft dem εἰ γάρ-Satz von V. 15 parallel. Jedoch wird jetzt nicht einfach das δώρημα bzw. das χάρισμα dem ἁμαρτάνειν Adams gegenübergestellt. Vielmehr beruht der den ersten Satz (καὶ οὐχ . . .) erläuternde Gegensatz auf dem ἐξ ἑνός . . . ἐκ πολλῶν παραπτωμάτων. In der Adam-Reihe steht also am Anfang *ein* παράπτωμα, am Anfang der Christus-Reihe πολλὰ παραπτώματα. Die Antithese Adam (παράπτωμα)-Christus (χάρισμα) ist damit etwas verschoben, und zwar offenbar, um das πολλῷ μᾶλλον von V. 15, das in V. 17 wiederaufgenommen wird, zu erläutern. Man kann fragen, ob das ἐκ (ἐξ) bei ἑνός und bei πολλῶν παραπτωμάτων verschiedenen Sinn hat, nämlich bei ἐξ ἑνός nur zeitlichen Sinn: „von dem Einen aus", während es dann bedeutet: „obwohl viele παραπτώματα vorlagen".

Eine weitere Verschiebung liegt darin vor, daß in dem erläuternden Satz statt des παράπτωμα des Adam die Verurteilung dieses παράπτωμα genannt wird: κρίμα, und als Folge statt des θάνατος der πολλοί: κατάκριμα. Κρίμα = Gericht und κατάκριμα = Verurteilung können unterschieden werden, doch bedeutet κρίμα oft auch die Verurteilung; und hier kann es sich im Grunde doch beide Male nur um Verurteilung handeln. Der Wechsel des Wortes ist wohl nur dadurch begründet, daß Paulus die Verurteilung der πολλοί als etwas noch Umfassenderes charakterisieren will als die Verurteilung Adams. Daß er überhaupt von κρίμα bzw. κατάκριμα spricht, ist wohl dadurch veranlaßt, daß für ihn die Begriffe ζωή und δικαιοσύνη so eng zusammengehören, daß er auch den Gedanken der δικαιοσύνη — hier natürlich im Gegensatz zum κατάκριμα in der Form δικαίωμα — einführt, was ja dem Zuge der gesamten Ausführungen seit 1,17 bzw. 3,21 entspricht.

Da Paulus aber statt des παράπτωμα des Adam das κρίμα genannt hat, kann er jetzt in der Antithese nicht die ὑπακοή Christi nennen, sondern nur das durch die ὑπακοή ermöglichte χάρισμα, und er muß zu dem εἰς κατάκριμα die Antithese bilden: εἰς δικαίωμα, obwohl das χάρισμα ja gerade im δικαίωμα besteht.

Ad 17: V. 17 bringt wieder einen parallelen Satz zu dem εἰ γάρ-Satz von V. 15 und zu dem γάρ-Satz von V. 16. Der Sinn ist wieder der, die Antithese Adam-Christus im Sinne des πολλῷ μᾶλλον von V. 15 klar zu machen. Das εἰ γὰρ . . . ὁ θάνατος ἐβασίλευσεν . . . entspricht sachlich dem εἰ γάρ-Satz von V. 15 und dem τὸ μὲν γὰρ κρίμα ἐξ ἑνὸς εἰς κατάκριμα von V. 16. Im Unterschied von V. 16 wird jetzt der Gegensatz zwischen dem εἷς und den πολλοί nicht mehr zum Ausdruck gebracht; denn nur im Vordersatz erscheint das εἷς. Der Nachdruck fällt jetzt vielmehr auf den

Gegensatz θάνατος-ζωή, und das πολλῷ μᾶλλον betont wieder das Übergewicht der ζωή über den θάνατος.

Sehr merkwürdig ist es nun, daß dem παράπτωμα Adams nicht die ὑπακοή Christi gegenübergestellt wird, sondern statt dessen die Personen genannt werden, für die diese ὑπακοή die ζωή gebracht hat: οἱ τὴν περισσείαν... λαμβάνοντες. Mit dem Wort περισσεία wird das ἐπερίσσευσεν von V. 15 wieder aufgenommen, durch τῆς χάριτος καὶ τῆς δωρεᾶς τῆς δικαιοσύνης das χάρισμα und die δωρεὰ ἐν χάριτι von V. 15. Statt ζωή tritt hier δικαιοσύνη ein, was schon durch V. 16 vorbereitet war. Daß aber δικαιοσύνη und ζωή zusammengehören, findet seinen Ausdruck in dem ἐν ζωῇ βασιλεύσουσιν, wobei das βασιλεύσουσιν den Gegensatz bildet zu dem ὁ θάνατος ἐβασίλευσεν.

In dem Fut. βασιλεύσουσιν tritt nun hervor, daß die Aktualisierung des Lebens, das Christus schon beschafft hat, noch bevorsteht. Aber zugleich ist die Paradoxie der christlichen Situation dadurch angedeutet, daß es heißt: οἱ ... λαμβάνοντες. Denn dieses Empfangen, das ja im Glauben sich vollzieht, ist ein gegenwärtiges.

Zugleich ist angedeutet, daß (im Unterschied vom gnostischen Mythos) die Menschheit nach Christus mit diesem nicht durch naturhafte Zusammengehörigkeit verbunden ist, wie ja auch das dem Mythos entsprechende ἐν τῷ Χριστῷ πάντες ζωοποιηθήσονται von 1Kor 15,22 (s. o.) nach 15,23 nur für diejenigen Geltung hat, die τοῦ Χριστοῦ sind. Dann aber besteht zwischen Adam und Christus ein Grundunterschied, auf den Paulus nicht hingewiesen hat. Denn für die adamitische Menschheit gab es ja keine Wahl zwischen Tod und Leben, sondern alle waren dem Tode verfallen. Nach logischer Konsequenz müßten nach Christus alle Menschen das Leben erhalten. Natürlich meint Paulus das nicht; vielmehr stehen jetzt alle Menschen vor der Entscheidung, ob sie zu den λαμβάνοντες gehören wollen, vorausgesetzt, daß das Wort der Verkündigung sie überhaupt erreicht hat. Während also Adam den Tod über alle Menschen nach ihm gebracht hat, ohne daß es eine Möglichkeit des Entrinnens gäbe, hat Christus für alle die *Möglichkeit* gebracht.

Eines aber ist nun deutlich: so wie das Schicksal der adamitischen Menschheit durch das παράπτωμα Adams prädestiniert ist, so ist zwar nicht das *Schicksal* der Menschheit nach Christus prädestiniert durch die ὑπακοή Christi, | denn dieses hängt ja von der Glaubensentscheidung des λαμβάνειν ab. Wohl aber ist das Schicksal der λαμβάνοντες determiniert. Denn sie sind ja nicht mehr in der Lage der Juden, die durch die eigene Leistung, die ἔργα, die ζωή erringen müssen, sondern die ζωή ist ihnen gewiß; sie ist schon vor ihnen für sie da. Wie Adams Fall, durch den die adamitische Menschheit bestimmt war, *vor* dieser sich ereignet hatte, so ist Christi ὑπακοή und die δωρεὰ ἐν χάριτι (V. 15), das δικαίωμα (V. 16), die δωρεὰ τῆς δικαιοσύνης *vor* ihnen, vor allen ihren Bemühungen schon da. Zum κατάκριμα kommt es, weil alle einzelnen sündigten (V. 12: ἐφ' ᾧ πάντες ἥμαρτον), aber zur δικαιοσύνη kommt es nicht, weil die einzelnen wie Christus die ὑπακοή prästieren, sondern sie braucht nur als durch Christus beschaffte im Glauben empfangen zu werden. Gratia praeveniens!

Jetzt endlich, nachdem seit V. 15 die Ungleichheit in der Parallele Adam-Christus dargestellt und damit die Bedeutung Christi schon aufgezeigt worden ist, wird in V. 18 das ὥσπερ von V. 12 durch das ἄρα οὖν ὡς von V. 18 wieder aufgenommen.

Ad 18: Der antithetische Parallelismus Adam-Christus wird jetzt durch ὡς-οὕτως rein durchgeführt, indem nicht die Personen, sondern ihre Verhaltungen einander entgegengesetzt werden: παράπτωμα-δικαίωμα, und als Folge: κατάκριμα-δικαίωσις ζωῆς (Gen. epexeget. oder obj.?). Die Parallelität selbst ist durch das doppelte δι' ἑνός . . . εἰς πάντας ἀνθρώπους ausgedrückt. Daß das κατάκριμα im θάνατος besteht, versteht sich von selbst. Korrespondiert in V. 16 dem κατάκριμα das δικαίωμα, so sagt Paulus jetzt εἰς δικαίωσιν ζωῆς, um den Begriff der δικαιοσύνη wieder zur Geltung zu bringen; weil er soeben δικαίωμα im Sinne von „Rechttat" gebraucht hat, wählt er jetzt das Subst. δικαίωσις.

Ad 19: V. 19 läuft V. 18 parallel und hat höchstens insofern begründenden Charakter, als an die Stelle von παράπτωμα und δικαίωμα die wohl als konkreter empfundenen Begriffe παρακοή und ὑπακοή treten. Der Ertrag des entgegengesetzten Verhaltens wird jetzt beschrieben durch ἁμαρτωλοὶ κατεστάθησαν einerseits und durch δίκαιοι κατασταθήσονται andererseits. Wenn das Fut. κατασταθήσονται nicht einfach vom Gesichtspunkt des Wendepunkts der Zeit gewählt ist, so kommt darin wieder der Zukunftscharakter der ζωή zum Ausdruck wie in V. 17.

Das κατασταθήσονται bedeutet natürlich nicht „sie werden als solche *angesehen* werden, die Gerechte sind", sondern „sie werden zu Gerechten gemacht werden", wie ja auch die adamitischen Menschen nicht nur so angesehen wurden, als ob sie Sünder seien, sondern wie sie infolge der παρακοή des Adam zu Sündern wurden. Die δικαιοσύνη bezeichnet ja nicht die ethische Qualität, sondern (als forensisch-eschatologischer Begriff) das Verhältnis zu Gott. Der Glaubende *ist* als der durch Gottes Richterspruch Freigesprochene der Gerechte.

Das ἁμαρτωλός-δίκαιος entspricht dem Gegensatz θάνατος-ζωή, wie denn durch den ganzen Abschnitt die grundlegende Antithese durch wechselnde synonyme Begriffe charakterisiert wird. Wenn an Stelle der πάντες ἄνθρωποι von V. 18 jetzt wieder die πολλοί treten, so liegt darin keine Änderung des Sinnes (s. o.).

Mit V. 19 könnte der Gedankengang geschlossen sein. Die Parallele Adam-Christus ist vollständig durchgeführt, indem Gleichheit und Ungleichheit ausführlich dargestellt worden sind. Wenn Paulus in V. 20 f wieder auf den νόμος zu sprechen kommt, der schon V. 13 f als eine zwischen Adam und Christus stehende Größe genannt worden war, so mag das Motiv zunächst ein apologetisches bzw. polemisches sein gegenüber der jüdischen Behauptung, daß das Leben durch das Gesetz vermittelt wird. Wie fest 5,12—21 im Zusammenhang des Gedankengangs von 3,21—4,25 steht, ist dann doppelt deutlich. Zugleich aber gewinnt durch V. 20 der kosmologische Sinn des zugrunde liegenden gnostischen Mythos einen heilsgeschichtlichen Sinn, wie denn schon durch die Begriffe κρίμα-δικαίωμα usw. die Begrifflichkeit des Mythos, der nur von θάνατος und ζωή reden kann, durchbrochen ist.

Ad 20: νόμος δὲ παρεισῆλθεν ἵνα ... Das Gesetz ist also nicht der Weg zum Leben, sondern, wie schon V. 13 f erkennen ließ, der Weg zum Tode; denn sein Zweck war: ἵνα πλεονάσῃ τὸ παράπτωμα. Aber dieser schreckliche Zweck ist nach der Absicht Gottes gerade ein heilsamer; denn der Wirkung des παράπτωμα gegenüber gelangt die Übermacht der Gnade zur Geltung: οὗ δὲ ἐπλεόνασεν ἡ ἁμαρτία, ὑπερεπερίσσευσεν ἡ χάρις. Zugrunde liegt die Erkenntnis: es gibt keine Gnade als für den Sünder. Das Gesetz aber bringt die Sünde zutage: τῶν παραβάσεων χάριν προσετέθη (Gal 3,19). Denn es weckt die schlummernde Sünde (7,7—11), die durch das Gesetz den Tod wirken soll, ἵνα γένηται καθ' ὑπερβολὴν ἁμαρτωλός (7,13). Die Grundsünde des Menschen ist ja das καυχᾶσθαι, und eben dieses, das sich beim Juden auf das Gesetz gründet, soll zerschlagen werden. Χάρις gibt es nur, wo es keine καύχησις mehr gibt: ποῦ οὖν ἡ καύχησις; ἐξεκλείσθη (3,27).

Der kosmologische Aufriß des Mythos ist also zu einem heilsgeschichtlichen geworden. Die beiden Perioden der Menschheitsgeschichte folgen nicht einfach aufeinander wie im Mythos, sondern es besteht ein innerer Zusammenhang zwischen ihnen. Die erste Periode, als die der Sünde, bereitet die zweite Periode, als die der Gnade, vor. Zu bedenken ist freilich, daß Paulus den inneren Zusammenhang nur als den zweier Perioden der Menschheitsgeschichte darstellt und dabei nicht an die Geschichte des Individuums denkt, wie ja auch nach Gal 3,21—25 der νόμος der παιδαγωγὸς εἰς Χριστόν nicht ist, indem er das Individuum in die subjektive Verzweiflung hineinführt, aus der es zur Gnade aufschaut. Paulus denkt vielmehr an die objektiv verzweifelte Situation der Menschheit, aus der die im Gehorsam des Glaubens ergriffene Gnade, die durch Christus Wirklichkeit geworden ist, herausführt.

> Luther hat den heilsgeschichtlichen Gedanken in die Geschichte des Individuums projiziert, wenn er sagt: „Ego ipse non semel offensus sum usque ad profundum et abyssum desperationis, ut optarem nunquam esse me creatum hominem, antequam scirem, quam salutaris illa esset desperatio et quam gratiae propinqua" (de servo arb., WA XVIII, 719). Ebenso in der Römerbrief-Vorlesung: „Unde cum Dominus habeat nomen Salvatoris, adiutoris in tribulationibus . . . , qui noluerit pati, quantum in ipso est, spoliat eum suis propriis titulis et nominibus. Sic enim nullus erit ei homini Jhesus i. e. Salvator, quia non vult esse damnatus; nullus eius Deus creator, quia non vult esse nihil, cuius ille sit creator" (Schol. ed. Ficker II, 135, 20 ff).

Ad 21: Das ὑπερπερισσεύειν der χάρις wird in dem Finalsatz von V. 21 beschrieben, in dem wieder durch ὥσπερ-οὕτως der Grundgedanke von V. 12—21 zum Ausdruck gebracht wird: ὥσπερ ἐβασίλευσεν ἡ ἁμαρτία ἐν τῷ θανάτῳ (entsprechend den Formulierungen V. 14 und 17), οὕτως καὶ ἡ χάρις βασιλεύσῃ κτλ. (entsprechend der Formulierung von V. 17), nur daß jetzt die sachliche Größe statt der die χάρις empfangenden Personen genannt ist. Indem das Ziel als die ζωὴ αἰώνιος bezeichnet wird, wird das Thema bzw. das Problem von 5,1—11.12—21 zum Schluß gekennzeichnet, und das διὰ Ἰησοῦ Χριστοῦ τοῦ κυρίου ἡμῶν betont noch einmal das heilsgeschichtliche Ereignis, das den Umschwung gebracht hat.

Die Entsprechung der beiden Sätze ὥσπερ-οὕτως ist im Grunde nicht genau. Genau genommen sollte es entweder heißen: ὥσπερ ἐβασίλευσεν ὁ νόμος διὰ τῆς ἁμαρτίας εἰς θάνατον. Aber so kann Paulus nicht sagen; er müßte sagen: ἡ ἁμαρτία διὰ τοῦ νόμου. Oder: οὕτως καὶ ἡ χάρις βασιλεύσῃ διὰ τῆς ζωῆς. Aber das konnte er auch nicht sagen, wenn er noch die δικαιοσύνη nennen wollte; denn διὰ τῆς ζωῆς εἰς δικαιοσύνην wäre unmöglich.

Der finale ἵνα-Satz gibt an sich nur die Zweckbestimmung an. Daher ist durch das (ἵνα . . .) ἡ χάρις βασιλεύσῃ . . . keine Zeitangabe über die Gegenwart oder die Zukunft der ζωή gemacht. Wenn Paulus aber die ζωή als αἰώνιος charakterisiert, so wird er an die Zukunft denken. Gleichwohl zeigt V. 12—21 die paradoxe Situation der Glaubenden. Denn die künftige ζωή ist in verborgener Weise doch gegenwärtig, weil Christus dagewesen ist und weil der für die Glaubenden noch bevorstehende Tod seines Tod-Sinnes beraubt ist. Das δικαίωμα (V. 16) bzw. die δικαίωσις ζωῆς (V. 18) ist ja Gegenwart für die δικαιωθέντες ἐκ πίστεως (V. 1). Die Glaubenden *werden* nicht erst die χάρις und die δωρεὰ τῆς δικαιοσύνης (V. 17) empfangen, sondern sie empfangen sie schon jetzt als die Glaubenden.

Im Unterschied von V. 1—11 ist in V. 12—21 die Paradoxie der christlichen Situation dadurch aufgezeigt, daß der Ton nicht auf der Vorläufigkeit der Gegenwart, sondern auf der Gegenwärtigkeit des Zukünftigen liegt.

Wie interpretiert nun Karl Barth Röm 5,12—21? Wie 5,1—11 interpretiert er 5,12—21 ohne Rücksicht auf den Zusammenhang des Briefes und auf die leitende Fragestellung. Er findet daher in 5,12—21 nicht die paradoxe christliche Situation beschrieben, für die die ζωή zugleich Gegenwart und Zukunft ist. Vielmehr ist nach ihm das Thema von 5,12—21 „das Geheimnis und die Wahrheit der *menschlichen Natur* als solcher" (S. 50), das Wesen des Menschen als solchen. Während 5,1—11 direkt nur von Christus und den an ihn Glaubenden gesprochen habe, rede 5,12—21 vom Menschen als solchem.

Der Zusammenhang von 5,12—21 mit 5,1—11 sei zu verstehen: weil wir schon als Menschen, als Adams Kinder und Erben, innerhalb des Reiches Christi stehen, deshalb steht es mit den Glaubenden so, wie V. 1—11 beschrieben worden ist (S. 52). Das διὰ τοῦτο V. 12 bezieht Barth also auf den ganzen Abschnitt V. 1—11. Aber indem er das ὥσπερ ignoriert (V. 12 sei wahrscheinlich nicht als Anakoluth zu verstehen, sondern als „eine Art Überschrift", S. 9), ergänzt er ein ὅτι, das für den ganzen Abschnitt 5,12—21 gelten soll. Er erklärt: deshalb „weil wir uns schon als Schwache, Sünder, Gottlose und Feinde, schon als Kinder und Erben Adams und also auch in der Vergangenheit, aus der wir herkommen, nicht etwa einfach außerhalb des Bereiches der Wahrheit Jesu Christi, sondern faktisch im Stande einer bestimmten, wenn auch negativen Entsprechung zu seiner heilvollen Herrschaft befanden", rühmen wir uns „durch ihn" unserer Hoffnung (S. 9). „Es war, recht verstanden, schon unser einstiges Sein außer Christus ein noch verborgenes, aber reales Sein in ihm. Im Blick darauf wagen wir es, zu bekennen, daß wir Frieden mit Gott haben | ..." (S. 10). Mitten in jenem ersten Bereich selbst war außer der Sünde Adams und ihrer Folge „auch die Kreuzigung Jesu Christi und in ihr unsere Versöhnung Ereignis" (S. 23). „Derselbe Jesus Christus ist also auch schon dort" (S. 24).

Davon vermag ich im Text nichts zu sehen. Paulus sagt nichts davon, daß die adamitische Menschheit innerhalb der Herrschaft Christi stand, sondern er stellt die Perioden vor und nach Christus rein als Gegensätze gegeneinander als die Periode der Sünde (und des Gesetzes) und des Todes und als die Periode der δικαίωσις ζωῆς. Und er sagt nicht, daß wir uns rühmen im Rückblick auf die vergangene Periode, weil in dieser auch schon Christus gegenwärtig gewesen sei. Er sagt nichts davon, daß wir nachträglich die Ordnung des Reiches Christi auch in der Welt Adams wieder erkennen dürfen (S. 10).

Während Paulus zwei Weisen des menschlichen Seins einander gegenüberstellt, richtet Barth an den Text die Frage nach dem Wesen des Menschen als solchen: „wie es *eigentlich* und *ursprünglich* um den Menschen steht" (S. 11), eine Frage, die als solche gewiß richtig und notwendig ist. Wenn Paulus sie auch nicht gestellt hat, so könnte die Antwort darauf doch implizit im Text enthalten sein. Aber welches ist die Antwort, die Barth aus dem Text entnehmen zu können meint? Das ursprüngliche Wesen des Menschen sei nicht dem Bilde Adams, sondern dem Bilde Christi zu entnehmen (S. 11). Adam ist von Christus aus zu interpretieren, nicht Christus von Adam aus (S. 11). Die Menschheit Christi ist der Schlüssel zum Geheimnis des Menschen als solchen (S. 51)! „Wie es zwischen Adam und uns stand, so kündigt V. 12 an, so steht es ursprünglich und eigentlich zwischen Christus und uns" (S. 12). Alles, was von Adam und uns Anderen zu sagen ist, hat in dem seine Wahrheit, was von Christus und uns Anderen zu sagen ist: „so also, daß wir Adam von Christus und nicht Christus von Adam her zu verstehen haben" (S. 14 f, vgl. S. 54). Nur scheinbar ist Adam gleich Christus ein Erster, das Haupt einer Menschheit; wir sind als Menschen dadurch gerechtfertigt und gerettet, daß weder Adam unser Haupt noch wir seine Glieder sind" (S. 15). Eben dieses „konstituiert und erhält unsere menschliche Natur" (S. 15). Das vermeintlich Zweite ist das wahrhaft Erste, das vermeintlich Erste das wahrhaft Zweite (S. 31). In Wahrheit ist Adam „Einer unter Anderen" (S. 55).

Aber Paulus weiß davon nichts, sondern sagt, wenn er V. 12 Adam als den τύπος τοῦ μέλλοντος bezeichnet, das Gegenteil, wie er auch 1Kor 15,45—47 ausdrücklich Adam und Christus als den ersten und den zweiten Menschen unterscheidet und die umgekehrte Reihenfolge ausdrücklich ablehnt. Paulus redet auch nicht von der menschlichen „Natur", sondern von der adamitischen und der christlichen Menschheit. Wenn man auch sagen kann: „Der Tod gehört so wenig zur ur|sprünglichen Menschheit wie die Sünde" (S. 19), weil ja erst durch Adam Sünde und Tod in die Welt kamen, so reflektiert Paulus doch nicht auf eine ursprüngliche Menschheit, deren Haupt Christus war, so daß wir dem Bilde Christi entnehmen müßten „wie es eigentlich und ursprünglich um den Menschen steht".

Ich glaube nun wohl zu verstehen, wie Barth zu seiner gewaltsamen Interpretation kommt. Ich glaube sogar, daß er recht hat zu sagen: „*Das Christliche* ist abgesehen von aller Religiosität heimlich, aber in radikaler Wahrheit *das allgemein Menschliche*" (S. 52), jedoch nicht mit der Begründung, daß Christus „oben" steht als der „Erste" und Adam „unten" als der „Zweite" (S. 53). Sinnvoll kann doch nur gemeint sein, daß das menschliche Sein seine Eigentlichkeit nur gewinnt als christliches Sein, dh im Glauben an die Gnade Gottes, die sich in Christus offenbart hat. Diese Gnade hat doch nach Paulus ihren Charakter dadurch, daß sie (im Unterschied von einer Schöpfungsgnade, wenn man von einer solchen reden darf, was Paulus jedenfalls nicht tut) Ereignis ward, als die Fülle der Zeit gekommen war (Gal 4,4), und die das Alte zum Vergangenen machte und ein Neues heraufführte (2Kor 5,17), und daß durch sie die Herrschaft Christi aufgerichtet wurde, unter der die sündige adamitische Menschheit noch nicht stand. Eben das wird durch Barths Exegese verschleiert.

Warum? Offenbar leitet ihn (natürlich unbewußt) seine These, daß es nicht heißen dürfe „Gesetz und Evangelium", sondern nur „Evangelium und Gesetz". Das kommt in seiner Interpretation von V. 20 zutage. Wohl sagt er richtig, daß die παραπτώματα der „Anknüpfungs- und Ausgangspunkt" für die Gnade sind (S. 18, 20 und 25). Der innere Zusammenhang von Sünde und Gnade ist jedoch nicht gesehen, wenn nicht als Höhepunkt bzw. als das eigentliche Wesen der Sünde die καύχησις gesehen ist. Daher ist der heilsgeschichtliche Sinn des Gesetzes nicht erfaßt. Barth interpretiert das ἵνα πλεονάσῃ τὸ παράπτωμα: „damit die Übertretung nicht verdeckt, sondern offenbar bleibe" (S. 37). Den Heiden, die das Gesetz nicht hatten, blieb es „erspart", daß die Sünde „auch in ihnen so groß, dh (!) so offensichtlich wurde" (S. 39, vgl. S. 33 ff). Das Problem des οὐκ ἐλλογεῖται V. 13 löst Barth deshalb so, daß die Menschen ohne das Gesetz „ihren Idealen und Irrtümern leben" (S. 34), weil sie in Unwissenheit sündigen (S. 35). Unter dem Spalt, der durch die menschliche Existenz geht, haben sie nicht eigentlich (!) gelitten, „seinem Anblick weiß man sich im schlimmsten Fall durch ein bißchen Tragik (!) zu entziehen" (S. 34/35). Als ob Paulus bei dem οὐκ ἐλλογεῖται an die Kultur der Heiden gedacht hätte und nicht vielmehr an den Zeitabschnitt zwischen Adam und Mose!

So wird der Sinn des ὑπερεπερίσσευσεν V. 20 nicht von der Übermacht der Gnade *als* Gnade über die Sünde verstanden, sondern | dreifach motiviert: 1. weil Jesus als Jude den Menschen verkörpert hat, der sich Gott widersetzt (S. 41, vgl. S. 43: Gott selbst ist „als Sünder und Sterbender an des Menschen Stelle getreten", ähnlich S. 49); 2. weil die Juden gerade Jesus verwarfen, ihn als Sünder verurteilten und sterben ließen (S. 41—44); 3. weil der Tod Jesu für alle Menschen gelten sollte und daher die Römer ihn kreuzigten (S. 45—49).

Nach allem dürfte deutlich sein, daß Barth die mythologische Grundlage der Argumentation 5,12—21 verkennt. Wenn für ihn Adam nicht das Haupt der vorchristlichen Menschheit ist, sondern „Einer unter Anderen", der als solcher die Menschheit vertritt (S. 55), so ist im Grunde Adam zur Idee des Menschen geworden. Der Mythos, nach dem Adam der bestimmende Urmensch ist, ist „entmythologisiert" worden, wenngleich in einer fragwürdigen Weise. Denn wie Paulus die mythologische Kosmologie zu einer Heilsgeschichte zu machen bestrebt ist, kommt gerade so nicht zur Geltung.

Wie die Gestalt Adams zur Idee wird, so scheint auch Christus zu einer Idee zu werden. Wenn er nach Barth „wahrer Mensch" schlechthin ist, so ist er doch nicht der konkrete historische Mensch, sondern die Idee des „wahren" Menschen. Da nun nach Barth zur wahren menschlichen Natur die Einheit von Mensch und Menschheit gehört, gilt, daß „*auch der sündige Mensch*, den wir allein kennen, hinsichtlich dieser Einheit *die menschliche Natur Christi widerspiegelt* und also nicht aufgehört hat, der wahre Mensch zu *sein* und uns das Bild des wahren Menschen zu *zeigen*" (S. 55). Wie man das aus Röm 5 herauslesen kann, ist mir unverständlich.

Das Verhältnis der urchristlichen Christusbotschaft zum historischen Jesus*

I.

Die Frage nach dem Verhältnis der urchristlichen Christusbotschaft zum historischen Jesus ist heute in neuem Sinne aktuell geworden[1]. In der Zeit der Leben-Jesu-Forschung (bzw. der sog. liberalen Theologie) war die Frage von dem Interesse geleitet gewesen, das Bild des histori-

---

* Sitzungsberichte der Heidelberger Akademie der Wissenschaften, Philosophisch-historische Klasse, Jhg. 1960, 3. Abhandlung (Heidelberg 1960), 5—27.

[1] Die wichtigsten Diskussionsbeiträge, auf die ich mich im folgenden beziehe, sind: PAUL ALTHAUS, Das sogenannte Kerygma und der historische Jesus (1958). — PETER BIEHL, Zur Frage nach dem historischen Jesus. ThR NF 24 (1957), S. 54—76. — GÜNTHER BORNKAMM, Jesus von Nazareth (1956). — HERBERT BRAUN, Der Sinn der neutestamentlichen Christologie. ZThK 54 (1957), S. 341—377. — HANS CONZELMANN, Gegenwart und Zukunft in der synopt. Tradition. ZThK 54 (1957), S. 277—296. — DERS., Jesus Christus, in: RGG³ III, Sp. 619—653. — DERS., Zur Methode der Leben-Jesu-Forschung. ZThK, 1. Beiheft (1959), S. 4—13. — NILS ALSTRUP DAHL, Der historische Jesus als geschichtswissenschaftliches und theologisches Problem. KuD 1 (1955), S. 104—132. — HERMANN DIEM, Der irdische Jesus und der Christus des Glaubens (1957). — GERH. EBELING, Jesus und Glaube. ZThK 55 (1958), S. 64—110. — DERS., Die Frage nach dem histor. Jesus und das Problem der Christologie. ZThK, 1. Beiheft (1959), S. 14—30. — DERS., Das Wesen des christlichen Glaubens (1959) (bes. S. 48—85). — ERNST FUCHS, Jesus Christus in Person. Festschr. Rud. Bultmann (1949), S. 48—73. — DERS., Die Frage nach dem historischen Jesus. ZThK 53 (1956), S. 210—229. — DERS., Die vollkommene Gewißheit. Neutest. Studien für R. Bultmann² (1957), S. 130—136. — DERS., Glaube und Geschichte im Blick auf die Frage nach dem historischen Jesus. ZThK 54 (1957), S. 117—156. — DERS., Jesus und der Glaube. Ebd 55 (1958), S. 170—188. — DERS., Das urchristliche Sakramentsverständnis (1958). — DERS., Was wird in der Exegese des Neuen Testaments interpretiert? ZThK, 1. Beiheft (1959), S.31—48. — E. HEITSCH, Die Aporie des historischen Jesus als Problem theologischer Hermeneutik. Ebd 53 (1956), S. 196—210. — JOACH. JEREMIAS, Der gegenwärtige Stand der Debatte um das Problem des historischen Jesus. WZ Greifswald. Gesellschafts. u. Sprachwiss. Reihe Nr. 3, VI (1956/57), S. 165—170. — ERNST KÄSEMANN, Probleme Neutestamentlicher Arbeit in Deutschland. BEvTh 15 (1952), S. 135 bis 152. — DERS., Das Problem des historischen Jesus. ZThK 51 (1954), S. 125—153. — DERS., Neutestamentliche Fragen von heute. Ebd 54 (1957), S. 1—21. — JAMES M. ROBINSON, The Quest of the Histor. Jesus Today. ThToday 15 (1958), S. 183—197. — DERS., A New Quest of the Histor. Jesus (1959). — DERS., Kerygma und histor. Jesus (1960).

schen Jesus freizulegen von der Übermalung, durch die es in der urchristlichen Botschaft, im „Kerygma", verdeckt worden war. Das Gewicht lag deshalb auf der Konstatierung der Differenz zwischen Jesus und dem Kerygma. Heute ist es umgekehrt: das Interesse liegt auf der Herausarbeitung der Einheit des historischen Jesus und dem Christus des Kerygmas[2]. Wieweit dieser Umschwung durch den immanenten Gang der Forschung, wieweit er durch dogmatische Interessen begründet ist, soll hier nicht gefragt und untersucht werden. Ich fasse die Frage als rein historische in den Blick, und hier erscheint sie als eine zweifache. Es ist einmal die Frage nach der *historischen Kontinuität* zwischen dem Wirken des historischen Jesus, zumal seiner Verkündigung, und dem urchristlichen Christus-Kerygma. Sodann ist es die Frage nach dem *sachlichen Verhältnis* zwischen Jesus und dem Kerygma. Die beiden Fragen scheinen mir in der gegenwärtigen Diskussion nicht klar unterschieden zu werden, so daß vielfach der Anschein entsteht, daß mit der Antwort auf die Frage nach der historischen Kontinuität auch schon die Frage nach dem sachlichen Verhältnis gegeben sei.

Nur kurz und im Groben charakterisiere ich die *Differenz zwischen dem historischen Jesus und dem Christus-Kerygma*, die für die Forschung das Problem stellt[3].

1. An die Stelle der historischen Person Jesu (so wie die synoptischen Evangelien sie für den kritischen Blick erkennen lassen) ist im Kerygma die mythische Gestalt des Gottes-Sohnes getreten.

2. Während die Predigt Jesu die eschatologische Botschaft von der kommenden, ja, der hereinbrechenden Gottesherrschaft ist, wird im Kerygma Jesus Christus verkündigt als der stellvertretend für die Sünden der Menschen am Kreuz Gestorbene und von Gott wunderbar zu

---

[2] Vgl. den Bericht von Conzelmann, RGG³ III Sp. 621: „Es ergibt sich der Eindruck, die Forschung sei auf einem weitgespannten Kreisbogen zu ihrem Ausgangspunkt zurückgekehrt: das Messiasbild der Dogmatik scheint in wesentlichen Zügen auf Jesus selbst zurückgeführt zu sein."

[3] Das Problem wird zB von Käsemann (ZThK 1954, S. 129) deutlich formuliert: „Die Urchristenheit ... hat das Bild des histor. Jesus geradezu überlagert und verdeckt." Indem die Gemeinde „vergangene Geschichte als lebendig und gegenwärtig" bezeugt, „hält sie die geschichtliche Kontinuität mit dem fest, der einst über die Erde schritt, (in der Weise) daß sie die historischen Ereignisse dieses Erdenlebens größtenteils in Vergessenheit geraten läßt, um sie durch ihre Botschaft zu ersetzen". Vgl. weiter S. 131–138. Ferner Bornkamm, Jesus v. Naz., S. 11–23; Braun, ZThK (1957), S. 341–377; Conzelmann, RGG³ III Sp. 629–633 in bezug auf die christolog. Titulatur, Sp. 646 in bezug auf die Passionsgeschichte, Sp. 650: der Osterglaube als kritisches Auswahlprinzip gegenüber der Überlieferung. S. sogar Diem, Theologie II S. 78 (bei Robinson, Kerygma und histor. Jesus, S. 63, 1).

unserem Heil Erweckte. Für die theologischen Gedanken des Paulus und Johannes ist damit das entscheidende eschatologische Ereignis schon geschehen.

3. Bei Jesus geht Hand in Hand mit der eschatologischen Verkündigung die Verkündigung des Willens Gottes, der Ruf zum radikalen Gehorsam unter die im Liebesgebot gipfelnden Forderungen Gottes. Im Christus-Kerygma ist zwar auf die ethische Predigt nicht Verzicht geleistet. Aber wenn Paulus und Johannes mit dem Christus-Kerygma auch ethische Forderungen und vor allem das Liebesgebot verbinden, so doch nicht in Wiederaufnahme der aus den Synoptikern bekannten Auslegung des Willens Gottes durch Jesus. In die Bekenntnis-Formulierungen des Kerygmas (die ersten christlichen Symbola) ist diese überhaupt nicht aufgenommen, und in den typischen urchristlichen Lehr- und Mahnschriften nimmt die ethische Paränese die zweite Stelle ein.

Wie ist nun das Verhältnis der beiden Größen — der historische Jesus und das Christus-Kerygma — zu bestimmen?

II.

Die Frage nach dem sachlichen Verhältnis geht im Grunde der nach der historischen Kontinuität voraus, da deren Problematik erst voll deutlich wird, wenn die Frage nach dem sachlichen Verhältnis geklärt ist. Ich beginne jedoch mit der Frage nach der *historischen Kontinuität*, obwohl sie zunächst nur vorläufig beantwortet werden kann. Denn diese Frage steht in der gegenwärtigen Diskussion weithin im Vordergrund, und in ihrer vorläufigen Behandlung lassen sich gleich einige Mißverständnisse ausräumen, gegen die ich mich selbst zu wehren habe, weil sie durch einige Äußerungen von mir veranlaßt worden sind[4].

Meine Behauptung, die Person des historischen Jesus sei nicht der Gegenstand des Glaubens, das sei vielmehr der Christus des Kerygmas, und

---

[4] Über das Problem der Diskontinuität und Kontinuität handelt EBELING in „Die Frage nach dem histor. Jesus", S. 24—30. Ebenso in „Das Wesen des christlichen Glaubens", S. 66 ff. Hier S. 66: „Von einer unmittelbaren Fortsetzung (sc. der Verkündigung Jesu) kann nicht die Rede sein. Gewiß besteht ein Zusammenhang, aber doch unter dem Anzeichen schroffer Diskontinuität. Daß hier von einer Fortsetzung die Rede sein kann, ist nur als Gottes Tat zu erfassen. So wenig selbstverständlich wie der Sprung vom Tod zum Leben ist die Wende vom „historischen Jesus" zum Christus des Glaubens". S. 67: „Die direkte Weitergabe dessen, was Jesus gelehrt hatte, spielte ja dann auch faktisch eine untergeordnete Rolle in der Verkündigung des Urchristentums."

der Mensch, den das Kerygma anredet, dürfe nicht hinter das Kerygma zurückfragen nach einer Legitimation, welche die historische Forschung zu erbringen habe, — diese Behauptung wird oft so mißverstanden, daß ich die Kontinuität zwischen dem historischen Jesus und dem Kerygma zerreiße. Diese Kontinuität sei doch damit gegeben, daß für die ersten Jünger der Auferstandene, den das Kerygma als den Christus verkündigt, mit dem irdischen Jesus identisch gewesen sei[5]; für sie habe der Christus die „Gestalt und Wesenszüge" der Person des irdischen Jesus getragen[6]. Wenn ich diese Identität leugne, so mache ich den Christus des Kerygmas zu einem Mythos[7].

Dagegen ist einfach zu sagen: aus der von mir betonten Diskrepanz zwischen dem historischen Jesus und dem Christus des Kerygmas folgt in keiner Weise, daß ich die Kontinuität zwischen dem historischen Jesus und der urchristlichen Verkündigung zerreiße. Ich sage ausdrücklich: zwischen dem historischen Jesus und der urchristlichen Verkündigung; nicht: zwischen dem historischen Jesus und Christus. Denn der Christus des Kerygmas ist keine historische Gestalt, die mit dem historischen Jesus in Kontinuität stehen könnte. Wohl aber ist das Kerygma, das ihn verkündigt, ein historisches Phänomen; und nur um die Kontinuität zwischen diesem und dem historischen Jesus kann es sich handeln.

Das Kerygma behauptet, daß Gott den historischen Jesus zum Christus, zum Kyrios, gemacht habe (Apg 2,36). Oder, wenn ich mich an Formulierungen des Paulus und Johannes orientiere: das Kerygma enthält die paradoxe Behauptung, daß ein historisches Ereignis — eben der historische Jesus und seine Geschichte — das eschatologische Ereignis (die Wende der Äonen und was damit gegeben ist) sei. Es versteht sich also von selbst, daß das Kerygma den historischen Jesus voraussetzt, wie sehr es seine Gestalt auch mythisiert haben mag. Ohne ihn gäbe es das Kerygma nicht. Insofern versteht sich die Kontinuität von selbst.

Nun werde ich ferner angegriffen, weil ich in meinem Buch „Das Urchristentum im Rahmen der antiken Religionen" die Verkündigung Jesu nicht in dem c. „Das Urchristentum", sondern im c. „Das Judentum" dargestellt, Jesus also als Juden aufgefaßt habe. Im gleichen Sinne hat man beanstandet, daß ich in meiner „Theologie des Neuen Testaments" gesagt habe, die Verkündigung Jesu gehöre zu den *Voraussetzungen* der Neutestamentlichen Theologie[8]. Gegenüber dem Vorwurf,

---

[5] So besonders Käsemann, Probleme Neutestamentlicher Arbeit, S. 151. Über die Kontinuität in diesem Sinne vgl. Conzelmann, RGG³ III, Sp. 650.
[6] So Jeremias, aaO S. 168. [7] So Dahl, aaO S. 124 f. [8] Jeremias, aaO S. 167.

daß ich Jesus als Juden verstehe und ihn in den Bereich des Judentums rechne, habe ich zunächst einfach zu fragen: war Jesus — der historische Jesus! — denn ein Christ? Nun, wenn christlicher Glaube der Glaube an ihn als den Christus ist, doch gewiß nicht, und selbst wenn er sich als den Christus („Messias") gewußt haben und gar den Glauben an sich als den Christus gefordert haben sollte, so wäre er immer noch kein Christ und nicht als Subjekt des christlichen Glaubens, dessen Objekt er doch ist, zu bezeichnen.

Nun wird aber — besonders nachdrücklich von Käsemann — bestritten, daß man Jesus dem Judentum zurechnen darf, da er doch die Grenzen der jüdischen Religion entscheidend durchbrochen habe. Dazu ist zu sagen, daß er nur als Jude das Judentum radikal überwinden konnte. Es scheint mir dann ein Wortstreit zu sein, ob man ihn als Juden bezeichnet oder nicht; jedenfalls kann man ihn nicht einen Christen nennen. Als historische Gestalt steht er innerhalb des Judentums; und wenn er innerhalb des Judentums eine einzigartige Gestalt ist als dessen Überwinder, so ist doch nicht nur seine Sprache und Begrifflichkeit die jüdische, sondern sowohl seine eschatologische Verkündigung wie seine ethische Predigt sind in der Sache auf die jüdische Eschatologie und Gesetzlichkeit bezogen, nehmen deren Problematik auf und sind ohne sie gar nicht denkbar. Es ist charakteristisch, daß moderne jüdische Theologen Jesus für sich in Anspruch nehmen[9].

Die Kontinuität scheint nun aber fragwürdig, oder wenigstens eigentümlich eingeschränkt zu werden, wenn der historische Jesus wirklich ins Judentum gehört. Geht das, was vorhin über die Kontinuität gesagt wurde, über das unzweifelbare Faktum hinaus, daß im Kerygma die Historizität Jesu vorausgesetzt ist, dh über das *Daß* seiner Geschichte? Ist damit schon etwas gesagt über die Kontinuität des Kerygmas mit dem Was und Wie seiner Geschichte?[10]

Das ist nun das große Problem: wie verhalten sich der Gehalt des Wirkens Jesu und der Inhalt des Kerygmas? *Ist der historische Jesus mit dem Christus des Kerygmas identisch?*[11]

---

[9] Vgl. darüber Gösta Lindeskog, Die Jesusfrage im neuzeitlichen Judentum (1938); Dahl, aaO S. 110.

[10] Vgl. Conzelmann, RGG³ III, Sp. 651: „Ist der Glaubensgegenstand nicht als solcher innerweltlich anschaulich, so kann der Bezug des Glaubens auf den historischen Jesus nur ein jeweilig-punktueller sein: der einzige historische Fixpunkt ist in der Tat das nackte Dagewesensein Jesu."

[11] Heitsch (aaO) will zeigen, daß die Kontinuität zwischen der Verkündigung Jesu und der der Gemeinde die Kontinuität von Sache und Deutung ist, und zwar

Daß man über das Daß nicht hinauszukommen *braucht*, zeigen je in ihrer Weise Paulus und Johannes. Paulus verkündigt den Inkarnierten, Gekreuzigten und Auferstandenen; dh vom Leben Jesu bedarf sein Kerygma nur das Daß und die Tatsache der Kreuzigung Jesu. Ein Bild der menschlichen Person Jesu hält er seinen Hörern nicht vor Augen abgesehen vom Kreuz (Gal 3,1), wobei das Kreuz aber nicht vom biographischen Standpunkt gesehen ist, sondern als Heilsereignis gilt. Der Gehorsam, die Selbstlosigkeit Christi, von denen er redet (Phil 2,6—9; Röm 15,3; 2Kor 8,9), sind das Verhalten des Präexistenten, nicht des historischen Jesus. Die eschatologische und ethische Verkündigung des historischen Jesus spielt bei Paulus keine Rolle. — Johannes betont mit allem Nachdruck die Menschheit Jesu, gibt aber keinen der Züge der Menschlichkeit Jesu wieder, die etwa den synoptischen Evangelien zu entnehmen wären. Das Entscheidende ist schlechthin das Daß.

III.

Die Versuche, über das Daß hinauszukommen und die Kontinuität zwischen dem historischen Jesus und dem Kerygma als sachliche Übereinstimmung zu erweisen[12], werden auf zweifache Weise gemacht: 1. indem gezeigt wird, daß das Kerygma nicht nur das Daß, sondern auch das Was und Wie des historischen Jesus voraussetzt und zu seinem Verständnis wie zu seiner Glaubwürdigkeit bedarf; 2. indem gezeigt wird, daß in Jesu Wirken in Tat und Wort das Kerygma schon in nuce enthalten ist.

Der erste Versuch will zeigen, *daß das Personbild des historischen Jesus und seines Wirkens implizit im Kerygma enthalten ist*. Mit scheinbarem Recht beruft man sich dafür auf *die synoptischen Evangelien*, die doch auch — selbst wenn ihr Inhalt in den Bekenntnisformulierungen nicht zur Geltung kommt — zur Christusverkündigung gehören. Sie wollen ja nach ihrer eigenen Intention nicht als historische Berichte gelesen werden, sondern als ein Stück Verkündigung, was auch für Lukas gilt, wenngleich dieser auch historischen Bericht geben will. In ihnen sind die Geschichte des historischen Jesus und der Christus des Kerygmas in eigentümlicher Weise kombiniert. Bezeugen sie also nicht, daß im Ke-

---

einer Fehldeutung, weil die Gemeinde an Stelle der Sache, um die es Jesus ging, seine Person setzte.

[12] Dies das Interesse Käsemanns, vgl. Probleme, S. 151; ZThK (1957), S. 12.

rygma ein Bild von der Person und dem Wirken Jesu enthalten bzw. vorausgesetzt ist?

Aber liefern die Synoptiker wirklich ein historisches Bild von der Person und dem Wirken Jesu? Nun, direkt gewiß nicht. Aber, so meint zB Althaus[13], die historisch-kritische Forschung, wie sie besonders durch die sog. „Einleitung in das Neue Testament" repräsentiert ist, könne ein solches Bild aus ihnen erheben; die Literarkritik, die Formgeschichte, die Erforschung der Zeit- und Religionsgeschichte, wobei man neuerdings den Funden am Toten Meer besondere Bedeutung zumißt[14].

Zunächst legt sich natürlich die Frage nahe: vermag *die historisch-kritische Forschung* das zu leisten, was ihr hier zugemutet wird? Geben die als Quellen für Jesu Person und Geschichte verstandenen Evangelien wirklich her, was der Wunsch verlangt, ein Personbild, die „Gestalt und Wesenszüge" (Jeremias), des historischen Jesus? eine Geschichte seines Lebens und Wirkens? Daß die einstige Leben-Jesu-Forschung gescheitert ist, geben alle Forscher, die hier zu berücksichtigen sind, zu; aber sie suchen doch noch etwas aus dem Brande zu retten, und es ist ein amüsantes Schauspiel, zu sehen, wie sich die Rollen vertauscht haben, worauf Käsemann, Diem und Conzelmann hingewiesen haben: Es ist heute die theologische Rechte, „welche jenes gescheiterte Unternehmen der Liberalen nun in ihrer Weise wieder" aufnimmt, „um das Christusbild der Dogmatik historisch zu begründen"[15].

Nun können wir solchen Versuchen wohl ein Stück weit entgegenkommen. Denn wenn die Synoptiker auch nicht als Quellen für eine Rekonstruktion des Lebens Jesu ausreichen, und wenn sie auch nicht ausreichen, ein Personbild im eigentlichen Sinne zu zeichnen, da sie von Jesu innerer Entwicklung nichts erkennen lassen, so lassen sie doch vom Wirken Jesu so viel erkennen, daß indirekt einige Züge seines Wesens sichtbar werden. Man wird freilich recht vorsichtig sein, wenn man das Bild Jesu als des Exorzisten, das Rudolf Otto einst entworfen hatte, vergleicht mit dem von Althaus gezeichneten, angeblich unerfindlichen, in Wahrheit aber recht schematischen Jesusbild[16].

Mit einiger Vorsicht also wird man über das Wirken Jesu Folgendes sagen können. Charakteristisch für ihn sind Exorzismen, der Bruch des

---

[13] AaO S. 30, 37.
[14] JEREMIAS, aaO S. 168 f. Vgl. die Kritik JAMES M. ROBINSONS (Kerygma und histor. Jesus, S. 63 ff) an C. H. DODD (History and the Gospel), der meint, innerhalb des Kerygmas einen Abriß der öffentlichen Wirksamkeit Jesus aufzeigen zu können, der einem „Leben Jesu" in etwa entsprechen würde.
[15] DIEM, aaO S. 7.   [16] AaO S. 43.

Sabbatgebotes, die Verletzung von Reinheitsvorschriften, die Polemik gegen die jüdische Gesetzlichkeit, die Gemeinschaft mit deklassierten Personen wie Zöllnern und Dirnen, die Zuneigung zu Frauen und Kindern; auch ist zu erkennen, daß Jesus nicht wie Johannes der Täufer ein Asket war, sondern gerne aß und ein Glas Wein trank. Vielleicht darf man noch hinzufügen, daß er zur Nachfolge aufrief und eine kleine Schar von Anhängern — Männern und Frauen — um sich sammelte[17].

Was Jesu Verkündigung betrifft, so ist in diesem Zusammenhang, wo es sich um das Leben und das Charakterbild Jesu handelt, nur so viel zu sagen, daß er zweifellos auftrat in dem Bewußtsein, von Gott beauftragt zu sein, die eschatologische Botschaft von der hereinbrechenden Gottesherrschaft und den fordernden, aber auch einladenden Willen Gottes zu verkündigen. Man wird ihm also ein prophetisches Bewußtsein, ja ein „Vollmachtsbewußtsein" zuschreiben. Davon wird in anderem Zusammenhang, nämlich hinsichtlich des zweiten Versuches, das Wirken Jesu und das Kerygma einander anzugleichen, noch die Rede sein.

Hier ist jedoch noch eines zu sagen. Die größte Verlegenheit für den Versuch, ein Charakterbild Jesu zu rekonstruieren, ist die Tatsache, daß wir nicht wissen können, *wie Jesus sein Ende, seinen Tod, verstanden hat*[18]. Es ist symptomatisch, daß so gut wie allgemein angenommen wird, Jesus sei bewußt in Leiden und Tod gegangen und habe diesen als den organischen bzw. notwendigen Abschluß seines Wirkens verstanden[19]. Aber woher wissen wir das, wenn die Leidensweissagungen von der kritischen Forschung als Vaticinia ex eventu verstanden werden müssen?[20] Daß Jesus, nachdem er das Ende des Täufers erlebt hatte, mit seinem ebenso gewaltsamen Ende habe rechnen müssen[21], ist eine psychologische Konstruktion, die nicht gerade wahrscheinlich ist, schon

---

[17] Vgl. auch CONZELMANN, RGG³ III, Sp. 628 f.

[18] Vgl. CONZELMANN, RGG³ III, Sp. 646: Die Leidensgeschichte „ist ganz und gar aus der Perspektive des Osterglaubens gestaltet. Dieser gibt den Schlüssel für die Deutung des Todes". ROBINSON will dem Problem entgehen, indem er sagt, daß Jesus „seinen Tod ständig auf sich nahm" (Kerygma und histor. Jesus, S. 109 f).

[19] So sogar ROBINSON, Kerygma und histor. Jesus, S. 109: „Nur Jesu Tod, verstanden als sein eigener existentieller Akt der Annahme dieses Todes und seiner Teilnahme am kommenden Äon, ist in Wahrheit ein geschichtliches Ereignis im Gegensatz zu einem bloß natürlichen Widerfahrnis."

[20] Vgl. CONZELMANN, RGG³ III, Sp. 630: „Man kann ihre (sc. der Leidensweissagungen) Echtheit nicht damit verteidigen, Jesus habe einen kommenden Zusammenstoß auf Tod und Leben voraussehen müssen. Denn diese Worte sprechen nicht eine scharfsinnige Analyse der Lage aus, sondern eine göttliche Notwendigkeit des Leidens. Dh sie enthalten bereits die Deutung der Passion von Ostern her."

[21] So FUCHS, ZThK (1956), S. 222.

weil sich Jesus von seinem Auftreten offenbar ein anderes Bild gemacht hat als von dem des Täufers, von dem er sich unterscheidet (Mt 11, 16—19).

Warum ist Jesus am Ende seines Wirkens nach Jerusalem gezogen? Wenn die Vermutung richtig ist, „daß Jesu Weg nach Jerusalem vor allem den Sinn hatte, das Volk hier in der heiligen Stadt vor die Botschaft vom Reiche Gottes zu stellen und in letzter Stunde zur Entscheidung zu rufen", und daß er „erst bei seinem Zug mit den Seinen nach Jerusalem und dem Tempel die letzte Entscheidung gesucht hat"[22], dann hat er schwerlich mit der Hinrichtung durch die Römer gerechnet, sondern eher mit dem jetzt erfolgenden Kommen der Gottesherrschaft. Hier bleibt alles Vermutung. Sicher ist nur, daß er von den Römern gekreuzigt worden ist, also den Tod eines politischen Verbrechers erlitten hat. Schwerlich kann diese Hinrichtung als die innerlich notwendige Konsequenz seines Wirkens verstanden werden; sie geschah vielmehr auf Grund eines Mißverständnisses seines Wirkens als eines politischen. Sie wäre dann — historisch gesprochen — ein sinnloses Schicksal. Ob oder wie Jesus in ihm einen Sinn gefunden hat, können wir nicht wissen. Die Möglichkeit, daß er zusammengebrochen ist, darf man sich nicht verschleiern.

Aber wie viel auch durch die historisch-kritische Forschung über die „Gestalt" Jesu zu gewinnen sein mag, und auch wenn die traditionelle Deutung seines Ganges in Leiden und Tod richtig sein sollte, — was ist damit erreicht? Wirklich eine Legitimation des Kerygmas, das den historischen Jesus als den Christus verkündigt, der für uns gestorben ist[23]? In | Wahrheit hat hier eine eigentümliche Pervertierung stattgefunden. Die Kombination von historischem Bericht und kerygmatischer Christologie in den Synoptikern hat ja nicht den Sinn, das Christus-Kerygma durch die Historie zu legitimieren, sondern umgekehrt, die Geschichte Jesu als messianische sozusagen zu legitimieren, indem sie sie in das Licht der kerygmatischen Christologie stellt[24]. Die kritisch-histori-

---

[22] BORNKAMM, aaO S. 142 f. Bornkamm hält das freilich nicht für eine Vermutung, sondern für sicher. So auch CONZELMANN, RGG³ III, Sp. 647: „Sicher ist jedenfalls, daß Jesus nach Jerusalem zog . . . um sein Volk im Zentrum, am Sitz des Tempels und der obersten Behörde, vor die letzte Entscheidung zu stellen."

[23] Vgl. DAHL, der (aaO S. 122 f) richtig sagt, daß Jesu Tod ein Sterben für uns war (wie das Kerygma behauptet), könne der Historiker nicht aufweisen. „Dem Historiker ist nur der Osterglaube der Jünger zugänglich." Vgl. auch BORNKAMM, aaO S. 163, 165.

[24] Vgl. über das „Messiasgeheimnis" CONZELMANN, ZThK 54 (1957), S. 293—295. — ROBINSON meint freilich: „Den Evangelisten lag zweifellos an der Betonung der Be-

sche Forschung entfernt gerade diese Beleuchtung, um im objektivierenden Sehen, die „objektive Geschichtlichkeit" der Person und des Wirkens Jesu aufzuzeigen.

Der Versuch, die Legitimität des Kerygmas durch wissenschaftliche Forschung zu erweisen, dient einem modernen Interesse, denn sie stellt an das Kerygma eine Frage, die diesem ganz fern liegt. Dieses ist nicht an der „objektiven Geschichtlichkeit" über das Daß hinaus interessiert, sondern es fordert den Glauben an Christus den Gekreuzigten und Auferstandenen, und von da aus versteht es die Geschichte Jesu, — soweit es für sie überhaupt Interesse hat, wie es zwar nicht bei Paulus und Johannes, aber bei den Synoptikern der Fall ist. Wie wenig die von diesen vollzogene Verbindung von Geschichte und Christologie den modernen Versuchen, die Einheit durch historische Forschung nachzuweisen, entspricht, zeigt zB Althaus, der zu der merkwürdigen Konsequenz kommt, daß der christliche Glaube eine Kombination von historischer (durch die „Einleitungswissenschaft" erarbeiteten) Kenntnis und der Anerkennung der Heilsbedeutung des Erkannten ist. Dabei bleibt dunkel, welchen Ursprung der Glaube hat. Aus der Wahrnehmung des Historischen entspringt er ja gerade nicht; diese erbringt nur die Legitimation des Kerygmas, das den Glauben fordert. Und wenn nun nach Althaus der „kerygmatische Inhalt der Verkündigung", nämlich „das werbende Bekenntnis der *Heilsbedeutung* des Geschehenen, den Hörer ins Gewissen trifft und verlangt, daß er das Geschehene (nämlich Tod und Auferstehung Jesu) auf seine Existenz bezieht"[25], wozu dann noch die Legitimation durch die Historie? Etwa um dem Hörer das gute Gewissen zu geben, daß er der ihn ins Gewissen treffenden Verkündigung Glauben schenken darf? Hier liegt doch wohl eine Konfusion vor, wie sich alsbald zeigen wird.

Zunächst muß festgestellt werden, daß die Kompetenz der „Einleitungswissenschaft", also die historisch-kritische Analyse der Synoptiker unter der Frage nach der objektiv feststellbaren Geschichte Jesu, soweit reicht, daß sie jenes im Kerygma behauptete Daß gegenüber einer etwaigen Skepsis an der Historizität Jesu bestätigen und auch bis zu einem gewissen Grade mit einiger Wahrscheinlichkeit illustrieren kann. Was sie aber nicht vermag, ist, den Beweis dafür zu erbringen, daß die historische Kontinuität zwischen Jesus und dem Kerygma sachliche Überein-

---

deutung der Geschichte für den Glauben" (Ker. u. hist. Jesus, S. 96). Ja, aber an mehr als an dem Daß?
[25] ALTHAUS, aaO S. 18.

stimmung ist. Der Versuch endet in dem unnötigen Bemühen, die Legitimität des Kerygmas zu beweisen.

In der Tat kommt Althaus auch gar nicht damit aus, dem Kerygma seine Legitimation durch die „Einleitungswissenschaft", die historisch-kritische Forschung, zu verschaffen, sondern er fordert — überraschend nach dem vorher Gesagten — vom Historiker außer der „empirisch-induktiven" Methode auch die „Intuition", die lebendige „Begegnung" mit der Geschichte[26]. Ist das Verhältnis der Intuition zur historisch-kritischen Forschung auch nicht geklärt, so steckt in der Forderung der Intuition doch zweifellos eine richtige Intention. Aber Althaus kann diese nicht durchführen, so lange er in psychologischen Kategorien befangen bleibt und gegen Gogarten polemisiert, sofern dieser sagt, daß die eigentliche Geschichte nicht erkennbar ist, solange die Geschichte nach dem Schema des Subjekt-Objekt-Verhältnisses befragt wird, so nämlich, daß der Historiker als Subjekt der Geschichte als seinem Objekt gegenübersteht. Mir scheint, daß Althaus das Subjekt-Objekt-Schema überwinden will; aber die psychologische Kategorie der Intuition ist dafür doch unzulänglich[27].

---

[26] AaO S. 40.

[27] Ich vermute, daß die gleiche Intention bei DIEM vorliegt, dessen Ausführungen über die „Verkündigungsgeschichte" mir nicht klar geworden sind. Die „Verkündigungsgeschichte" sei der „allein legitime Gegenstand der historischen Forschung am NT" (aaO S. 9). In ihr sind Geschichte (als das wirklich Geschehene) und Historie (als der Bericht über sie, in dem sie zwar eingeht, in dem sie aber nicht aufgeht) verbunden, jedoch zu unterscheiden (S. 10). Die Verkündigungsgeschichte begegne uns in ihrer Historie, und diese Historie sei „zu befragen nach der geschehenen Geschichte, deren Historie sie (wer?) ist" (S. 11). Wie solche Befragung anders geschehen kann als durch kritisch-historische Forschung, ist nicht einzusehen und wird von Diem auch nicht gezeigt. Im Gegenteil! Wenn er sich auf eine Untersuchung über die Menschensohn-Aussagen der Synoptiker beruft (H. E. TÖDT, Der Menschensohn in der synopt. Überlieferung 1959), so beruft er sich ja auf die kritisch-historische Forschung (S. 15f). Es kommt auch nichts weiter dabei heraus als die von niemandem geleugnete Erkenntnis, daß der irdische Jesus „der Initiator und Gegenstand" der Verkündigungsgeschichte ist (S. 16). Offenbar will Diem aber mehr; denn er sagt, daß der irdische Jesus und die Verkündigung von ihm zwar zu unterscheiden, aber nicht auseinanderzuhalten sind, „weil derselbe Jesus Christus auch das handelnde Subjekt in der weiten Geschichte der Verkündigung *von* ihm ist", und insofern die zweite, wiewohl neue Geschichte mit der ersten identisch ist (S. 11; vgl. S. 19). Hier will Diem doch offenbar mehr erreichen, als die von ihm angerufene historische Forschung hergeben kann. Denn diese kann doch höchstens das historische Phänomen feststellen, daß Jesus als Subjekt der apostolischen Verkündigung *geglaubt* wurde, nicht aber, daß er es *ist*. Das handelnde Subjekt in der zweiten Geschichte ist für den Blick des Historikers die urchristliche Gemeinde.

IV.

Muß der erste Versuch, die sachliche Übereinstimmung des Kerygmas mit dem Leben und Wirken Jesu dadurch zu erweisen, daß eben dieses Leben und Wirken als im Kerygma enthalten oder doch vorausgesetzt aufgezeigt wird, als mißlungen gelten, so fragt es sich, ob der zweite Versuch gelingen kann, nämlich der Nachweis, *daß in Jesu Tat und Wort das Kerygma schon in nuce enthalten ist*[28], daß Jesu Verkündigung bereits „kerygmatischen" Charakter hat.

Hier sind nun zwei Weisen der Interpretation des Wirkens Jesu zu unterscheiden: 1. Die erste hält sich im Rahmen der traditionellen historisch-kritischen Forschung, die das Geschehene in seiner Objektivität erkennen will. 2. Die zweite sucht dagegen die Geschichte aus dem existentiellen Verhältnis zu ihr zu verstehen. Die Grenze ist nicht von allen Forschern klar gesehen, — oder besser: das Verhältnis zwischen beiden. Denn die existentiale Interpretation setzt die historisch-kritische insofern voraus, als sie selbstverständlich ein Wissen um historische Tatsachen voraussetzt.

Nun ist es zunächst selbstverständlich, *daß Jesu Verkündigung „kerygmatischen" Charakter hatte.* Er ist ja nicht als Lehrer, als Rabbi, aufgetreten, sondern als Prophet mit der eschatologischen Botschaft, mag er sich auch der Lehre und der Formen rabbinischen Lehrens bedient haben zur Interpretation des Willens Gottes, dessen Verkündigung mit der eschatologischen Botschaft innerlich zusammengehört. Aber die Frage ist ja die nach dem *Verhältnis seines Kerygmas zum Christus-Kerygma der Gemeinde.* Ist das Christus-Kerygma im Kerygma Jesu, wenn nicht explizit, so doch implizit enthalten? Das ist jedenfalls noch nicht damit erwiesen, daß auch das Christus-Kerygma — wenigstens in der ältesten apostolischen Zeit — eschatologische Botschaft ist.

Das Christus-Kerygma ist christologisches Kerygma. Ist etwa Jesu Verkündigung auch christologische Verkündigung? Das würde noch nicht damit gesagt sein, wenn es zuträfe, daß Jesus sich selbst für den Messias gehalten und den Glauben an sich gefordert habe, wie es freilich das JohEv darstellt, wie es aber nach der synoptischen Tradition zum mindesten sehr unwahrscheinlich ist. Denn selbst dann wäre der vom christologischen Kerygma geforderte Glaube noch ein ganz anderer. |

---

[28] In CONZELMANNS Formulierung (RGG³ III, Sp. 621): der Nachweis, „daß der Glaube der Gemeinde in der Substanz, nämlich in der Auffassung der Person Jesu, auf diesen selbst zurückgeht".

Wohl aber kann man sagen, daß *Jesu Auftreten und seine Verkündigung eine Christologie impliziert,* insofern er die Entscheidung gegenüber seiner Person als dem Träger des Wortes Gottes gefordert hat, die Entscheidung, von der das Heil oder das Verderben abhängt[29]. Das im Kerygma gegebene Bekenntnis der Gemeinde wäre dann zu verstehen als die Explikation der Antwort auf die Entscheidungsfrage, des Gehorsams, der in Jesus Gottes Offenbarung anerkennt.

Anders ausgedrückt: Jesu eschatologische Predigt hatte das unmittelbar bevorstehende Hereinbrechen der Gottesherrschaft verkündigt, und er hatte sein eigenes Auftreten offenbar als „Zeichen" dafür verstanden (Lk 12,54—56) und ebenso seine Exorzismen als Vorzeichen aufgefaßt (Mk 3,22—27 parr; Mt 12,28 bzw. Lk 10,18). Wenn man Mt 11,11—13 bzw. Lk 16,16 als echtes Jesuswort ansehen und es so interpretieren darf, daß der Täufer der Schlußpunkt des alten Äons ist, so würde folgen, daß Jesus in seinem Auftreten das Anbrechen des neuen Äons gesehen hat[30]. Das mag zweifelhaft bleiben. Aber jedenfalls darf man sagen, *daß er sich selbst sozusagen als eschatologisches Phänomen verstanden hat,* als welches das Kerygma ihn ja auch versteht. So ist es wohl verständlich, daß die Jünger, die ihm nach der Kreuzigung die Treue hielten, nachdem sie zum Glauben an seine Auferstehung gekommen waren, diesen seinen „eschatologischen" Charakter dadurch zum Ausdruck brachten, daß sie in ihm den Messias selbst sahen, ihn als den demnächst kommenden „Menschensohn" erwarteten und sein irdisches Wirken im Lichte dieses Glaubens sahen und bedachten. Auch das ist verständlich, daß sie das zunächst drückende Rätsel seines Todes durch die Interpretation dieses Todes als eines messianischen Geschehens lösten.

Insofern Jesus sich als „eschatologisches" Phänomen verstand, kann man sagen, daß seine Verkündigung eine Christologie implizierte. Und man kann das dadurch noch deutlicher machen, daß man auf den in seinem Auftreten enthaltenen Anspruch hinweist, den man, wie es gerne geschieht, „Vollmachtsanspruch" nennen mag[31], wenngleich dieser

---

[29] Vgl. meine Theologie des NT³ (1958), S. 46. Ferner FUCHS, ZThK (1957), S. 130, 2; BORNKAMM, Jesus v. Naz., S. 162 f; CONZELMANN, RGG³ III, Sp. 631, 633, 7. Vgl. bes. CONZELMANN, Zur Methode, S. 9—13: „Sowohl in der Kosmologie (der Lehre vom *Walten* Gottes) als in der Eschatologie (der Lehre vom Kommen Gottes) als in der Ethik (der Lehre vom *Willen* Gottes) stoßen wir auf den Tatbestand einer *indirekten* Christologie." — Vgl. auch EBELING, Die Frage, S. 21.

[30] Vgl. BORNKAMM, Jesus v. Naz., S. 61; KÄSEMANN, ZThK (1954), S. 138 ff: die Urchristenheit hat Jesu irdische Geschichte als den „Kairos" erfahren.

[31] Vgl. FUCHS, ZThK (1956), S. 219: „Jesus wagt es, Gottes Willen so geltend zu machen, als stünde er selber an Gottes Stelle." Entsprechend redet FUCHS ZThK (1958),

von dem Vollmachtsanspruch des Auferstandenen Mt 28,18: ἐδόθη μοι πᾶσα ἐξουσία ἐν οὐρανῷ καὶ ἐπὶ γῆς zu unterscheiden ist, da er sich ja nur auf das Wirken des historischen Jesus beziehen kann, seine Exorzismen (Mk 1,27) und seine Verkündigung (Mt 7,29). Man kann auch die „Unmittelbarkeit" Jesu in seinem Umgang mit Menschen betonen, wie Bornkamm sie in seinem Jesusbuch eindrucksvoll dargestellt hat[32].

Aber wie weit trägt das alles? Es macht in der Tat die historische Kontinuität zwischen dem Wirken Jesu und dem Kerygma verständlich; es macht verständlich, wie aus dem Verkündiger der Verkündigte wurde[33]. Es trägt im Grunde nicht weiter als der erste Versuch, der die Kontinuität durch den Erweis aufzeigen wollte, daß das Kerygma nicht nur das Daß, sondern auch das Was und Wie des Wirkens Jesu voraussetzt. Denn der Nachweis, daß das Kerygma auf den im Wirken Jesu enthaltenen Anspruch Jesu zurückgeht, beweist noch nicht die sachliche Einheit des Wirkens und der Verkündigung Jesu mit dem Kerygma. Die Diskussion bewegt sich noch im Felde der traditionellen historisch-kritischen Fragestellung und ihrer Kategorien.

Der Nachweis, daß Jesus sich als „eschatologisches" Phänomen verstanden hat, der Aufweis seines „Vollmachtbewußtseins" und seiner „Unmittelbarkeit" zeigt historische Phänomene auf. Will das Kerygma auf solche Phänomene aufmerksam machen[34]? Vermittelt etwa das eschatologische Bewußtsein Jesu ein eschatologisches Selbstverständnis demjenigen, der es als historisches Phänomen wahrnimmt? Das aber will doch gerade das Kerygma, das als solches ein eschatologisches Geschehen zu sein beansprucht (2Kor 5,18—20; Joh 5,24 etc), das als direkte Anrede Tod und Leben zuspricht (2Kor 2,15 f). Reicht der Vollmachtsanspruch Jesu, als historisches Phänomen wahrgenommen, über die Zeit seines irdischen Wirkens hinaus? Erreicht der An- und Zuspruch des historischen Jesus in seiner „Unmittelbarkeit" spätere Generationen? Eben das aber ereignet sich im Kerygma, in dem nicht der *historische* Jesus, sondern der *erhöhte* spricht: ἐδόθη μοι πᾶσα ἐξουσία. Der Christus des Kerygmas hat den historischen Jesus sozusagen verdrängt und redet jetzt in Vollmacht den Hörer — jeden Hörer — an. Wie kann

---

S. 184 von „Jesu Vollmacht, Gott im Zeichen der Gottesherrschaft ein Volk zu sammeln". Ähnlich BORNKAMM, Jesus v. Naz., S. 53 ff, 61, 159 f; EBELING, Wesen des christl. Glaubens, S. 63 f. — JEREMIAS, aaO S. 169 f redet vom „Hoheitsanspruch".

[32] S. 52 ff.
[33] Vgl. BORNKAMM, Jesus v. Naz., S. 172.
[34] Vgl. BORNKAMM, ebd S. 14: „Das Interesse der Gemeinde und ihrer Überlieferung haftet also nicht am Einst, sondern am Heute."

also von einer Gleichheit des Wirkens Jesu mit dem Kerygma die Rede sein in dem Sinne, daß in Jesu Tat und Wort das Kerygma schon in nuce enthalten ist?

V.

Der Weg zu einer Antwort scheint sich zu eröffnen, wenn die objektivierende historisch-kritische Betrachtung des Wirkens Jesu ersetzt, oder besser: ergänzt oder weitergeführt wird durch eine *Interpretation der Geschichte, die auf der geschichtlichen, dh existentiellen Begegnung mit der Geschichte beruht.* Sie sucht das Selbstverständnis zu erfassen, das hinter den für das objektivierende Sehen wahrnehmbaren geschichtlichen Phänomenen liegt bzw. in ihnen waltet[35]. Sie beruht auf der Begegnung, insofern sie sich offen hält für die sich in der Geschichte anbietenden Möglichkeiten des Selbstverständnisses als Möglichkeiten des eigenen Selbstverständnisses. Die Geschichte ist für sie Anrede, und sie besteht sozusagen im *Hören*, nicht im distanzierten *Sehen*.

Diesen Weg hat James M. Robinson mit Entschiedenheit in seinen programmatischen Schriften eingeschlagen. Diesen Weg geht faktisch auch Herbert Braun, wenngleich ohne die methodischen Reflexionen Robinsons. Aber auch andere sind auf diesem Wege. Es scheint, daß sich schon die Gedanken von Althaus und Diem in dieser Richtung bewegen, wenngleich ohne hinreichende Klarheit[36]. Vor allem aber sind hier die Arbeiten von Ernst Fuchs, Gerhard Ebeling, Ernst Käsemann und Hans Conzelmann zu nennen.

Fuchs will offenbar den christlichen Glauben nicht als ein persönliches Verhältnis zum historischen Jesus verstehen, sondern als das glaubende Verhältnis zum Christus des Kerygmas. Seine Interpretation „gilt in der Tat nicht dem *historischen* Jesus, sondern dem Jesus des Evangeliums". „Nicht an einem gemeinschaftlichen Personenverkehr mit dem Herrn, sondern an der Vollendung Jesu als Christus hängt das ganze christologische Interesse des Neuen Testaments." „Es gilt, die historische Individualität Jesu auszuschalten."[37] Fuchs bringt die Kontinuität zwischen Jesu Wirken und dem Kerygma zur Darstellung durch die Charakteristik des Existenzverständnisses, das dem Kerygma mit Jesus gemeinsam ist, nämlich als die „paradoxe Wahrheit", „daß ein Mensch in dem-

---

[35] Das Selbstverständnis ist also zu unterscheiden von dem Selbstbewußtsein!
[36] S. o. S. 454.
[37] ZThK (1954), S. 31; Festschrift für R. B., S. 58, 60.

selben Gott, den er sonst flieht oder fliehen müßte, eine Zuflucht gefunden hat, die er jetzt liebt". „Der gnädige Gott selber will gerade beim zornigen gefunden werden, das Leben an der Stätte des Todes, die Freude in der Wüste der Angst."[38]

Aber führt Fuchs die existentiale Interpretation konsequent durch? Sie dürfte vielmehr preisgegeben sein, wenn er behauptet, das Verständnis Jesu müsse das Verhalten Jesu in den Blick fassen als den Rahmen sei|ner Verkündigung[39]. Er gleitet damit in die historisch-psychologische Interpretation ab; denn er stellt Jesu Verhalten als ein der objektivierenden Sicht wahrnehmbares Phänomen dar. In den Formulierungen, daß das Kerygma das „Selbstverständnis Jesu" festgehalten habe, daß der nachösterliche Glaube Jesu Entscheidung „wiederholt" habe, sind das Selbstverständnis und die Entscheidung Jesu als für den objektivierenden Historiker wahrnehmbare Phänomene gedacht[40]. Das zeigt vollends die Tatsache, daß Fuchs von der durch Jesu Botschaft geforderten Entscheidung auf die Entscheidung zurückschließt, die Jesus selbst getroffen hatte. Die Forderung ist „einfach das Echo derjenigen Entscheidung, die Jesus selbst getroffen hat"[41]. Das mag richtig sein; aber wozu diese Reflexion, die ja nur einem biographischen Interesse entspringen kann? Das führt dann zu einer so absurden Konsequenz, daß Jesus in der Parabel von den verlorenen Söhnen (Lk 15,11—32) nicht Gottes dem Sünder offen stehende Gnade lehren wollte, sondern sein eigenes Verhalten verteidigte[42]. Soweit das überhaupt zutreffen kann, ist es doch nur die Konstatierung eines psychischen Motivs und besagt nichts über die Intention der Parabel und das ihr zugrunde liegende Existenzverständnis.

Statt etwa zu sagen, daß die existentiale Interpretation des Wirkens Jesu in Wort und (soweit erkennbar) in Tat dem Menschen zumutet, sich als zum Glauben geforderten zu verstehen, reflektiert Fuchs auf Jesu eigenen Glauben, dazu noch auf Jesu Gebet, an dem er seine Jünger teilnehmen läßt, sie, für die er „den Kampf des Glaubens leidet"[43]. Er redet von Jesus als dem Liebenden, der nur für die Anderen lebt, und so sieht er auch den eigentlichen Grund der Kreuzigung Jesu in dessen eigenem Willen[44]. Ist das denn verschieden von dem traditionellen Je-

---

[38] ZThK (1956), S. 217.
[39] ZThK (1956), S. 220; vgl. ZThK (1957), S. 147 f.
[40] Hier ist also das Selbstverständnis mit dem Selbstbewußtsein verwechselt.
[41] ZThK (1956), S. 221 f.
[42] ZThK (1956), S. 219.   [43] ZThK (1958), S. 181—184.
[44] ZThK (1954), S. 27. Dazu s. auch oben S. 452.

susbild, wie es auch zB bei Althaus erscheint?⁴⁵ Aber bedeutet der Rekurs auf Jesu eigenen Glauben nicht den Rückfall in die historisch-psychologische Interpretation? Wenn nach der sachlichen Kontinuität zwischen Jesus und dem Kerygma gefragt wird, so kann doch nicht nach Jesu persönlichem Glauben gefragt werden, sondern höchstens danach, ob das in Jesu Wirken als Möglichkeit und Forderung begegnende Existenzverständnis den Glauben *an* ihn einschließt; so daß man also fragen kann: Ist — oder wieweit ist — das verstehende Hören der Jünger schon vor Ostern als ein Glaube an Jesus Christus, den Gestorbenen und Auferstandenen, zu bezeichnen?

Ähnliches ist zu Ebeling zu sagen, dessen Anschauung der von Fuchs nahe verwandt ist. Wohl sieht er deutlich das Problem des „Übergangs von dem verkündigenden Jesus zu dem verkündigten Christus"⁴⁶, und sieht die „Diskontinuität"⁴⁷. Er meint jedoch im entscheidenden die Kontinuität feststellen zu können. Sie bestehe darin, daß der „Zeuge des Glaubens" — eben Jesus — „zum Grund des Glaubens" wurde⁴⁸. Wie Fuchs rekurriert also auch Ebeling auf den historischen Jesus, den er den „Zeugen des Glaubens" nennt⁴⁹.

Nun reden weder die Evangelien von Jesu eigenem Glauben, noch weist das Kerygma auf Jesu Glauben zurück⁵⁰. Ebeling zeichnet zwar die Struktur des Glaubens als existentieller Haltung vortrefflich⁵¹: aber wenn er meint: „es dürfte unmöglich sein, angesichts der Art und Weise, wie Jesus vom Glauben redet, ihn selbst vom Glauben auszunehmen"⁵², so macht er denselben Schluß wie Fuchs von dem in Jesu Wirken waltenden und in seinen Worten hörbar werdenden Existenzverständnis auf die persönliche Haltung des historischen Jesus; er vertauscht also die existentielle Begegnung mit dem objektivierenden Sehen. Wenn er sagt, „eine Struktureigentümlichkeit des Glaubens" liege darin, „daß die Entstehung des Glaubens angewiesen ist auf Begegnung mit Zeu-

---

⁴⁵ ALTHAUS, S. 43. ⁴⁶ Wesen des chr. Gl., S. 53.
⁴⁷ Ebd S. 66 f. ⁴⁸ Ebd S. 72, vgl. S. 84.
⁴⁹ Vgl. auch: Die Frage nach dem histor. Jesus, S. 21 ff. — EBELING meint zwar, daß seine Interpretation des Glaubens Jesu nicht auf eine psychologisierende Jesus-Interpretation hinauslaufe (S. 22). Aber was ist es Anderes, wenn der „Interpretations-Skopus" seinen Gegenstand nicht nur in der Lehre Jesu, sondern „durchaus" in „diesem Menschen als solchem" hat, und wenn als Charakteristik Jesu die „Konzentration in ein Einziges" bezeichnet wird (S. 22 f)?
⁵⁰ Im NT wird Jesus Hebr 12,2 als ἀρχηγὸς καὶ τελειωτὴς τῆς πίστεως bezeichnet, was aber nicht Jesus als Glaubenden im Sinne EBELINGS bezeichnet, wie denn Jesus auch nicht in dem νέφος μαρτύρων Hebr 11 erscheint.
⁵¹ ZThK (1958), S. 104—110. ⁵² Ebd S. 97.

gen des Glaubens"⁵³, so versteht er offenbar unter „Zeugen des Glaubens" Glaubende, die ihren Glauben bezeugen, während das Kerygma nicht gestattet, nach dem persönlichen Glauben der Verkündiger zu fragen.

Ähnlich scheint es mir bei Günther Bornkamm zu liegen. Er sieht sehr wohl, daß die Jesus-Überlieferung nicht durch historisches Interesse gestaltet ist, sondern vom Osterglauben der Jünger aus⁵⁴. Er sieht aber ebensowohl, daß die Gemeinde ein Interesse an der Geschichte Jesu hat, weil der Glaube „von einer vorgegebenen Geschichte lebt"⁵⁵. Indessen stellt er nicht die Frage, ob dieses Interesse über das Interesse am Daß hinausgeht. Zudem steht seine Darstellung in einem gewissen Zwielicht, weil er einerseits das Bild einer dem objektivierenden Sehen wahrnehmbaren Geschichte zeichnet, andrerseits aber allen Nachdruck darauf legt, Jesu Verkündigung existential zu interpretieren, dh das in ihr enthaltene und zugemutete Existenzverständnis deutlich zu machen. So bagatellisiert er zB die Problematik nicht, die darin liegt, daß Jesus das Kommen der Gottesherrschaft in nächster Nähe erwartet hat. Aber er | sieht, daß angesichts des existentialen Sinnes der Botschaft Jesu dieses Problem seine Lösung findet: „So heißt von der Gegenwart reden in Jesu Verkündigung von der Zukunft reden und von der Zukunft reden von der Gegenwart reden."⁵⁶ Oder er bemüht sich, die Einheit der Seligpreisungen und der Forderungen der Bergpredigt aufzuzeigen: „Aus Gottes Gegenwart und im Angesicht seiner Zukunft zu leben, ist die Gnade, die Jesu Seligpreisungen zusprechen und nicht minder die Gnade seiner Gebote."⁵⁷ Endlich sieht er, daß wie in der Bergpredigt eine verborgene Christologie enthalten ist, so auch eine verborgene Eschatologie: „die Forderungen Jesu tragen in sich selbst die ‚letzten Dinge', ohne sich Gültigkeit und Dringlichkeit erst von dem Feuerschein apokalyptischer Bilder geben zu lassen. Sie führen selbst an die Grenze der Welt, aber malen nicht ihr Ende"⁵⁸. Bornkamm ist sich bewußt, daß er hier „in eigener reflektierender Sprache" redet, dh er fragt nach dem Existenzverständnis, das in den Worten Jesu enthalten ist.

Auch die Intention Ernst Käsemanns geht in diese Richtung. Er sieht klar: „Historie wird . . nicht durch Tradition als solche, sondern durch

---

⁵³ Ebd S. 108.   ⁵⁴ Jesus v. Naz., S. 14, S. 160—163.   ⁵⁵ Ebd S. 20.
⁵⁶ Ebd S. 85. Vgl. auch, wie S. 168 die Paradoxie des Verhältnisses von Gegenwart und Zukunft charakterisiert ist: Ostern ist nach urchristlichem Verständnis „der Einbruch der neuen Welt Gottes . . . , Aufrichtung und Anfang seiner Herrschaft. Ein Geschehen *in* dieser Zeit und Welt und doch zugleich ein Geschehen, das dieser Zeit und Welt Ende und Grenze setzt".   ⁵⁷ Ebd S. 99.   ⁵⁸ Ebd S. 110.

Interpretation, nicht durch das einfache Feststellen von Tatsachen, sondern durch das Verstehen der in Fakten gegenständlich gewordenen und erstarrten Ereignisse geschichtlich belangreich."[59] Leider rechtfertigt Käsemann aus dieser grundsätzlichen Einsicht heraus nur die Interpretation des Wirkens Jesu durch das Kerygma, und macht nicht den weiteren Schritt zur eigenen existentialen Interpretation des Wirkens Jesu wie des Kerygmas. Denn seine Ausführungen über die „Eigenart der Sendung Jesu"[60] sind keine vergegenwärtigende existentiale Interpretation, sondern zeichnen Jesu Eigenart als historisches Phänomen.

Am konsequentesten dürfte die Intention existentialer Interpretation von Herbert Braun durchgeführt worden sein. Indem er den Gehalt der verschiedenen kerygmatischen Formen (bei Jesus selbst, in der Urgemeinde und im hellenistischen Christentum) auf das Selbstverständnis des Menschen vor Gott reduziert, gelangt er zur Überwindung der Frage nach der historischen Kontinuität und ersetzt sie durch die Frage der Konstanz[61]. Mit Recht sagt er m.E., daß im Wirken Jesu seine Worte das Entscheidende sind. Diese lehren die paradoxe Einheit der radikalisierten Tora und der radikalen Gnade[62], der verschärften Forderung und der schrankenlosen Annahme des Menschen als Sünder[63], die „Kontrapunktik" der Offenheit für den Nächsten und der totalen Angewiesenheit des Menschen auf Gott[64]. Indem Braun nach der hinter der Terminologie liegenden Intention zurückfragt[65], zeigt er, daß dieses Thema sowohl in der palästinischen Urgemeinde wie in der hellenistischen Gemeinde aufgenommen und variiert wird. So gelingt es ihm in der Tat, die sachliche Einheit des Christus-Kerygmas mit der Verkündigung Jesu zu erweisen. Die Konstante ist das Selbstverständnis des Glaubenden; die Christologie ist das Variable[66].

Wie schon gesagt, erhebt James M. Robinson programmatisch die Forderung existentialer Interpretation. In dem durch W. Dilthey inaugurierten Verständnis der Geschichte sieht er die Ablösung der objektivierenden Geschichtsbetrachtung durch ein Geschichtsverständnis, das in der geschichtlichen (existentiellen) Begegnung mit der Geschichte begründet ist. „Denn die ‚Objektivität' der gegenwärtigen (sc. der existentialen) Geschichtsschreibung besteht ganz und gar in der Offenheit zur

---

[59] ZThK (1954), S. 130. [60] Ebd S. 144—151. [61] ZThK (1957), S. 341 ff.
[62] ZThK (1957), S. 346 f. Ähnlich H. CONZELMANN in RGG³ III, Sp. 633 f über die Einheit von Gebot und Forderung in Jesu Verkündigung.
[63] So die Formulierung in H. BRAUN, Spätjüdisch-häretischer und frühchristlicher Radikalismus II (1957), S. 115—136 u. passim.
[64] Ebd S. 114. [65] ZThK (1957), S. 371. [66] ZThK (1957), S. 368, 370 f.

Begegnung."⁶⁷ „Die Frage des Menschen nach sinnvoller Existenz ist die bedeutsamste Antriebskraft für jede Forschung. Daher muß eine ernsthafte Frage nach dem historischen Jesus mit dieser Frage des Menschen nach sinnvoller Existenz in Zusammenhang stehen."⁶⁸

Auf diese Weise erreicht Robinson es, die Identität des Wirkens Jesu mit dem Kerygma aufzuzeigen. Formal gesehen besteht diese Identität darin, daß Jesu Wirken in Wort und Tat den Menschen in gleicher Weise vor die Entscheidung stellt wie das Christus-Kerygma. Was die existentiale Interpretation von Jesus erkennen läßt (und zwar auf Grund existentieller Begegnung mit der Jesus-Überlieferung) ist ein Existenzverständnis, das eine neue Möglichkeit der Existenz erschließt, die ergriffen oder abgewiesen werden kann, so daß also der Verstehende vor die Entscheidung gestellt wird⁶⁹. Die existentiale Interpretation des Kerygmas stellt ebenfalls vor die Entscheidung „sowohl als Zeugnis von einem vergangenen Ereignis wie auch als Erfahrung eines gegenwärtigen Geschehens"⁷⁰, also indem sich in ihm die im vergangenen Wirken Jesu gestellte Entscheidungsfrage wiederholt. |

Welches ist nun aber das Existenzverständnis inhaltlich gesehen? Die Botschaft Jesu wie das Kerygma fordern den Bruch mit dem alten Äon und die Bereitschaft für den neuen schon anbrechenden Äon, die Beugung unter Gottes Gericht und den Empfang der Gnade Gottes. „So verkündet das Kerygma den Tod, in dem das Leben beschlossen liegt (Mk 8,35). Weil das Urchristentum in Jesus von Nazareth dieses Kerygma verkörpert sieht, ist die begriffsgeschichtliche Entwicklung von Jesu eschatologischer Botschaft zu dem christologischen Kerygma der Urgemeinde verständlich: dieser Tod, in dem Leben beschlossen liegt, ist Jesu Tod und wird nur als Mitsterben und Mitauferstehen mit Jesus für mich wirklich."⁷¹ „In den Evangelien werden wir genau wie im Kerygma mit dem Paradox konfrontiert: Erhöhung in der Erniedrigung,

---

⁶⁷ Kerygma u. histor. Jesus, S. 94. Vgl. S. 41—44, 58, 83—88. Natürlich will ROBINSON die Interpretation nicht dem Subjektivismus ausliefern, und er lehnt ausdrücklich ein Entweder-Oder zwischen der objektivierenden und existentialen Interpretation ab. Diese setzt jene voraus (zB in der Frage nach der Echtheit der überlieferten Jesus-Worte); jene steht im Dienste dieser, die die eigentlich und letztlich objektive Interpretation ist (S. 116—121).
⁶⁸ AaO S. 94.
⁶⁹ Vgl. bes. aaO S. 161 ff.
⁷⁰ AaO S. 57, 67 f: „Obwohl Präexistenz und Erhöhung sozusagen chronologisch von dem Leben Jesu getrennt sind, enthüllen gerade sie das Woher und Wohin seines Lebens. Sie sind daher ein Versuch, dieses Leben zu deuten." Vgl. auch S. 106 f.
⁷¹ AaO S. 57. Vgl. auch S. 68.

Leben im Tod, göttliche Basileia im gegenwärtigen bösen Äon, das Eschatologische im Raum der Geschichte."[72]

VI.

Nun aber erhebt sich ein merkwürdiges Problem. Es ist wieder die Frage: warum mußte der Verkündiger zum Verkündigten werden? — jetzt aber nicht als die Frage nach der historischen Kontinuität, als die Frage nach der Kausalität des historischen Vorgangs, sondern als die Frage nach der inneren Notwendigkeit.

Wenn die Verkündigung (und das Wirken) Jesu den Hörer schon vor die Entscheidung stellt und ihm die Möglichkeit einer neuen Existenz erschließt, — warum kann sich die apostolische Predigt nicht darauf beschränken, die Verkündigung Jesu einfach zu *wiederholen*, wie andere Schüler die Lehre ihres Meisters wiederholen? Warum mußte sie dazu noch, oder vielmehr in erster Linie, den Glauben an ihn als den kommenden Menschensohn fordern, den der historische Jesus nie verlangt hat? Ja, warum konnte die Christus-Botschaft sogar ganz absehen von der „Wiederholung", wie Paulus und Johannes zeigen?

Ja mehr! Wenn echte Geschichts-Interpretation das damalige Jetzt zum heutigen macht, wenn also der Historiker auf Grund seiner existentiellen Begegnung mit der Geschichte Jesu seinen Hörer (oder Leser) in die Situation der Entscheidung gegenüber Jesus führen kann, — hat dann das Christuskerygma nicht seinen Sinn verloren, ist es dann nicht überflüssig geworden[73]?

Einige Sätze Robinsons machen die Sachlage klar. „Ein neues Fragen nach dem historischen Jesus ist notwendig, weil das Kerygma zu einer existentiellen Begegnung mit einer historischen Person, Jesus von Nazareth, führen will, *dem wir heute auch durch Vermittlung der modernen Geschichtsschreibung begegnen können.*" Die neue Forschung am historischen Jesus hat sich um ein Zentralproblem zu bemühen: „Es

---

[72] AaO S. 71. — Das Bemühen ROBINSONS, aus der formalen Struktur der Herrenworte die „existentiale Dialektik" der glaubenden Existenz (nämlich das dialektische Verhältnis von Gegenwart und Zukunft) zu erheben (S. 161—166), ist allerdings nicht überzeugend. Wirkliche existentiale Dialektik liegt m. E. nur bei Paulus und Johannes vor.

[73] In die gleiche Problematik gerät auch JEREMIAS, wenn er sagt, daß das Evangelium Jesu und das Kerygma der Urgemeinde sich zu einander verhalten wie Ruf und Antwort. „Das Entscheidende ist der Ruf, nicht die Antwort" (aaO S. 170). Dann fragt man: warum begnügen wir uns nicht mit dem Ruf, sondern nehmen in die Verkündigung auch noch die Antwort auf?

geht um eine Begegnung mit der ganzen Person (sc. Jesu) . . .", *man kann „zu der Ganzheit der Person nur dadurch vorstoßen, daß man die einzelnen Worte und Taten existential untersucht*, aus denen Jesu Gesamtintention und sein Existenzverständnis erschlossen werden kann ...". Die Evangelien bieten kerygmatisierte Erzählungen, „dh diese Erzählungen reflektieren den Osterglauben. Es ist aber gerade die Frage, ob diese kerygmatische Bedeutung auch bei einer *durch die moderne Geschichtsschreibung* ermöglichten Erhellung des Existenzverständnisses des historischen Jesus sichtbar wird"[74].

Das Problem ist klar gesehen von Reginald H. Fuller in seiner Kritik von Robinson „A new quest": „the effort to demonstrate the continuity between Jesus and the Kerygma may so blur the difference between them, that in effect it will make the Kerygma unnecessary"[75]. Ebenso ist das Problem deutlich erkannt von H. Braun, wenn er die Frage stellt, ob nicht „das wesentliche Christianum, die neutestamentliche Konstante, doch nur eine Idee" sei. Seine Antwort lautet: das glaubende Selbstverständnis ist im Sinne des Neuen Testaments Ereignis; es wird als gegenwärtiges Heil gepredigt und ist „gebunden an den immer neuen Vollzug ihres (sc. der Wahrheiten des Glaubens) Verkündigtwerdens". Das glaubende Selbstverständnis wird nicht historisch vermittelt, sondern ist „ein je und je sich vollziehendes Begebnis und Ereignis"[76]. In gleichem Sinne sagt H. Conzelmann: „Wenn (die Geschichte ihrer Nachwirkung) auch zur Geschichte einer Persönlichkeit hinzugehört und unseren Bezug zu dieser ... bestimmt, so steht Jesus in dieser Hinsicht doch grundsätzlich anderen geschichtlichen Gestalten gleich. Auch eine einzigartige Nachwirkung kann nicht einen *absoluten* Anspruch begründen. Und wenn Jesus selbst einen solchen erhoben hat, so ist doch über dessen Gültigkeit nicht durch geschichtliche Feststellungen zu befinden ... Die theologische Sachfrage ist dann, wie ein geschichtliches Ereignis das *eschatologische* sein und als solches heute begegnen kann. Die Antwort ist durch den Hinweis auf die Verkündigung zu geben: als *gepredigtes* kann es gegenwärtig sein. Diese Möglichkeit ist also grundsätzlich von der historisch faßbaren Nachwirkung einer Persönlichkeit zu unterscheiden."[77]

---

[74] Ker. u. histor. Jesus, S. 114—116 (Hervorhebungen von mir).
[75] AThR 41 (1959), S. 232—235. — In die gleiche Richtung geht die Kritik amerikanischer Theologen, die mir brieflich zugegangen sind: EDWIN M. GOOD (Brief vom 28. 5. 1959), VAN A. HARVEY (Brief vom 14. 7. 1960).
[76] ZThK (1957), S. 371, 372, 373, überh. S. 371—377.
[77] RGG³ III, Sp. 648; vgl. Sp. 649 und bes. 650 und 651.

Die Lösung des Problems liegt darin, daß das Kerygma das „Einmal" des historischen Jesus in das „Ein-für-allemal" verwandelt hat[78]; anders ausgedrückt, daß die älteste Gemeinde (mit immer größerer Klarheit) *die Geschichte Jesu als das entscheidende eschatologische Ereignis verstanden* hat, das als solches nie zu einem bloß vergangenen werden kann, sondern *präsent* bleibt, und zwar *in der Verkündigung*.

Zu voller Klarheit ist das durch Paulus gebracht worden, wenn er sagt, daß Gott uns durch Christus mit sich versöhnt und den Dienst (διακονία) bzw. das Wort (λόγος), dh die Predigt von der Versöhnung eingesetzt hat, so daß der Apostel an Christi, ja, an Gottes Statt nun seine Predigt erklingen läßt (2Kor 5,18—20), und daß er das Jetzt der Verkündigung als das eschatologische Jetzt bezeichnen kann (2Kor 6,2). Sachlich das gleiche liegt bei Johannes vor, wenn er Jesus sagen läßt, daß der Hörer, der sein Wort glaubend aufnimmt, schon vom Tode zum Leben hinübergeschritten ist (Joh 5,24 f). Denn es ist klar, daß Johannes nicht das Wort des historischen Jesus meint, sondern das Wort, das ihn verkündigt. In den Abschiedsreden ist es so formuliert, daß der Paraklet, den Gott im Namen Jesu senden wird, die Jünger alles lehren und sie an alles erinnern wird, was Jesus gesagt hat (Joh 14,26). Der Paraklet wird Zeugnis von Jesus ablegen, und die Jünger werden es tun (15,26), — natürlich jener durch diese.

Wenn die bloße „Wiederholung" der Verkündigung Jesu — sei es durch die in den Synoptikern verarbeitete Tradition, sei es durch die moderne Geschichtsschreibung — die Vergangenheit in der Weise präsent macht, daß sie den Hörer (oder Leser) vor die Entscheidung für (oder gegen) eine in der Verkündigung des historischen Jesu erschlossene Möglichkeit des Selbstverständnisses stellt, so fordert das Christus-Kerygma den Glauben an den in ihm präsenten Jesus, der nicht nur, wie der historische Jesus das Heil verheißen, sondern der es schon gebracht hat[79].

---

[78] So ausgezeichnet Käsemann, ZThK (1954), S. 138.

[79] Wenn Althaus (aaO S. 27) meint, daß das Kerygma zum Gesetz werde, wenn es vom konkreten Bilde des historischen Jesus gelöst werde, so ist zuzugeben, daß es mißverständlich ist, von der im Kerygma erhobenen Glaubensforderung zu reden. Diese Forderung ist jedoch von der Forderung des Gesetzes grundsätzlich verschieden, welche letztere den Menschen auf seine eigene Kraft stellt. Der vom Kerygma geforderte Glaube ist jedoch die Offenheit für die neue Möglichkeit der Existenz. Diese Offenheit ist freilich die Bedingung, denn die Forderung des Glaubens ist zugleich die Anerbietung des Geschenks des Glaubens, der im Grunde schon die neue Existenz ist. Man *muß* nicht glauben, sondern man *darf* glauben. Paulus, für den der Glaube Gehorsam ist, fordert nicht, sondern bittet: δεόμεθα ὑπὲρ Χριστοῦ, καταλλάγητε τῷ θεῷ

Alle Bemühungen, zu zeigen, daß der historische Jesus in seinem Wirken schon den Anbruch der Heilszeit gesehen hat, können über den grundsätzlichen Unterschied zwischen seiner Verkündigung und dem Christus-Kerygma nicht täuschen, der wieder bei Paulus und Johannes zur Klarheit gebracht worden ist. Es ist ja klar, daß man das εἴ τις ἐν Χριστῷ, καινὴ κτίσις· τὰ ἀρχαῖα παρῆλθεν, ἰδοὺ γέγονεν καινά (2Kor 5,17) nicht in die Verkündigung des historischen Jesus zurückprojizieren kann, so wenig wie das johanneische νῦν κρίσις ἐστιν τοῦ κόσμου τούτου (Joh 12,31 vgl. 3,19 etc). Und wenn existentiale Interpretation den Sinn solcher Worte in Wort und Tat des historischen Jesus wiederfinden kann, wie etwa Robinson und Braun es tun, so sind sie faktisch durch das Kerygma geleitet, in dem das Paradox „im Tode wohnt das Leben" erst explizit geworden ist (vgl. 2Kor 4,7—12; 12,9 f; Joh 14,27; 16,33).

Wenn es nun so ist, daß das Kerygma Jesus als den Christus, als das eschatologische Ereignis verkündigt, wenn es beansprucht, daß in ihm Christus präsent ist, so hat es sich an die Stelle des historischen Jesus gesetzt; es vertritt ihn. Dann gibt es keinen Glauben an Christus, der nicht zugleich Glaube an die Kirche als Trägerin des Kerygmas wäre, dh in der dogmatischen Terminologie: an den Heiligen Geist. Aber der Glaube an die Kirche ist zugleich Glaube an Jesus Christus, den der historische Jesus nicht gefordert hat[80]. Diesen Glauben gibt es erst jetzt, und erst jetzt können Tod und Auferstehung Jesu als Heilsereignisse verkündigt werden, mit denen der neue Äon begonnen hat. Damit ist dann auch die Möglichkeit der „Wiederholung" gegeben, die kerygmatische Erzählung der synoptischen Evangelien, die nicht Reproduktion einer vergangenen Historie ist, sondern eine eigentümliche Vergegenwärtigung des Vergangenen, das nun im Lichte des Christus-Kerygmas neu gesehen wird. Weil die „Wiederholung" vor allem die Verkündigung des Willens Gottes, seiner Forderung, ist, so entsteht damit auch das die Geschichte der | Kirche bewegende Problem des Verhältnisses von Gesetz und Evangelium[81].

Wenn es richtig ist, daß die Kirche in ihrem Kerygma den historischen

---

(2Kor 5,20); er fordert auf: παρακαλοῦμεν μὴ εἰς κενὸν τὴν χάριν τοῦ θεοῦ δέξασθαι ὑμᾶς (2Kor 6,1). Vgl. im Gegensatz zu ALTHAUS: CONZELMANN, RGG³ III, Sp. 649: „Jedes Ergebnis der Rekonstruktion ist theologisch beurteilt Gesetz, nicht Evangelium."

[80] Es versteht sich von selbst, daß „Kirche" hier nicht als Institution gesehen ist, sondern als eschatologisches Geschehen. Sie ist nicht Garant des Glaubens, sondern selbst Gegenstand des Glaubens. Sie ist genau so ein Skandalon wie das Kreuz.

[81] Über die Relevanz, die nunmehr die historische Arbeit gewinnt, s. CONZELMANN, RGG³ III, Sp. 648.

Jesus vertritt, wenn der Glaube an Christus zugleich der Glaube an die Kirche ist bzw. der Glaube an den Heiligen Geist, den sie als nachösterliche Gabe empfangen hat (Apg 2, und bes. Joh 20,22; vgl. 14,16 f, 26; 16,7), dann kann man sagen: der Glaube an die Kirche als Trägerin des Kerygmas ist der Osterglaube, der eben in dem Glauben besteht, daß im Kerygma Jesus Christus präsent ist[82]. Mehrfach und meist als Kritik wird gesagt, daß nach meiner Interpretation des Kerygmas Jesus ins Kerygma auferstanden sei. Ich akzeptiere diesen Satz. Er ist völlig richtig, vorausgesetzt, daß er richtig verstanden wird. Er setzt voraus, daß das Kerygma selbst eschatologisches Geschehen ist; und er besagt, daß Jesus im Kerygma wirklich gegenwärtig ist, daß es *sein* Wort ist, das den Hörer im Kerygma trifft. Ist das der Fall, so werden alle Spekulationen über die Seinsweise des Auferstandenen, alle Erzählungen vom leeren Grabe und alle Osterlegenden, welche Momente an historischen Fakten sie auch enthalten mögen, und so wahr sie in ihrem symbolischen Gehalt sein mögen, gleichgültig. An den im Kerygma präsenten Christus glauben, ist der Sinn des Osterglaubens.

---

[82] Vgl. G. BORNKAMM, Jesus v. Naz., S. 172: „Durch die Osterereignisse und die Gewißheit der Auferstehung Jesu Christi von den Toten wurde der Verkündiger des kommenden Gottesreiches ... zum Verkündigten, der zum Glauben Rufende zum Inhalt des Glaubens." REG. H. FULLER (aaO S. 234): „If ... Easter discloses the achievement of a further phase of God's eschatological action, viz. that the Cross has inaugurated a greater degree of the „already", then the Kerygma can mediate an encounter with the historical Jesus which the modern view of history cannot."

ΔΙΚΑΙΟΣΥΝΗ ΘΕΟΥ*

Ernst Käsemann hat in der ZThK 58 (1961), S. 367—378 einen bedeutsamen Aufsatz „Gottesgerechtigkeit bei Paulus" veröffentlicht. Er meint, daß der Genitiv θεοῦ der Gen. subj. sei und daß δικαιοσύνη θεοῦ nicht die (dem Glaubenden) geschenkte Gerechtigkeit sei, sondern „Gottes Heilshandeln" (S. 370), bzw. Gottes „heilsetzende Macht" (S. 378). Diese These ist in einer Tübinger Dissertation von Peter Stuhlmacher durchgeführt und ausführlich begründet worden. Über die Dissertation ist in der ThLZ 88 (1963), S. 713 f ein Bericht erstattet worden. Aber da sie noch nicht im Druck erschienen ist, kann ich mich hier nur auf den den genannten Aufsatz von Käsemann beziehen[1].

Ich kann Käsemanns Interpretation nicht für richtig halten und glaube vielmehr, daß die bei Paulus herrschende Bedeutung von δικ. θεοῦ die der Gabe ist, die Gott den Glaubenden schenkt, und daß der Gen. ein Gen. auctoris ist.

Nun gibt Käsemann zu, daß Phil 3,9 die Bedeutung von δικ. θεοῦ als Gabe Gottes nahelegt, ja, gleichsam eine Interpretation von δικ. θεοῦ enthalte, indem hier die δικ. ἐκ θεοῦ der ἐμὴ δικ. ἐκ νόμου entgegengesetzt sei. Auch Röm 2,13; 5,17 (δωρεὰ τῆς δικ.) weise in diese Richtung. Aber an anderen Stellen liege diese Bedeutung nicht vor, und Röm 3,5. 25 sei der Gen. deutlich der Gen. subj. Liegt dann also, fragt Käsemann, eine Inkonsequenz vor? Dieser Folgerung meint er zu entgehen, indem er seine Deutung konsequent durchführt.

Nun scheint es mir eine petitio principii zu sein, daß δικ. θεοῦ überall bei Paulus die gleiche Bedeutung haben müsse. Verschiedener Sinn ist durchaus denkbar, ohne daß man von Inkonsequenz reden muß[2]. Daß

---

* Journal of Biblical Literature 83 (1964), 12—16.
[1] [Inzwischen erschienen unter dem Titel: „Gottes Gerechtigkeit bei Paulus", FRLANT 87 (1965); Käsemanns Aufsatz in: Exeget. Versuche etc II (1964), 181 ff].
[2] Auch Lietzmann hatte in seinem Kommentar von der „schillernden Doppelbedeutung" von δικ. θεοῦ gesprochen (zu Röm 1,17; 3,25 und in dem Exkurs zu 10,3), und Otto Kuss bringt die variierende Bedeutung von δικ. θεοῦ zur Geltung in den um-

Paulus in verschiedenem Sinn von der Gottesgerechtigkeit redet, ist ohne weiteres daraus verständlich, daß ihm der alttestamentliche Sprachgebrauch vertraut ist. Auch im AT wird der Begriff der Ge|rechtigkeit Gottes in verschiedenem Sinne gebraucht. Gottes Gerechtigkeit kann sowohl seine richterliche iustitia distributiva bedeuten wie seine iustitia salutifera, nämlich seine helfende, heilbringende Macht, an die das Bundesvolk ebenso wie der einzelne Fromme appellieren kann[3]. Daß diese zweite Bedeutung bei Paulus überhaupt eine Rolle spielt, vermag ich nicht zu sehen; die erste Bedeutung (iustitia distributiva) liegt deutlich Röm 3,5 vor, wie das Oppos. ἀδίκως zeigt; hier ist ohne Zweifel θεοῦ der Gen. subj.

Röm 3,25 f dürfte beweisen, daß Paulus sich der doppelten Bedeutung von δικ. θεοῦ bewußt ist. Denn wenn nach V. 26 b die in V. 24 b, 25 a beschriebene Heilsveranstaltung Gottes den Sinn hat: εἰς τὸ εἶναι αὐτὸν δίκαιον καὶ δικαιοῦντα, so entspricht das δίκαιον offenbar dem V. 25 b Gesagten: εἰς ἔνδειξιν τῆς δικ. αὐτοῦ διὰ τὴν πάρεσιν τῶν . . . ἁμαρτημάτων (also zum Erweis seiner richterlichen Gerechtigkeit), dagegen das δικαιοῦντα dem V. 26 a Gesagten: εἰς ἔνδειξιν τῆς δικ. αὐτοῦ ἐν τῷ νῦν καιρῷ (also zum Erweis seiner Gabe der Gerechtigkeit an die Glaubenden). Daß man V. 26 so verstehen muß, dürfte aus den vorausgehenden Versen 21 f hervorgehen. Denn in diesen ist die δικ. θεοῦ (in V. 22: διὰ πίστεως Ἰησοῦ Χρ.) deutlich die Gerechtigkeit, die einst unter dem Gesetz nicht erlangt werden konnte (V. 20: διότι ἐξ ἔργων νόμου οὐ δικαιωθήσεται πᾶσα σάρξ), die aber jetzt den Glaubenden geschenkt wird. Ohne Zweifel ist doch das δικαιοσύνη δὲ θεοῦ V. 22 gleichwertig mit: δικαιωθήσονται δὲ . . .

Es ist also keineswegs notwendig, in der Verbindung δικ. θεοῦ immer nur einen und den gleichen Sinn von δικ. anzunehmen. Jedenfalls wird die Bedeutung von δικ. θεοῦ als Gabe Gottes bestätigt durch Phil 3,9, wo die δικ. charakterisiert wird als ἐκ θεοῦ ἐπὶ τῇ πίστει (opp. τὴν

---

fangreichen und sorgfältigen Exkursen zu Röm 3,24 (Der Römerbrief, I [1957], S. 115—131), wie ich es in § 28, 2 meiner Theologie des NT, freilich viel knapper, auch getan hatte.

[3] Übrigens gebraucht Paulus auch δικαιοσύνη (ohne θεοῦ) und δίκαιος in verschiedenem Sinne, abgesehen von den Fällen, in denen sie die Gerechtigkeit der Glaubenden ist (zB Röm 5,17; 9,30; 10,5; Phil 3,9), kann δικ. die ethische Qualität der Rechtschaffenheit bedeuten (wie auch die Gerechtigkeit im AT); Röm 6,13 (opp. ἀδικία), 18 (opp. ἁμαρτία), 19 (opp. ἀκαθαρσία und ἀνομία), 20 (opp. ἁμαρτία), vielleicht auch Phil 1,11. Ebenso kann δίκαιος den aus Glauben Gerechten meinen (Röm 1,17; 2,13; 5,19), aber auch den ethisch Gerechten, Rechtschaffenen (Röm 5,7; Phil 4,8). In diesem Sinne auch das Adv. δικαίως (1Kor 15,34; 1Thess 2,10).

ἐμὴν δικ. τὴν ἐκ νόμου), und durch Röm 10,3, wo die θεοῦ δικ. der ἰδία (sc. δικ.) entgegengestellt wird. Bestätigt wird diese Auffassung auch durch die Bedeutung von δικαιοῦν und δικαιωθῆναι. Gottes δικαιοῦν bedeutet nichts anderes, als daß er (den Glaubenden) gerecht spricht bzw. gerecht macht[4], indem er dem Glaubenden die | Gerechtigkeit verleiht: Röm 3,26; 4,5; 8,33; Gal 3,8. Man kann natürlich sagen, daß in diesem δικαιοῦν Gottes „Heilshandeln", seine „heilsetzende Macht" wirksam wird. Aber dieses Heilshandeln besteht darin, daß er gerecht macht, und eben dieses, nicht das Heilshandeln als solches, wird durch δικαιοῦν bezeichnet. Für δικαίωσις Röm 4,25; 5,18 gilt das Gleiche. Entsprechend bedeutet δικαιωθῆναι von Gott gerecht gesprochen bzw. gerecht gemacht worden sein: Röm 3,24 (δωρεάν), 28 (πίστει); 5,1 (ἐκ πίστεως) 1Kor 6,11; Gal 2,16 (ἐκ πίστεως); 3,24 (ἐκ πίστεως). Charakteristisch ist auch, daß dem δικαιωθέντες Röm 5,1 in V. 10 das καταλλαγέντες gleichwertig entspricht.

Käsemann meint nun, gegen die Auffassung von δικ. θεοῦ als Gabe Gottes einwenden zu müssen, daß die δικ. θεοῦ in Röm 1,17; 10,3 ff personifiziert ist. Aber das ist doch eine rhetorische Formulierung, durch die der sachliche Sinn von δικ. θεοῦ nicht modifiziert wird. Ich kann doch zB personifizierend sagen, daß der Segen meines Vaters mich begleitet und behütet. Durch solche Redeweise verliert der „Segen" nicht den sachlichen Sinn der Gabe, und „des Vaters" bleibt der Gen. auct., auch wenn natürlich der Segen auf dem Handeln des Vaters beruht. Ebenso ist natürlich die Gabe der δικ. θεοῦ im Handeln Gottes begründet, aber δικ. bezeichnet nicht das Handeln als solches, sondern sein Ergebnis.

Auch daß 1Kor 1,30 von Jesus Christus in rhetorischer Personifikation gesagt wird, er sei für uns zur δικ. geworden, ändert nichts an der sachlichen Bedeutung von δικ. Denn damit wird doch gesagt, was Jesus Christus für die Glaubenden bedeutet, was also das Ergebnis des Heilshandelns Gottes ist, nämlich, daß die Glaubenden (bzw. Getauften) zu Gerechten gemacht worden sind. So bedeutet ja auch die Bezeichnung Jesu Christi als ἁγιασμός und ἀπολύτρωσις, daß die Glaubenden (bzw. Getauften) geheiligt sind (vgl. Röm 1,7; 8,27; 16,2; 1Kor 1,2; 6,1 f etc) und daß sie erlöst sind (vgl. Röm 3,24).

Daß 2Kor 5,21 δικ. θεοῦ „die Realität der erlösten Gemeinde be-

---

[4] Wer von Gott gerecht gesprochen ist, der ist damit gerecht gemacht, dh er wird als Gerechter anerkannt. Vgl. meine Theologie des NT, § 29, 2. So auch O. Kuss, Der Römerbrief, I, S. 122. Denn „gerecht" bedeutet hier nicht eine ethische Qualität, sondern bezeichnet den, der durch das Urteil Gottes freigesprochen ist von seiner Sünde.

schreibt" (Käsemann, S. 368), besagt nichts für den sachlichen Sinn von δικ. θεοῦ, sondern formuliert nur rhetorisch „das Ergebnis von Gottes Heilshandeln in den Menschen"[5].

Käsemann legt nun Gewicht darauf, daß Gottes Gabe „Machtcharakter" hat (S. 368 f, 371), und er hat natürlich darin recht, daß das Geschenk der δικ. θεοῦ zur Macht in den Glaubenden werden soll, daß der Empfang der Gabe verpflichtet[6]. Aber damit ändert sich der sachliche Sinn von δικ. θεοῦ durchaus nicht, und man kann nicht sagen, daß Christi Herrschaft „der eigentliche Sinn der Gabe" ist, so gewiß es richtig ist, daß der Empfang der Gabe unter die Herrschaft Christi stellt. Weil dieses der Fall ist, weil also die empfangene Gabe zugleich einen Anspruch bedeutet, wird sie durch den Empfang nicht zu einem Besitz. Die δικαιωθέντες haben nicht eine inhärierende Qualität. Vielmehr steht ihre Zukunft wie unter einer Verheißung und Hoffnung, so auch unter einer Forderung. Das kommt besonders deutlich in der zunächst befremdenden Formulierung 2Kor 5,10 zum Ausdruck, daß auch die Glaubenden einst vor dem Richterstuhl Christi ihren Werken entsprechend ihr Urteil empfangen werden.

Diesen Sachverhalt hat Käsemann treffend und klar dargestellt. Nur darf man aus der Spannung zwischen Gegenwart und Zukunft nicht folgern, daß die δικ. θεοῦ nicht ein Geschenk sei, das der Glaubende als Glaubender doch schon empfangen hat[7]. Es ist doch bezeichnend, daß Paulus vom δικαιοῦσθαι der Glaubenden fast nur im Präteritum redet (δικαιωθῆναι), nur selten futurisch. Die Futura Röm 2,13; 3,20; Gal 3,24 haben ebenso wie das Präsens Gal 2,16 keinen zeitlichen Sinn, sondern sind logische bzw. gnomische Formulierungen. Die einzigen Stellen, die

---

[5] So Kuss, aaO S. 117, 125. Mit Recht sagt W. Bauer im Wörterbuch, daß Paulus 2Kor 5,21 das abstractum pro concreto gebraucht: δικαιοσύνη ist hier gleichbedeutend mit δικαιωθέντες.

[6] Mir scheint, daß Käsemann δύναμις einseitig als „Macht" versteht, offenbar verführt durch Röm 1,16, wo vom εὐαγγέλιον gesagt wird, daß es die δύναμις Gottes sei. Aber ich zweifle, ob δύναμις außer in den formelhaften Wendungen Röm 8,38; 1Kor 15,24 (vgl. Eph 1,21; 1Petr 3,22) mit „Macht" übersetzt werden muß und nicht vielmehr „Kraft" bedeutet, wie Luther auch Röm 1,16 übersetzt. Charakteristisch ist, daß 1Kor 15,43; 2Kor 12,9; 13,4 ἀσθένεια das oppos. zu δύναμις ist (vgl. Röm 15,1; 1Kor 1,26 f; 2Kor 13,9). Der primäre Sinn von δύνασθαι ist „können" (so auch Röm 14,4; 2Kor 9,8); δυνατός ist einer, der etwas kann, dem etwas möglich ist (Röm 4,21; 11,23; vgl. δυνατόν = möglich Röm 9,22; 12,18; Gal 4,15). So möchte ich auch Röm 1,16 verstehen: Die Möglichkeit zum Heil ist das Evangelium.

[7] Hier erhebt sich natürlich das Problem des Verhältnisses von präsentischer und futurischer Eschatologie bei Paulus, das Käsemann deutlich gemacht hat, aber auf das ich hier nicht eingehen kann.

von der zukünftigen Rechtfertigung reden, sind Röm 5,19 (. . . δίκαιοι κατασταθήσονται οἱ πολλοί); Gal 2,17 (ζητοῦντες δικαιωθῆναι ἐν Χριστῷ); 5,5 (ἡμεῖς γὰρ πνεύματι ἐκ πίστεως ἐλπίδα δικαιοσύνης ἀπεκδεχόμεθα, wo jedoch das τοῦ θεοῦ fehlt).

Der Begriff der Gottesgerechtigkeit, so wie Käsemann ihn versteht, ist kein orginaler Gedanke des Paulus, sondern Paulus würde damit eine jüdische, speziell in der Apokalyptik geprägte „Formel" übernehmen, indem er sie freilich radikalisiert. Eben das meint Käsemann feststellen zu können, und darin sieht er eine Bestätigung seines Verständnisses der paulinischen δικ. θεοῦ. Wie steht es damit?

Von der Gerechtigkeit Gottes ist im AT nicht selten die Rede. Die Verbindung „Gerechtigkeit Gottes (bzw. Jahwes)" findet sich nur Dtn 33,21[8]. Aber in dem gleichen Sinn von der Gerechtigkeit Gottes („deiner" oder „seiner" Gerechtigkeit) ist sonst oft die Rede, sowohl von seiner richterlichen wie von seiner heilschaffenden Gerechtigkeit[9]. Im gleichen Sinne begegnet die Verbindung „Gerechtigkeit Gottes" in spätjüdischer Literatur, besonders in gewissen Qumran-Texten. Nirgends aber liegt, soweit ich sehen kann, eine „Formel" vor. Von einer solchen kann man doch nur sprechen, wenn ein Wort (wie εὐαγγέλιον)[10] oder eine Wortverbindung nicht nur einen allgemeinen Sinn hat und in verschiedenen Zusammenhängen und Situationen gebraucht werden kann (wie eben die alttestamentliche und jüdische Rede von der Gerechtigkeit Gottes oder etwa die Wendung „Staatskunst"), sondern einen ganz bestimmten Sinn hat, der sich auf eine spezielle Situation oder ein spezielles Ereignis bezieht, wie es in dem paulinischen νυνὶ δὲ Röm 3,21; bzw. νῦν 2Kor 5,16; 6,2 zum Ausdruck kommt.

In diesem Sinne kann man das paulinische δικ. θεοῦ wohl eine Formel nennen, weil es die Gabe Gottes meint, die in dem Röm 3,24 f; 1Kor 1,30; 2Kor 5,18.21 beschriebenen Heilshandeln Gottes beruht und die — ob als gegenwärtige oder als zukünftige gedacht — ein bestimmtes eschatologisches Phänomen ist. Daß „Gerechtigkeit Gottes" in der jüdischen Literatur diesen Sinn habe, kann ich nicht entdecken. Sie bezeichnet immer nur das richtende oder (häufiger) das heilschaffende Handeln Gottes, mit dem der Redende (meist Betende) rechnet oder auf das

---

[8] In LXX ganz anders δικαιοσύνην κύριος ἐποίησεν.

[9] Vgl. zB Kuss, aaO S. 119 f.

[10] Nur das durch den Artikel determinierte εὐαγγέλιον, das die christliche Botschaft meint, kann als formelhaft bezeichnet werden. In LXX und in den bekannten Inschriften der römischen Kaiserzeit hat εὐαγγ. den allgemeinen Sinn „gute Botschaft". Den entscheidenden Unterschied haben SCHNIEWIND wie FRIEDRICH (im ThW) übersehen.

er hofft, und zwar gerade auch dann, wenn er als Sünder (impius) darauf hofft. Selbst wenn in einzelnen Fällen das eschatologische Handeln Gottes gemeint sein sollte (was ich bezweifle), so doch nicht als ein konkretes Ereignis wie bei Paulus. Wo gibt es in der jüdischen Literatur ein dem paulinischen νῦν entsprechendes „Jetzt"? Die paulinische Rede von der δικ. θεοῦ ist also nicht eine „Radikalisierung und Universalisierung" der jüdischen Rede von Gottes Gerechtigkeit, auf die auch der impius hoffen darf, sondern eine Neuschöpfung des Paulus.

Ist die Apokalyptik die Mutter der christlichen Theologie?

Eine Auseinandersetzung mit Ernst Käsemann*

In zwei bedeutsamen Aufsätzen hat Ernst Käsemann die These vertreten, daß die Apokalyptik der eigentliche Anfang der urchristlichen Theologie, ja, die „Mutter der christlichen Theologie" sei[1]. Ich könnte zustimmen, wenn es statt „Apokalyptik" „Eschatologie" hieße. Die Eschatologie ist die Vorstellung vom Ende der Welt; eine Vorstellung, die als solche kein konkretes Bild vom Endgeschehen zu enthalten braucht, die sogar das Ende nicht als ein chronologisch fixiertes zu denken braucht. Es gibt, wie Paulus und Johannes zeigen, nicht nur „futurische", sondern auch „präsentische" Eschatologie. Die Apokalyptik dagegen ist eine bestimmte Konkretisierung der eschatologischen Vorstellung. Sie entwirft Bilder vom Endgeschehen, und sie fixiert das Ende chronologisch. So wählt denn Käsemann den Begriff Apokalyptik, weil er die urchristliche eschatologische Erwartung als *Nah*erwartung versteht.

Man könnte freilich in gewissem Sinne auch von einer „präsentischen" Apokalyptik sprechen, insofern die Gegenwart gedacht wird als beherrscht vom Satan und von „Mächten". Aber diese Gegenwart ist ja der Anbruch des Endes, es sind die „messianischen Wehen", so daß auch diese apokalyptische Vorstellung das Ende chronologisch fixiert. Die Präsenz des Endes in der „präsentischen" urchristlichen Eschatologie ist zwar insofern auch chronologisch fixiert[2], als das Ende mit der Sendung Jesu begonnen hat, „als die Fülle der Zeit gekommen war" (Gal

---

* APOPHORETA, Festschrift für E. HAENCHEN (BZNW 30, 1964), 64—69.
[1] Die Anfänge christlicher Theologie, ZThK 57 (1960), 162—185. Zum Thema der urchristlichen Apokalyptik, ebd 59 (1962), 257—284. Inzwischen ist noch ein Aufsatz gefolgt: Paulus und der Frühkatholizismus, ZThK 60 (1963), 75 ff. [Vgl. jetzt: Exegetische Versuche und Besinnungen II (1964), 82 ff; 105 ff; 239 ff].
[2] Vgl. zur Frage der chronologischen Fixierung die trefflichen Ausführungen von GÜNTER KLEIN in EvTh 23 (1963), S. 425—427.

4,4), als „das Licht in die Welt gekommen war" (Joh 3,19). Aber das Ende ist nunmehr Gegenwart geworden. Es ist unabhängig von dem etwa noch ausstehenden Endgeschehen, das die Apokalyptik erwartet. Das Endgeschehen vollzieht sich vielmehr in der Verkündigung als jeweils sich ereignendes Geschehen (2Kor 6,2; Joh 5,24 f), als ein Geschehen, in das alle hineingezogen sind, die dieser Verkündigung Glauben schenken und die dadurch zu neuen Geschöpfen geworden sind, für die das „Alte" vergangen ist (2Kor 5,17), die schon vom Tode in das Leben hinübergeschritten sind (Joh 5,24; vgl. 1Joh 3,14). Daß Paulus (anders als Johannes) neben der „präsentischen" Eschatologie die „futurische" beibehalten hat, daß auch er an apokalyptischen Vorstellungen festhält, ist eine Sache, die eine besondere Problematik birgt. Aber im Gegensatz zu Käsemann kann ich den Ursprung der christlichen Theologie nur in der „präsentischen" Eschatologie sehen.

Welches ist nun das von Käsemann entworfene Bild?

Seiner These, daß die Naherwartung der Basileia durch die nachösterliche Geisterfahrung ausgelöst ist, während sie bei Jesus selbst zurücktritt und — wenngleich auch vorhanden — keine wesentliche Rolle spielt, kann ich nicht zustimmen, auch wenn ich darin mit ihm einig bin, daß für Jesus der ferne (zukünftige) Gott zugleich der nahe (gegenwärtige) ist. Daß Jesus aber mit dem unmittelbaren Bevorstehen des Hereinbrechens der Basileia gerechnet hat, scheint mir nicht bezweifelt werden zu können. Ich kann mich nicht davon überzeugen, daß Lk 6,20 f; 10,23 f; 11,20; Mk 2,18 f; 3,27; Mt 11,5 nachösterliche Gemeindebildungen sind. Wohl aber stimme ich darin zu, daß mit dem nachösterlichen Enthusiasmus ein Neues beginnt, charakterisiert zwar nicht durch die Naherwartung als solche, wohl aber durch ihre Intensivierung und vor allem dadurch, daß Jesus als der kommende Menschensohn erwartet wurde[3].

Zustimmen kann ich auch Käsemanns Charakteristik des Selbstverständnisses der ältesten Gemeinde[4]. Ich gebe auch zu, daß die Soteriologie von der Ekklesiologie (also von dem Bewußtsein, das Gottesvolk zu sein) bestimmt ist. Auch gebe ich zu, daß in der ältesten Gemeinde keine „selbständige und explizite Anthropologie" entwickelt worden ist. Ich meine indessen, daß im Selbstverständnis der ältesten Gemeinde

---

[3] Die Frage, ob Jesus überhaupt vom Menschensohn gesprochen hat, darf ich hier offen lassen. Jedenfalls sind KÄSEMANN und ich darin einig, daß er sich selbst nicht für den Menschensohn gehalten hat.

[4] Ich darf dafür auf die §§ 6 und 8 meiner Theologie des NT hinweisen.

implizit eine Anthropologie enthalten ist. Läßt sich denn leugnen, daß das Bewußtsein, zum Gottesvolk, zum neuen eschatologischen Bund, zu gehören, auch das Selbstverständnis je des einzelnen bestimmt? Und das kann doch wohl als eine implizite Anthropologie bezeichnet werden. Ja, ich würde ein solches Selbstverständnis als ein Existenzverständnis bezeichnen und daher meinen, daß die älteste | christliche Theologie durchaus am Leitfaden der Existenz erfaßt werden kann[5].

Zur Kritik an Käsemanns Geschichtsbild fordert mich seine Behauptung heraus, daß die Gesetzesproblematik erst in der Heidenmission entstanden ist[6]. Sie ist doch schon in der Verkündigung Jesu selbst angelegt, ja auch zum Ausdruck gelangt. Gewiß liegen uns die Antithesen der Bergpredigt, die „Kampfworte" wie Mk 3,4; 7,15; Mt 23,16—19. 23 f.25 f und die Streitgespräche wie Mk 2,15—17.23—28; 3,1—5; 7, 1—23 nur in der von der Gemeinde oder gar von den Evangelisten redigierten Form vor. Aber daß sie ihren Ursprung in der nachösterlichen Gemeinde haben, halte ich für ausgeschlossen. Die Urgemeinde hat diese auf Jesus selbst zurückführende Tradition bewahrt und weitergegeben[7]. Käsemann gibt ja auch selbst zu, daß Jesu Haltung zur Tora eine kritische gewesen ist und daß er „in Streit mit den Frommen" geraten war[8]. Aber heißt das nicht: in eine Diskussion über das Gesetz? Denn die „Frommen" sind doch die Gesetzesleute.

Ernst Fuchs dürfte zwar darin nicht recht haben, daß erst das Kreuz Jesu zu einer neuen Gesetzesauslegung geführt habe, wohl aber darin, daß er dem Kreuz besondere Bedeutung für die Gesetzesproblematik zuschreibt[9]. Mußte nicht die schon in der Verkündigung Jesu zu Worte kommende Frage nach der Gültigkeit des Gesetzes neu aktualisiert werden durch das Kreuz? Das „Verflucht ist jeder, der am Holz hängt" von Dtn 21,23, das Paulus Gal 3,13 zitiert, war doch der ersten Gemeinde

---

[5] Gegen Käsemann, Zum Thema der urchristlichen Apokalyptik, S. 265 f.
[6] „Denn die Gesetzesproblematik ist der urchristlichen Gemeinde nicht aus ihrer Besinnung auf Jesu Predigt und Handeln erwachsen, sondern aus der sie jäh überfallenden Realität der Heidenmission und deren unvorhersehbarem, die Judenchristenheit mehr und mehr in die Enge treibendem Erfolg", aaO S. 266.
[7] Ich kann hier nun nicht auf das Problem des Schicksals dieser Tradition eingehen, ein Problem, das sich ergibt aus der Beobachtung, daß diese Tradition schon in der apostolischen Zeit und dann in der nachapostolischen nur spärlich nachwirkt, ja zu verschwinden scheint, wie denn weder Paulus noch Johannes sie verwertet haben. Das Problem ist deutlich gesehen von H. Köster, Synoptische Überlieferung bei den apostolischen Vätern (1957) und von W. Schmithals, Paulus und der histor. Jesus, ZNW 53 (1962), S. 145—160, und Paulus und Jakobus (1963).
[8] AaO S. 270 f.
[9] ZThK 58 (1961), 248—250.

auch bekannt, und sie mußte diesen Anstoß überwinden, auch wenn sie es nicht in der Weise des Paulus tat.

Dagegen ist es ein Verdienst Käsemanns, die Frage nach der Kontinuität zwischen dem historischen Jesus und der nachösterlichen Gemeinde zu stellen, schärfer noch, als ich es in dem Aufsatz „Das Verhältnis der urchristlichen Christusbotschaft zum historischen Jesus"[10] getan hatte. Käsemann redet von „dem mit Ostern erfolgten Bruch in der | frühesten christlichen Geschichte". Und es erhebt sich daher für ihn die Frage, „ob der Bruch ein völliges Auseinanderfallen bedeutet oder Wandlung anzeigt, die als Kontinuität in der Diskontinuität begriffen werden darf"[11]. Wie er nun die Kontinuität aufzuzeigen versucht, darin bin ich grundsätzlich mit ihm einig. Er stimmt meiner Formulierung zu, daß Jesu Predigt implizit eine Christologie enthalte, und er ist bestrebt, diesen Satz deutlich und unmißverständlich zu machen durch die Betonung des Vollmachtsanspruches Jesu, durch seine Interpretation der Tora und dadurch, daß Jesus in die Freiheit der Gotteskindschaft stellt und diese selber lebt[12]. Ich kann freilich nicht so weit gehen, zu sagen, daß Jesu Verkündigung der Basileia schon diese Basileia selbst sei[13].

Der Gegensatz zwischen Käsemann und mir kommt am deutlichsten in seiner Paulus-Interpretation zutage, wenngleich wir auch hier ein Stück Wegs gemeinsam gehen. Denn darin stimme ich zu, daß Paulus gegen den Enthusiasmus bzw. das Pneumatikertum der hellenistischen Gemeinde kämpft, also gegen das Mißverständnis des Christentums als einer Mysterienreligion. Auch darin sind wir einig, daß die „präsentische" Eschatologie für Paulus einen anderen Sinn hat als für die hellenistischen Pneumatiker, weil er an der „futurischen" Eschatologie festhält.

Das Nebeneinander von präsentischer und futurischer Eschatologie habe ich nie bestritten[14]. Daß das Nebeneinander für Paulus ein Problem ist, zeigt ja Röm 6,2 ff[15]. Aber ich bin nun allerdings der Meinung, daß für Paulus das größere Gewicht auf der präsentischen Eschatologie liegt, so daß die futurische gelegentlich ganz zurücktreten kann. Das δικαιωθῆναι der Glaubenden ist nach Röm 5,1; 8,30; 1Kor 6,11 doch schon erfolgt[16]. Das εἶναι ἐν Χριστῷ bedeutet doch für die Glaubenden, daß sie καινὴ κτίσις sind, wie denn 2Kor 5,17 sagt: „Das Alte ist vergan-

---

[10] Sitzungsber. d. Heidelb. Akad. d. Wiss. (1960), 3. Abh. [s. oben S. 445 ff].
[11] AaO S. 269.   [12] AaO S. 269—272.   [13] AaO S. 270.
[14] Vgl. meine Theologie des NT, § 40, S. 341 ff.   [15] Vgl. ebd § 13, S. 139 f.
[16] Vgl. ebd § 29.

gen ..." Damit ist aber doch auch gesagt, daß für Paulus die Geschichte am Ende ist[17], natürlich nicht in dem Sinne, daß in der Welt nicht noch allerlei passieren kann und daß die Glaubenden ihren Weg durch Versuchungen und Leiden gehen müssen. So richtig es ist, zu sagen — nämlich gegenüber den enthusiastischen Pneumatikern —, daß die präsentische Eschatologie „verankert und eingeschränkt" wird durch die apokalyptische[18], so richtig ist es m. E. | auch umgekehrt zu sagen, daß die apokalyptische Eschatologie verankert und eingeschränkt ist durch die präsentische. Und das scheint mir die eigentliche Tat des Paulus zu sein: die Neu-Interpretation der Apokalyptik, während für Käsemann die Verteidigung der Apokalyptik gegen das Pneumatikertum als die wesentliche Tat, als das historische Verdienst des Paulus erscheint.

Ich könnte auch sagen: Paulus nimmt das Interesse der Pneumatiker an der Präsenz des Heils (des Lebens) auf und schränkt es nicht nur durch das Festhalten an der futurischen Eschatologie ein, sondern vor allem dadurch, daß er den Glauben an die Präsenz des Heils aus der Sphäre der Spekulation und des Enthusiasmus in die Sphäre eigentlicher menschlicher Existenz erhebt. Insofern hat Käsemann recht, zu sagen, daß die Bedeutung der Anthropologie bei Paulus darin besteht, die Präsenz des Heils als das Leben im leiblichen Gehorsam deutlich zu machen[19]. Aber eben damit werden doch die Begriffe Leib, Fleisch und Geist am Individuum orientiert, und das bedeutet keinen Gegensatz zur Weltzugehörigkeit des Glaubenden, sondern schließt sie ein. Wenn ich gesagt habe[20], daß der Mensch σῶμα genannt werden kann, sofern er ein Verhältnis zu sich selbst hat, so meine ich, damit gesagt zu haben, daß sich der Mensch sowohl zum Objekt seines Tuns machen kann (dh doch wohl, daß er in Entscheidungen steht), wie daß er sich als Subjekt eines Erleidens erfährt (dh daß er in einer Welt steht, die voll ist von Erfahrungen, Versuchungen und an ihn gerichteten Forderungen). Ich kann daher in Käsemanns Ausführungen über den leiblichen Gehorsam der Glaubenden keinen wirklichen Gegensatz zu dem von mir Gesagten sehen.

Der Satz Käsemanns, daß die Dialektik von Indikativ und Imperativ nur „die Projektion des Verhältnisses der Christusherrschaft zur Unterwerfung aller kosmischen Gewalten in die Anthropologie des Chri-

---

[17] Gegen Käsemann, Zum Thema der urchristlichen Apokalyptik, S. 280.
[18] Käsemann, aaO S. 280.
[19] Käsemann, aaO S. 281—283.
[20] Vgl. meine Theologie des NT, S. 192 [5. Aufl. S. 196].

sten"²¹ sei, ist m. E. nur dann richtig, wenn die Christusherrschaft als seine Herrschaft je über mich, als je mein Sein als καινὴ κτίσις ἐν Χριστῷ verstanden wird und entsprechend die Unterwerfung der kosmischen Gewalten als je meine aktive Beteiligung an dieser Unterwerfung in meinem Gehorsam. Wenn die Herrschaft Christi und die Unterwerfung der kosmischen Gewalten nur als apokalyptische Aussagen verstanden werden, so stehen sie, wenngleich im Verhältnis des Schon und Nochnicht, doch nicht in einem dialektischen Verhältnis. Das tun sie doch nur, wenn sie am Individuum orientiert sind.

Damit komme ich auf das Thema, in dessen Behandlung der Gegensatz zwischen Käsemann und mir vor allem deutlich ist. Käsemann bestreitet, daß die Theologie und das Geschichtsbild des Paulus am Individuum orientiert seien²². Mir scheint aber, wenn er das Geschichtsbild des Paulus aus der Apokalyptik herleitet, das Neue des paulinischen Denkens, ja, ich möchte sagen: seine Genialität, übersehen zu sein. Denn wo in der Apokalyptik findet sich das teleologische Geschichtsverständnis des Paulus, demzufolge die Abfolge der beiden Äonen so verstanden wird, wie es Gal 3,19.24; Röm 5,20 f geschieht? Nämlich so, daß die Weltzeit der Sünde die sachgemäße Vorbereitung auf die Weltzeit der Gnade ist²³. Dieses Verständnis der Teleologie der Geschichte kann doch nur aus dem radikalen Verständnis von Sünde und Gnade erwachsen sein, und das heißt doch: aus dem Selbstverständnis als des begnadeten Sünders. Und das bedeutet doch: die Theologie und das Geschichtsbild des Paulus stammen nicht aus der Apokalyptik, sondern aus der Anthropologie, nämlich einem Verständnis der menschlichen Existenz. Was Paulus der Apokalyptik verdankt, ist das Motiv, Gegenwart und Zukunft aus der Eschatologie zu verstehen. Insofern kann Käsemann freilich sagen: „Die apokalyptische Frage, wem die Weltherrschaft gehört, steht hinter der Auferstehungstheologie des Apostels"²⁴. Aber da die Vollendung der Weltherrschaft Christi in der Besiegung des Todes besteht, ist die Frage, wem sie gehört, letztlich eine Frage der Anthropologie. Paulus dankt Gott, der *uns* den Sieg gibt (1Kor 15,57).

---

[21] KÄSEMANN, Zum Thema der urchristlichen Apokalyptik, S. 283.
[22] Vgl. bes. KÄSEMANNS Aufsatz, Gottesgerechtigkeit bei Paulus, ZThK 58 (1961), S. 367–378.
[23] Vgl. meine Darstellung in „Geschichte und Eschatologie" (1958), S. 47 f, und meinen Aufsatz „Optimismus und Pessimismus in Antike und Christentum" in Universitas 16 (1961), S. 811–833 [= GluV IV, 69 ff].
[24] Zum Thema der urchristlichen Apokalyptik, S. 282.

Paulus konnte sein existentielles Verständnis der eschatologischen Gegenwart weder der Apokalyptik noch dem Pneumatikertum entnehmen. Dieses hat er wie jene umgeformt auf Grund seines Existenzverständnisses. Da in diesem als selbständigem Verständnis der Eschatologie seine Theologie gründet, kann man m. E. wohl sagen, daß die Eschatologie die Mutter der urchristlichen Theologie sei, nicht aber, daß es die Apokalyptik sei.

Veröffentlichungen von Rudolf Bultmann

Bisher veröffentlichte Bibliographien:
Coniectanea Neotestamentica 8, 1944, 23—35.
Festschrift Rudolf Bultmann zum 65. Geburtstag, 1949, 241—251.
Theol. Rundschau NF 22, 1954, 3—20.
Schubert M. Ogden, Existence and Faith. Shorter Writings of R. B., 1960, 317—320.
Ch. W. Kegley (ed.), The Theology of R. B., 1966, 289—310, New York, N. Y.
Maschinenschriftlich „for private use": Robert W. Funk, Bibliographia Bultmanniana, Drew University 1963, Madison N. J.

Vorstehende Bibliographien wurden dankbar eingesehen, zeitweilig durchlaufende Fehler wurden soweit als möglich ausgemerzt, Vor- und Nachworte aus Bultmanns Feder zu Publikationen anderer wurden einbezogen, Übersetzungen in fremde Sprachen wurden — soweit bekannt — aufgeführt. Vollständigkeit und Fehlerlosigkeit können natürlich nur relativ sein, wenngleich wir durch erneute Überprüfung einige neue Titel einreihen und andere richtigstellen konnten. Die Abkürzungen folgen der RGG³, nur auf „Glauben und Verstehen" wurde mit dem neuen Siegel „GluV" verwiesen. *Kursiv* gesetzte Titel bezeichnen selbständige Publikationen.

1908

„Die neutestamentliche Forschung 1905—1907." Monatsschrift für Pastoraltheologie 5, 124—132; 154—164.

Besprechung von:

A. Deissmann, Licht vom Osten. Monatsschrift f. Pastoraltheologie 5, 78—82.

G. Heinrici, Der literarische Charakter der ntl. Schriften. ChrW 22, 378.

1909

Besprechung von:

H. J. Holtzmann und W. Bauer, Handcommentar zum NT IV: Evangelium, Briefe und Offenbarung des Johannes, 3. Aufl., ChrW 23, 814.

1910

Der Stil der paulinischen Predigt und die kynisch-stoische Diatribe. (FRLANT 13.) Göttingen, Vandenhoeck u. Ruprecht.

Besprechung von:

Die Bibel ausgewählt (Inselverlag). ChrW 24, 90 f.

F. Ziller, Die moderne Bibelwissenschaft und die Krisis der evangelischen Kirche. Ibid. 689.

J. Weiss, Jesus im Glauben des Urchristentums. Ibid. 861.

1911

„Die Schriften des Neuen Testaments und der Hellenismus." (Über das Handbuch zum N. T. hrsgg. von H. Lietzmann.) ChrW 25, 589—593.

Besprechung von:

A. Deissmann, Paulus. Ibid. 1178.

1912

„Das religiöse Moment in der ethischen Unterweisung des Epiktet und das Neue Testament." ZNW 13, 97—110. 177—191.

„Vier neue Darstellungen der Theologie des Neuen Testaments." (Bespr. der neutestamentl. Theologien von Holtzmann, Weinel, Feine und Schlatter.) Monatsschr. f. Pastoraltheologie 8, 432—443.

Besprechung von:

„Das Gilgamesch-Epos", neu übersetzt von A. Ungnad und gemeinverständlich erklärt von H. Gressmann. Ibid. 189—193.

1913

„Was läßt die Spruchquelle über die Urgemeinde erkennen?" Oldenburgisches Kirchenblatt 19, 35—37. 41—44.

Artikel: „Urgemeinde". RGG¹ V.

Besprechung von:

P. Rosegger, Mein Weltleben. Neue Folge. ChrW 27, 1188 f.

C. Lemonnier, Ein Dorfwinkel. Ibid. 1192.

1914

„Einleitung" (in das N. T.). (Bespr. von Werken von P. Feine, P. Wendland, J. Weiss, E. Norden.) ThR 17, 41—46. 79—90.

Antwort auf Feines Erwiderung. Ibid. 125—130.

Besprechung von:

L. Pirot, L'œuvre exégétique de Théodore de Mopsueste. ThLZ 39, 363 f.

G. A. Van den Bergh van Eysinga, Die holländische radikale Kritik des N. T.; E. Klostermann, Die neuesten Angriffe auf die Geschichtlich-

keit Jesu; A. Schweitzer, Geschichte der Leben Jesu-Forschung, 2. Aufl.;
J. Weiss, Synoptische Tafeln; W. Bauer, Das Leben Jesu im Zeitalter
der neutestl. Apokryphen. ChrW 28, 643 f.

Kurze Anzeige von:

H. Gunkel, Reden und Aufsätze. ThR 17, 90.
W. Jaeger über: E. Norden, Agnostos Theos. Ibid. 163 f.
W. H. S. Jones, A Note on the Vague Use of *theos*. Ibid. 164.
Neutestl. Studien für G. Heinrici. Ibid. 360.

1915

„Neutestamentliche Theologie." (Bespr. von J. Behm, Der Begriff *diatheke* im N. T.; E. Lohmeyer, Diatheke.) ThR 18, 264—267.

Besprechung von:

J. B. Aufhauser, Antike Jesus-Zeugnisse. ThLZ 40, 260.
J. Behm, Die Bekehrung des Paulus. Ibid. 356.

Kurze Anzeige von:

F. Barth, Einleitung in das N. T. ThR 18, 147.

1916

„Biblische Theologie" (des N. T.). (Bespr. von A. Pott, Das Hoffen im N. T.; G. Wetter, Charis; Ders., Phos; Ders., Die Verherrlichung im Johannesevangelium.) ThR 19, 113—126.

„Von der Mission des alten Christentums." (Über A. v. Harnack, Mission und Ausbreitung des Christentums etc., und H. Lietzmann, Petrus und Paulus in Rom.) ChrW 30, 523—528.

Besprechung von:

J. Kögel, Zum Gleichnis vom ungerechten Haushalter. ThLZ 41, 525.
E. Stange, Die Eigenart der johanneischen Produktion. Ibid. 532—534.
W. Köhler, Die Gnosis. ChrW 30, 38 f.
C. Barth, Die Interpretation des N. T. in der valentinianischen Gnosis. Ibid.
H. Weinheimer, Geschichte des Volkes Israel, II. Ibid. 434.
Die ältesten Apologeten, hrsgg. von E. J. Goodspeed. Berliner Philolog. Wochenschr. 36, 129—131.
G. P. Wetter, Phos. Ibid. 1172—1175.

1917

„Die Bedeutung der Eschatologie für die Religion des N. T." ZThK 27, 76—87.

„Vom geheimnisvollen und offenbaren Gott." (Predigt) ChrW 31, 572 bis 579.

Besprechung von:

J. Sickenberger, Kurzgefaßte Einleitung in das N. T. ThLZ 42, 44.
H. Schumacher, Christus in seiner Präexistenz nach Phil. 2,5—8. Ibid. 338 f.
Ch. Burrage, Nazareth and the Beginnings of Christianity. Ibid. 364.
J. v. Walther, Die Sklaverei im N. T. Ibid. 467 f.

1918

Besprechung von:

Th. Soiron, Die Logia Jesu. ThLZ 43, 246.
J. Wrzol, Die Echtheit des 2. Thess. Ibid. 268.

1919

„Die neutestamentliche Forschung im 20. Jahrhundert." Oldenburg. Kirchenblatt 25, 115—116. 119—122.

Besprechung von:

K. Deissner, Paulus und Seneca. ThLZ 44, 5.
F. Bauer, Paulus. Ibid. 5.
F. Spitta, Die Auferstehung Jesu. Ibid. 124 f.
M. Dibelius, Die Formgeschichte des Evangeliums. Ibid. 173 f.
W. Classen, Leben Jesu. ChrW 33, 468 f.
W. Schmid, Geschichte der griechischen Literatur II, 5. Aufl. (Handbuch der klassischen Altertumswissenschaft, VII, 2, 2). Ibid. 550.

1920

„Die Frage nach dem messianischen Bewußtsein Jesu und das Petrus-Bekenntnis." ZNW 19, 165—174 (= Exegetica 1—9).
„Religion und Kultur." ChrW 34, 417—421. 435—439. 450—453.
„Ethische und mystische Religion im Urchristentum." Ibid. 725—731. 738—743.

Besprechung von:

H. Cladder, Unsere Evangelien. ThLZ 45, 198.
P. Ketter, Die Versuchung Jesu nach dem Berichte der Synoptiker. Ibid. 199.
K. L. Schmidt, Die Pfingsterzählung und das Pfingstereignis. Ibid. 199 f.

J. Behm, Der gegenwärtige Stand der Frage nach dem Verf. des Hebräerbriefes. Ibid. 247.
I. Maiworm, Bausteine der Evangelien zur Begründung einer Evangelienharmonie. Ibid. 267 f.
E. Stange, Paulinische Reisepläne. Ibid. 293.
K. L. Schmidt, Der Rahmen der Geschichte Jesu. Wochenschrift für klass. Philologie 37, 209—212. 241—247.

1921

Die Geschichte der synoptischen Tradition (FRLANT, NF 12). Göttingen, Vandenhoeck u. Ruprecht. (2. Aufl. 1931; ³1957; ⁴1958; ⁵1964).
„Ed. Meyers Werk über die Evangelien," Literaturblatt der Frankfurter Zeitung vom 3. April.
„Die neueste Bestreitung der Geschichtlichkeit Jesu." (Über A. Drews, Das Markusevangelium als Zeugnis gegen die Geschichtlichkeit Jesu). Ibid. vom 12. Oktober.

Besprechung von:
R. Knopf, Einführung in das N. T. DLZ 42, 254 f.

1922

„Karl Barths Römerbrief in zweiter Auflage." ChrW 36, 320—323. 330 bis 334. 358—361. 369—373.
„Gott in der Natur." Ibid. 489—491. 513 f. 553 f.
„Unruhe und Ruhe." Ibid. 569 f.
„Vom Beten." Ibid. 593 f.
„Vom Schicksal." Ibid. 609 f.
„Aus der Geschichte des Christentums." (Über Werke von E. Meyer, R. Schütz, R. Woerner, F. Meffert.) Literaturblatt der Frankfurter Zeitung vom 9. Juni.

Besprechung von:
K. Deissner, Paulus und die Mystik seiner Zeit. 2. Aufl. ThLZ 47, 193 f.
Zeitschrift f. d. neutestamentliche Wissenschaft 1919/20 Heft 2. Ibid. 194—196.
K. Deissner, Religionsgeschichtliche Parallelen, ihr Wert u. ihre Verwendung. Ibid. 215.
A. Reiss, Das Selbstbewußtsein Jesu. Ibid. 215 f.
R. Schütz, Apostel und Jünger. Ibid. 271—273.
L. Brun-A. Fridrichsen, Paulus und die Urgemeinde. Ibid. 273 f.
H. Leisegang, Pneuma Hagion. Ibid. 425—427.

1923

„Der religionsgeschichtliche Hintergrund des Prologs zum Johannes-Evangelium." Eucharisterion. Festschrift für H. Gunkel, II, 3—26 (= Exegetica 10—35).

Besprechung von:

G. Bert, Das Evangelium des Johannes. ThLZ 48, 175—177.

E. Friedell, Das Jesusproblem. Ibid. 177.

R. Jelke, Die Wunder Jesu. Ibid. 177 f.

R. Knopf, Einführung in das N. T. 2. Aufl. Ibid. 394—396.

G. Dalman, Orte und Wege Jesu. 2. Aufl. ThBl 2, 123—125.

A. Huck, Synopse der drei ersten Evangelien. Ibid. 150 f.

E. Thurneysen, Dostojewski. ChrW 37, 325.

W. Zündel, Jesus in Bildern aus seinem Leben. Ibid. 556 f.

W. Bousset, Wir heißen euch hoffen. Ibid. 789.

J. Lepsius, Das Leben Jesu. Literaturblatt der Frankfurter Zeitung vom 11. Mai.

1924

„Die liberale Theologie und die jüngste theologische Bewegung." ThBl 3, 73—86 (= GluV I, 1—25).

„Das Problem der Ethik bei Paulus." ZNW 23, 123—140 (= Exegetica 36—54).

Besprechung von:

J. Gr. Machen, The Origin of Paul's Religion. ThLZ 49, 13 f.

E. Norden. Die Geburt des Kindes. Ibid. 319—323.

H. Lietzmann, An die Korinther I.II. An die Galater. Ibid. 366—369.

H. Hartmann, Jesus, das Dämonische und die Ethik. ThBl 3, 162 f.

F. Preisigke, Vom göttlichen Fluidum nach ägyptischer Anschauung; Die Gotteskraft der frühchristlichen Zeit. Ibid. 185 f.

L. Fendt, Gnostische Mysterien. ChrW 38, 487 f.

A. Deissmann, Licht vom Osten. 4. Aufl. Ibid. 488—490.

M. Dibelius, Der Brief des Jakobus. DLZ 45, 335 f.

S. Eitrem-A. Fridrichsen, Die Versuchung Christi. Ibid. 1982 f.

1925

Die Erforschung der synoptischen Evangelien. (Aus der Welt der Religion, 4.) Gießen, Töpelmann (2. Aufl. 1930; ³1960; ⁴1961).

„Die Bedeutung der neuerschlossenen mandäischen und manichäischen Quellen für das Verständnis des Johannesevangeliums." ZNW 24, 100—146 (= Exegetica 55—104).

„Das Problem einer theologischen Exegese des N. T." ZZ 3, 334—357.
„Welchen Sinn hat es, von Gott zu reden?" ThBl 4, 129—135 (= GluV I, 26—37).
„Der christliche Sinn von Glaube, Liebe, Hoffnung." (Skizze eines Vortrags) Zeitschr. f. den evang. Religionsunterricht 36, 170—172.
Besprechung von:
E. Fascher, Die formgeschichtliche Methode, ThLZ 50, 313—318.
W. Gemoll, Das Apophthegma. Ibid. 343 f.
J. Bestmann, Zur Geschichte des neutestamentl. Kanons. Ibid. 372.
W. F. Otto, Der Geist der Antike und die christliche Welt. ChrW 39, 41—43.
L. Cohn-I. Heinemann, Schriften der Jüdisch-Hellenistischen Literatur in deutscher Übersetzung (PhilosWerke) 3. 4. Ibid. 375.
A. Bauer, Vom Judentum zum Christentum. Ibid. 375.
Angelos I. Ibid. 661 f.
G. Krüger, Der Historismus und die Bibel. Ibid. 1061.
E. Peterson, Was ist Theologie? Ibid. 1061 f.
Die apostolischen Väter I (Samml. ausgew. kirchen- u. dogmengeschichtl. Quellenschriften II 1, 1). Ibid. 1064.
Epistula Apostolorum (Kl. Texte für Vorles. u. Üb. 152). Ibid. 1064.
Pistis Sophia, übers. u. herausgeg. v. C. Schmidt. Ibid. 1064 f.

1926

Jesus. (Die Unsterblichen I.) Berlin, Deutsche Bibliothek. (2. Aufl. 1929; Übersetzung ins Schwedische 1928, ins Dänische 1930, ins Japanische 1933, ins Englische 1934; deutsch ab 3. Aufl. 1951 bei J. C. B. Mohr [Paul Siebeck] Tübingen).
„Das Wesen der dialektischen Methode." ZZ 4, 40—60.
„Geschichtliche und übergeschichtliche Religion im Christentum" (Über das gleichbetitelte Buch von M. Dibelius). Ibid. 385—403 (=GluV I, 65—84).
„The New Approach to the Synoptic Problem." The Journal of Religion 6, 337—362.
„Die evangelisch-theologische Wissenschaft in der Gegenwart." Abendblatt der Frankfurter Zeitung vom 27. Sept. und 11. Okt.
„Wilhelm Heitmüller." ChrW 40, 209—213.
„Die Reform des theologischen Studiums und des kirchlichen Prüfungswesens." (Über die betr. Denkschrift der Greifswalder Fakultät) Ibid. 422—428.

„Karl Barth: Die Auferstehung der Toten." ThBl 5, 1—14 (= GluV I, 38—64).

„Urchristliche Religion" (Bericht über die Literatur 1919—1925). Archiv f. Religionswiss. 24, 83—164.

„Urchristentum." (Über E. Meyer, Ursprung und Anfänge des Christentums III) Literaturblatt der Frankfurter Zeitung vom 23. Mai.

Besprechung von:

W. Bauer, Das Johannesevangelium. 2. Aufl. ThLZ 51, 246 f.

A. Deissmann, Paulus. 2. Aufl. Ibid. 273—278.

F. Preisigke, Wörterbuch der griech. Papyrusurkunden, 1. Lief. Ibid. 491 f.

A. Frövig, Das Sendungsbewußtsein Jesu und der Geist. Ibid. 543—545.

W. Bussmann, Synoptische Studien I. DLZ 47, 1587—1589.

1927

„Analyse des ersten Johannesbriefes." Festgabe für A. Jülicher 138—158 (= Exegetica 105—123).

„Das Johannesevangelium in der neuesten Forschung." ChrW 41, 502 bis 511.

„Zur Frage der Christologie." (Über E. Hirsch, Jesus Christus der Herr.) ZZ 5, 41—69 (= GluV I, 85—113).

„Vom Begriff der religiösen Gemeinschaft." (Über das gleichbetitelte Buch von E. Lohmeyer.) ThBl 6, 66—73.

Besprechung von:

W. Schauf, Sarx. ThLZ 52, 34—37.

M. Dibelius, Geschichte der urchristlichen Literatur. Ibid. 80—83.

H. Windisch, Johannes und die Synoptiker. Ibid. 197—200.

P. Fiebig, Der Erzählungsstil der Evangelien. Ibid. 226—228.

J. Sickenberger, Kurzgefaßte Einleitung in das N. T. Ibid. 321 f.

J. B. Aufhauser, Antike Jesus-Zeugnisse. Ibid. 339.

E. Lohmeyer, Die Offenbarung des Johannes. Ibid. 505—512.

L. Köhler, Das formgeschichtliche Problem des N. T. Ibid. 578—580.

E. Jung, Die geschichtliche Persönlichkeit Jesu. Lit. Blatt, Frankfurter Zeitung 60. Jhgg. vom 17. 4.

A. Reatz, Jesus Christus. Ibid.

K. Refer, Der Heiland. Monatsschrift f. Gottesdienst u. kirchl. Kunst, 32, 164—167.

W. Bousset, Apophthegmata. Ibid. v. 11. Sept.

Artikel: Aurelius, S. E.; Briefliteratur, urchristliche, formgeschichtlich; Brun, J. L.; Bugge, Chr. A.: RGG² I.

1928

„Untersuchungen zum Johannesevangelium", A *(Alétheia)*. ZNW 27, 113—163 (= Exegetica 124—173).

„Die Eschatologie des Johannesevangeliums." ZZ 6, 4—22 (= GluV I, 134—152).

„Die Bedeutung der dialektischen Theologie für die neutestamentliche Wissenschaft." ThBl 7, 57—67 (= GluV I, 114—133).

„Urchristentum und Staat." Mitteilungen des Universitätsbundes Marburg, Nr. 19, 1—4.

„Der Glaube als Wagnis." ChrW 42, 1008—1010.

Besprechung von:

W. Bousset, Die Religion des Judentums, 3. Aufl. ThLZ 53, 250—254.

E. Klostermann, Das Markusevangelium. Ibid. 544—546.

O. Schmitz, Die Bedeutung des Wortes bei Paulus. Ibid. 563—567.

W. Schlatter, Das große Kapitel von der Totenauferstehung. Ibid. 605.

M. Johannessohn, Das biblische *kai egéneto* und seine Geschichte. Ibid. 568 f.

Festgabe für A. Deissmann. ThBl 7, 125—129.

G. Kittel, Die Probleme des palästin. Judentums und das Urchristentum. Gnomon 4, 297—305.

K. A. Busch, Das Lukas-Evangelium. ChrW 42, 228 f.

J. Behm, Die mandäische Religion und das Christentum. Ibid. 393.

W. Bousset, Apophthegmata. Ibid. 1041 f.

Artikel: Ebioniten; Eidem, E.; Evangelien, gattungsgeschichtlich; Frey, J.; Fridrichsen, A. J.; Fröwig, D. A.; Gleichnis und Parabel II, in der Bibel; Grass, K.; Heidegger, M.;: RGG² II.

1929

Jesus. 2. *Aufl.* (s. 1926).

Der Begriff der Offenbarung im N. T. (Samml. gemeinverständlicher Vorträge 135). Tübingen, J. C. B. Mohr (Paul Siebeck) (=GluV III, 1—34.).

„Kirche und Lehre im NT." ZZ 7, 9—43 (= GluV I, 153—187).

„Die Bedeutung des geschichtlichen Jesus für die Theologie des Paulus." ThBl 8, 137—151 (= GluV I, 188—213).

„Zur Geschichte der Paulus-Forschung." ThR NF 1, 26—59.

Besprechung von:

A. Schlatter, Der Glaube im N. T., 4. Aufl. ThLZ 54, 195 f.

F. Büchsel, Der Geist Gottes im N. T. Ibid. 196—203.

F. Büchsel, Johannes und der hellenistische Synkretismus. Ibid. 203 bis 205.

H. Windisch, Der Sinn der Bergpredigt. DLZ 50, 985—994.

W. Rust, Die Wunder in der Bibel, 1. 2. ChrW 43, 36 f.

Artikel: Jeremias, Joach.; Kundsin, K.; Lindblom, Ch. J.; Literaturgeschichte, biblische 1 und 3a: RGG² III.

1930

Die Erforschung der synoptischen Evangelien. 2. Aufl. (s. 1925). Englische Übersetzung in: Form Criticism: A New Method of NT Research, ed. F. C. Grant, Chicago—New York (1934).

„Untersuchungen zum Johannesevangelium." B. ZNW 29, 169—192 (= Exegetica 174—197).

„Urkristendom och religionshistoria." Svensk. Teol. Kvartalskrift VI, 299 bis 324 (deutsch: ThR NF 4, 1932).

„Aimer son prochain, commandement de Dieu." Revue d'Histoire et de Philosophie Religieuses 10, 222—241 (deutsch: GluV I, 229—244).

„Die Geschichtlichkeit des Daseins und der Glaube." ZThK NF 11, 329 bis 364.

„Mitarbeit an der Straßburger Revue d'Histoire et de Philos. Rel.?" ThBl 9, 251—252. 360—362.

Besprechung von:

Th. Zahn, Grundriß der neutestl. Theologie. ThLZ 55, 107—110.

W. Jaeger, Die geistige Gegenwart der Antike. Ibid. 169—171.

E. Lohmeyer, Grundlagen paulinischer Theologie. Ibid. 217—223.

E. Lohmeyer, Der Brief an die Philipper; Kyrios Jesus. DLZ 51, 774 bis 780.

E. Barnikol, Die vorchristliche und frühchristliche Zeit des Paulus; Die drei Jerusalemreisen des Paulus. ZKG 49, NF 12, 90 f.

A. von Harnack, Einführung in die alte Kirchengeschichte. ChrW 44, 182 f.

Artikel: Mosbech, H.; Mystik IV, im N. T.; Mythos III B, im N. T.; Noachische Gebote; Offenbarung IV, im N. T.; Pastoralbriefe; Paulus. RGG² IV.

1931

Die Geschichte der synoptischen Tradition. 2. Aufl. (s. 1921).

„Die Krisis des Glaubens" in: R. Bultmann, H. v. Soden, H. Frick, Krisis des Glaubens, Krisis der Kirche, Krisis der Religion. Drei Marburger Vorträge, 5—21 (= GluV II, 1—19).

Besprechung von:

A. von Harnack, Die Bezeichnung Jesu als „Knecht Gottes" etc. ThLZ 56, 97 f.

K. Schoch, Christi Kreuzigung am 14. Nisan; J. Schaumberger, Der 14. Nisan als Kreuzigungstag und die Synoptiker. Ibid. 272 f.

U. v. Wilamowitz-Moellendorf, Die *katharmoi* des Empedokles. Ibid. 338—340.

M. Goguel, Au seuil de l'Evangile. Jean Baptiste. Ibid. 345—348.

H. Lietzmann, Ein Beitrag zur Mandäerfrage. Ibid. 557—580.

A. Schweitzer, Die Mystik des Apostels Paulus. DLZ 52, 1153—1158.

R. Liechtenhan, Paulus. Ibid. 1393 f.

Artikel: von Schrenk, E.; von Stromberg, A.; Torm, F.; Urgemeinde; Westberg, F.; Wetter, G. P.: RGG² V.

1932

„Römer 7 und die Anthropologie des Paulus". Imago Dei (Festschrift für G. Krüger) 53—62 (= Exegetica 198—209).

„Urchristentum und Religionsgeschichte." (Über K. Holls gleichbetitelte Schrift.) ThR NF 4, 1—21 (s. 1930).

„Jesus der König, der kein König war." (Über R. Eislers Werk: *Jesous Basileus* etc.). Literaturblatt der Frankfurter Zeitung vom 24. Jan.

Besprechung von:

K. Mittring, Heilswirklichkeit bei Paulus. ThLZ 57, 156—159.

W. Schmid-O. Stählin, Gesch. der griech. Lit., 1. Teil, 1. Band. Ibid. 291 f.

E. Benz, Das Todesproblem in der stoischen Philosophie. Ibid. 387 f.

W. Bussmann, Synoptische Studien II. DLZ 53, 2257—2260.

E. Barnikol, Personenprobleme der Apostelgeschichte; Johannes Markus, Silas und Titus; Römer 15, letzte Reiseziele des Paulus, Jerusalem, Rom und Antiochien; Der nichtpaulinische Ursprung des Parallelismus der Apostel Petrus und Paulus. ZKG 51, III. F. 2, 554 f.

R. Reitzenstein, Die hellenistischen Mysterienreligionen, 3. Aufl.; Die Vorgeschichte der christl. Taufe. Hist. Zeitschr. 145, 372—376.

1933

Glauben und Verstehen (= GluV I) Gesammelte Aufsätze. Tübingen, J. C. B. Mohr (Paul Siebeck).
Darin an unveröffentlichten Aufsätzen:
„Zur Frage des Wunders" 214—228.
„Die Christologie des NT" 245—267.
„Der Begriff des Wortes Gottes im NT" 268—293.
„Das Problem der ‚Natürlichen Theologie'" 294—312.
„Die Bedeutung des AT für den christl. Glauben" 313—336.

„Gott ruft uns." (Predigt.) Neuwerk XIV, 70—81.
„Zur Frage des theologischen Studiums." Montag-Morgenblatt der Frankfurter Zeitung vom 2. Jan.
„Die Aufgabe der Theologie in der gegenwärtigen Situation." ThBl 12, 161—166.
„Der Arier-Paragraph im Raume der Kirche." Ibid. 359—370.

Besprechung von:
E. Klostermann, Das Lukasevangelium. ThLZ 58, 70 f.
O. Michel, Paulus und seine Bibel. Ibid. 157—159.
W. Bussmann, Synoptische Studien III. DLZ 54, 241—245.

Artikel: *agalliaomai, agnoeo, aidos, aischynomai, aletheia, aniemi, afiemi, ginosko.* ThW I.

1934

Form Criticism (engl. Übersetzung von: Erforschung d. synopt. Evangelien, s. 1930).
„Comment Dieu nous parle-t-il dans la Bible?" Foi et Vie 32, 263—274.
„How does God speak to us through the Bible?" The Student Work 1934, 108—112.
„Der Glaube an Gott den Schöpfer." (Predigt) Evang. Theologie 1, 175 bis 189.
„Neueste Paulusforschung." ThR NF 6, 229—246.

Vorwort zu:
H. Jonas, Gnosis und spätantiker Geist, I: Die mytholog. Gnosis, Göttingen, FRLANT 33.

Besprechung von:
W. F. Howard, The Fourth Gospel in Recent Criticism. ThLZ 59, 68 bis 71.
J. E. Carpenter, The Johannine Writings. Ibid. 87—89.

E. Stauffer, Grundbegriffe einer Morphologie des neutestl. Denkens. Ibid. 211—215.

O. Kietzig, Die Bekehrung des Paulus. DLZ 55, 1154—1159.

H. D. Wendland, Die Eschatologie des Reiches Gottes bei Jesus. Ibid. 2019—2025.

J. Wobbe, Der Charis-Gedanke bei Paulus. Ibid. 2308.

H. Lietzmann, Geschichte der alten Kirche, I. ZKG 53, III. F. 4, 624 bis 630.

E. Barnikol, Mensch und Messias. Phil. 2. Ibid. 632—636.

1935

„Polis und Hades in der Antigone des Sophokles." Theol. Aufsätze für Karl Barth. 78—89.

Artikel: *deloo, eleos, elpis, eulabes, eufraino, zao.* ThW II.

1936

„Jesus und Paulus," in: Jesus Christus im Zeugnis der Heiligen Schrift und der Kirche (Beih. zur Evang. Theol. 2), 68—90 (= Exegetica 210 bis 229).

„Die Bergpredigt Jesu und das Recht des Staates." Forschungen und Fortschritte 12, 101 f.

„Der Sinn des christlichen Schöpfungsglaubens." Zeitschr. f. Missionskunde und Religionswissenschaft 51, 1—20.

„Predigt über Acta 17:22—32." Bekenntnis-Predigten, 21, 14—26.

„Neueste Paulusforschung." ThR NF 8, 1—22.

Besprechung von:

W. Schmid-O. Stählin, Geschichte der griech. Literatur, 1. Teil, 2. Band. ThLZ 61, 303 f.

1937

„Reich Gottes und Menschensohn." (Über R. Ottos gleichbetiteltes Buch.) ThR NF 9, 1—35.

„Hirschs Auslegung des Johannes-Evangeliums." Evang. Theologie 4, 115—142.

Besprechung von:

W. Luther, „Wahrheit" und „Lüge" im ältesten Griechentum. ThLZ 62, 245 f.

H. Odeberg, 3. Enoch or the Hebrew Book of Enoch. Ibid. 449—453.

J. Sundwall, Die Zusammensetzung des Markusevangeliums. DLZ 58, 1133—1136.

L. Bieler, Theios Anēr I. II. ZKG 56, III. F. 7, 640—643.

1938

„Das Verständnis von Welt und Mensch im Griechentum und im N. T.". (Skizze eines Vortrags.) In Extremis, 9—24 (s. 1940).

Artikel: *thanatos, hilaros, kauchaomai.* ThW III.

1939

„Johannes Weiss zum Gedächtnis." ThBl 18, 242—246.

Besprechung von:

H.-D. Wendland, Geschichtsauffassung und Geschichtsbewußtsein im N. T., ThLZ 64, 252—256.

H. Lietzmann, Geschichte der alten Kirche, II. ZKG 58, III. F. 9, 260 bis 266.

Sundkler-Fridrichsen, Contributions à l'Étude de la Pensée Missionaire dans le N. T. OLZ 42, 302 f.

Coniectanea Neotestamentica II (G. Björck, Drei Markus-Stellen; A. Fridrichsen, Einige sprachl. stilist. Beobachtungen; G. Rudberg, Germanenspuren im NT?) Ibid. 437—439.

1940

Christus des Gesetzes Ende. (Zusammen mit H. Schlier; Beiträge zur Evang. Theologie 1.) München, Lempp (= GluV II, 32—58).

„Das Verständnis von Welt und Mensch im Griechentum und im N. T." ThBl 19, 1—14 (= GluV II, 59—78).

„Johanneische Schriften und Gnosis." (Über E. Percy, Untersuchungen über den Ursprung der johanneischen Theologie.) OLZ 43, 150—175 (= Exegetica 230—254).

Besprechung von:

E. Hirsch, Die Auferstehungsgeschichten und der christliche Glaube. ThLZ 65, 224—246.

M. Dibelius, Paulus auf dem Areopag. Gnomon 16, 334—336.

1941

Das Evangelium des Johannes. (In Meyers krit.-exeget. Kommentar) Göttingen, Vandenhoeck und Ruprecht.

Offenbarung und Heilsgeschehen: I. Die Frage der natürlichen Offenbarung. II. Neues Testament und Mythologie. (Beitr. z. Evang. Theologie 7). München, Lempp (I. = GluV II, 79—104; II. = Kerygma und Mythos I, 15—53).

„Die Frage nach der Echtheit von Matth. 16,17—19." ThBl 20, 265 bis 279. (= Exegetica 255—277).

1942

Besprechung von:

A. von Jüchen, Jesus und Pilatus. ThLZ 67, 26.

W. Nestle, Vom Mythos zum Logos. Ibid. 146—148.

W. Schmid-O. Stählin, Gesch. der griech. Literatur, 1. Teil, 3. Band, 1. Hälfte. Ibid. 148 f.

C. M. Edsman, Le baptême de feu. Gött. Gel. Anz. 104, 202—206.

Artikel: *lype, merimnao, nekros.* ThW IV.

1943

Besprechung von:

K.-H. Volkmann-Schluck, Plotin als Interpret Platons. ThLZ 68, 203 bis 205.

J. Schmidt, Ethos. Ibid. 205 f.

1944

„Zum Thema: Christentum und Antike." ThR NF 16, 1—20.

„Zur Frage der wissenschaftlichen Ausbildung der Theologen." Studienbetreuung der Kriegsteilnehmer der Martin-Luther-Universität Halle, November.

1945

„Adam, wo bist du? Über das Menschenbild der Bibel." Die Wandlung 1, 22—23 (= GluV II, 105—116).

1946

„Anknüpfung und Widerspruch." ThZ 2, 401—418 (= GluV II, 117 bis 132).

„Das Verhältnis der Universität zu Antike und Christentum." Berichte des Planungs-Ausschusses der Philipps-Universität Marburg zur Neugestaltung der deutschen Hochschulen 20—27.

1947

Exegetische Probleme des zweiten Korintherbriefes. Symbolae Biblicae Upsalienses 9 (= Exegetica 298—322).

„To love your Neighbour" (Übers. von „Aimer son Prochain", s. u. 1930). Scottish Periodical 1, 42—56.

„Glossen im Römerbrief". ThLZ 72, 197—202 (= Exegetica 278—284).

„Bekenntnis- und Liedfragmente im ersten Petrusbrief." Coniect. Neotest. 11, in honorem Antonii Fridrichsen 1—14 (= Exegetica 285—297).

Besprechung von:

Wilfred L. Knox, St. Paul and the Church of the Gentiles. ThLZ 72, 77 bis 80.

P. Brommer, Eidos et Idea. Ibid. 79—82.

Wilh. Oehler, Zum Missionscharakter des Johannesevangeliums. Ibid. 169—170.

Werner Georg Kümmel, Verheißung und Erfüllung. Ibid. 271—274.

Georg Wünsch, Evangelische Ethik des Politischen. Verkündigung und Forschung, Theologischer Jahresbericht 1942/46, 1946/47, 253—266.

1948

Theologie des Neuen Testaments. 1. Lieferung, Tübingen, J. C. B. Mohr (Paul Siebeck).

„Humanismus und Christentum." Studium Generale 1, 2, 70—77 (= GluV II, 133—148).

„Zur Geschichte der Lichtsymbolik." Philologus 97, 1—36 (= Exegetica 323—355).

„Gnade und Freiheit." Glaube und Geschichte. Festschr. für F. Gogarten 7—20 (= GluV II, 149—161).

„Neues Testament und Mythologie" (aus: „Offenbarung und Heilsgeschehen" s. u. 1941) und „Zu Schniewinds Thesen", in „Kerygma und Mythos". Hamburg, Reich u. Heidrich, S. 15—53 und 135—153.

„Adam, wo bist du?" (aus: Die Wandlung, s. u. 1945). Lebend. Wissenschaft, 10. Heft, Stuttgart, Kreuz-Verlag.

„Heilsgeschichte und Geschichte." Über O. Cullmann, Christus und die Zeit. ThLZ 73, 659—666 (= Exegetica 356—368).

Artikel: *oiktiro* ThW V.

1949

Das Urchristentum im Rahmen der antiken Religionen (Erasmus-Bibliothek). Zürich, Artemis-Verlag. (Französ. Übersetzung s. 1950. Engl. Übersetzung: Primitive Christianity in its Contemporary Setting, übers. von R. H. Fuller, New York, Meridian Books, 1959).

„Weissagung und Erfüllung." Studia Theologica (Lund) 2, 1—24 (= GluV II, 162—186).

„Das Christentum als orientalische und als abendländische Religion." Schriften der Wittheit zu Bremen 18,4 (= GluV II, 187—210).

„Zu Schniewinds Thesen" (s. unter 1948) in „Entmythologisierung", Evang. Verlagswerk, Stuttgart.

„Für die christliche Freiheit." Die Wandlung 4, 417—422.

„Humanisme og Kristendom" (aus: Studium Generale 1, s. oben unter 1948), Tidehverv 23, 82—88.

Besprechung von:

O. Cullmann, Les premières confessions de foi chrétienne, ThLZ 74, 40 bis 42.

1950

Das Evangelium des Johannes. 2. Aufl. (s. unter 1941).

Le christianisme primitif dans le cadre des religions antiques. Übers. von „Das Urchristentum im Rahmen der antiken Religionen" (s. unter 1949). Paris, Payot.

„Das Problem der Hermeneutik." ZThK 47, 47—69, (s. u. und unter 1951; = GluV II, 211—235).

„Ursprung und Sinn der Typologie als hermeneutischer Methode." Pro Regno Pro Sanctuario (Festschr. für G. van der Leeuw), 89—100. Abgedruckt in ThLZ 75, 205—212 (= Exegetica 369—380).

„Die Bedeutung der alttestamentlich-jüdischen Tradition für das christliche Abendland." Welt ohne Haß, Aufsätze und Ansprachen zum 1. Kongreß über bessere menschliche Beziehungen in München. Berlin, Christian-Verlag, 43—54 (= GluV II, 236—245).

„Das Problem des Verhältnisses von Theologie und Verkündigung im Neuen Testament." Aux Sources de la Tradition Chrétienne (Festschr. für M. Goguel). Neuchâtel—Paris, 32—42.

„Weissagung und Erfüllung." Abdruck aus Studia Theologica 2 (s. unter 1949), ZThK 47, 360—383.

„Hermeneutikkens Problem I." Aus ZThK 47, 1950. (S. o. unter 1950), Tidehverv 24, 86—93.

Geleitwort zu:

Neuauflage von A. von Harnack, „Das Wesen des Christentums."

Besprechung von:

K. Prümm, Religionsgeschichtliches Handbuch für den Raum der altchristlichen Umwelt. ThLZ 75, 481—484.

M. Pohlenz, Der hellenistische Mensch, Ibid. 596—600.

H. Herter, Platons Akademie. Ibid. 732—733.
R. Harder, Eigenart der Griechen. Gnomon 22, 343—348.

1951

Theologie des Neuen Testaments, 2. Lieferung, Tübingen, J. C. B. Mohr (Paul Siebeck).

Jesus, 3. Aufl. Tübingen, J. C. B. Mohr (Paul Siebeck) (s. 1926 und 1929).

Theology of the New Testament, Vol. I. New York, Charles Scribner's Sons.

„NT u. Mythologie etc." in „Kerygma u. Mythos I" (s. 1948), 2. Aufl.

Das christologische Bekenntnis des Ökumenischen Rates." Schweizerische Theol. Umschau 21, 25—36; gleichfalls in: Evangel. Theologie 11, N. F. 6, 1—13 (= GluV II, 246—261).

„Hermeneutikkens Problem" II. (s. unter 1950). Tidehverv 25, 8—12.

„Theologie und Glaube" (Ein Brief). Unterwegs 5, 273—274.

„Die kirchliche Redaktion des ersten Johannesbriefes." In Memoriam Ernst Lohmeyer, 189—201. Stuttgart, Evang. Verlagswerk (= Exegetica 381—393).

Vorwort zu:
Hans von Soden, Urchristentum u. Geschichte Bd. I: Grundsätzliches und Neutestamentliches, Tübingen, J. C. B. Mohr (Paul Siebeck), V—IX.

1952

Das Evangelium des Johannes, 3. Aufl. (s. unter 1941).

Glauben und Verstehen, II. Ges. Aufsätze. Tübingen, J. C. B. Mohr (Paul Siebeck).

Darin an unveröffentlichten Aufsätzen:

„Formen menschlicher Gemeinschaft" 262—273.

„Die Bedeutung des Gedankens der Freiheit für die abendländische Kultur" 274—293.

Theology of the New Testament I. London, SCM-Press.

„Gnosis" (Besprechung von Dom Jacques Dupont, Gnosis. La Connaissance religieuse dans les Épitres de Saint Paul). JThSt, N. S. 3, 10—26.

„Humanism and Christianity." Journal of Religion, Vol. 32, 77—86 (deutsch in: HZ 176, 1953, 1—15; GluV III, 61—75).

„Zum Problem der Entmythologisierung." Kerygma und Mythos II. 177 bis 208.

„Der Mensch zwischen den Zeiten." Man in Gods Design (Studiorum Novi Testamenti Societas), 39—59 (= GluV III, 35—54).

„Zur Auslegung von Gal. 2,15—17." Ecclesia semper reformanda (Sonderheft der Ev. Theologie, Ernst Wolf zum 50. Geburtstag), 41—45 (= Exegetica 394—399).

„Das deutsche Volk und Israel." Merkur 6, Heft 12, 1111—1115. (Antwort auf Leo Baeck „Israel und das deutsche Volk" Ibid., Heft 10, 901 bis 911 (= GluV III, 55—60).

„Gnosis" (Bible Key Words from Gerh. Kittels Theol. Wörterb. zum NT). (s. oben unter 1933 Artikel *ginosko*).

1953

Theologie des Neuen Testaments, 3. Lieferung. Tübingen, J. C. B. Mohr (Paul Siebeck).

Das Evangelium des Johannes (s. unter 1941), 4. Aufl. mit Ergänzungsheft.

„Ignatius und Paulus." Studia Paulina, 37—51, in Honorem Johannis de Zwaan. Harlem, De Erven F. Bohn N. V. (= Exegetica 400—411).

„Zum Thema: Christentum und Antike." ThR NF 21, 1—14.

„Die christliche Hoffnung und das Problem der Entmythologisierung." Unterwegs 7, 257—264.

„Weihnachten" Neue Zürcher Zeitung vom 25. Dez., Blatt 1 (= GluV III, 76—80).

1954

Theologie des Neuen Testaments (s. unter 1953), 2. Aufl.

Das Urchristentum im Rahmen der antiken Religionen (s. unter 1949), 2. Aufl.

Glauben und Verstehen Bd. I, (s. unter 1933), 2. Aufl.

„Die christliche Hoffnung und das Problem der Entmythologisierung" (s. unter 1953), Rundfunk-Vortrag und Diskussion mit G. Bornkamm, F. K. Schumann. Stuttgart, Evang. Verlagswerk (= GluV III, 81—90).

„Antwort an Karl Jaspers." ThZ 10, 81—95. Ebenso in „Merkur" 8 (75), 415—426 und in „Kerygma und Mythos" III, 47—59, sowie in: Karl Jaspers — Rudolf Bultmann, Die Frage der Entmythologisierung, 57—73, Piper-Verlag München.

„Ist humanistische Bildung zeitgemäß?" Die alte Schulglocke Nr. 8.

„History and Eschatology in the New Testament." NT Studies, 1, 5—16, (deutsch: GluV III, 91—106).

„Bemerkungen zur Lehrprobe ‚Der Auferstandene'". Der evangelische Erzieher 6, 98—100.

Besprechung von:

H. J. Schoeps, Theologie und Geschichte des Judenchristentums. Gnomon 26, 177—189.

C. H. Dodd, The Interpretation of the Fourth Gospel. NT Studies 1, 77 bis 91.

Artikel: *peitho, penthos, pistis* in: ThW V.

1955

Theology of the New Testament, Vol. II, Trans. Kendrick Grobel. London, SCM Press.

L'Interprétation du Nouveau Testament (Sammlung verschiedener früher publizierter Aufsätze). Paris: Aubier, Editions Montaigne.

Essays, Philosophical and Theological, trans. by James C. G. Greig (Übersetzung von Glauben und Verstehen Bd. II; s. unter 1952), London, SCM Press.

„Wissenschaft und Existenz". Ehrfurcht vor dem Leben, Festschrift für Albert Schweitzer zum 80. Geburtstag. Bern, P. Haupt, 30—43.

„Echte und säkularisierte Verkündigung." Universitas 10, 699—706 (= GluV III, 122—130).

„The Transformation of the Idea of the Church in Early Christianity." Canadian Journal of Theology 1, 73—81 (deutsch = GluV III, 131 bis 141).

„Zum Thema: Christentum und Antike." ThR NF 23, 207—229.

„Zur Johanneischen Tradition." ThLZ 80, 521—526.

Besprechung von:

T. Boman, Das hebräische Denken im Vergleich mit dem griechischen. Gnomon 27, 551—558.

Vorwort zu:

Erich Frank, Wissen, Wollen, Glauben. Zürich, Artemis-Verlag, 11—13.

1956

Das Evangelium des Johannes. 4. Aufl. (s. unter 1941).

Primitive Christianity in its Contemporary Setting (Übersetzung von: Das Urchristentum im Rahmen der antiken Religionen, s. 1949). New York, Meridian Books.

Marburger Predigten. Tübingen, J. C. B. Mohr (Paul Siebeck).

„,The Bible Today' und die Eschatologie", The Background of the New Testament and its Eschatology, Festschrift für C. H. Dodd, 402—408. Cambridge, The University Press.

Besprechung von:

Dom J. Dupont, „Essais sur le Christologie de St. Jean." ThLZ 81, 33 bis 35.

Vorwort zu:

Heinz Becker, Die Reden des Johannesevangeliums und der Stil der gnostischen Offenbarungsrede, FRLNT 50.

1957

Die Geschichte der synoptischen Tradition, 3. Aufl. (s. 1921).

Das Evangelium des Johannes. 6. Aufl. (s. 1941).

History and Eschatology. Edinburgh, The University Press. (Das gleiche Buch unter dem Titel: The Presence of Eternity. New York, Harper & Brothers).

„Der Mensch und seine Welt nach dem Urteil der Bibel", Deutsches Pfarrerblatt 57, 458—463 (= GluV III, 151—165).

„Ist voraussetzungslose Exegese möglich?" ThZ 13, 409—417 (= GluV III, 142—150).

„Allgemeine Wahrheiten und christliche Verkündigung". ZThK 54, 244 bis 254 (= GluV III, 166—177).

„In eigener Sache" (Besprechung von R. Marlé, „Bultmann et l'interprétation du NT"). ThLZ 82, 241—250 (= GluV III, 178—189).

1958

Theologie des Neuen Testaments, 3. Aufl. (s. 1953).

Die Geschichte der synoptischen Tradition. 4. Aufl. (s. 1921).

Geschichte und Eschatologie (deutsche Ausgabe von History and Eschatology, s. 1957). Tübingen, J. C. B. Mohr (Paul Siebeck).

Jesus and the Word. (engl. Ausgabe von *Jesus*, s. 1926 bzw. 1934). *2. Aufl.* New York, Charles Scribner's Sons.

Jesus Christ and Mythology. New York, Charles Scribner's Sons.

Theology for Freedom and Responsibility. Christian Century 75, 967 bis 969 (deutsch = GluV III, 190—196).

„Das Befremdliche des christlichen Glaubens." ZThK 55, 185—200 (= GluV III, 197—212).

Besprechung von:

Wilfred L. Knox, The Sources of the Synoptic Gospels ed. by H. Chadwick, vols. 1. 2. — Gnomon 30, 274—280.

1959

Das Evangelium des Johannes. 7. Aufl. (s. 1941).

Theologie des NT. Lizenz-Ausgabe 3. Aufl. Berlin, Evang. Verlagsanstalt.

History and Eschatology (Japan. Übersetzung, s. 1957).

„Adam und Christus nach Römer 5." ZNW 50, 145—165 (= Exegetica 424—444).

„Erziehung und christlicher Glaube." Martin Heidegger zum 70. Geburtstag, 175—179. Pfullingen, Neske (= GluV IV, 52—55).

„Zur Frage nach den Quellen der Apostelgeschichte." New Testament Essays in Memory of T. W. Manson, 68—80. Manchester, The University Press (= Exegetica 412—423).

„Ein neues Paulus-Verständnis?" Besprechung von J. Munck, „Paulus und die Heilsgeschichte." ThLZ 84, 481—486.

„Der Gedanke der Freiheit nach antikem und christlichem Verständnis." Universitas 14, 1129—1138 (= Glu V IV, 42—51).

Artikel: Johannesbriefe; Johannesevangelium: RGG³ Bd. III.

1960

Glauben und Verstehen. Ges. Aufsätze III. Tübingen, J. C. B. Mohr (Paul Siebeck).

Die Erforschung der synoptischen Evangelien. 3. Aufl. (s. 1925). Berlin Töpelmann.

Primitive Christianity in its Contemporary Setting (engl. Übersetzung von „Das Urchristentum im Rahmen der antiken Religionen", s. 1949 u. 1956). London: Fontana Library.

Jesus Christ and Mythology (s. 1958). London: SCM Press.

This World and Beyond: Marburg Sermons, trans. by Harold Knight. London, Lutherworth Press.

Das Verhältnis der urchristlichen Christusbotschaft zum historischen Jesus. Sitzungsber. Heidelberger Akad. Wiss., Phil.-hist. Klasse, 3. Abhandlung (= Exegetica 445—469).

Existence and Faith. Shorter Writings. Ed. and trans. by Schubert M. Ogden. New York, Living Age Books.

„On Behalf of Christian Freedom" (deutsch „Für die christliche Freiheit" in: Die Wandlung, s. 1949), The Journal of Religion, 40, 1, 95 bis 99.

„Das deutsche Volk und Israel", Besinnung und Umschau, II, 1 (s. 1952).

„Ein Wort über die Bildung." In: Strix, Schülerzeitung des Alten Gymnasiums in Oldenburg, 60, Nr. 1, 4—6.

Artikel: Mystik IV; Mythos und Mythologie IV: RGG³ Bd. IV.

1961

Glauben und Verstehen, I, 4. Aufl.; II, 3. Aufl. (s. 1933, 1952).
Die Erforschung der synoptischen Evangelien. 4. Aufl. (s. 1925). (= GluV IV, 1—41).
Das Verhältnis der urchristlichen Christusbotschaft zum historischen Jesus. 2. Aufl. (s. 1960).
Das Urchristentum im Rahmen der antiken Religionen (Japan. Übersetzung, s. 1949). Tokyo, Shinyo Shuppansha.
Die Geschichte der synoptischen Tradition. 5. Aufl. (s. 1921).
„Das Verhältnis des urchristlichen Christuskerygmas zum historischen Jesus." Kurzfassung in: Der historische Jesus und der kerygmatische Christus, 233—235. Berlin, Evang. Verlagsanstalt.
„Das Verständnis der Geschichte in Griechentum und Christentum." In: Der Sinn der Geschichte, 50—65. München, Beck.
„Optimismus und Pessimismus in Antike und Christentum." In: Universitas 16, 811—833 (= GluV IV, 69—90).
„Zum Problem der Entmythologisierung." In: E. Castelli (Hrg.), Il Problema della Demitizzazione, Roma, Istituto di Studi Filosofici, 19—26.
„Reflexionen zum Thema Geschichte und Tradition." In: Weltbewohner und Weimaraner, Festschrift für Ernst Beutler, 9—21. Zürich, Artemis (= GluV IV, 56—68).

1962

Das Verhältnis der urchristlichen Christusbotschaft zum historischen Jesus. 3. Aufl. (s. 1960).
Glauben und Verstehen, III, 2. Aufl. (s. 1959).
„*Das Urchristentum im Rahmen der antiken Religionen*" (s. 1949). In: Rohwohlts Deutscher Enzyklopädie.
Ergänzungsheft zur *Geschichte der synoptischen Tradition* (s. 1921).
„On the Problem of Demythologizing" (s. 1961), The Journal of Religion 42, 96—102.
„Zur Interpretation des Johannesevangeliums". (Besprechung der Bücher von W. Thüsing, Die Erhöhung und Verherrlichung Jesu im Johannesevangelium, und von D. E. Holwerda, The Holy Spirit and Eschatology in the Gospel of John). ThLZ 87, 1—8.
„Jesus Christ and Mythology" (Japan. Übersetzung, s. 1958).
„Zur Frage einer philosophischen Theologie." In: Einsichten, Festschrift für Gerh. Krüger, 36—39, Frankfurt, Klostermann (= GluV IV, 104 bis 106).

„Das Verständnis der Geschichte in Griechentum und Christentum" (s. 1961). In: Politische Ordnung und menschliche Existenz, Festschrift für E. Voegelin, 59—70. München, Beck (= GluV IV, 91—103).
— und J. A. Dvořaček, Auferstehung und Leben—Kerygma und Mythos. Auszug aus einem Briefwechsel. Communio Viatorum 5, 57—63.
Besprechung von:
Schubert M. Ogden, Christ without Myth. The Journal of Religion 42, 225—227.

1963

The History of The Synoptic Tradition (engl. Übersetzung von Geschichte der synoptischen Tradition, s. 1921 trans. by J. Marsh). Oxford: Blackwell.
Jesus (Japan. Übersetzung, s. 1926).
Theologie des Neuen Testaments I (Japan. Übersetzung, s. 1948, 1951). Tokyo: Shinkyo Shuppansha.
„Ist der Glaube an Gott erledigt?" (Über John A. T. Robinson, Honest to God). In der Wochenzeitung: Die Zeit Jg. VII, Nr. 19, S. 18 (= GluV IV, 107—112).
„Der Gottesgedanke und der moderne Mensch." ZThK 60, 335—348 (= GluV IV, 113—127).
„Zum Problem der Entmythologisierung." In: Kerygma und Mythos, VI, 1, 19—27 (s. 1961; = GluV IV, 128—137).
Geleitwort zu:
Johannes Wern, Die Predigt Jesu von Reiche Gottes, 3. Auflage, Göttingen, Vandenhoeck & Ruprecht.
Hasenhüttl, G., Der Glaubensvollzug. Eine Begegnung mit Rudolf Bultmann. Aus katholischem Glaubensverständnis, 9—11. Essen, Ludgerus-Verlag.

1964

Geschichte und Eschatologie, 2. Aufl. (s. 1958).
Glauben und Verstehen I, 5. Aufl. (s. 1933).
Jesus Christus und die Mythologie (s. 1958). Stundenbuch 47. Hamburg: Furche-Verlag (= GluV IV, 141—189).
„Dikaiosyne Theou". JBL 83, 12—16 (= Exegetica 470—475).
„Ist die Apokalyptik die Mutter der christlichen Theologie?" In: Apophoreta, Festschrift für Ernst Haenchen, BZNW, 64—69 (= Exegetica 476—482).
„Was ist der Sinn unseres Weihnachtsfestes heute?" In: Süddeutsche Zeitung, Feuilleton vom 24. Dezember 1964 (= GluV IV, 138—140).

„Response" to: Thomas C. Oden, Radical Obedience, The Ethics of Rudolf Bultmann, Westminster Press Philadelphia, 141—147.

1965

Theologie des Neuen Testaments (s. 1948. 1951), *6. Aufl.*
Glauben und Verstehen IV, Tübingen, J. C. B. Mohr-Siebeck.
Darin als unveröffentlichter Aufsatz:
   „Antwort an Ernst Käsemann", 190—198.
Glauben und Verstehen II, 4. Aufl.; III, 3. Aufl. (s. 1952. 1959).
Geleitwort zu:
Wilhelm Bousset, Kyrios Christos, 5. Auflage. Göttingen, Vandenhoeck & Ruprecht.

1966

„Reply" to: The Theology of Rudolf Bultmann, edited by Ch. W. Kegley, Harper and Row, New York, 157—187.
„Ist Jesus auferstanden wie Goethe?" [Überschrift nicht von R. Bultmann]. Spiegelgespräch mit dem Marburger Theologieprofessor D. Dr. Rudolf Bultmann. In: Der Spiegel Jg. 20 Nr. 31, 42—45.
„Die Kunst sich beschenken zu lassen" (Phil 3,12—14) in: Sonntagsblatt, Hamburg 23. 10., 3.
Besprechung von:
Reallexikon für Antike und Christentum, 36.—43. Lieferung. ThR NF 31, 187 f.

1967

Exegetica. Aufsätze zur Erforschung des Neuen Testaments
   (hrsg. von E. Dinkler), Tübingen, J. C. B. Mohr (Paul Siebeck).
Glauben und Verstehen IV (s. 1965) 2. Aufl.
Die drei Johannesbriefe (Meyers krit.-exeget. Kommentar)
   Göttingen, Vandenhoeck u. Ruprecht.
Die Geschichte der synopt. Tradition (s. 1921. 1931) 7. Aufl.

Besprechung von:
R. Schnackenburg, Die Johannesbriefe, 2. Aufl., Herder Verlag 1963. ThLZ 92, 273 ff.

I. Stellenregister

A. Altes Testament

Genesis	
1	21
1, 1	19
3	374; 432
6	288
12, 7	196
17, 3	181
18, 13	137
18, 19	133
19, 17—26	182
24, 12	133
24, 27	126
24, 48	125
24, 49	126; 133
28, 7. 17	92
32, 11	126 f; 133
32, 21	181
32, 23 ff	184
34, 7	133
40, 14	133
42, 16	130
47, 29	126; 133

Exodus	
3, 6	181
3, 13 f	184
12, 46	375
17, 12	134
18, 21	125
24, 9—11	181
28, 26	137
33	182
33, 1	378 A33
33, 11	181
33, 20. 23	182
34, 6	126; 131
34, 30	182

Numeri	
6, 25 f	186
22, 37	137

Deuteronomium	
5, 22 f	182
18, 15	375
21, 23	478
22, 20	130
30, 11—14	16
32, 4	132; 135; 137
33, 8	137
33, 21	474
34, 10	181

Josua	
2, 12	125
2, 14	126; 133
24, 14	125; 130

Richter	
6, 22 f	181
9, 15	126; 131
11, 27	133
13, 18	184
13, 22	181

1. Samuel	
12, 24	125; 130
26, 23	135

2. Samuel	
2, 6	126 f; 133
8, 15	133
15, 20	126
18, 13	133

Stellenregister 509

1. Könige
2, 4	125; 130
3, 6	128
16, 7	307 A19
17, 19	182
19, 13	181
22, 16	131

2. Könige
2, 9 ff	182 A138
4, 4	182
4, 33	182
8, 27	137
12, 16	134
19, 17	137
20, 3	128
22, 7	134

Jesaja
1, 21	126 A2
6, 5	182 f
10, 20	125; 130
11, 5	135 f; 142
16, 5	126 A2
25, 1	136 f
26, 2	135 f
26, 10	137 A22
32,6	133
33, 6	134
37, 18	137
38, 3	128
38, 11	186
39, 8	125
40, 12 ff	184 A143; 192
40, 13. 23	186 A152
41, 46	137
42, 3	128
43, 9	129
48, 1	126; 130
52, 8	187
53	276; 296 f
53, 9	133
59, 4	135; 137
59, 14 f	129
60, 2	187
65, 16	131

Jeremia
2, 21	131; 155
5, 1	134
5, 3	134

6, 13	133
7, 28	134
8, 10	133
9, 2	134
9, 4	131
10, 10	126
22, 3	133
23, 28	130
26, 15	131
33, 6	125; 134
42, 5	129

Ezechiel
18, 8	129

Hosea
2, 21 f	135
4, 1	126
7, 1	133

Micha
6, 6—8	185
6, 8	162
7, 20	126 f

Sacharja
7, 9	129
8, 3	126 A2
8, 8	127
8, 16	129; 131; 139
8, 19	128 A7
9, 14	187
13, 7	261

Maleachi
2, 6	128

Psalmen
1	25 A38
4, 7	186
5, 6	133
11, 7	186
12, 2	134; 136
15	185
15, 1	131
15, 2	133
19, 10	127; 131; 132 A14
22, 25	186
23, 7. 9	92
24, 3 f	185
24, 7	79 A47

25, 5	127	145, 18	126
25, 10	126		
26, 1. 11	137	*Sprüche*	
26, 3	127; 132 A14	1, 20—32	17
27, 13	186	1, 20 ff	25
30, 10	127 A5	1, 20	25 A40
31, 6 f	126; 132	1, 23—33	84; 95
31, 24	135 f	3, 3	33 A83
33, 4 f	136	3, 19	20
36, 6	135 f	8, 1 ff	25
37, 3	134	8, 7	131
40, 11 f	33 A83; 126 f	8, 14 ff	28
42, 3	185	8, 22—26	19
43, 3	126 A3	8, 22	19
45, 5	128	8, 23	294
54, 7	127 A5	8, 27—30	20
57, 4	33 A83	8, 30—32	19 A17; 20
57, 11	126; 132 A14; 135	8, 32 ff	25 A17
61, 8	33 A83; 126 A3	9, 1 ff	25
63, 3	185 A149; 186	9, 1	29
68, 19	89 A69	9, 4	25 A39
69, 14	126 A3	9, 6	26
71, 22	126 A3	11, 18	125; 140
85, 11 ff	33 A83	14, 22	33 A83; 126
86, 16	126; 131	18, 17	403 A11
88, 12	135 A18	20, 28	33 A83; 126
89, 2 f	33 A83; 135 A18	22, 21	130
89, 6. 15. 25	135 A18	28, 6	137
89, 34	135 f	29, 14	129
89, 50	135 A18; 136	30, 1 ff	184 A143; 191
92, 3	135 A18		
95, 2	185	*Hiob*	
96, 13	136	1, 1. 8	137
100, 2	185	2, 3	137
100, 5	135 f	4, 7	137
102, 17	187	8, 6	137
104, 29	186	9, 1 ff	184 A143
106, 3	133	9, 2 ff	192
108, 5	126; 132 A14	9, 2	137; 191
111, 7 f	127; 136	9, 11	184 A143
115, 1	126 A3	12, 2	137
119, 41—48	128	15, 9 ff	18 A14
119, 75	136	17, 8	137
119, 86	136	19, 4	137
119, 90	135 A18	19, 5	137
119, 105	336 A78	28	16
119, 137 f	136	28, 25—27	20
119, 160	128	33, 26	186
132, 11	130; 136	34, 12	137
138, 2	126 A3	34, 29	186
140, 14	186	36, 4	137

Stellenregister

Ruth
3, 12 — 137

Prediger
1, 3 — 162
7, 20 — 133
12, 10 — 131

Esther
9, 80 — 131 A12

Daniel (aram.)
2, 8 — 137
2, 27 — 273
2, 45 — 137
2, 47 — 137
3, 24 — 137
3, 27 f — 140
4, 34 — 137
4, 36—40 — 142
6, 13 — 137
7 — 271—273
7, 16 — 137
7, 18. 21 f. 25 — 260 A38
7, 27 — 273
8, 12 — 129; 143
8, 24 — 260 A38
8, 26 — 131

9, 13 — 129
10, 1 — 131
10, 21 — 129
11, 2 — 131
12, 1 — 263

1. Esra
5, 40 — 137
8, 86 — 140

2. Esra
9, 15 — 140

Nehemia
7, 2 — 125
9, 13 — 128
9, 33 — 127; 133

1. Chronik
9, 22 — 134

2. Chronik
6, 18 — 137
15, 3 — 126; 131
18, 15 — 131
19, 9 — 134; 136

B. Neues Testament

Matthäus
3, 16 — 403 A11
4, 3. 6 — 273
5 — 216
5, 3 — 260
5, 8 — 183; 189; 191
5, 11 f — 263 A60; 269
5, 13—16 — 271
6, 19—21 — 219
6, 22 f — 336 A76
6, 24 — 219
6, 25 ff — 218
6, 27 — 219
6, 34 — 219
7, 3—5 — 261
7, 11 — 215
7, 29 — 458

9, 37 f — 270
10, 1. 5 ff — 270
10, 11 — 261
10, 23 — 275 A109
10, 28 — 218
10, 29 f — 218
10, 32 f — 275 A109
11, 4—6 — 223; 260; 477
11, 9 — 267
11, 11—13 — 373 A21; 457
11, 14 — 377
11, 16—19 — 453
11, 16 f — 84 A55
11, 19 — 19 A17; 220
11, 20—24 — 3
11, 25—27 — 3; 260; 272 f
11, 28 f — 25

12, 28	457	3, 14 f	270
12, 30	271 A91	3, 22—27	457
12, 39	215	3, 27	267; 477
12, 40	275 A109; 377	4, 11	271
12, 41 f	215; 373 A21	4, 21	271
12, 45	215	4, 41	188
13, 16 f	267	5, 7	273
13, 43	260	5, 15—17	188
13, 44—46	220; 215	5, 33	139
13, 49	260	5, 40	188
14, 33	273	6, 7 ff	270
16, 13—19	9	6, 14 f	377
16, 17—19	5 f; 7; 9; 255—277; 363	6, 33	3
17, 12	276	7, 1—23	478
17, 24—27	270	7, 2	8
18, 15—20	9	7, 15	478
18, 15—17	256; 258 f; 261	7, 24—31	4
18, 18	260	7, 24	5
19, 12	219	7, 25	3
19, 28	271; 275 A109	7, 31	5
20, 15	218	7, 33	188
22, 14	260; 269	7, 36	3
23, 13	260	7, 37	188
23, 16—19. 23 f. 25 f	478	8, 11 f	3
		8, 22	4
23, 32	380	8, 23	188
23, 34—36	23 f; 380	8, 27—30	4 f; 9; 377
23, 37—39	3; 13 f; 84	8, 31 f	5; 275 A108; 276
24, 26 f	275 A109; 276	8, 33	5
24, 27. 37. 39. 44	275 A109	8, 35	464
		8, 38	215; 275 A109; 276
25, 37	260	9, 1	5 A2; 269 A87; 276
25, 46	260; 391	9, 2—8	188
26, 28	265	9, 7	273
26, 73	139	9, 9	2; 4; 275 A108
28, 18	458	9, 10	188
28, 19	272	9, 11—13	276; 377
		9, 31	275 A108
Markus		9, 32	188
1, 10 f	188; 273	9, 33 f	5
1, 27	458	9, 47	219
1, 45	3	9, 50	271
2, 12	188	10, 5	396 A8
2, 15—17	8; 478	10, 17—22	219
2, 18 f	8; 477	10, 17	5
2, 20	270	10, 18	215
2, 23—28	478	10, 19	215
2, 23	8	10, 24 f	219
3, 1—5	478	10, 28—30	271
3, 4	478	10, 32	5
3, 11	273	10, 33 f	275 A108

Stellenregister 513

10, 42—44	220	11, 31 f	223
10, 45	275 A108	11, 33	271
12, 6	272	11, 49	24
12, 14	138 f	11, 52	260
12, 17	220	12, 8 f	223; 275 A109
12, 28 ff	216	12, 14	220
12, 32	139	12, 20	219
13, 5—27	260	12, 32	261; 269
13, 9	263	12, 35—38	269 A87
13, 20. 22	260	12, 40	275 A109
13, 26 f	260; 275 A109	12, 54—56	267; 457
13, 32	272	13, 1—5	215
13, 33—37	269 A87	14, 14	260
14, 8 f	17—21; 27 f; 30 f; 41; 275 A108; 276	14, 26	220
		14, 34 f	271
14, 17—21	275 A108	15, 11—32	222; 460
14, 17 f	276	16, 11	140
14, 24	265	16, 16	457
14, 25	266 A69	17, 3	261
14, 27 f	261; 275 A108; 276	17, 10	218
14, 30 f. 41	275 A108	17, 23—25	276
14, 61	273	17, 24. 26. 30	275 A109
14, 62	275 A109	18, 7	260
14, 70	139	18, 12	217
15, 39	273	18, 13	222
16, 5 f	188 A159	22, 27	396 A8
		22, 28	275 A109
Lukas		22, 59	139
1, 12 f	188 A159	22, 67	273
1, 29 f	188 A159	22, 70	273
1, 32	273	23, 37	273
1, 68. 77	260	24, 13—32	188
2, 9 ff	188	24, 31. 32. 36	188
2, 32	260	24, 36—43	188
2, 47	188		
4, 25	139	*Johannes*	
4, 30	188	1	35
4, 36	188	1, 1—18	34; 254
4, 41	273	1, 1—14	27 f; 32 f
5, 8 f	188	1, 1—5	11—13
6, 5	364	1, 1—4	13; 28; 33
6, 13	270	1, 1	19 f; 22; 33; 60; 388
6, 20 f	267; 477		
6, 22	263 A60	1, 2 f	20
7, 16	188; 260	1, 4 f	12 f; 27; 33; 66
7, 35	19; 23	1, 5—8	10; 12; 32 f; 35; 66
9, 1 ff	270	1, 9—14	11
9, 62	219	1, 9—13	12 f; 33
10, 18	267; 457	1, 9	12; 27; 33; 61; 66
10, 25 f	477	1, 10 f	12; 61
11, 1	270	1, 12	14; 19; 33
11, 20	267; 477	1, 13	78

33 Bultmann, Exegetica

1, 14	11 f; 32 f; 34; 67	7, 26—28	34; 75; 387
1, 15	10; 32—35; 60	7, 29	60
1, 16	11; 32—34	7, 30	83 A52; 188
1, 17	10; 32 f; 35; 240	7, 33	83
1, 18	11; 32—34	7, 34	84
1, 19	384	7, 37 f	71 f
1, 29	391	7, 40—42	75
1, 42	6	7, 44	83 A52; 188
2, 22	2	8, 12	66; 71
3	35	8, 14—19	34; 75
3, 3 ff	374 A26	8, 14	83; 387
3, 5	381	8, 16	63
3, 8	78	8, 20	83 A52; 188
3, 10	240	8, 21	83 f
3, 13 f	34; 61; 83; 96	8, 23	75; 240; 242
3, 14 f	34; 376; 379	8, 28	34; 96
3, 17—21	94	8, 29	63; 69
3, 17	60	8, 31 f	67; 93; 240; 391
3, 18 f	120; 224 A17	8, 36	93
3, 19—21	61; 66; 74; 384; 387; 390; 468; 477	8, 41—47	75
		8, 42	60; 387
3, 31 f	75; 120	8, 43	75
3, 33	120	8, 44 f	67; 240
4, 13 f	71	8, 45 f	69; 80
4, 23 f	240	8, 55	69
4, 37	139	8, 58	60
5	35	8, 59	83 A52; 188
5, 21—26	64	9, 4	70
5, 24 f	224 A17; 243; 390; 458; 467; 477	9, 22	263 A60
		9, 29 f	34; 75
5, 27	34; 64; 96 f	9, 36	61
5, 28 f	381	9, 39—41	66; 80; 387; 390
5, 36—38	60; 70; 80	10, 3 f	73 f
5, 43	387	10, 7	92 A72
5, 44	80	10, 9	71; 92
6, 14	61	10, 10	65; 387
6, 29	60	10, 11	71
6, 31—33	61; 376	10, 12	74
6, 35	65; 71	10, 14	73
6, 37	74	10, 16	74; 393
6, 38	61	10, 17 f	391
6, 39. 40	381; 384	10, 25 f	80
6, 41 f	34; 61; 75	10, 27	73
6, 44 f	74; 381	10, 30	63
6, 48	65	10, 31	83 A52
6, 49—51	61; 65; 79; 376	10, 36	60
6, 51—58	381; 391	10, 37 f	80
6, 58	61	10, 39	83 A52
6, 62	34; 83; 96	11, 25 f	65; 71; 387; 406
7, 7	80	11, 27	61
7, 18	69	11, 42	60

11, 50 f	286 A4; 391	16, 24	382
11, 52	74; 271 A91; 393	16, 28	61; 83
12, 16	2	16, 32	63
12, 23—36	99	16, 33	87; 108; 468
12, 23—31	80	17	87; 88 A66; 97
12, 23 ff	81	17, 2	64; 74
12, 23	34; 96	17, 3	57; 60; 384; 387 f
12, 28	78	17, 4	70
12, 31 f	34; 89; 93; 96 f; 242; 390; 406; 468	17, 5	60
		17, 6	64 A16; 74
12, 34	34; 96; 99	17, 8	60 f
12, 35 f	66	17, 9	74
12, 42	263 A60	17, 11 f	64 A16; 240; 382; 387
12, 46	61; 66; 387	17, 14	80; 115 A6
12, 47 f	94; 381	17, 15	387; 390
13, 1	74	17, 17	67; 240
13, 3	83	17, 19	67; 240
13, 9	99 A94	17, 20	393
13, 18	74	17, 21	60
13, 33	83 f	17, 23	57
13, 36	84	17, 24	60; 74; 89; 294; 389
14, 2 f	89; 388 f	17, 25	57; 60
14, 4	90	17, 26	64 A16
14, 6	65; 67; 71; 90; 240; 387 f	18, 6	188
		18, 9	74
14, 7 ff	243	18, 37	61; 67; 240; 387
14, 8 f	190	19, 5	58
14, 16 f	67; 469	19, 14	375
14, 18—24	388	19, 28	70
14, 19	94	19, 30	70
14, 23	94	19, 34	381; 391
14, 26	99 A94; 467; 469	19, 36	375
14, 27	468	20, 17	83; 188
15, 1—8	73 A31	20, 19	188
15, 1	71; 73	20, 22 ff	9
15, 3	391	20, 22	469
15, 5	71	20, 28	388
15, 10	390	20, 31	383
15, 11	108; 382	21	383
15, 16	67; 74	21, 1—23	188
15, 18 f	74; 80; 115 A6	21, 12	188
15, 24	80	21, 15 ff	6; 9
15, 26	467		
16, 1	108	*Acta*	
16, 3	263 A60	1, 6	375
16, 4	108	1, 15—26	418
16, 5—7	83; 469	1, 18	418
16, 8—10	85	2	376; 418; 469
16, 13	67	2, 14 ff	376
16, 16—22	94	2, 14—21. 24—31 33—35	418
16, 21	387		

2, 22	274	15, 23	416
2, 33	289 A9	15, 25 f	290; 417 A12
2, 36	274; 448	16 ff	423
3, 20	375	16, 10	421
3, 21	371	16, 16 f	420
3, 22	375	17, 4	144
4, 32	418	17, 5	144
5, 12—14	418	17, 23	422
5, 31	289 A9	17, 24—29	193
6, 1—8, 4	422	17, 30	143 A41
6, 5	418; 422	18, 18—23	420
6, 12—15	418; 422	18, 19—21	420
7, 1—53	422	18, 24—28	420
7, 44	378	18, 25 f	420
8, 4	422	19	419
8, 32 f	276	19, 9	144
8, 37	292	19, 13—17	419
9	414	19, 23—40	419
9, 1—30	423 A15	20, 4	418 f
9, 1—8	188	20, 7—12	420
10, 37	416	20, 8	420
10, 38	422	20, 28	293 A21
10, 42	290	21	416
11, 19—26	422	21, 10—14	420
11, 19	422	21, 15 ff	420
11, 27—30	421 f	21, 25	416
11, 28	421	21, 27—36	419
11, 30	417 A7; 422 A13	22	414
12, 7—17	419	22, 3—16	188
12, 9	139 A25	24	414
12, 25	421; 422 A13	26	414 A3
13	423	26, 9—18	188
13, 1—3	418; 421	26, 25	139
13, 3 f. 13 f. 43 f. 48 f. (52?)	423	27, 1—44	420
13, 4—12	423	27, 24	188 A159
14	423	28, 24	144
14, 1—6	423		
14, 2	144	*Römer*	
14, 3 f	423	1, 3 f	274; 287
14, 8—20	423	1, 5	144
14, 14	423	1, 7	260 A38 f; 472
14, 17	193	1, 8	144
14, 21—26	423	1, 16 f	426; 473 A6
15	414 ff	1, 17 ff	436
15, 1—35	415; 417	1, 17	470 A2; 471 A3; 472
15, 1. 3. 4. 5. 6	417	1, 18—3, 20	203; 424
15, 2. 3—5. 12	417 A6	1, 18	139; 143 A39
15, 7	416	1, 19 f	193
15, 12	417 A6; 418	1, 20	178 A126
15, 22	417 A12	1, 21	193
		1, 25	139; 143 A39

Stellenregister

1, 27	143 A41		471 A3
1, 32	281	5, 9 f	293 A21; 428 ff; 472
2, 1	281	5, 10 f	425 f; 429 ff
2, 2 f	142; 281	5, 12—21	209; 243; 250; 315; 366; 372; 374; 406; 424; 430—444
2, 4	221		
2, 7	404		
2, 8	140 A28; 142	5, 12	432 ff; 441 f
2, 12	282	5, 13 f	369; 374; 378; 432 f; 439 f; 443
2, 13—15	52; 282 f; 470; 471 A3; 473		
		5, 15	432; 434 ff
2, 14 ff	282 f; 363	5, 16	435 ff
2, 16	282—284	5, 17	375; 432; 434 ff
2, 17—24	199 f		470; 471 A3
2, 20	143	5, 18	281; 309 A22; 432; 435; 438 ff; 472
2, 28 f	307 A19; 308; 377		
3, 3. 4	138	5, 19	49 A9; 432 ff; 438 f; 471 A3; 474
3, 5—7	138; 140; 470 f		
3, 19	199; 217	5, 20 f	43; 200; 404; 435; 439 f; 443 f; 472 f; 481
3, 20	200; 473		
3, 21—4, 25	439	6—7, 6	36; 204
3, 21—31	203; 424	6	38; 204; 226; 385
3, 21—26	200	6, 1	395 A2
3, 21 ff	206; 436	6, 2 ff	479
3, 21 f	204; 471; 474	6, 4	40; 287
3, 23	374	6, 6	410
3, 24 f	426; 429; 470 A2; 471 f; 474	6, 7	48
		6, 12—23	52
3, 25 f	107; 221; 293 A 21; 393; 470—472	6, 12—19	50
		6, 13	51; 471 A3
3, 27	200; 439	6, 14	39; 398
3, 28	472	6, 15—23	283
4	203	6, 15	395 A2
4, 1—15	424	6, 17 f	283; 401 A6; 471 A3
4, 3	400	6, 19. 20	471 A3
4, 5	52; 472	7	198 ff
4, 13—16	200	7, 1—6	204 ff
4, 15	398	7, 3	281
4, 17	203	7, 4	204; 265; 397
4, 21	473 A6	7, 5	204 f
4, 25	429; 472	7, 6	204 ff
5—8	204	7, 7—25	43; 49; 204 f; 209
5, 1—7, 6	204	7, 7—13	200; 205; 208; 432; 439
5	203 f; 226; 424—444	7, 7 f	198; 205; 395 A2
5, 1—21	424	7, 9 f	205; 207 f; 279
5, 1—11	424—431; 433 f; 440 f	7, 11—13	51; 198; 205—208; 439
5, 1 f	190; 425 f; 429 f; 472; 479	7, 14—25	43; 198; 201; 205 f
		7, 14 f	51; 198; 202; 206; 432
5, 2	427; 429	7, 15—23	198; 279
5, 3—5	47; 426 ff	7, 15—21	198
5, 6—9	430	7, 15—20	198; 207
5, 6—8	286 A4; 426; 428 ff;	7, 16	198; 207; 279

7, 17	202; 207	11, 25	362
7, 18	43; 202; 207	11, 28	429
7, 19	198; 207	11, 30 f	144
7, 20	202	12, 1	50; 377
7, 21	207	12, 2	51
7, 22—8, 3	278 f	12, 13	260 A38
7, 22	198; 207; 278 f	12, 15	227
7, 23	278	12, 18	473 A6
7, 24	205 f; 278 f	13, 1 ff	364
7, 25	202 A6; 278 f; 281	13, 4 f	281 f
7, 27	202 A5	13, 6	281 f
8, 1—17	36	13, 8—10	51; 216
8, 1—11	204	13, 11—14	37 A2
8, 1 f	204 ff; 278 f; 281	14, 4	473 A6
8, 2 ff	408	14, 7—9	404
8, 2 f	278 f	14, 12	281
8, 4—14	52	14, 15	286 A4
8, 5—7	201	14, 19	281
8, 5 ff	201	15, 1	473 A6
8, 7	429	15, 3	450
8, 9	408	15, 8	138
8, 10 f	47; 204; 303	15, 15	382
8, 12—39	204	15, 18	144
8, 12 ff	201	15, 31	144
8, 12 f	38; 204; 281	16	382 A3
8, 15	47	16, 2	472
8, 16	47	16, 19	144
8, 18 ff	302 A10	16, 25—27	144; 284; 294
8, 22 f	260 A40; 302; 427		
8, 26	47	*1. Korinther*	
8, 27	201; 472	1, 2	260 A39; 472
8, 28 f	374	1, 10 ff	408
8, 30	47; 479	1, 24	260 A39
8, 33	472	1, 26 f	473 A6
8, 34	289	1, 30	48; 190; 404; 472; 474
8, 38	473 A6	2, 6 ff	99; 250; 315
9, 1	139	2, 9	77
9, 14	395 A2	2, 10—16	47
9, 16	281	2, 15	321
9, 18	281	3, 1. 3	407
9, 22	473 A6	3, 16	408; 411
9, 30	471 A3	3, 22	404
10	42	4, 3	321
10, 2 f	144; 200; 470 A2; 472	4, 4	403
10, 3 ff	472	4, 5	283
10, 5	471 A3	4, 7—18	226
10, 6—8	16	5, 7	375
10, 9	292	5, 8	138
10, 13—15	278; 280	5, 10	227
10, 17	280 f	6, 1 f	260 A38; 472
11, 23	473 A6	6, 8—10	226

6, 9—11	36; 47; 52; 401 A6	15, 42	404
	472; 479	15, 43	473 A6
6, 12—20	47	15, 44—49	250; 374; 432
6, 14	287; 303	15, 45—47	250; 315; 442
6, 19	50; 411	15, 47 f	434
7	47	15, 50 ff	302
7, 19	51	15, 50	404
7, 29—32	220; 227	15, 51 f	301; 303 f
8, 2 f	194	15, 53 f	404
8, 5	194	15, 57	481
8, 8	190	15, 58	383
10, 1—11	376		
10, 6	369; 378	*2. Korinther*	
10, 11	378	1, 1—2, 13	307 A17
10, 16	265	1, 1	260 A38
10, 32	261 A47	1, 9	227
11, 22	261 A47	1, 14	321
11, 24 f	265	1, 22	427
11, 26	228	2, 1	322
11, 27	265	2, 14—7, 4	298; 307 A17
11, 30	303	2, 14—4, 6	298
12—14	49	2, 14 ff	65 A17; 306
12	189 A163	2, 14 f	143; 311
12, 8—10	226	2, 15 f	65 A17; 298 A1; 458
12, 13	310 A23	2, 17	306 A16
13, 6	140 A28; 142; 299	3 f	314
13, 12	192; 194	3, 1	307; 314
14	47; 189 A163	3, 6 f	206; 298 A1
14, 2. 18 ff	308	3, 7—18	298
14, 25	189 A163	3, 7—11	184 A11; 298 A1
15	299 ff	3, 7 ff	375
15, 1—57	383	3, 9	317 A29
15, 3	286 A4	3, 12	298
15, 5—8	188	3, 13	206
15, 5	9	3, 14 f	206
15, 6	303	3, 18 f	298; 311
15, 9	261 A47	4, 1	298
15, 12 ff	366	4, 2	143; 306 A16; 307
15, 17	396 A3	4, 4	242; 375
15, 18	303	4, 6	188; 311; 374 f
15, 19	299	4, 7—6, 10	298
15, 20	303	4, 7—18	226
15, 21 f	243; 250; 308; 309 A22;	4, 7—12	50; 298; 306
	315; 434; 437	4, 7 ff	306; 317; 408; 411;
15, 23	437		427; 468
15, 24—28	290 f	4, 8—12	302
15, 24	473 A6	4, 10 f	311
15, 25 f	274	4, 12	298
15, 29	299	4, 14 f	190; 299; 303; 306; 429
15, 32	299	4, 16	298 f; 302; 306
15, 34	471 A3	4, 17 f	192; 298 f; 302; 306;
			308; 407; 426

5, 1—5	298—306	11, 1—6	320
5, 1 ff	316	11, 1	320
5, 1	300 ff	11, 3 f	315 A27; 317 ff
5, 2—4	299; 302; 304 ff	11, 5 f	318 ff
5, 5	299 f; 306	11, 7—15	320
5, 6—10	298	11, 7—11	320
5, 6	298 f; 306	11, 10	138
5, 7	192; 305	11, 12	320
5, 10	299; 473	11, 13 ff	318; 320
5, 11—6, 10	306—312	11, 15	317 A29
5, 11—19	307	11, 16 ff	308 A20
5, 11—15	306 f	11, 16 f	320
5, 11 f	299; 306 ff; 310 f; 321	11, 18 ff	319
5, 13	308 f; 317	11, 20	320
5, 14 f	227; 286 A4; 308 ff	11, 21	318 ff
5, 16—6, 2	306 ff	11, 22—12, 18	320
5, 16—19	309	11, 22 ff	318
5, 16 f	191; 223; 308 ff; 317 A32; 370; 375; 406; 430; 443; 468; 474; 477; 479	11, 22	317; 320
		11, 23 ff	317 f; 320
		11, 23	318
		11, 30	320
5, 18—20	228; 307; 309 ff; 375; 425 f; 458; 467; 474	12, 1 ff	308; 317; 320
		12, 1—4	47
5, 20—6, 2	311 f	12, 4	47
5, 21	49 A9; 107; 311; 472; 473 A5; 474	12, 6	139
		12, 8—10	226; 427; 468; 473 A6
6, 1 f	223; 307; 310 ff; 426; 467; 474; 477	12, 11—18	321
		12, 11 ff	308 A20
6, 3—10	306; 307 A18; 312	12, 11	318; 320
6, 3	312	12, 12	317 A30; 320
6, 4—10	298; 306; 308	12, 19	306 A16; 321
6, 7	143	12, 20	316; 321 f
6, 8—10	138; 226; 427	12, 21	321 f; 402 A8
6, 14—7, 1	307 A17	13, 2 ff	322
7, 5—16	307 A17	13, 2	322
7, 9 f	402 A8	13, 3 f	316; 322; 473 A6
7, 14	138	13, 8	143
8, 9	307 A17	13, 9	473 A6
8, 9	77; 450	13, 10	316; 322
9, 8	473 A6		
10—13	307 A17; 313—322	*Galater*	
10, 1	316; 322	1, 1	213
10, 3	408	1, 6	139
10, 5 f	144	1, 10	307
10, 8	316	1, 11 f	213
10, 10	316	1, 13	261 A47
10, 12—12, 18	321	1, 15 f	9; 188
10, 12 ff	313 ff; 318; 320	2	414; 416
10, 12	314	2, 1 ff	417 A7
10, 14 f	314; 317 A29	2, 2	317
11, 1—16	320	2, 5	139; 143
		2, 11 ff	416

2, 14	139; 143	2, 11 ff	365
2, 15—21	394 ff	2, 13	293 A21
2, 15—18	*394—399*	2, 18	190
2, 16	472 f	3, 5	294
2, 17	474	3, 9 f	294
2, 19 f	202; 408	3, 12	190
2, 21	395 f; 426	4, 7—10	288
3, 1	450	4, 8 f	89 A69
3, 3	201	4, 15	138
3, 8	472	4, 18	143 A41
3, 13	312; 397; 478	4, 21	139 A25
3, 19. 21—24	200	4, 22	143 A40
3, 19	43; 250; 439; 481	4, 24	142
3, 21—25	440	4, 25	139
3, 22	43	5, 6	144
3, 24	472 f; 481	5, 9	142
3, 26—28	228 f; 310 A23	5, 25 ff	23 A31
4, 4 f	223; 366; 406; 443; 476 f	6, 14	142
4, 6	47	*Philipper*	
4, 8	141; 401 A6	1, 11	471 A3
4, 9	193	1, 18	138
4, 15	473 A6	1, 22	408
4, 16	139 A26	2, 6—11	274; 285 f; 290; 292; 295; 315; 450
4, 21—31	377		
5, 4	426	2, 6—8	77
5, 5	474	2, 6 ff	99; 250
5, 6	51; 227	2, 10 f	79; 287; 290 A10
5, 7	143 f	2, 15	52
5, 13—25	36	3, 2	376
5, 14	51; 216	3, 3 f	200; 377
5, 16—25	52	3, 4 ff	199; 217
5, 16 ff	201	3, 6	199
5, 17	139 A26; 201 f	3, 7 ff	225
5, 24	225; 410	3, 7—9	200 f; 470 f
5, 25	36; 38; 402; 411	3, 12—14	401; 410
6, 1	109	3, 21	290; 302
6, 7 f	281	4, 8	51; 142; 471 A3
6, 10	281		
6, 11	382	*Kolosser*	
6, 12—16	382	1	406
6, 14	225; 410	1, 5	143
6, 15	51	1, 6	139 A25
		1, 15—20	290; 293
		1, 15	192
Epheser		1, 20	293 A21
1, 7	293 A21	1, 22	190
1, 13	143	1, 26	294
1, 20	289	1, 27	294
1, 21	473 A6	2	406
2, 1 ff	401 A5	2, 8	143 A40
2, 2	144	2, 11	377

2, 15	250; 290	1, 2 f	294
3, 1—4	366	1, 4	143
3, 5 ff	401 A5	1, 13	139
3, 6	144	1, 14	144
3, 12	260 A40	2, 14	287; 293 A20
4, 3	143	3, 3 ff	401 A5
		3, 3	143 A41
		3, 11	406

1. Thessalonicher

1, 8	144
1, 9	141; 401 A6
2, 10—12	143; 471 A3
2, 16 f	307 A19
4, 13—18	383
4, 13 ff	302 f
4, 13	426
4, 17	301
5	383
5, 1—10	37 A2
5, 6	281
5, 10	286 A4

Philemon

21	382

Hebräer

1, 1—14	375
2, 2 f	402 A9
2, 17	393
3, 1—6	375
3, 6	192
3, 7—4, 13	376
3, 14	377
4, 2	377
4, 4	293 A19
4, 11	377
4, 15	312
4, 16	190
5, 1—10	377
5, 2	143 A41
6, 1—8	385
6, 6—8	385; 386 A6
6, 18—20	190
7, 1—10, 18	376 f
7, 1—10	377
7, 25	190
8, 2	144; 378
8, 5	144; 378
8, 6—13	375
9, 9	378 A33
9, 10	371
9, 11	378
9, 12	293 A20
9, 24	144; 369; 378
9, 26—28	378
10, 1	144; 378
10, 19—22	190
10, 19	190
10, 22	144
10, 23	293 A19
10, 26	143; 385
10, 28 f	402 A9
10, 35	192
11	380; 461 A50
11, 19	378 A33

2. Thessalonicher

2, 10—12	140 A28; 143 A40

1. Timotheus

1, 17	192
1, 20	419
2, 4	143
2, 6	363
2, 7	138 f
3, 15	143; 261 A47
3, 16	79; 85; 286 f; 288 A6; 290
3, 18	49 A45
4, 3	143
5, 22	387
6, 5	143
6, 12 f	293 A19
6, 15 f	192

2. Timotheus

1, 9 f	294; 406
2, 10	260 A40
2, 12	363
2, 16	143
2, 18	144
2, 25	143
3, 7	143
3, 8	144
4, 1	290
4, 4	144
4, 14	419

Titus

1, 1	143; 260 A40

11, 27	192	2, 15	380
12, 2	461 A50	2, 18	143 A41
12, 14	183; 189	2, 22	139
12, 16	380; 385	3, 5 ff. 12 ff	373 A18
12, 22 f	288 A7; 378		
12, 25	402 A9	*1. Johannes*	
13, 4	385	1, 1—4	106; 381 f
13, 5	379	1, 1—3	60; 65; 108—110; 113 f; 118
13, 22	382	1, 4	110; 113
Jakobus		1, 5—2, 17	384
1, 18	143	1, 5—2, 2	105
1, 27	387	1, 5—10	106 f; 109; 111
3, 6	372 A13	1, 5 ff	385
3, 14	142	1, 5	66; 108 f; 110; 113; 118; 121; 384
5, 11	379		
5, 17	379	1, 6—10	106 f; 109—111; 117; 121 f
5, 19	142		
1. Petrus		1, 6 f	66; 106—108; 110; 113; 293 A21; 391 ff
1, 1	260 A40		
1, 2	144; 293 A21	1, 8—10	67; 106—108; 113; 118; 121; 392 f
1, 14	143 A41; 144		
1, 18—21	285; 293	2, 1—3	107—121; 381; 393
1, 18 f	286; 293	2, 4 f	67; 109—112; 116 f; 120—122
1, 20	293; 295; 297		
1, 22	143 f	2, 5 f	109 f; 112 f; 115; 117 f; 387; 390
2, 1	291		
2, 7 f	144	2, 7 f	108—110; 114—117; 381; 388
2, 9	376		
2, 21—25	285; *295—297*	2, 8—11	66
2, 21 ff	403 A10	2, 9—11	111 f; 115; 117 f; 122
2, 21	286 A4; 287	2, 12—17	111
2, 22 ff	276; 287	2, 12—14	108; 110 f; 114
2, 25	143 A41	2, 13 f	60; 87; 110 A3; 119; 381
3, 1	144	2, 14—17	387
3, 14	287	2, 15—17	106; 109; 111; 116; 387
3, 16	287		
3, 18—22	*285—297*	2, 18—28	119 f; 383
3, 18	190; 403 A10	2, 18	110; 388
3, 19	250	2, 20 f	67; 108—110; 112 f; 116; 240; 381; 384; 387
3, 21	369; 378		
3, 22	473 A6	2, 22	115
3, 31	377	2, 23	118; 120 f; 123
4, 1	286 A4	2, 24	108; 110; 114; 119
4, 5	291 f	2, 25	108 f; 384
4, 6	291 A14	2, 26	108; 381
4, 17	144	2, 27	108—110; 383; 389
5, 12	139 A25; 382	2, 28—3, 34	112; 383
2. Petrus		2, 28	108; 112 f; 388 f
1, 12	143	2, 29—3, 10	115
2, 4 ff	380	2, 29	112 f; 114 A5; 122; 386; 389

3, 1—3	69; 75; 98 A91; 108—113; 115; 192; 384; 387 ff	5, 1	119; 122; 386
		5, 2	109; 112; 119
		5, 3	108 f; 119; 384
3, 4—10	386	5, 4—13	384
3, 4	112—114; 122; 386	5, 4 f	87; 108; 119 f; 122; 384; 387
3, 5	69; 110; 112; 114; 384; 390 f	5, 5—21	119 f
3, 6—9	113 f; 122	5, 6	67; 293 A21; 387
3, 6	113	5, 7—9	108 f; 120; 293 A21; 384
3, 7	108; 110; 113 f; 390		
3, 8	93; 109; 113 f; 118	5, 10	120 f; 123
3, 9 f	114; 121; 386	5, 11	108 f; 120 f; 384
3, 10—12	108—110; 112; 114 f; 122; 240; 384; 387	5, 12	120 f; 123
		5, 13	121; 382
3, 13—18	115	5, 14—21	382 ff
3, 13	80	5, 14 f	108 f; 112; 382; 384 f
3, 14 f	112; 115 f; 118—120; 122; 384; 477	5, 16 f	109; 115; 118; 382; 384 ff
3, 16—18	108—110; 115; 117 f; 390 f	5, 18—21	108; 112; 121; 382; 386 ff
3, 18 f	67; 109; 112; 116 A7; 117 f; 390	*2. Johannes*	
3, 19—24	115	1. 3. 4	109; 116 A7; 138 A23; 143
3, 19 f	109; 115; 387		
3, 20 f	108; 115 f; 118; 389 f	5	109 f; 114
3, 21 f	384	6	108—110; 114; 384
3, 23	108—110; 384	7	61
3, 24	109; 117 f; 122	9	121; 123
4, 1—6	116 f; 383	10	109
4, 1—4. 6 f	387		
4, 2	61; 109; 387	*3. Johannes*	
4, 3	110	1. 3. 4	116 A7; 138 A23
4, 4—6	67; 87; 108 f; 119 f; 122; 387	2. 5	108
		8	110
4, 7—5, 4	117; 383	11	108; 113 A4; 387
4, 7	108; 117—119; 122; 386	12	108; 112; 139; 384
4, 8	117; 122		
4, 9—12	117	*Judas*	
4, 9 f	60; 109; 113 f; 117 f; 392 f	5 ff	380
		11	379
4, 11	108; 110; 115; 117		
4, 12	117; 119; 122	*Apokalypse*	
4, 13	109; 118	1, 4. 8	73
4, 14	60; 108	2, 10	171
4, 15 f	108; 118 f; 122	2, 14. 20	380
4, 17—21	118	3, 7	140
4, 17 f	109 f; 117 f; 388 ff	3, 14	140
4, 19	117—119	4, 8. 9 f. 11. 12 f	292 A16
4, 20 f	108 f; 115; 117—119; 190	6, 10	140
		7, 10. 12	292 A16

11, 15. 17 f	292 A16	18, 23	144 A41
12, 9	144 A41	19, 1 f. 5. 6—8	140; 292 A16
12, 10—12	292 A16	19, 9	139
13, 14	144 A41	19, 11	140
14, 13	406 A22	21, 5	139
15, 3 f	140; 292 A16	21, 8. 27	142 A36
15, 8	140	22, 4	192
16, 7	140	22, 6	139
17, 14	260 A39 f	22, 15	142 A36

C. Alttestamentliche Apokryphen und Pseudepigraphen

Assumptio Mosis
1, 14   294

Baruch
3, 9—4, 4   14
3, 9   15
3, 11—13   15
3, 29—36   14 f
3, 29 f   15
3, 37   15
3, 38   26
4, 1   14
4, 2   15
4, 36—5, 9   262 A48

Baruchapokalypse (syr)
17, 3   372 A12
23, 4   372 A12
48, 36   **17**
48, 42 f   372 A12
85, 10   370 A5

3. Esra
3, 1—4, 63   141; 143
4, 36—40   143

4. Esra
3, 7   372 A12
3, 21   372 A12
4, 8   16 A13
4, 30—32   435
5, 9 f   17
5, 55   370 A5
7, 87   191

7, 98   191
7, 118   372 A12

Äthiop. Henoch
1, 1   260 A42
1, 3. 8   260 A40
22, 3—13   288 A7
38, 1   263
38, 2   260 A42
38, 4   260 A38
39, 4. 6   260 A42
41, 1   260 A40
42, 1—3   16
45, 5   260 A40
48, 7   260 A38, 42
49, 2 f   31
51, 3   31
53, 6   264
62, 8   263
84, 3   16
91, 10   19 A16
102, 2   143
103, 3 f   289 A7

Slav. Henoch
30, 8   21
30, 12   31
33, 3 f   21

Judith
10, 13   139

1. Makkabäer
2, 42   262 A54
4, 59   262 A55

7, 12	262 A54	9, 10	20 A21
7, 18	138; 140	10, 1—20	380
14, 19	262 A55	13, 1	193
		18, 9	260 A38

3. Makkabäer
2, 4—8 — 380

Sibyllinen
Proömium 7 ff	193 A175
Frag. I, 10. 20	141 A33
I, 15	144 A41

4. Makkabäer
16, 20 f	380
18, 10—19	380

Jesus Sirach

Psalmen Salomos

		1, 1—30	18
2, 37	262 A50	1, 1—19	19
2, 40	262 A51	1, 1	28
3, 16	262 A50	1, 6	18; 28
4, 7. 9	262 A51	1, 8 f	19
4, 29	262 A52	1, 10	19; 28
5, 2. 13	262 A49	1, 15	19
5, 21	262 A50, 53	4, 11 ff	25
6, 9	262 A52	4, 11	19 A17
10, 4	262 A52	4, 25	141 A35
10, 6 f	262 A53	4, 28	141
10, 7 f	261 f	6, 20—22	18
11	262 A48	6, 24 f	25 A41
13, 11	262 A51	6, 28	25 A42
14, 1	262 A52	6, 29 f	25 A41
14, 2 f	262 A51, 53	7, 20	138
15, 2	262 A49	15, 1	14 A11
15, 8	263	15, 7 f	18
17, 18	262	16, 6—10	380
17, 50	191; 372 A14	24	14
18, 7	191; 372 A14	24, 1—34	15
		24, 1—11	13; 18
		24, 1 ff	25

Sapientia Salomonis

3, 9	139; 260 A40	24, 1 f	261
4, 15	260 A40	24, 3 f	19
5, 5	260 A38	24, 6 f	13
5, 6	141	24, 8	14; 33
6, 22	139	24, 9	19; 294
7	18	24, 12—22. 30 f	25 A38
7, 12	20	24, 23	14
7, 14	18	24, 32 f	23; 25; 31
7, 21—26	18; 20	27, 8 f	137 A21; 141
7, 21	20	27, 10	141
7, 22—8, 1	21	33, 13	262 A48
7, 25 f	20	36, 16	262 A48
7, 27 f	18; 22	43, 15—33	186 A152
8, 3	20	45, 10	137
8, 4	20	51, 23 ff	25
9, 1 f	20		
9, 4	20	*Tobit*	
9, 9	20	3, 2	140

3, 5	140	13, 6	141
4, 6	141	14, 7	141
7, 10	139		
8, 15	260 A38, 40	*XII-Testamente*	
12, 15	260 A38	Gad 3	141
12, 16 f	141; 181 A136	Sebulon 9, 8	191

D. Jüdische Literatur

Josephus
Bellum Judaicum
VII, 346 — 193 A175

Antiquitates
VIII, 343 — 140
X, 263 — 140

Philo
De Abrahamo
58 — 195
70 — 196 A184
76 — 194
77—80, p 13 — 173
79 f — 196
80, 13 — 165 A80
161—164 — 195

De Cherubim
48—50, p 147 f — 20

De confusione linguarum
61, p 414 — 173 A111

Quod deterius potiori insidiari soleat
158 — 301 A5

De ebrietate
30, p 361 — 20
208, p 388 — 173 A114

De fuga et inventione
50, p 553 — 20
109, p 562 — 21

Legatio ad Caium
347, p 597 — 155 A65

Legum allegoriae
I, 32. 35, p 50 — 166
II, 49, p 75 — 20
II, 86, p 82 — 22 A27
II, 93, p 83 — 166
III, 206 — 196 A183

De mutatione nominum
7 — 196

De opificio mundi
8 — 196 A183
30 f, p 6 f — 173
31, p 7 — 173 A111
54 — 195
59 — 370 A5
69 — 195
70 f — 195 f; 351 f
77 — 195
146 — 195

De posteritate Caini
92 — 195

De praemiis et poenis
37 — 196
39 — 195 A182
40 — 196 A183
41—46 — 196
44 — 195 A182

Quis rerum divinarum heres
68 — 301 A5

De somniis
I, 113, p 637 — 173 A111
I, 181 — 301 A5
I, 229 f, p 655 — 22 A27
II, 226 — 196
II, 232, p 689 — 167 A86

II, 249, p 691	165 A80	Midrasch Ruth zu 2, 14 (132[ab])	373 A23
De specialibus legibus			
I, 13 ff	194		
I, 32 ff	195	pPea	
IV, 178, p 365	143	8, 21b, 44	190 A169
De virtutibus		pScheqalim	
62, p 385	19	5, 49b, 18	190 A169
76	299		
		Schemone esre	
Rabbinica		10. Bitte	262 A48
Pirqe Aboth			
6, 10	19 A19	Sifra Leviticus	
		5, 17 (120[a])	435
Bereschit Rabba			
(Genesis)		Targum jer. Gen.	
c. 1	14 A11	1, 1	19
48 (30[a])	374 A24		
Jalqut Simoni		Targum Hosea	
zu Psalm 17, 15	190 A168	4, 1	141 A34

E. Neutestamentliche Apokryphen und Pseudepigraphen

Ascensio Jesaiae		109 (207, 10 ff)	91
10—11	77	109 (208, 2 ff)	169
11, 24 ff	79	112 (211, 9 ff)	87
Apokalypse Petri		*Kerygma Petri*	
21	391	Frag. 2. 3	143 A41
Johannesakten (Bonnet)		*Nikodemusevangelium*	
26—29 (165—167)	45	(Kroll, Descensus S. 36 f)	
87—104	102 A101		74
87 ff	77 A40		
95 (198, 11)	67	*Oden Salomos* (Hennecke[2])	
95 (198, 12 f)	91 f	1, 2	171
98	92; 169	1, 17	68
98 (200 ff)	91	3, 5 f	89
98 (200, 5 ff)	166	6, 3	171
98 (200, 7 ff)	66	7, 3	172 A102
98 (200, 9)	68	7, 12	74
99 (200, 20 ff)	78	7, 13 f	91 f
100 (201, 11 f)	63	8, 8	171
101	98 A91	8, 9	68
103	98 A91	8, 12	170 A101
109	92	9, 8 f	68; 171

9, 11	170	31, 4	75; 89
9, 12 f	86	31, 5	84
10, 2 f	65	31, 8 f	83
10, 5 f	70; 75	31, 11	170
10, 31	93	32, 2	171
11, 3—5	68; 91; 172	33	25; 31; 95
11, 5—7	170 f	33, 7 f	68; 172
11, 18 f	67; 171	33, 11 f	95
12, 1 ff	171	36, 8	170
12, 1 f	68	36, 16	170 A100
12, 3	170	38	31; 68; 91; 172
12, 11	171	38, 16	170
12, 13	171	38, 18 ff	25 A38
14, 7	171	39	92
15, 4	172	39, 10	170 A101
15, 6—8	171	40, 5	170
17	89; 93	41	295
17, 2—4	83; 85	41, 1	172
17, 5	68; 172	41, 2	74
17, 6	79	41, 8	79
17, 7	68; 172	41, 9 ff	63
17, 10	92	41, 9	171
17, 12—14	66; 75; 88	41, 12	84
18, 3	170	41, 13—15	60; 170 A101; 294
18, 6 f	68; 86; 171	42	89
18, 8—10	171	42, 3—6	96
18, 15	172	42, 5	83
20, 9	170 A101	42, 8	74
21	93	42, 10	83
21, 1—3	83	42, 14—18	66
21, 5	63	42, 15—20	75
22, 6	64	42, 15	74
22, 7	91	42, 16 f	92
22, 8—11	65	42, 19 f	64 A16
23, 18	170 A101	47, 8 ff	92
24, 10 ff	68	49	93
24, 10	91; 171		
24, 12	171	*Petrus-Paulusakten*	
25	93	Martyrium Pauli et Petri	
25, 1	83	15 (132, 10)	63
25, 5	83		
25, 7	171	Martyrium Petri	
25, 9	83	8	173 A110
25, 10—12	68; 85; 171	8 (92, 10 ff)	165
28, 8	83		
28, 9	83	*Pistis Sophia* (SCHMIDT)	
28, 11 ff	83	116, 23	92
28, 16 f	60; 76		
29, 5	84	*Pseudoklementinen*	
29, 7—9	86	Homilien	
31, 1 f	68; 171	2, 52	27
		16, 11 f	21 A25

34 Bultmann, Exegetica

17, 4	27	99 (211, 24)	78
18, 13	27	100 (212, 20)	78
		100 (213, 8)	78
Recognitionen		102 (215, 15 f)	75
2, 47	27	103 (216, 6 f)	91
		109 (220, 19 f)	76
Thomasakten (BONNET)		109 (221, 4)	77
10 (114, 5)	91	112 f	98
10 (115, 4 ff)	91; 93	117 (228, 9)	78
10 (115, 4 f)	61	118 f	98 A91
11 (116, 1 f)	98 A91	119 (229, 16 f)	91
12 (118, 7 f)	165; 173 A114	123 (232, 11)	78
25 (140 f)	72 A29	128 (236, 19 f)	87
27 (142, 7 ff)	77 f	141 (248, 5 f)	75
32 (149, 19 f)	75	142 (249, 1 f)	93
34 (151, 5 f)	166 A83	142 (249, 14 f)	75
34 (151, 16)	75	143 (250, 4 ff)	77
34 (151, 17 ff)	169	143 (250, 11 ff)	69
35 (152, 16 ff)	89	143 (250, 13 f)	79
36 (154, 2)	73 A31	144—148	70; 88
37 (155, 14)	91	144—147	70
39 (156, 15 ff)	93	144 (251, 17)	75
39 (156, 17 ff)	75	145 (252, 8 f)	70
39 (157)	72 A29	145 (252, 20)	70
44 (161)	75	146 (253, 6 ff)	88
45 (162, 15 ff)	77	146 (253, 19 ff)	88; 73 A31
45 (162, 15)	98 A91	146 (255, 1 ff)	70
45 (162, 21)	66	146 (255, 10 ff)	71
48 (164, 14)	74	147 (257, 7)	87
48 (165, 19 f)	93	149	88
52 (168, 15 ff)	61	151. 155	98 A91
52 (168, 17 ff)	87	156 (265)	72 A29
54 (171, 10)	74	156 (265, 3 ff)	91
57 (174)	72 A29	156 (265, 5 ff)	75
57 (174, 7)	98 A91	156 (265, 9 f)	61
61 (178, 2 ff)	75	156 (266, 1 f)	91
61 (178, 21)	78	157 (266, 14 f)	87
67 (184)	72 A29	157 (267, 1)	67
75 (190, 13)	92	157 (267, 5 f)	87
78 (193, 10)	75	160 (271, 26 f)	301 A5
80 (195, 17syr)	77 A40	167 (281, 7)	91
80 (196, 6 ff)	91	167 (281, 8 f)	91
88 (203, 13 ff)	165	169 (283, 5 ff)	84; 89
94 (207, 23 f)	87	169 (283, 18)	75
95 (208, 13)	78		

F. Nichtchristliche Literatur der Antike und Spätantike

Aeschylus
Agamemnon
4 ff   326 A12
281 ff   326 A12
508   332 A46
601 ff   330 A32

Choephori
51 ff   330 A32
320   326 A14
854   339 A89

Eumenides
104   335 A65
520   326 A13
1025 f   335

Persae
150 f   335 A65
167   330 A34
169   335 A70
299 ff   330
979 f   335 A70

Septem contra Thebas
390   335 A66
403   327 A16

Aethius (DIELS⁴)
IV, 9, 8 (II, 9, 13 f)   145

Alexander
in Metaphysicam
A 3. 984b 3 (I, 140, 6 f) 146

Alkaios (BERGK⁴)
Frag. 37 (DIEHL, Frag. 66) 146

Anaxagoras
Frag. A 1 (375, 17 f)   348
      A 1 (375, 20)   348
      A 1 (376, 9 f)   348
      21 (I, 409, 14)   145

Antiphon
Frag. 44 A 2, 21 ff   147
Frag. A (II, p XXXII f)   146 A46

Apuleius (HELM)
Metamorphosen
XI, 15   46
XI, 23/24, p 285, 14 ff
  p 286, 3 ff   349 A117

Aristophanes
Equites
1319   331

Pax 406 ff   332 A49

Ranae
340 ff   349 A116
454 ff   324 A5

Thesmophoriazusae
13 ff   337
17   335

Aristoteles
Ethica Nicomachea
I, 4 p 1096b, 28 f   339 A91

Problemata VII, 5   337 A82

Rhetorica
III, 10, p 1414a, 13 339 A91

Topica
I, 17, p 108a, 11   339 A91

Metaphysica
980a, 21 ff   337 A82; 338 A87
984a, 18 f   145
986b, 31   145
1051b, 23 f   339 A91
1052a, 3 f   339 A91
1072b, 20 ff   33 A91

Athenaeus (TRENCH)
VI, 62, p 253   131 A13; 155
VI, 63   155 A64

Damascius (RUELLE)
De primis principiis
125   29

Demokrit
II, 35, 25 ff	147 A49
II, 37, 10 ff. 21 ff	147 A49
Sext. VII (II, 60, 27)	145
Frag. 44 (II, 73, 16)	148
117 (II, 83, 13)	145
225 (II, 106, 4 ff)	148 A53
II, 133, 41	149
II, 134, 2	149

Dialexeis
8, 1 (II, 344, 10)	145

Diogenes
IX, 22 (I, 138, 16)	146

Dion Chrysostomus (DE BUDÉ)
XII, 33 (208, 2 ff)	349 A117
XII, 71 (223, 13 f)	337 A82

Empedokles
Frag. 84	335 A65
114 (I, 205, 11 f)	148
133	176 A122; 337 f
I, 223, 16 f	145

Enuma eliš I, 4   29

Epiktet
Dissertationes
I, 4, 32 f	150
I, 7, 8	148 A54
I, 17, 14	152
I, 20, 19	150 A59
I, 28, 4	152
I, 28, 29	150 A57
II, 2, 14	146 A46
II, 6, 19	147 A50
II, 12, 4	147
II, 20, 21	145
II, 22, 25	153
II, 26, 1—5	152
III, 1, 18	147 A51
III, 1, 24	147 A50
III, 22, 25	150
III, 24, 40	154
IV, 1, 40	145
IV, 1, 154	155
IV, 1, 172	157 A68

Encheiridion 49	151
Frag. 28. 29	150 A59

Frag. XXXV	150

Euripides
Alcestis
205 f	326
268 ff	326
437	327 A15
722	327

Andromache 406	336
Bacchae 1082 ff	324 A4
Cyclops 633 f	335 A65
Elektra 54 ff	325
Hecuba 841	329 A31

Hercules furens
562 ff	331 A41
1159 f	333 A60

Ion
188 ff	335 A65
1466 f	330
1549 ff	174
1549 f	324 A4; 333 A60

Iphigenia Aulidensis
439	330
1063	329 A31
1218 f	327
1250 f	327
1281 f	328
1506 ff	328

Iphigenia Taurica
186 f	329 A31
848 f	329 A31

Troades 848 ff	324 A6

Frag. 289	149
443, 1	323 A2
524, 2	332 A44

Gorgias
Frag. 11 (II, 249, 22 f)	148
11 (II, 250, 10)	147
11 (II, 253, 9 f)	148
11a (II, 260, 28 ff)	147

II, 263, 6   147

Heraklit
Frag. 5	175 A121
86	175 A121
101a	336
133 (I, 104, 9)	149 A55

Hermetica
Asclepius (Scott)
296, 28 ff	172
376	166 A81

Corpus Hermeticum (Scott)
I	56; 67
I, 12. 14	64
I, 15	64; 172
I, 19	168 A89; 173 A109
I, 24—26	299
I, 24	301
I, 26	92; 173
I, 28	349
I, 29	92
I, 30	165; 167; 173
I, 31	179 A130
I, 32	64; 173
II, 4	173 A109
II, 12	169
IV	167 A88; 179 A132
IV, 1	164 A74
IV, 11	92
V	178 A127
VI, 5	92
VII	56; 67; 166
VII, 2	92; 179 A130; 299 A2
VII, 3	166
VIII, 4	370 A5
IX, 1	172
IX, 5	172
IX, 10	166 A85; 169 A92; 179 A132
X, 4—6. 8 f	179 A130, 133; 353 A132
X, 6	173 A109
X, 10	179 A132
X, 15	92; 179 A130
X, 21	92
XI, 2	370 A5
XI, 3	172
XI, 21	92
XII, 9	46
XII, 12	92
XII, 22	172
XIII	67
XIII, 1	166 A85; 168 A89
XIII, 2. 3. 4. 7 f. 10. 13. 20	165; 179 A133
XIII, 3	45; 300 f
XIII, 6	165; 172; 173 A111; 301
XIII, 7	168 A89
XIII, 8 f	48; 168 f
XIII, 12	301
XIII, 14	45 A4; 172; 173 A113; 300 f
XIII, 15	301
XIII, 18	168 f
XIII, 22	167
XVI, 5	172
XVI, 16	168 A89

Stobaei Hermetica (Scott)
Excerptum II a
§ 4 (382, 4 ff)	164
§ 3 (382, 17 f)	164
§ 5 (384, 4 ff)	163
§ 6 (384, 13 f)	179 A132
§ 9 (384, 21 ff)	163
§ 18 (386, 13 ff)	164
§ 11 (386, 17 ff)	163 f
§ 11 (386, 19 ff)	164
§ 17 (386, 29 ff)	164
§ 13 (388, 11)	163
§ 14 (388, 14 ff)	164 A76
§ 15 (388, 20 ff)	164

Excerptum II b
§ 1 ff (390—393)	164 A77

Excerptum IX
§ 16 (428, 13 ff)	165 A78

Zosimos
(Reitzenstein Poim.
103 f, 106)	46; 92

Herodot I, 8   336

Hesiod
339   323

727 ff	332 A44	1, 322 ff	175
		2, 268 ff	175 A118
Theogonia		2, 400 ff	175
19	332 A48	3, 371 ff	175 A118
371	333 A57	6, 42 ff	323
451	335	8, 270 f	333 A52
755	335	10, 138	333 A55
956 ff	333 A56	10, 573	174
		11, 105 ff	333 A51
Hierocles		12	333
In aureum Pythagorae		16, 14 ff	335 A65
Carmen Commentariis (MULLACH)		16, 23	331
21—24	349 A117	16, 155 ff	175
179, 18 ff	299	16, 161	174
		16, 470	338 A83
Homer		17, 39	335 A65
Hymnus ad Apollinem		17, 41	331 A39
1, 4. 10	323 A4	19, 29 ff	175
2, 6 f. 24 f	323 A4	19, 33 ff	323 A4
		19, 417	335 A65
Ilias		22, 205 ff	175 A118
1, 197 f	175	22, 236 ff	175 A118
1, 199	175	23, 242 ff	333 A54
1, 605	323		
3, 104	323 A46	*Klagelied an Ištar*	
3, 277	332 A46; 334	(UNGNAD)	
5, 47	327	Z. 40 f. 55	186 A150
6, 6	329		
6, 11	327	*Kritias*	
8, 282	329 A31	Frag. 16 (II, 317, 25 f)	148
8, 554 ff	325 A10	25, 26 (II, 321, 7)	148
11, 797	329 A31		
14, 259	332 A46	*Leukipp*	
14, 344 f	334 A62	II, 4, 23	147 A49
15, 187 ff	333 A58		
15, 741	329 A31	*Lucian*	
16, 39. 95	329 A31	Dialogi mortuorum	
17, 333 f	338 A87	26, 1	327 A20
17, 615	329	27, 9	327 A20
17, 645 ff	327 A21		
18, 102	329 A31	De historia quomodo conscribenda	
18, 239 f	333 A53	29	337 A82
20, 131	174 f		
21, 537 f	329 A31	*Mandaica*	
24, 170	175	Rechter Ginza (LIDZBARSKI)	
24, 558	326 A13	7, 14 ff	90
		12, 15—20	72 A30
Odyssee		13, 17 ff	90
1, 8	333 A51	14, 28 ff	60
1, 96 ff	174	16	69
1, 319 ff	175 A118	16, 5 ff	247
		17, 20 ff	68

Stellenregister 535

20, 16 f	64 A16	185, 3 ff	90
24	67	187, 13 ff	64 A16
30, 2 ff	65; 68	193 f	83
41, 36 ff	73 A31	246, 2 ff	64 A16
47, 25 f	64 A16	246, 19 ff	247
48, 15 ff	65; 85	247, 16 ff	249
53, 33 ff	247	247, 21 ff	90
52	67	249, 9	90
56	66	251, 15 ff	235
57—61	66; 72 f; 95	253, 20 ff	85
57, 31 ff	66	257, 3 ff	90
57, 33 ff	62	257, 14 ff	90
58, 17 ff	238	258, 12 ff	76
58, 17 f	61	259 ff	90; 95
58, 23 ff	65 f; 238	259 f	95
59, 15 ff	65; 69	261, 15 ff	95
60, 3 ff	238	268, 4 ff	95
66, 3 ff	89 f	268, 20 ff	79
66, 27 ff	90	271 f	73
68	64	271, 20 ff	238
68, 13 ff	63; 248	271, 26 f	238; 244
70, 1 f	60	271, 29	238
70, 3 ff	64	273, 6 f	86 A60
75—77	60	274 f	73
78 f	64	277, 8	74
90, 14 ff	70	280, 25	74
91, 1 ff	62	296 f	74
91, 15 f	70	296, 32 ff	248
94, 7	244	296, 37 ff	63
95, 15	244	301 ff	60
98, 9 f	64 A16	315 ff	60
111, 11 ff	244	316 f	82
112, 20 ff	62; 70	316, 28 ff	248
112, 24 ff	247	316, 32 ff	63
119, 12 ff	247	318	62
141, 18	247	320, 12	74
146, 9 f	63	328, 1	235
147, 29 ff	69	336, 35 ff	94
152, 24 ff	89	372, 24 ff	244
152, 28 ff	60	386, 36 ff	247
152 f	64	388, 7 ff	247
157	77	389, 21 ff	247
159, 2	64 A16	390, 17 ff	238
168, 7	64 A16	394, 28 ff	238
177, 7	89	395, 3 ff	244
179, 24 ff	74	400, 7 f	248
181	72	404, 19 ff	247
181, 10	235		
182, 28 ff	66	Linker Ginza (LIDZBARSKI)	
183 f	65; 67; 80; 82	423—452 (I)	69 f; 89
184 ff	64 A16	424, 30 ff	238

431, 6 (I, 2, p 10)	72 A29	165 f	62; 72
435, 34 ff (I, 2, p 16)	89; 93	167 f. 169 f	78 A43; 247
435, 35 f	248	169, 3 ff	62; 72; 84; 248
439, 12 ff	249	172 f	62
444, 12	238	173—175	88 A63
472, 34 ff	244	175, 24 f	67
479, 4 f	244	179, 18 ff	67
500, 28 f	244	181	78 A43
502, 8 f	244	186	78 A43
513, 29	248	196, 17 f	70
533, 30 ff	244	199	92
547, 14 ff (III, 23, p 104)	78 A43	202—206	72; 95
551, 9 f	244	203, 19 ff	67
557, 25 ff (III, 24)	72 A28	204, 11 ff	66
558, 1 ff	244	204, 33 ff	73 A31
559, 29 f (p 113, 12)	98	217, 16 f	60
561, 18	238	218, 1 ff	62; 73
575, 24	234	218, 13	246
576, 33 ff	247	219 f	62; 72
588, 26 f	247	221	62
592, 21	234	221, 14 f	61
593, 3 ff	247	221, 16 f	235
		222 ff (c. 66)	97
Mand. Johannes (LIDZBARSKI)		222 f	60; 63; 70; 78 A43
5	90	223, 2 ff	248
11	86	224	69 f; 82; 84; 248
28, 22 ff	249	242	62
39, 21 ff	249		
43 f	71	**Mand. Liturgien** (LIDZBARSKI)	
44—51	72; 95	3	96
55, 4 f	86	4. 6. 8. 10	90
57, 14 ff	62; 86	12 f	89 f
58—62	82	26	68
60, 15 ff	249	36	61; 247
61, 24 ff	94	37	235
62, 5 f	68; 82	38	62; 72 A30; 89 f; 247
63 f	69		
65 f	69	44	90
67—70	82	45 f	247
67, 4 ff	76; 83 A52	54	93; 96
69, 3 ff	249	60	96
83, 18 ff	27	66	235
87	78 A43	67 f	73; 90; 235; 252
94, 23 ff	62	75	74; 79
96, 11 ff	83 A52	76 f	67; 90; 244; 247
132	62	78 f	79; 93
138	89	81	80
144—154	72	84 f	76
154—156	72	89	90
154, 8	74	97	93
161—164	79	98	92
161, 5 ff	78 A43; 86	99—101	79

104		92		268		86 A61
106		90		271 f		90
125		62; 86; 247				
127 f		66; 74; 235; 244		*Manichäisches*		
129		86		bei Alexander von Lykopolis		
130 f		73; 83; 90; 247 f;		(REITZENSTEIN Psyche S 6)		
		252				94
132 f		79; 86; 89 f				
134 f		60 f; 65; 90; 92;		*Manichäisches Lied*		
		244; 247		(REITZENSTEIN Iran. Erl. 23 f)		
135 f		73 f; 86; 90; 252				62; 91
138 f		244				
142		90		Turfan-Fragmente		
149		68		(F. W. K. MÜLLER/v. LECOQ)		
153		74; 90; 95		M 1		65
155		80; 84		M 7		61; 83
158		78; 83		M 10		94
161		69		M 32		91
163		89		M 42		62; 69
165		68; 86		M 64		63
169 f		247		M 177		91
175 f		244		T. II. D 169, 1		69
183 f		93; 244		T. II. D 173a²		70
186		244		T. II. D 173b¹		92
187		86		T. II. D 178		69
190 f		34; 61; 247		T M 423d		78
190—192		87; 88 A66; 97				
192 f		86		*Marc Aurel* (STICH.)		
193		64 A16; 80; 248		III, 6 (25, 2)		149 A56
195		82		III, 11 (28, 10)		149 A56
196		65		IV, 20 (37, 1)		149 A56
198		68; 238 f		IV, 21 (38, 1)		145
199		65; 68		V, 33 (61, 24 f)		149 A56
202		80		VI, 21 (69, 13 ff)		151
203		76; 86; 90		VI, 47 (77, 17 ff)		149 A56
205		73		VII, 9 (81, 24 ff)		151
207		74		VII, 63 (92, 24 f)		152
208 f		80 f; 88		IX, 1 (112, 22 ff)		145 f
208, 1		81 A49		IX, 1 (112, 24 f)		150 A57
212 f		86; 95		IX, 1 (113, 6 ff)		145; 156
214. 216		86		X, 15 (134, 22 f)		155
218		69		XI, 12 (147, 18 ff)		151
220 f		244				
222		67; 95		*Mimnermos*		
223—227		81		Frag. 8		149
224		76				
244		86		*Oracula Chaldaica*		
252 f		70; 73 A31		(Proclos in Alc.)		
254		86		357, 12		168
257		78 A43		365, 27		168
260		64				
				Ovid		
				Metamorphosen		

VIII, 19 f	199	Olympia	
		2, 10 f	335
Papyri und		2, 58 ff	331 A37
Inschriften		4, 7 ff	331 A 38
Inschrift von Ios	169	6, 16	335 A70
		10, 22 f	331 A36
Pap. Brit. Mus. XLVI		10, 73 ff	325 A11
149 f	169 A98		
		Paian 9, 1	336
Papyri Graecae Magicae			
I, 178	289 A7	Pythia 5, 56 f	335 A70
IV, 1951	289 A7	Frag. 129	324
Pap. Fayûm		*Pittakos* (Diels[4])	
118, 26	138 A23	II, 216, 17	149
119, 26 f	138 A23		
		Platon	
Pap. Oxyrhynchus		Epistulae	
465, 108	155	VII, 341c	341
XI, 1180	169 A96	VII, 342a ff	342 A101
1380, 63	169	VII, 343e. 344a b	341 A99
Pap. Paris (Wessely)		Gorgias	
Zeile 1012	169	526d	151
Parmenides (Diels[4])		Phaedrus	
(Plut) Strom. 5 (I, 141, 41) 145		69a b	155
Frag. B1	325 A7	91c	150
1, 28 ff (I, 150, 7 ff)	146; 150; 157 A68	248b	150; 156
B 2, 1	339 A89		
4	177	Philebus	
4, 4 (I, 152, 9)	148	65e. 66a	334 A60
8, 28 f	157 A68		
8, 50 ff (I, 158, 8 ff)	146	Protagoras	
8, 50 f	156	345 d e	152
		361b	152
Pausanias			
X, 32, 18	175	Respublica	
		347c	155
Philolaos		382 a b c e	151; 155
Frag. 11 (I, 314, 10 f)	156 A67	413a	152 A62
		477a	177
Pindar		499c	155
Isthmia		505a	340
2, 17	331 A38	506b ff	163
		506e	340
Nemea		507a—508b	336 A75
3, 83 ff	331 A38	507b c	176
5, 17 f	150 A57	507c	337
7, 23	339 A89	508a—509b	340
10, 40 f	335 A67	508a b	337
		508d e	158 A69; 159

509b	159	VI, 9, 9, 47 ff	353
509d—511e	342	VI, 9, 11, 8 ff. 22 ff	353 A132
511b	342		
515c	155	*Plutarch*	
515d e	145 A45; 155	III, p 41 (DIDOT)	146
516a b	155		
533	339	Convivium septem sapientium	
596d—605c	157	153a	323 A2

Sophistes
228 c d	152 A52
254a	339
274b	175 A122

De genio Socratis
590b ff	347

De Iside et Osiride
3	28 A53; 169 A95
47	29 A61
351c e	154
351d e	154 A63

Symposion
201c	146; 150 A58
211b	338 A35
212a	338
212b	156 f
219a	339

Questiones Romanae
40, p274b	332 A44

Theaetetus
155e	175 A122
164a	339

Quomodo quis suos in virt. sent. prof.
10, p 81c	349 A117

Timaeus
28a c	177
40d	177 A123
92c	177 A123

Porphyrius
De abstinentia
I, 31	300

Plotin
Enneaden (BRÉHIER)
I, 2, 4, 22 ff	353 A132
I, 6, 9, 12 ff. 17 ff. 29 ff	353 A132
I, 8, 8, 40	354 A133
I, 8, 13, 17 f	354 A133
II, 4, 5, 7	354 A133
III, 6, 6, 69 ff	300 A3
IV, 7, 10, 30 ff	353 A132
V, 3, 8, 16 ff. 24 ff. 38 ff	353 A132
V, 3, 10, 42	351 A125
V, 3, 11—13	178
V, 3, 12, 40 ff	353 A132
V, 3, 17, 24 ff	353 A132
V, 3, 17, 27	352 A128
VI, 1, 27, 2 f	354 A133
VI, 7, 31	353 A132
VI, 7, 36, 17 ff	352
VI, 9, 4	160 A70; 166; 169
VI, 9, 4, 16 ff	353
VI, 9, 9 (521, 32. 522, 1 Volkm)	155

Ad Marcellam (NAUCK)
13 (282, 13 ff)	353 A132
20 (287, 15 ff)	353 A132
24	168 f

Protagoras
Frag. 1 (II, 228, 5 f)	147 A49

Pseudo-Aristoteles
De mundo
6, p 399a, 31	177 A124
6, p 399b, 21 f	177 A124
140	141

Ptolemaeus, ad Floram
1, 3	145
3, 1	173 A113
3, 9	173 A113
3, 13. 14	173 A113

Sappho
Frag. 1, 9 f	323 A4

Seneca
Epistulae
93, 5   166 A83
102, 22 ff   346

Ad Helviam de consolatione
8, 5 f   347 f
9, 2   348

Ad Marciam de consolatione
25, 1   300 A3

Simonides (DIEHL)
Distichon 76   329 A31

Sophokles
Ajax
395 f   332
709 f   330
854 ff   327

Antigone
100 ff   324 f
806 ff   328
879 f   328; 335 A66
944   323

Electra
86 ff   325
86   323
175   335 A64
1354 f   331

Oedipus Coloneus
1549 f   328

Oedipus Rex
987   336 A73

1469 f   338

Philoctetes
663 ff   331 A41

Trachiniae
203 f   335

Stoicorum veterum fragmenta
(v. ARNIM)
II, 168, 11 ff   343

Šurpu (ZIMMERN)
II, 172   29 A55

Themistios bei Stobaeus Flor.
IV, 107   349 A117

Excerpta ex Theodoto
10. 11. 12. 14. 15   164 A75
10, 6   173
10, 12   173
86   167

Thukydides
II, 35   146

Vergil
Aeneis
I, 403 ff   175

4. Ekloge   371

Xenophanes
Frag. 34, (I, 64)   145

G. Christliche Literatur der Antike und Spätantike

Aristides (HENNECKE)
17, p 43, 1   144 A41

Athenagoras (SCHWARTZ)
Supplicatio
28, p 37, 9 f   144 A41

Barnabas
5, 1   293 A21
6, 10   378 A33
6, 13   370
7, 2   290
7, 3. 7. 10 f   379

8, 1	379	80, 13 ff. 84, 4 ff	349 A117
12, 2	379		
12, 5 f. 10	379	Stromateis	
13, 5	379	IV, 13, 89 f	172 A105
14, 5 f	293 A20; 294 A22	VI, 6, 45	77
17, 2	378 A33	VII, 57, 4	169
20, 2	142 A36 f		

1. Clemens

		Didache	
1—2	383	4, 1	189
3	383	5, 2	142 A36 f
4—12	380	6, 3	141 A32
7, 4	293 A21	9, 4	262 A48
11, 1	391	10, 5	262 A48
12, 7	293 A21	11, 1	140 A30
19, 1	138	11, 10	139
21, 6	293 A21	13, 1 f	140 A30
23, 5	139	15, 1	138
31, 2	141; 142 A37	16, 6	140 A29
35, 5	142		
43, 6	141	*Epiphanius*	
45, 2	138	Haereses	
47, 3	139	26, 13	79
49, 6	293 A21		
59, 2	401 A5	*Euseb*	
60, 2	142	Praeparatio	
60, 4	138	evangelica	
61, 3	292 A16	XIII, 12, 5	193 A175
62, 2	142 A37		
63, 1	142 A37	Historia ecclesiae	
		III, 26, 1	61

2. Clemens

Firmicus Maternus
De errore profanarum religionum

1—2. 3	383	2, 1 f	349 A117
1, 1	291	22, 1	349 A117
1, 2	286 A4	24	79 A47
1, 6 f	144 A41; 401 A5		
3, 1	141	*Gregor v. Nyssa*	
6, 7	391	Vita Gregorii	
6, 9	402 A9	Thaumaturgi	
12, 3	139	Migne PG 46,	
14	23 A31; 287	p 911	23
14, 2	287		
19, 1	141	*Hirt des Hermas*	
20, 5	141	Visiones	
		I, 2, 2	23
Clemens Alexandrinus (STÄHLIN)		II, 4, 1	23
Adumbrationes in		III, 1, 6	23
1. Petr. 3, 19	77	III, 3, 5	139 A26
		III, 4, 2	139 A24
Protreptikos		III, 6, 2	143
XI, 114, 1	349 A117	III, 7, 1	142
XII, 119/120			

III, 7, 3	142	7, 2	166; 173 A114; 287; 404; 407; 409
Mandata		8, 1	408 A26; 411
III	139 A24	8, 2	407 f
III, 1. 4	139 A24; 140 A30; 142 A37	9, 1	409 A28
		9, 2	409; 411
IV, 3, 7	386 A6	10, 3	407; 411
VIII, 9	139 A24	11, 1	166; 404; 405 A19
X, 1, 4—6	141	11, 2	405 A17
XI	143	12, 2	400
XI, 3	139	14, 1 f	403 A12; 409 A28; 411
XII, 3, 1	142 A37	15, 3	409; 411
		16, 2	405 A19
Similitudines		17, 1	404 A15; 411
IV, 4	401 A5	18, 1	410 A31
V, 6, 5	287	18, 2	409 A27
VI, 2	385	19	290; 405
VI, 2, 1. 4	142 A36 f	19, 1	77; 406
VIII, 9, 1	142 A37	19, 2	79
IX, 12, 1 ff	294	19, 3	404; 406; 409 f
IX, 15, 2	139 A24	20, 1	409 A28
IX, 19, 1	385	20, 2	404
IX, 19, 2	142 A37	21, 2	405 A18
IX, 25, 2	142 A37		
IX, 26, 6	385	Magnesier	
		1, 2	404; 407; 409 A28
Hippolyt		3	408
Refutatio omnium haeresium (WENDLAND)		3, 1	409
		3, 2	407; 410
		4	408 A25
V, 8	173 A113	4, 1	409
V, 8, 14 (91, 22)	77	5, 1	404; 405 A19; 408
V, 8 (92, 15 f)	79 A47	5, 2	405 A20; 408; 410
V, 8 (92, 16 ff)	93	6, 1	294; 405; 408; 408 A28
V, 10 (103, 18 ff)	77 A40. 91	6, 2	404 A15; 407
V, 16 (111, 9 ff)	91	7, 1	408 A25
VI, 19 (147, 16 f)	75	9, 1	411
		9, 2	405
Ignatius		10, 1	409; 411
Epheser		11	405 A18; 408 A24
intr.	166 A82	12	403 A11; 409; 411
1, 1	403 A11; 409; 411	13, 1	407 A23; 409 A28
1, 2	410	13, 2	407
2, 2	411	14	409
3, 1	410		
3, 2	404	Trallianer	
4, 2	406; 409	intr.	405 A17, A18; 407 A23; 408 A24
5, 1	407		
5, 3	408	1, 2	411
6, 1	408	2, 1	404; 407 f
6, 2	139 A25; 144; 404; 408 A26	2, 2	405 A18; 408 A25
		4, 1	410 A31

Stellenregister

4, 2	410 A29	6, 1	405 A19; 409 A28
6, 1	408 A26	7, 1	286 A4; 403 A12; 405 A17
7, 1	410 A31	7, 2	403 A12; 406
7, 2	408 A25	8, 1 f	408 A25; 409 A27
8, 1	409	9, 1	408
9, 1 f	166; 290 f; 404; 405 A17	9, 2	405 A19
10	406	11, 3	411
11, 2	404 A15; 406	12, 2	407; 408 A24
12, 1	407 A23	13, 2	407 A23; 409 A28
13, 3	410		

an Polykarp

1, 2	407 A23
2, 2	407
2, 3	404 A15
3, 2	405 A19; 408
4, 3	410
5, 1	407 A23
5, 2	408 A25; 410 A31
5, 3	410
6, 1	409
6, 2	409 A27, 28
7, 1	410
7, 2	409
7, 3	144; 409

Römer

intr.	407
2, 2	405 A20
3, 2 f	405 A20; 407; 409
4, 2 f	405 A17, 20; 410
5, 1. 3	403; 410
6, 1	286 A4; 405 A20; 410
6, 2	405; 407; 409
6, 3	408 A24; 409 ff
7, 1	405 A20; 409 f
7, 2	407; 410
7, 3	404 A15; 405 A20
8, 1	407
8, 3	407

Philadelphier

intr.	408 A24
2, 1	166; 169; 404 f
2, 2	409
3, 2	403
3, 3	408 A24
4, 1	408 A24
5, 1	410
7, 1	407
7, 2	408 A25; 411
8, 1	409 A27
8, 2	403; 408 A26; 409
9, 2	404 A15; 405 f; 408 A24; 409 A28
11, 2	405 A18

Smyrnäer

1, 1 f	287; 403 A11; 406 f; 409
2	406
3	407
3, 2	404
4, 1	166; 404
4, 2	410 A30
5, 1	166; 404
5, 3	406; 408

Irenäus
Adversus haereses

I, 6, 4	167
I, 14, 3	167
I, 21, 3	167; 170
I, 21, 5	79; 84
I, 23, 3	75
I, 23, 5	61
I, 30	167
IV, 33, 13	79 A47

Epideixis

84	79 A47

Justin
Apologie

I, 12, 11	144 A41

Martyrium Polycarpi

14, 2	140 A30

Methodius
Convivium

3. 8	27 A50

Origenes
Contra Celsum (KOETSCHAU)

VII, 9, p 161, 6 ff	63; 95

Comm. in Joannem (PREUSCHEN)
II, 6, 48, p 60,
   15 f   154

Polykarp
1, 1   138; 406 A22
2, 1   138; 289—291
3, 2   143
4, 2   138
5, 2   142 A37
9, 2   286 A4

Pseudo-Epiphanius (DINDORF)
18, 20   79 A47
19, 7   79 A47

Symbolum Romanum   290

*Testamentum Domini
nostri Jesu Christi*
c. 61   77 A40
c. 63   79 A45

II. Griechische Wörter

ἀγαθόν (ἰδέα τοῦ . . .) 158 A69; 159; 163; 165; 168; 207; 340 ff
ἀγάπη 111; 114 f; 117 ff; 138; 169; 190; 194; 309; 313; 390; 404 A15; 409. — τοῦ θεοῦ 109; 427 f; 430
ἁγιασμός 183; 190; 204; 404; 472
ἅγιοι 191; 238; 260; 263; 367
ἄγνοια 143 A41; 334
ἄγνωστος θεός 175; 177 f
ἀδελφοί 261
ἀδικία 140 A28; 142 f; 386; 471 A3
ἀθανασία, ἀφθαρσία 48; 157; 167; 172 f; 177; 300; 344; 348; 404—406; vgl. 412 A32
αἴσθησις 145; 172; 180; 192; 339
αἰσθητός, αἰσθητικός 173; 176; 194
ἀλήθεια 33 A83; 67 ff; 106; 108 f; 116 A7; 124—173; 239 f; 340; 353; 387; 404
ἁμαρτία 42 f; 50; 113; 141; 198 ff; 385 f; 398; 403; 440; 471 A3
ἁμαρτωλός 43; 45; 394 ff; 399; 428; 438 f
ἀνάμνησις 339
ἄνθρωπος 31; 64; 96 f; 374
ἀνομία 113; 114 A5; 386; 471 A3
ἄνω-κάτω 240; 242
ἀόρατος (θεός) 173; 175 ff; 182 f; 192 bis 194; vgl. 190
ἀπάθη 142 A36; 143 A40; 166 A85; 168 A89
ἀποκατάστασις 370 A4; 371; 375
ἀρετή 128; 149; 152; 155 f; 165; 340;
ἀπόφανσις 147; 148 A52; 339 352
ἀρχή (des κόσμος) 342 f
ἀσεβής 41; 52 f; 428 f
Ἀσιδαῖοι 262 A54
ἀσθένεια 313; 316; 318; 320 f; 473 A6
γιγνώσκειν 109 f; 112 f; 121; 193 f; 309 bis 311; 338; 387

γνῶθι σαυτόν 152
γνωσθῆναι 193 f
γνῶσις 45 f; 103; 111 f; 143; 158 A69; 162 f; 167—169; 178 f; 182 A141; 193 f; 200; 311; 319; 374
δεύτερος θεός 22
διακονία (λόγος, τῆς καταλλαγῆς) 311 ff; 317 A20; 375; 467
διάκονος Χριστοῦ 317
διάνοια 145; 194 f; 352; 387
δίκαιος 43—45; 49 A9; 112 ff; 129; 141; 260; 286; 392; 428; 438 f; 471 A3
οἱ δίκαιοι 260; 389
δικαιοσύνη 85; 113 f; 124—130; 133; 135 f; 140 ff; 149 A56; 152; 155; 169; 202; 286; 402; 404
  Paulus: 37; 40; 44; 48—52; 190; 199 bis 201; 203; 298 A1; 311; 312 A25; 317 A29; 397; 404; 424—426; 436; 438; 440 f; 471 A3; 473 A5 — (ἐκ) θεοῦ: 40; 200; 203; 403; 424; 426; 470 bis 475
δικαιωθείς s. Rechtfertigung
δικαιωθῆναι 19; 48; 394; 403; 472 f; 479
δικαιοῦν 471 f
δικαίωσις, δικαίωμα 193; 372; 402; 436; 438—442; 472
δοκιμή 313; 316; 322; 427
δόξα 195; 298 f; 311; 345; 374 f; 426; hellenisch: 146 f; 150; 154; 158 A69; Christi: 58; 80; 188; 240; 265; 375
δύναμις 161 A70; 162 f; 167 ff; 172; 195; 239; 316—318; 473 A6
δωρεά s. Gabe
θάνατος s. Tod
θεῖος ἄνθρωπος 56 f; 99 A94
θέλειν 198 ff; 201 ff; 207
θεότης 141; 167

Griechische Wörter

θεωθῆναι 56; 409
θεωρεῖν 195
ἐγώ εἰμι 71 ff
εἰδέναι 111 f; 115; 310; 338 A87; 339
εἶδος, ἰδέα 156 f; 158 A69; 159; 164; 178; 195; 301; 338
εἴδωλον 141; 154—156; 160; 388
εἰκων 177; 180; 351; 378
εἰμαρμένη 46; 64
εἶναι ἐκ, ἐν (γεγεννῆσθαι) 78; 111 ff; 240 ff; 383; 387; 389
εἰρήνη 382; 425; 430
ἐκκλησία 5; 23; 24 A32; 143; 256—277; 294; 404 A15; 406
ἐκλεκτοί 191; 260
ἐλευθερία 169; 250; 283; 401
ἐλπίς 168 f; 405; 425—430
ἐν προσώπῳ 307—311
ἐντολή 109 f; 116 f; 198; 203; 208; 384; 402; 411; 432
ἐν Χριστῷ (κυρίῳ) 191; 223; 308; 310 f; 375; 387; 404; 406; 409; 479; 481; vgl. 430
ἐπέκεινα τῆς οὐσίας, νοήσεως 159; 178
ἐπιθυμία 198; 201; 205 f; 240
ἐπιστήμη 152—154; 162; 167 A88; 179 A132; 196; 340; 342 A101; 352
ἔργα s. Werke
ἔσω ἄνθρωπος 43; 202; 203 A8; 279
ἐξουσία 64; 250; 282; 316; 322; 363 f; 458
εὐαγγέλιον 139; 283 f; 377; 474 A10
ζωή s. Leben
ἱλασμός 393
ἱστορία 145; 339
καθαρίζειν, κάθαρσις 113; 137; 183; 191; 299; 350; 352; 391 f
καινὴ κτίσις; 191; 310 f; 367; 370; 374; 467 f; 479; 481; vgl. 223 f; 307—309; 477
καταλλαγή s. Versöhnung
καταλυθῆναι 300—304
κατάλυσις θανάτου 404; 406; 409 f
καύχησις 200; 306—311; 314; 318—321; 410; 427—429; 439; 443
κόσμος 111; 120; 165 A80; 172; 177 f; 180; 195; 241 f; 387 f; 390; 405 A20
κόσμος νοητός 29; 33 A82
κοινωνία 106; 108; 165; 265 f; 392
κρίμα, κρίσις 80; 93; 129; 138; 140; 142; 145; 435 f; 439; 468

κατάκρισις 87; 279; 298 A1; 435 f; 438
κύριος 56; 58; 140 A30; 189; 191; 274; 286; 292; 358; 430; 440; 448
λαός (τοῦ θεοῦ) 260—262
λόγος 108; 143; 312; 319; 467; hellenisch: 147 f; 152 f; 156; 173; 178; 336 A77; Titel s. Logos.
μαρτυρία 35; 118; 120; 139
μακάριος εἶ 6
μὴ ὄν 160; 177
μονογενής 29; 33; 170
Ναζωραῖος 101
νόμος s. Gesetz
νοῦς 31; 43; 64; 158 A69; 166 f; 170; 173; 176; 179 A132; 180; 192; 194 bis 196; 202; 203 A8; 338—340; 351—353
νόησις, νοεῖν 172; 176 f; 334; 352
νοητός, νοερός 164 A75; 166; 173; 177 f; 195 f; 340; 351
νῦν (Paulus) 80; 310 f; 430; 467; 474 f
οἶδα s. εἰδέναι
οἰκοδομεῖν 263 f; 267; 322; 398
ὄνομα 64 A16; 167; 240; vgl. 184
ὄντως, ὄν 137; 145 f; 155—158
ὁρᾶν 113; 338
ὀργή 203; 282; 424; 429
ὅσιοι 196; 260; 262
οὐσία 158 A69; 159; 162; 165A80; 172 f; 178 A128; 195
οὐσιώδης 172; 173 A113
παράβασις 205 f; 398 f; 433; vgl. 198 ff
παραβολή 378 A33
παρακοή, παράπτωμα 372; 432—439; 443
παρρησία 116; 118; 169; 190; 192; 298; 384; 389 f; vgl. 211; 221; 227
πεποίθησις 200; 298; 306
πίστις 45; 66; 124 f; 130; 132; 134 ff; 140; 149; 167 ff; 403; 409; bei Paulus: 40—42; 45; 49; 51—53; 199 f; 305; 397; 424; 426; 441; 472
πλάνη 143 A41; 168 A89
πνεῦμα 56 f; 78; 117; 167; 173; 240; 243; 287; 345; 358; 401 f; 407—410; 421; bei Paulus: 41 f; 47; 52; 54; 201; 202 A5; 206; 298 A1; 308; 310 f; 375; 427 f; 480
πνευματικός 47; 166; 173; 407—409; 432
ποίμνιον 261; 269
πολλῷ μᾶλλον 425; 428; 435—437
προκόπτων 44
προσαγωγή 190 f; 426; 430

Griechische Wörter

πτωχοί 260; 262; 276 f
σάρξ 6; 42 f; 47; 50; 56 f; 200—202; 243; 265; 272; 287; 308 ff; 401; 407 bis 410
κατὰ σάρκα 309—311; 407
σάρκινος, σαρκικός 166; 202; 407—409
σκότος 56; 66 f; 111; 115; 168 A89; 242; 354; 404. — θεῖον σκότος 354
σοφία s. Weisheit
συναγωγή 262
σῶμα 47; 50; 52; 77; 164 f; 167; 168 A89; 172 f; 265; 279; 299—306; 480
σῶμα Χριστοῦ 250; 265; 364 f; 367; 406
σωτηρία 103; 204; 429
τέκνα θεοῦ, φωτός 13 f; 22 f; 114; 166; 404 f
τέλειος 44; 362
τύπος s. Typologie
υἱὸς τοῦ ἀνθρώπου s. Menschensohn
ὕλη, ὑλικός 14; 94; 59; 172 f; 407

ὑπακοή s. Gehorsam
ὑπομονή 313; 426 f
ψεῦδος 67—69; 108; 142 A36; 151 f; 160; 163; 240; 404
ὡς ἀληθῶς ψεῦδος 151 A60; 155
ψυχή 94; 299 f
ψυχικός, χοϊκός 173; 250; 432
φαῦλος 44
φοβούμενοι κύριον 260; 262
φρόνησις, φρόνημα 149; 155; 201; 202 A5
φύσις 64; 145—147; 151; 173; 195
φῶς 334; s. auch Lichtsymbolik
φωτισμός 344; 374
χαρά 167
χάρις 11; 33 A83; 43; 48—50; 53; 58; 66; 201; 240; 294; 345; 382; 403; 426; 435; 437 ff
χάρισμα 434—436; vgl. 49; 402
ὡραῖοι 280
ὡς μή 220; 227

III. Namen- und Sachregister

Abendmahl s. Sakramente
Abschiedsreden 34; 58; 87 f; 467
Ägyptische Religion 22; 28; 30; 186 A150
Äonenvorstellung 53; 56; 170; 191; 211; 214; 221; 223 f; 228; 242 f; 246; 306 ff; 357 f; 366; 368; 371 f; 405; 457; 464 f; 468; 477; 481; s. auch Apokalyptik
Adam 27; 31; 42; 62; 69; 89; 93; 96; 245—248; 252; 372—374; Adam-Christus 49 A9; 243; 250; 372—374; 431 bis 444; s. auch Urmensch
Allegorese 358; 373; 377—379
Ankunft, Kommen 12; 28 A51; 34;59; 61—63; 77; 83 f; 94; 97; 113; 214; 223; 244—249; 254; 366; 401; 405 f
Anspruch (Gottes) 43; 106; 127 ff; 140 bis 144; 147; 152—154; 189 f; 193; 203; 205; 208 f; 215—217; 223; 452; 463; 467 A79; 468; 473
Anthropologie 43; 56 ff; 98; 160; 198 ff; 201; 477 f; 480 f; s. auch Existenz
Apokalyptik 97—99; 188; 242 ff; 262; 273; 276; 290 f; 365; 370 f; 405; 474; 476—482; s. auch Äonenvorstellung, Eschatologie
Apologetik 2—4; 204 f; 321; 379; 439
Apostelamt 143; 298; 306—312; 313 ff; 374 f; 411; 467; s. auch διακονία
Aposteldekret 415—417
Aristoteles 145; 159
Askese 46—48; 57; 100; 179; 219 f; 402; 452
Auferstehung der Toten 47; 97; 213; 260; 291; 299; 301—303; 305; 360; 366 f; 405 f; 408; 410; 464
Aufstieg, Himmelsreise 34; 59; 79; 83—85; 87; 90—94; 96; 98; 165; 178; 212; 236; 238; 243 f; 248; 288 f; 299; 346; 350
Bekenntnis 52 f; 285—297; 447; 450; 457; Sünden-: 106 f; 118; 385; 392; 402

Bekehrung (des Paulus) 37; 374; 414; 419
Beschneidung 51; 377; 416
Bund 246 f; 375 f; 478
Buße 53; 200; 215; 217; 221; 223; 386; 402; 409 A27; -predigt: 15; 23; 129; 166

Chaldäische Theologie 345 f
Christologie
— implizite 457; 462; 479
— johanneische s. Jesus Christus
— kerygmatische s. Kerygma
— paulinische s. Jesus Christus
— synoptische 454
— variable 463
s. auch Präexistenz

Dämonen s. Weltherrscher
Demiurg 56; 157; 196
Dionysius Areopagita 354
Doketismus 56; 358; 365
Dualismus 47; 56—58; 98; 121; 157—162; 168; 178; 201; 233; 236 f; 239; 242 f; 252 f; 333 f; 343 ff; 348 ff; 354; 359; 378; 401

Eigentlichkeit 148 f; 152—165; 186; 190; 202 f; 208 f; 443
Ekklesiologie der Urgemeinde: 477 f
Ekstase 45—49; 160; 179 f; 193; 195 f; 308; 313; 317; 350—352; 428
Entmythologisierung 232; 237; 363; 368; 444; s. auch Existentiale Interpretation
Entscheidung 42; 94; 223; 225; 229; 237; 267; 276; 360; 368; 430; 437; 453; 457; 460; 464 f; 467
Entweltlichung 232 f; 236—238; 241—243; 367 f; 402
Episkopat 257; 407 f
Erhöhung 34; 79; 84; 97; 212; 246; 274; 289; 376; 458; 464; s. auch Aufstieg
Erkenntnis (s. auch γνῶσις, ἐπιστήμη) 26;

Namen- und Sachregister 549

28—31; 58; 235; 243; 334 ff; 338—342; s. auch Gotteserkenntnis

Erlöser 32; 59; 61 f; 64 A16; 67; 74—79; 83; 88—92; 103; 104 A102; 212; 233; 241; 243—254; 288; 295; 373; erlöster Erlöser: 34; 59; 74 f; 78; 81; 89; 97 f; 103; 248; Name 64 A16 (s. auch ὄνομα); Polymorphie: 77 A40

Erlösung 34; 210; 214; 221; 223 ff; 232 f; 236; 242; 244; 293; 299; 334 A60; 357; 359; 472 f — Mythos: 34; 59 ff; 77; 88; 93 f; 97—103; 160;170 A100; 232 f; 250; 252 f; 288; 299; 315; 346; 350; 405 A16

Erwählung 6 A5; 16; 69 f; 74 f; 96 f; 181; 191; 193 f; 358 f; 360; 363 f; 365; 421

Eschatologie, atl.-jüdisch: 19 A16; 135; 187; 191 f; 203; 242; 262; 271; 370 bis 372; 374; 388; 449; christlich: 37—41; 44 ff; 47; 94; 101; 107; 113; 119; 140 A29; 187; 191 f; 203—205; 213; 223 bis 225; 228; 233; 237; 240; 242 ff; 250; 260; 263 f; 282; 306 ff; 310—312; 357 f; 365—368; 373 A18, A21; 375 ff; 388 bis 391; 401 f; 405 ff; 424—428; 430; 438; 440 f; 446; 448; 457; 465—469; 473 bis 482; hellenist. gnostisch: 94; 159; 161; 163; 179; 234; 236; 238—240; 244—248; 346; bei Jesus: 213—215; 223 f; 267; 271; 447 ff; 456—458; 462 s. auch Äonenlehre; Apokalyptik; Naherwartung

Essäer 101

Ethik, christlich: 36—54; 99 A94; 106 ff; 190; 194; 227; 360; 364; 368; 383 ff; 390; 392; 401 f; 409—411; 447; 471 A3; 472 A4; 480; bei Jesus: 215 ff; 447; 449 f; 457; jüdisch: 190; Stoa: 43 f; 151 f; s. auch Nachfolge

Evangelium 143 f; 213; 221; 312; 317; 359; 406; 426; 443; 468; 473 A6; s. auch Kerygma

Ewigkeit (Immer-Sein) 131 f; 136; 153; 156 ff; 163 f; 166; 176; 345; 366; 368

Existenz, Mensch, christlich: 37—54; 56 bis 58; 98; 106; 108; 189 f; 191 f; 194; 198—209; 225; 298; 309 f; 364; 367 f; 385—387; 390; 400—411; 425 ff; 431; 440—444; 458—465; 477 f; 480—482; griechisch: 150—153; 157; 334; 336; 342; hellenist. gnostisch (s. auch Seele) 43 bis 46; 98; 152 f; 159 ff; 168; 172; 177 ff; 195; 232 f; 236 ff; 253; 346 ff; 350; bei Jesus: 214—221; 458—465; s. auch Eigentlichkeit

Existentiale Interpretation 232; 236; 456; 459—464; 467 f; 478; s. auch Entmythologisierung

Fleisch s. σάρξ

Freiheit (s. auch ἐλευθερία) 38 f; 48; 93 f; 204; 216—219; 228; 279; 302; 391; 396; 402; 406; 410; 427; 479

Gabe 53 f; 179; 435; 437 f; 441; 470—474; s. auch δωρεά

Gegner des Paulus 298 ff; 306 ff; 313 ff; 394; 396; 398; 419

Gehorsam 49; 51 f; 54; 143 f; 201; 214 ff; 227; 283; 440; 447; 457; 467 A79; 480 f; Christi: 372; 435—438; 450

Geist s. νοῦς und πνεῦμα; Heiliger G.

Gemeinde, Kirche (s. auch ἐκκλησία) 6 A5; 34; 166 A82; 189; 191; 214; 228; 244—248; 255—277; 287; 309; 354; 357 bis 360; 363—365; 376—378; 382; 402; 408; 430; 468 f; 472

Gericht 17; 94—97; 140 A29; 193; 213; 215; 224; 227—229; 253; 260; 279; 281 bis 283; 290 f; 300 A3; 363; 366 f; 380; 390; 402; 405 A19; 429; 473 f; s. auch Eschatologie

Gesandter 23—27; 32—34; 57—97; 103; 235; 238; 244; 350; 388; Dritter Gesandter: 26; 30

Geschichte, Geschichtlichkeit 129—130; 132; 134; 147; 186 f; 190; 192; 201; 214; 237; 244—247; 249; 272; 356 bis 368; 369; 388; 391; 401; 455; 459; 463; 465; 480 f; s. auch Heilsgeschichte

Gesetz (s .auch ἐντολή) 6; 8; 14—16; 56; 102; 127 f; 143; 215 bis 219; 233; 360; 368; 378; 401—404; 439; 443; 447; 449; 452; 462 f; bei Paulus: 43; 49; 51—54; 198—201; 204—208; 215—219; 223; 279; 282 f; 363; 394 bis 399; 401; 403 f; 432; 434; 439 f; 467 A79; 468; 471; 478 f

Gewandvorstellung 27; 59; 76 f; 80; 250; 299—305; 350

Gewissen 199 A2; 200; 282 f

Glaube (s. auch πίστις) 1; 2; 4; 8 f; 58; 107; 116; 118 f; 129; 138; 143 f; 172;

182; 192 f; 211 f; 221; 245; 252; 277; 337; 359 f; 362—364; 377; 383 f; 388 f; 403; 407; 409; 447; 449; 452 A18; 454; 456 f; 460—462; 465; 467—469; bei Paulus: 38; 40—42; 45—54; 199 f; 207; 221; 225; 227; 305; 309 A22; 310; 394—398; 400; 403; 424—427; 437 f; 440 f; 443; 467 A79; 471 f; 479 f

Gnade (s. auch χάρις) 38; 185 f; 190 f; 221—223; 229; 398; 438 ff; 443 f; 462 f; 481

Gnosis 27; 30; 33—35; 56; 59 ff; 92; 96; 98; 100—102; 161 ff; 173; 178—180; 192 bis 194; 196; 212; 230—254; 288; 292; 298 ff; 315—317; 321; 333; 343; 345; 349 f; 354; 364—366; 372; 403 A13; 430 f; 433; 437; 439

Gottesgedanke
— AT: 126 f; 129; 131 f; 134—136; 180 bis 187
— Erkenntnis: 175—180; 192—196
— Gegenwart Gottes: 174 f; 181 f; 184 f; 187 ff
— griechisch-hellenist.: 157 ff; 162 ff; 173; 174—180; 242; 332 f; 337 f; 343
— Handeln, Tat Gottes: 41; 48 f; 118; 190 f; 214; 221; 224; 228 f; 310 ff; 356; 361 f; 447 A4; 470—475.
— Irrationalität: 178—180; 187 A52; 196; 351
— bei Jesus: 214—221; 229; 256; 267; 446 f; 452 f; 456 f; 477
— jüdisch/christlich: 41; 43; 48 ff; 60; 63 f; 103; 106; 109 ff; 118; 120; 132; 138 ff; 187—197; 203; 205; 208 f; 217; 221 ff; 229; 311; 356; 361 f; 387—389; 392; 409; 438; 468; 470—475
— Liebe Gottes: 38; 108 f; 117 f; 171; 190; 222; 227; 251; 427 f; 430
— Schau: 165 f; 174 ff; 180 ff; 187 ff; 203; 305; 339; 341 f; 346; 348; 353
— Unsichtbarkeit s. ἀόρατος θεός
— Unverfügbarkeit: 183 f; 186 A152; 191 f; 215
— Urteil Gottes: 1; 41; 48 f; 52; 223; 225; 227 f; 438; 472 A4
— Wille Gottes: 37 f; 48; 143; 187 A52; 205; 211; 214; 216; 218; 447; 452; 457 A29, A31; 468

Gottesherrschaft 211; 213 f; 216; 219 bis 221; 224; 243; 253; 267; 270 A90; 272; 357; 446; 452 f; 457; 458 A31; 462; 465; 469 A82; 477; 479

Gottesknecht 104 A102; 128; 276; 358; 363

Gottes-Sohn 56; 66; 101; 188; 211; 251 f; 272—274; 292; 357; 386 f; 393; 446

Gottesverhältnis („Mensch vor Gott") 41; 44 f; 48—53; 106; 109; 111 f; 114 f; 118; 132; 134; 157; 177; 183 ff; 190; 194 f; 203; 211 f; 214 f; 217 ff; 225; 227; 229; 237; 308; 385; 392; 404; 438; 463; 479

Gottesvolk 261—266; 276; 364 f; 376; 477 f

Hadesfahrt 31; 61; 77; 92; 288 f

Heil 37; 44; 47 f; 103; 121; 191; 203 ff; 210; 212 f; 223 f; 234 ff; 238 ff; 242 f; 245; 276; 306; 309 ff; 315; 331 f; 334 f; 344; 356; 359; 362; 365 f; 370; 372; 402 f; 405 f; 408; 424 ff; 430; 447; 457; 466; 480; s. auch Leben

Heiliger Geist 357 f; 360; 402; 468 f

Heiligkeit 113; 183; 189

Heilsgeschichte 13—19; 24; 43; 356 ff; 369; 376; 404; 433; 439 f; 443 f

Hellenismus 18; 21 f; 28 ff; 33; 44 ff; 51; 55 f; 67; 102; 131 f; 154; 161—173; 177—180; 183; 192 ff; 253; 273; 276; 317; 333; 342—355; 378

Hoffnung 168 f; 298—303; 360; 405; 425 bis 430; 441; 473; s. auch ἐλπίς

Ideenlehre 156—159; 163—165; 168; 176; 340—343

Indikativ-Imperativ 36—54; 360; 364; 368; 401 f; 409—411; 480

Inkarnation 12; 24; 26; 33; 210; 212; 249 f; 358; 391; 409 f; 450

Iranische Religion (Manichäer) 26; 29 ff; 33 A83; 34; 58 ff; 59 ff; 96; 98; 104; 112; 129; 142; 154; 161; 168 ff; 230; 237; 245 f; 333; 354; 372

Irrlehrer 120; 143 A40; 144; 166; 388; 403; 406

Israel 15 f; 18; 135; 196; 260; 262; 269; 271; 358; 361; 373; 375—377

Itinerar (Apg) 418; 420 ff

Jenseitigkeit 44—51; 178 ff; 195; 218; 221; 234 f; 242; 342; 345; 351; 353 f

Jesus Christus
— Auferstehung: 1; 2; 4; 9; 187 f; 210 f; 213; 221; 224—228; 244; 246; 250; 256; 264; 267 f; 274—277; 288—290; 308; 360; 362; 366—368; 401; 403; 407 bis 409; 429 f; 447 f; 450; 454; 457 f; 468 f; 481; s. auch Ostern
— Daß, das bloße: 449 f; 454
— Einheit mit dem Vater: 58; 63; 251
— Ende der Geschichte: 366; 401; 480
— Gegenwart: 187 ff; 467—469
— Gottmenschheit: 166; 407—409
— Herrschaft: 223; 225; 274; 358 f; 441 bis 443
— historischer Jesus: 1—9; 13; 33; 35; 101 f; 191; 210—224; 229; 245; 250; 255—277; 358; 363; 405; 444; 445 bis 469; 477—479
— johanneisch 12 ff; 34; 56—59; 60 ff; 103; 188; 240; 251—254; 376; 391; 406; 446 f; 450; 456; 467
— Mitte der Zeit: 356—358; 365 f
— paulinisch: 190; 210 ff; 221—229; 243; 250; 265; 287; 306—312; 317; 372; 374 f; 394—399; 404; 424—444; 446 f; 450; 467; 472 f
— Prädikate: 66; 68; 71—73; 90—93; 252; 387; 404; 472
— als Richter: 34; 94—97; 213; 220; 274; 290 f; 473
— Schau: 56; 58; 389
— Stellvertretung: 311 f; 358; 363; 431; 444; 446
— Sühnopfer: 115; 211; 264 f; 357; 378 f; 391; 393; 431
— Tod: 1; 2; 5; 210 f; 228; 246; 264—268; 273; 275; 289 f; 308; 309 A22; 312; 363; 366 f; 375; 380; 391; 395; 401; 403; 408 f; 411; 428—430; 444; 446; 442 bis 454; 457; 464; 468
— Vermittler: 190 f; 211 f; 358; 365; 430
— s. auch Adam-Christus, Ankunft, δόξα, Erhöhung, Erlöser, Gehorsam, Gesandter, Inkarnation, Kreuz, Logos, Ναζωραῖος, Offenbarer, Parusie, θεῖος ἄνθρωπος, Ursprung, Vollmacht, Weisheitslehrer, Werke des Erlösers sowie die christologischen Titel
Johannes der Täufer 19; 23; 27; 33; 35; 56; 100 f; 249; 376 A28; 377; 452 f; 457

Jünger 2; 7 f; 80; 187; 212; 220; 261; 266; 268—273; 275; 375; 410; 457; 460; 462; 467
Judentum 13—28; 33; 51; 56; 59; 97; 100 ff; 124—137; 138—144; 154; 177 f; 183; 187—197; 203; 211; 231; 237; 239; 242 f; 250; 252 f; 262 f; 271; 273 ff; 288; 290; 294; 317; 357; 365 f; 370 bis 375; 377; 383; 388; 394; 412; 426; 431 f; 448 f; 474 f

Kerygma 213; 445—469; s. auch Verkündigung
Kontinuität-Diskontinuität 46; 50 f; 446 bis 449; 450 ff; 456 ff; 459 ff; 479
Kosmologie 13 ff; 19 ff; 28 ff; 57; 59; 98; 121; 159; 164; 195; 214; 232; 234; 236 f; 239; 241; 250; 253; 290 f; 333; 337; 344; 348; 365; 370; 371 A12; 373 A18; 434; 439; 444; 457 A29
Kreuz, Kreuzigung 166; 213; 221; 224 bis 229; 246; 265; 312; 358; 362; 367; 375; 379; 397; 403; 404 A15; 406 f; 409 f; 429; 441; 444; 446; 450; 454; 457; 460; 468 A80; 469; 478
Kult, Gottesdienst 56; 58; 98 f; 174; 179; 183—187; 189; 244—247; 253; 261; 265; 292; 332 f; 249 f; 354 f; 371; 374; 376; 378; 431

Leben (gegenwärtig-zukünftig) 46—48; 56; 64—66; 87; 115 f; 141; 160 f; 163; 166 ff; 235; 240; 242 f; 326 ff; 334 ff; 344 f; 350; 354; 387; 402 ff; 409; 458; 464 f; 467; 477; bei Paulus: 37; 46; 50; 203—208; 242 f; 298; 306; 311 f; 317 f; 397; 403 ff; 424 f; 429 f; 442; 458; s. auch Heil
Lehre 144; 153 f; 161 f; 167; 228
Leib 45; 47; 50; 52; 77; 159 f; 164—168; 172 f; 236; 265; 279; 299—306; 350; 360; 480
Leiden (s. auch ἀσθένεια) 225 f; 248; 285; 295; 303; 317; 368; 402 f; 426; 480; Christi: 5; 166 A82; 275 f; 285 f; 295 bis 297; 313; 402; 403 A12; 406; 408; 410 f; 452 f
Lichtsymbolik, hellenist. gnostisch: 48; 66 f; 98; 163; 164 A75; 166; 168—173; 197; 234 ff; 240 ff; 333; 342—355; griechisch: 163; 323—342; NT: 27; 56; 66 f; 111; 115

Lichtfunken 45; 59; 98; 350
Lichtwandel s. Ethik
Lichtwelt 18; 34; 45; 59 ff; 84; 89 f; 98; 103; 167; 212; 235; 238; 243 f; 247 f; 288; 344; 346—348; 350
Liebe s. Ethik, Gottesgedanke
Logos 12 ff; 21 f; 24; 27 ff; 31 f; 33; 55; 99 A94; 165 A80; 170; 254; 295
Luther 53; 427; 440

Macht, Kraft (s. auch δύναμις) 21 f; 28; 38; 43; 47; 50; 61; 78; 162 f; 201; 227; 232; 234 ff; 240 f; 312; 333; 344 f; 348 ff; 401 f; 406 ff; 470 f; 473
Mandā dHaijē 26; 30; 60; 62 f; 66; 74; 86; 90; 95; 244; 247; 249
Mandäer s. Täufertum
Mani 26; 94; 249
Manichäer s. Iranische Religion
Markosier 100; 167; 170
Martyrium 404; 410 f
Materie (s. auch ὕλη) 30; 45; 59; 98; 159; 253; 358
— Form: 29; 178; 259; 337
Menschensohn 1; 34; 56; 70; 96 f; 99; 213; 272—276; 358; 363; 376; 457; 465; 477
Messias 1—9; 102; 211; 213; 223; 256; 263; 268; 271—275; 373; 375; 376 A28; 446; 448; 453; 456 f
Messiasgeheimnis 2—4; 188; 453 A24
Mission 52 f; 193; 311; 317; 359; 415; 417; 478
Mysterienreligionen 44 ff; 56 f; 93; 160; 167 f; 174; 179 f; 211 f; 227; 249; 299 ff; 343; 348—350; 354 f; 366; 479
Mystik 37; 39; 44 ff; 58; 98; 103; 180; 193; 195; 197; 309; 341 f; 348; 350 f; 354 f
Mythos 13 ff; 17 ff; 34; 45; 50; 58 f; 60 ff; 96 ff; 160; 201; 210 f; 213; 221; 224; 227; 231 ff; 244 ff; 273 f; 288; 315; 332 f; 337; 339; 350; 354; 357; 363; 365 f; 406; 434; 437; 439; 444; 446; 448

Nachfolge 110; 112 f; 115; 285—287; 295; 403; 410 f; 452
Naherwartung 37; 53; 213 f; 223 f; 267 f; 301; 366 f; 446; 457; 462; 476 f; s. auch Eschatologie

Offenbarer 27; 33 f; 57; 60; 101; 103; 170; 240; 243 f; 246—249; 389
Offenbarung 3; 9; 13; 15; 22—34; 57 bis 59; 96; 103 f; 106; 121; 129; 154; 159; 162 f; 167 f; 170—172; 179 f; 190; 193; 196; 203; 213; 235—240; 244; 247 ff; 254; 351; 354; 356 f; 361 f; 424; 426; 443; 457
Offenbarungsreden 71—73; 99; 105; 121; 238
Ostern 1; 4; 6; 9; 244; 271; 388; 452 A18, A20; 462 A56; 469; 477; 479

Paradoxie 36—52; 106 f; 166; 192; 203; 385; 397; 401 f; 406; 408 f; 411; 426 f; 430 f; 437; 440 f; 448; 459; 462 A56; 463 f; 468; 481
Paraklet 85; 94 A79; 107; 467
Parusie 94; 191; 269; 274—276; 290 f; 301—306; 357—359; 363; 366 f; 388 f; 405 f
— verzögerung: 269; 366 f; s. auch Eschatologie
Passion s. Leiden
Paulus 56; 178; 210—239; 241 ff; 364; 367; 414 ff; 446 ff; 450; 456; 465; 467 f; 476—482; s. auch Bekehrung
Petrus 4—9; 102; 165; 255 ff; 263; 266 f; 376; 394; 396; 398; 418 f
— bekenntnis: 4—9; 255 ff
Philo 21 f; 31; 55; 99; 180; 336 A77; 378
Pneumatikertum 46; 250; 313; 315—317; 321; 477 f; 480; 482
Polis 343; 348
Präexistenz 12 f; 16 f; 19 f; 23; 26; 34; 56; 97; 236; 250; 253 f; 274; 339; 357 f; 450
Propheten 18 f; 22—27; 47; 130; 140 A30; 167; 182; 249; 357; 361 f; 370 f; 375; 377; 380; 405; 452; 456
Rechtfertigungslehre 36—54; 199; 203 A8; 223; 225; 312 A25; 360; 363; 367; 394 bis 399; 403; 424—429; 470—475
Reinheit (s. auch κάθαρσις) 69; 86; 98; 101; 160; 174; 185; 189; 352; 386; 391 ff; 452
reziproke Immanenzformel 58
Rühmen (s. auch καύχησις) 217; 225—227; 430

Sakramente 45; 56; 61; 77 f; 98; 237 f; 242; 381; 408 f

Namen- und Sachregister

— Abendmahl: 189; 212; 227 f; 264—267; 293 A21; 376; 391
— Taufe: 37; 39; 47; 100; 167 A88; 170; 227 f; 273; 288 f; 292; 293
Schau s. Gottesgedanke. Jesus Christus
Schöpfung 14 A11; 18; 20 f; 22 A28; 28 ff; 98; 178; 195; 215; 221; 227; 229; 236; 244 f; 336; 357 f; 359; 365; 371 bis 375
Seele 59; 69 f; 79 ff; 94; 96; 156; 160; 165; 196; 211; 214; 235 f; 238; 243 f; 247 f; 252 f; 299 f; 301 A5; 303; 339 ff; 346 f; 350; 353; Seelenschicksal: 58; 80 f; 97 f; 103; 236; 247 f; 316; Seelenstamm: 86 A61; 93; 247 f
Sendung 57; 60—63; 82; 97; 167; 223; 251; 366; 393; 463; 476
Sieg 85—87; 111; 119 f; 165; 235; 290 bis 292; 384; 481
Simon Magus 63; 249
Soteriologie, soteriologisch 59; 212; 232; 238; 240; 315; 477
Stellvertretung 311 f; 358 f; 363
Stoa 18; 43 f; 48; 151 f; 176 A121; 177 f; 193; 195; 343; 346
Substanz (s. auch οὐσία) 45; 47; 159 f; 162 ff; 178; 180; 196; 234; 344; 351
Sühnopfer s. Jesus Christus
Sünde (s. auch ἁμαρτία) 106 f; 114; 215 bis 217; 222; 235 f; 357; 359 f; 363; 407; 410; 446; bei Paulus: 36—53; 193; 198—209; 217; 311 f; 372; 394—399; 401; 424; 428; 432—434; 438—444; 472 A4; 475; 481
Synagoge 189; 262—264; 268; 277; 383
Syrien 101 f

Taufe s. Sakramente
Täufertum (Mandäer) 26 f; 30; 32 ff; 58 ff; 98 ff; 170 A100; 230 ff; 270
Teilhabe an Christus 166 A82; 225; 228; 308; 313; 317; 368; 397; 402; 408 bis 411; 464
Tod 6 A15; 67; 87 f; 115; 166; 171; 203 bis 208; 225—227; 229; 235; 243; 253; 291; 298; 300—304; 309; 311; 326 ff; 344; 372; 397; 404; 406 ff; 424; 431 bis 440; 442; 458; 465; 467; 477; 481
Totentaufe 299
Typologie 369—380

Urchristentum 35; 37; 55 f; 100—102; 138—144; 187 ff; 237; 245 f; 250; 265; 317; 356; 358 f; 366 f; 372; 376; 388; 445 ff
Urgemeinde 2—9; 223; 250; 255 ff; 263; 271; 285; 313; 315; 317; 364; 366; 415 ff; 467; 477 ff
Urmensch, „Mensch" (s. auch ἄνθρωπος) 26 f; 30—32; 34; 59; 69; 78; 81; 89; 92; 96; 99; 167; 243 f; 252; 366; 430; 434; 444
Ursprung, Herkunft 59; 75—80; 97; 103; 240—242; 342 f; 350
Urzeit-Endzeit s. Typologie

Vergebung 46; 53; 106 f; 111; 113; 200; 221; 235; 312 A25; 385; 392 f; 401; 409 A27
Vergottung (s. auch θεωθῆναι) 56; 180; 227; 348 f; 351; 353; 407; 409
Verhängnisgedanke 43; 46; 64; 236 f; 346; 348; 406; 432—434; 437
Verheißung 94 f; 191; 267; 271 f; 377; 389; 473
Verklärung 4; 9; 34; 188; 273; 276
Verkündigung 3 f; 53; 143; 228 f; 250; 270; 306 f; 309; 311 f; 359; 365; 374 f; 437; 445—469; 477; Jesu: s. histor. Jesus; im Mythos: 15; 17 f; 23—25; 66; 80; 94 f; 167; 249; 288; 291 A14
Versöhnung 225; 228; 311 f; 363; 365; 375; 425 f; 429 f; 433; 441; 467; 472
Verwandlung 45; 160; 179 f; 301; 304; 349
Vollendung 191; 224; 343; 360; 367; 369 f; 376; 389; 401; 426; 428 f; 481
Vollmacht(-sanspruch; s. auch ἐξουσία) 64; 214; 223; 452; 457 f; 461; 479

Wahrheit (s. auch ἀλήθεια) 67 ff; 237 bis 241
Weg s. Aufstieg
Weihe 46; 168; 344; 349 A117
Weisheit 10 A1; 13—32; 59; 95; 99; 169 f; 193; 294
Weisheitslehrer 23—25
Weissagung 6 A5; 47; 257; 263 f; 266; 272; 275 f; 369; 376; 452
Weissagungsbeweis 369; 378 f
Weltverständnis, christlich: 37; 220 f; 223; 225; 227; 310 f; 359 f; 362; 365; 367 f;

387 f; 432; 434; 444; griechisch: 150 ff; 156 ff; 334; 336 f; 342 f; 370; hellenist. gnostisch: 56; 59; 69; 80—83; 93 f; 98; 159; 164; 172; 177 f; 180; 195; 232 bis 244; 333; 343 ff; bei Jesus: 214 f; 220 f; 457 A29; bei Joh: 12 ff; 56; 98; 237; s. auch Äonenvorstellung, Entweltlichung, Eschatologie, Kosmologie

Weltherrscher, Satan, Mächte u. ä. 6 A5; 69; 75—83; 92—94; 114; 215; 221; 236; 241—244; 248; 250; 267; 273; 288 bis 291; 349 f; 359; 365; 367 f; 405 A20; 406; 432; 476; 480 f

Werke des Erlösers 34; 57; 70; 88; 107; 190; 250 f; 290—292; 362; 401; 404; des Menschen: 41; 51; 53; 199; 201; 206; 394—396; 402 f; 406; 409 ff; 426; 437; 473

Wiedergeburt 38; 45 f; 165; 166 A85

Wort (Gottes) (s. auch λόγος) 47; 56; 130; 136; 171; 184; 222; 228; 247; 391; 457; 469

Zeitlichkeit, Zeitverständnis 128 ff; 147; 244 ff; 249; 311; 356 ff; 367 ff; 370 bis 374

In 2., durchgesehener Auflage liegt vor:

Walter Schmithals

Die Theologie Rudolf Bultmanns

2., durchgesehene Auflage 1967. VII, 335 Seiten.
Brosch. DM 24.—, Lw. DM 28.50

„Nicht nur, wer Bultmanns Schriften nicht gelesen hat und sich über sein Denken orientieren möchte, sondern auch, wer ihn aus seinen Büchern kennt, wird diese Schrift von Schmithals mit Gewinn lesen. Denn es ist eine mit großer Sachkenntnis und Gründlichkeit verfaßte Zusammenfassung der Denkweise Bultmanns, wie Bultmann selbst sie niemals so im Zusammenhange gegeben hat. Aus dieser Darstellung erhellt die große Einheitlichkeit der Konzeption des Marburger Theologen in einem Maße, wie es vielleicht sonst nicht so eindrucksvoll geschieht. Schmithals vereinigt die einfühlende Liebe des Schülers mit der kritischen Distanz eigener wissenschaftlicher Meisterschaft... Schmithals hat sich durch dieses schöne, sachkundige und gut lesbare Werk ein großes Verdienst nicht nur um die Sache Bultmanns, sondern der modernen Theologie überhaupt erworben."

Schweizerische Theologische Umschau Nr. 1/2 1966

J. C. B. MOHR (PAUL SIEBECK) TÜBINGEN